BABOK®

v3

GUIDE DU CORPUS DE CONNAISSANCE EN ANALYSE MÉTIER®

International Institute of Business Analysis™

International Institute of Business Analysis, Toronto, Ontario, Canada.

Les versions 1.0 et 1.4 publiées en 2005. La version 1.6 du brouillon a été publiée en 2006. Version 1.6 Publication finale 2008. Version 2.0 publiée 2009. Version 3.0 publiée en 2015.

Print ISBN-978-1-927584-30-9

eBook ISBN-978-1-927584-31-6

Toute demande de renseignements concernant cette publication, toute demande de droits d'utilisation du matériel inclus dans le présent document ou toute correction doit être envoyée par courriel à bok@iiba.org.

Préface

L'IIBA® a été fondé à Toronto, Canada en octobre 2003 pour soutenir la communauté d'analyste métier par :

- créer et développer la sensibilisation et la reconnaissance de la valeur et de la contribution de l'analyste métier,
- définition du *Corpus de connaissance d'analyse métier®* (*BABOK®*),
- fournir un forum pour le partage des connaissances et la contribution à la profession d'analyse métier, et
- reconnaître et certifier publiquement les praticiens qualifiés dans le cadre d'un programme de certification reconnu à l'échelle internationale.

Le Comité du corpus de connaissance a été formé en octobre 2004 pour définir et rédiger une norme mondiale pour la pratique de l'analyse métier. En janvier 2005, l'IIBA a publié la version 1.0 du *Corpus de connaissance de l'analyse métier®* (*BABOK® Guide*) pour retours et commentaires. Cette version comprenait un aperçu du contenu proposé et quelques définitions clés. La version 1.4 a été publiée en octobre 2005, avec une ébauche de contenu dans certains domaines de connaissances. La version 1.6, qui comprenait des renseignements détaillés sur la plupart des domaines de connaissances, a été publiée sous forme d'ébauche en juin 2006 et mise à jour pour intégrer les errata en octobre 2008.

Le Comité du corpus de Connaissance a développé la version 2.0 du *Corpus de connaissance de l'analyse métier®* (*BABOK® Guide*) avec les conseils d'équipes de rédaction expertes, et les commentaires recueillis auprès d'experts, de praticiens et des revues publiques. La version 2.0 a introduit des concepts tels que le schéma de classification des exigences et les modèles d'entrée/sortie. La version 2.0 a été publiée en 2009 et est devenue la norme mondialement reconnue pour la pratique de l'analyse métier.

Suite à la publication de la version 2.0 , l'IIBA a sollicité un certain nombre d'experts reconnus dans le domaine de l'analyse métier et des domaines connexes et a sollicité leurs retours sur le contenu de cette édition. Le Comité du corpus de connaissance a utilisé ces retours pour planifier la vision et la portée de cette révision. Le Comité du corpus de connaissance a travaillé avec des équipes d'écrivains experts pour réviser et mettre à jour le contenu. L'ébauche révisée de *Corpus de Connaissances en analyse Métier®* (*BABOK® Guide*) a été examinée par des équipes d'experts et des praticiens examinateurs. Le Comité du corpus de connaissance a utilisé les retours fournis pour améliorer et affiner le texte et ensuite mettre le contenu à la disposition de la communauté d'analyste métier pour examen en 2014. Les milliers de commentaires de cette revue publique ont été utilisés pour réviser davantage le texte et pour former le *Corpus de Connaissance de l'analyse métier®* (*BABOK® Guide*) version 3.0.

Le but de cette révision était :

- d'intégrer les nouveaux concepts et pratiques en usage depuis la dernière révision,
- de tenir compte de l'élargissement et de l'évolution du périmètre de la profession,
- d'intégrer les retours d'expérience des praticiens qui ont travaillé avec la version actuelle,

- d'améliorer la lisibilité et la convivialité du guide,
- d'améliorer la cohérence et la qualité du texte et des illustrations, et
- d'améliorer la cohérence avec les autres normes généralement acceptées en ce qui concerne la pratique de l'analyse métier.

Les principales modifications apportées à cette version sont les suivantes :

- l'inclusion du *Business Analysis Core Concept Model™* (*BACCM™*),
- la portée élargie du rôle de l'analyse métier dans la création de meilleurs résultats d'affaires,
- l'inclusion de perspectives qui décrivent les moyens spécialisés par lesquels les professionnels de l'analyse métier apportent une valeur unique à l'entreprise,
- les compétences sous-jacentes nouvelles et étendues afin de mieux refléter la diversité des compétences de l'analyste métier, et
- de nouvelles techniques qui sont apparues dans la pratique de l'analyse métier.

La présente publication remplace le *Guide to the Business Analysis Body of Knowledge®* (*BABOK® Guide*) version 2.0.

Le Guide BABOK® contient une description des pratiques généralement acceptées dans le domaine de l'analyse métier. Le contenu inclus dans cette version a été vérifié par les commentaires des praticiens, des sondages auprès du milieu de l'analyse métier et des consultations avec des experts reconnus dans le domaine. Les données dont dispose l'IIBA montrent que les tâches et les techniques décrites dans cette publication sont utilisées par une majorité de praticiens de l'analyse métier. Par conséquent, nous pouvons être sûrs que les tâches et les techniques décrites dans le *Guide BABOK®* devraient être applicables dans la plupart des contextes où l'analyse métier est effectuée, la plupart du temps.

Le *Guide BABOK®* ne doit pas être interprété comme obligeant à ce que les pratiques décrites dans cette publication soient suivies en toutes circonstances. Tout ensemble de pratiques doit être adapté aux conditions spécifiques dans lesquelles une analyse métier est effectuée. En outre, les pratiques qui ne sont généralement pas acceptées par la communauté des analyses métier au moment de la publication peuvent être tout aussi efficaces, ou plus efficace, que les pratiques décrites dans *le Guide BABOK®*· Au fur et à mesure que de telles pratiques seront généralement acceptées et que des données seront recueillies pour vérifier leur efficacité, elles seront incorporées dans les prochaines éditions de cette publication. L'IIBA encourage tous les praticiens de l'analyse métier à s'ouvrir à de nouvelles approches et à de nouvelles idées, et souhaite encourager l'innovation dans la pratique de l'analyse métier.

L'IIBA tient à exprimer ses remerciements et les remerciements de la communauté de l'analyse métier à tous ceux qui ont consacré bénévolement leur temps et leurs efforts à l'élaboration de cette révision, ainsi qu'à ceux qui nous ont fourni des commentaires informels par d'autres moyens.

Préambule

Guide du corpus de connaissances de l'analyse métier

Le projet de traduction du corpus de connaissances en analyse métier, communément appelé *Guide BABOK®* a été initié par les chapitres de l'IIBA France et l'IIBA Geneva.

La traduction proposée est une version française Européenne. Le projet a été mené grâce à une équipe de bénévoles.

Le processus de traduction a d'abord compris la détermination d'un glossaire des termes les plus communs en analyse métier.

Ce glossaire est disponible sur le site de l'IIBA.

Un travail colossal de révision fut accompli par une équipe de bénévoles des boards des chapitres France et Geneva afin de bien représenter le sens de la version originale et la terminologie française en analyse métier.

Finalement, une deuxième équipe de bénévoles a effectué le contrôle-qualité final afin d'assurer la cohérence de l'ensemble du guide ainsi que de la mise en page.

Veuillez noter que lors de cette traduction, nous avons gardé l'ordre de présentation alphabétique originale en anglais dans les différentes listes, p.ex. les techniques du chapitre 10.

Cette version du *Guide BABOK®* traduit en français demeure une première itération, pouvant être utilisée par les communautés francophones afin de participer à la mission de l'IIBA et promouvoir la profession et les valeurs de l'analyse métier. Chacun pourra personnaliser sa formation et sa documentation en fonction de la réalité de son pays.

Malgré les efforts des bénévoles, nous sommes conscients que certaines traductions sont perfectibles et nous vous invitons à faire part de vos suggestions en indiquant la page, le texte actuel et le texte proposé dans un courriel à l'IIBA : info@iiba.org.

Cette traduction du *Guide BABOK®* v3 n'a pu se concrétiser que par les efforts d'une équipe de bénévoles persévérants et passionnés.

L'IIBA®, ainsi que les chapitres tiennent à remercier tous ces bénévoles :

Responsable projet :

- Thibault TRINTIGNAC

Équipe de Validation :

- Claude Duc
- Vincent Bertin
- Anaïs Haug

- Francois Vauthier
- Abide Nadege Yakpa
- Jean-François Pirus
- Jean-Michel Lemarie
- Mihnea Niculescu

Équipe de Révision :

- Cyril Laignel
- Marc Le Port
- Yolene Ayissi
- William Tsobgny
- Francois Vauthier

Équipe de Traduction :

- Danielle Ahekpa
- Cheyenne Durin
- Henri Martin
- Nicolas Ohl
- Marina Vial
- Ha-Minh Nguyen
- Johanne Carmel
- Daouda Kone
- Sandra Mulero
- Aymeric Rouaud
- Anne Jouy Niclause
- Carole Colley
- Julien Lucchini
- Patrick Ntwite
- Sinthuja Subramaniam
- Houssam El Jadid Gatti

Chef de produit : Publications et Traductions de l'IIBA

- Paul Stapleton

Table des matières

1 Introduction

Le Guide du corpus de connaissance en analyse métier (Business Analysis Body of Knowledge® - *BABOK® Guide*) est la norme globalement reconnue pour la pratique de l'analyse métier. Le *Guide BABOK®* décrit les domaines de connaissances de l'analyse métier, les tâches, les compétences sous-jacentes, les techniques et les perspectives permettant d'aborder l'analyse métier.

1.1 Objectif du guide *BABOK®*

L'objectif premier du *Guide BABOK®* est de définir la profession de l'analyse métier et de fournir un ensemble de pratiques communément acceptées. Il aide les praticiens à discuter et à définir les compétences nécessaires pour effectuer efficacement le travail d'analyse métier. Le *Guide BABOK®* aide également les personnes qui travaillent avec et/ou emploient des analystes métier à comprendre les compétences et les connaissances auxquelles ils doivent s'attendre de la part d'un praticien qualifié.

L'analyse métier est une vaste profession au sein de laquelle les analystes métier sont susceptibles de travailler sur différents types d'initiatives dans une organisation. Les praticiens peuvent mobiliser différentes compétences, connaissances, savoir-faire, terminologie et attitudes qu'ils utilisent pour effectuer des tâches d'analyse métier. Le *Guide BABOK®* est un cadre commun de travail pour toutes les perspectives, décrivant les tâches d'analyse métier qui sont effectuées pour analyser correctement un changement ou évaluer la nécessité d'un changement. Les tâches peuvent varier en forme, en ordre ou en importance d'une analyste métier ou d'une initiative à l'autre.

Les six domaines de connaissances du *Guide BABOK*® (Planification et surveillance de l'analyse métier, Élicitation et collaboration, Gestion du Cycle de Vie des Exigences, Analyse de la Stratégie, Analyse des exigences et spécification de la conception, et Évaluation de la Solutions) décrivent la pratique de l'analyse métier telle qu'elle est appliquée dans les limites d'un projet ou au cours de l'évolution de l'entreprise et de l'amélioration continue. L'image suivante montre comment trois des domaines de connaissances contribuent à la création de valeur avant, pendant et après le cycle de vie d'un projet.

Figure 1.1.1: Analyse métier au-delà des projets

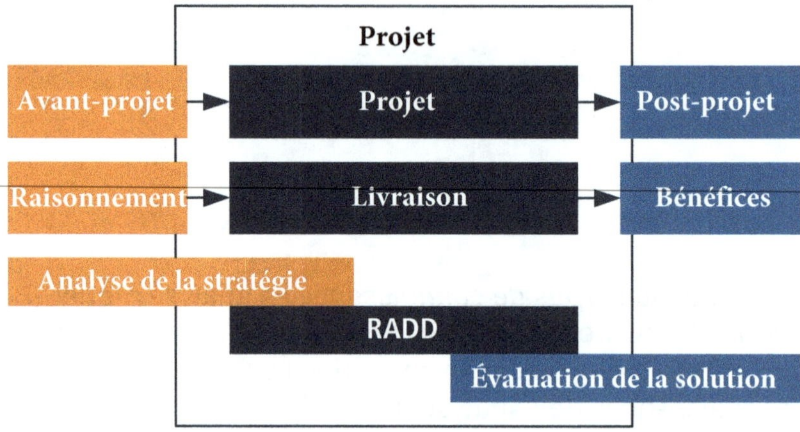

1.2 Qu'est-ce que l'analyse métier ?

L'analyse métier est la pratique pour permettre le changement dans une entreprise en définissant les besoins et en recommandant des solutions qui apportent de la valeur aux parties prenantes. L'analyse métier permet à une entreprise d'articuler les besoins et la raison d'être du changement, de concevoir et de décrire des solutions qui peuvent apporter de la valeur.

L'analyse métier est effectuée dans le cadre d'initiatives variées au sein d'une entreprise. Les initiatives peuvent être stratégiques, tactiques ou opérationnelles. L'analyse métier peut être effectuée dans les limites d'un projet ou tout au long de l'évolution de l'entreprise et de l'amélioration continue. Elle peut être utilisée pour comprendre l'état actuel, définir l'état futur, et déterminer les activités requises pour passer de l'état actuel à l'état futur.

L'analyse métier peut être effectuée à partir d'un large éventail de perspectives. Le Guide *BABOK*® décrit plusieurs de ces perspectives : agile, business intelligence, technologie de l'information, architecture d'entreprise et gestion des processus métier. Une perspective peut être considérée comme une lentille à travers laquelle le praticien de l'analyse métier considère un ensemble d'activités en fonction du contexte actuel. Une ou plusieurs perspectives peuvent s'appliquer à une initiative, et les perspectives esquissées dans le *Guide BABOK®* ne représentent pas tous les contextes d'analyse métier ni l'ensemble complet des disciplines d'analyse métier.

1.3 Qui est un analyste métier ?

Un analyste métier est une personne qui exécute des tâches d'analyse métier décrites dans le *Guide BABOK®*, peu importe son poste hiérarchique ou son rôle organisationnel. Les analystes métier sont responsables de la découverte, de la synthèse et de l'analyse des informations à partir d'une variété de sources au sein d'une entreprise, y compris des outils, des processus, de la documentation et des parties prenantes. Il incombe à l'analyste métier d'exposer les besoins réels des parties prenantes – ce qui implique souvent d'analyser et de clarifier leurs souhaits exprimés – afin de déterminer les enjeux et les causes sous-jacentes.

Les analystes métier jouent un rôle dans l'alignement des solutions conçues et livrées sur les besoins des parties prenantes. Les activités réalisées par les analystes métier sont :

- comprendre les problèmes et les buts,
- analyser des besoins et des solutions,
- concevoir des stratégies,
- conduire le changement, et
- faciliter la collaboration des parties prenantes.

Les praticiens de l'analyse métier peuvent le faire au titre de nombreuses fonctions :

- architecte métier,
- analyste des systèmes d'information métier,
- analyste de données,
- analyste d'entreprise,
- Consultant en gestion,
- analyste de processus,
- chef de produit,
- product owner,
- ingénieur des exigences, et
- analyste système.

1.4 Structure du guide *BABOK®*

Le contenu principal du *Guide BABOK®* est composé des tâches d'analyse métier organisées en domaines de connaissance. Les domaines de connaissance sont une collection de tâches liées logiquement (mais pas séquentiellement). Ces tâches décrivent des activités spécifiques qui permettent d'atteindre les objectifs des domaines de connaissances qui leur sont associés.

Les sections des concepts clés de l'analyse métier, des compétences sous-jacentes, des techniques, et des perspectives forment le contenu élargi dans le *Guide BABOK®* qui aide les analystes métier à mieux effectuer les tâches d'analyse métier.

- ***Concepts clés de l'analyse métier***: ils définissent les termes clés nécessaires pour comprendre tous les autres contenus, concepts, et idées dans le *Guide BABOK®*.
- ***Compétences sous-jacentes***: fournissent une description des comportements, des caractéristiques, des connaissances et des qualités personnelles qui soutiennent la pratique efficace de l'analyse métier.
- ***Techniques***: fournissent un moyen pour effectuer des tâches d'analyse métier. Les techniques décrites dans le *Guide BABOK®* sont destinées à couvrir les techniques les plus courantes et les plus répandues pratiquées au sein de la communauté d'analyste métier.
- ***Perspectives***: décrivent diverses vues de l'analyse métier. Les perspectives aident les analystes métier travaillant sur différents points de vue à mieux effectuer les tâches d'analyse métier, compte tenu du contexte de l'initiative.

1.4.1 Concepts clés

Le chapitre Concepts clés de l'analyse métier fournit une compréhension de base des idées centrales nécessaires pour appréhender le *Guide BABOK®*.

Ce chapitre est composé de :

- Business Analysis Core Concept Model™ (BACCM™)
- Termes clés
- Schéma de classification des exigences
- Parties prenantes
- Exigences et Conception

1.4.2 Domaines de connaissance

Les domaines de connaissance représentent des domaines d'expertise spécifiques en analyse métier, qui englobent plusieurs tâches.

Les six domaines de connaissance sont :

Chaque domaine de connaissances comprend une représentation visuelle de ses entrées et de ses sorties.

- ***Planification et surveillance de l'analyse métier***: décrit les tâches réalisées par les analystes métier afin d'organiser et coordonner les efforts des analystes métier et des parties prenantes. Ces tâches produisent des sorties qui sont utilisées comme entrées clés et lignes directrices pour les autres tâches tout au long du *Guide BABOK®*.
- ***Élicitation et Collaboration***: décrit les tâches que les analystes métier exécutent afin de préparer et conduire les activités d'élicitation et également confirmer les résultats obtenus. Il décrit également la communication avec les parties prenantes une fois que les informations de l'analyse d'entreprise sont rassemblées, ainsi que la collaboration continue avec eux tout au long de l'analyse métier.
- ***Gestion du cycle de vie des exigences***: décrit les tâches que les analystes exécutent afin de gérer et de maintenir les informations relatives aux exigences et à la conception de la création à leur retrait. Ces tâches décrivent l'établissement de relations signifiantes entre les exigences et les éléments de conception, ainsi que l'évaluation, l'analyse et l'obtention d'un consensus sur les changements proposés relatifs aux exigences et aux éléments de conception.
- ***Analyse de la stratégie***: décrit le travail d'analyse métier qui doit être réalisé pour collaborer avec les parties prenantes en vue d'identifier un besoin d'importance stratégique ou tactique (le besoin métier), de permettre à l'entreprise d' adresser ce besoin et d'aligner la stratégie de changement qui en résulte avec des stratégies de niveaux supérieurs et inférieurs.
- ***L'Analyse des exigences et spécification de la conception***: décrit les tâches que les analystes métier réalisent pour structurer et organiser les exigences découvertes lors des activités d'élicitation, de spécification et de modélisation des exigences et des éléments de conceptions, de validation et de vérification des informations, d'identification des options de la solution qui répondent aux besoins métier, afin d'estimer la valeur potentielle qui pourrait être générée pour chaque option de solution. Ce domaine de connaissances couvre les activités incrémentales et itératives allant du concept initial à l'exploration du besoin en passant par la transformation de ces besoins en une solution recommandée spécifique.
- ***Évaluation de la solution***: décrit les tâches que les analystes métier effectuent pour évaluer la performance et la valeur d'une solution utilisée par l'entreprise, ainsi que recommander l'élimination des

obstacles ou des contraintes qui empêchent la pleine réalisation de la valeur.

Le schéma suivant montre une relation générale entre les domaines de connaissance.

Figure 1.4.1: Relations entre les domaines de connaissance

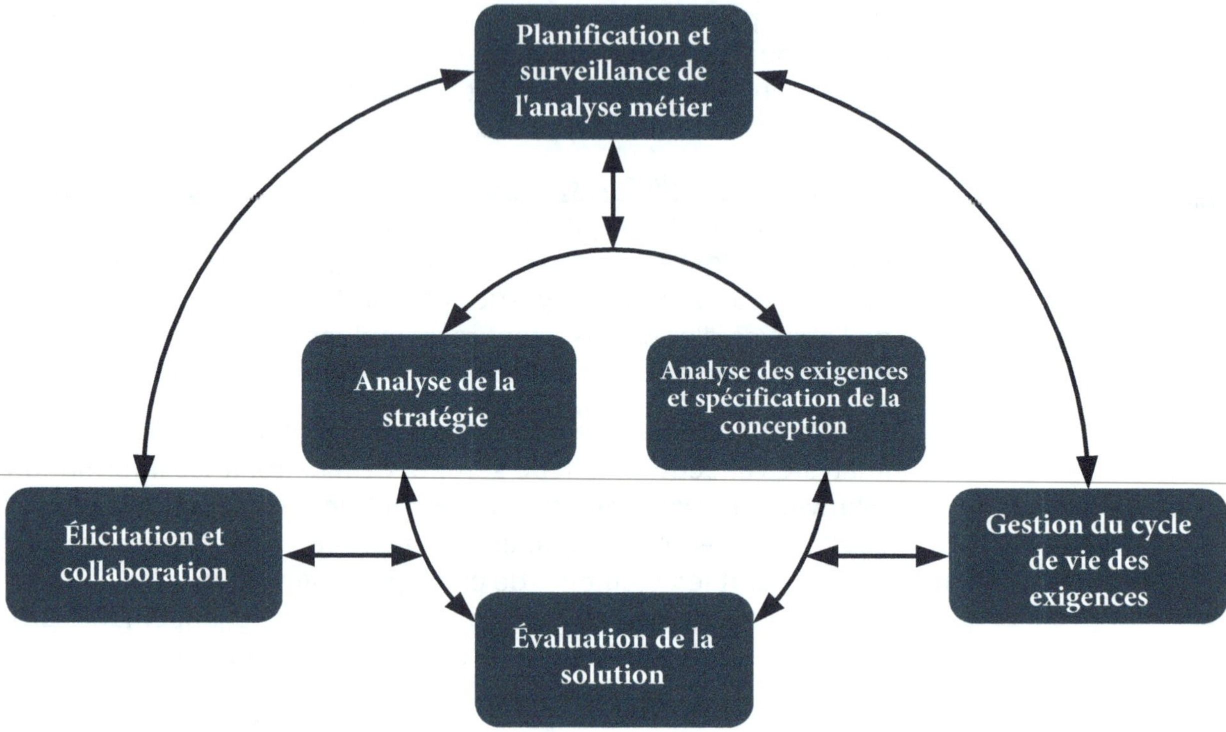

1.4.3 Tâches

Une tâche est un travail défini qui peut être effectué de façon formelle ou informelle dans le cadre de l'analyse métier. Le *Guide BABOK®* définit une liste des tâches d'analyse métier. La définition d'une tâche donnée est applicable à tout le spectre de de l'analyse métier, indépendamment du type d'initiative. Un analyste métier peut effectuer d'autres activités attribuées par son organisation, mais ces activités supplémentaires ne sont pas considérées comme faisant partie de la profession d'analyste métier.

Les tâches sont regroupées en domaines de connaissance. Les analystes métier effectuent des tâches provenant de tous les domaines de connaissances de manière séquentielle, itérative ou simultanée. Le *Guide BABOK®* ne préconise pas un processus ou un ordre dans lequel les tâches devraient être effectuées. Les tâches peuvent être exécutées dans n'importe quel ordre, du moment que les intrants nécessaires à une tâche sont présents. Une initiative d'analyse métier peut commencer avec n'importe quelle tâche, bien que : l'Analyser l'état actuel (p. 130) ou la Mesurer les performances de la solution (p. 201) soient de bons candidats.

Chaque tâche dans le *Guide BABOK®* est présentée dans le format suivant :

- Finalité
- Description
- Intrants
- Éléments
- Lignes directrices / Outils
- Techniques
- Parties prenantes
- Extrants

.1 Finalité

La section Finalité fournit une brève description de la raison pour laquelle un analyste métier doit effectuer la tâche ainsi que la valeur créée par la réalisation de cette tâche.

.2 Description

La section Description explique plus en détail ce qu'est la tâche, pourquoi elle est exécutée et ce qu'elle doit accomplir.

.3 Intrants

La section Intrants répertorie les données d'entrée de la tâche. Les intrants sont des informations consommées ou transformées pour produire un extrant, et représentent les informations nécessaires pour qu'une tâche commence. Elles peuvent être explicitement générées en dehors du cadre de l'analyse métier ou générées par une tâche d'analyse de l'entreprise. Les intrants générés en dehors des efforts de l'analyse métier sont identifiées avec le qualificatif '(externe)' dans la liste des intrants.

Il ne faut pas partir de l'hypothèse que la présence d'intrants signifie que le livrable associé est terminé ou se trouve à son état final. L'intrant a seulement besoin d'être suffisamment complet pour permettre le début des travaux suivants. Il peut exister plusieurs instances d'un intrant durant le cycle de vie d'une initiative.

La section Intrants comprend une représentation visuelle des intrants et des extrants, des autres tâches qui utilisent les extrants, ainsi que les lignes directrices et les outils listés dans la tâche.

.4 Éléments

La section Éléments décrit les concepts clés qui sont nécessaires pour comprendre comment effectuer la tâche. Les éléments ne sont pas obligatoires dans le cadre de l'exécution d'une tâche, et leur utilisation peut dépendre de l'approche de l'analyse métier.

.5 Lignes directrices et outils

La section Lignes directrices et Outils répertorie les ressources nécessaires à la transformation de l'intrant en extrant. Une ligne directrice fournit des instructions ou des descriptions sur la raison ou la façon d'entreprendre une tâche. Un outil est quelque chose utilisé pour entreprendre une tâche.

Les lignes directrices et les outils peuvent inclure les résultats d'autres tâches.

.6 Techniques

La section Techniques énumère les techniques qui peuvent être utilisées pour effectuer la tâche d'analyse métier.

.7 Parties prenantes

La section Parties prenantes est composée d'une liste générique de parties prenantes qui sont susceptibles de participer à l'exécution de cette tâche ou qui en seront affectés. Le *Guide BABOK®* n'impose pas de remplir ces rôles pour une initiative donnée.

.8 Extrants

La section Extrants décrit les résultats obtenus suite à la réalisation de la tâche. Les Extrants sont créés, transformés ou modifiés en état à la suite de la réussite d'une tâche. Un extrant peut être un livrable ou faire partie d'un livrable plus grand. La forme d'un extrant dépend du type d'initiative en cours, des normes adoptées par l'organisation, et du meilleur jugement de l'analyste métier quant à la façon la plus appropriée de répondre aux besoins d'information des principales parties prenantes.

Comme pour les intrants, une tâche peut être terminée alors qu'un extrant ne se trouve pas encore dans son état final. Les tâches qui utilisent un extrant spécifique ne doivent pas nécessairement attendre son achèvement pour que commence le travail dans la tâche.

1.4.4 Compétences sous-jacentes

Les compétences sous-jacentes reflètent la connaissance, les compétences, les comportements, les caractéristiques et les qualités personnelles qui aident à exercer avec succès le rôle d'analyste métier. Ces compétences sous-jacentes ne sont pas propres à la profession d'analyste métier.

Cependant, l'exécution réussie de tâches et de techniques dépend souvent de la maîtrise d'une ou plusieurs compétences sous-jacentes.

Les compétences sous-jacentes ont la structure suivante:

- Finalité
- Définition
- Modalités de mesure d'efficacité

.1 Finalité

La section Finalité décrit pourquoi il est bénéfique pour les analystes métier de posséder cette compétence sous-jacente.

.2 Définition

La section Définition décrit les compétences et l'expertise mobilisées dans l'application de cette compétence.

.3 Indicateurs d'efficacité

La section modalités de mesure d'efficacité décrit comment déterminer si une personne fait preuve de compétences dans cette compétence sous-jacente.

1.4.5 Techniques

Les techniques fournissent des informations supplémentaires sur les façons de réaliser une tâche.

La liste des techniques incluses dans le *Guide BABOK®* n'est pas exhaustive. Il existe plusieurs techniques qui peuvent être appliquées successivement ou conjointement avec d'autres techniques pour accomplir une tâche. Les analystes métier sont encouragés à modifier les techniques existantes ou à en créer de nouvelles pour mieux s'adapter à leur situation et aux objectifs des tâches qu'ils accomplissent.

Les techniques ont la structure suivante :

- Finalité
- Description
- Éléments
- Considérations d'utilisation

.1 Finalité

La section Finalité décrit à quoi sert la technique et les circonstances dans lesquelles elle est le plus susceptible d'être applicable.

.2 Description

La section Description décrit ce qu'est la technique et comment elle est utilisée.

.3 Éléments

La section Éléments décrit les concepts clés qui sont nécessaires pour comprendre comment utiliser la technique.

.4 Considérations d'utilisation

La section Considérations d'utilisation décrit les conditions dans lesquelles la technique peut être plus ou moins efficace.

1.4.6 Perspectives

Les Perspectives sont utilisées dans le cadre des travaux d'analyse métier pour se concentrer sur les tâches et les techniques spécifiques au contexte de l'initiative. La plupart des initiatives sont susceptibles d'engager une ou plusieurs perspectives. Les perspectives incluses dans le *Guide BABOK®* sont:

- Agile
- Business intelligence
- Technologie de l'information
- Architecture métier
- Gestion des processus métier

Ces perspectives ne supposent pas représenter toutes les perspectives possibles à partir desquelles est pratiquée l'analyse métier. Les perspectives discutées dans le *Guide BABOK®* représentent certaines des vues les plus communes de l'analyse métier au moment de l'écriture.

Les perspectives ne s'excluent pas mutuellement, dans la mesure où une initiative donnée pourrait avoir plus d'une perspective.

Les perspectives ont la structure suivante :

- Portée du changement
- Périmètre de l'analyse métier
- Méthodologies, approches et techniques
- Compétences sous-jacentes
- Impact sur les domaines de connaissance

.1 Portée du changement

La section Portée du Changement décrit les parties de l'entreprise que le changement englobe lorsque la perspective est adoptée, et dans quelle mesure il affecte les objectifs et les opérations de l'entreprise. La portée du changement identifie également le type de problèmes résolus, la nature des solutions recherchées, et l'approche à adopter pour fournir ces solutions et mesurer leur valeur.

.2 Périmètre de l'analyse métier

La section Périmètre de l'analyse métier décrit les principaux intervenants, y compris le profil des types probables de sponsors, les parties prenantes visées et le rôle de l'analyste métier dans une initiative. Il définit également les résultats probables qui seraient attendus des travaux d'analyse métier dans cette perspective.

.3 Méthodologies, approches et techniques

La composition de cette section dépend de chaque perspective. Dans chaque cas, il décrit les méthodologies, les approches ou les techniques qui sont communes et spécifiques à l'application de l'analyse métier dans la perspective. Les méthodes et les approches sont des moyens spécialisés pour réaliser le travail d'analyse métier. Les techniques incluses dans cette section sont des techniques qui ne sont pas incluses dans le chapitre Techniques du *Guide BABOK®* mais qui sont particulièrement pertinentes pour la perspective.

Dans la perspective en architecture d'entreprise, les modèles de référence sont répertoriés à la place des méthodologies ou des approches. Dans la perspective de la gestion des processus métier, les cadres méthodologiques sont énumérés au lieu des approches.

.4 Compétences sous-jacentes

La section Compétences sous-jacentes décrit les compétences les plus courantes dans la perspective.

.5 Impact sur les domaines de connaissance

La section Impact sur les domaines de connaissance décrit comment les domaines de connaissance sont appliqués ou modifiés. Il explique également comment des activités spécifiques dans une perspective sont mappées aux tâches dans le *Guide BABOK®*.

2 Concepts clés de l'analyse métier

Le chapitre Concepts clés de l'analyse métier comprend des informations qui fournissent une base à tout autre contenu, concepts, et idées dans le *BABOK® Guide*. Il fournit aux analystes métier une compréhension de base des idées centrales nécessaires à la compréhension et à l'utilisation du *BABOK® Guide* dans leur pratique quotidienne d'analyse métier.

Ce chapitre est composé de :

- ***Business Analysis Core Concept Model™ (BACCM™)***: définit un cadre conceptuel pour les professionnels de l'analyse métier.
- ***Termes clés*** : fournit des définitions de concepts essentiels, qui sont mis en évidence en raison de leur importance pour le *Guide*BABOK®.
- ***Schéma de classification des exigences***: identifie les niveaux ou les types d'exigences qui aident l'analyste métier et les autres parties prenantes à catégoriser les exigences.
- ***Les parties prenantes***: définit les rôles et les caractéristiques des groupes ou des personnes affectées ou participant aux activités d' analyse métier menées dans le cadre d'un changement.
- ***Exigences et conception***: décrit la distinction entre les exigences et les spécifications relatives à l'analyse métier et l'importance de celles-ci.

2.1 Le Business Analysis Core Concept Model™

Le *Business Analysis Core Concept Model™* (*BACCM™*) est un cadre conceptuel pour l'analyse métier. Il englobe ce qu'est l'analyse métier et ce que cela signifie pour ceux qui exécutent des tâches d'analyse métier indépendamment de la perspective, du secteur d'activité, de la méthodologie ou de leur niveau au sein de l'organisation. Il est composé de six termes qui ont un sens commun pour tous les analystes et les aide à discuter à la fois de l'analyse métier et de ses relations avec une terminologie commune. Chacun de ces termes est considéré comme un concept de base.

Les six concepts de base dans le *BACCM™* sont : le Changement, le Besoin, la Solution, la Partie prenante, la Valeur, et le Contexte. Chaque concept de base est une idée fondamentale pour la pratique de l'analyse métier, et tous les concepts sont égaux et nécessaires. Chaque concept de base est défini par les cinq autres concepts de base et ne peut être pleinement compris tant que tous les concepts ne sont pas compris. Aucun concept pris isolément n'a plus d'importance ou de signification qu'un autre. Ces concepts sont essentiels pour comprendre le type d'informations obtenu, analysé ou géré dans le cadre des tâches d'analyse métier.

Le *BACCM™* peut être utilisé pour :

- décrire la profession et le domaine de l'analyse métier,
- communiquer sur l'analyse métier avec une terminologie commune,
- évaluer les relations des concepts clés de l'analyse métier,
- effectuer une meilleure analyse métier en évaluant de manière holistique les relations entre ces six concepts, et
- évaluer l'impact de ces concepts et relations à tout moment lors d'une activité professionnelle (effort) afin d'établir à la fois une base et une voie à suivre.

Table 2.1.1: Le BACCM™

Concept de base	Description
Changement	L'acte de transformation en réponse à un besoin. Le changement vise à améliorer la performance d'une entreprise. Ces améliorations sont délibérées et contrôlées par des activités d'analyse métier.
Besoin	Un problème ou une opportunité à traiter. Les besoins peuvent entraîner des changements en incitant les parties prenantes à agir. Les changements peuvent également causer des besoins en érodant ou en augmentant la valeur apportée par les solutions existantes.
Solution	Une manière spécifique de satisfaire un ou plusieurs besoins dans un contexte. Une solution répond à un besoin en résolvant un problème auquel sont confrontées les parties prenantes ou en permettant aux parties prenantes de profiter d'une opportunité.
Partie prenante	Un groupe ou un individu en relation avec le changement, le besoin ou la solution. Les parties prenantes sont souvent définies en termes d'intérêt, d'impact et d'influence sur le changement. Les parties prenantes sont regroupées en fonction de leur relation avec les besoins, les changements et les solutions.

Table 2.1.1: Le BACCM™ (Continued)

Concept de base	**Description**
Valeur	La valeur monétaire, l'importance ou l'utilité de quelque chose pour une partie prenante dans un contexte. La valeur peut être perçue comme des retours potentiels ou réalisés, des gains et des améliorations. Il est également possible d'avoir une diminution de la valeur sous forme de pertes, de risques et de coûts. La valeur peut être tangible ou intangible. La valeur tangible est directement mesurable. La valeur tangible a souvent une composante monétaire significative. La valeur intangible est mesurée indirectement. La valeur intangible a souvent une composante importante de motivation, comme la réputation d'une entreprise ou le moral des employés. Dans certains cas, la valeur peut être évaluée en termes absolus, mais dans de nombreux cas, elle est évaluée en termes relatifs : une solution est plus précieuse qu'une autre du point de vue d'un ensemble donné de parties prenantes.
Contexte	Les circonstances qui influencent, sont influencées par, et permettent de comprendre le changement. Des changements surviennent dans un contexte. Le contexte est tout ce qui est pertinent pour le changement qui se produit dans l'environnement. Le contexte peut inclure les attitudes, les comportements, les croyances, les concurrents, la culture, la démographie, les buts, les gouvernements, l'infrastructure, les langues, les pertes, les processus, les produits, les projets, les ventes, les saisons, la terminologie, la technologie, la météo et tout autre élément correspondant à la définition.

Les concepts de base peuvent être utilisés par les analystes métier pour tenir compte de la qualité et de l'exhaustivité du travail effectué. Dans chaque domaine de connaissance, il y a des exemples de la façon dont les concepts de base peuvent être utilisés et/ou appliqués au travers des tâches de ce domaine de connaissance. Lors de la planification ou de l'exécution d'une tâche ou d'une technique, les analystes métier peuvent estimer comment chaque concept de base est traité en posant des questions telles que :

- Quels sont les types de *changements* que nous faisons ?
- Quels sont les *besoins* que nous essayons de satisfaire?

- Quelles sont les *solutions* que nous créons ou modifions ?
- Qui sont les *parties prenantes* impliquées ?
- Que considèrent les parties prenantes comme ayant de la *valeur*?
- Quels sont les *contextes* dans lesquels nous et la solution se trouvent ?

Si l'un ou l'autre des concepts de base fait l'objet d'un changement, cela devrait nous inciter à réévaluer ces concepts de base et leurs contributions à la valeur délivrée.

Figure 2.1.1: Le BACCM™

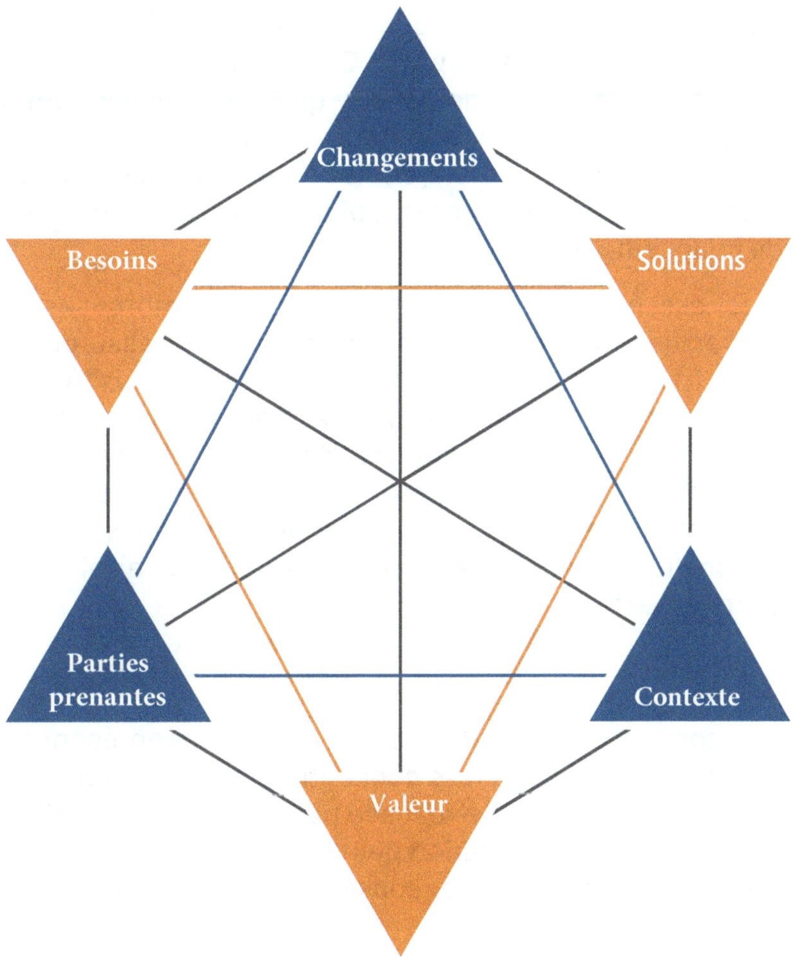

2.2 Termes clés

Analyse métier

Le *BABOK® Guide* décrit et définit l'analyse métier comme la pratique permettant le changement dans une entreprise en définissant les besoins et en recommandant des solutions qui offrent de la valeur aux parties prenantes.

Informations de l'Analyse Métier

Les informations de l'analyse métier se réfèrent aux ensembles larges et diversifies d'informations que les analystes métier analysent, transforment et restituent dans leurs rapports. Ce sont des informations de tout type — à n'importe quel niveau de détail — qui sont utilisées comme une entrée ou une sortie d'un travail d'analyse métier. Des exemples de renseignements sur l'analyse métier comprennent les résultats d'élicitation, les exigences, les spécifications, les options de solutions, la portée de la solution et la stratégie de changement.

Il est essentiel d'étendre le périmètre de nombreuses activités d'analyse métier, des 'exigences' à l''information' pour s'assurer que tous les intrants et les extrants de l'analyse métier soient soumis aux tâches et aux activités décrites dans le *Guide BABOK®*. Par exemple, lorsque vous effectuez la tâche "Planifier la gestion des informations de l'analyse métier", elle comprend tous les exemples énumérés ci-dessus. Si le *Guide BABOK®* décrivait comment 'Planifier la Gestion des Exigences', il exclurait les extrants importants comme les résultats d'élicitation, les options de solution et la stratégie de changement.

Conception

Pour plus d'informations, voir Exigences et conceptions.

Une conception, une spécification, sont une représentation utilisable d'une solution. La conception se concentre sur la compréhension de la manière dont la valeur peut être réalisée par une solution si elle est construite. La nature de la représentation peut être un document (ou un ensemble de documents) et peut varier considérablement selon les circonstances.

Entreprise

Une entreprise est un système composé d'une ou de plusieurs organisations, qui utilisent des solutions pour poursuivre un ensemble partagé d'objectifs . Ces solutions (également appelées capacités organisationnelles) peuvent être des processus, des outils ou des informations. Pour répondre aux objectifs de l'analyse métier, les limites de l'entreprise peuvent être définies par rapport au changement et ne doivent pas être contraintes par les limites d'une entité juridique, une organisation, ou une unité organisationnelle. Une entreprise peut comprendre un certain nombre d'entreprises, de gouvernements ou tout autre type d'organisation.

Organisation

Un groupe autonome de personnes sous la direction d'une seule personne ou d'un conseil, qui travaille à la réalisation de buts et d'objectifs communs. Les organisations ont souvent une frontière clairement définie et fonctionnent sur une base continue, par opposition à une initiative ou à une équipe de projet, qui peut être dissoute une fois ses objectifs atteints.

Plan

Un plan est une proposition visant à faire ou à réussir quelque chose. Les plans décrivent un ensemble d'événements, les dépendances entre les événements, la séquence attendue, le calendrier, les résultats, les documents et les ressources nécessaires et les parties prenantes concernées.

Exigences

Pour plus d'informations, voir Exigences et conceptions.

Une exigence est une représentation utilisable d'un besoin. Les exigences se concentrent sur la compréhension du type de valeur qui pourrait être délivrée si une exigence est remplie. La nature de la représentation peut être un document (ou un ensemble de documents), mais peut varier considérablement selon les circonstances.

Risque

Le risque est l'effet de l'incertitude sur la valeur d'un changement, d'une solution ou de l'entreprise. Les analystes métier collaborent avec d'autres parties prenantes pour identifier, évaluer et prioriser les risques, et traiter ces risques en intervenant sur la probabilité des conditions ou des événements qui mènent à l'incertitude : atténuer les conséquences, retirer la source du risque, éviter complètement le risque en décidant de ne pas commencer ou continuer une activité qui mène au risque, partager le risque avec d'autres parties, ou accepter ou même augmenter le risque pour tirer partie d’une opportunité.

2.3 Schéma de Classification des Exigences

Pour l'objet du *BABOK® Guide*, le schéma de classification suivant décrit les exigences :

- ***Exigences métier***: énoncés de buts, d'objectifs et de résultats qui décrivent pourquoi un changement a été initié. Elles peuvent s'appliquer à l'ensemble d'une entreprise, d'un domaine d'activité ou d'une initiative spécifique.
- ***Exigences des parties prenantes***: décrivent les besoins des parties prenantes qui doivent être satisfaits afin de couvrir les exigences métier. Elles peuvent servir de passerelle entre les exigences métier et les exigences solution.
- ***Exigences solution***: décrivent les capacités et les qualités d'une solution qui répond aux exigences des parties prenantes. Elles fournissent le niveau de détail approprié pour permettre le développement et la mise en œuvre de la solution. Les exigences solution peuvent être divisées en deux sous-catégories :
    - ***exigences fonctionnelles***: décrivent les capacités qu'une solution doit avoir en termes de comportement et d'informations que la solution gérera, et
    - ***exigences non fonctionnelles ou exigences de qualité de service***: ne sont pas liées directement au comportement de fonctionnalité de la solution, mais décrivent plutôt les conditions dans lesquelles une solution doit rester efficace ou des qualités qu'une solution doit avoir.
- ***Exigences de transition***: décrivent les capacités que la solution doit avoir et les conditions que la solution doit remplir pour faciliter la transition de l'état actuel à l'état futur, mais qui ne sont pas nécessaires une fois que le changement est achevé. Elles se distinguent des autres types d'exigences par leur caractère temporaire. Les exigences de transition portent sur des sujets tels que la conversion de données, la formation et la continuité de service.

2.4 Parties prenantes

Chaque tâche comprend une liste des parties prenantes susceptibles de participer à l'exécution de cette tâche ou qui en seront affectées. Un intervenant est un individu ou un groupe avec lequel un analyste métier est susceptible d'interagir directement ou indirectement. Le *Guide BABOK®*

n'impose pas de remplir ces rôles pour une initiative donnée. Toute partie prenante peut être une source d'exigences, d'hypothèses ou de contraintes.

Cette liste ne vise pas à être une liste exhaustive de toutes les classifications possibles des parties prenantes. Quelques exemples supplémentaires de personnes qui s'intègrent à chacun de ces rôles génériques sont énumérés dans les définitions ci-dessous. Dans la plupart des cas, il y aura plusieurs rôles de parties prenantes dans chaque catégorie. De même, un seul individu peut remplir plus d'un rôle.

Pour l'objet du *Guide BABOK®*, la liste générique des parties prenantes inclut les rôles suivants :

- analyste métier,
- client,
- expert du domaine,
- utilisateur final,
- expert d'implémentation,
- support opérationnel,
- chef de projet,
- régulateur,
- sponsor,
- fournisseur, et
- testeur.

2.4.1 Analyste métier

L'analyste métier est intrinsèquement un intervenant dans toutes les activités d'analyse d'entreprise. Le *BABOK® Guide* présume que l'analyste a la charge et est redevable de l'exécution de ces activités. Dans certains cas, l'analyste métier peut également être en charge d'activités qui relèvent d'un autre rôle.

2.4.2 Client

Un client utilise ou peut utiliser des produits ou des services produits par l'entreprise et peut avoir des droits contractuels ou moraux que l'entreprise est tenue de respecter.

2.4.3 Expert du domaine

Un expert du domaine est toute personne ayant une connaissance approfondie d'un sujet pertinent pour le besoin métier ou la portée de la solution. Ce rôle est souvent rempli par des personnes qui peuvent être des utilisateurs finaux ou des personnes qui ont une connaissance approfondie de la solution telle que les dirigeants, les propriétaires de processus, le personnel juridique, les consultants et autres.

2.4.4 Utilisateur final

Les utilisateurs finaux sont des parties prenantes qui interagissent directement avec la solution. Les utilisateurs finaux peuvent inclure tous les participants à un processus métier ou qui utilisent le produit ou la solution.

2.4.5 Expert d'implémentation

Un expert d'implémentation est toute partie prenante qui possède des connaissances spécialisées en ce qui concerne la mise en œuvre d'une ou de plusieurs composantes de la solution.

Bien qu'il ne soit pas possible de définir une liste des rôles d'experts en implémentation qui sont appropriés pour toutes les initiatives, certains des rôles les plus communs sont : bibliothécaire de projet, gestionnaire de changement, gestionnaire de configuration, architecte technique, développeur, administrateur de bases de données, concepteur de base de données, analyste ergonome, formateur et consultant en conduite du changement.

2.4.6 Support opérationnel

Le support opérationnel est responsable de la gestion et de la maintenance quotidiennes d'un système ou d'un produit.

Bien qu'il ne soit pas possible de définir une liste des rôles du support opérationnel adaptée à toutes les initiatives, certains des rôles les plus courants sont : analyste d'exploitation, analyste de produit, support aux utilisateurs et responsable de mise en production.

2.4.7 Chef de projet

Les chefs de projet sont responsables de la gestion du travail requis pour fournir une solution qui réponde aux besoins métier, et pour s'assurer que les objectifs du projet sont atteints en jouant sur les facteurs du projet tels que le périmètre, le budget, le calendrier, les ressources, la qualité et le risque.

Bien qu'il ne soit pas possible de définir complètement une liste des rôles de gestion de projet qui sont appropriés pour toutes les initiatives, certains des rôles les plus courants sont : chef de projet, chef de file technique, chef de produit et chef d'équipe.

2.4.8 Régulateur

Les régulateurs sont responsables de la définition et de l'application des normes. Des normes peuvent être imposées à la solution par les régulateurs à travers la législation, les normes de gouvernance d'entreprise, les normes de vérification ou les normes définies par les centres de compétences organisationnels. Les rôles alternatifs sont le gouvernement, les organismes de réglementation et l'auditeur.

2.4.9 Sponsor

Les sponsors ont la responsabilité d'initier les efforts visant à définir un besoin métier et à développer une solution qui réponde à ce besoin. Ils autorisent les travaux à effectuer, et contrôlent le budget et le périmètre de l'initiative. Les rôles alternatifs sont sponsor direction ou sponsor projet.

2.4.10 Fournisseur

Un fournisseur est un intervenant en dehors des limites d'une organisation ou d'une unité organisationnelle donnée. Les fournisseurs fournissent des produits ou des services à l'organisation et peuvent avoir des droits et des obligations contractuels ou moraux qui doivent être pris en considération. Les autres rôles sont les prestataires, les éditeurs et les consultants.

2.4.11 Testeur

Les testeurs sont chargés de déterminer comment vérifier que la solution répond aux exigences définies par l'analyste métier, ainsi que de la réalisation du processus de vérification. Les testeurs cherchent également à s'assurer que la solution répond aux normes de qualité applicables, et que le risque de défauts ou de défaillances soit compris et minimisé. Un autre rôle est l'analyste de l'assurance qualité.

2.5 Exigences et conceptions

L'élicitation, l'analyse, la validation et la gestion des exigences ont constamment été reconnues comme des activités clés de l'analyse métier. Cependant, il est important de reconnaître que les analystes métier sont également responsables de la définition de la conception, à un certain niveau, dans une initiative. Le niveau de responsabilité de la conception varie en fonction de la perspective dans laquelle travaille un analyste métier.

Les exigences sont centrées sur le besoin; les conceptions sont centrées sur la solution. La distinction entre les exigences et les conceptions n'est pas toujours claire. Les mêmes techniques sont utilisées pour éliciter, modéliser et analyser les deux. Une exigence conduit à une conception qui, à son tour, peut conduire à la découverte et à l'analyse de plus d'exigences. Le changement de perspective est souvent subtil.

La classification en tant qu'exigence ou conception peut devenir moins importante au fur et à mesure que les travaux de l'analyste métier progressent vers une meilleure compréhension et une plus grande satisfaction des besoins. Les tâches dans le *BABOK® Guide* tels que Traçabilité des exigences (p. 79) ou Spécifier et modéliser les Exigences (p. 136) peut se référer aux exigences, mais l'intention est d'inclure également les conceptions.

L'analyse métier peut être complexe et récursive. Une exigence (ou un ensemble d'exigences) peut être utilisée pour définir une conception. Cette conception peut alors être utilisée pour générer des exigences supplémentaires qui sont utilisées pour définir des conceptions plus détaillées. L'analyste métier peut transmettre les exigences et les conceptions à d'autres parties prenantes qui pourraient approfondir les conceptions. Que ce soit l'analyste métier ou un autre rôle qui complète les conceptions, l'analyste métier examine souvent les conceptions finales pour s'assurer qu'elles s'alignent sur les exigences.

Le tableau suivant fournit quelques exemples de base de la façon dont l'information peut être considérée comme une exigence ou une conception.

Table 2.5.1: Exigences et Conception

Exigences	Conception
Visualiser les données de ventes de six mois à travers plusieurs unités organisationnelles en une seule vue.	Une esquisse d'un tableau de bord.
Réduire le temps nécessaire pour préparer une commande du client.	Modèle de processus.
Enregistrer et accéder à l'historique d'un patient médical.	Maquette d'écran montrant des champs de données spécifiques.
Développer une stratégie commerciale, des buts et des objectifs pour une nouvelle entreprise.	Modèle des capacités métier.
Fournir des informations en français et en anglais.	Prototype avec un texte affiché en français et en anglais.

Les parties prenantes peuvent présenter un besoin ou une solution à un besoin présumé. Un analyste métier utilise des activités trouvées dans Élicitation et Collaboration, Analyse de la Stratégie, Analyse des exigences et spécification de la conception et Évaluation de la solutions pour transformer cette demande en une exigence ou conception. Indépendamment du point de vue des parties prenantes, l'importance du rôle de l'analyste métier consiste à continuellement poser la question 'Pourquoi?'. Par exemple, « Pourquoi est-ce que l'exigence ou la conception est-elle nécessaire pour apporter de la valeur à une entreprise et pour faciliter la réalisation des buts et des objectifs de l'entreprise ? »

Figure 2.5.1: Cycle des Exigences et des Conceptions

3 Planification et surveillance de l'analyse métier

Les tâches du domaine de connaissances "Planification et surveillance de l'analyse métier" organisent et coordonnent les efforts des analystes métier et des parties prenantes. Ces tâches produisent des résultats qui sont utilisées comme lignes directrices clés pour les autres tâches tout au long du *BABOK®*.

Le domaine de connaissances "Planification et surveillance de l'analyse métier" comprend les tâches suivantes :

- ***Planifier de l'approche d'analyse métier***: décrit la planification du travail d'analyse métier, de la création ou de la sélection d'une méthodologie à la planification des activités individuelles, des tâches et des livrables.
- ***Planifier l'engagement des parties prenantes***: décrit la compréhension des parties prenantes qui sont pertinentes pour le changement, les attentes réciproques entre les parties prenantes et les analystes métier et la façon qu'ils auront de collaborer.
- ***Planifier la gouvernance de l'analyse métier*** : définit les composantes de l'analyse métier qui sont utilisées pour soutenir la gouvernance de l'organisation. Cela permet de s'assurer que les décisions sont prises de manière correcte et cohérente, suivant un processus qui garantit que les décideurs disposent des informations utiles et nécessaires. Il s'agit par exemple de la gestion des exigences, de la gestion des risques liés à l'analyse métier et de l'allocation des ressources d'analyse métier.

- ***Planifier la gestion des informations de l'analyse métier*** : définit comment les informations développées par les analystes métier (y compris les exigences et les conceptions) sont recueillies, stockées et intégrées à d'autres informations pour une utilisation à long terme.
- ***Identifier les améliorations de performance de l'analyse métier*** : décrit la gestion et la surveillance de la manière d'exécuter les tâches de l'analyse métier pour s'assurer que les engagements soient respectés et que les opportunités d'apprentissage et d'amélioration continue soient réalisées.

Le modèle de concept de base de la planification et de la surveillance de l'analyse métier

Le *Business Analysis Core Concept Model™* (*BACCMTM*) décrit les relations entre les six concepts fondamentaux. Le tableau suivant décrit l'utilisation et l'application de chacun des concepts fondamentaux dans le contexte de la planification et de la surveillance de l'analyse métier.

Table 3.0.1: Le modèle de concept de base de la planification et de la surveillance de l'analyse métier

Concept de base	Pendant la planification et la surveillance de l'analyse métier, les analystes métier...
Changement : l'acte de transformation en réponse à un besoin.	sont chargés de déterminer comment les changements de livrables seront demandés et autorisés.
Besoin: un problème ou une opportunité à résoudre.	choisissent une approche d'analyse qui fournit une analyse adéquate du changement.
Solution: une façon spécifique de satisfaire un ou plusieurs besoins dans un contexte.	évaluent si la performance de l'analyse métier a été un facteur clé de la mise en œuvre réussie d'une solution.
Partie prenante : un groupe ou un individu ayant en relation avec le changement, le besoin ou la solution.	effectuent une analyse des parties prenantes pour s'assurer que les activités de planification et de surveillance reflètent les besoins des parties prenantes et tiennent compte de leurs caractéristiques.

Table 3.0.1: Le modèle de concept de base de la planification et de la surveillance de l'analyse métier (Continued)

Concept de base	Pendant la planification et la surveillance de l'analyse métier, les analystes métier...
Valeur : la valeur monétaire, l'importance ou l'utilité de quelque chose pour une partie prenante dans un contexte donné.	effectuent une analyse de performance pour s'assurer que les activités d'analyse métier continuent à produire une valeur suffisante pour les parties prenantes.
Contexte : les circonstances qui influencent, sont influencées par, et permettent de comprendre le changement.	assurent une compréhension complète du contexte à analyser afin de développer une approche de l'analyse métier efficiente.

Figure 3.0.1: Diagramme d'entrée/sortie de la planification et de la surveillance des activités d'analyse métier

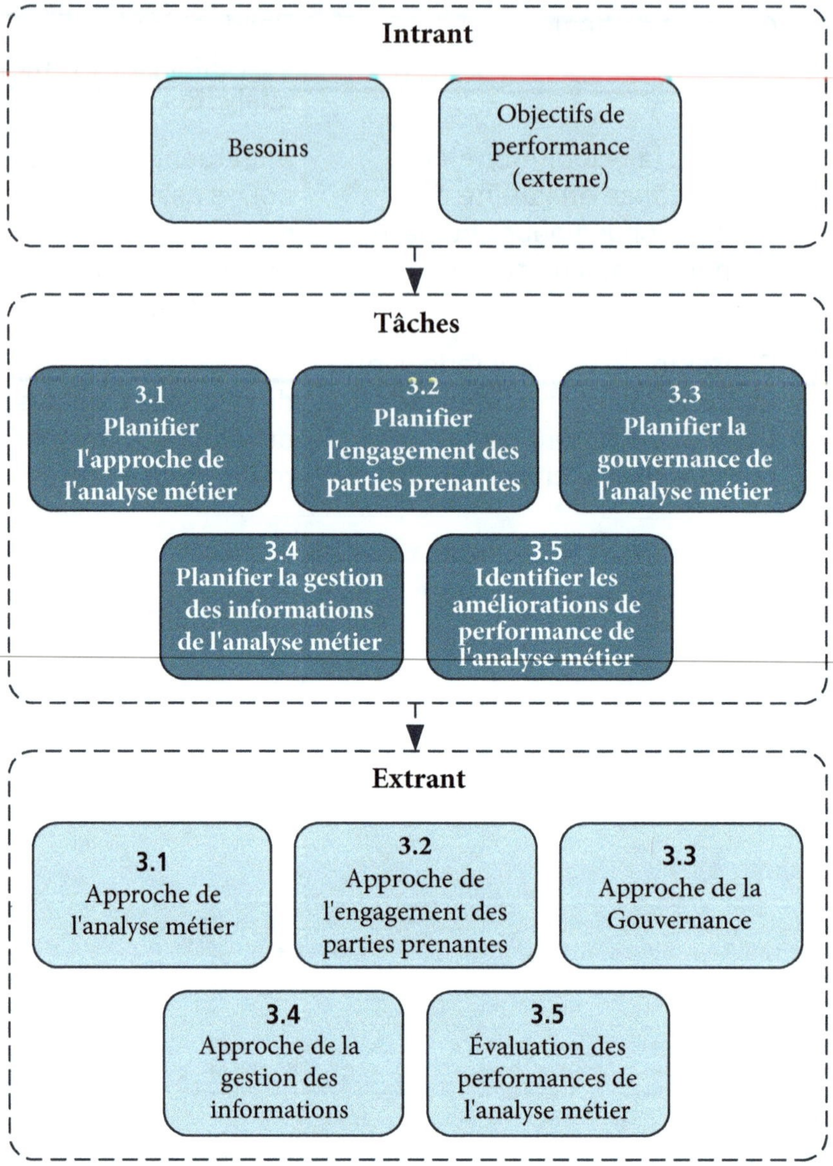

3.1 Planifier l'approche de l'analyse métier

3.1.1 Finalité

La finalité de Planifier l'approche de l'analyse métier est de définir une méthode appropriée pour mener les activités d'analyse métier.

3.1.2 Description

Les approches d'analyse métier décrivent la méthode globale qui sera suivie lors de l'exécution du travail d'analyse métier sur une initiative donnée, comment et quand les tâches seront effectuées et les livrables qui seront produits.

L'analyste métier peut également identifier une liste initiale de techniques à utiliser. Cette liste peut changer au fur et à mesure que l'initiative avance et que l'analyste métier acquiert une compréhension plus approfondie du changement et de ses parties prenantes.

L'approche de l'analyse métier peut être définie par une méthodologie ou par des normes organisationnelles. Dans certaines organisations, les éléments de l'approche d'analyse métier peuvent être standardisés et formalisés dans un processus d'analyse reproductible et qui peut être appliqué dans touts les initiatives. Même lorsqu'une approche standardisée existe, elle peut être adaptée aux besoins d'une initiative spécifique. L'adaptation peut être régie par des standards qui définissent quelles sont les approches autorisées, quels éléments de ces processus peuvent être adaptés et quelles sont les directives générales pour la sélection d'un processus.

S'il n'existe pas de normes organisationnelles, l'analyste métier travaille avec les parties prenantes appropriées pour déterminer comment le travail sera effectué. Par exemple, si le changement est réalisé dans le cadre d'un projet, les normes et l'approche peuvent être élaborées pendant la phase de planification du projet.

L'approche de l'analyse métier devrait :

- s'aligner sur les objectifs généraux du changement,
- coordonner les tâches d'analyse métier avec les activités et les livrables attendus du changement dans son ensemble,
- inclure des tâches pour gérer tous les risques qui pourraient réduire la qualité des livrables de l'analyse métier ou entraver l'efficacité des tâches, et
- tirer parti des approches et sélectionner les techniques et les outils qui ont déjà fait leurs preuves par le passé .

3.1.3 Intrants

- ***Besoins***: l'approche de l'analyse métier doit être adapté au problème ou à l'opportunité auxquels l'organisation est confrontée. Il est nécessaire de considérer ce que l'on sait du besoin au moment de la planification, tout en reconnaissant que cette compréhension évolue tout au long des activités d'analyse métier.

Figure 3.1.1: Diagramme d'entrée/sortie de Planifier l'approche de l'analyse métier

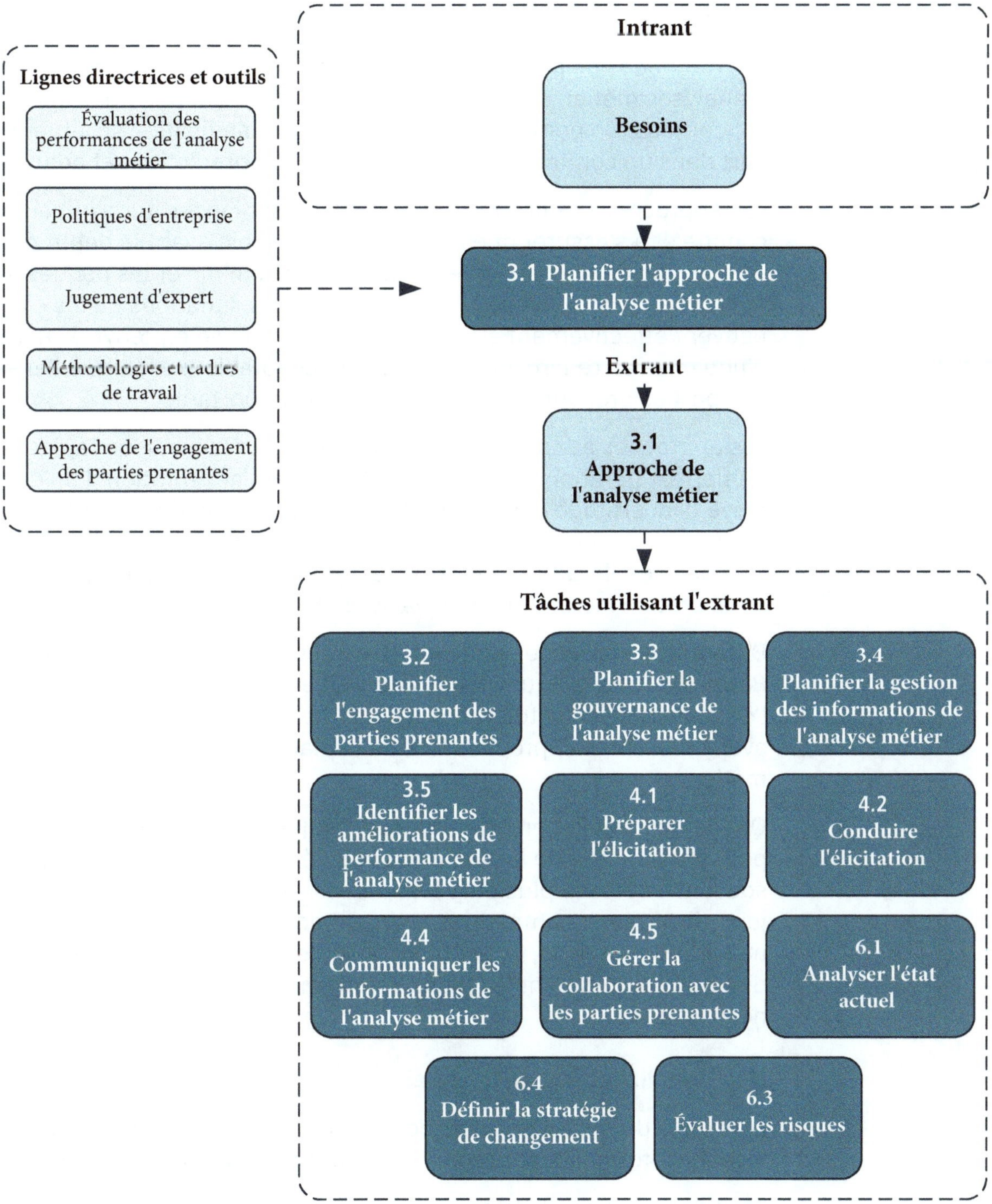

3.1.4 Éléments

.1 Approche de planification

Les méthodes de planification utilisées varient en fonction des perspectives d'analyses métier, des industries ou des organisations / entreprises concernées. De nombreuses méthodes de planification se situent quelque part dans un continuum entre les approches prédictives et adaptatives.

Les approches prédictives visent à minimiser l'incertitude initialement connue et à s'assurer que la solution est définie avant le début de la mise en œuvre, afin de maximiser le contrôle et de minimiser les risques. Ces approches sont souvent privilégiées dans les situations où les exigences peuvent effectivement être définies avant la mise en œuvre, où le risque d'une mise en œuvre incorrecte est inacceptable, ou lorsque l'engagement des parties prenantes présente des défis importants.

Les approches adaptatives se concentrent sur la livraison rapide de la valeur métier par itérations courtes en échange de l'acceptation d'un degré plus élevé d'incertitude concernant la livraison globale de la solution. Ces approches sont généralement privilégiées lorsqu'il s'agit d'adopter une approche exploratoire pour trouver la meilleure solution ou pour une amélioration incrémentale de la solution existante .

Différentes approches peuvent être utilisées au sein d'une même initiative. Parmi d'autres facteurs, l'analyste métier peut tenir compte des normes de l'organisation, de la tolérance à l'incertitude et de l'expérience antérieure avec différentes approches lors de la planification des activités d'analyse métier.

Quelle que soit l'approche adoptée, la planification est une tâche essentielle pour garantir que de la valeur est délivrée à l'entreprise . La planification est souvent effectuée plusieurs fois par initiative , car la planification est mise à jour afin de tenir compte des changements, des conditions métier et des nouvelles questions, ou problèmes soulevés. L'approche d'analyse métier doit décrire comment les plans seront modifiés si des changements sont nécessaires.

.2 Formalité et niveau de détail des livrables de l'analyse métier

Lors de la définition de l'approche de l'analyse métier, il faut tenir compte du niveau de formalité approprié pour aborder et planifier l'initiative.

Les approches prédictives nécessitent généralement une documentation et des représentations formelles. Les informations de l'analyse métier peuvent être saisies dans un document formel ou un ensemble de représentations suivant des modèles normalisés. Les informations sont saisies à différents niveaux de détail. Le contenu et le format spécifiques des informations de l'analyse métier peuvent varier en fonction des méthodologies, processus et modèles organisationnels utilisés.

Les approches adaptatives favorisent la définition des exigences et des conceptions par l'interaction de l'équipe et la collecte de commentaires sur une solution fonctionnelle. Les représentations des exigences obligatoires sont souvent limitées à une liste d'exigences classées par ordre de priorité. Des documents supplémentaires d'analyse peuvent être créés, au bon vouloir de l'équipe, et peuvent prendre la forme de modèles développés pour améliorer la compréhension par l'équipe d'un problème spécifique. Une documentation formelle est souvent produite après la mise en œuvre de la solution pour faciliter le transfert de connaissances.

D'autres considérations peuvent affecter l'approche :

- le changement est complexe et à haut risque,
- l'organisation fait partie d'un secteur fortement réglementé ou interagit avec un tel secteur,
- les contrats ou accords nécessitent une formalisation particulière ,
- les parties prenantes sont réparties géographiquement,
- les ressources sont externalisées,
- la rotation du personnel est élevée et/ou les membres de l'équipe peuvent être inexpérimentés,
- les exigences doivent être formellement approuvées, et
- les informations de l'analyse métier doivent être conservées à long terme ou transmises pour être utilisées dans le cadre d'initiatives futures.

Figure 3.1.2: Formalisation et niveau de détail des livrables de l'analyse métier

	Approche	
	Prédictive	**Adaptative**
Définition de la solution	Défini avant la mise en œuvre pour maximiser le contrôle et minimiser les risques.	Défini par itérations pour arriver à la meilleure solution ou améliorer une solution existante.
Niveau de formalité	Formelles - Les informations formelles sont saisies dans des modèles standardisés.	Informelle - les informations sont recueillies par l'interaction et le retour d'information de l'équipe.
Activités	Les activités nécessaires à la réalisation des livrables sont d'abord identifiées, puis divisées en tâches.	Les activités sont divisées en itérations avec les livrables en premier lieu, puis les tâches associées sont identifiées.
Chronologie	Les tâches sont exécutées au cours de phases spécifiques.	Les tâches sont effectuées de manière itérative.

.3 Activités d'analyse métier

Une approche d'analyse métier fournit une description des types d'activités que l'analyste métier va réaliser. Les méthodologies adoptées par l'organisation influencent souvent les activités sélectionnées.

L'intégration des activités d'analyse métier dans l'approche de l'analyse métier comprend :

- l'identification les activités requises à la réalisation de chaque livrable, puis la décomposition de chaque activité en tâches,
- la répartition du travail dans les itérations, l'identification des livrables pour chaque itération, puis l'identification des activités et des tâches associées, ou
- en s'inspirant d'une initiative antérieure similaire et en adaptant finement les tâches et les activités pour qu'elles deviennent spécifiques à l'initiative actuelle.

.4 Calendrier des travaux d'analyse métier

Les analystes métier déterminent quand les tâches d'analyse métier doivent être effectuées et si le niveau d'effort d'analyse métier devra varier avec le temps. Ce type de planification consiste notamment à déterminer si les tâches d'analyse métier effectuées dans les autres domaines de connaissances seront réalisées principalement lors de phases spécifiques ou de manière itérative tout au long de l'initiative.

Le calendrier des activités d'analyse métier peut également être affecté par :

- la disponibilité des ressources,
- la priorité et/ou l'urgence de l'initiative,
- d'autres initiatives simultanées, ou
- des contraintes telles que les clauses contractuelles ou les délais réglementaires.

.5 Complexité et risque

La complexité et l'ampleur du changement ainsi que le risque global de l'effort à fournir par l'organisation sont pris en compte lors de la détermination de l'approche de l'analyse métier. Au fur et à mesure que la complexité et le risque augmentent ou diminuent, la nature et le périmètre du travail d'analyse métier peuvent être modifiés et reflétés dans l'approche.

L'approche peut également être modifiée en fonction du nombre de parties prenantes ou de ressources d'analyse métier impliquées dans l'initiative. Au fur et à mesure que le nombre de parties prenantes augmente, l'approche peut être ajustée pour inclure des étapes de processus supplémentaires afin de mieux gérer le travail d'analyse métier.

D'autres facteurs peuvent avoir un impact sur la complexité :

- l'ampleur du changement,
- le nombre de secteurs d'activité ou de systèmes touchés,
- des considérations géographiques et culturelles,
- les complexités technologiques, et
- tout risque qui pourrait entraver l'effort d'analyse métier.

Les facteurs qui peuvent avoir un impact sur le niveau de risque d'un effort d'analyse métier incluent :

- le niveau d'expérience de l'analyste métier,
- l'étendue de la connaissance du domaine acquise par l'analyste métier,
- le niveau d'expérience dont les parties prenantes disposent dans la communication de leurs besoin ,
- l'attitude des parties prenantes à l'égard du changement et de l'analyse métier en général,
- le temps alloué par les parties prenantes aux activités d'analyse métier,
- tout cadre, méthodologie, outils et/ou techniques prédéfinis imposés

par les directives et les pratiques organisationnelles, et

- les normes culturelles de l'organisation.

.6 Acceptation

L'approche de l'analyse métier est examinée et approuvée par les parties prenantes clés. Dans certaines organisations, le processus d'analyse métier peut être plus structuré et exiger que les parties prenantes clés valident l'approche pour s'assurer que toutes les activités d'analyse ont été identifiées, que les estimations sont réalistes, et que les rôles et responsabilités proposés sont corrects. Toute question soulevée par les parties prenantes lors de l'examen de l'approche est documentée par l'analyste métier et des solutions sont recherchées. Les parties prenantes jouent également un rôle dans l'examen et l'acceptation des changements apportés à l'approche en fonction de l'évolution de l'initiative.

3.1.5 Lignes directrices et outils

- ***Évaluation de la performance de l'analyse métier***: fournit les résultats d'évaluations antérieures qui devraient être examinés et intégrés dans toutes les approches de planification.
- ***Politiques d'entreprise***: définissent les limites dans lesquelles les décisions doivent être prises. Elles peuvent être décrites par des règlements, des contrats, des accords, des transactions, des garanties, des certifications ou d'autres obligations légales. Ces politiques peuvent influencer l'approche de l'analyse métier.
- ***Jugement d'expert***: à utiliser pour déterminer l'approche optimale de l'analyse métier. L'expertise peut provenir d'un large éventail de sources, notamment des parties prenantes à l'initiative, des centres d'excellence organisationnels, des consultants ou des associations et groupes industriels. Les expériences antérieures de l'analyste métier et des autres parties prenantes doivent être prises en compte lors de la sélection ou de la modification d'une approche.
- ***Méthodologies et cadres de travail***: façonnent l'approche qui sera utilisée en fournissant des méthodes, des techniques, des procédures, des concepts de travail et des règles. Il peut être nécessaire de les adapter pour mieux répondre aux besoins d'un défi métier spécifique.
- ***Approche d'engagement des parties prenantes***: la compréhension des parties prenantes et de leurs préoccupations et intérêts peut influencer les décisions prises lors de la détermination de l'approche de l'analyse métier.

3.1.6 Techniques

- ***Brainstorming***: à utiliser pour identifier les activités, les techniques, les risques et d'autres éléments pertinents possibles afin d'aider au développement de l'approche de l'analyse métier.
- ***Étude d'opportunité (Business Case)***: à utiliser pour comprendre si les éléments du problème ou de l'opportunité sont particulièrement sensibles au temps, de grande valeur, ou s'il y a une incertitude particulière autour des éléments du besoin ou de la solution possible.
- ***Analyse de documents***: à utiliser pour examiner les actifs organisationnels existants qui pourraient aider à la planification de l'approche.
- ***Estimation***: à utiliser pour déterminer le temps nécessaire à la réalisation des activités d'analyse métier.
- ***Analyse financière***: à utiliser pour évaluer comment les différentes approches (et les options de livraison possibles) affectent la valeur livrée.
- ***Décomposition fonctionnelle***: à utiliser pour décomposer des processus ou des approches complexes d'analyse métier en composants plus facilement applicables .
- ***Entretiens***: à utiliser pour aider à construire le plan avec un individu ou un petit groupe.
- ***Gestion des points de suivi***: à utiliser pour suivre tous les problèmes soulevés lors des activités de planification avec les parties prenantes. Peut également suivre les éléments liés aux risques soulevés au cours des discussions lors de l'élaboration de l'approche.
- ***Retours d'expérience***: à utiliser pour identifier l'expérience antérieure d'une entreprise (tant les succès que les défis) en matière de planification de l'approche d'analyse métier.
- ***Modélisation des processus***: à utiliser pour déterminer et documenter l'approche de l'analyse métier.
- ***Revues***: à utiliser pour valider l'approche d'analyse métier sélectionnée avec les parties prenantes.
- ***Analyse et gestion des risques***: à utiliser pour évaluer les risques dans le but de sélectionner l'approche d'analyse appropriée.
- ***Modélisation du périmètre***: à utiliser pour déterminer les limites de la solution en vue de la planification et de l'estimation.
- ***Sondage ou questionnaire***: à utiliser pour identifier les activités, les techniques, les risques et d'autres éléments pertinents pour aider à développer l'approche de l'analyse métier.
- ***Ateliers de travail***: à utiliser pour aider à construire le plan en équipe.

3.1.7 Parties prenantes

- ***Expert du domaine***: peut être une source de risque lorsque leur implication est requise et que leur disponibilité fait défaut. L'approche adoptée peut dépendre de leur disponibilité et de leur niveau d'implication dans l'initiative.
- ***Chef de Projet***: détermine si l'approche est réaliste pour l'ensemble du calendrier et des échéances. L'approche de l'analyse métier doit être compatible avec les autres activités.
- ***Régulateur***: peut être nécessaire pour approuver certains aspects de l'approche de l'analyse métier ou les décisions prises lors de l'adaptation du processus, en particulier dans les organisations où le processus d'analyse métier est audité.
- ***Sponsor***: peut fournir les besoins et les objectifs de l'approche et s'assurer que les politiques organisationnelles sont respectées. L'approche choisie peut dépendre de leur disponibilité et de leur implication dans l'initiative.

3.1.8 Extrants

- ***Approche de l'analyse métier***: identifie l'approche d'analyse métier et les activités qui seront réalisées lors de l'initiative, y compris les personnes qui réaliseront les activités, le calendrier et la séquence du travail, les livrables qui seront produits et les techniques d'analyse métier qui peuvent être utilisées. Les autres résultats du domaine "Planification et surveillance de l'analyse métier" peuvent être intégrées dans une approche globale ou être gérées indépendamment en fonction de la méthodologie, de l'organisation, et de la perspective.

3.2 Planifier l'engagement des parties prenantes

3.2.1 Finalité

La finalité de Planifier l'engagement des parties prenantes est de planifier une approche pour établir et maintenir des relations de travail efficaces avec les parties prenantes.

3.2.2 Description

Planifier l'engagement des parties prenantes implique de mener une analyse approfondie des parties prenantes afin d'identifier toutes les parties prenantes concernées et d'analyser leurs caractéristiques. Les résultats de l'analyse sont ensuite utilisés pour définir les meilleures approches de collaboration et de communication de l'initiative et pour planifier adéquatement les risques liés aux parties prenantes.

Lors de la planification de l'engagement des parties prenantes, le degré de complexité peut augmenter de façon disproportionnée quand le nombre de parties prenantes impliquées dans les activités d'analyse métier augmente. Cet aspect est important car des techniques nouvelles ou différentes de gestion des parties prenantes peuvent être nécessaires lorsque l'engagement passe d'une collaboration avec quelques parties prenantes à des dizaines, des centaines, voire des milliers de personnes.

3.2.3 Intrants

- ***Besoins***: comprendre les besoins métiers et les parties impactées de l'entreprises aide à identifier les parties prenantes. Le besoin peut évoluer au fur et à mesure de l'analyse des parties prenantes.
- ***Approche de l'analyse métier***: l'intégration de l'approche globale de l'analyse métier dans les approches de l'analyse des parties prenantes, de la collaboration et de la communication est nécessaire pour assurer la cohérence de ces approches.

Figure 3.2.1: Diagramme d'entrée/sortie de Planifier l'engagement des parties prenantes

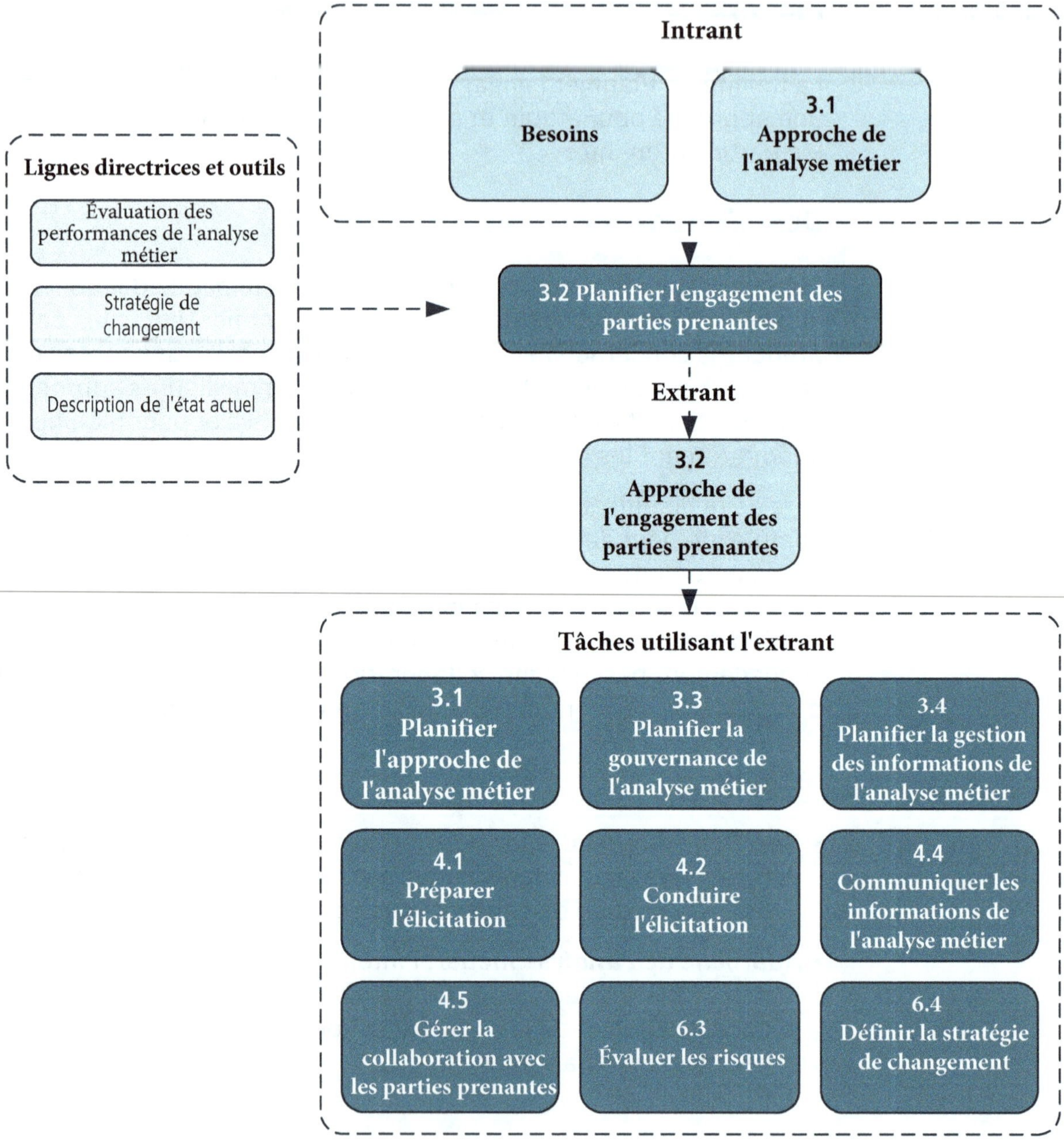

3.2.4 Éléments

.1 Effectuer l'analyse des parties prenantes

L'analyse des parties prenantes consiste à identifier les parties prenantes (qui seront directement ou indirectement touchées par le changement) et leurs caractéristiques, ainsi qu'à analyser les informations une fois recueillies. L'analyse des parties prenantes est effectuée de manière répétée au fur et à mesure que les activités d'analyse métier se poursuivent.

Une liste complète et détaillée des parties prenantes permet de ne pas les négliger. Comprendre qui sont les parties prenantes, l'impact que le changement proposé ont sur elles, et l'influence qu'elles peuvent avoir sur le changement est fondamental pour comprendre quels sont les besoins et les attentes qui doivent être satisfaits par une solution. Si les parties prenantes ne sont pas identifiées, l'analyste métier risque de manquer de découvrir des besoins essentiels. Les besoins des parties prenantes découverts tardivement nécessiteront souvent une révision des tâches d'analyse métier en cours ou terminées. Cela peut entraîner une augmentation des coûts et une diminution de la satisfaction des parties prenantes.

La façon dont les analystes métier effectuent l'analyse des parties prenantes peut varier selon les projets, les méthodologies et les organisations. L'organigramme et les processus opérationnels d'une entreprise peuvent servir de source initiale pour identifier les parties prenantes internes. Le sponsor peut également identifier les parties prenantes. Les parties prenantes extérieures à l'organisation peuvent être identifiées et peuvent être découvertes en analysant tous les contrats existants qui peuvent être en place, les fournisseurs prévus qui peuvent avoir un rôle basé sur les relations existantes avec l'organisation, ainsi que les organismes de réglementation et de gouvernance qui peuvent influencer le travail. Les actionnaires, les clients et les fournisseurs sont également pris en compte dans la recherche de parties prenantes externes.

Rôles

Les analystes métier identifient les rôles des parties prenantes afin de comprendre où et comment les parties prenantes contribueront à l'initiative. Il est important que l'analyste métier soit conscient des différents rôles attribués à une partie prenante au sein de l'organisation.

Attitudes

L'attitude des parties prenantes peut avoir un impact positif ou négatif sur un changement. Les analystes métier identifient les attitudes des parties prenantes afin de bien comprendre ce qui peut avoir un impact sur les actions et les comportements des parties prenantes. Le fait de savoir comment une partie prenante perçoit l'initiative permet à l'analyste métier de planifier spécifiquement sa collaboration et son engagement avec cette partie prenante.

Les analystes métier analysent les attitudes des parties prenantes à propos :

- des buts métier, des objectifs de l'initiative et de toutes les solutions proposées
- de l'analyse métier en général,

- du niveau d'intérêt envers le changement,
- du sponsor,
- des membres de l'équipe et des autres parties prenantes, et
- de la collaboration et d'une approche en équipe.

Les parties prenantes qui ont des attitudes positives peuvent être d'importants promoteurs et contributeurs. D'autres parties prenantes peuvent ne pas voir la valeur du travail, mal comprendre la valeur fournie, ou s'inquiéter de l'effet que le changement aura sur elles. Les parties prenantes qui sont censées remplir des rôles clés et participer activement aux activités d'analyse métier mais qui voient un changement d'un mauvais oeil, peuvent nécessiter des approches de collaboration qui augmentent leur coopération.

Autorité de décision

Les analystes métier identifient le niveau d'autorité qu'une partie prenante possède au sujet des activités d'analyse métier, des livrables et des changements apportés aux travaux d'analyse métier. Comprendre les niveaux d'autorité à l'avance élimine la confusion lors des efforts d'analyse et veille à ce que l'analyste métier collabore avec les parties prenantes appropriés lorsqu'il cherche à prendre une décision ou à obtenir des autorisations.

Niveau de pouvoir ou d'influence

Comprendre la nature de l'influence et les structures et canaux d'influence au sein d'une organisation peut s'avérer être de très grande valeur lorsqu'on cherche à établir des relations et à instaurer la confiance. La compréhension de l'influence et de l'attitude de chaque partie prenante peut avoir peut aider à élaborer des stratégies pour obtenir l'adhésion et la collaboration. Les analystes métier évaluent l'influence nécessaire pour mettre en œuvre un changement par rapport à la quantité d'influence que les principaux acteurs peuvent exercer. Si l'influence requise et l'influence que possède la partie prenante ou que l'on perçoit chez elle ne correspondent pas, les analystes métier élaborent des plans de risque, des réponses et d'autres stratégies qui pourraient être nécessaires pour obtenir le niveau de soutien requis.

.2 Définir la collaboration entre les parties prenantes

Assurer une collaboration efficace avec les parties prenantes est essentiel pour maintenir leur engagement dans les activités d'analyse métier. La collaboration peut être un événement spontané. Cependant, une grande partie de la collaboration est intentionnelle et planifiée, avec des activités et des résultats spécifiques déterminés à l'avance lors des activités de planification.

L'analyste métier peut planifier différentes approches de collaboration avec les parties prenantes internes et externes, et les approches peuvent différer selon l'activité d'analyse. L'objectif est de sélectionner les approches qui répondent le mieux aux besoins de chaque groupe de parties prenantes et de veiller à ce que leur intérêt et leur participation soient maintenus tout au long de l'initiative. Voici quelques éléments à prendre en compte lors de la planification de la collaboration :

- le moment et la fréquence de la collaboration,
- l'emplacement,
- les outils disponibles tels que les wikis et les communautés en ligne,
- le mode de livraison, par exemple en personne ou virtuel, et
- les préférences des parties prenantes.

Les considérations de planification peuvent être documentées sous la forme d'un plan de collaboration avec les parties prenantes. Dès que les facteurs évoluent, les plans peuvent être revus et des ajustements et adaptations peuvent être effectués pour garantir un engagement continu des parties prenantes.

.3 Besoins de communication des parties prenantes

L'analyste métier évalue :

- ce qui doit être communiqué,
- quel est le mode de livraison approprié (écrit ou verbal),
- quelle est l'audience appropriée,
- quand la communication doit avoir lieu,
- la fréquence des communications,
- l'emplacement géographique des parties prenantes qui recevront les communications,
- le niveau de détail approprié pour la communication et la partie prenante, et
- le niveau de formalisme des communications.

Les considérations de communication peuvent être documentées sous la forme d'un plan de communication avec les parties prenantes. Les analystes métier élaborent et révisent des plans de communication avec les parties prenantes afin de s’assurer que leurs exigences et attentes en matière de communication soient satisfaites.

3.2.5 Lignes directrices et outils

- ***Évaluation de la performance de l'analyse métier***: fournit les résultats des évaluations précédentes qui devraient être révisés et intégrés.

- ***Stratégie de Changement***: à utiliser pour une meilleure évaluation de l'impact sur les parties prenantes et le développement de stratégies d'engagement plus efficaces.
- ***Description de l'état actuel***: fournit le contexte dans lequel le travail doit être effectué. Ces informations permettront une analyse plus efficace des parties prenantes et une meilleure compréhension de l'impact du changement souhaité.

3.2.6 Techniques

- ***Brainstorming***: à utiliser pour produire la liste des parties prenantes et identifier les rôles et responsabilités des parties prenantes.
- ***Analyse des règles métier***: à utiliser pour identifier les parties prenantes qui ont communiqué des règles métier.
- ***Analyse de documents***: à utiliser pour examiner les actifs organisationnels existants qui pourraient aider à planifier l'engagement des parties prenantes.
- ***Entretiens***: à utiliser pour interagir avec des parties prenantes spécifiques afin d'obtenir plus d'informations ou de connaissances sur les groupes de parties prenantes.
- ***Retours d'expérience***: à utiliser pour identifier l'expérience antérieure d'une entreprise (réussites et défis) en matière de planification de l'engagement des parties prenantes.
- ***Mind Mapping***: à utiliser pour identifier les parties prenantes potentielles et aider à comprendre les relations entre elles.
- ***Modélisation de l'organisation***: à utiliser pour déterminer si les unités organisationnelles ou les personnes énumérées ont des besoins et des intérêts particuliers dont il faut tenir compte. Les modèles organisationnels décrivent les rôles et les fonctions au sein de l'organisation et les modes d'interaction entre les parties prenantes, ce qui peut aider à identifier les parties prenantes qui seront affectées par un changement.
- ***Modélisation des processus***: à utiliser pour catégoriser les parties prenantes en fonction des systèmes qui soutiennent leurs processus métier.
- ***Analyse et gestion des risques***: à utiliser pour identifier les risques portant sur l'initiative résultant de l'attitude des parties prenantes ou de l'incapacité des parties prenantes clés à participer à l'initiative.
- ***Modélisation du périmètre***: à utiliser pour développer des modèles de portée pour montrer les parties prenantes qui se situent en dehors du périmètre de la solution mais qui interagissent toujours avec elle d'une certaine manière.

- ***Liste des parties prenantes, carte ou personas***: à utiliser pour décrire la relation des parties prenantes à la solution et entre elles.
- ***Sondage ou questionnaire***: à utiliser pour identifier les caractéristiques communes d'un groupe de parties prenantes.
- ***Ateliers de travail***: à utiliser pour interagir avec des groupes de parties prenantes afin d'obtenir plus d'informations sur ces dernières.

3.2.7 Parties prenantes

- ***Clients***: une source de parties prenantes externes.
- ***Expert du domaine***: peuvent aider à identifier les parties prenantes et peuvent eux-mêmes être identifiés pour remplir un ou plusieurs rôles dans l'initiative.
- ***Utilisateur final***: une source de parties prenantes internes.
- ***Chef de Projet***: peut être en mesure d'identifier et de recommander des parties prenantes. La responsabilité de l'identification et de la gestion des parties prenantes peut être partagée avec l'analyste métier.
- ***Régulateur***: peut exiger que des représentants ou des groupes particuliers de parties prenantes soient impliqués dans les activités d'analyse métier.
- ***Sponsor***: peut demander que des parties prenantes soient impliquées dans les activités d'analyse métier.
- ***Fournisseur***: une source de parties prenantes externes.

3.2.8 Extrants

- ***Approche d'engagement des parties prenantes***: contient une liste des parties prenantes, leurs caractéristiques qui ont été analysées ainsi qu'une liste des rôles et des responsabilités dans le cadre du changement. Il identifie également les approches de collaboration et de communication que l'analyste métier utilisera au cours de l'initiative.

3.3 Planifier la gouvernance de l'analyse métier

3.3.1 Finalité

La finalité de la planification de la gouvernance de l'analyse métier est de définir comment les décisions sont prises concernant les exigences et les conceptions, y compris les examens, le suivi du changement, contrôle des changements, les approbations et les priorisations.

3.3.2 Description

Les analystes métier s'assurent qu'un processus de gouvernance est en place et clarifient toute ambiguïté au sein de celui-ci. Un processus de gouvernance identifie les décideurs, le processus et les informations nécessaires à la prise de décisions. Un processus de gouvernance décrit comment les approbations et les priorisations sont prises pour les exigences et les conceptions.

Lors de la planification de l'approche de la gouvernance, les analystes métier identifient :

- comment le travail d'analyse métier sera abordé et priorisé,
- quel est le processus pour proposer un changement à l'information produite par l'analyse métier,
- qui a l'autorité et la responsabilité de proposer des changements et qui doit être impliqué dans les discussions sur les changements,
- qui est responsable de l'analyse des demandes de changement,
- qui a l'autorité d'approuver les changements, et
- comment les changements seront documentés et communiqués.

3.3.3 Intrants

- ***Approche de l'analyse métier***: l'intégration de l'approche globale de l'analyse métier dans l'approche de la gouvernance est nécessaire pour assurer la cohérence entre les approches.
- ***Approche d'engagement des parties prenantes***: l'identification des parties prenantes et la compréhension de leurs besoins en matière de communication et de collaboration sont utiles pour déterminer leur participation à la démarche de gouvernance. L'approche de l'engagement peut être mise à jour en fonction de l'achèvement de l'approche de la gouvernance.

Figure 3.3.1: Diagramme d'entrée/sortie de Planifier la gouvernance de l'analyse métier

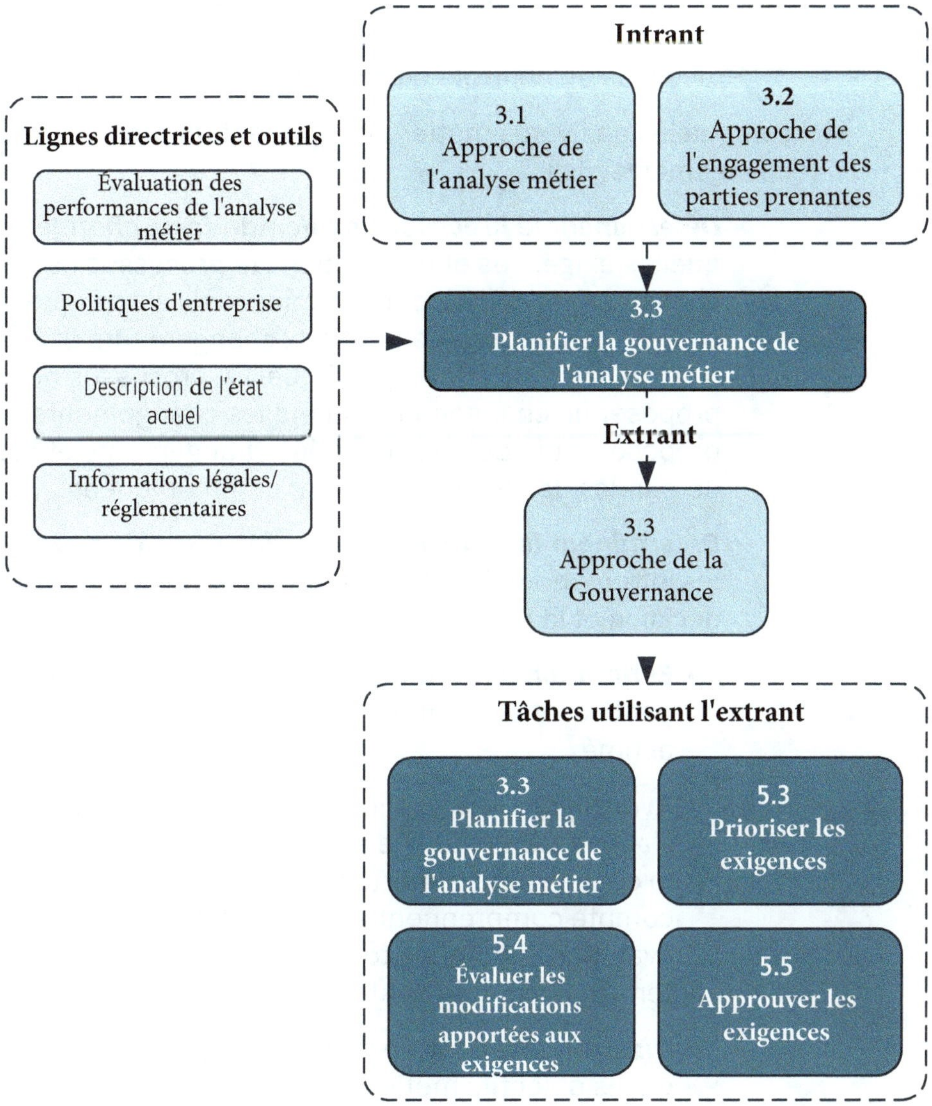

3.3.4 Éléments

.1 Prise de décision

Les décisions sont prises tout au long de l'initiative. Une partie prenante peut jouer différents rôles dans le processus de prise de décision, par exemple :

- être un participants aux discussions sur la prise de décision,
- être un expert spécialisé du domaine (SME) apportant son expérience et ses connaissances au processus décisionnel,
- être un réviseur des informations, et
- être un approbateur de décisions.

Le processus décisionnel définit ce qui se passe lorsque les équipes ne parviennent pas à un consensus, en identifiant les voies d'escalade et les principales parties prenantes qui détiennent le pouvoir de décision final.

.2 Processus de contrôle de changement

Lorsque les analystes métier développent un processus de contrôle des changements, ils :

- ***Déterminent le processus de demande de changements*** : précisent quelles exigences et conceptions le processus de contrôle des changements couvre et déterminent s'il s'applique à tous les changements ou seulement aux changements d'une ampleur, d'un coût ou d'un niveau d'effort spécifique. Ce processus détaille les étapes pour proposer un changement, quand les changements peuvent être proposés, qui peut proposer des changements et comment les demandes de changement sont communiquées.
- ***Déterminent les éléments de la demande de changement*** : identifient les informations à inclure dans une proposition pour soutenir la prise de décision et la mise en œuvre si elle est approuvée.
    - ***Estimation des coûts et des délais*** : pour chaque domaine concerné par le changement proposé, le coût attendu du changement est estimé.
    - ***Avantages*** : une explication de la manière dont le changement s'aligne sur l'initiative et les objectifs métier pour montrer comment le changement apporte une valeur ajoutée. Les avantages pris en compte comprennent à la fois les avantages financiers et les avantages tactiques tels que les implications sur le périmètre, le temps, le coût, la qualité et les ressources.
    - ***Risques***: une analyse des risques portant sur l'initiative, la solution ou les objectifs métier.
    - ***Priorité*** : le niveau d'importance du changement par rapport à d'autres facteurs tels que les objectifs organisationnels, les exigences de conformité réglementaire et les besoins des parties prenantes.
    - ***Plan(s) d'action***: le plan d'action du changement comprend une évaluation des composantes de la demande de changement (coût, temps, avantages, risques et priorité). Il est courant d'identifier des interventions alternatives, comme celles recommandées par le demandeur et par d'autres parties prenantes afin que les décideurs puissent faire un choix qui servira au mieux aux besoins de l'initiative.

- ***Déterminent la priorité qui sera accordée aux changements***: la priorité du changement proposé est établie par rapport aux autres intérêts concurrentiels de l'initiative en cours.
- ***Déterminent comment les modifications seront documentées***: les normes de gestion de la configuration et de traçabilité établissent la base de référence du produits et les pratiques de contrôle des versions qui identifient quelle base de référence est affectée par la modification.
- ***Déterminent comment les changements seront communiqués***: comment les changements proposés, les changements en cours d'évaluation et approuvés, refusés ou reportés seront communiqués aux parties prenantes.
- ***Déterminent qui effectuera l'analyse d'impact***: préciser qui est responsable d'effectuer l'analyse des impacts que le changement proposé aura sur l'ensemble de l'initiative.
- ***Déterminent qui autorisera les changements***: inclure une désignation des personnes pouvant approuver les changements et des informations d'analyse métier que leur autorité couvre.

.3 Approche de priorisation du plan

Pour plus d'informations, voir Prioriser les exigences (p. 108).

Les échéanciers, la valeur attendue, les dépendances, les contraintes de ressources, les méthodologies adoptées et d'autres facteurs influent la façon dont les exigences et les conceptions sont priorisées.

Lors de la planification du processus de priorisation , les analystes métier déterminent :

- le formalisme et la rigueur du processus de priorisation,
- les parties prenantes qui seront impliqués dans la priorisation,
- le processus pour décider comment se fera la priorisation, y compris quelles techniques de priorisation seront utilisées, et
- les critères à utiliser pour la priorisation. Par exemple, les exigences peuvent être priorisées en fonction du coût, du risque et de la valeur.

L'approche devrait également déterminer quelles parties prenantes auront un rôle à jouer dans la priorisation.

.4 Plan d'approbation

Une approbation officialise l'entente entre toutes les parties prenantes selon laquelle le contenu et la présentation des exigences et des conceptions sont exacts, et contiennent suffisamment de détails pour pouvoir continuer à progresser.

Le choix du moment et la fréquence des approbations dépendent de l'ampleur et de la complexité du changement ainsi que des risques liés à l'abandon ou au report d'une approbation.

L'analyste métier doit déterminer le type d'exigences et de conceptions à approuver, le calendrier des approbations, le processus à suivre pour obtenir l'approbation, et qui approuvera les exigences et les conceptions.

Lors de la planification du processus d'approbation approprié, les analystes métier tiennent compte de la culture organisationnelle et du type d'information que l'on approuve. Par exemple, de nouveaux systèmes ou processus pour des industries fortement réglementées telles que la finance, l'industrie pharmaceutique ou le secteur de la santé sont susceptibles de nécessiter un examen fréquent et rigoureux et une approbation de spécifications très détaillées. Pour d'autres types d'initiatives, un processus d'approbation moins intensif peut être plus approprié et conduire à une mise en œuvre plus rapide.

La planification des approbations nécessite également de se mettre d'accord sur des dates pendant lesquelles les approbations auront lieu et comment elles seront tracées. La disponibilité des parties prenantes, leur attitude et volonté d'engagement déterminent l'efficacité du processus d'approbation et peuvent avoir des répercussions importantes sur les délais de livraison.

3.3.5 Lignes directrices et outils

- ***Évaluation de la performance de l'analyse métier***: fournit les résultats d'évaluations antérieures qui devraient être examinés et intégrés dans toutes les approches de planification.
- ***Politiques d'entreprise***: définir les limites dans lesquelles les décisions doivent être prises. Elles peuvent être décrites par des règlements, des contrats, des accords, des garanties, des certifications ou d'autres obligations légales.
- ***Description de l'état actuel***: fournit le contexte dans lequel le travail doit être effectué. Ces informations peuvent aider à prendre de meilleures décisions.
- ***Informations légales/réglementaires***: décrit des règles ou des règlements législatifs qui doivent être respectés, et peuvent être utilisés pour aider à développer un cadre qui assure une prise de décision métier solide.

3.3.6 Techniques

- ***Brainstorming***: à utiliser pour générer une liste initiale de noms de parties prenantes potentielles qui pourraient avoir besoin de prendre des rôles d'approbation dans le processus de gouvernance défini.
- ***Analyse de documents***: à utiliser pour évaluer les processus ou modèles de gouvernance existants.
- ***Entretiens***: à utiliser pour identifier les méthodes possibles de prise de décision, de suivi du changement, d'approbation ou de priorisation auprès d'une personne ou d'un petit groupe.

- ***Gestion des points de suivi***: à utiliser pour suivre tous les problèmes qui se posent lors de la planification d'une approche de gouvernance.
- ***Retours d'expérience***: à utiliser pour déterminer si les initiatives passées ont permis d'identifier des expériences utiles en matière de gouvernance qui peuvent être exploitées sur les initiatives actuelles ou futures.
- ***Modélisation de l'organisation***: à utiliser pour comprendre les rôles/ responsabilités au sein de l'organisation dans le but de définir une approche de gouvernance qui implique les bonnes parties prenantes.
- ***Modélisation des processus***: à utiliser pour documenter le processus ou la méthode de gouvernance de l'analyse métier.
- ***Revues***: à utiliser pour examiner le plan de gouvernance proposé avec les principales parties prenantes.
- ***Sondage ou questionnaire***: à utiliser pour identifier les méthodes de prise de décision, de suivi du changement, d'approbation ou de priorisation et leurs parties prenantes.
- ***Ateliers de travail***: à utiliser pour identifier les approches de prise de décision, de gestion du changement, d'approbation ou de priorisation et leurs parties prenantes au sein d'une équipe.

3.3.7 Parties prenantes

- ***Expert du domaine***: peut être la source possible d'une demande de changement ou être identifié comme devant être impliqué dans les discussions sur le changement.
- ***Chef de Projet***: travaille avec l'analyste métier pour s'assurer que la gouvernance globale du projet s'aligne sur l'approche de gouvernance de l'analyse métier.
- ***Régulateur***: peut imposer les règles ou les règlements qui doivent entrer en ligne de compte lors de la détermination de la planification de la gouvernance de l'analyse métier. Peut également être une source possible d'une demande de changement.
- ***Sponsor***: peut imposer ses propres exigences sur la façon dont l'information de l'analyse métier doit être gérée. Participe aux discussions sur le changement et approuve les changements proposés.

3.3.8 Extrants

- ***Approche de la gouvernance***: identifie les parties prenantes qui auront la responsabilité et le pouvoir de prendre des décisions sur le travail d'analyse métier, dont celles qui devront établir les priorités et qui approuveront les changements des informations produites par l'analyses métier . Elle définit également le processus qui sera utilisé pour gérer les exigences et concevoir les changements tout au long de l'initiative.

3.4 Planifier la gestion de l'information de l'analyse métier

3.4.1 Finalité

La finalité de Planifier la gestion des informations de l'analyse métier est d'élaborer une approche qui encadre la façon dont l'information de l'analyse métier sera stockée et consultée.

3.4.2 Description

L'information de l'analyse métier comprend toute l'information que les analystes métier élicitent, créent, rassemblent et diffusent dans l'analyse métier. Les modèles, relevés sur la portée, préoccupations des parties prenantes, résultats de l'élicitation, exigences, conceptions et options de la solution ne sont que quelques exemples. Cela inclut les exigences et les conceptions, depuis les récits utilisateurs (User Stories) jusqu'aux prototypes fonctionnels, en passant par les documents des exigences formels.

La gestion de l'information implique l'identification :

- de la façon dont l'information doit être organisée,
- du niveau de détail avec lequel l'information doit être saisie,
- de tout lien entre l'information,
- de la façon dont l'information peut être utilisée dans de multiples initiatives et dans l'entreprise,
- de la façon dont l'information devrait être consultée et consolidée, et
- des caractéristiques de l'information qui doivent être tenus à jour.

La gestion de l'information fait en sorte que l'information de l'analyse métier soit organisée de façon fonctionnelle et utile, qu'elle soit facilement accessible par le personnel concerné et qu'elle soit conservée pendant la durée nécessaire.

3.4.3 Intrants

- ***Approche de l'analyse métier***: l'intégration de l'approche globale de l'analyse métier dans l'approche de la gestion de l'information est nécessaire pour assurer la cohérence entre les approches.
- ***Approche de la gouvernance***: définit la façon dont les analystes métier gèrent les changements des exigences et des conceptions, comment des décisions et des approbations pour des résultats d'analyse métier seront prises et comment les priorités seront fixées.

- ***Approche d'engagement des parties prenantes***: identifie les parties prenantes et la compréhension de leurs besoins en matière de communication et de collaboration sont utiles pour déterminer leurs besoins spécifiques en matière de gestion de l'information.

Figure 3.4.1: Diagramme d'entrée/sortie de Planifier la gestion des informations de l'analyse métier

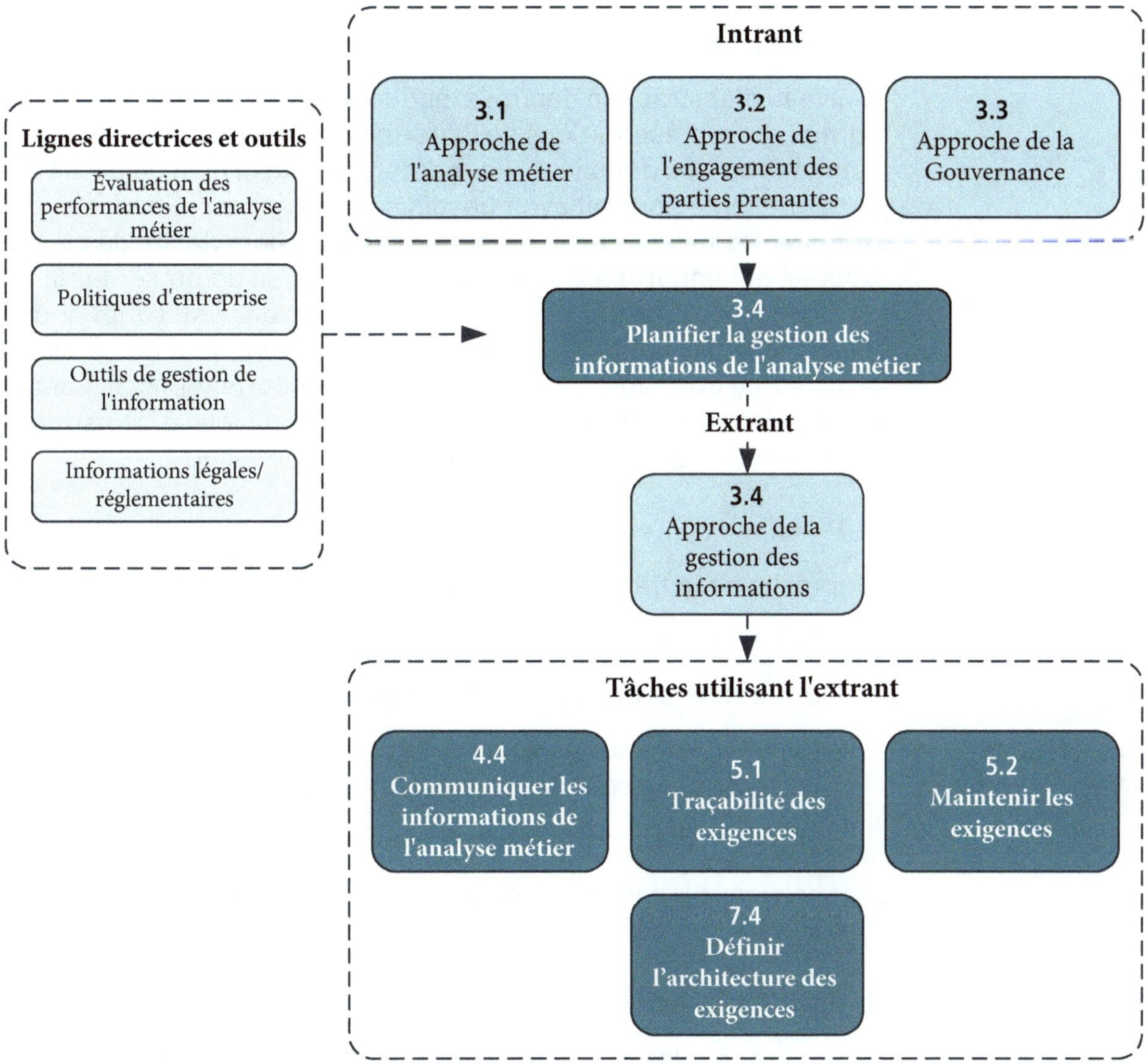

3.4.4 Éléments

.1 Organisation de l'information de l'analyse métier

Les analystes métier sont chargés d'organiser les informations relatives à l'analyse métier de manière à permettre un accès et une utilisation efficaces. L'information doit être bien structurée, pour qu'elle ne soit pas difficile à trouver, qu'elle n'entre pas en conflit avec d'autres informations ou qu'elle ne soit pas dupliquée inutilement.

L'analyste métier détermine la meilleure façon de structurer et d'organiser l'information d'analyse métier au début d'une initiative. Cela implique de prendre en considération le type et la quantité d'informations à collecter, les besoins des parties prenantes en matière d'accès et d'utilisation, ainsi que l'ampleur et la complexité du changement. Les relations entre les types d'information doivent être définies afin de faciliter l'ajout des nouvelles informations ou la modifications des informations existantes à l'avenir.

.2 Niveau d'abstraction

Le niveau d'abstraction décrit l'étendue et la profondeur de l'information fournie. Les représentations de l'information peuvent être très conceptuelles, résumées ou très détaillées. Pour déterminer le niveau de détail dont chaque partie prenante pourrait avoir besoin à mesure que l'initiative évolue, il faut examiner les besoins de la partie prenante, la complexité de ce qui est expliqué et l'importance du changement. Au lieu de présenter la même information à toutes les parties prenantes, les analystes métier doivent présenter l'information avec l'étendue et la profondeur de détails appropriée selon le rôle de chaque partie prenante. Les informations de l'analyse métier sur un sujet d'importance majeure ou à un niveau élevé de risque sont fréquemment représentées de manière plus détaillée.

.3 Planifier l'approche de traçabilité

L'approche de la traçabilité est basée sur:

Pour plus d'informations, voir Traçabilité des exigences (p. 99).

- la complexité du domaine,
- le nombre de points de vue d'exigences qui vont être produites,
- tout risque lié aux exigences, aux normes organisationnelles et aux exigences réglementaires applicables, et
- une connaissance du coût et des bénéfices liés à la traçabilité.

Les analystes d'affaires prévoient de s'assurer que l'approche est à un niveau de détail permettant d'ajouter de la valeur sans frais excessifs.

.4 Planifier la réutilisation des exigences

La réutilisation des exigences peut faire gagner à une organisation du temps, des efforts et des coûts, à condition que les exigences soient accessibles et structurées de manière à soutenir leur réutilisation.

Parmi les exigences qui sont des candidats potentiels pour une utilisation à long terme figurent celles qu'une organisation doit se conformer en permanence, comme par exemple :

- les exigences réglementaires,
- les obligations contractuelles,
- les normes de qualité,

- les engagements sur le niveau de service
- les règles métier,
- les processus métier, ou
- les exigences qui décrivent les produits fabriqués par l'entreprise.

Les exigences peuvent également être réutilisées lorsqu'elles décrivent des fonctionnalités ou des services communs qui sont utilisés dans plusieurs systèmes, processus ou programmes.

Pour que les exigences soient utiles au-delà du changement actuel, les analystes métier planifient la réutilisation des exigences en déterminant comment structurer, consolider et consulter les exigences au mieux pour qu'elles soient utilisables et accessibles pour des futurs travaux d'analyse métier.

Pour que les exigences soient réutilisées, elles doivent être clairement nommées, définies et stockées dans un référentiel qui est disponible pour d'autres analystes métier.

.5 Stockage et accès

Les informations relatives à l'analyse métier peuvent être stockées de plusieurs façons. Les décisions de stockage dépendent de nombreux facteurs, parmi lesquels les personnes qui doivent avoir accès à l'information, la fréquence à laquelle elles ont besoin d'y accéder et les conditions d'accès qui doivent être réunies. Les normes organisationnelles et la disponibilité des outils influencent également les décisions de stockage et d'accès. L'approche d'analyse métier définit comment différents outils seront utilisés pour supporter l'initiative et comment les informations seront saisies et stockées dans ces outils. Les outils peuvent orienter la sélection de techniques d'analyse métier, les notations à utiliser et la façon dont l'information est organisée.

Le référentiel peut devoir contenir de l'information autre que les exigences et les conceptions. Il devrait être en mesure d'indiquer le statut de toute information stockée et de permettre la modification de ces informations au fil du temps.

.6 Attributs des exigences

Les attributs des exigences fournissent des informations sur les exigences et aident à la gestion continue des exigences tout au long du changement. Elles sont planifiées et déterminées en fonction des exigences elles-mêmes.

Les attributs des exigences permettent aux analystes métier d'associer l'information à des exigences individuelles ou des groupes connexes d'exigences. L'information documentée par les attributs aide l'équipe à faire des compromis efficaces entre les exigences, à identifier les parties prenantes touchées par les changements potentiels et à comprendre l'effet d'un changement proposé.

Voici quelques exemples courants d'attributs des exigences :

- ***Référence absolue***: fournit un identifiant unique. La référence n'est pas modifiée ni réutilisée si l'exigence est retirée, modifiée ou supprimée.
- ***Auteur***: indique le nom de la personne qui doit être consultée si l'exigence devait être ultérieurement jugée ambiguë, nébuleuse ou conflictuelle.
- ***Complexité***: indique à quel point l'exigence sera difficile à mettre en œuvre.
- ***Propriété***: indique l'individu ou le groupe qui a besoin de l'exigence ou qui sera le propriétaire métier une fois la solution mise en œuvre.
- ***Priorité***: indique l'importance relative des exigences. La priorité peut se référer à la valeur relative d'une exigence ou à la séquence dans laquelle elle sera mise en œuvre.
- ***Risques***: identifie les événements incertains qui peuvent avoir un impact sur les exigences.
- ***Source***: identifie l'origine de la demande. La source est souvent consultée si l'exigence change ou si des renseignements supplémentaires sur l'exigence ou la nécessité qui la motivent doivent être obtenus.
- ***Stabilité***: indique la maturité de l'exigence.
- ***Statut***: indique l'état de la demande, qu'elle soit proposée, acceptée, vérifiée, reportée, annulée ou implémentée.
- ***Urgence***: indique combien de temps les exigences sont nécessaires. Il est généralement nécessaire de le spécifier séparément de la priorité lorsqu'il existe un délai pour la mise en œuvre.

3.4.5 Lignes directrices et outils

- ***Évaluation de la performance de l'analyse métier***: fournit les résultats d'évaluations antérieures qui devraient être examinés et intégrés dans toutes les approches de planification.
- ***Politiques d'entreprise***: définit les limites dans lesquelles les décisions doivent être prises. Elles peuvent être décrites par des règlements, des contrats, des accords, des garanties, des certifications ou d'autres obligations légales.
- ***Outils de gestion de l'information***: chaque organisation utilise certains outils pour stocker, récupérer et partager des informations d'analyse

métier. Celles-ci peuvent être aussi simples qu'un tableau blanc ou aussi complexes qu'un wiki global ou un outil robuste de gestion des exigences.

- ***Informations légales/réglementaires***: décrit les règles législatives ou les règlementations qui doivent être respectés et aide à déterminer comment les informations de l'analyse métier seront gérées.

3.4.6 Techniques

- ***Brainstorming***: à utiliser pour aider les parties prenantes à découvrir leurs besoins en matière de gestion de l'information dans le cadre de l'analyse métier.
- ***Entretiens***: à utiliser pour aider des parties prenantes spécifiques à découvrir leurs besoins en matière de gestion de l'information de l'analyse métier.
- ***Gestion des points de suivi***: à utiliser pour suivre les problèmes liés aux processus actuels de gestion de l'information.
- ***Retours d'expérience***: à utiliser pour créer une source d'informations pour l'analyse des approches pour gérer efficacement les informations de l'analyse métier.
- ***Mind Mapping***: à utiliser pour identifier et catégoriser les types d'informations qui doivent être gérées.
- ***Modélisation des processus***: à utiliser pour documenter le processus ou la méthode de gestion des informations de l'analyse métier.
- ***Sondage ou questionnaire***: à utiliser pour demander aux parties prenantes de contribuer à la définition de la gestion de l'information de l'analyse métier.
- ***Ateliers de travail***: à utiliser pour découvrir les besoins de gestion de l'information de l'analyse métier dans un contexte de groupe ou d'équipe.

3.4.7 Parties prenantes

- ***Expert du domaine***: peut avoir besoin d'accéder à des informations de l'analyse métier et travailler avec elles et sera intéressé par une vue plus spécifique des informations de l'analyse métier en rapport avec son domaine d'expertise.
- ***Régulateur***: peut définir des règles et des processus liés à la gestion de l'information.
- ***Sponsor***: étudie, commente et approuve les informations relatives à l'analyse métier.

3.4.8 Extrants

- ***Approche de la gestion de l'information***: comprend l'approche définie pour le stockage, l'accès et l'utilisation des informations de l'analyse métier pendant et après le changement.

3.5 Identifier les améliorations de performance de l'analyse métier

3.5.1 Finalité

La finalité d'Identifier les améliorations de performance de l'analyse métier est d'évaluer les travaux d'analyse métier et de planifier l'amélioration des processus quand nécessaire.

3.5.2 Description

Pour surveiller et améliorer la performance, il est nécessaire d'établir les mesures de performance, d'effectuer l'analyse de la performance, de rendre compte des résultats de l'analyse et identifier les actions préventives, correctives ou de développement nécessaire. L'analyse des performances doit se faire tout au long d'une initiative. Une fois que les améliorations potentielles de performance sont identifiées, elles deviennent des directives pour des prochaines exécutions de tâches.

3.5.3 Intrants

- ***Approche de l'analyse métier***: identifie les livrables de l'analyse métier qui seront produits, les activités qui devront être réalisées (y compris quand elles seront réalisées et qui les réalisera) et les techniques qui seront utilisées.
- ***Objectifs de performance (externe)***: décrit les résultats de performance qu'une entreprise ou une organisation souhaite atteindre.

Figure 3.5.1: Diagramme d'entrée/sortie d'Identifier les améliorations de performance de l'analyse métier

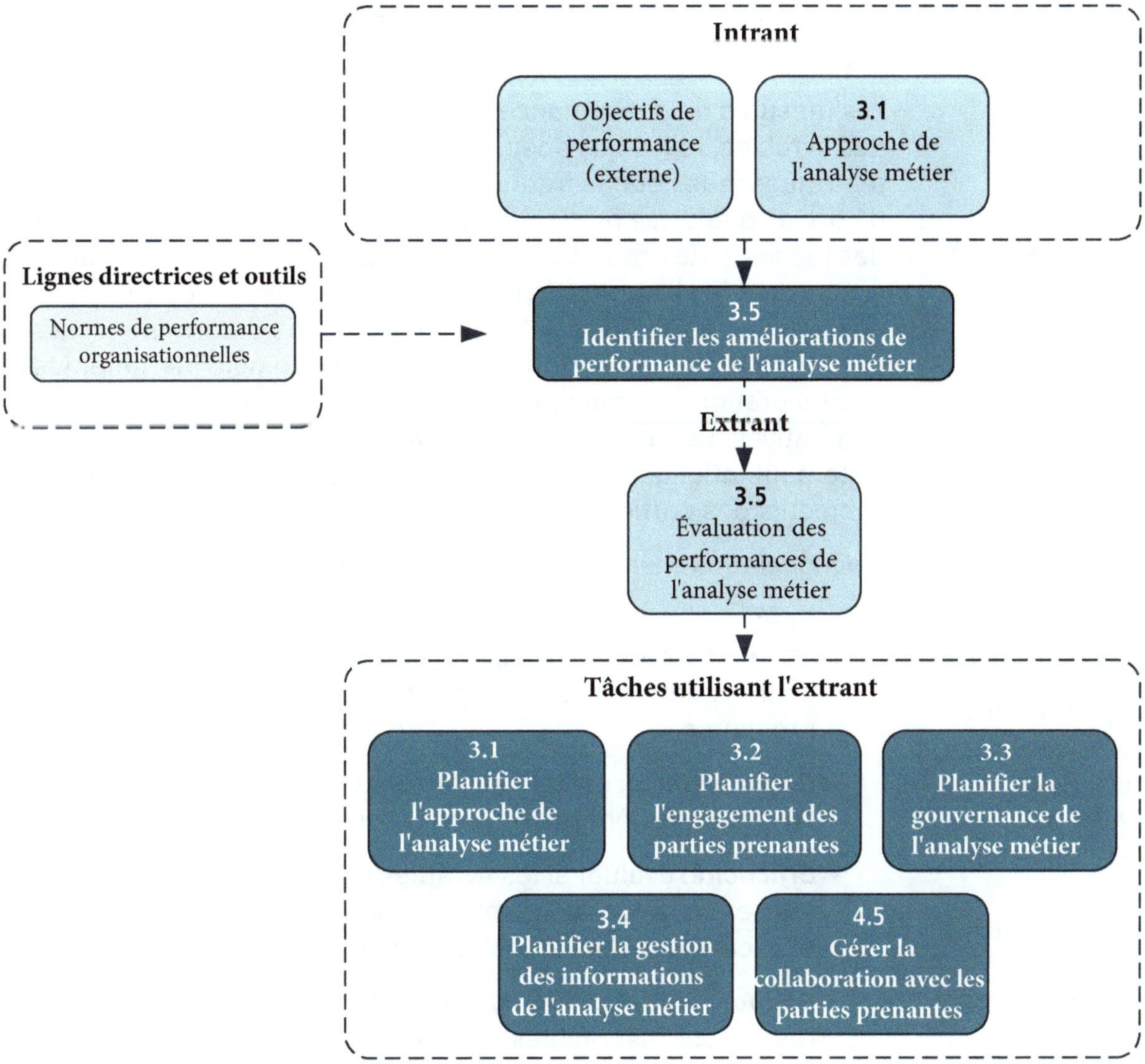

3.5.4 Éléments

.1 Analyse de la performance

L’efficacité du travail d’analyse métier dépend du contexte d’une organisation ou d’une initiative particulière. Les rapports sur la performance de l'analyse métier peuvent être informels et verbaux, ou peuvent inclure des documents formels. Ces rapports sont conçus et adaptés pour répondre aux besoins des différents types d'examinateurs.

.2 Mesures d'évaluation

Si les mesures actuelles existent, l'analyste métier peut les exploiter ou déterminer de nouvelles mesures. L'analyste métier peut également éliciter des mesures d'évaluation de la part des parties prenantes.

Les mesures de performance peuvent être fondées sur les dates d'échéance des livrables, telles que spécifiées dans le plan d'analyse opérationnelle , des métriques telles que la fréquence des modifications apportées aux produits de travail d'analyse métier, le nombre de cycles d'examen requis, l'efficacité des tâches ou les commentaires qualitatifs des parties prenantes et des pairs concernant les livrables de l'analyste. Des mesures de rendement appropriées permettent à l'analyste métier de déterminer si des problèmes peuvent affecter les performance de l'analyse ou d'identifier les possibilités d'amélioration. Les mesures peuvent être à la fois quantitatives et qualitatives. Les mesures qualitatives sont subjectives et peuvent être fortement influencées par les attitudes, les perceptions et les autres critères subjectifs des parties prenantes.

Toutes les mesures de performance encourageront certains comportements et en dissuaderont d'autres. Les mesures mal choisies peuvent entraîner un comportement préjudiciable à l'entreprise dans son ensemble.

Voici quelques exemples courants de mesures :

- ***Précision et complétude***: déterminer si les livrables de l'analyste métier étaient corrects et pertinents lors de la livraison, ou si des révisions en cours étaient nécessaires pour obtenir l'acceptation des parties prenantes.
- ***Connaissance***: évaluer si l'analyste métier a les compétences et/ou l'expérience nécessaires pour accomplir la tâche assignée.
- ***Efficacité***: évaluer si les livrables des analystes métiers étaient faciles à utiliser en tant que livrables autonomes ou s'ils avaient besoin d'une explication détaillée pour être compris.
- ***Support organisationnel***: évaluer s'il y avait suffisamment de ressources disponibles pour mener à bien les activités d'analyse métier tel que requis.
- ***Signification***: considérer le bénéfice obtenu des livrables et évaluer si les investissements en coûts, temps et ressources dépensés pour produire les livrables étaient justifiés par la valeur qu'ils ont apportée.
- ***Stratégie***: vérifier si les objectifs métier ont été atteints, que les problèmes ont été résolus et que des améliorations ont été réalisées.
- ***Respect des délais***: évaluer si l'analyste métier a fourni le travail à temps par rapport aux attentes et au calendrier des parties prenantes.

.3 Analyser les résultats

Le processus d'analyse métier et les livrables attendus sont comparés à l'ensemble des mesures définies. L'analyse peut être effectuée sur le processus d'analyse métier, les ressources impliquées et les livrables.

La performance peut être déterminée du point de vue des parties prenantes qui sont les bénéficiaires des travaux d'analyse métier. Dans d'autres cas, un responsable des ressources humaines ou un centre d'excellence peut prendre cette décision et fournir des évaluations. Toutes les parties prenantes peuvent contribuer à l'évaluation de la valeur du travail d'analyse métier, mais les organisations peuvent avoir des différences en termes d'autorité pour fixer les objectifs par rapport auxquels la performance est mesurée.

.4 Recommander des actions pour l'amélioration

Une fois l'analyse des résultats de performance terminée, l'analyste métier implique les parties prenantes appropriées pour identifier les actions suivantes :

- ***Préventive***: réduit la probabilité d'un événement ayant un impact négatif.
- ***Corrective***: établit des moyens de réduire l'impact négatif d'un événement.
- ***Amélioration***: établit des moyens pour augmenter la probabilité ou l'impact des événements ayant un impact positif.

Ces actions sont susceptibles d'entraîner des changements dans l'approche d'analyse métier, dans les processus réitérés et dans les outils.

3.5.5 Lignes directrices et outils

- ***Normes de performance organisationnelles***: peut inclure les mesures / métriques de la performance ou les attentes pour le travail de l'analyse métier mandaté par l'organisation.

3.5.6 Techniques

- ***Brainstorming***: à utiliser pour générer des idées pour des opportunités d'amélioration.
- ***Entretiens***: à utiliser pour recueillir des évaluations de la performance de l'analyse métier.
- ***Gestion des points de suivi***: à utiliser pour suivre les problèmes qui surviennent lors de la performance de l'analyse métier pour une résolution ultérieure.

- ***Retours d'expérience***: à utiliser pour identifier les changements recommandés aux processus d'analyse métier, aux livrables, aux modèles et autres actifs de processus organisationnels qui peuvent être incorporés dans l'initiative actuelle et le travail futur.
- ***Mesures et Indicateurs clés de performance (KPIs)***: utilisés pour déterminer quelles mesures / métriques sont appropriées pour évaluer la performance de l'analyse métier et comment elles peuvent être suivies.
- ***Observation***: à utiliser pour témoigner de la performance de l'analyse métier.
- ***Analyse des processus***: à utiliser pour analyser les processus d'analyse métier existants et identifier les possibilités d'amélioration.
- ***Modélisation des processus***: à utiliser pour définir les processus d'analyse métier et comprendre comment améliorer ces processus afin de réduire les problèmes liés aux transferts, d'améliorer les temps de cycle ou de modifier la façon dont le travail d'analyse métier est effectué pour soutenir les améliorations des processus en aval.
- ***Revues***: à utiliser pour identifier les changements dans les processus d'analyse métier et les livrables qui peuvent être incorporés dans le travail futur.
- ***Analyse et gestion des risques***: à utiliser pour identifier et gérer les conditions ou les événements potentiels qui peuvent avoir un impact sur la performance de l'analyse métier.
- ***Analyse de la cause fondamentale***: à utiliser pour identifier la cause sous-jacente des échecs ou de difficultés dans la réalisation des travaux de l'analyse métier.
- ***Sondage ou questionnaire***: à utiliser pour recueillir les commentaires des parties prenantes sur leur satisfaction par rapport aux activités d'analyse métier et aux résultats obtenus.
- ***Ateliers de travail***: à utiliser pour recueillir des évaluations de la performance de l'analyse métier et générer des idées pour des opportunités d'amélioration.

3.5.7 Parties prenantes

- ***Expert du domaine***: doit être informé des activités de l'analyse métier afin de définir les attentes concernant leur implication dans le travail et de recueillir leurs commentaires sur les améliorations possibles de l'approche.
- ***Chef de Projet***: est responsable de la réussite d'un projet et doit être tenu informé de l'état actuel des travaux de l'analyse métier. Si des problèmes potentiels ou des opportunités d'amélioration sont identifiés, le chef de projet doit être consulté avant que les changements ne soient mis en œuvre pour évaluer si ces changements auront un impact sur le projet. Il peut

également présenter des rapports sur la performance de l'analyse métier au sponsor et à d'autres parties prenantes.

- ***Sponsor***: peut exiger des rapports sur la performance de l'analyse métier pour résoudre les problèmes tels qu'ils sont identifiés. Un responsable des analystes métiers peut également soutenir les initiatives visant à améliorer la performance des activités de l'analyse métier.

3.5.8 Extrants

- ***Évaluation de la performance de l'analyse métier***: inclut une comparaison de la performance planifiée avec la performance réelle, identifie la cause fondamentale des écarts par rapport à la performance attendue, propose des approches pour résoudre les problèmes et identifie d'autres observations pour aider à comprendre la performance des processus de l'analyse métier.

4 Élicitation et collaboration

Le domaine de connaissances "Élicitation et collaboration" décrit les tâches que les analystes métier accomplissent pour obtenir des informations des parties prenantes et confirmer les résultats. Il décrit également la communication avec les parties prenantes une fois que l' informations d'analyse métier est obtenue et ces informations agrégées.

L'élicitation est l'obtention ou la réception d'informations de la part des parties prenantes ou d'autres sources. C'est la voie principale à suivre pour découvrir les exigences et les informations de conception, et peut impliquer de parler directement avec les parties prenantes, faire des recherches sur des sujets, expérimenter, ou simplement recevoir des informations. La collaboration est l'acte de deux personnes ou plus qui travaillent ensemble à un objectif commun. Le domaine de connaissances "Élicitation et collaboration" décrit la façon dont les analystes métier identifient et parviennent à un accord sur la compréhension mutuelle de tous les types d'informations du périmètre d'analyse. Le travail d'élicitation et de collaboration n'est jamais une « phase » de l'analyse métier; il est plutôt en cours tant que des travaux d'analyse métier sont réalisés.

L'élicitation et la collaboration peuvent être planifiées, imprévues ou les deux. Des activités planifiées telles que des ateliers de travail, des expériences et/ou des sondages peuvent être structurées et organisées à l'avance. Les activités non planifiées se produisent dans l'instant, sans préavis, telles que la collaboration ou les conversations de dernière minute ou « juste à temps ». L'information d'analyse métier dérivée d'une activité non planifiée peut nécessiter une exploration plus approfondie dans le cadre d'une activité planifiée.

L'élicitation de l'information de l'analyse métier n'est pas une activité isolée. L'information est obtenue lors de l'exécution de toute tâche qui comprend une interaction avec les parties prenantes et pendant que l'analyste métier effectue un travail d'analyse indépendant. L'élicitation peut déclencher une élicitation supplémentaire pour obtenir des détails afin de combler les lacunes ou d'accroître la compréhension.

Le domaine de connaissances "Élicitation et collaboration" est composé des tâches suivantes :

- ***Se préparer pour l'élicitation*** : implique de s'assurer que les parties prenantes disposent des informations dont elles ont besoin et qu'elles comprennent la nature des activités qu'elles vont réaliser. Il établit également un ensemble d'attentes communes en ce qui concerne les résultats de l'activité. La préparation peut également comprendre l'identification de sources de recherche ou la préparation d'une expérience pour voir si un changement de procédé entraîne une amélioration.
- ***Conduire l'élicitation*** : décrit le travail accompli pour comprendre les besoins des parties prenantes et identifier les solutions potentielles qui peuvent répondre à ces besoins. Cela peut nécessiter une interaction directe avec les parties prenantes, des recherches ou des expériences en cours.
- ***Confirmer les résultats de l'élicitation***: implique de d'assurer que les parties prenantes ont une compréhension partagée des résultats de l'élicitation, que les informations recueillies sont enregistrées de manière appropriée et que l'analyste métier dispose de l'information recherchée à une activité d'élicitation. Cette tâche consiste également à comparer l'information reçue avec d'autres renseignements afin de déceler les incohérences ou les lacunes.
- ***Communiquer l'informations de l'analyse métier*** : fournit aux parties prenantes l'information dont elles ont besoin, au moment où elles en ont besoin. Les informations sont présentées sous une forme utile, en utilisant la terminologie et les concepts appropriés.
- ***Gérer la Collaboration des parties prenantes*** : décrit comment travailler avec les parties prenantes afin de les impliquer dans le processus d'analyse métier globale et de s'assurer que l'analyste métier peut obtenir les résultats dont il a besoin.

Le modèle de concept de base de l'élicitation et de collaboration

Le *Business Analysis Core Concept Model*™ (*BACCMTM*) décrit les relations entre les six concepts fondamentaux.

Le tableau suivant décrit l'utilisation et l'application de chacun des concepts de base dans le contexte de l'élicitation et de la collaboration.

Table 4.0.1: Le modèle de concept de base de l'élicitation et de collaboration

Concept de base	Pendant l'élicitation et la collaboration, les analystes métier...
Changement : l'acte de transformation en réponse à un besoin.	utilisent une variété de techniques d'élicitation pour cerner pleinement les caractéristiques du changement, y compris les préoccupations des parties prenantes au sujet du changement. Le changement lui-même peut déterminer les types appropriés et l'étendue de l'élicitation et de la collaboration.
Besoin: un problème ou une opportunité à résoudre.	élicitent, confirment et communiquent les besoins et les informations de l'analyse métier qui sont en support. Comme l'élicitation est itérative et progressive, la compréhension des besoins peut évoluer au fil du temps.
Solution: une façon spécifique de satisfaire un ou plusieurs besoins dans un contexte.	élicitent, confirment et communiquent les caractéristiques nécessaires ou souhaitées des solutions proposées.
Partie prenante : un groupe ou un individu en relation avec le changement, le besoin ou la solution.	gèrent la collaboration avec les parties prenantes qui participent aux travaux d'analyse métier. Toutes les parties prenantes peuvent participer à des rôles différents et à des moments différents au cours d'un changement.

Table 4.0.1: Le modèle de concept de base de l'élicitation et de collaboration

Concept de base	Pendant l'élicitation et la collaboration, les analystes métier...
Valeur : la valeur monétaire, l'importance ou l'utilité de quelque chose pour une partie prenante dans un contexte donné.	collaborent avec les parties prenantes pour évaluer la valeur relative des renseignements fournis par le biais de l'élicitation et appliquent diverses techniques pour confirmer et communiquer cette valeur.
Contexte : les circonstances qui influencent, sont influencées par, et permettent de comprendre le changement.	appliquent une variété de techniques d'élicitation pour identifier l'information de l'analyse métier sur le contexte qui peuvent influer le changement.

Figure 4.0.1: Diagramme d'entrée/sortie de Élicitation et collaboration

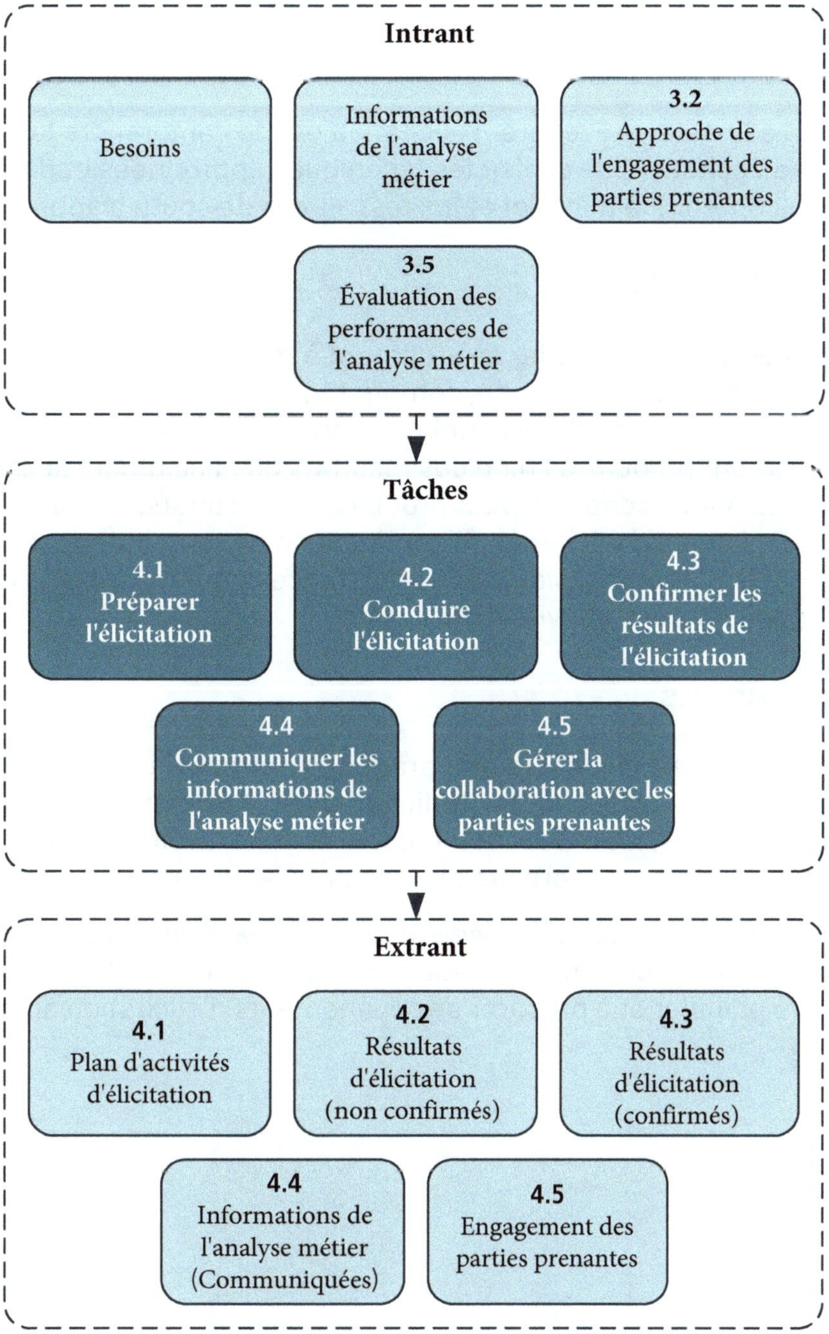

4.1 Préparer l'élicitation

4.1.1 Finalité

La finalité de Préparer l'élicitation est de comprendre la portée de l'activité d'élicitation, de choisir les techniques appropriées et de planifier (ou d'obtenir) le matériel et les ressources de soutien appropriés.

4.1.2 Description

Les analystes métier se préparent à l'élicitation en définissant les résultats escomptés de l'activité, compte tenu des parties prenantes concernées et des buts de l'initiative. Cela comprend la détermination des livrables qui seront produits à l'aide des résultats de l'élicitation, le choix des techniques les mieux adaptées pour produire ces résultats, l'établissement de la logistique d'élicitation, l'identification de tout matériel de soutien nécessaire et la compréhension des circonstances pour favoriser la collaboration pendant une activité d'élicitation.

4.1.3 Intrants

- ***Besoins***: guident la préparation en termes de périmètre et d'objectif des activités d'élicitation. L'élicitation peut être utilisée pour découvrir les besoins, mais pour commencer, il doit y avoir un besoin qui existe, même s'il n'a pas encore été pleinement élicité ou compris.
- ***Approche de l'engagement des parties prenantes***: la compréhension des besoins de communication et de collaboration des parties prenantes aide à planifier et à préparer des événements d'élicitation appropriés et efficaces.

Figure 4.1.1: Diagramme d'entrée/sortie de Préparer l'élicitation

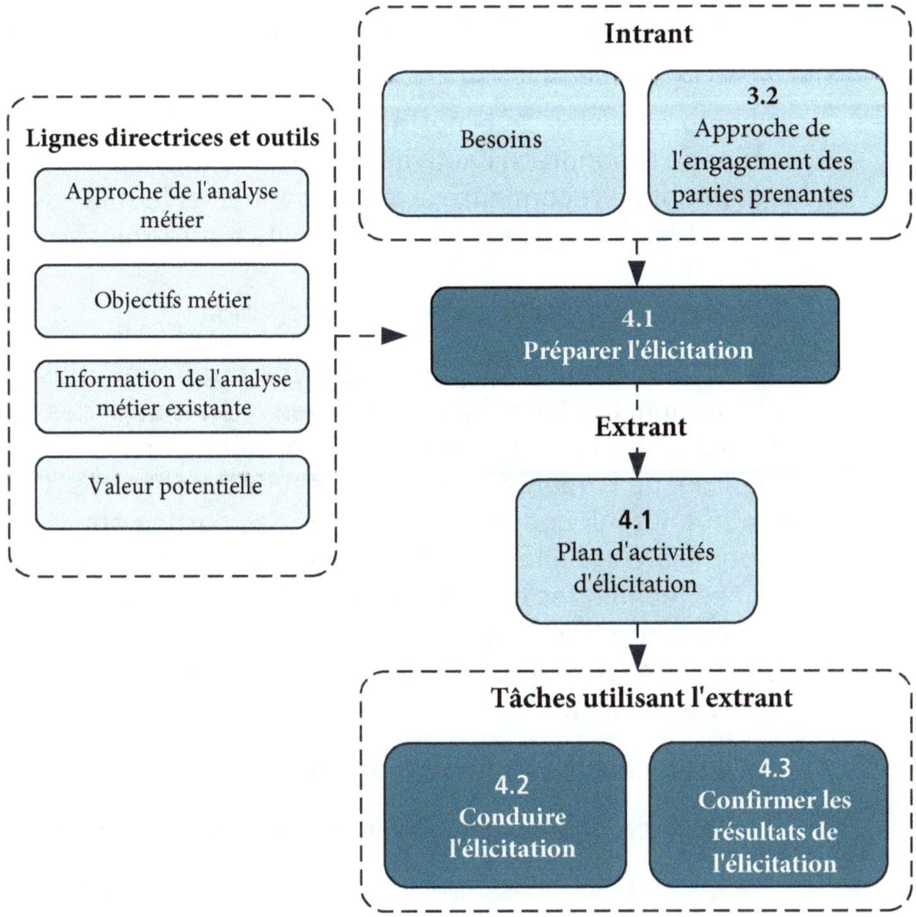

4.1.4 Éléments

.1 Comprendre le périmètre de l'élicitation

Pour déterminer le type d'information d'analyse à découvrir au cours de l'activité d'élicitation et les techniques qui peuvent être utilisées, les analystes métier tiennent compte des éléments suivants :

- le domaine métier,
- la culture et l'environnement globaux de l'entreprise
- la localisation des parties prenantes,
- les parties prenantes qui sont impliquées et leur dynamique de groupe,
- les extrants attendus que les activités d'élicitation alimenteront,
- les compétences du praticien de l'analyse métier,
- d'autres activités d'élicitation prévues pour compléter celle-ci,
- la stratégie ou l'approche de la solution,

- le périmètre de la solution future, et
- les sources possibles d'informations qui pourraient alimenter une activité d'élicitation spécifique.

La compréhension de la portée de l'activité d'élicitation permet aux analystes métier de répondre si l'activité s'écarte de la portée prévue. Cela leur permet également de reconnaître si les personnes et le matériel ne sont pas disponibles à temps et lorsque l'activité est terminée.

.2 Sélectionner les techniques d'élicitation

Dans la plupart des cas, plusieurs techniques sont utilisées lors d'une activité d'élicitation. Les techniques employées dépendent des contraintes de coût et de temps, des types de sources d'information de l'analyse et de leur accès, de la culture de l'organisation et des résultats souhaités. L'analyste métier peut également tenir compte des besoins des parties prenantes, de leur disponibilité et de leur localisation (rassemblés ou dispersés). Choisir les bonnes techniques et s'assurer que chaque technique est effectuée ou utilisée correctement est extrêmement important pour le succès de l'activité d'élicitation. Lors de la sélection des techniques d'élicitation, les analystes métier envisagent :

- les techniques couramment utilisées dans des initiatives similaires,
- les techniques spécifiquement adaptées à la situation, et
- les tâches nécessaires pour préparer, exécuter et compléter chaque technique.

En raison de l'évolution de la dynamique et des situations, il se peut que l'analyste métier soit tenu d'ajuster les choix initiaux en incorporant des techniques plus appropriées. Une compréhension approfondie de la variété des techniques disponibles aide l'analyste métier à s'adapter à l'évolution des circonstances.

.3 Configurer la logistique

La logistique est planifiée avant une activité d'élicitation. La logistique pour chaque activité d'élicitation comprend l'identification :

- des objectifs de l'activité,
- des participants et leurs rôles,
- des ressources planifiées, y compris les personnes, les salles et les outils,
- des localisations,
- des canaux de communication,
- des techniques, et

- des langues utilisées par les parties prenantes (orales et écrites).

La logistique peut également impliquer la création d'un ordre du jour si d'autres parties prenantes sont impliquées.

.4 Sécuriser le matériel de support

Les analystes métier identifient les sources d'information nécessaires à la réalisation de l'activité d'élicitation. Il pourrait y avoir beaucoup d'informations nécessaires pour conduire l'activité d'élicitation, y compris des personnes, des systèmes, des données historiques, des matériaux de support et des documents. Les documents peuvent inclure des documents du système existant, des règles métier pertinentes, des politiques organisationnelles, des règlements et des contrats. Les documents de support peuvent également prendre la forme de résultats de travaux d'analyse, tels que des versions préliminaires de modèles d'analyse (voir Spécifier et modéliser les exigences (p. 169)). Les analystes métier achètent ou développent le matériel et les outils nécessaires. Une planification supplémentaire pour l'élicitation expérimentale pourrait être nécessaire si de nouveaux outils, équipements ou techniques sont utilisés.

.5 Préparer les parties prenantes

Les analystes métier devront peut-être informer les parties prenantes sur le fonctionnement d'une technique d'élicitation ou sur les informations nécessaires. Il peut être utile d'expliquer une technique d'élicitation aux parties prenantes non impliquées dans l'activité pour les aider à comprendre la validité et la pertinence de l'information obtenue. Les parties prenantes peuvent être peu réceptives ou difficiles au cours d'une activité d'élicitation si elles estiment qu'elle n'est pas alignée avec leurs objectifs individuels, ne comprennent pas le but ou sont perplexes à propos du processus. Lors de la préparation de l'élicitation, l'analyste métier doit veiller à avoir la validation de toutes les parties prenantes.

Les analystes métier peuvent également préparer les parties prenantes en leur demandant d'examiner les matériels de support avant l'activité d'élicitation afin de les rendre aussi efficaces que possible. Un ordre du jour pourrait être fourni à l'avance pour aider les parties prenantes à se préparer à l'activité avec l'état d'esprit et l'information nécessaires.

L'élicitation par le biais de la recherche ou de l'exploration peut être une activité personnelle pour l'analyste métier et ne nécessite pas de préparer d'autres parties prenantes.

4.1.5 Lignes directrices et outils

- ***Approche de l'analyse métier***: définit la stratégie générale à utiliser pour guider les travaux d'analyse métier. Cela inclut la méthodologie générale, les types de parties prenantes et la manière dont elles devraient être impliquées, la liste des parties prenantes, le calendrier des travaux, le format prévu et le niveau de détail des résultats de l'élicitation ainsi que des défis et des incertitudes.

- ***Objectifs métier***: décrivent la direction souhaitée nécessaire pour atteindre l'état futur. Ils peuvent être utilisés pour planifier et préparer des événements d'élicitation et pour développer des matériels de support.
- ***Information de l'analyse métier existante***: peuvent permettre une meilleure compréhension des buts de l'activité d'élicitation et aider à se préparer à l'élicitation.
- ***Valeur potentielle***: décrit la valeur à réaliser en implémentant l'état futur proposé, et peut être utilisée pour façonner des événements d'élicitation.

4.1.6 Techniques

- ***Brainstorming***: à utiliser pour identifier et parvenir à un consensus sur les sources d'information à consulter et sur les techniques d'élicitation les plus efficaces.
- ***Exploration de données (Data Mining)***: à utiliser pour identifier des renseignements ou des modèles qui nécessitent une enquête plus approfondie.
- ***Analyse de documents***: à utiliser pour identifier et évaluer les sources de matériel de support candidats.
- ***Estimation***: à utiliser pour estimer le temps et les efforts nécessaires pour l'élicitation et le coût associé.
- ***Entretiens***: à utiliser pour identifier les préoccupations au sujet de l'élicitation prévue et peuvent être utilisés pour obtenir l'autorisation de poursuivre avec des options précises.
- ***Mind Mapping***: à utiliser pour identifier et parvenir à un consensus sur les sources d'information qui devraient être consultées et sur les techniques d'élicitation qui pourraient être les plus efficaces.
- ***Analyse et gestion des risques***: à utiliser pour identifier, évaluer et gérer des conditions ou des situations qui pourraient perturber l'élicitation ou affecter la qualité et la validité des résultats de l'élicitation. Les plans d'élicitation devraient être ajustés pour éviter, transférer ou atténuer les risques les plus graves.
- ***Liste des parties prenantes, carte ou personas***: à utiliser pour identifier, évaluer et gérer des conditions ou des situations qui pourraient perturber l'élicitation ou affecter la qualité et la validité des résultats de l'élicitation.

4.1.7 Parties prenantes

- ***Expert du domaine***: fournit des matériaux de support ainsi que des conseils sur les autres sources d'information à consulter. Peut également aider à organiser des recherches, des expériences et une élicitation facilitée.
- ***Chef de projet***: veille à ce que les personnes et les ressources appropriées soient disponibles pour effectuer l'élicitation.
- ***Sponsor***: a le pouvoir d'approuver ou de refuser une élicitation planifiée et d'autoriser et d'exiger la participation de parties prenantes spécifiques.

4.1.8 Extrants

- ***Plan d'activités d'élicitation***: à utiliser pour chaque activité d'élicitation. Il comprend la logistique, le périmètre de l'activité d'élicitation, des techniques choisies et des matériels de support.

4.2 Conduire l'élicitation

4.2.1 Finalité

La finalité de Conduire l'élicitation est de révéler, d'explorer et d'identifier les informations pertinentes au changement.

4.2.2 Description

Il y a trois types communs d'élicitation :

- ***Collaborative*** : implique une interaction directe avec les parties prenantes et repose sur leurs expériences, leur expertise et leur jugement.
- ***Recherche*** : implique de découvrir et d'étudier systématiquement des informations à partir de matériaux ou de sources qui ne sont pas directement connus des parties prenantes impliquées dans le changement. Les parties prenantes peuvent toujours participer à la recherche. La recherche peut inclure l'analyse de données historiques pour identifier les tendances ou les résultats passés.
- ***Expérience*** : implique d'identifier des informations qui ne pourraient être connues sans une sorte de test contrôlé. Certaines informations ne peuvent pas être révélées par des personnes ou des documents — car elles sont inconnues. Les expériences peuvent aider à découvrir ce genre d'information. Les expériences comprennent des études d'observation, des preuves de concept, et des prototypes.

Une ou plusieurs techniques d'élicitation peuvent être utilisées pour produire les résultats souhaités dans le cadre de l'élicitation.

Les parties prenantes peuvent collaborer à l'élicitation en :

- participant et interagissant pendant l'activité d'élicitation, et
- en recherchant, étudiant et en faisant part de leurs remarques sur les documents, les systèmes, les modèles et les interfaces.

4.2.3 Intrants

- ***Plan d'activités d'élicitation***: inclut les activités et techniques d'élicitation planifiées, la logistique d'activité (par exemple, date, heure, lieu ressources, agenda), le périmètre de l'activité d'élicitation, et les sources disponibles d'informations d'arrière-plan.

Figure 4.2.1: Diagramme d'entrée/sortie de Conduire l'élicitation

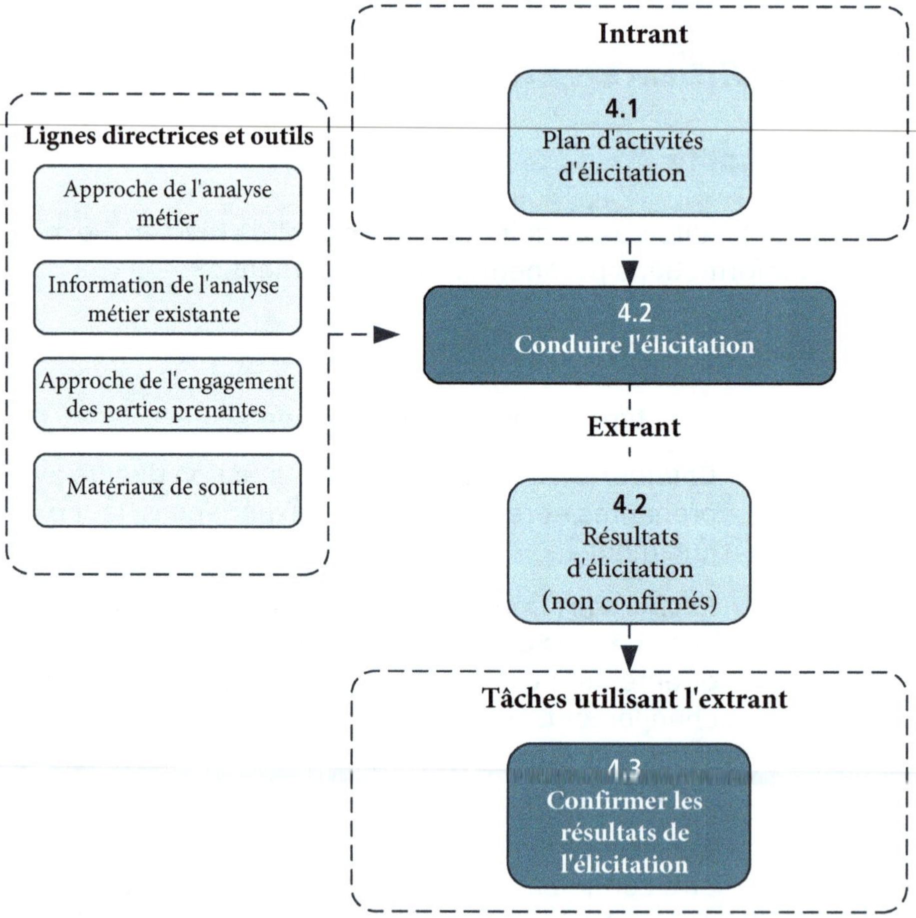

4.2.4 Éléments

.1 Guide de l'Activité d'élicitation

Comprendre les observations proposées sur les informations d'analyse métier, qui ont été définies dans la planification, aide à s'assurer que les activités d'élicitation sont axées sur la production de l'information voulue au niveau de détail souhaité. Cela s'applique à chaque cas d'activité d'élicitation tout au long d'un changement et peut varier en fonction de l'activité. Pour aider à guider et faciliter les résultats escomptés, les analystes métier envisagent :

- les objectifs et l'agenda des activités d'élicitation
- portée du changement,
- quelles formes d'extrant l'activité va générer,
- quelles autres représentations les résultats de l'activité soutiendront,
- comment l'extrant s'intègre dans ce qui est déjà connu,
- qui fournit les informations,
- qui utilisera les informations, et
- comment les informations seront utilisées.

Bien que la plupart d'entre eux soient pris en compte lors de la planification de l'activité d'élicitation (voir Préparer l'élicitation (p. 72)), ils sont également tous importants lors de l'exécution de l'activité d'élicitation afin de la maintenir sur la bonne voie et d'atteindre son objectif. Par exemple, les parties prenantes peuvent avoir des discussions qui ne sont pas dans le périmètre de l'activité ou du changement, et l'analyste métier doit identifier cela dans le moment pour déterminer l'étape suivante ; soit accepter et continuer, soit diriger la conversation différemment.

L'analyste métier utilise également ces informations pour déterminer quand il y a eu suffisamment d'élicitation, afin d'arrêter l'activité.

.2 Capturer les résultats de l'élicitation

L'élicitation est fréquemment itérative et se déroule dans une série de sessions — en parallèle ou en séquence — en fonction du champ d'application de l'activité d'élicitation (voir Préparer l'élicitation (p. 72)). Si l'activité d'élicitation n'est pas planifiée, les résultats sont saisis et intégrés dans les résultats prévus appropriés.

La saisie des résultats de l'élicitation permet de s'assurer que l'information produite pendant les activités d'élicitation est enregistrée pour référence et utilisation ultérieure.

4.2.5 Lignes directrices et outils

- ***Approche de l'analyse métier***: influence la façon dont chaque activité d'élicitation est effectuée, car elle identifie les types de résultats qui seront nécessaires en fonction de l'approche.
- ***Information de l'analyse métier existante***: peut guider les questions posées pendant l'élicitation et l'approche utilisée pour tirer des informations de divers intervenants.
- ***Approche de l'engagement des parties prenantes***: fournit des approches de collaboration et de communication qui pourraient être efficaces pendant la publication.
- ***Matériaux de soutien***: comprend tout matériel pour préparer à la fois l'analyste métier et les parties prenantes avant l'élicitation, ainsi que toute information, outil ou équipement à utiliser pendant l'élicitation.

4.2.6 Techniques

- ***Analyse comparative et analyse de marché***: à utiliser comme source d'information d'analyse métier en comparant un processus, un système, un produit, un service ou une structure spécifique avec une base de référence externe, telle qu'une organisation similaire ou une base de référence fournie par une association sectorielle. L'analyse de marché est utilisée pour déterminer ce que les clients veulent et ce que les concurrents fournissent.
- ***Brainstorming***: à utiliser pour générer de nombreuses idées auprès d'un groupe de parties prenantes en peu de temps et pour organiser et prioriser ces idées.
- ***Analyse des règles métier***: à utiliser pour identifier les règles qui régissent les décisions dans une organisation et qui définissent, contraignent ou permettent des opérations organisationnelles.
- ***Jeux collaboratifs***: à utiliser pour mieux comprendre un problème ou pour stimuler des solutions créatives.
- ***Modélisation de concepts***: à utiliser pour identifier les termes clés et les idées importantes et définir les relations entre eux.
- ***Exploration de données (Data Mining)***: à utiliser pour identifier les informations et les modèles pertinents.
- ***Modélisation des données***: à utiliser pour comprendre les relations des données pendant l'élicitation.
- ***Analyse de documents***: à utiliser pour examiner les systèmes existants, les contrats, les procédures et politiques de l'entreprise, les normes et les règlements.

- ***Groupes de discussion (Focus Groups)***: à utiliser pour identifier et comprendre les idées et les attitudes d'un groupe.
- ***Analyse des interfaces***: à utiliser pour comprendre l'interaction, et les caractéristiques de cette interaction, entre deux entités, telles que deux systèmes, deux organisations, ou deux personnes ou rôles.
- ***Entretiens***: pour poser des questions aux parties prenantes afin de découvrir les besoins, d'identifier les problèmes ou de découvrir des opportunités.
- ***Mind Mapping***: à utiliser pour générer de nombreuses idées auprès d'un groupe de parties prenantes en peu de temps et pour organiser et prioriser ces idées.
- ***Observation***: à utiliser pour mieux comprendre comment le travail est effectué actuellement, éventuellement à différents endroits et dans différentes circonstances.
- ***Analyse des processus***: à utiliser pour comprendre les processus actuels et identifier les possibilités d'amélioration de ces processus.
- ***Modélisation des processus***: à utiliser pour susciter des processus auprès des parties prenantes lors d'activités d'élicitation.
- ***Prototypage***: à utiliser pour susciter et valider les besoins des parties prenantes au moyen d'un processus itératif qui crée un modèle d'exigences ou de conceptions.
- ***Sondage ou questionnaire***: à utiliser pour générer des informations d'analyse métier, y compris des informations sur les clients, les produits, les pratiques de travail et les attitudes, d'un groupe de personnes de manière structurée et dans un temps relativement court.
- ***Ateliers de travail***: à utiliser pour recueillir des informations de l'analyse métier, y compris des informations sur les clients, les produits, les pratiques de travail et les attitudes, de la part d'un groupe de personnes de manière collaborative, facilitée.

4.2.7 Parties prenantes

- ***Client***: fournira des informations précieuses de l'analyse métier pendant la mise en ligne.
- ***Expert du domaine***: possède une expertise dans certains aspects de la situation et peut fournir les renseignements nécessaires à l'analyse métier. Souvent, il guide et aide l'analyste métier à identifier des sources de recherche appropriées, et il peut aider à organiser des recherches, des expériences et faciliter la diffusion des connaissances.
- ***Utilisateur final***: l'utilisateur des solutions existantes et futures, qui devrait participer à l'élicitation.

- ***Expert d'implémentation***: conçoit et met en œuvre une solution et fournit une expertise spécialisée, et peut participer à l'élicitation en posant des questions et en proposant des alternatives.
- ***Sponsor***: autorise et veille à ce que les parties prenantes nécessaires à la participation à l'élicitation soient impliquées.
- ***Toutes les parties prenantes***: peuvent avoir des connaissances ou une expérience pertinente pour participer à des activités d'élicitation.

4.2.8 Extrants

- ***Résultats d'élicitation (non confirmés)***: saisir l'information dans un format spécifique à l'activité d'élicitation.

4.3 Confirmer les résultats de l'élicitation

4.3.1 Finalité

La finalité de Confirmer les résultats de l'élicitation est de vérifier les renseignements recueillis au cours d'une session d'élicitation afin de déterminer l'exactitude et la cohérence avec d'autres informations.

4.3.2 Description

Les informations licites sont confirmées pour identifier tout problème et les résoudre avant que les ressources ne soient engagées à utiliser ces informations. Cette revue peut découvrir des erreurs, des omissions, des conflits et des ambiguïtés.

Les résultats de l'élicitation peuvent être comparés à leur source et à d'autres résultats d'élicitation pour assurer la cohérence. La collaboration avec les parties prenantes pourrait s'avérer nécessaire pour s'assurer que leurs contributions sont correctement saisies et qu'elles sont d'accord avec les résultats d'une élicitation non facilitée. Si l'information n'est pas correcte, l'analyste métier détermine ce qui est exact, ce qui peut nécessiter plus d'élicitation. L'engagement de ressources dans des activités d'analyse métier fondées sur des résultats d'élicitation non confirmés peut signifier que les attentes des parties prenantes ne sont pas satisfaites. Si les résultats sont incohérents, il pourrait être nécessaire de procéder à des élicitations additionnelles pour résoudre les écarts.

La confirmation des résultats de l'élicitation est un examen beaucoup moins rigoureux et formel que celui qui se produit au cours de l'analyse.

4.3.3 Intrants

- ***Résultats d'élicitation (non confirmés)***: saisir l'information dans un format spécifique à l'activité d'élicitation.

Figure 4.3.1: Confirmer les résultats de l'élicitation

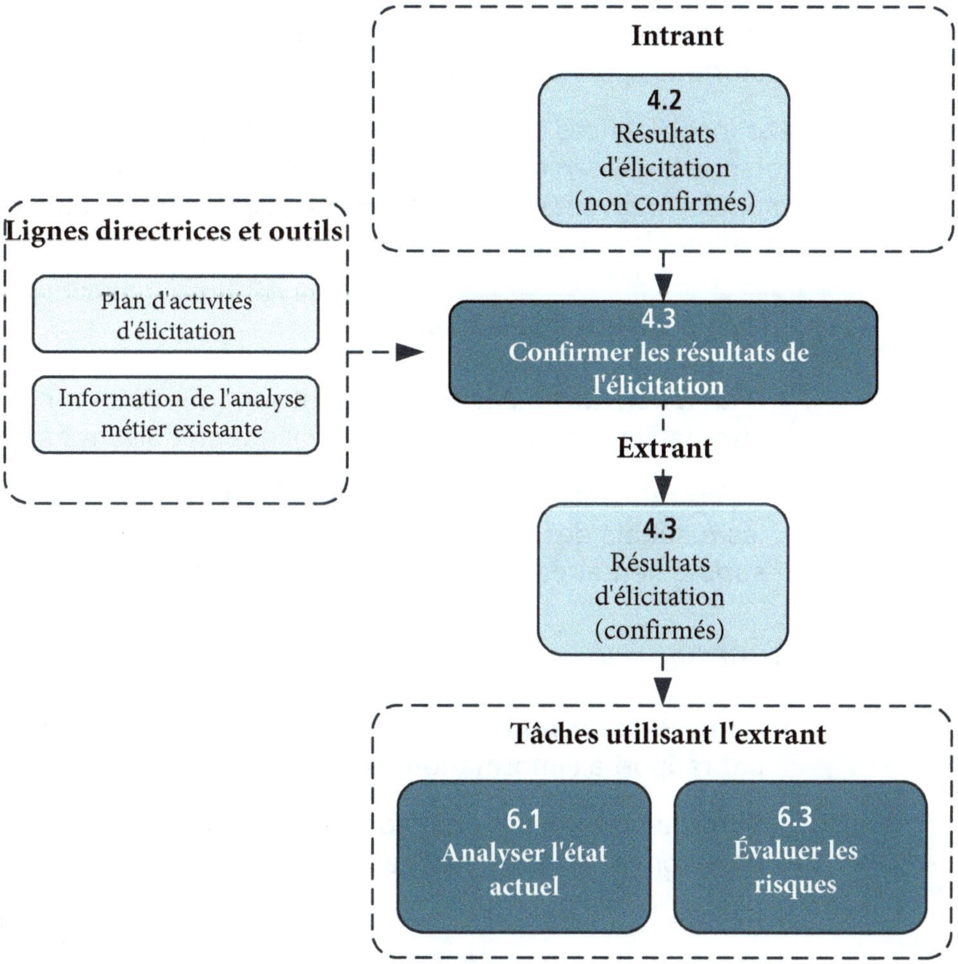

4.3.4 Éléments

.1 Comparer les résultats de l'élicitation à l'information source

La tâche Conduire l'élicitation (p. 77) décrit les sources à partir desquelles les résultats d'élicitation peuvent être tirés, y compris les documents et les connaissances des parties prenantes. L'analyste métier peut organiser des réunions de suivi lorsque les parties prenantes corrigent les résultats de l'élicitation. Les parties prenantes peuvent également confirmer les résultats de l'élicitation de manière indépendante.

.2 Comparer les résultats de l'élicitation avec d'autres résultats d'élicitation

Les analystes métier comparent les résultats recueillis par le biais de multiples activités d'élicitation pour confirmer que l'information est cohérente et représentée avec exactitude. Au fur et à mesure que des comparaisons sont établies, les analystes métier identifient les variations dans les résultats et les résolvent en collaboration avec les parties prenantes. Des comparaisons peuvent également être faites avec des données historiques pour confirmer des résultats d'élicitation plus récents.

Les incohérences dans les résultats d'élicitation sont souvent découvertes lorsque les analystes métier élaborent des spécifications et des modèles. Ces modèles peuvent être développés au cours d'une activité d'élicitation pour améliorer la collaboration.

4.3.5 Lignes directrices et outils

- ***Plan d'activités d'élicitation***: à utiliser pour déterminer quelles sources alternatives et quels résultats d'élicitation doivent être comparés.
- ***Information de l'analyse métier existante***: peut être utilisé pour confirmer les résultats des activités d'élicitation ou pour développer des questions supplémentaires pour tirer des informations plus détaillées.

4.3.6 Techniques

- ***Analyse de documents***: à utiliser pour confirmer les résultats d'élicitation par rapport à l'information source ou à d'autres documents existants.
- ***Entretiens***: à utiliser pour confirmer les informations d'analyse métier et pour confirmer que l'intégration de ces informations soit correcte.
- ***Revues***: à utiliser pour confirmer un ensemble de résultats d'élicitation. De tels examens pourraient être informels ou formels en fonction du risque de ne pas avoir d'informations correctes, utiles et pertinentes.
- ***Ateliers de travail***: à utiliser pour effectuer des examens des résultats d'élicitation rédigés en utilisant n'importe quel niveau de formalisation. Un ordre du jour prédéterminé, des scripts ou des tests de scénario peuvent être utilisés pour parcourir les résultats de l'élicitation et des commentaires sont demandés aux participants et enregistrés.

4.3.7 Parties prenantes

- ***Experts du domaine***: des personnes ayant des connaissances, de l'expérience ou une expertise substantielles au sujet des informations d'analyse obtenues, ou sur le changement ou la solution, aident à confirmer que les résultats de l'élicitation sont corrects et peuvent aider à identifier les omissions, les incohérences et les conflits dans les résultats d'élicitation. Ils peuvent également confirmer que les bonnes informations d'analyse ont été obtenues.

- ***Toute partie prenante***: tous les types de parties prenantes peuvent avoir besoin de participer à la confirmation des résultats de l'élicitation.

4.3.8 Extrants

- ***Résultats de l'élicitation (confirmés)***: les extrants intégrés dont l'analyste métier et les autres intervenants conviennent reflètent correctement les renseignements saisis et confirment qu'ils sont pertinents et utiles pour la poursuite des travaux.

4.4 Communiquer les informations de l'analyse métier

4.4.1 Finalité

La finalité de "Communiquer les informations de l'analyse métier" est de s'assurer que les parties prenantes ont une compréhension partagée de ces informations.

4.4.2 Description

Les analystes métier doivent communiquer les renseignements appropriés aux parties prenantes au bon moment et dans les formats qui répondent à leurs besoins. On tient compte de l'expression de l'information dans la langue, le ton et le style qui convient au public.

La communication d'informations de l'analyse métier est bidirectionnelle et itérative. Il s'agit de déterminer les destinataires, le contenu, le but, le contexte et les résultats attendus. La tâche Planifier l'engagement des parties prenantes (p. 41) évalue les besoins de communication et planifie les messages prévus.

La communication de l'information ne consiste pas seulement à diffuser l'information et à supposer qu'elle ait été reçue et comprise. Les analystes métier invitent les parties prenantes à s'assurer qu'elles comprennent l'information et donnent leur agrément. L'analyste métier agit en cas de désaccord. La méthode de diffusion de l'information peut devoir changer si les parties prenantes ne la reçoivent pas ou ne la comprennent pas. Plusieurs formes de communication peuvent être nécessaires pour la même information.

4.4.3 Intrants

- ***Informations de l'analyse métier***: tout type d'information à n'importe quel niveau de détail qui est utilisé comme entrée ou sortie du travail d'analyse. Les informations d'analyse métier deviennent un intrant pour cette tâche lorsqu'il est nécessaire de communiquer l'information à d'autres parties prenantes.
- ***Approche de l'engagement des parties prenantes***: décrit les groupes de parties prenantes, les rôles et les besoins généraux en ce qui concerne la communication d'informations de l'analyse métier.

Figure 4.4.1: Diagramme d'entrée/sortie de Communiquer l'information de l'analyse métier

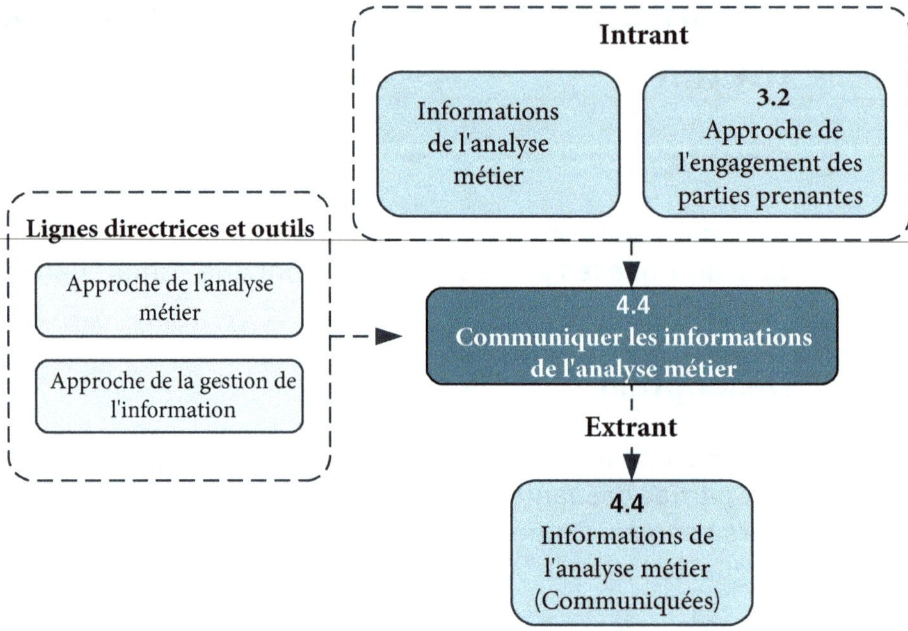

4.4.4 Éléments

.1 Déterminer les objectifs et le format de la communication

Des ensembles d'informations d'analyse peuvent être préparés pour un certain nombre de raisons, y compris, mais sans s'y limiter, les suivantes :

- la communication des exigences et des conceptions aux parties prenantes,
- l'évaluation précoce de la qualité et de la planification,
- l'évaluation des alternatives possibles,
- les revues et les approbations formels,
- les intrants dans la conception de la solution,
- la conformité aux obligations contractuelles et réglementaires, et
- la maintenance pour réutilisation.

Le but principal du développement d'un paquet est de transmettre l'information de façon claire et utilisable pour poursuivre les activités de changement. Pour vous aider à décider comment présenter les exigences, les analystes posent les types de questions suivants :

- Qui est le public de ces informations ?
- Qu'est-ce que chaque type de parties prenantes comprendra et aura besoin en terme de communication?
- Quel est le style de communication ou d'apprentissage préféré de chaque partie prenante ?
- Quelles informations sont importantes à communiquer?
- La présentation et le format de l'ensemble , ainsi que l'information contenue, sont-ils appropriés pour le type d'auditoire?
- Comment l'ensemble supporte-t-il d'autres activités ?
- Y a-t-il des contraintes réglementaires ou contractuelles à respecter ?

Les formats possibles pour un ensemble peuvent inclure :

- ***Documentation formelle***: est généralement basée sur un modèle utilisé par l'organisation et peut inclure du texte, des matrices, ou des diagrammes. Il fournit un enregistrement stable, facile à utiliser et durable de l'information.
- ***Documentation informelle***: peut inclure du texte, des diagrammes ou des matrices qui sont utilisés lors d'un changement mais ne font pas partie d'un processus organisationnel formel.
- ***Présentations***: fournir un aperçu de haut niveau approprié pour comprendre les objectifs d'un changement, des fonctions d'une solution ou des informations pour soutenir la prise de décisions.

On tient compte de la meilleure façon de combiner et de présenter les matériaux pour transmettre un message cohérent et efficace à un ou plusieurs groupes de partie prenante. Les ensembles peuvent être stockés dans différents dépôts, ou référentiel, en ligne ou hors ligne, y compris des documents ou des outils.

.2 Communication d'un ensemble de l'analyse métier

La finalité de la communication d'un ensemble de l'analyse métier est de fournir aux parties prenantes le niveau de détail approprié sur le changement afin qu'ils puissent comprendre l'information qu'il contient. Les parties prenantes ont la possibilité de passer en revue l'ensemble, de poser des questions au sujet de l'information et de soulever les préoccupations qu'elles pourraient avoir.

Il est également important de choisir la plate-forme de communication appropriée. Les plates-formes de communication habituelles comprennent :

- ***Collaboration de groupe***: utilisé en même temps pour communiquer le paquet à un groupe de parties prenantes concernées. Il permet une discussion immédiate sur les informations et les questions connexes.
- ***Collaboration individuelle***: utilisée pour communiquer le paquet à un seul intervenant à la fois. Elle peut être utilisée pour acquérir une compréhension individuelle de l'information lorsqu'une sollicitation de groupe n'est pas réalisable, productive et/ou ne donnera pas les meilleurs résultats.
- ***E-mail ou autre méthode non verbale***: utilisé pour communiquer l'ensemble quand il y a un niveau d'information de haute maturité qui aura besoin de peu ou pas d'explication verbale pour le soutenir.

4.4.5 Lignes directrices et outils

- ***Approche de l'analyse métier***: décrit comment les différents types d'information seront diffusés plutôt que ce qui sera diffusé. Il décrit le niveau de détail et de formalisme requis, la fréquence des communications, et comment les communications pourraient être affectées par le nombre et la dispersion géographique des parties prenantes.
- ***Approche de la gestion de l'information***: aide à déterminer la façon dont les informations d'analyse métier seront présentées et communiquées aux parties prenantes.

4.4.6 Techniques

- ***Entretiens***: à utiliser pour communiquer individuellement des informations aux parties prenantes.
- ***Revues***: à utiliser pour donner aux parties prenantes l'occasion d'exprimer leurs commentaires, de demander les ajustements requis, de comprendre les réponses et les mesures à prendre, et d'accepter ou de fournir des approbations. Les revues peuvent être utilisées dans le cadre de la collaborations de groupe ou individuelles.
- ***Ateliers de travail***: à utiliser pour donner aux parties prenantes l'occasion d'exprimer leurs commentaires et de comprendre les ajustements, les réponses et les mesures à prendre. Ils sont également utiles pour dégager un consensus et obtenir des approbations. Généralement utilisé lors de la collaboration de groupe.

4.4.7 Parties prenantes

- ***Utilisateur final***: doit être informé fréquemment afin qu'il soit au courant des informations pertinentes de l'analyse métier.
- ***Client***: doit être informé fréquemment afin qu'il soit au courant des informations pertinentes de l'analyse métier.

- ***Expert du domaine***: doit comprendre les informations relatives à l'analyse métier dans le cadre de la confirmation et de la validation de ces informations tout au long de l'initiative de changement.
- ***Expert d'implémentation***: doit être au courant et comprendre les informations relatives à l'analyse métier , en particulier les exigences et les conceptions, à des fins de mise en œuvre.
- ***Testeur***: doit être au courant et comprendre les informations relatives à l'analyse métier, en particulier les exigences et les conceptions à des fins d'essais.
- ***Toutes les parties prenantes***: il faudra probablement communiquer avec tous les types de parties prenantes à un moment donné au cours de l'initiative de changement.

4.4.8 Extrants

- ***Informations de l'analyse métier (communiquées)***: les informations de l'analyse métier sont considérés comme communiqués lorsque les parties prenantes ciblées ont atteint une compréhension de son contenu et de ses implications.

4.5 Gérer la collaboration avec les parties prenantes

4.5.1 Finalité

La finalité de Gérer la collaboration avec les parties prenantes est de les encourager à œuvrer à la réalisation d'un objectif commun.

4.5.2 Description

Le travail d'analyse métier se prête à de nombreuses possibilités de collaboration entre groupes de parties prenantes sur les livrables de l'analyse métier. Les parties prenantes ont divers degrés d'influence et d'autorité sur l'approbation des livrables et sont également une source importante de besoins, de contraintes et d'hypothèses. Au fur et à mesure des travaux d'analyse , l'analyste métier identifie les parties prenantes, confirme leurs rôles, et communique avec elles afin de s'assurer que les bonnes parties prenantes participent aux bons moments et avec les rôles appropriés.

La gestion de la collaboration avec les parties prenantes est une activité continue. Bien que la gestion de la collaboration avec les parties prenantes commence une fois que celles-ci ont été identifiés et analysés, de nouvelles parties prenantes peuvent être identifiées à n'importe quel moment d'une initiative. Au fur et à mesure que les nouvelles parties prenantes sont identifiées, leur rôle, leur influence et leur relation avec l'initiative sont analysés. Le rôle, la responsabilité, l'influence, l'attitude et l'autorité de chaque partie prenante peuvent changer au fil du temps.

Plus l'impact du changement ou de sa visibilité au sein de l'organisation est important, plus l'attention est portée à la gestion de la collaboration avec les parties prenantes. Les analystes métier gèrent la collaboration avec les parties prenantes afin de tirer parti des réactions positives, et d'atténuer ou d'éviter les réactions négatives. L'analyste métier doit constamment surveiller et évaluer l'attitude de chaque partie prenante afin de déterminer si cela pourrait avoir une incidence sur son implication dans les activités d'analyse métier.

Les mauvaises relations avec les parties prenantes peuvent avoir de nombreux effets néfastes sur l'analyse métier, y compris :

- l'échec de la fourniture d'informations de qualité,
- les fortes réactions négatives aux revers et aux obstacles,
- la résistance au changement,
- le manque de soutien et de participation aux travaux d'analyse, et
- des informations d'analyse ignorées.

Ces effets peuvent être modifiés en partie grâce à des relations fortes, positives et fondées sur la confiance avec les parties prenantes. Les analystes métier gèrent activement les relations avec les parties prenantes qui:

- fournissent des services à l'analyste métier, y compris des supports aux tâches d'analyse métier et d'autres activités de soutien,
- dépendent des services fournis par l'analyste métier, y compris les résultats des tâches d'analyse métier, et
- participent à l'exécution de tâches d'analyse métier.

4.5.3 Intrants

- ***Approche de l'engagement des parties prenantes***: décrit les types d'engagement attendu avec les intervenants et la façon dont ils pourraient avoir besoin d'être gérés.
- ***Évaluation de la performance de l'analyse métier***: fournit des informations clés sur l'efficacité des tâches d'analyse métier en cours d'exécution, y compris celles axées sur la participation des parties prenantes.

Figure 4.5.1: Diagramme d'entrée/sortie de Gérer la collaboration avec les parties prenantes

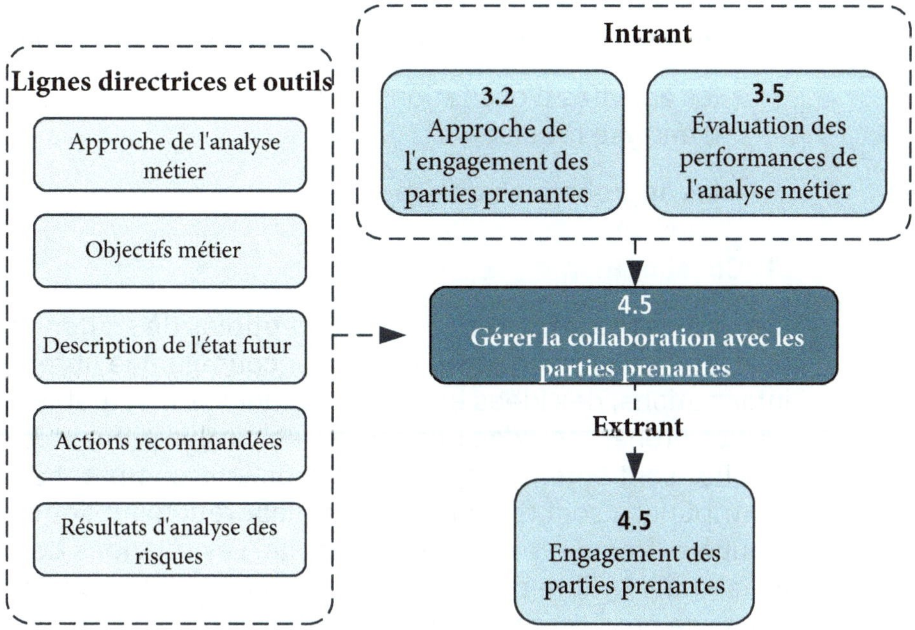

4.5.4 Éléments

.1 Obtenir l'adhésion sur les engagements

Les intervenants participent à des activités d'analyse métier qui peuvent nécessiter du temps et des engagements en matière de ressources. L'analyste métier et les parties prenantes identifient et s'accordent sur ces engagements dès que possible dans l'initiative. Les détails spécifiques des engagements peuvent être communiqués de manière formelle ou informelle, pourvu qu'il y ait une compréhension explicite des attentes et des résultats escomptés de l'engagement.

Il peut y avoir un dialogue et des négociations sur les modalités et conditions des engagements. Des capacités efficaces de négociation, de communication et de résolution de conflit sont importantes pour une gestion efficace des parties prenantes (voir Négociation et résolution des conflits (p. 257)).

.2 Surveiller la participation des parties prenantes

Les analystes métier contrôlent la participation et la performance des parties prenantes pour s'assurer que:

- les bons experts en la matière (SME) et les autres parties prenantes participent efficacement,
- les attitudes et les intérêts des parties prenantes restent constants ou s'améliorent,
- les résultats de l'élicitation sont confirmés en temps opportun, et

- les accords et les engagements sont maintenus.

Les analystes métier surveillent continuellement les risques tels que:

- les parties prenantes détournées vers d'autres travaux,
- les activités d'élicitation ne fournissant pas la qualité des informations d'analyse requises, et
- les approbations différées.

.3 Collaboration

Les parties prenantes sont plus susceptibles de soutenir le changement si les analystes collaborent avec elles et encouragent la libre circulation des informations, des idées et des innovations. Un véritable engagement des parties prenantes exige que toutes les parties prenantes concernées sentent qu'elles sont entendues, que leurs opinions comptent et que leurs contributions sont reconnues. La collaboration implique une communication régulière, fréquente et bidirectionnelle. Les relations de collaboration aident à maintenir la libre circulation de l'information lorsque des obstacles et des revers se produisent, et favorisent un effort commun pour résoudre les problèmes et atteindre les résultats souhaités.

4.5.5 Lignes directrices et outils

- ***Approche de l'analyse métier***: décrit la nature et le niveau de collaboration requis par chaque groupe de partie prenante pour effectuer les activités d'analyse métier prévues.
- ***Objectifs métier***: décrivent la direction souhaitée nécessaire pour atteindre l'état futur. Ils peuvent être utilisés pour concentrer divers acteurs sur une vision commune des résultats souhaités.
- ***Description de l'état futur***: définit l'état futur désiré et la valeur attendue qu'il délivre, qui peut être utilisée pour focaliser les différentes parties prenantes sur l'objectif commun.
- ***Actions recommandées***: communiquer ce qui devrait être fait pour améliorer la valeur d'une solution peut aider à galvaniser le soutien et à concentrer les parties prenantes sur un objectif commun.
- ***Résultats d'analyse des risques***: les risques liés aux parties prenantes devront être abordés pour assurer le succès des activités de collaboration avec les parties prenantes.

4.5.6 Techniques

- ***Jeux collaboratifs***: à utiliser pour stimuler le travail d'équipe et la collaboration en plongeant temporairement les parties prenantes dans une situation sûre et amusante dans laquelle ils peuvent partager leurs connaissances et leur expérience sur un sujet donné, identifier les hypothèses cachées et explorer ces connaissances d'une manière qui ne pourraient pas se produire au cours des interactions normales.

- ***Retours d'expérience***: à utiliser pour comprendre la satisfaction ou l'insatisfaction des parties prenantes et leur offrir l'occasion de contribuer à améliorer les relations de travail.
- ***Analyse et gestion des risques***: à utiliser pour identifier et gérer les risques liés à l'engagement et à la participation des parties prenantes.
- ***Liste des parties prenantes, carte ou personas***: à utiliser pour déterminer qui est disponible pour participer aux travaux d'analyse, montrer les relations informelles entre les parties prenantes, et comprendre quelles parties prenantes doivent être consultées au sujet des différents types d'information de l'analyse métier.

4.5.7 Parties prenantes

- ***Toutes les parties prenantes***: tous les types d'intervenants qui pourraient participer à la collaboration pendant le changement.

4.5.8 Extrants

- ***Engagement des parties prenantes***: la volonté des parties prenantes de s'engager dans des activités d'analyse métier et d'interagir avec l'analyste métier si nécessaire.

5 Gestion du cycle de vie des exigences

Le domaine de connaissance lié à la gestion du cycle de vie des exigences décrit les tâches que l'analyste métier accomplit afin de gérer, de maintenir les exigences et les spécifications sur l'ensemble de leur cycle de vie. Ces tâches décrivent la manière d'établir des relations significatives entre les exigences et les spécifications liées, d'évaluer les changements apportés aux exigences et aux spécifications lorsque des changements sont proposés, d'analyser et d'obtenir un consensus sur ces changements.

La finalité de la Gestion du cycle de vie des exigences est de s'assurer que les entreprises, les parties prenantes, les exigences et les spécifications des solutions sont alignées les unes sur les autres et que la solution les implémente. Elle implique un niveau de contrôle sur les exigences et sur la manière dont les exigences seront mises en œuvre dans la solution réelle à construire et à livrer. Elle permet également de s'assurer que les informations de l'analyse métier sont disponibles pour une utilisation future.

Le cycle de vie des exigences :

- commence par la représentation d'un besoin métier en tant qu'exigence,
- se poursuit par le développement d'une solution, et
- se termine lorsqu'une solution et les exigences qui la représentent soient retirées.

La gestion des exigences ne se termine pas une fois qu'une solution est mise en œuvre. Tout au long de la durée de vie d'une solution, les exigences continuent à fournir de la valeur lorsqu'elles sont gérées de manière appropriée.

Dans le domaine de connaissances "gestion du cycle de vie des exigences", le concept de cycle de vie est distinct d'une méthodologie ou d'un processus utilisé pour contrôler le travail de l'analyse métier. Le cycle de vie désigne l'existence des différentes phases ou états par lesquelles les exigences passent dans le cadre de tout changement. Les exigences peuvent être dans plusieurs états à la fois.

Les états énumérés ici ne sont pas destinés à être une liste exhaustive.

Figure 5.0.1: Gestion du cycle de vie des exigences

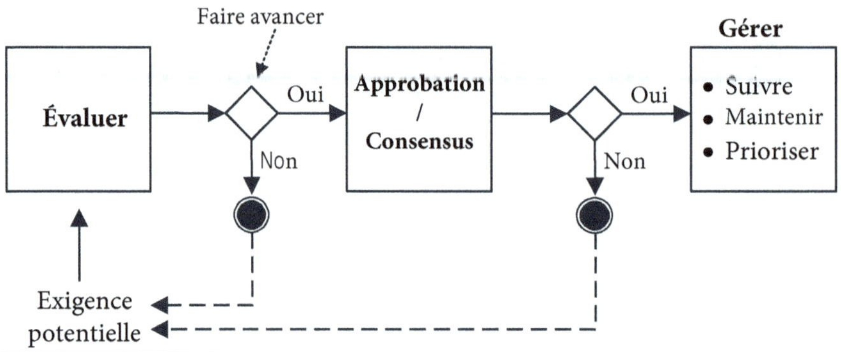

Le domaine de connaissances de la gestion du cycle de vie des exigences comprend les tâches suivantes :

- ***Traçabilité des exigences***: analyser et maintenir les relations entre les exigences, les spécifications, les composants solution et autres livrables pour l'analyse d'impact, la couverture et l'allocation.
- ***Maintenir les Exigences***: veiller à ce que les exigences et les spécifications soient précises et actuelles tout au long du cycle de vie et faciliter leur réutilisation le cas échéant.
- ***Prioriser les exigences***: évaluer la valeur, l'urgence, et les risques liés à des exigences et des spécifications particulières pour s'assurer que les travaux d'analyse et/ou de livraison sont réalisés sur les plus importants à tout moment.
- ***Évaluer les modifications apportées aux exigences***: évaluer les exigences nouvelles et changeantes des parties prenantes pour déterminer si elles doivent être prises en compte dans le cadre d'un changement.
- ***Approuver les exigences***: collaborer avec les parties prenantes impliquées dans le processus de gouvernance pour parvenir à l'approbation et à un accord sur les exigences et les spécifications.

Le modèle de concept de base de la gestion du cycle de vie des exigences

Le *Business Analysis Core Concept Model™* (*BACCM™*) décrit les relations entre les six concepts fondamentaux.

Le tableau suivant décrit l'utilisation et l'application de chacun des concepts fondamentaux dans le contexte de la gestion du cycle de vie des exigences.

Table 5.0.1: Le modèle de concept de base de la gestion du cycle de vie des exigences

Concept de base	Lors de la gestion du cycle de vie des exigences, les analystes métier doivent...
Changement : l'acte de transformation en réponse à un besoin.	gérer la façon dont les changements concernant les exigences et les spécifications sont évalués au cours d'une initiative.
Besoin: un problème ou une opportunité à résoudre.	tracer, hiérarchiser et maintenir les exigences pour s'assurer que le besoin est satisfait.
Solution: une façon spécifique de satisfaire un ou plusieurs besoins dans un contexte.	tracer les exigences et les spécifications jusqu'aux composants de la solution pour s'assurer que la solution répond au besoin.
Partie prenante : un groupe ou un individu en relation avec le changement, le besoin ou la solution.	travailler en étroite collaboration avec les principales parties prenantes pour maintenir la compréhension, l'accord et l'approbation des exigences et des spécifications.
Valeur : la valeur monétaire, l'importance ou l'utilité de quelque chose pour une partie prenante dans un contexte donné.	maintenir les exigences en matière de réutilisation afin d'étendre la valeur au-delà de l'initiative actuelle.
Contexte : les circonstances qui influencent, sont influencées par, et permettent de comprendre le changement.	analyser le contexte pour appuyer les activités de traçage et de priorisation.

Figure 5.0.1: Diagramme d'entrées/sorties de la gestion du cycle de vie des exigences

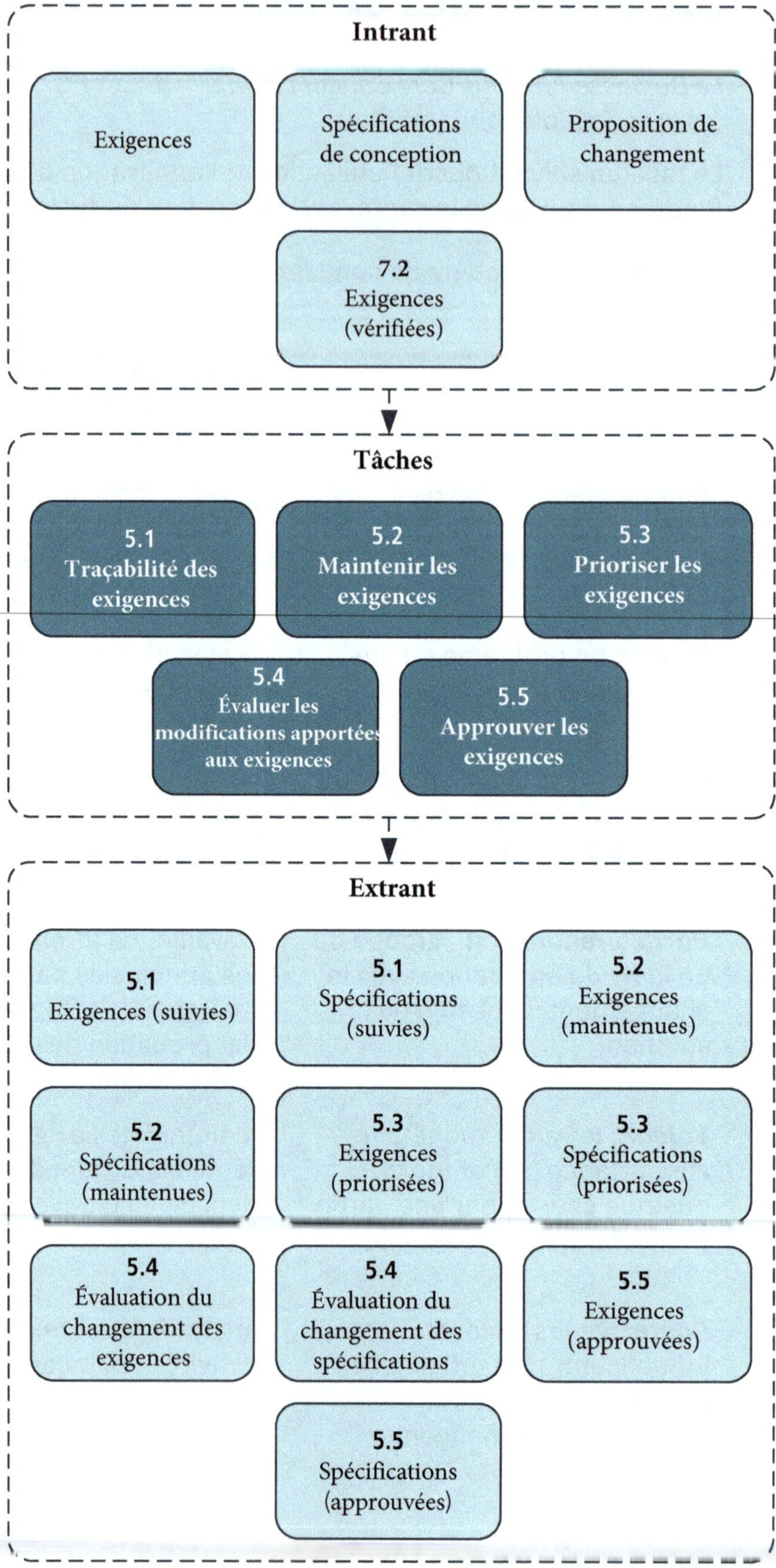

5.1 Traçabilité des exigences

5.1.1 Finalité

La finalité de la Traçabilité des Exigences est de s'assurer que les exigences et les spécifications à différents niveaux sont alignées les unes sur les autres, et de gérer les effets du changement à un seul niveau sur les exigences connexes.

5.1.2 Description

La traçabilité des exigences identifie et documente la lignée de chaque exigence, y compris sa traçabilité en amont, sa traçabilité en aval et sa relation avec d'autres exigences. La traçabilité est utilisée pour s'assurer que la solution est conforme aux exigences et pour aider à la gestion de la portée, du changement, des risques, du temps, des coûts et de la communication. Il est également utilisé pour détecter les fonctionnalités manquantes ou pour identifier s'il existe des fonctionnalités implémentées qui ne sont prises en charge par aucune exigence.

La traçabilité permet :

- une analyse d'impact plus rapide et plus simple,
- une découverte plus fiable des incohérences et des lacunes dans les exigences,
- des connaissances plus approfondies sur la portée et la complexité d'un changement, et
- une évaluation fiable des exigences qui ont été prises en compte et de celles qui ne l'ont pas été.

Pour plus d'informations sur l'allocation, voir Définir l'architecture des exigences (p. 182).

Il est souvent difficile de représenter avec précision les besoins et les solutions sans tenir compte des relations qui existent entre eux. Bien que la traçabilité soit précieuse, l'analyste métier équilibre le nombre de types de relations avec l'avantage obtenu en les représentant. La traçabilité prend également en charge l'attribution des exigences et leur macro planification en fournissant une ligne de vue directe de l'exigence au besoin exprimé.

Les images suivantes montrent des exemples de représentations visuelles de la traçabilité d'un processus et des exigences logicielles.

Figure 5.1.1: Traçabilité des processus

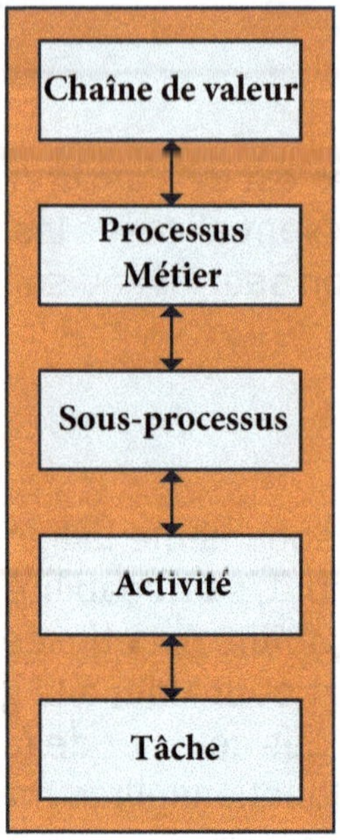

Figure 5.1.2: Logiciel de traçabilité des exigences

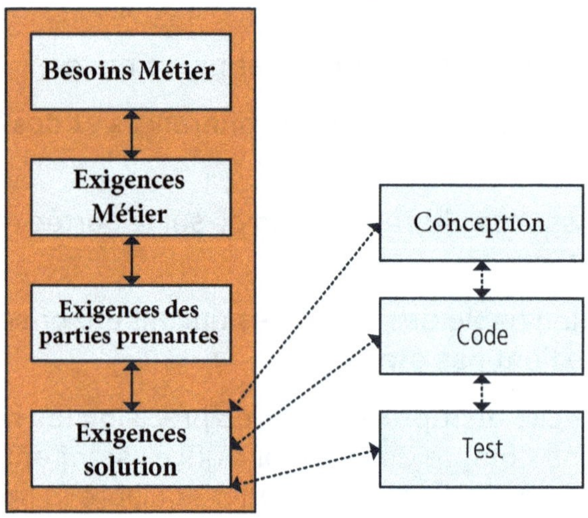

5.1.3 Intrants

- ***Exigences***: peut être lié à d'autres exigences (y compris les buts , les objectifs, les exigences métiers , les exigences des parties prenantes, les exigences solution et les exigences de transition), aux composants de la solution, aux visuels, aux règles métier et à d'autres livrables.
- ***Spécifications***: peuvent être attribuées à d'autres exigences, à d'autres composants de solution et à d'autres livrables .

Figure 5.1.3: Diagramme d'entrée/sortie de la Traçabilité des exigences

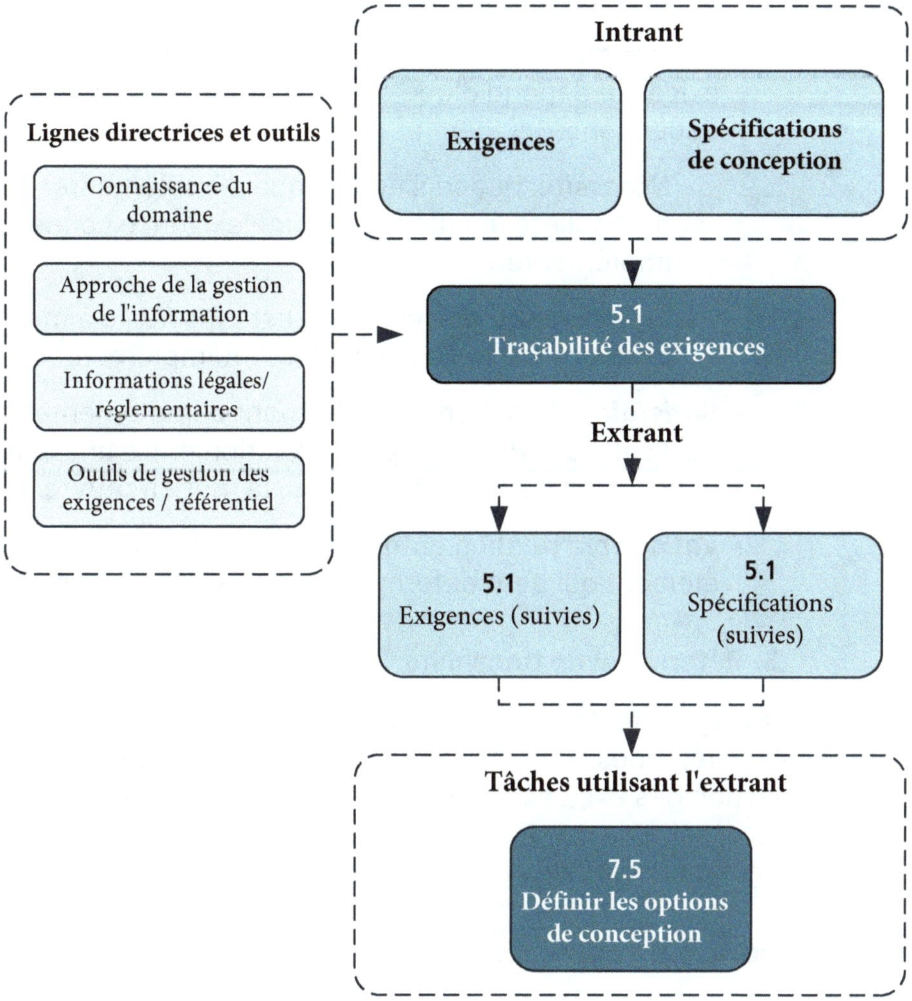

5.1.4 Éléments

.1 Niveau de formalisme

Lors du suivi des exigences, les analystes métier considèrent la valeur que chaque lien est censé fournir, ainsi que la nature et l'utilisation des relations spécifiques qui sont en train d'être créées.

L'effort de traçabilité des exigences augmente considérablement lorsque le nombre d'exigences ou le niveau de formalisme augmente.

.2 Relations

Il existe plusieurs types de relations que l'analyste métier prend en compte lors de la définition de l'approche de traçabilité :

- ***Dérivé***: relation entre deux exigences, utilisée lorsqu'une exigence est dérivée d'une autre exigence. Ce type de relation est approprié pour relier les exigences sur différents niveaux d'abstraction. Par exemple, une exigence solution dérivée d'une exigence métier ou d'une exigence d'une partie prenante.

- ***Dépendance***: relation entre deux exigences, utilisée lorsqu'une exigence dépend d'une autre exigence. Les types de relations de dépendance incluent :
  - ***Nécessité***: quand il est logique d'implémenter une exigence particulière uniquement si une exigence connexe est également implémentée.
  - ***Effort***: lorsqu'une exigence est plus facile à mettre en œuvre si une exigence connexe est également implémentée.
- ***Satisfait***: relation entre un élément d'implémentation et les exigences qu'il satisfait. Par exemple, la relation entre une exigence fonctionnelle et un composant de solution qui la met en œuvre.
- ***Validation***: relation entre une exigence et un cas de test ou un autre élément qui peut déterminer si une solution remplit les conditions.

.3 Référentiel de traçabilité

La traçabilité des exigences sont documentées et maintenues conformément aux méthodes identifiées par l'approche de l'analyse métier. Les outils de gestion des exigences peuvent offrir des avantages importants lorsqu'il est nécessaire de retracer un grand nombre d'exigences qui peuvent être jugées ingérables avec des approches manuelles.

5.1.5 Lignes directrices et outils

- ***Connaissance du domaine***: la connaissance et l'expertise dans le domaine métier nécessaires au support de la traçabilité.
- ***Approche de la gestion de l'information***: fournit des décisions à partir des activités de planification concernant l'approche de traçabilité.
- ***Informations légales/réglementaires***: décrivent les règles législatives ou les règlements qui doivent être respectés. Il peut être nécessaire d'en tenir compte lors de la définition des règles de traçabilité.
- ***Outils de gestion des exigences / référentiel***: à utiliser pour stocker et gérer les informations d'analyse métier. L'outil peut être aussi simple qu'un document texte ou aussi complexe qu'un outil dédié de gestion des exigences.

5.1.6 Techniques

- ***Analyse des règles métier***: à utiliser pour tracer les règles métier jusqu'aux exigences qu'elles prennent en charge ou aux règles qui prennent en charge les exigences.

- ***Décomposition fonctionnelle***: à utiliser pour décomposer la portée de la solution en composants plus petits pour l'allocation, ainsi que pour relier les concepts de haut niveau aux concepts de bas niveau.
- ***Modélisation des processus***: à utiliser pour afficher visuellement le processus d'état futur, ainsi que pour la traçabilité des exigences jusqu'au processus d'état futur.
- ***Modélisation du périmètre***: à utiliser pour représenter visuellement la portée, ainsi que pour tracer les exigences jusqu'à la zone de portée prise en charge par l'exigence.

5.1.7 Parties prenantes

- ***Clients***: sont influencés par la façon dont les exigences sont mises en œuvre et peuvent devoir être consultés ou accepter les relations de traçabilité.
- ***Expert du domaine***: peut avoir des recommandations concernant l'ensemble des exigences à lier à un composant de solution ou à une version.
- ***Utilisateur final***: peut nécessiter des relations de dépendance spécifiques qui permettent d'implémenter certaines exigences en même temps ou dans un ordre spécifique.
- ***Expert d'implémentation***: la traçabilité garantit que la solution en cours de développement répond au besoin métier et apporte une prise de conscience des dépendances entre les composants de la solution lors de l'implémentation.
- ***Support opérationnel***: la documentation de traçabilité fournit une autre source de référence pour le support technique.
- ***Chef de projet***: la traçabilité appuie la modification des projets et la gestion de la portée.
- ***Sponsor***: est tenu d'approuver les différentes relations.
- ***Fournisseurs***: sont affectées par la façon et le moment de mettre en œuvre les exigences.
- ***Testeur***: doit comprendre comment et où les exigences sont mises en œuvre lors de la création de plans de test et de scénarios de test, et peut relier les cas de tests aux exigences.

5.1.8 Extrants

- ***Exigences (suivies)***: ont des relations clairement définies avec d'autres exigences, composants de solution ou des versions, phases, ou itérations, dans le cadre d'une solution, de telle sorte que la couverture et les effets du changement sont clairement identifiables.

- ***Spécifications (suivies)***: relations clairement définies avec d'autres exigences, composants de solution, ou versions, phases ou itérations, avec la portée de la solution, de sorte que la couverture et les effets du changement sont clairement identifiables.

5.2 Maintenir les exigences

5.2.1 Finalité

La finalité de Maintenir les exigences est de conserver l'exactitude et la cohérence des exigences pendant et au-delà du changement tout au long du cycle de vie des exigences, et de prendre en charge la réutilisation des exigences dans d'autres solutions.

5.2.2 Description

Une exigence qui représente un besoin continu doit être maintenue afin de s'assurer qu'elle reste valide au fil du temps.

Afin de maximiser les avantages du maintien et de la réutilisation des exigences, les exigences devraient être les suivantes :

- constamment représentées,
- révisées et approuvées pour la maintenance en utilisant un processus standardisé qui définit les droits d'accès appropriés et garantit la qualité, et
- facilement accessibles et compréhensibles.

5.2.3 Intrants

- ***Exigences***: comprennent les buts, les objectifs, les exigences métier, les exigences des parties prenantes, les exigences solution et les exigences de transition. Elles devraient être maintenues tout au long de leur cycle de vie.
- ***Spécifications***: peuvent être maintenues tout au long de leur cycle de vie, au besoin.

Figure 5.2.1: Diagramme d'entrée/sortie de Maintenir les exigences

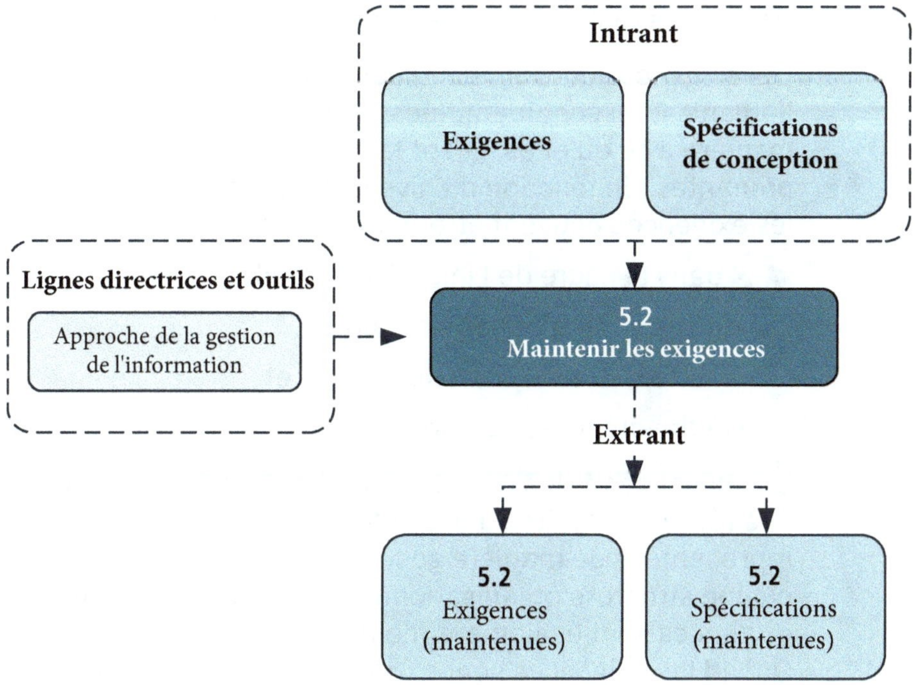

5.2.4 Éléments

.1 Maintenir les exigences

Les exigences sont maintenues de sorte qu'elles restent correctes et à jour après un changement approuvé. Les analystes métier sont responsables de leur maintenance pour s'assurer que ce niveau de précision est maintenu. Pour que les exigences soient correctement maintenues, elles doivent être clairement décrites, définies et facilement accessibles aux parties prenantes.

Les analystes métier maintiennent également les relations entre les exigences, les ensembles d'exigences et les informations de l'analyse métier associées pour s'assurer que le contexte et l'intention initiale de l'exigence sont préservés. Les référentiels avec des taxonomies acceptées aident à établir et à maintenir des liens entre les exigences maintenues et facilitent la traçabilité des exigences et des spécifications.

.2 Maintenir les attributs

Lors de l'élicitation des exigences, les analystes métier renseignent des attributs d'exigences. Des informations telles que la source, la priorité et la complexité de l'exigence aident à gérer chaque exigence tout au long du cycle de vie. Certains attributs changent à mesure que l'analyste métier découvre plus d'informations et effectue une analyse plus approfondie. Un attribut peut changer même si l'exigence ne le fait pas.

.3 Réutilisation des exigences

Il y a des situations dans lesquelles les exigences peuvent être réutilisées.

Les exigences qui sont candidates à une utilisation à long terme par l'organisation sont identifiées, clairement nommées, définies et stockées de manière à ce qu'elles soient facilement récupérables par d'autres parties prenantes. En fonction du niveau d'abstraction et du besoin prévu à traiter, les exigences peuvent être réutilisées :

- dans le cadre de l'initiative actuelle,
- au sein d'initiatives similaires,
- au sein des services similaires, et
- à travers toute l'organisation.

Les exigences à des niveaux d'abstraction élevés peuvent être rédigés avec une référence limitée à des solutions spécifiques. Les exigences qui sont représentées de manière générale, sans liens directs avec un outil particulier ou une structure organisationnelle, sont plus facilement réutilisables. Ces exigences sont également moins sujettes à révision en cas de changement. Quand les exigences sont exprimées de manière plus détaillée, elles deviennent plus étroitement associées à une solution ou une option de la solution. Les références spécifiques aux applications ou aux services limitent la réutilisation des exigences et des spécifications au sein d'une organisation.

Les exigences qui sont destinées à être réutilisées reflètent l'état actuel de l'organisation. Les parties prenantes valident les exigences proposées pour leur réutilisation avant qu'elles ne puissent être acceptées en dehors d'un changement.

5.2.5 Lignes directrices et outils

- ***Approche de la gestion de l'information***: indique la manière dont les exigences seront gérées pour leur réutilisation.

5.2.6 Techniques

- ***Analyse des règles métier***: à utiliser pour identifier les règles métier qui peuvent être similaires dans toute l'entreprise afin de faciliter leur réutilisation.
- ***Diagrammes de flux de données***: à utiliser pour identifier les flux d'information qui peuvent être similaires dans toute l'entreprise afin de faciliter leur réutilisation.
- ***Modélisation des données***: à utiliser pour identifier les structures de données qui peuvent être similaire dans toute l'entreprise afin de faciliter leur réutilisation.

- ***Analyse de documents***: à utiliser pour analyser la documentation existante au sujet d'une entreprise qui peut servir de base à la maintenance et à la réutilisation des exigences.
- ***Décomposition fonctionnelle***: à utiliser pour identifier les exigences associées aux composants et disponibles pour réutilisation.
- ***Modélisation des processus***: à utiliser pour identifier les exigences associées aux processus qui peuvent être disponibles pour réutilisation.
- ***Scénarios et cas d'utilisation***: à utiliser pour identifier un composant de solution qui peut être utilisé par plusieurs solution.
- ***Récits utilisateurs (User Stories)***: à utiliser pour identifier les exigences associées au récit utilisateur, et qui peuvent être disponibles pour réutilisation.

5.2.7 Parties prenantes

- ***Expert du domaine***: référence les exigences maintenues de façon régulière afin de s'assurer qu'elles reflètent correctement les besoins énoncés.
- ***Expert d'implémentation***: se sert des exigences maintenues lors de l'élaboration de tests de régression et de l'analyse d'impact pour une amélioration.
- ***Support opérationnel***: les exigences maintenues sont susceptibles d'être référencées pour confirmer l'état actuel.
- ***Régulateur***: les exigences maintenues sont susceptibles d'être référencées pour confirmer la conformité aux normes.
- ***Testeur***: les exigences maintenues sont utilisées par les testeurs pour faciliter l'élaboration des plans de test et la création de scénarios de test.

5.2.8 Extrants

- ***Exigences (maintenues)***: définies une fois et disponibles pour une utilisation à long terme par l'organisation. Elles peuvent devenir des actifs du processus organisationnel ou être utilisées dans des initiatives futures. Dans certains cas, une exigence qui n'a pas été approuvée ou implémentée peut être maintenue pour une possible initiative future.
- ***Spécifications (maintenues)***: peuvent être réutilisables une fois définies. Par exemple, en tant que composant autonome pouvant être mis à disposition pour une possible utilisation future.

5.3 Prioriser les exigences

5.3.1 Finalité

La finalité de Prioriser les Exigences est de classer les exigences dans l'ordre de l'importance relative.

5.3.2 Description

La priorisation est l'acte de classer les exigences afin de déterminer leur importance relative pour les parties prenantes. Lorsqu'une exigence est priorisée, elle se voit accorder une priorité plus ou moins importante. La priorité peut se référer à la valeur relative d'une exigence, ou à la séquence dans laquelle elle sera implémentée. La priorisation est un processus continu, avec des priorités qui évoluent au fur et à mesure que le contexte change.

Les interdépendances entre les exigences sont identifiées et peuvent être utilisées comme base de priorisation. La priorisation est un exercice critique qui vise à garantir que la valeur maximale soit atteinte.

5.3.3 Intrants

- ***Exigences***: toutes exigences sous forme de texte, de matrices, ou de diagrammes qui sont prêtes à être priorisées.
- ***Spécifications***: toutes spécifications sous la forme de textes, de prototypes ou de diagrammes qui sont prêtes à être priorisées.

Figure 5.3.1: Diagramme d'entrée/sortie de Prioriser les exigences

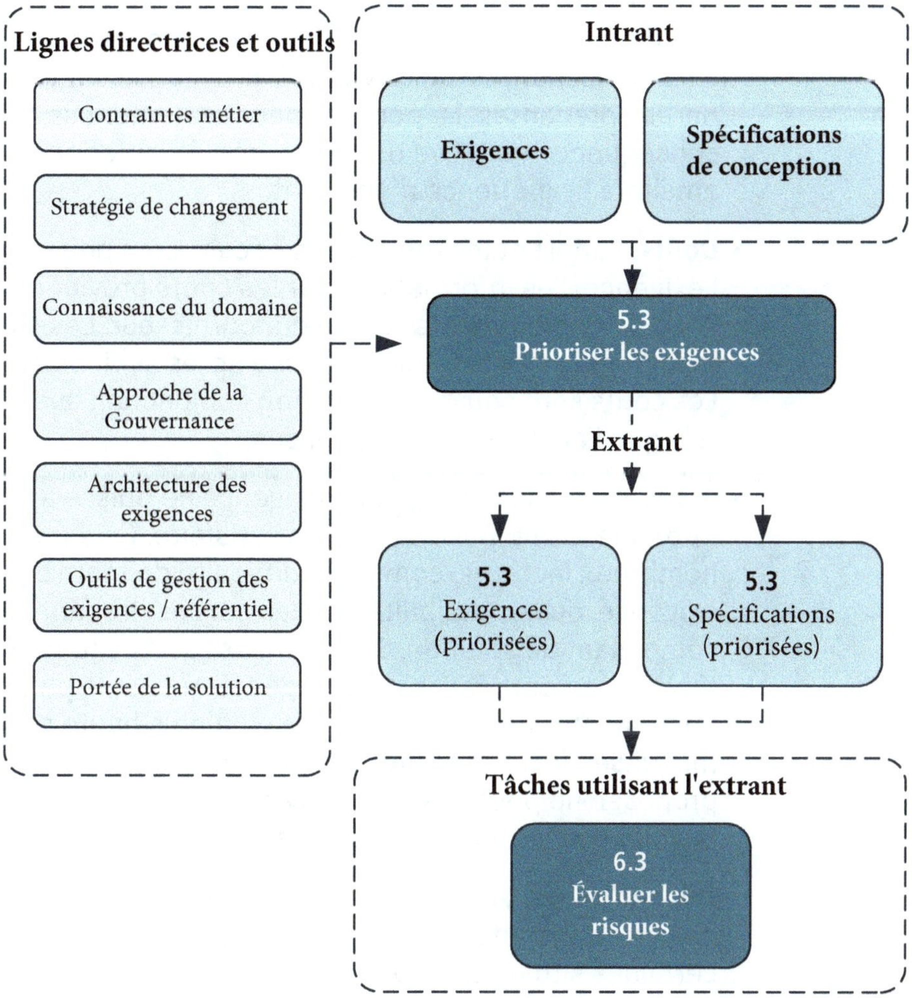

5.3.4 Éléments

.1 Bases pour la Priorisation

La base sur laquelle les exigences sont priorisées est convenue par les parties prenantes concernées telles que définies dans le domaine de connaissances de laPlanification et surveillance de l'analyse métier.

Les facteurs typiques qui influencent la priorisation comprennent :

- ***Bénéfice***: l'avantage retiré par les parties prenantes comme résultat de l'implémentation des exigences, tel que mesuré par rapport aux buts et aux objectifs du changement. Le bénéfice apporté peut se référer à une fonctionnalité spécifique, une qualité souhaitée, un but stratégique ou un objectif métier. S'il y a plusieurs parties prenantes, chaque groupe peut percevoir les bénéfices différemment. La résolution des conflits et la négociation peuvent être utilisées pour parvenir à un consensus sur l'ensemble des bénéfices .

- ***Pénalité***: les conséquences qui résultent de la non implémentation d'une exigence donnée. Cela comprend la priorisation des exigences afin de répondre aux demandes réglementaires ou politiques imposées à l'organisation, ce qui peut avoir préséance sur les intérêts des autres parties prenantes. La pénalité peut également se référer à la conséquence négative de la non-implémentation d'une exigence qui améliore l'expérience d'un client.

- ***Coûts***: l'effort et les ressources nécessaires pour implémenter l'exigence. Les informations sur les coûts proviennent typiquement de l'équipe d'implémentation ou du fournisseur. Les clients peuvent modifier la priorité d'une exigence après avoir eu connaissance du coût. Les coûts sont souvent utilisés en conjonction avec d'autres critères, tels que l'analyse coûts-bénéfices.

- ***Risque***: la possibilité qu'une exigence ne puisse apporter la valeur attendue, ou ne puisse pas être satisfaite. Cela peut comprendre de nombreux facteurs, comme la difficulté de mettre en œuvre une exigence, ou la possibilité que les parties prenantes n'acceptent pas un composant de solution. S'il y a un risque que la solution ne soit pas techniquement réalisable, l'exigence qui est le plus difficile à implémenter peut se voir attribuer la plus haute priorité afin de minimiser l'utilisation des ressources avant de découvrir que la solution proposée ne peut pas être délivrée. Une preuve de concept peut être développée pour établir que des options à haut risque sont possibles.

- ***Dépendances***: les relations entre les exigences où une exigence ne peut pas être satisfaite à moins que l'autre exigence ne le soit. Dans certaines situations, il peut être possible de gagner en efficacité en implémentant simultanément des exigences connexes. Les dépendances peuvent également être externes à l'initiative, y compris mais sans être limitées aux décisions d'autres équipes, les engagements de financement, et la disponibilité des ressources. Les dépendances sont identifiées dans le cadre de la tâche Traçabilité des exigences (p. 99).

- ***Sensibilité au temps***: la date d'implémentation de l'exigence, après laquelle l'exigence perd une valeur significative. Cela inclut les scénarios de temps de mise sur le marché, dans lesquels le bénéfice dérivé sera exponentiellement plus grand si la fonctionnalité est délivrée en avance sur la concurrence. Il peut également se référer à des fonctionnalités saisonnières qui n'ont de valeur qu'à une période spécifique de l'année.

- ***Stabilité***: la probabilité que cette exigence change, soit parce qu'elle nécessite une analyse plus approfondie, ou parce que les parties prenantes ne sont pas parvenues à un consensus sur ce sujet. Si une exigence n'est pas stable, elle pourrait avoir une faible priorité afin de minimiser les retouches imprévues et les efforts gaspillés.

- ***Réglementation ou conformité aux politiques***: exigences qui doivent être implémentées afin de répondre aux exigences réglementaires ou politiques imposées à l'organisation, qui peuvent avoir la préséance sur les intérêts des autres parties prenantes.

.2 Défis de Priorisation

La priorité est une évaluation de la valeur relative. Chaque partie prenante peut valoriser différentes choses. Lorsque cela se produit, il peut y avoir un conflit entre les parties prenantes. Les parties prenantes peuvent également avoir du mal à donner une priorité faible aux exigences, et ceci peut avoir un impact sur la capacité de faire les compromis nécessaires. En outre, les parties prenantes peuvent (volontairement ou involontairement) indiquer une priorité pour influencer le résultat dans leur sens.

Les différents types d'exigences peuvent ne pas tous répondre aux critères de la même manière et peuvent sembler contradictoires. Il peut être nécessaire pour les parties prenantes de faire des compromis lors de la priorisation.

.3 Priorisation continue

Les priorités peuvent changer lorsque le contexte évolue et que de plus amples informations deviennent disponibles. Initialement, la priorisation se fait à un niveau d'abstraction plus élevé. Au fur et à mesure que les exigences sont affinées, la priorisation est faite à un niveau plus granulaire et incorporera des bases supplémentaires pour l'établissement des priorités lorsque celles-ci deviennent appropriées. La base des priorisations peut être différente à différents stades du changement. Par exemple, les parties prenantes peuvent, au départ, prioriser en fonction des bénéfices. L'équipe d'implémentation peut alors prioriser de nouveau les exigences en fonction de la séquence dans laquelle elles doivent être implémentées en raison de contraintes techniques. Une fois que l'équipe d'implémentation a fourni le coût de chaque exigence, les parties prenantes peuvent à nouveau prioriser les exigences.

5.3.5 Lignes directrices et outils

- ***Contraintes métier***: statuts réglementaires, obligations contractuelles et politiques d'entreprise qui sont susceptibles de définir des priorités.
- ***Stratégie de changement***: fournit des informations sur les coûts, les calendriers et la réalisation de la valeur qui sont utilisés pour déterminer la priorité des exigences.
- ***Connaissance du domaine***: la connaissance et l'expertise du domaine métier nécessaires pour soutenir la priorisation.
- ***Approche de la gouvernance***: décrit l'approche à adopter pour établir les priorités des exigences.

- ***Architecture des exigences***: à utiliser pour comprendre la relation avec d'autres exigences et livrables.
- ***Outils de gestion des exigences / référentiel***: inclure un attribut aux exigences pour la priorisation peut aider l'analyste métier à trier et à accéder aux exigences par ordre de priorité.
- ***Portée de la solution***: pris en considération lors de la priorisation des exigence pour s'assurer que le périmètre est maitrisé.

5.3.6 Techniques

- ***Gestion du Backlog***: à utiliser pour comparer les exigences à prioriser. Le backlog peut être l'endroit où les priorités sont maintenues.
- ***Étude d'opportunité (Business Case)***: à utiliser pour évaluer les exigences par rapport aux buts métiers et objectifs identifiés afin de déterminer leur importance.
- ***Analyse des décisions***: à utiliser pour identifier les exigences de grande valeur.
- ***Estimation***: à utiliser pour produire des estimations pour la base de la priorisation.
- ***Analyse financière***: à utiliser pour évaluer la valeur financière d'un ensemble d'exigences et la manière dont le délai de livraison affectera cette valeur.
- ***Entretiens***: à utiliser pour comprendre la base de priorisation ou de priorités d'une partie prenante ou d'un petit groupe de parties prenantes.
- ***Gestion des points de suivi***: à utiliser pour suivre les questions soulevées par les parties prenantes lors de la priorisation.
- ***Priorisation***: à utiliser pour faciliter le processus de priorisation.
- ***Analyse et gestion des risques***: à utiliser pour comprendre les risques pour la base de la priorisation.
- ***Ateliers de travail***: à utiliser pour comprendre les bases de priorisation ou de priorités des parties prenantes dans le cadre de l'animation d'un groupe de travail.

5.3.7 Parties prenantes

- ***Client***: vérifie que les exigences priorisées apporteront de la valeur du point de vue du client ou de l'utilisateur final. Le client peut également négocier pour modifier la priorisation en fonction de la valeur relative.
- ***Utilisateur final***: vérifie que les exigences priorisées produiront de la valeur du point de vue du client ou de l'utilisateur final.

- ***Expert d'implémentation***: fournit des contributions sur les dépendances techniques et peut négocier pour modifier la priorisation en fonction des contraintes techniques.
- ***Chef de projet***: utilise la priorisation comme intrant au plan projet et à l'allocation des exigences à des versions.
- ***Régulateur***: peut vérifier que la priorisation est conforme aux contraintes légales et réglementaires.
- ***Sponsor***: vérifie que les exigences priorisées délivreront de la valeur dans une perspective organisationnelle.

5.3.8 Extrants

- ***Exigences (priorisées)***: les exigences priorisées ou hiérarchisées sont disponibles pour un travail supplémentaire, en s'assurant que les exigences de plus haute valeur sont traitées en premier.
- ***Spécifications (priorisées)***: les spécifications priorisées ou hiérarchisées sont disponibles pour un travail supplémentaire, en s'assurant que les spécifications de plus haute valeur sont traitées en premier.

5.4 Évaluer les modifications apportées aux exigences

5.4.1 Finalité

La finalité d'Évaluer les modifications apportées aux exigences est d'évaluer les répercussions des changements proposés sur les exigences et les spécifications.

5.4.2 Description

La tâche "Évaluer les modifications apportées aux exigences" est effectuée au fur et à mesure que de nouveaux besoins ou de possibles solutions sont identifiés. Ceux-ci peuvent ou non s'aligner avec la stratégie de changement et/ou la portée de la solution. Une évaluation doit être effectuée afin de déterminer si un changement proposé augmentera la valeur de la solution, et dans l'affirmative, les actions à prendre.

Les analystes métier évaluent l'effet potentiel du changement sur la valeur de la solution, et si les changements proposés introduisent des conflits avec d'autres exigences ou augmentent le niveau de risque. Les analystes métier veillent également à ce que chaque changement proposé puisse être retracé vers un besoin.

Lors de l'évaluation des changements, les analystes métier examinent si chaque changement proposé :

- s'aligne sur la stratégie globale,
- affecte la valeur délivrée au métier ou aux groupes de parties prenantes,
- impacte le délai de livraison ou les ressources nécessaires pour délivrer la valeur, et
- modifie les risques, opportunités ou contraintes associés à l'initiative globale.

Les résultats de l'évaluation doivent soutenir les approches de prise de décision et de suivi du changement définies par la tâche Planifier la gouvernance de l'analyse métier (p. 48).

5.4.3 Intrants

- ***Changement proposé***: peuvent être identifiées à tout moment et ont un impact sur tout aspect des travaux ou des livrables d'analyse métier complétés à ce jour. Il y a de nombreux éléments déclencheurs pour un changement proposé, y compris les changements de stratégie métier, les parties prenantes, les exigences légales ou les changements réglementaires.
- ***Exigences***: peuvent nécessiter d'être évaluées pour identifier l'impact d'une modification proposée.
- ***Spécifications***: peuvent avoir besoin d'être évaluées pour déterminer l'impact d'une modification proposée.

Figure 5.4.1: Diagramme d'entrée/sortie d'Évaluer les modifications apportées aux exigences

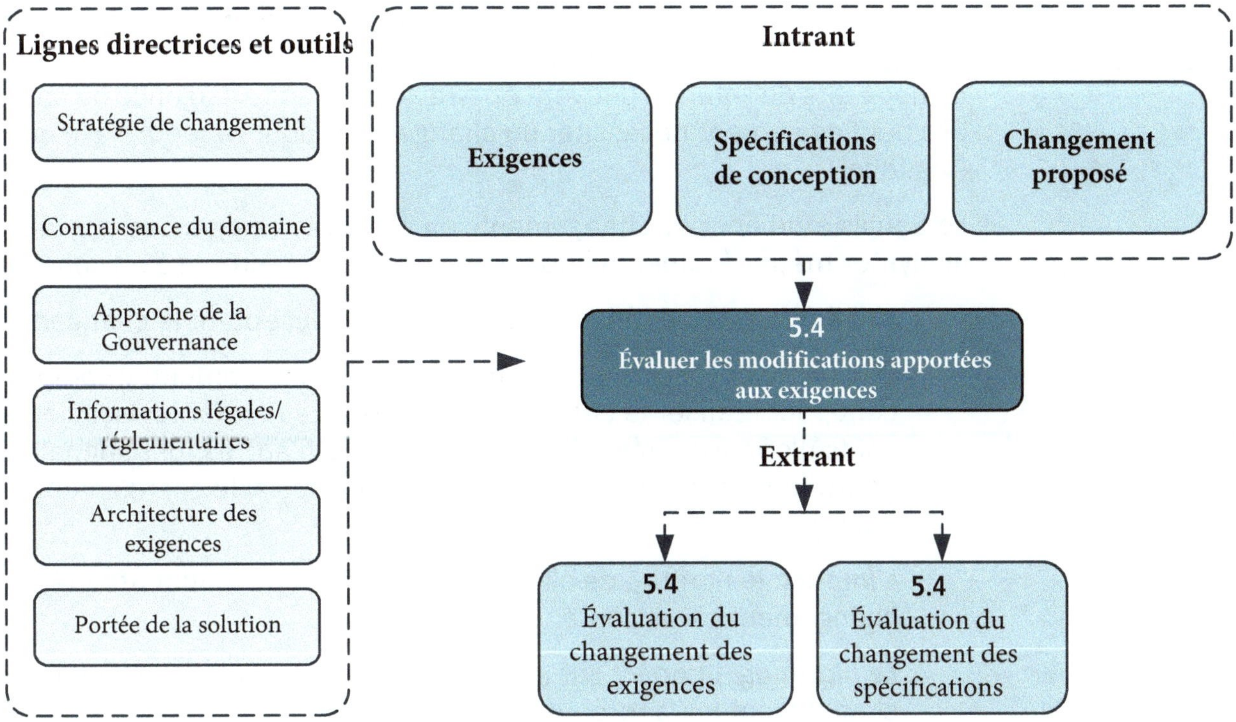

5.4.4 Éléments

.1 Forme de l'évaluation

Les analystes métier détermineront le niveau de formalisme du processus d'évaluation en fonction des informations disponibles, de l'importance apparente du changement et du processus de gouvernance. De nombreux changements proposés peuvent ne pas être pris en considération ou refusés avant qu'une approbation formelle ne soit requise. Une approche prédictive peut indiquer une évaluation plus formelle des changements proposés. Dans les approches prédictives, l'impact de chaque changement peut être perturbateur ; le changement peut potentiellement générer une refonte substantielle des tâches et des activités accomplies dans le cadre des activités précédentes. Une approche adaptative peut nécessiter moins de formalisme dans l'évaluation des changements proposés. Bien qu'il puisse y avoir un remaniement nécessaire à la suite de chaque changement, les approches adaptatives tentent de minimiser l'impact des changements en utilisant des techniques de mise en œuvre itérative et incrémentale. Cette idée d'évolution continue peut réduire le besoin d'une évaluation d'impact formelle.

.2 Analyse d'Impact

L'analyse d'impact est effectuée pour évaluer ou apprécier l'effet d'un changement. La traçabilité est un outil utile pour effectuer l'analyse d'impact. Lorsqu'une exigence change, ses relations avec d'autres exigences ou composants de solution peuvent être revues. Chaque exigence ou composant liée peut également nécessiter un changement pour répondre à la nouvelle exigence.

Lorsqu'ils étudient des changements ou ajouts aux exigences existantes, les analystes métier évaluent l'impact du changement proposé en considérant :

- ***Le bénéfice***: le bénéfice qui sera retiré en acceptant le changement.
- ***Le coût***: le coût total pour implémenter le changement, y compris le coût pour réaliser le changement, le coût de la refonte associée, et les coûts d'opportunités telles que le nombre d'autres fonctionnalités qui pourraient devoir être sacrifiées ou reportées si le changement est approuvé.
- ***L'impact***: le nombre de clients ou de processus métier affectés si le changement est accepté.
- ***Le planning***: l'impact sur les engagements de livraison existants si le changement est approuvé.
- ***L'urgence***: le niveau d'importance, y compris les facteurs qui déterminent la nécessité comme les questions de réglementation ou de sécurité.

.3 Résolution d'impact

Selon l'approche prévue, diverses parties prenantes (y compris l'analyste métier) peuvent être autorisés à approuver, refuser ou reporter le changement proposé. Tous les impacts et les résolutions résultant de l'analyse du changement doivent être documentés et communiqués à toutes les parties prenantes. La façon dont les décisions et les changements seront faits et communiqués à travers une initiative est déterminée par la tâche Planifier la gouvernance de l'analyse métier (p. 48).

5.4.5 Lignes directrices et Outils

- ***Stratégie de Changement***: décrit l'objectif et l'orientation des changements, établit le contexte du changement et identifie les composants critiques du changement.
- ***Connaissance du Domaine***: la connaissance et l'expertise dans le domaine métier sont nécessaires pour évaluer les changements proposés aux exigences.

- ***Approche de la Gouvernance***: fournit les conseils concernant le suivi du changement et les processus de prise de décision, ainsi que les rôles des parties prenantes dans ces processus.
- ***Informations légales/réglementaires***: décrivent des règles ou des règlements législatifs qui doivent être respectés. Celles-ci peuvent avoir un impact sur les exigences et doivent être prises en considération au moment d'apporter des changements.
- ***Architecture des Exigences***: les exigences peuvent être liées entre elles, c'est pourquoi l'analyste métier examine et analyse les relations entre les exigences afin de déterminer quelles exigences seront affectées par un changement d'exigences demandé.
- ***Portée de la solution***: doit être pris en considération lors de l'évaluation des changements afin de bien comprendre l'impact d'un changement proposé.

5.4.6 Techniques

- ***Étude d'opportunité (Business Case)***: à utiliser pour justifier un changement proposé.
- ***Analyse des règles métier***: à utiliser pour évaluer les changements apportés aux politiques d'entreprise et aux règles métier et pour élaborer la révision des lignes directrices.
- ***Analyse des décisions***: à utiliser pour faciliter le processus d'évaluation du changement.
- ***Analyse de documents***: à utiliser pour analyser les documents existants qui facilitent la compréhension de l'impact du changement.
- ***Estimation***: à utiliser pour déterminer l'ampleur du changement.
- ***Analyse financière***: à utiliser pour estimer les conséquences financières d'un changement proposé.
- ***Analyse des interfaces***: à utiliser pour aider les analystes métier à identifier les interfaces qui peuvent être impactées par le changement.
- ***Entretiens***: à utiliser pour qu'une partie prenante ou un petit groupe de parties prenantes comprennent l'impact sur l'organisation ou ses actifs.
- ***Gestion des points de suivi***: à utiliser pour suivre tous les problèmes ou conflits découverts au cours de l'analyse d'impact.
- ***Analyse et gestion des risques***: à utiliser pour déterminer le niveau de risque associé au changement.
- ***Ateliers de travail***: à utiliser pour comprendre l'impact des changements ou pour les résoudre dans un contexte de groupe.

5.4.7 Parties prenantes

- ***Client***: fournit des retours concernant l'impact que le changement aura sur la valeur.
- ***Expert du domaine***: possède une expertise sur certains aspects de la situation et peut fournir un idée de l'impact du changement sur l'organisation et la valeur.
- ***Utilisateur final***: utilise la solution ou est un composant de la solution et peut fournir des informations sur l'impact du changement sur ses activités.
- ***Support opérationnel***: fournit des informations sur leur capacité à soutenir le fonctionnement de la solution et leur besoin de comprendre la nature du changement de la solution afin de pouvoir la soutenir.
- ***Chef de projet***: examine l'évaluation des changements d'exigences pour déterminer si des travaux supplémentaires sont nécessaires pour une implémentation réussie de la solution.
- ***Régulateur***: les modifications sont supposées être référencées par les auditeurs pour confirmer la conformité aux normes.
- ***Sponsor***: responsable de la portée de la solution et peut fournir un aperçu à utiliser lors de l'évaluation du changement.
- ***Testeur***: consultés pour déterminer l'incidence des changements proposés.

5.4.8 Extrants

- ***Évaluation du changement des exigences***: recommandation d'approuver, de modifier ou de refuser une modification proposée aux exigences.
- ***Évaluation du changement des spécifications***: recommandation d'approuver, de modifier ou de refuser une modification proposée à un ou plusieurs éléments de conception.

5.5 Approuver les exigences

5.5.1 Finalité

La finalité d'Approuver les Exigences est d'obtenir l'approbation des exigences et des spécifications afin de poursuivre le travail d'analyse métier et/ou l'élaboration de solutions.

5.5.2 Description

Les analystes métier doivent assurer une communication claire des exigences, des spécifications et d'autres informations relatives à l'analyse métier aux parties prenantes en charge de l'approbation de ces informations.

L'approbation des exigences et des spécifications peut être formelle ou informelle. Les approches prédictives effectuent généralement des approbations en fin de phase ou lors de réunions de contrôle des changements prévues. Les approches adaptatives n'approuvent généralement les exigences que lorsque la construction et la mise en œuvre d'une solution répondant à l'exigence peuvent commencer. Les analystes métier travaillent avec les principales parties prenantes pour obtenir un consensus sur les exigences nouvelles et modifiées, pour communiquer les résultats des discussions, pour suivre et gérer l'approbation.

5.5.3 Intrants

- ***Exigences (vérifiées)***: ensemble d'exigences dont la qualité a été vérifiée afin d'être utilisées comme un ensemble de travaux fiables pour des spécifications et le développements ultérieurs.
- ***Spécifications***: ensemble de conceptions définies comme étant prêtes à être utilisées pour d'autres spécifications et développements.

Une fois qu'une exigence a été approuvée, il s'agit d'un produit de travail d'analyse métier finalisé, et il est mis en œuvre.

Figure 5.5.1: Diagramme d'entrée/sortie d'Approuver les exigences

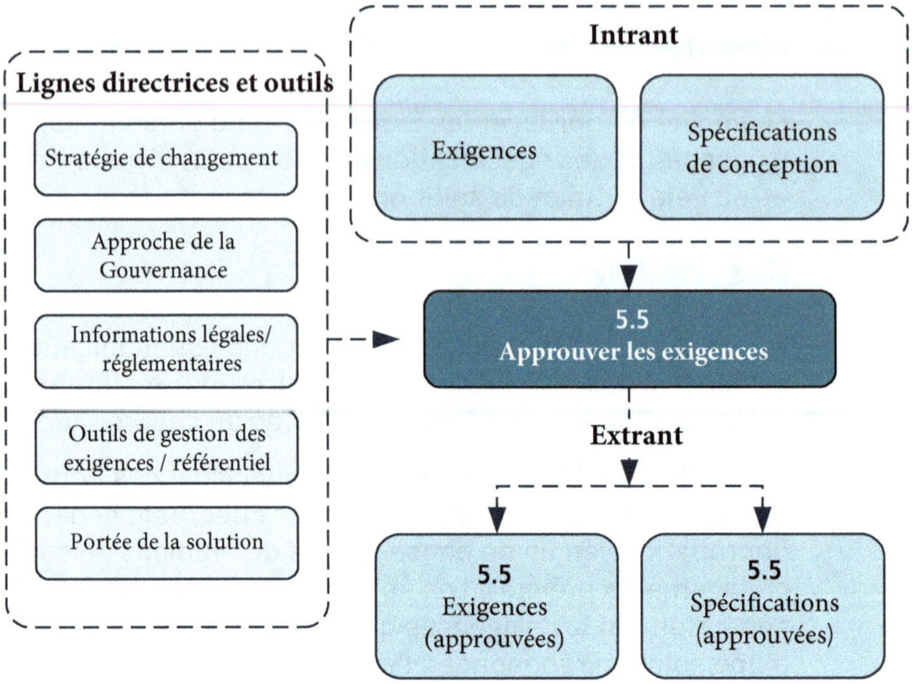

5.5.4 Éléments

.1 Comprendre les Rôles des Parties Prenantes

Le processus d'approbation est défini par la tâche Planifier la gouvernance de l'analyse métier (p. 48). Une partie de la définition du processus d'approbation consiste à comprendre les rôles des parties prenantes et les niveaux d'autorité. Les analystes métier ont la responsabilité d'obtenir l'approbation des parties prenantes et sont tenus de comprendre qui assume la responsabilité de la prise de décision et qui possède l'autorité nécessaire pour approuver l'initiative. Les analystes métier tiennent également compte de toute partie prenante influente qui devrait être consultée ou informée au sujet des exigences. Peu de parties prenantes ont le pouvoir d'approuver ou de refuser les changements, mais nombreuses sont celles qui peuvent avoir une influence sur ces décisions.

.2 Gestion des Conflits et des Problèmes

Afin de préserver le soutien des parties prenantes vis à vis de la solution, un consensus entre les parties prenantes est habituellement recherché avant de demander l'approbation des exigences. L'approche pour déterminer comment sécuriser les décisions et résoudre les conflits à travers une initiative est prévue dans la tâche Planifier la gouvernance de l'analyse métier (p. 48).

Les groupes de parties prenantes ont souvent des points de vue différents et des priorités contradictoires. Un conflit peut survenir entre les parties prenantes en raison de différences dans l'interprétation des exigences ou des spécifications et des valeurs contradictoires qui leurs sont conférées. L'analyste métier facilite la communication entre les parties prenantes dans les zones de conflit de façon à ce que chaque groupe ait une meilleure appréciation des besoins des autres. La résolution des conflits et la gestion des problèmes peuvent avoir lieu assez souvent, tant que l'analyste métier examine les exigences et les spécifications, et cherche à garantir leur validation.

.3 Obtenir un Consensus

Les analystes métier sont chargés de s'assurer que les parties prenantes ayant le pouvoir d'approbation comprennent et acceptent les exigences. L'approbation peut confirmer que les parties prenantes estiment qu'une valeur suffisante sera créée pour l'organisation de façon à justifier l'investissement dans une solution. Les analystes métier obtiennent le consensus en examinant les exigences ou les changements par rapport aux exigences avec les personnes ou les groupes responsables et en leur demandant d'approuver, en indiquant leur accord avec la solution ou les spécifications décrites.

En utilisant les méthodes et les moyens établis dans les tâches Planifier la gouvernance de l'analyse métier (p. 48) et Communiquer les informations de l'analyse métier (p. 85), les analystes métier présentent les exigences aux parties prenantes pour les approuver. Les analystes métier facilitent ce processus d'approbation en répondant à toutes les questions ou en apportant des renseignements supplémentaires lorsque c'est nécessaire.

Un accord complet n'est pas nécessaire pour un changement réussi, mais en cas de défaut d'accord, les risques associés doivent être identifiés et gérés en conséquence.

.4 Suivre et Communiquer l'Approbation

L'analyste métier enregistre les décisions d'approbation, éventuellement dans des outils de maintenance et de suivi des exigences. Afin de communiquer le statut des exigences, il est nécessaire de conserver des registres précis de l'état d'approbation actuel. Les parties prenantes doivent être en mesure de déterminer quelles exigences et spécifications sont actuellement approuvées et conformes à la mise en œuvre. Il peut être utile de tenir un historique de vérification des changements apportés aux exigences : ce qui a été modifié, qui a apporté le changement, la raison du changement et quand il a été apporté.

5.5.5 Lignes directrices et Outils

- ***Stratégie de Changement***: fournit des informations qui aident à gérer le consensus des parties prenantes concernant les besoins de toutes les parties prenantes.

- ***Approche de la Gouvernance***: identifie les parties prenantes qui ont le pouvoir et la responsabilité d'approuver les informations de l'analyse métier, et explique quand de telles approbations auront lieu et comment elles s'aligneront avec les politiques organisationnelles.
- ***Informations légales/réglementaires***: décrivent des règles ou des règlements législatifs qui doivent être respectés. Ils peuvent avoir une incidence sur les exigences et la conception ainsi que sur le processus d'approbation.
- ***Outils/Référentiel de Gestion des Exigences***: pour enregistrer les approbations des exigences.
- ***Portée de la solution***: doit être pris en considération lors de l'approbation des exigences afin d'évaluer avec précision l'alignement et l'exhaustivité.

5.5.6 Techniques

- ***Critères d'acceptation et d'évaluation***: à utiliser pour définir des critères d'approbation.
- ***Analyse des décisions***: à utiliser pour résoudre les problèmes et obtenir un accord.
- ***Gestion des points de suivi***: à utiliser pour suivre les problèmes identifiés au cours du processus d'approbation.
- ***Revues***: à utiliser pour évaluer les exigences.
- ***Ateliers de travail***: à utiliser pour faciliter l'obtention de l'approbation.

5.5.7 Parties prenantes

- ***Client***: peut jouer un rôle actif dans l'examen et l'approbation des exigences et des spécifications afin de s'assurer que les besoins sont satisfaits.
- ***Expert du domaine***: peut être impliqué dans l'examen et l'approbation des exigences et des spécifications telles que définies par la désignation des rôles et des responsabilités des parties prenantes.
- ***Utilisateur final***: personne qui utilise la solution, ou qui est un composant de la solution, et peut être impliqué dans la revue, la validation, et la fixation des priorités des exigences et des spécifications telles que définies par la désignation des rôles et des responsabilités des parties prenantes.
- ***Support Opérationnel***: responsable de veiller à ce que les exigences et les spécifications soient supportables dans les limites imposées par les normes technologiques et les plans de capacité organisationnelle. Le personnel de support opérationnel peut avoir un rôle à jouer dans l'examen et l'approbation des exigences.

- ***Chef de projet***: responsable de l'identification et de la gestion des risques liés à la conception, au développement, à la livraison, à l'implémentation, à l'exploitation et au développement de solutions. Le chef de projet peut gérer les activités du plan de projet relatives à la revue et/ou à l'approbation.
- ***Régulateur***: partie externe ou interne qui est responsable de fournir des avis sur la relation entre les exigences énoncées et les règlements spécifiques soit formellement dans un audit, soit de manière informelle en tant qu'apport aux tâches de gestion du cycle de vie des exigences.
- ***Sponsor***: responsable d'examiner et d'approuver l'analyse de rentabilisation, la solution ou la portée du produit, ainsi que toutes les exigences et les spécifications.
- ***Testeur***: responsable de s'assurer que les normes d'assurance qualité sont réalisables avec les informations d'analyse métier. Par exemple, en s'assurant que les exigences sont testables.

5.5.8 Extrants

- ***Exigences (approuvées)***: les exigences convenues par les parties prenantes et prêtes à être utilisées dans les efforts ultérieurs d'analyse métier.
- ***Spécifications (approuvées)***: les spécifications qui sont acceptées par les parties prenantes et sont prêtes à être utilisées dans les efforts ultérieurs d'analyse métier ou de développement de solutions.

6 Analyse de la stratégie

La stratégie définit le moyen le plus efficace d'appliquer les capacités d'une entreprise afin d'atteindre un ensemble de buts et d'objectifs souhaités. Des stratégies peuvent exister pour toute l'entreprise, pour une division, un département ou même pour une région, ou pour un produit, un projet ou une itération.

Le domaine de connaissances "Analyse de la Stratégie" décrit les travaux d'analyse métier qui doivent être réalisés pour collaborer avec les parties prenantes afin d'identifier un besoin d'importance stratégique ou tactique (le *besoin de métier*) et permettre à l'entreprise de répondre à ce besoin et d'aligner cette stratégie pour un changement de plus haut ou de plus bas niveau.

L'analyse de la stratégie se concentre sur la définition de l'état futur et des états de transition nécessaires pour répondre aux besoins de l'entreprise et le travail requis est défini à la fois par le besoin et par la portée de la solution. Ce domaine couvre la réflexion stratégique dans l'analyse métier, ainsi que la découverte ou l'imagination de solutions possibles qui permettront à l'entreprise de créer une plus grande valeur pour les parties prenantes et / ou de capturer plus de valeur pour elle-même.

L'analyse de la stratégie fournit un contexte à l'analyse des exigences et des spécifications pour un changement donné. L'analyse de la stratégie doit être effectuée lorsqu'un besoin métier est identifié. Cela permet aux parties prenantes de déterminer si elles doivent répondre ou non à ce besoin. L'analyse de la stratégie est une activité continue qui évalue tout changement pour un besoin, dans son contexte, ou toute nouvelle information qui pourrait indiquer qu'un ajustement de la stratégie serait nécessaire.

L'image suivante illustre le spectre de la valeur au fur et à mesure que les activités d'analyse métier progressent, passant de la valeur potentielle à la valeur réelle.

Figure 6.0.1: Spectre de la valeur de l'analyse métier

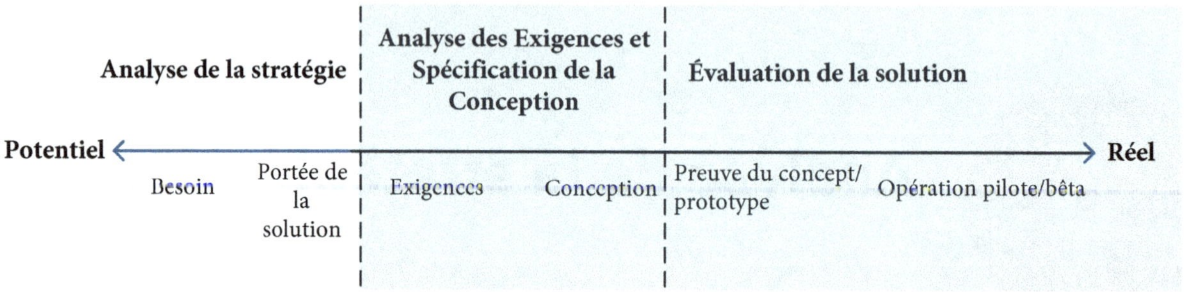

Lors de l'analyse de la stratégie, les analystes métier doivent prendre en compte le contexte dans lequel ils travaillent et déterminer dans quelle mesure l'éventail des résultats possibles est prévisible. Lorsqu'un changement aura un résultat prévisible, l'état futur et les états de transition possibles peuvent généralement être clairement définis, et une stratégie claire peut être planifiée. Si le résultat d'un changement est difficile à prévoir, la stratégie peut devoir se concentrer davantage sur l'atténuation des risques, la mise à l'essai des hypothèses et le changement de cap jusqu'à ce qu'une stratégie qui permet d'atteindre avec succès les buts de l'entreprise, puisse être identifiée ou jusqu'à ce que l'initiative soit terminée. Ces tâches peuvent être exécutées dans n'importe quel ordre, même si elles sont souvent exécutées simultanément, car la stratégie doit être façonnée par ce qui est réellement réalisable.

Une stratégie peut être saisie dans un plan stratégique, une vision d'un produits, une étude d'opportunité, une feuille de route de produit ou autres artefacts.

Le domaine de connaissance de l'analyse de la stratégie comprend les tâches suivantes :

- ***Analyser l'état actuel***: comprendre les besoins métier et comment ils sont en lien avec le fonctionnement actuel de l'entreprise. Il définit une base de référence et un contexte pour le changement.
- ***Définir l'état futur***: définit les buts et les objectifs qui démontreront que le besoin de l'entreprise a été satisfait; et permet de définir les parties de l'entreprise qui doivent changer pour atteindre ces buts et ces objectifs.
- ***Évaluer les risques***: comprend les incertitudes entourant le changement, tient compte de l'effet que ces incertitudes peuvent avoir

sur la capacité de générer de la valeur grâce à un changement et recommande des mesures pour faire face aux risques, le cas échéant.

- ***Définir la stratégie de changement***: effectuer une analyse des écart entre l'état actuel et l'état futur; évaluer les options pour atteindre un état futur et recommander l'approche ayant le plus de valeur pour atteindre cet état cible, y compris via des états de transition nécessaires.

Le modèle de concept de base de l'Analyse de la stratégie

Le *Business Analysis Core Concept Model™ (BACCM™)* décrit les relations entre les six concepts principaux. Le tableau suivant décrit l'utilisation et l'application de chacun des concepts fondamentaux dans le contexte de l'analyse de la stratégie.

Table 6.0.1: Le modèle de concept de base de l'Analyse de la stratégie

Concept de base	Lors de l'analyse de la stratégie, les analystes métier ...
Changement : l'acte de transformation en réponse à un besoin.	définir l'état futur et développer une stratégie de changement pour atteindre l'état futur.
Besoin: un problème ou une opportunité à traiter.	identifier les besoins dans l'état actuel et prioriser les besoins pour déterminer l'état futur souhaité.
Solution : une façon spécifique de satisfaire un ou plusieurs besoins dans un contexte.	définir le périmètre d'une solution dans le cadre du développement d'une stratégie de changement.
Partie prenante : un groupe ou un individu en relation avec le changement, le besoin ou la solution.	collaborer avec les parties prenantes pour comprendre les besoins métier et pour élaborer une stratégie de changement et un état futur qui répondra à ces besoins.

Table 6.0.1: Le modèle de concept de base de l'Analyse de la stratégie

Concept de base	Lors de l'analyse de la stratégie, les analystes métier ...
Valeur : la valeur monétaire, l'importance ou l'utilité de quelque chose pour une partie prenante dans un contexte donné.	examiner la valeur potentielle de la solution pour déterminer si un changement est justifié.
Contexte : les circonstances qui influencent, sont influencées par, et permettent de comprendre le changement.	considérer le contexte de l'entreprise dans l'élaboration d'une stratégie de changement.

Figure 6.0.1: Diagramme d'entrée/sortie de l'Analyse de la stratégie

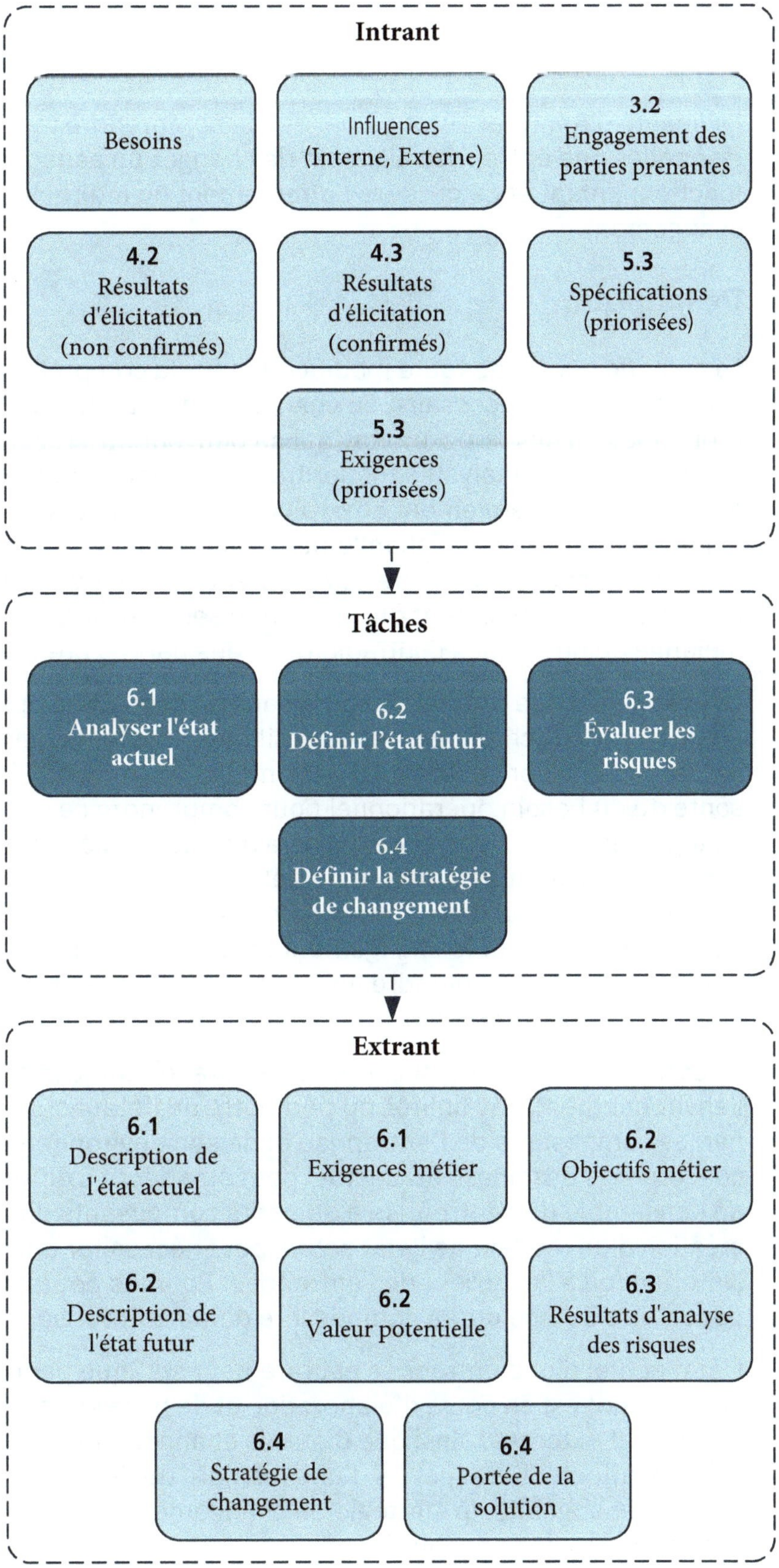

6.1 Analyser l'état actuel

6.1.1 Finalité

La finalité d'Analyser l'état actuel est de comprendre les raisons pour lesquelles une entreprise a besoin de changer un aspect de son fonctionnement et ce qui serait directement ou indirectement affecté par le changement.

6.1.2 Description

Le point de départ de toute modification est la compréhension de *pourquoi* le changement est nécessaire. Le changement potentiel est déclenché par des problèmes ou des opportunités qui ne peuvent être résolus sans modifier l'état actuel. Les analystes métier travaillent pour aider les parties prenantes à permettre le changement en explorant et en articulant les besoins métier qui poussent le désir de changement. Sans besoins métier clairement compris, il est impossible de développer une stratégie cohérente, et l'initiative de changement qui en résulte sera certainement motivée par un mélange de demandes contradictoires des parties prenantes.

Le changement se produit toujours dans un contexte de parties prenantes, de processus, de technologies et de politiques existants qui constituent l'état actuel de l'entreprise. Les analystes métier examinent l'état actuel dans le contexte du besoin opérationnel pour comprendre ce qui peut influencer les changements proposés et ce qui sera affecté par ces derniers. L'état actuel est exploré avec suffisamment de détails pour valider la nécessité d'un changement et / ou de la stratégie de changement. Comprendre l'état actuel de l'entreprise avant le changement est nécessaire pour identifier ce qui devra changer pour atteindre un état futur souhaité et comment l'effet du changement sera évalué.

Le périmètre de l'état actuel décrit les caractéristiques existantes de l'environnement. Les limites du périmètre de l'état actuel sont déterminées par les composants de l'entreprise et de son environnement en ce qui concerne les besoins. L'état actuel peut être décrit à différents niveaux, allant de l'ensemble de l'entreprise à de petits composants d'une solution. La création d'un modèle de l'état actuel peut nécessiter une collaboration à l'intérieur ou à l'extérieur de l'entreprise. Pour les petits efforts, le périmètre peut n'être qu'une petite composante d'une entreprise.

L'état actuel d'une entreprise est rarement statique pendant qu'un changement est en cours d'élaboration et de mise en œuvre. Les influenceurs internes et externes, ainsi que d'autres changements organisationnels, peuvent affecter l'état actuel d'une manière qui force des modifications dans l'état futur souhaité, la stratégie de changement ou les exigences et les spécifications de conception.

6.1.3 Intrants

- ***Résultats d'élicitation***: à utiliser pour définir et comprendre l'état actuel.
- ***Besoins***: le problème ou l'opportunité rencontré par une entreprise ou une organisation sont à l'origine d'un travail d'analyse métier pour mieux comprendre ces besoins.

Figure 6.1.1: Diagramme d'entrée/sortie d'Analyser l'état actuel

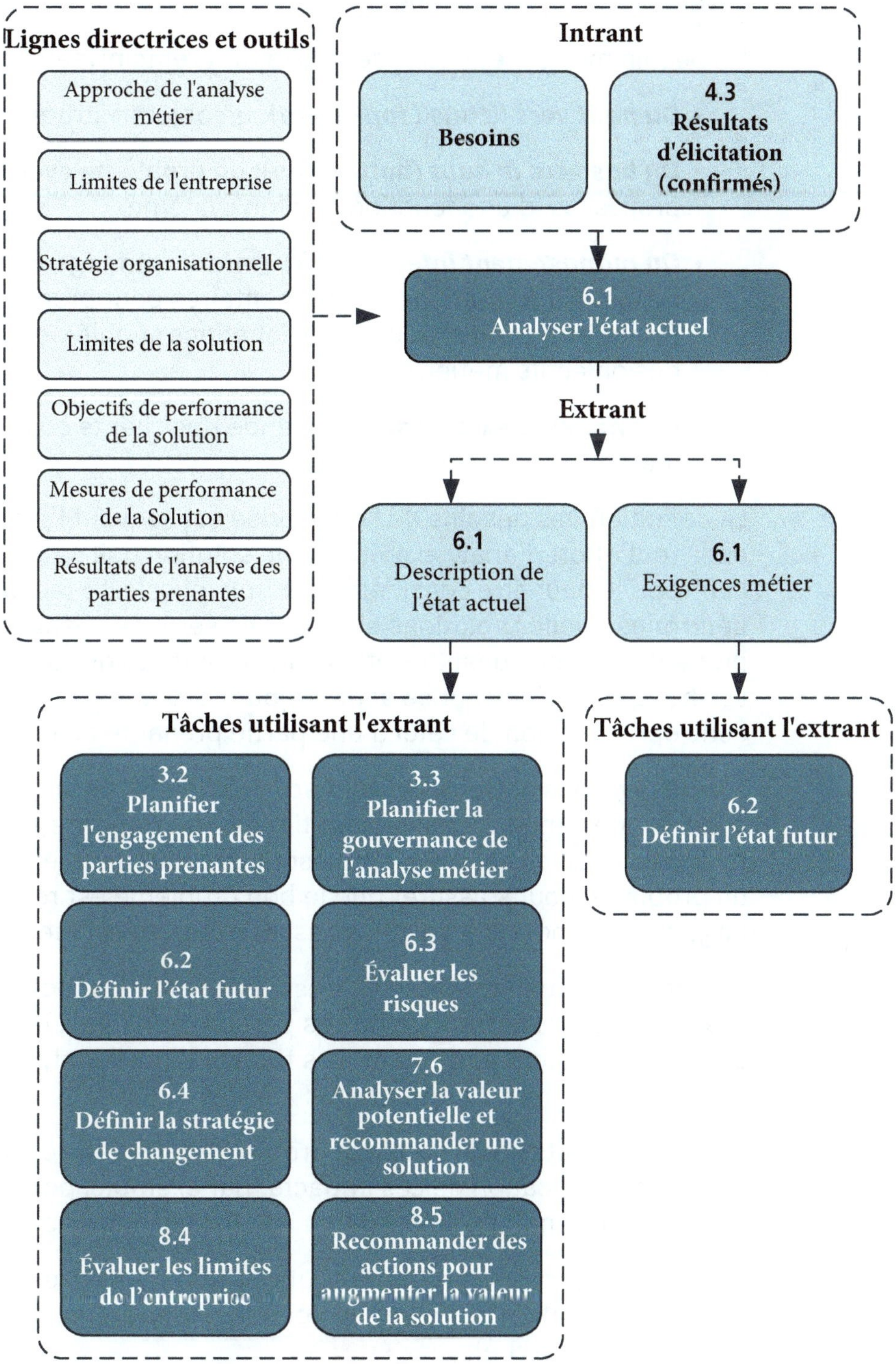

6.1.4 Éléments

.1 Besoins métier

Les besoins de l'entreprise sont des problèmes et/ou des opportunités d'importance stratégique auxquels l'entreprise est confrontée. Un problème rencontré dans l'organisation, tel qu'une plainte d'un client, une perte de revenus ou une nouvelle opportunité de marché, déclenche généralement l'évaluation d'un besoin métier.

Un besoin métier peut être identifié à différents niveaux de l'entreprise :

- ***Du haut vers le bas (Top-down)***: un objectif stratégique à atteindre.
- ***Du bas vers le haut (bottom-up)***: un problème avec l'état actuel d'un processus, d'une fonction ou d'un système.
- ***Du management intermédiaire (middle management)***: un manager a besoin d'informations supplémentaires pour prendre des décisions éclairées ou doit exécuter des fonctions supplémentaires pour atteindre des objectifs métier.
- ***Des facteurs externes***: la demande des clients ou la concurrence sur le marché.

La définition des besoins de l'entreprise est souvent l'étape la plus critique dans tout effort d'analyse métier. Une solution doit satisfaire les besoins de l'entreprise pour être considérée comme réussie. La façon de définir le besoin détermine quelles solutions alternatives seront envisagées, quelles parties prenantes seront consultés et quelles approches de solution seront évaluées. Les besoins de l'entreprise sont toujours exprimés du point de vue de l'entreprise, et non de celui d'une partie prenante en particulier.

Les besoins des entreprises sont souvent identifiés ou exprimés avec une solution présumée. L'analyste métier devrait remettre en question les hypothèses et les contraintes qui sont généralement enfouies dans l'énoncé du problème pour s'assurer que le bon problème est résolu et que le plus large éventail possible de solutions alternatives est bien envisagé.

Une solution à un ensemble de besoins doit avoir le potentiel de générer des avantages pour l'entreprise ou ses parties prenantes, ou d'éviter des pertes qui se produiraient autrement. Les facteurs que l'analyste métier peut prendre en compte comprennent :

- les impacts négatifs que le problème cause au sein de l'organisation et la quantification de ces impacts (par exemple, perte potentielle de revenus, inefficacités, clients insatisfaits, moral des employés bas),
- les bénéfices attendus de toute solution potentielle (par exemple, augmentation des revenus, réduction des coûts, augmentation de la part de marché),

- la rapidité avec laquelle le problème pourrait être résolu ou l'occasion qui pourrait être saisie, mais aussi, le coût à ne rien faire, et
- la source sous-jacente du problème.

Les besoins de l'entreprise conduiront à l'analyse globale de l'état actuel. Bien qu'il ne soit pas nécessaire de détailler tous les aspects de l'état actuel avant de développer la stratégie de changement, cette exploration permettra de découvrir les causes profondes du problème ou de saisir l'opportunité qui a déclenché la réflexion (qui peut compléter le besoin métier).

.2 Culture et structure organisationnelle

La structure organisationnelle définit les relations formelles entre les personnes travaillant dans l'entreprise. Bien que les canaux de communication et les relations ne se limitent pas à cette structure, ils sont fortement influencés par celle-ci, et la structure de rapport peut aider ou limiter un changement potentiel.

La culture organisationnelle peuvent être les croyances, les valeurs et les normes partagées par les membres d'une organisation. Ces croyances sont le moteur des actions entreprises par une organisation. Les analystes métier effectuent une évaluation culturelle pour :

- déterminer si des changements culturels sont nécessaires pour mieux atteindre les objectifs,
- déterminer si les parties prenantes comprennent la justification de l'état actuel de l'entreprise et la valeur qu'elle a fournie
- vérifier si les parties prenantes considèrent l'état actuel comme satisfaisant ou si des changements sont nécessaires.

.3 Capacités et Processus

Les capacités et les processus décrivent les activités qu'une entreprise effectue. Ils comprennent également les connaissances de l'entreprise, les produits et services qu'elle fournit, les fonctions qu'elle prend en charge et les méthodes qu'elle utilise pour prendre des décisions. Les capacités ou les processus de base décrivent les fonctions essentielles de l'entreprise qui la différencient des autres. Ils sont mesurés par des indicateurs de performance qui peuvent être utilisés pour évaluer les avantages d'un changement.

Les analystes métier peuvent utiliser :

- Une vision centrée sur les capacités de l'entreprise lors de la recherche de solutions innovantes qui combinent les capacités existantes pour produire un nouveau résultat. Une vue basée sur les capacités est utile dans ce cas, car les capacités sont généralement organisées dans une hiérarchie fonctionnelle avec des relations avec d'autres fonctionnalités, ce qui facilite l'identification des lacunes.

- Une vision centrée sur les processus de l'entreprise lors de la recherche de moyens d'améliorer les performances des activités actuelles. Une vue basée sur les processus est utile dans cette situation, car les processus sont organisés de bout en bout dans l'ensemble de l'entreprise pour offrir de la valeur à ses clients, ce qui facilite l'amélioration des performances d'un changement.

.4 Technologie et infrastructure

Les systèmes d'information utilisés par l'entreprise aident les gens à exécuter les processus, à prendre des décisions et à interagir avec les fournisseurs et les clients. L'infrastructure décrit l'environnement de l'entreprise en ce qui concerne les composants physiques et les capacités. L'infrastructure peut inclure des composants tels que le matériel informatique, les installations physiques et la logistique, ainsi que leur fonctionnement et leur entretien.

.5 Politiques

Les politiques définissent la portée de la prise de décision à différents niveaux d'une entreprise. Elles traitent généralement des opérations de routine plutôt que du changement stratégique. Elles veillent à ce que les décisions soient prises correctement, fournissent des conseils au personnel sur les comportements et les actions autorisés et appropriés, soutiennent la gouvernance et déterminent quand et comment de nouvelles ressources peuvent être acquises. L'identification des politiques pertinentes peut façonner la portée de l'espace de la solution et peut constituer une contrainte sur les types d'action qui peuvent être poursuivis.

.6 Architecture métier

Aucune partie de l'état actuel ne doit être évaluée indépendamment du reste. Les analystes métier doivent comprendre comment tous ces éléments de l'état actuel s'emboîtent et se soutiennent les uns aux autres afin de recommander des changements qui seront efficaces. L'architecture métier existante répond généralement à un éventail de besoins des entreprises et des parties prenantes. Si ces besoins ne sont pas reconnus ou ne continuent pas d'être satisfaits par une transition proposée ou un état futur, les changements sont susceptibles d'entraîner une perte de valeur.

.7 Actifs internes

Les analystes métier identifient les actifs d'entreprise utilisés dans l'état actuel. Ces ressources peuvent être tangibles ou intangibles, telles que les ressources financières, les brevets, la réputation et les noms de marque.

.8 Influenceurs externes

Il existe des influences externes sur l'entreprise qui ne participent pas à une modification, mais qui peuvent présenter des contraintes, des dépendances ou des facteurs sur l'état actuel.

Les sources d'influence externe comprennent :

- ***La structure du secteur***: les différentes industries ont des façons distinctes de créer de la valeur au sein d'un secteur. Il s'agit d'un facteur d'influence particulièrement important si un changement proposé implique l'entrée dans un nouveau secteur.
- ***Les concurrents***: la nature et l'intensité concurrentiels entre les entreprises d'un même secteur peuvent être importantes. L'entrée d'un nouveau concurrent peut également modifier la nature du secteur ou accroître la concurrence.
- ***Les clients***: la taille et la nature des segments de clientèle existants et potentiels peuvent fournir des influences telles que le pouvoir de négociation et un certain degré de sensibilité aux prix. Alternativement, l'émergence de nouvelles solutions de rechange permettant aux clients de répondre à leurs besoins peut inciter l'entreprise à apporter une plus grande valeur.
- ***Les fournisseurs***: la variété et la diversité des fournisseurs peuvent être un facteur d'influence, tout comme le pouvoir que les fournisseurs ont sur leurs clients.
- ***L'environnement politique et réglementaire***: il peut y avoir une influence associé à l'impact actuel et potentiel des lois et des règlements sur le secteur.
- ***La technologie***: le potentiel d'amélioration de la productivité des innovations technologiques récentes et attendues pourrait influencer le besoin.
- ***Les facteurs macroéconomiques***: les contraintes et les opportunités qui existent dans l'environnement macroéconomique actuel et attendu (par exemple, le commerce, le chômage ou l'inflation) pourraient influencer le besoin.

Certaines de ces sources peuvent utiliser une terminologie différente, selon que l'organisme est une société à but lucratif, une société à but non lucratif ou un organisme gouvernemental. Par exemple, un pays n'a pas de clients; il a des citoyens.

6.1.5 Lignes directrices et outils

- ***Approche de l'analyse métier***: guide la façon dont l'analyste métier entreprend une analyse de l'état actuel.
- ***Limites de l'entreprise***: à utiliser pour comprendre les défis qui existent au sein de l'entreprise.
- ***Stratégie organisationnelle***: une organisation aura un ensemble de buts et d'objectifs qui guideront les opérations, établiront la direction et fourniront une vision de l'état futur. Cela peut être dit implicitement ou explicitement.
- ***Limites de la solution***: à utiliser pour comprendre l'état actuel et les défis des solutions existantes.
- ***Objectifs de performance de la solution***: mesurer les performances actuelles d'une entreprise ou d'une solution, et servir de base pour fixer des objectifs de l'état futur et mesurer l'amélioration.
- ***Mesures de performance de la Solution***: décrire les performances réelles des solutions existantes.
- ***Résultats de l'analyse des parties prenantes***: les parties prenantes de l'ensemble de l'organisation contribueront à la compréhension et à l'analyse de l'état actuel.

6.1.6 Techniques

- ***Analyse comparative et analyse de marché***: permet de comprendre là où il y a des possibilités d'amélioration dans l'état actuel. Les cadres spécifiques qui peuvent être utiles incluent l'analyse des 5 forces (de PORTER), PEST, STEEP, CATWOE, et d'autres.
- ***Analyse des capacités métier***: identifie les écarts et les priorise par rapport à la valeur et au risque.
- ***Business Model Canvas***: fournit une compréhension de la proposition de valeur que l'entreprise satisfait à ses clients, les facteurs essentiels pour la réalisation de cette valeur et les flux de coût et de de revenus qui en résultent. Utile pour comprendre le contexte de tout changement et identifier les problèmes et les opportunités qui peuvent avoir les plus impacts importants.
- ***Étude d'opportunité (Business Case)***: à utiliser pour identifier des informations sur les besoins et les opportunités de l'entreprise.
- ***Modélisation de concepts***: à utiliser pour saisir des termes et des concepts clés dans le domaine de l'entreprise et définir les relations entre eux.
- ***Exploration de données (Data Mining)***: à utiliser pour obtenir des informations sur la performance de l'entreprise.

- ***Analyse de documents***: analyse toute documentation existante sur l'état actuel, y compris (mais sans s'y limiter) les documents créés lors de la mise en œuvre d'une solution, les manuels de formation, les rapports sur les problèmes, les informations sur les concurrents, les accords avec les fournisseurs, les repères publiés du secteur, les tendances technologiques publiées et les mesures de performance.
- ***Analyse financière***: à utiliser pour comprendre la rentabilité de l'état actuel et la capacité financière pour produire un changement.
- ***Groupes de discussion (Focus Groups)***: sollicite les commentaires des clients ou des utilisateurs finaux sur l'état actuel.
- ***Décomposition fonctionnelle***: décompose des systèmes ou des relations complexes dans l'état actuel.
- ***Entretiens***: faciliter le dialogue avec les parties prenantes afin de comprendre l'état actuel et les besoins qui évoluent à partir de cet état.
- ***Gestion des points de suivi***: à utiliser pour suivre et gérer les problèmes découverts sur l'état actuel.
- ***Retours d'expérience***: à utiliser pour permettre d'évaluer les échecs et les possibilités d'amélioration dans les initiatives passées, ce qui peut entraîner un besoin d'amélioration des processus.
- ***Mesures et Indicateurs clés de performance (KPIs)***: à utiliser pour évaluer la performance de l'état actuel d'une entreprise.
- ***Mind Mapping***: à utiliser pour explorer les aspects pertinents de l'état actuel et mieux comprendre les facteurs pertinents affectant les besoins de l'entreprise.
- ***Observation***: à utiliser pour fournir des occasions de mieux comprendre les besoins de l'état actuel qui n'ont pas été identifiés auparavant par une partie prenante.
- ***Modélisation de l'organisation***: à utiliser pour décrire les rôles, les responsabilités et les structures hiérarchiques qui existent au sein de l'organisation dans l'état actuel.
- ***Analyse des processus***: à utiliser pour identifier les possibilités d'améliorer de l'état actuel.
- ***Modélisation des processus***: à utiliser pour décrire comment le travail se déroule dans la solution actuelle.
- ***Analyse et gestion des risques***: à utiliser pour identifier les risques pour l'état actuel.
- ***Analyse de la cause fondamentale***: à utiliser pour fournir une compréhension des causes sous-jacentes de tout problème de l'état actuel afin de clarifier davantage un besoin.

- ***Modélisation du périmètre***: à utiliser pour définir les limites de la description de l'état actuel.
- ***Sondage ou questionnaire***: à utiliser pour aider à comprendre l'état actuel à partir d'un groupe important, varié ou disparate de parties prenantes.
- ***Analyse SWOT***: à utiliser pour évaluer les forces, les faiblesses, les opportunités et les menaces qui pèsent sur l'état actuel.
- ***Évaluation des fournisseurs***: à utiliser pour déterminer si les fournisseurs qui font partie de l'état actuel respectent de façon adéquate les engagements ou si des changements sont nécessaires.
- ***Ateliers de travail***: à utiliser pour inciter les parties prenantes à décrire de manière collaborative l'état actuel ainsi que leurs besoins.

6.1.7 Parties prenantes

- ***Client***: utilise la solution existante et peut avoir des commentaires sur les problèmes liés à une solution actuelle.
- ***Expert du domaine***: possède une expertise dans certains aspects de l'état actuel.
- ***Utilisateur final***: utilise directement une solution et peut avoir des commentaires sur les problèmes liés à une solution actuelle.
- ***Expert d'implémentation***: possède une expertise dans certains aspects de l'état actuel.
- ***Support opérationnel***: directement impliqué dans le soutien des opérations de l'organisation et fournit des informations sur leur capacité à soutenir le fonctionnement d'une solution existante, ainsi que sur tout problème connu.
- ***Chef de projet***: peut utiliser des informations sur l'état actuel comme entrée dans la planification.
- ***Régulateur***: peut éclairer les interprétations des réglementations pertinentes qui s'appliquent à l'état actuel sous la forme de politiques métier, de règles métier, de procédures ou de responsabilités. Un organisme de réglementation pourrait avoir une contribution unique à l'évaluation opérationnelle, car il pourrait y avoir de nouvelles lois et de nouveaux règlements auxquels se conformer.
- ***Sponsor***: peut avoir un avis sur la performance des solutions existantes.
- ***Fournisseur***: pourrait être un influenceur externe de l'état actuel.
- ***Testeur***: capable de fournir des informations sur les problèmes liés à toutes les solutions existantes.

6.1.8 Extrants

- ***Description de l'état actuel***: le contexte du périmètre, des capacités, des ressources, des performances, de la culture, des dépendances, de l'infrastructure, des influences externes et des relations significatives entre les éléments de l'entreprise.
- ***Exigences métier***: le problème, l'opportunité ou la contrainte qui est défini en fonction d'une compréhension de l'état actuel.

6.2 Définir l'état futur

6.2.1 Finalité

La finalité de Définir l'état futur est de déterminer l'ensemble des conditions nécessaires pour répondre aux besoins de l'entreprise.

6.2.2 Description

Tout changement intentionnel doit inclure une définition du succès. Les analystes métier veillent à ce que l'état futur de l'entreprise soit bien défini, qu'il soit réalisable avec les ressources disponibles et que les principales parties prenantes aient une vision consensuelle du résultat. Comme pour l'analyse de l'état actuel, le but de l'analyse de l'état future n'est pas de créer une description complète du résultat à un niveau de détail qui soutiendra directement l'implémentation. L'état futur est défini avec un niveau de détail qui:

- permet d'identifier et d'évaluer des stratégies concurrentes pour atteindre l'état futur,
- fournit une définition claire des résultats qui satisferont les besoins métier
- détaille le périmètre de la solution
- permet d'évaluer la valeur associée à l'état futur, et
- permet de parvenir à un consensus entre les principales parties prenantes.

La description de l'état futur peut inclure n'importe quel contexte sur l'état futur proposé. Elle décrit les composants nouveaux, supprimés et modifiés de l'entreprise. Elle peut comprendre les changements apportés aux limites de l'organisation elle-même, comme l'entrée sur un nouveau marché ou la réalisation d'une fusion ou d'une acquisition. L'état futur peut également être de simples modifications apportées à des composants existants de l'organisation, telles que la modification d'une étape d'un processus ou la suppression d'une fonctionnalité d'une application existante. Un changement peut être nécessaire pour n'importe quel composant de l'entreprise, y compris (mais sans s'y limiter) :

- les processus métier,
- les fonctions,
- les secteurs d'activité,
- les structures de l'organisation,
- les compétences du personnel,
- les connaissances et compétences,
- la formation,
- les installations / équipements,
- les outils de bureau
- les emplacements des organisations,
- les données et les informations,
- les systèmes d'application et/ou
- l'infrastructure technologique.

Ces descriptions peuvent inclure des modèles visuels et du texte pour montrer clairement les limites et les détails du périmètre. Les relations pertinentes entre les entités sont identifiées et décrites. Les efforts nécessaires pour décrire l'état futur varient en fonction de la nature du changement. Les résultats escomptés d'une modification peuvent comprendre des paramètres spécifiques ou des résultats vaguement définis. Décrire l'état futur permet aux parties prenantes de comprendre la valeur potentielle qui peut être réalisée à partir d'une solution, qui peut être utilisée dans le cadre du processus décisionnel concernant la stratégie de changement. Dans les environnements où les changements entraînent des résultats et une valeur prévisibles, et présentent un nombre important de changements susceptibles d'augmenter la valeur, le but de l'analyse de l'état futur est de rassembler suffisamment d'informations pour faire les meilleurs choix possibles parmi les options potentielles. Dans le cas où il est difficile de prédire la valeur réalisée par un changement, l'état futur peut être défini par l'identification de mesures de performance appropriées (pour produire un ensemble de mesures convenues pour la valeur de l'entreprise), et la stratégie de changement supportera l'exploration de plusieurs options.

6.2.3 Intrants

- ***Exigences métier***: les problèmes, les opportunités ou les contraintes que l'état futur devra traiter.

Figure 6.2.1: Diagramme d'entrée/sortie de Définir l'état futur

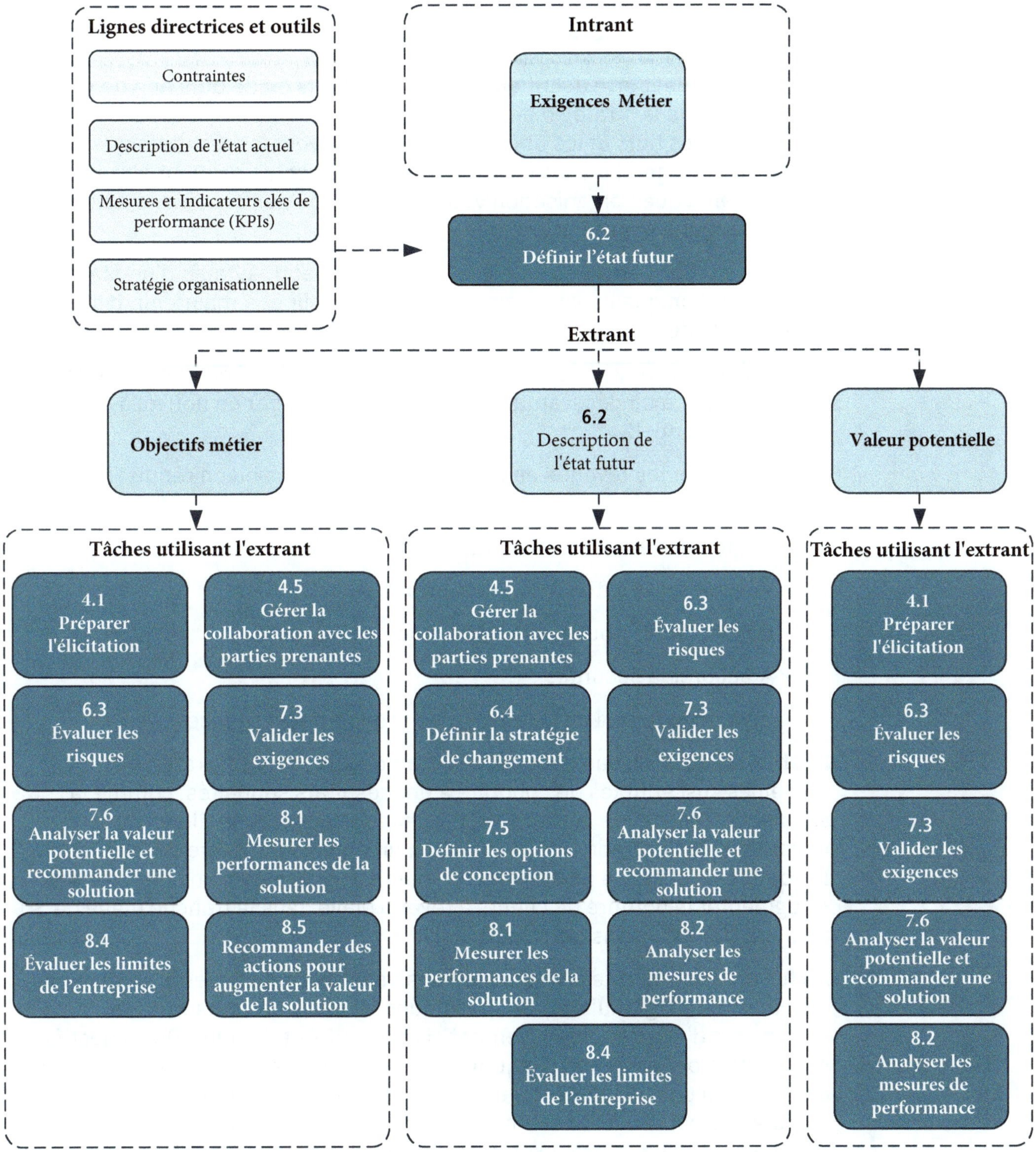

6.2.4 Éléments

.1 Buts et objectifs métier

Un état futur peut être décrit en termes d'objectifs ou de buts afin de guider l'élaboration de la stratégie de changement et d'identifier la valeur potentielle. Les buts et les objectifs métier décrivent les résultats que l'organisation cherche à atteindre. Les buts et objectifs peuvent être liés aux changements que l'organisation veut accomplir ou aux conditions actuelles qu'elle souhaite maintenir.

Les buts sont des énoncés à long terme, continu et qualitatifs d'un état ou d'une condition que l'organisation cherche à établir et à maintenir. Il s'agit par exemple de :

- Créer une nouvelle capacité, comme un nouveau produit ou service, remédier à un désavantage concurrentiel ou créer un nouvel avantage concurrentiel.
- Améliorer les revenus en augmentant les ventes ou en réduisant les coûts.
- Augmenter la satisfaction du client.
- Augmenter la satisfaction des employés.
- Respecter les nouveaux règlements.
- Améliorer la sécurité.
- Réduire le temps de livraison d'un produit ou un service.

Les buts de haut niveau sont utilisés pour décomposer la stratégie en domaines susceptibles de conduire à des résultats souhaités, comme la satisfaction accrue de la clientèle, l'excellence opérationnelle et/ou la croissance de l'entreprise. Par exemple, un objectif peut être d'« augmenter le nombre de clients à revenu élevé », puis d'être affiné en un objectif visant à « augmenter le nombre de clients à revenu élevé dans la tranche d'âge de 30 à 45 ans de 30 % dans les 6 mois ».

Au fur et à mesure que les buts sont analysés, ils sont convertis en objectifs plus descriptifs, granulaires et spécifiques, et liés à des mesures qui permettent d'évaluer objectivement si l'objectif a été atteint. Des objectifs mesurables permettent aux équipes de savoir si les besoins ont été pris en compte et si un changement a été efficace. La définition d'objectifs mesurables est souvent essentielle pour justifier l'achèvement du changement et peut être un élément clé d'une analyse de rentabilisation du changement. Un test courant pour évaluer les objectifs consiste à s'assurer qu'ils sont SMART :

- ***S***pécifique : description d'un élément présentant un résultat observable,
- ***M***esurable : suivi et mesure du résultat,
- ***A***tteignable : test de la faisabilité de l'action,
- ***R***éaliste : alignement avec la vision, la mission et les objectifs de l'entreprise,
- ***T***emporellement défini : appartenant à un cadre temporel cohérent avec le besoin.

.2 Portée de l'environnement de la solution

Des décisions doivent être prises quant à la gamme de solutions qui seront prises en compte pour atteindre les buts et objectifs de l'entreprise. La portée de l'environnement de la solution définit quels types d'options seront envisagés lors de l'examen des solutions possibles, y compris les modifications de la structure organisationnelle ou de la culture, des capacités et des processus, la technologie et l'infrastructure, les politiques, les produits ou les services, ou même la création ou le changement de relations avec des organisations actuellement en dehors du cadre de l'entreprise étendue. Les solutions dans chacun de ces domaines nécessitent généralement une expertise spécifique de la part de l'analyste métier et de l'équipe de prestation. Dans ce cas, l'analyse peut être réalisée à différents niveaux de l'entreprise et la portée de la solution n'est pas nécessairement liée à la taille du changement. Même un petit changement peut nécessiter d'examiner les objectifs métier au niveau de l'entreprise pour assurer l'alignement.

Si plusieurs états futurs peuvent répondre aux besoins, aux buts et aux objectifs métier, il sera nécessaire de déterminer lesquels seront pris en considération. Cette décision se base généralement sur la valeur offerte aux parties prenantes et nécessite de comprendre les stratégies de changement possibles. Ces considérations essentielles pour la décision dépendent des objectifs généraux de l'entreprise, mais impliquent l'obligation de comprendre la valeur quantitative et qualitative de chaque option, le temps requis pour atteindre chaque état futur et le coût d'opportunité pour l'entreprise.

.3 Contraintes

Les contraintes décrivent les aspects de l'état actuel, les aspects de l'état futur prévu qui ne peuvent pas être modifiés par la solution, ou des éléments obligatoires de la conception. Elles doivent être soigneusement examinées pour s'assurer qu'elles sont exactes et justifiées.

Les contraintes peuvent se composer des éléments suivants :

- les restrictions budgétaires,
- les restrictions temporelles,

- la technologie
- l'infrastructure,
- les politiques,
- les limites du nombre de ressources disponibles,
- les restrictions liées aux compétences de l'équipe et des parties prenantes,
- l'obligation que certaines parties prenantes ne soient pas affectées par la mise en œuvre de la solution,
- la conformité aux réglementations et
- toute autre restriction.

.4 Structure organisationnelle et culture

Les relations de travail formelles et informelles qui existent au sein de l'entreprise peuvent avoir besoin d'être modifiées afin de permettre d'atteindre l'état futur souhaité. Les changements apportés aux rapports hiérarchiques peuvent encourager les équipes à collaborer plus étroitement et à faciliter l'alignement des buts et des objectifs. Il peut être nécessaire de changer des éléments de la structure et culture de l'organisation afin de favoriser l'état futur. La description des composants de l'état futur fournit un aperçu des conflits , de l'impact et des limites potentiels.

.5 Capacités et Processus

Il s'agit d'identifier de nouveaux types d'activités ou de changements dans la façon dont les activités seront réalisées afin de permettre d'atteindre l'état futur souhaité. Des capacités et des processus nouveaux ou modifiés seront nécessaires pour fournir de nouveaux produits ou services, pour se conformer aux nouvelles réglementations ou pour améliorer la performance de l'entreprise.

.6 Technologie et infrastructure

Si les technologies et les infrastructures actuelles sont insuffisantes pour répondre aux besoins de l'entreprise, l'analyste métier identifie les changements nécessaires à l'état futur souhaité.

Les technologies existantes peuvent imposer des contraintes techniques sur la conception de la solution. Celles-ci peuvent inclure des langages de développement, des plateformes matérielles et logicielles et des logiciels d'application qui doivent être utilisés. Les contraintes techniques peuvent également comprendre des limitations telles que l'utilisation des ressources, la taille et l'échéance des messages, la taille du logiciel, le nombre maximum et la taille des fichiers, les dossiers et les éléments de données. Elles intègrent également l'ensemble des normes d'architecture informatique devant être respectées.

.7 Politiques

Si les politiques actuelles sont insuffisantes pour répondre aux besoins métier, l'analyste métier identifie les changements nécessaires pour l'état futur souhaité.

Les politiques représentent une source courante de contraintes pour une solution ou son environnement. Les politiques d'entreprise peuvent exiger quelles solutions peuvent être mises en œuvre compte tenu de certains niveaux d'approbation, du processus d'obtention de l'approbation et des critères nécessaires auxquels une solution proposée doit répondre pour bénéficier d'un financement. Dans certains cas, une modification d'une politique existante peut ouvrir la voie à d'autres solutions qui ne seraient pas envisagées autrement.

.8 Architecture métier

Les éléments de l'état futur doivent se soutenir mutuellement de manière efficace et contribuer à la satisfaction des objectifs et buts métier. De plus, ils doivent être intégrés à l'état futur global souhaité par l'entreprise dans son ensemble et soutenir *cet* état futur.

.9 Actifs internes

L'analyse des ressources peut indiquer que les ressources existantes doivent être augmentées ou nécessitent des capacités accrues, ou que de nouvelles ressources doivent être développées. Lorsqu'ils analysent les ressources, les analystes métier examinent les ressources nécessaires afin de maintenir l'état actuel et mettre en place la stratégie de changement, et déterminent les ressources qui peuvent être utilisées dans le cadre d'un état futur souhaité. L'évaluation des ressources existantes et nécessaires est prise en considération lors de la réalisation d'une analyse de faisabilité sur les approches de solutions possibles pour la stratégie de changement.

.10 Identifier les hypothèses

La plupart des stratégies reposent sur un ensemble d'hypothèses qui détermineront si la stratégie peut réussir ou non, en particulier lorsqu'elle évolue dans un environnement très incertain. Il sera souvent difficile, voire impossible, de prouver que la fourniture d'une nouvelle capacité répondra à un besoin métier, même dans les cas où il semble raisonnable de supposer que la nouvelle capacité aura l'effet désiré. Ces hypothèses doivent être identifiées et clairement comprises, afin que des décisions appropriées puissent être prises si l'hypothèse s'avère ultérieurement invalide. Les stratégies de changement dans les environnements incertains peuvent être structurées de manière à tester ces hypothèses le plus tôt possible afin de soutenir une réorientation ou la fin de l'initiative.

.11 Valeur potentielle

L'atteinte des objectifs métier ne justifie pas à elle seule la transition vers un état futur; la valeur potentielle doit être évaluée pour voir si elle est suffisante pour justifier un changement.

Lors de la définition de l'état futur, les analystes métier identifient la valeur potentielle de la solution. La valeur potentielle de l'état futur est le bénéfice net de la solution après prise en compte des coûts d'exploitation. Un changement doit se traduire par une plus grande valeur pour l'entreprise que celle qui serait obtenue si aucune mesure n'était prise. Cependant, il est possible que l'état futur représente une diminution de la valeur de l'état actuel pour certaines parties prenantes ou même pour l'entreprise dans son ensemble. Par exemple, de nouvelles réglementations ou une concurrence accrue devront peut-être être résolues pour que l'entreprise puisse continuer à fonctionner, mais pourraient tout de même réduire la valeur globale obtenue.

Lors de la détermination de l'état futur, les analystes métier tiennent compte de l'augmentation ou de la diminution de la valeur potentielle de :

- l'opportunités externes révélées lors de l'évaluation des influences externes,
- les point forts inconnus des nouveaux partenaires,
- les nouvelles technologies ou connaissances,
- la perte potentielle d'un concurrent sur le marché et
- l'adoption imposée d'une composante du changement.

Les analystes métier identifient les opportunités spécifiques de modifications potentielles de la valeur, ainsi que la probabilité de ces augmentations pour les composants individuels du changement proposé. Ils estiment une valeur potentielle totale en rassemblant l'ensemble des opportunités.

La valeur potentielle, y compris le détail des coûts et bénéfices attendus et le résultat probable si aucun changement n'est réalisé, est un élément clé de l'analyse de rentabilité du changement. Relier les descriptions de valeur potentielle par rapport aux mesures de valeur réelle atteinte permet aux parties prenantes de comprendre le changement de valeur attendu. Dans la plupart des cas, l'état futur n'abordera pas toutes les possibilités d'amélioration. Toutes les opportunités non traitées peuvent rester valides une fois la solution mise en œuvre et doivent être notées pour être éventuellement analysées dans d'autres changements.

En plus de la valeur potentielle de l'état futur, cette analyse doit prendre en compte le niveau d'investissement acceptable pour atteindre cet état futur.

Bien que l'investissement réel dépend de la stratégie de changement, et ces informations simplifient l'orientation lors de la sélection de stratégies possibles.

6.2.5 Lignes directrices et outils

- ***Description de l'état actuel***: fournit le contexte dans lequel le travail doit être effectué. Il est souvent utilisé comme point de départ pour l'état futur.
- ***Mesures et Indicateurs clés de performance (KPIs)***: les indicateurs de performance clés et les mesures qui seront utilisés pour déterminer si l'état futur souhaité a été atteint.
- ***Stratégie organisationnelle***: décrit le chemin d'accès, la méthode ou l'approche qu'une entreprise ou une organisation adoptera pour atteindre l'état futur souhaité. Cela peut être indiqué implicitement ou explicitement.

6.2.6 Techniques

- ***Critères d'acceptation et d'évaluation***: à utiliser pour identifier ce qui rend l'état futur acceptable et/ou quelles options peuvent être évaluées.
- ***Balanced Scorecard***: à utiliser pour fixer des objectifs pour mesurer l'état futur.
- ***Analyse comparative et analyse de marché***: à utiliser pour prendre des décisions concernant les objectifs métier de l'état futur.
- ***Brainstorming***: à utiliser pour élaborer des idées pour l'état futur.
- ***Analyse des capacités métier***: à utiliser pour prioriser les écarts de capacité en lien avec la valeur et le risque.
- ***Étude d'opportunité (Business Case)***: à utiliser pour enregistrer les résultats souhaités concernant l'initiative de changement.
- ***Business Model Canvas***: à utiliser pour planifier la stratégie de l'entreprise en déterminant l'infrastructure requise, la base de clientèle ciblée, la structure des coûts financiers et les sources de revenu nécessaires afin d'atteindre la valeur proposée aux clients dans l'état futur souhaité.
- ***Analyse des décisions***: à utiliser pour comparer les différentes options d'état futur et comprendre laquelle représente le meilleur choix.
- ***Modélisation des décisions***: à utiliser pour modéliser des décisions complexes concernant les options d'état futur.
- ***Analyse financière***: à utiliser pour estimer les retours financiers potentiels obtenus par le biais d'un état futur proposé.
- ***Décomposition fonctionnelle***: à utiliser pour décomposer les systèmes complexes dans l'état futur afin de faciliter la compréhension.

- ***Entretiens***: à utiliser pour parler aux parties prenantes afin de comprendre l'état futur souhaité, les besoins auxquels elles veulent répondre et les objectifs métier qu'elles souhaitent atteindre.
- ***Retours d'expérience***: à utiliser pour déterminer quelles possibilités d'amélioration seront abordées et comment l'état actuel peut être amélioré.
- ***Mesures et Indicateurs clés de performance (KPIs)***: à utiliser pour déterminer le moment auquel il sera considéré que l'organisation a atteint ses objectifs métier.
- ***Mind Mapping***: à utiliser pour développer des idées concernant l'état futur et comprendre les relations qui les unissent.
- ***Modélisation de l'organisation***: à utiliser pour décrire les rôles, responsabilité et structures hiérarchiques qui existeront dans l'organisation à l'état futur.
- ***Modélisation des processus***: à utiliser pour décrire la manière dont le travail sera réalisé dans l'état futur.
- ***Prototypage***: à utiliser pour modéliser les options de l'état futur et peut également aider à déterminer la valeur potentielle.
- ***Modélisation du périmètre***: à utiliser pour définir les limites de l'entreprise dans l'état futur.
- ***Sondage ou questionnaire***: à utiliser pour comprendre l'état futur souhaité par les parties prenantes, les besoins qui doivent être satisfaits, et les objectifs métier qui doivent être atteints.
- ***Analyse SWOT***: à utiliser pour évaluer les forces, les faiblesses, les opportunités et les menaces pouvant être exploités ou atténués par l'état futur.
- ***Évaluation des fournisseurs***: à utiliser pour évaluer la valeur potentielle fournie par les options de solution du fournisseur.
- ***Ateliers de travail***: à utiliser pour travailler avec les parties prenantes en vue d'établir une description collaborative de l'état futur.

6.2.7 Parties prenantes

- ***Client***: il peut s'agir de consommateurs ou d'acheteurs ciblés dans un état futur, qui sont prêts ou non, ou capables de consommer dans un nouvel état.
- ***Expert du domaine***: fournit un aperçu de l'état actuel et des états futurs potentiels.
- ***Utilisateur final***: utilise ou fait partie d'une solution mettant en œuvre l'état futur.

- ***Expert d'implémentation***: fournit des informations sur la faisabilité à parvenir à l'état futur.
- ***Support opérationnel***: est directement impliqué dans le soutien des opérations de l'entreprise et fournit des informations sur sa capacité à gérer les opérations d'un état futur proposé.
- ***Chef de projet***: peut fournir de l'information sur les caractéristiques d'un état futur souhaité raisonnable et gérable.
- ***Régulateur***: veille à ce que les lois, les réglementations ou les règles soient respectées dans l'état futur souhaité. Les interprétations des réglementations pertinentes doivent être intégrées à la description de l'état futur sous la forme de politiques d'entreprise, de règles métier, de procédures ou de responsabilités.
- ***Sponsor***: contribue à déterminer les besoins métier à satisfaire et définit les objectifs métier qu'un état futur permettra d'atteindre. Autorise et assure le financement pour soutenir le passage à l'état futur.
- ***Fournisseur***: peut contribuer à définir l'état futur s'il soutient la mise en œuvre du changement ou fournit un élément du fonctionnement dans l'état futur.
- ***Testeur***: est responsable d'assurer que l'état futur envisagé soit suffisamment testé et peut contribuer à définir et cibler un niveau de qualité approprié.

6.2.8 Extrants

- ***Objectifs métier***: il s'agit de la direction dans laquelle l'entreprise souhaite s'orienter afin d'atteindre l'état futur.
- ***Description de l'état futur***: la description de l'état futur comprend les limites des composants proposés, supprimés, modifiés ou nouveaux de l'entreprise et la valeur potentielle attendue de l'état futur. Elle peut inclure les capacités, les politiques, les ressources, les dépendances, l'infrastructure, les influences externes et les relations entre chaque élément pour l'état futur souhaité.
- ***Valeur potentielle***: il s'agit de la valeur pouvant être obtenue en mettant en place l'état futur proposé.

6.3 Évaluer les risques

6.3.1 Finalité

La finalité d'Évaluer les risques consiste à comprendre les conséquences indésirables des forces internes et externes de l'entreprise au cours d'une transition vers un état futur, ou une fois celui-ci atteint. Une compréhension de l'impact potentiel de ces forces peut être utilisée pour formuler une recommandation sur un plan d'action.

6.3.2 Description

L'évaluation des risques comprend l'analyse et la gestion des risques. Ces risques peuvent être liés à l'état actuel, un état futur souhaité, un changement en soi, une stratégie de changement ou toute tâche réalisée par l'entreprise.

Les risques sont analysés en ce qui concerne :

- les conséquences possibles si le risque se concrétise,
- l'impact de ces conséquences,
- la probabilité du risque, et
- la période potentielle où le risque peut se produire.

La collecte des risques est utilisée comme une contribution à la sélection ou à la coordination d'une stratégie de changement. L'évaluation des risques peut aboutir au choix d'accepter un risque si l'effort requis pour modifier le risque ou que le niveau de risque l'emporte sur la perte probable. Si les risques sont compris et le changement se produit, alors les risques peuvent être gérés afin de minimiser leur impact global sur la valeur.

Important Un certain nombre de méthodes utilisent le « risque positif » comme manière de gérer les opportunités. Bien que la définition officielle du risque dans le *Guide*

6.3.3 Intrants

- ***Objectifs métier***: la description de la direction souhaitée nécessaire pour atteindre l'état futur peut être utilisée pour identifier et évoquer des risques potentiels.
- ***Résultats de l'élicitation (confirmés)***: il s'agit de la compréhension de ce que les différentes parties prenantes considèrent comme des risques dans la réalisation de l'état futur souhaité.
- ***Influences***: les facteurs à l'intérieur de l'entreprise (internes) et les facteurs à l'extérieur de l'entreprise (externes) qui auront un impact sur la réalisation de l'état futur souhaité.

- ***Valeur potentielle***: la description de la valeur à réaliser par la mise en œuvre de l'état futur proposé fournit un point de référence par rapport auquel les risques peuvent être évalués.
- ***Exigences (priorisées)***: en fonction de leur priorité, les exigences influenceront les risques à définir et à comprendre dans le cadre de la réalisation de la solution.

Figure 6.3.1: Diagramme d'entrée/sortie d'Évaluer les risques

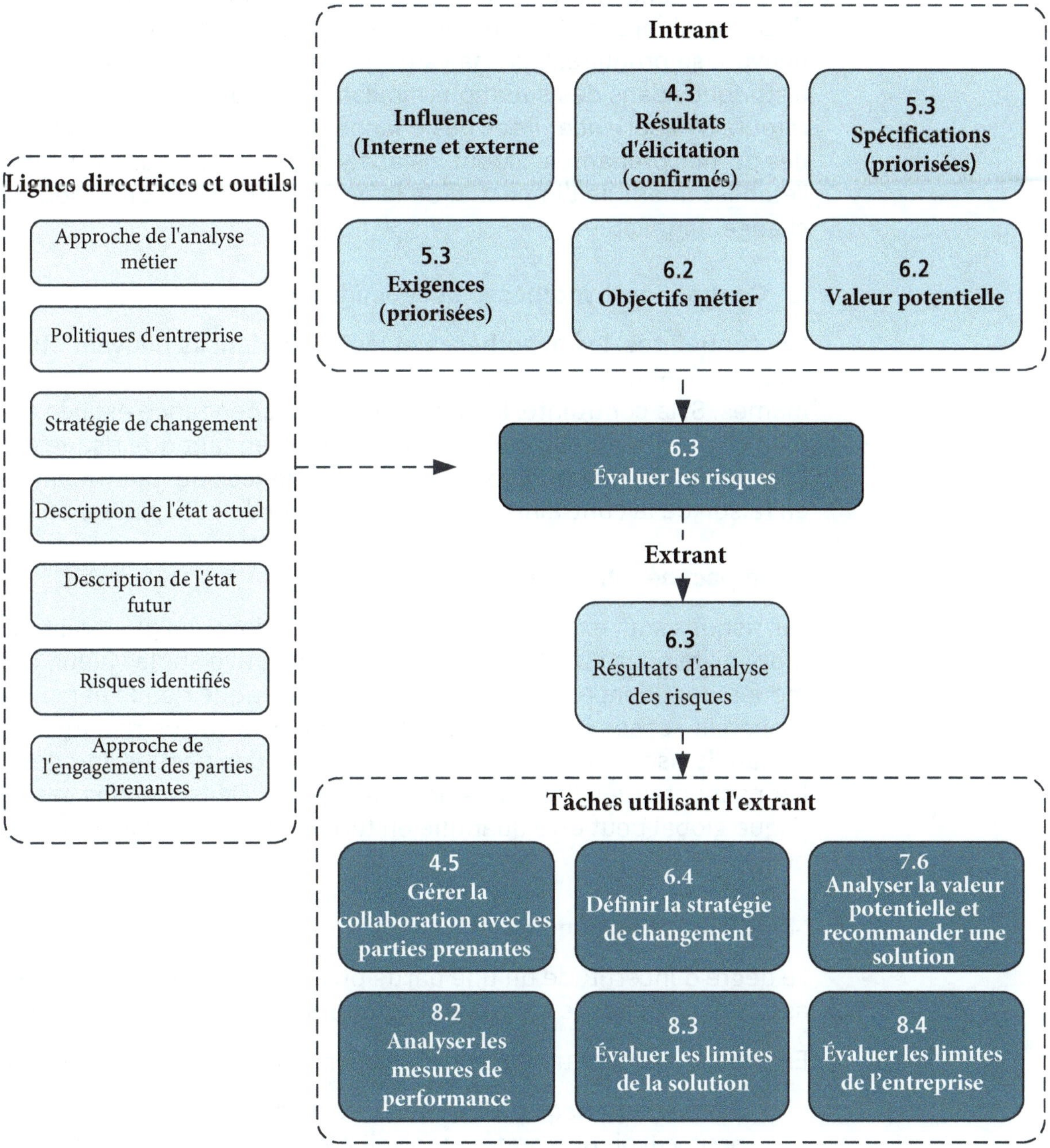

6.3.4 Éléments

.1 Inconnues

Lors de l'évaluation d'un risque, il y aura une incertitude quant à la probabilité qu'il se produise et sur son impact éventuel. L'analyste métier collabore avec les parties prenantes afin d'évaluer les risques sur la base des connaissances actuelles. Même lorsqu'il n'est pas possible de savoir tout ce qui se produira à la suite d'une stratégie de changement donnée, il est toujours possible d'estimer l'impact d'événements ou de conditions inconnus ou incertains qui peuvent se produire. Les analystes métier prennent en compte les contextes historiques dans des situations similaires afin d'évaluer les risques. Les retours d'expérience tirées des changements passés, du jugement d'expert, des parties prenantes, aident les analystes métier à guider l'équipe dans l'établissement de l'impact et de la probabilité des risques pour le changement actuel.

.2 Contraintes, hypothèses et dépendances

Les contraintes, les hypothèses et les dépendances peuvent être analysées pour les risques et doivent parfois être gérées comme des risques eux-mêmes. Si la contrainte, l'hypothèse ou la dépendance est liée à un aspect d'un changement, elle peut être reformulée en tant que risque en identifiant l'événement ou la condition et les conséquences qui pourraient se produire en raison de la contrainte, de l'hypothèse ou de la dépendance.

.3 Impact négatif sur la valeur

Les risques sont exprimés en tant que conditions qui augmentent la probabilité ou la gravité d'une incidence négative sur la valeur. Les analystes métier identifient et expriment clairement chaque risque et estiment sa probabilité et son impact pour déterminer le niveau de risque. Ils estiment un niveau de risque total à partir de l'ensemble des risques agrégés, indiquant l'impact potentiel global des risques évalués. Dans certains cas, le niveau de risque global peut être quantifié en termes financiers ou en temps, en effort ou autre mesure.

.4 Tolérance au risque

Le degré d'incertitude qu'une partie prenante ou une entreprise est prêt à assumer en échange d'une valeur potentielle est appelé tolérance au risque.

En général, il existe trois grandes manières de décrire l'attitude face au risque :

- ***Aversion au risque***: Une réticence à accepter beaucoup d'incertitude; il peut y avoir une préférence soit d'éviter un plan d'action qui comporte un niveau de risque trop élevé, soit d'investir davantage (et donc d'accepter une valeur potentielle plus faible) pour réduire les risques.

- ***Neutralité***: Un certain niveau de risque est acceptable, à condition que la ligne de conduite n'entraîne pas de perte même si les risques se produisent.
- ***Recherche du risque***: Une volonté d'accepter ou même de prendre plus de risques en échange d'une valeur potentielle plus élevée.

Une personne ou une organisation peut présenter des tolérances au risque différentes à différents moments. S'il y a une faible tolérance au risque, il peut y avoir plus d'efforts sur les stratégies d'évitement, de transfert ou d'atténuation. Si la tolérance du risque est élevée, alors le niveau de risque accepté sera plus important. En règle générale, les risques de niveau le plus élevé sont traités, quel que soit le niveau de tolérance au risque.

.5 Recommandation

Les analystes métier recommandent une façon de procéder en fonction de l'analyse des risques. Ils travaillent avec les parties prenantes, afin de comprendre le niveau de risque global, ainsi que leur tolérance au risque.

La recommandation qui en découle se retrouve souvent dans l'une des catégories suivantes :

- tirer parti des avantages d'un changement quel que soit le risque,
- tirer parti des avantages d'un changement tout en investissant pour réduire le risque (probabilité et/ou impact),
- chercher des moyens d'accroître les bénéfices d'un changement pour l'emporter sur le risque,
- identifier des manières de gérer et optimiser les opportunités, et
- ne pas tirer parti des avantages d'un changement.

Si le changement se produit avec des risques, les parties prenantes doivent être tenues informées afin de surveiller les risques et les conséquences si ces risques surviennent. Le risque peut modifier l'état actuel de l'entreprise et nécessiter une révision de la stratégie de changement. Dans ce cas, un plan d'action peut être développé avant que le risque ne se concrétise.

6.3.5 Lignes directrices et outils

- ***Approche de l'analyse métier***: guide la façon dont l'analyste métier analyse les risques.
- ***Politiques d'entreprise***: elles définissent les limites dans lesquelles les décisions doivent être prises. Ces politiques peuvent imposer ou régir les aspects de la gestion du risque.
- ***Stratégie de Changement***: fournit le plan pour passer de l'état actuel à l'état futur et atteindre les résultats métier souhaités. Cette approche doit être évaluée afin de comprendre les risques associés au changement.

- ***Description de l'état actuel***: fournit le contexte dans lequel le travail doit être réalisé. Cette description peut être utilisée pour déterminer les risques associés à l'état actuel.
- ***Description de l'état futur***: détermine les risques associés à l'état futur.
- ***Risques identifiés***: peut servir de point de départ à une évaluation plus approfondie des risques. Cela peut provenir des résultats de l'analyse de risques, des activités d'élicitation, d'expériences précédentes d'analyse métier, ou basées sur l'opinion d'un expert.
- ***Approche de l'engagement des parties prenantes***: le fait de comprendre les parties prenantes de façon individuelle et en groupe aide à identifier et évaluer l'impact potentiel des forces internes et externes.

6.3.6 Techniques

- ***Brainstorming***: à utiliser pour identifier en collaboration les risques potentiels d'évaluation.
- ***Étude d'opportunité (Business Case)***: à utiliser pour enregistrer les risques associés aux différentes stratégies de changement.
- ***Analyse des décisions***: à utiliser pour évaluer les problèmes.
- ***Analyse de documents***: à utiliser pour analyser les documents existants relatifs aux risques potentiels, contraintes, hypothèses et dépendances.
- ***Analyse financière***: à utiliser pour comprendre l'effet potentiel des risques sur la valeur financière de la solution.
- ***Entretiens***: à utiliser pour comprendre ce que les parties prenantes considèrent comme des risques et les différents facteurs de ces risques.
- ***Retours d'expérience***: à utiliser comme fondement de problèmes passés qui pourraient être des risques.
- ***Mind Mapping***: à utiliser pour identifier et catégoriser les risques potentiels et comprendre leurs relations.
- ***Analyse et gestion des risques***: à utiliser pour déterminer et gérer les risques.
- ***Analyse de la cause fondamentale***: à utiliser pour déterminer et résoudre le problème sous-jacent à l'origine d'un risque.
- ***Sondage ou questionnaire***: à utiliser pour comprendre ce que les parties prenantes considèrent comme des risques et les différents facteurs de ces risques.
- ***Ateliers de travail***: à utiliser pour comprendre ce que les parties prenantes considèrent comme des risques et les différents facteurs de ces risques.

6.3.7 Parties prenantes

- ***Expert du domaine***: fournit des retours à l'évaluation des risques en fonction de leur connaissance sur la préparation requise dans leur domaine d'expertise.
- ***Expert d'implémentation***: fournit des retours à l'évaluation des risques en fonction de leur connaissance sur la préparation requise dans leur domaine d'expertise.
- ***Support opérationnel***: soutient les opérations de l'entreprise et peut identifier les risques probables et leur impact.
- ***Chef de projet***: aide à évaluer les risques et est principalement responsable de la gestion et de l'atténuation des risques pour le projet.
- ***Régulateur***: identifie tout risque associé au respect des lois, des règlements ou des règles.
- ***Sponsor***: doit comprendre les risques dans le cadre de l'autorisation et du financement du changement.
- ***Fournisseur***: il peut y avoir un risque associé à l'utilisation d'un fournisseur.
- ***Testeur***: identifie les risques dans la stratégie de changement, du point de vue de la validation ou de la vérification.

6.3.8 Extrants

Résultats de l'analyse des risques : une compréhension des risques associés à l'atteinte de l'état futur et des stratégies d'atténuation qui seront utilisées pour prévenir ces risques, réduire l'impact du risque ou réduire la probabilité que le risque se produise.

6.4 Définir la stratégie de changement

6.4.1 Finalité

La finalité de Définir la stratégie de changement est d'élaborer et d'évaluer des approches alternatives au changement, puis de sélectionner une approche recommandée.

6.4.2 Description

L'élaboration d'une stratégie de changement est plus simple lorsque l'état actuel et l'état futur sont déjà définis, car ils fournissent alors un contexte au changement.

Une stratégie de changement décrit clairement la nature du changement en termes de :

- contexte du changement,
- différentes stratégies de changement déterminées,
- justification de la raison pour laquelle une stratégie de changement particulière est la meilleure approche,
- investissement et ressources nécessaires pour atteindre l'état futur,
- comment l'entreprise réalisera la valeur après la livraison de la solution,
- principales parties prenantes dans le changement, et
- états de transition en cours de route.

La représentation adéquate d'une stratégie de changement dépend du point de vue de l'équipe du changement et des parties prenantes. La stratégie de changement pourrait être présentée dans le cadre d'une étude d'opportunité (Business Case), d'un énoncé des travaux (SOW), du plan stratégique d'une entreprise ou sous d'autres formes.

Définir une stratégie de changement implique généralement d'identifier plusieurs stratégies et, en fin de compte, de sélectionner la stratégie la plus appropriée à la situation. Dans un premier temps, les stratégies de changement peuvent impliquer uniquement certaines parties d'un état futur, et donc ne comprendre que certaines composantes d'une solution globale. Pour chaque état de transition menant vers l'état futur, la stratégie de changement doit être en mesure de clarifier les parties de la solution qui sont abouties et celles qui ne le sont pas, ainsi qu'une réalisation partielle ou non de la valeur.

6.4.3 Intrants

- ***Description de l'état actuel***: fournit le contexte relatif à l'état actuel et prend en compte l'évaluation des influences internes et externes à l'entreprise.
- ***Description de l'état futur***: fournit le contexte relatif à l'état futur souhaité.
- ***Résultats d'analyse des risques***: décrivent les risques repérés et l'exposition à chacun des risques.
- ***Approche de l'engagement des parties prenantes***: le fait de comprendre les besoins de collaboration et de communication des parties prenantes permet de déterminer les activités relatives au changement qui doivent être intégrées à la stratégie de changement.

Figure 6.4.1: Diagramme d'entrée/sortie de Définir la stratégie de changement

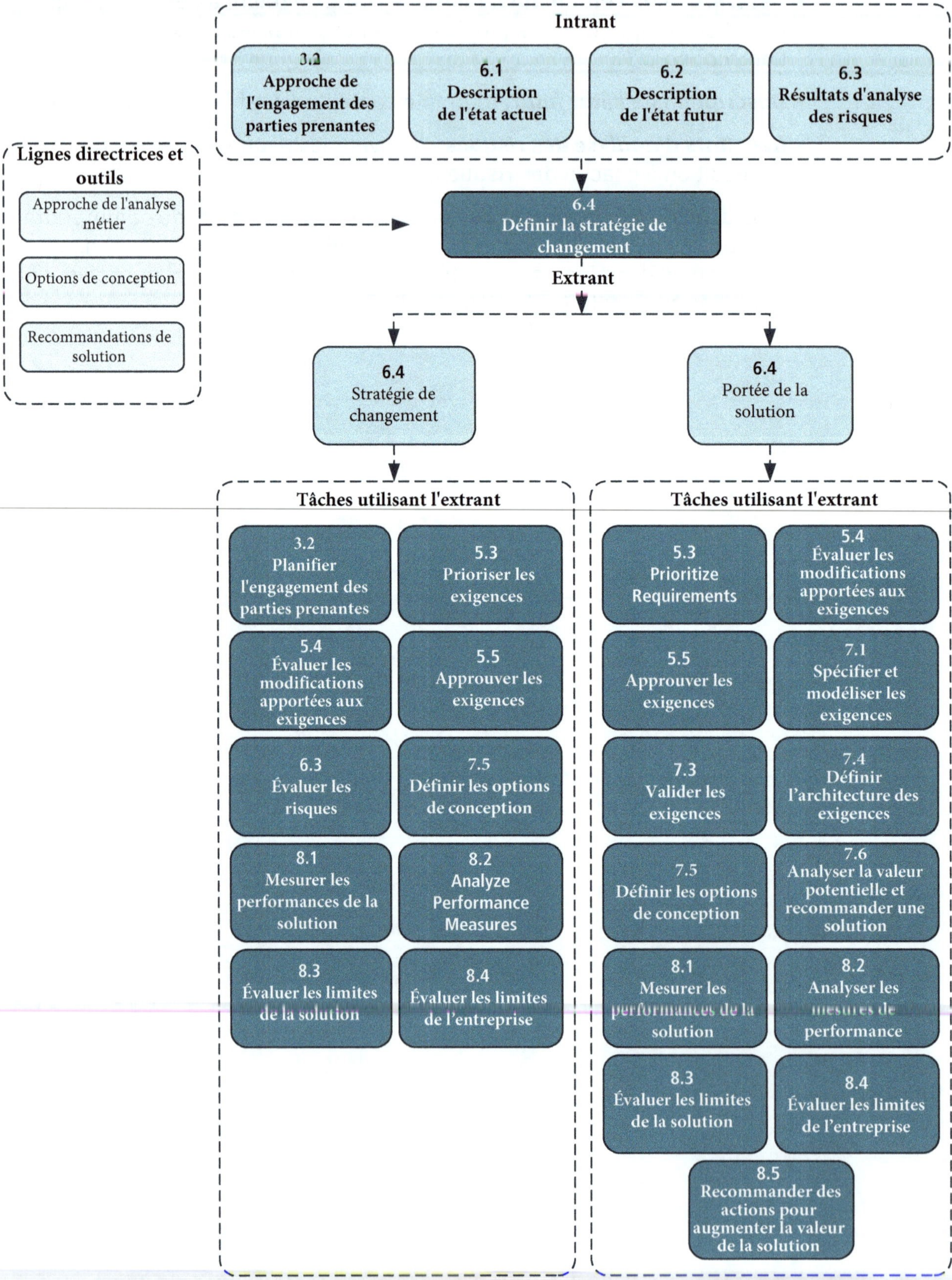

6.4.4 Éléments

.1 Portée de la solution

La solution est le résultat d'un changement, permettant à une entreprise de satisfaire un besoin. Plusieurs options de la solution peuvent être évaluées et dans le cadre d'une stratégie de changement, la meilleure approche est justifiée et sélectionnée. La portée de la solution définit les limites de la solution, et sa description est suffisamment détaillée pour que les parties prenantes puissent comprendre les nouvelles capacités offertes par le changement. Elle décrit également la manière dont la solution suggérée favorise les buts de l'état futur. La portée de la solution peut évoluer tout au long d'une initiative, dans la mesure où de nouvelles informations sont découvertes.

Elle peut être décrit de différentes manières, notamment en termes de :

- capacités,
- technologie
- règles métier,
- décisions métier,
- données,
- processus,
- ressources,
- connaissances et compétences,
- modèles et descriptions du secteur,
- fonctions,
- localisations,
- réseaux,
- structures organisationnelles,
- flux de travail,
- événements,
- séquence,
- motivations, ou
- logique métier.

La portée de la solution peut également comprendre des descriptions de composants exclus de la solution afin d'apporter de la clarté.

.2 Analyse d'écart

Une analyse d'écart identifie la différence entre les capacités de l'état actuel et de l'état futur. Pour effectuer une analyse d'écart, l'état actuel et l'état futur doivent être définis. L'utilisation des mêmes techniques pour décrire les états actuels et futurs facilite l'analyse des écarts, car elle simplifie la comparaison.

L'analyse d'écart peut contribuer à identifier les écarts qui empêchent l'entreprise de satisfaire les besoins et d'atteindre ses buts. Elle peut être utilisée pour déterminer si l'entreprise est en mesure de satisfaire ses besoins en utilisant sa structure, ses ressources, ses capacités et sa technologie existantes. Dans le cas où l'entreprise est capable de satisfaire son besoin avec les capacités de l'état actuel, le changement sera probablement faible, voire inexistant. Dans tous les autres cas, une stratégie de changement est nécessaire pour créer les capacités manquantes ou améliorer celles existantes. Les capacités analysées dans une analyse d'écart peuvent inclure :

- les processus,
- les fonctions,
- les secteurs d'activité,
- les structures organisationnelles,
- les compétences du personnel,
- les connaissances et compétences,
- la formation,
- les installations,
- les localisations,
- les données et informations,
- les systèmes d'applications, et
- l'infrastructure technologique.

Les écarts devront être évalués dans les états de transition et futur.

.3 Évaluation de la maturité de l'entreprise

Les analystes métier analysent l'entreprise pour évaluer sa capacité à réaliser le changement et à maintenir ce dernier dans l'état futur. L'évaluation de la maturité prend en compte non seulement la capacité de l'entreprise à réaliser le changement, mais également la capacité à utiliser et maintenir la solution, et atteindre la valeur à partir de la solution. L'évaluation tient également compte de l'état de préparation culturelle des parties prenantes ainsi que de l'état de préparation opérationnelle à la réalisation du changement, de l'échéancier entre le moment où le changement est mis en œuvre et le moment où la valeur peut être réalisée, et les ressources disponibles pour soutenir l'effort de changement.

.4 Stratégie de Changement

Une stratégie de changement est un plan d'activités et événements clés de haut niveau, utilisé pour transformer l'entreprise de l'état actuel à l'état futur. Les stratégies de changement peuvent constituer une initiative unique composée de petits changements, pouvant être structurés comme ensemble ou séquence de projets ou comme divers efforts d'amélioration continue. Chaque élément de changement peut ne pas répondre complètement au besoin, de sorte que plusieurs modifications peuvent être nécessaires.

Au cours de l'élaboration d'une stratégie de changement, plusieurs options sont identifiées, explorées et décrites de manière suffisamment détaillée pour déterminer quelles options sont réalisables. Les solutions alternatives peuvent être identifiées par le brainstorming et la consultation des experts spécialisés (SMEs). Parmi les sources d'idées se trouvent les idées antérieures, les changements antérieurs, les autres stratégies de marché et les approches des concurrents.

Une stratégie de changement préférée est sélectionnée à partir de cet ensemble d'options et développée plus en détail. La stratégie de changement préférée doit être sélectionnée en tenant compte :

- de la volonté organisationnelle de réaliser le changement,
- des coûts et des investissements nécessaires pour effectuer le changement,
- des échéances pour réaliser le changement,
- de l'alignement avec les objectifs métier,
- des échéances pour la réalisation de la valeur, et
- des coûts de l'opportunité de la stratégie de changement.

Les analystes métier peuvent développer une étude d'opportunité (business case) pour chaque stratégie de changement potentielle afin de faciliter la prise de décisions. Le coût d'opportunité de chaque stratégie de changement doit également être pris en compte. Le coût d'opportunité fait référence aux bénéfices qui auraient pu être obtenus en choisissant une autre stratégie de changement. Les options considérées et rejetées représentent un élément important de la stratégie finale : elles permettent aux parties prenantes de comprendre les avantages et les inconvénients des différentes approches pour réaliser le changement.

Lors de la définition de la stratégie de changement, il faut aussi tenir compte de l'investissement pour réaliser le changement en vue d'atteindre l'état futur. Les bénéfices nets d'un état futur peuvent être très élevés, mais si l'investissement est insupportable ("ils ne peuvent tout simplement pas se permettre le changement"), l'entreprise peut décliner cette opportunité, et investir dans autre chose.

La valeur potentielle, y compris le détail des bénéfices et des coûts attendus, sont des éléments clés pour réaliser une étude d'opportunité (business case) sur le changement. Relier les descriptions de valeur potentielle par rapport aux mesures de valeur réelle atteinte permet aux parties prenantes de comprendre le changement de valeur attendu. Bien que chaque changement facilité par les analystes métier vise à augmenter la valeur, certains changements réduisent la valeur dans certaines parties d'une entreprise et l'augmentent dans d'autres.

.5 États de transition et planification de la mise en œuvre

Dans de nombreux cas, l'état futur devra être atteint au fil du temps plutôt que par un seul changement, ce qui signifie que l'entreprise devra opérer dans un ou plusieurs états de transition. La planification de la mise en oeuvre a pour but de déterminer les exigences à inclure dans chaque version, phase ou itération du changement. Les analystes métier facilitent les discussions relatives à la planification de mise en œuvre afin d'aider les parties prenantes à prendre des décisions. De nombreux facteurs guident ces décisions, tels que le budget global, les délais ou les contraintes de temps, les contraintes de ressources, les calendriers de formation et la capacité de l'entreprise à absorber les changements dans un délai défini. Il peut y avoir des contraintes ou des politiques organisationnelles à respecter pour toute implémentation. Les analystes métier sont alors présents pour planifier le calendrier de la mise en œuvre afin de minimiser la perturbation des activités de l'entreprise et de s'assurer que toutes les parties comprennent l'impact sur l'organisation.

6.4.5 Lignes directrices et outils

- ***Approche de l'analyse métier***: guide la manière dont l'analyste métier définit une stratégie de changement.
- ***Options de conception***: décrivent les différentes façons de satisfaire les besoins métier. Chaque option s'accompagnera de son propre ensemble de défis en matière de changement et la stratégie de changement sera touchée par l'option choisie ainsi que par l'approche de changement spécifique qui sera utilisée.
- ***Recommandations de solution***: identifier les solutions possibles qui peuvent être poursuivies afin d'atteindre l'état futur, qui comprend les recommandations de divers experts spécialisés (SME), aide l'analyste métier à déterminer les types de changements applicables à l'organisation.

6.4.6 Techniques

- ***Balanced Scorecard***: à utiliser pour définir les mesures/métriques utilisées afin d'évaluer l'efficacité de la stratégie de changement.
- ***Analyse comparative et analyse de marché***: à utiliser pour prendre des décisions sur la stratégie de changement qui est appropriée.
- ***Brainstorming***: à utiliser pour collaborer à trouver des idées de stratégies de changement.
- ***Analyse des capacités métier***: à utiliser pour prioriser les écarts de capacité en lien avec la valeur et le risque.
- ***Étude d'opportunité (Business Case)***: à utiliser pour recueillir des informations concernant la stratégie de changement recommandée et d'autres stratégies potentielles qui ont été évaluées mais non recommandées.
- ***Business Model Canvas***: à utiliser pour définir les changements nécessaires dans l'infrastructure actuelle, la clientèle et la structure financière de l'organisation afin d'atteindre la valeur potentielle.
- ***Analyse des décisions***: à utiliser pour comparer les différentes stratégies de changement et choisir la plus adaptée.

- ***Estimation***: à utiliser pour déterminer les échéances des activités de la stratégie de changement.
- ***Analyse financière***: à utiliser pour comprendre la valeur potentielle associée à une stratégie de changement et évaluer les stratégies par rapport aux objectifs définis pour le retour sur investissement.
- ***Groupes de discussion (Focus Groups)***: à utiliser pour rassembler les clients ou les utilisateurs finaux afin de solliciter leurs retours sur la solution et sur la stratégie de changement.
- ***Décomposition fonctionnelle***: à utiliser pour décomposer les composants de la solution en plus petites parties lors du développement d'une stratégie de changement.
- ***Entretiens***: à utiliser pour discuter avec les parties prenantes afin de décrire entièrement la portée de la solution et la portée du changement, et de comprendre leurs suggestions relatives à une stratégie de changement.
- ***Retours d'expérience***: à utiliser pour comprendre les erreurs dans les changements passés afin d'améliorer la stratégie de changement.
- ***Mind Mapping***: à utiliser pour définir et explorer des idées de stratégies de changement.
- ***Modélisation de l'organisation***: à utiliser pour décrire les rôles, les responsabilités et les structures hiérarchiques nécessaires au cours du changement et faisant partie de la portée de la solution.
- ***Modélisation des processus***: à utiliser pour décrire la manière dont le travail sera réalisé dans la portée de la solution ou pendant le changement.
- ***Modélisation du périmètre***: à utiliser pour définir les limites des descriptions de la portée de la solution et de la portée du changement.
- ***Analyse SWOT***: à utiliser pour prendre des décisions sur la stratégie de changement qui est appropriée.
- ***Évaluation des fournlsseurs***: à utiliser pour déterminer si des fournisseurs sont intégrés à la stratégie de changement, afin de mettre en œuvre le changement ou faire partie de la solution.
- ***Ateliers de travail***: à utiliser pour collaborer avec les parties prenantes afin d'élaborer des stratégies de changement.

6.4.7 Parties prenantes

- ***Client***: peut acheter ou consommer la solution issue du changement. Les clients peuvent également être impliqués dans un changement en tant que testeurs ou membres d'un groupe de discussion, dont leurs retours sont pris en compte dans l'évaluation de la maturité de l'entreprise.

- ***Expert spécialisé du domaine***: possède une expertise dans certains aspects du changement.
- ***Utilisateur final***: utilise une solution, fait partie de la solution ou utilise la solution temporairement pendant le changement. Les utilisateurs finaux peuvent être des clients ou des personnes qui travaillent au sein de l'entreprise où se situe le changement. Les utilisateurs peuvent être impliqués dans un changement en tant que testeurs ou membres d'un groupe de discussion, dont leurs commentaires sont pris en compte dans l'évaluation de la maturité de l'entreprise.
- ***Expert d'implémentation***: possède une expertise dans certains aspects du changement.
- ***Support opérationnel***: directement impliqué dans le soutien des opérations de l'entreprise, et fournit des informations sur sa capacité à soutenir la gestion d'une solution pendant et après un changement.
- ***Chef de projet***: responsable de la conduite du changement et de la planification des activités détaillées pour mener à bien un changement. Dans un projet, le chef de projet est responsable du périmètre du projet, qui couvre l'ensemble du travail à réaliser par l'équipe de projet.
- ***Régulateur***: veille au respect des lois, de la règlementation ou des règles pendant et à la fin du changement. Le régulateur est susceptible de fournir des intrants uniques dans l'évaluation de la maturité de l'entreprise, car il peut exister des lois et des règlementations auxquelles il est obligatoires de se conformer avant ou à la fin d'un changement planifié ou finalisé.
- ***Sponsor***: autorise et assure le financement de la prestation de solutions et défend le changement.
- ***Fournisseur***: pourrait aider à mettre en œuvre le changement ou être intégré à la solution une fois le changement terminé.
- ***Testeur***: doit s'assurer que le changement fonctionnera avec des paramètres acceptables, respectera le résultat souhaité et offrira des solutions satisfaisantes un niveau de qualité adéquat. Le testeur est souvent impliqué dans la validation des composants d'une solution, pour lesquels les résultats seront inclus dans l'évaluation de la maturité de l'entreprise.

6.4.8 Extrants

- ***Stratégie de Changement***: l'approche que l'organisme suivra pour guider les changements.
- ***Portée de la solution***: la portée de la solution qui sera atteinte grâce à l'exécution de la stratégie de changement.

7 Analyse des exigences et spécification de la conception

Le domaine de connaissances de l'analyse des exigences et spécification de la conception, décrit les tâches réalisées par les analystes métier afin de structurer et organiser les exigences détectées au cours des activités d'élicitation, spécifier et modéliser les exigences et les spécifications, valider et vérifier les informations, identifier les options de solution correspondantes aux besoins métier et estimer la valeur potentielle pouvant être obtenue pour chaque option de la solution. Ce domaine de connaissances couvre des activités progressives et itératives allant du concept initial et de l'exploration du besoin, à la transformation de ces besoins en une solution recommandée.

Pour plus d'informations, voir Exigences et conceptions (p. 23).

Les exigences et les spécifications sont deux outils utilisés par les analystes métier pour définir et guider les changements. La différence principale entre les exigences et les spécifications réside dans la manière dont elles sont utilisées et par qui. Les spécifications d'une personne peuvent être les exigences d'une autre personne. Les exigences peuvent être de haut niveau ou très détaillées, en fonction de ce qui convient le mieux à ceux qui consomment l'information.

Le rôle de l'analyste métier dans la modélisation des besoins, des exigences, des conceptions et des solutions est essentiel pour mener une analyse approfondie et communiquer avec d'autres parties prenantes. La forme, le niveau de détail et ce qui est modélisé dépendent du contexte, des destinataires et de l'objectif.

Les analystes métier analysent la valeur potentielle des exigences et des spécifications. En collaboration avec des experts en matière de mise en œuvre, les analystes métier définissent les options de solution pouvant être évaluées afin de recommander l'option de solution qui répond le mieux au besoin et qui apporte la plus grande valeur.

L'image suivante illustre le spectre de valeur à mesure que les activités d'analyse métier progressent, de la valeur potentielle à la valeur réelle délivrée.

Figure 7.0.1: Spectre de la valeur de l'analyse métier

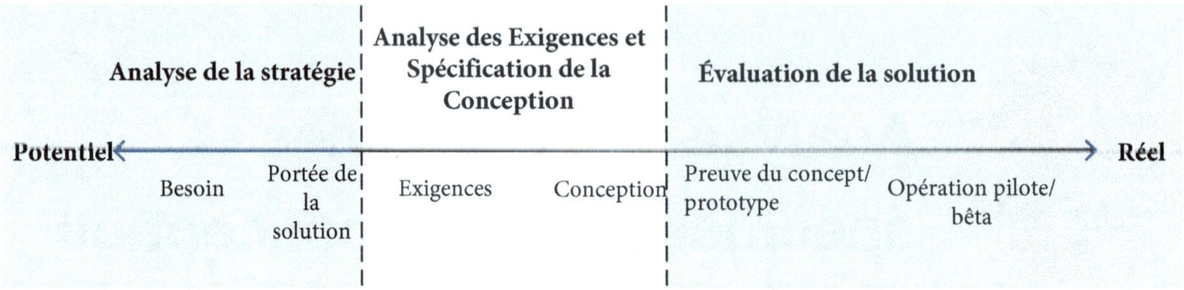

Le domaine de connaissances de l'analyse des exigences et des spécifications de la conception comprend les tâches suivantes :

- ***Spécifier et modéliser les exigences***: décrit en détail un ensemble d'exigences ou de spécifications à l'aide de techniques analytiques.
- ***Vérifier les exigences***: s'assurer qu'un ensemble d'exigences ou de spécifications a été développé de manière suffisamment détaillée pour être utilisable par une partie prenante particulière, qu'il soit cohérent en interne et qu'il soit de bonne qualité.
- ***Valider les exigences***: s'assurer qu'un ensemble d'exigences ou de spécifications apporte de la valeur métier et soutient les buts et les objectifs de l'organisation.
- ***Définir l'architecture des exigences***: structure l'ensemble des exigences et des spécifications, de manière à ce qu'elles soutiennent les objectifs globaux de l'entreprise pour un changement et fonctionnent efficacement comme un tout cohérent.
- ***Définir les options de solution***: identifie, explore et décrit les différents moyens possibles pour satisfaire le besoin.
- ***Analyser la valeur potentielle et recommander une solution***: évalue la valeur métier associée à une solution potentielle et compare les différentes options, en tenant compte des compromis, afin de déterminer et de recommander l'option de solution offrant la meilleure valeur générale.

Le modèle des concepts de base de l'analyse des exigences et les spécifications de la conception

Le *Business Analysis Core Concept Model*™ (*BACCM*™) décrit les relations entre les six concepts fondamentaux. Le tableau suivant décrit l'utilisation et l'application de chaque concept de base dans le contexte de l'analyse des exigences et des spécification de la conception.

Table 7.0.1: Le modèle de concept de base de l'analyse des exigences et des spécifications de la conception

Concept de base	Lors de l'analyse des exigences et des spécifications de la conception, les analystes métier...
Changement : l'acte de transformation en réponse à un besoin.	transforment les résultats de l'élicitation en exigences et en spécifications afin de définir le changement.
Besoin: un problème ou une opportunité à résoudre.	analysent les besoins afin de recommander une solution qui satisfait aux besoins.
Solution: une manière spécifique de satisfaire un ou plusieurs besoins dans un contexte.	définissent des options de solution et recommandent celle qui est la plus susceptible de satisfaire le besoin et d'apporter le plus de valeur.
Partie prenante : un groupe ou un individu ayant une relation avec le changement, le besoin ou la solution.	adaptent les exigences et les spécifications de manière à ce qu'elles soient compréhensibles et utilisables par chaque groupe de partie prenante.
Valeur : la valeur monétaire, l'importance ou l'utilité de quelque chose pour une partie prenante dans un contexte donné.	analysent et quantifient la valeur potentielle des options de solution.
Contexte : les circonstances qui influencent, sont influencées par, et permettent de comprendre le changement.	modélisent et décrivent le contexte dans des formats compréhensibles et exploitables par toutes les parties prenantes.

Figure 7.0.1: Diagramme d'entrée / de sortie de l'analyse des exigences et des spécification de la conception

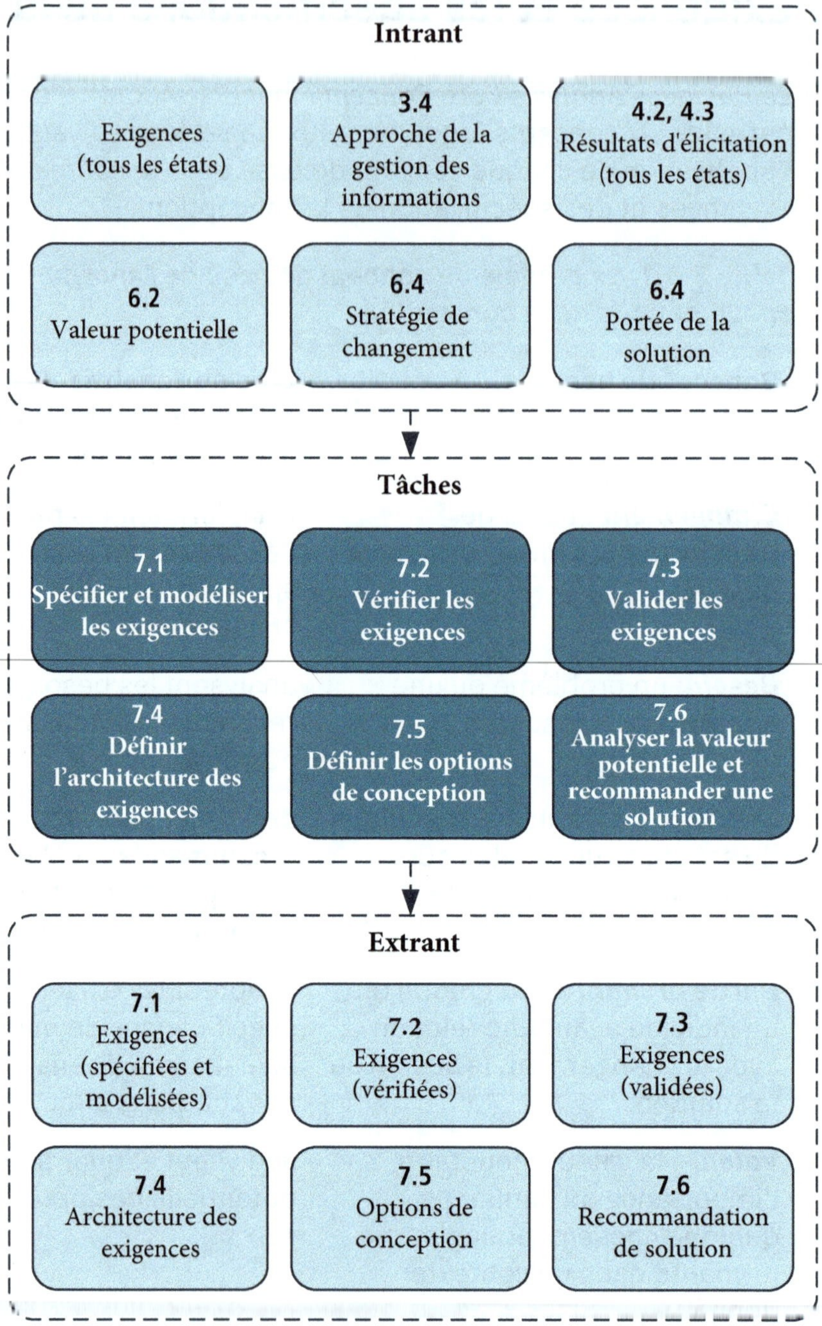

7.1 Spécifier et modéliser les exigences

7.1.1 Finalité

La finalité de spécifier et modéliser les exigences consiste à analyser, à synthétiser et à affiner les résultats de l'élicitation en exigences et / ou en une conception.

7.1.2 Description

Spécifier et modéliser les exigences décrit les pratiques d'analyse des résultats d'élicitation et de création de représentations de ces résultats. Lorsque l'activité de spécification et de modélisation est axée sur la compréhension du besoin, les extrants sont appelés exigences. Lorsque l'activité de spécification et de modélisation est centrée sur une solution, les extrants sont appelés spécifications.

Important Dans de nombreux environnements informatiques, le mot « spécification » est utilisé spécifiquement pour désigner les spécifications techniques créées par les développeurs, les architectes de données et autres experts d'implémentation ou de mise en œuvre. Tous les livrables métier sont considérés comme «exigences».

Outre les modèles utilisés pour représenter les exigences, cette tâche comprend également la collecte d'informations concernant les attributs ou métadonnées relatifs aux exigences. Les activités de spécification et de modélisation sont liées à l'ensemble des types d'exigences.

7.1.3 Inputs

- ***Résultats de l'élicitation (Touts statuts confondus)***: la modélisation peut débuter avec n'importe quel résultat d'élicitation et peut nécessiter davantage d'élicitation afin de clarifier ou de compléter les exigences. L'élicitation et la modélisation peuvent être réalisées de manière séquentielle, itérative ou en simultanée.

Figure 7.1.1: Diagramme d'entrée/sortie de Spécifier et modéliser les exigences

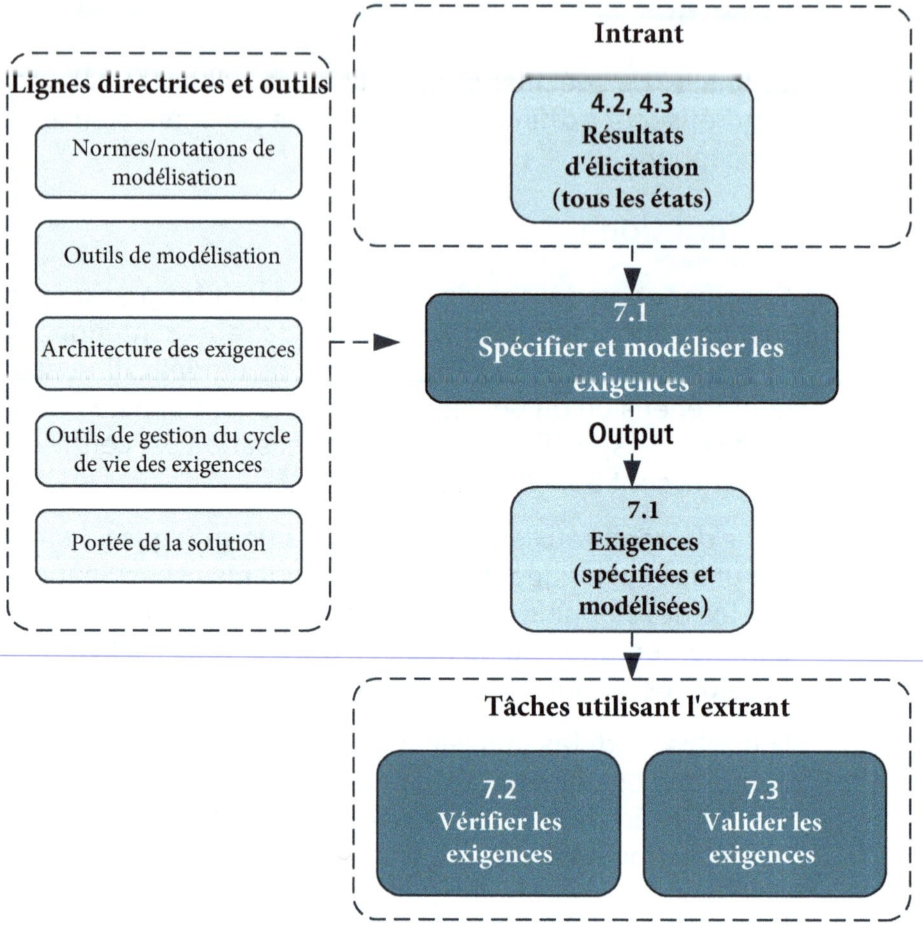

7.1.4 Éléments

.1 Modéliser les exigences

Un modèle est un support visuel et descriptif pour transmettre des informations à un public spécifique, en vue de faciliter l'analyse, la communication et la compréhension. Les modèles peuvent également être utilisés afin de confirmer les connaissances, repérer les informations redondantes et les écarts d'informations dont l'analyste métier peut disposer.

Les analystes métier choisissent parmi un ou plusieurs formats de modélisation suivants :

- ***Matrices***: une matrice est utilisée lorsque l'analyste métier modélise une exigence ou un ensemble d'exigences présentant une structure complexe mais uniforme, et qui peut être divisé en éléments s'appliquant à chaque entrée du tableau. Les matrices peuvent être utilisées pour créer des dictionnaires de données, une traçabilité des exigences ou une analyse d'écart. Les matrices servent également à prioriser les exigences et à répertorier d'autres attributs et métadonnées des exigences.

- ***Diagrammes***: un diagramme est une représentation visuelle, souvent picturale, d'une exigence ou d'un ensemble d'exigences. Un diagramme est particulièrement utile pour illustrer la complexité d'une manière qui serait difficile à exprimer avec des mots. Les diagrammes peuvent également être utilisés pour définir des limites entre les domaines métier, catégoriser et créer des hiérarchies d'éléments, et montrer des composantes d'objets tels que les données et leurs relations.

En utilisant un ou plusieurs formats de modèles, les analystes métier déterminent des catégories spécifiques et des modèles spécifiques au sein des catégories à utiliser. Les catégories de modèle peuvent comporter :

- ***Personnes et Rôles***: ces modèles représentent les organisations, les groupes de personnes, les rôles et leurs relations dans une entreprise et envers une solution. Parmi les techniques utilisés pour représenter les personnes et leurs rôles on trouve Modélisation de l'organisation, Matrice des rôles et des autorisations et Liste des parties prenantes, carte ou personas.

- ***Justification***: ces modèles représentent la raison d'un changement. Parmi les techniques utilisés pour représenter la logique on trouve Modélisation des décisions, Modélisation du périmètre, Business Model Canvas, Analyse de la cause fondamentale, et Analyse des règles métier.

- ***Flux d'activité***: les modèles représentent une séquence d'actions, d'événements ou de parcours pouvant être suivis. Parmi les techniques utilisés pour représenter les flux d'activité on trouve Modélisation des processus, Scénarios et cas d'utilisation, et Récits utilisateurs (User Stories).

- ***Capacité***: les modèles se concentrent sur les fonctionnalités ou fonctions d'une entreprise ou d'une solution. Parmi les techniques utilisés pour représenter les capacités on trouve Analyse des capacités métier, Décomposition fonctionnelle, et Prototypage.

- ***Données et informations***: les modèles représentent les caractéristiques et l'échange d'informations dans une entreprise ou une solution. Parmi les techniques utilisés pour représenter les données et les informations on trouve Dictionnaire de données, Diagrammes de flux de données, Modélisation des données, Glossaire, Modélisation d'État, et Analyse des interfaces.

Les analystes métier devraient utiliser toute combinaison de modèles les mieux adaptés pour répondre aux besoins des parties prenantes dans un contexte donné. Chaque technique de modélisation présente ses forces et ses faiblesses et offre un éclairage propre sur le domaine métier.

.2 Analyser les exigences

Les informations relatives à l'analyse métier sont décomposées en éléments permettant d'examiner plus en détail :

- tout ce qui doit changer pour satisfaire le besoin métier,
- tout ce qui doit rester inchangé pour satisfaire le besoin métier,
- les composants manquants,
- les composants inutiles, et
- toute contrainte ou hypothèse impactant les composants.

Le niveau de décomposition requis et le niveau de détail à spécifier varient en fonction des connaissances et de la compréhension des parties prenantes, du risque de malentendu ou de mauvaise communication, des normes organisationnelles et des obligations contractuelles ou réglementaires, entre autres facteurs.

L'analyse fournit une base de discussion pour parvenir à une conclusion sur les options de solution.

.3 Représenter les exigences et les attributs

L'analyste métier repère les informations destinées aux exigences et leurs attributs par le biais des résultats de l'élicitation. Les exigences doivent être représentées de manière explicite et doivent inclure suffisamment de détails pour faire apparaître les caractéristiques de qualité des exigences et des spécifications.(voir Vérifier les exigences (p. 175)). Différents attributs peuvent être précisés pour chaque exigence ou ensemble d'exigences. Ces attributs sont sélectionnés lors de la planification de gestion des informations (voir Planifier la gestion de l'information de l'analyse métier (p. 54)).

En ce qui concerne la spécification des exigences, celles-ci peuvent également être catégorisées selon le schéma décrit dans la tâche Schéma de Classification des Exigences (p. 20). Les résultats de l'élicitation contiennent généralement des informations de différents types, il est donc naturel de s'attendre à ce que différents types d'exigences soient spécifiés simultanément. La catégorisation des exigences permet de s'assurer que ces dernières sont parfaitement comprises, que les ensembles - quel que soit leur type - soient complets, et qu'une traçabilité adéquate existe entre les types.

.4 Mettre en œuvre les niveaux d'abstraction appropriés

Le niveau d'abstraction d'une exigence varie en fonction du type d'exigence et des destinataires. Toutes les parties prenantes n'ont pas besoin ou ne trouvent pas de valeur dans la totalité des groupes d'exigences et des modèles. Il peut s'avérer judicieux de produire différents points de vue sur les exigences afin de représenter le même besoin pour différentes parties prenantes. Les analystes métier veillent tout particulièrement à maintenir le sens et l'intention des exigences sur toutes les représentations.

L'approche de l'analyse métier peut également influencer le niveau d'abstraction et le choix des modèles utilisés lors de la définition des exigences.

7.1.5 Lignes directrices et outils

- ***Normes/notations de modélisation***: elles permettent de spécifier les exigences et une conception avec précision, selon ce qui est adapté pour le public et l'objectif des modèles. Les gabarits et la syntaxe normalisée contribuent à fournir des informations appropriées concernant les exigences.
- ***Outils de modélisation***: des logiciels qui facilitent la conception et l'enregistrement de matrices et diagrammes destinés à représenter les exigences. Cette fonctionnalité peut ou non faire partie des outils de gestion du cycle de vie des exigences.
- ***Architecture des exigences***: les exigences et les interrelations entre elles peuvent être utilisées afin de s'assurer que les modèles sont complets et cohérents.
- ***Outils de gestion du cycle de vie des exigences***: il s'agit des produits logiciels qui facilitent l'enregistrement, l'organisation, le stockage et le partage des exigences et des spécifications.
- ***Portée de la solution***: les limites de la solution fournissent les limites des exigences et des modèles de conception.

7.1.6 Techniques

- ***Critères d'acceptation et d'évaluation***: à utiliser pour représenter les attributs des critères d'acceptation et d'évaluation des exigences.
- ***Analyse des capacités métier***: à utiliser pour représenter les fonctionnalités ou fonctions d'une entreprise.
- ***Business Model Canvas***: à utiliser pour décrire la justification des exigences.
- ***Analyse des règles métier***: à utiliser pour analyser les règles métier, de manière à pouvoir les spécifier et les modéliser en même temps que les exigences.
- ***Modélisation de concepts***: à utiliser pour définir les termes et les relations pertinents pour le changement et l'entreprise.
- ***Dictionnaire de données***: à utiliser pour enregistrer des détails concernant les données impliquées dans le changement. Parmi ces détails peuvent se trouver les définitions, les relations avec d'autres données, l'origine, le format et l'usage.

- ***Diagrammes de flux de données***: à utiliser pour visualiser les exigences des flux de données.
- ***Modélisation des données***: à utiliser pour modéliser les exigences pour montrer comment les données seront utilisées afin de répondre aux besoins d'information des parties prenantes.
- ***Modélisation des décisions***: à utiliser pour représenter les décisions dans un modèle afin de montrer les éléments décisionnels requis.
- ***Décomposition fonctionnelle***: à utiliser pour modéliser les exigences afin de déterminer les éléments constitutifs d'une fonction métier complexe globale.
- ***Glossaire***: à utiliser pour enregistrer la signification de termes métiers importants lors de l'analyse des exigences.
- ***Analyse des interfaces***: à utiliser pour modéliser les exigences afin d'identifier et de valider les intrants et les extrants de la solution modélisée.
- ***Analyse des exigences non fonctionnelles***: à utiliser pour définir et analyser les attributs de qualité de service.
- ***Modélisation de l'organisation***: à utiliser pour permettre aux analystes métier de modéliser les rôles, les responsabilités et les communications au sein d'une organisation.
- ***Modélisation des processus***: à utiliser pour démontrer les étapes ou les activités réalisées dans l'organisation, ou qui doivent être réalisées afin d'atteindre le changement souhaité.
- ***Prototypage***: à utiliser pour aider les parties prenantes à visualiser l'apparence et les capacités d'une solution prévue.
- ***Matrice des rôles et des autorisations***: à utiliser pour spécifier et modéliser les exigences concernées par la séparation des tâches parmi les utilisateurs et les interfaces externes dans l'utilisation d'une solution.
- ***Analyse de la cause fondamentale***: à utiliser pour modéliser les causes fondamentales d'un problème et en faciliter sa compréhension.
- ***Modélisation du périmètre***: à utiliser pour visualiser la limite d'un périmètre.
- ***Diagrammes de séquence***: à utiliser pour spécifier et modéliser les exigences afin de montrer la manière dont les processus fonctionnent et interagissent entre eux, et dans quel ordre.
- ***Liste des parties prenantes, carte ou personas***: à utiliser pour identifier les parties prenantes et leurs caractéristiques.
- ***Modélisation d'État***: à utiliser pour spécifier les différents états d'une partie de la solution tout au long du cycle de vie, en relation avec les événements qui surviennent.

- ***Scénarios et cas d'utilisation***: à utiliser pour modéliser le comportement souhaité d'une solution en démontrant les interactions des utilisateurs avec la solution, afin d'atteindre un but spécifique ou d'accomplir une tâche en particulier.
- ***Récits utilisateurs (User Stories)***: à utiliser pour spécifier les exigences sous la forme de brefs énoncés indiquant ce que les personnes font ou ont besoin de faire lorsqu'elles utilisent la solution.

7.1.7 Parties prenantes

- ***Toutes les parties prenantes***: les analystes métier peuvent choisir d'exécuter eux-mêmes cette tâche, puis d'assembler et de communiquer séparément les exigences aux parties prenantes pour leur examen et leur approbation, ou ils pourraient choisir d'inviter certaines ou toutes les parties prenantes à participer à cette tâche.

7.1.8 Extrants

- ***Exigences (spécifiées et modélisées)***: toute combinaison d'exigences et/ou de conceptions sous forme de texte, de matrices et de diagrammes.

7.2 Vérifier les exigences

7.2.1 Finalité

La finalité de Vérifier les exigences consiste à s'assurer que les modèles et les spécifications d'exigences et des éléments de conception respectent les normes de qualité et peuvent être utilisés aux fins prévues.

7.2.2 Description

La vérification des exigences permet de s'assurer que les exigences et les spécifications ont été définies correctement. La vérification des exigences constitue une vérification par l'analyste métier et les principales parties prenantes pour déterminer si les exigences et les spécifications sont prêtes à être validées, et fournit des informations nécessaires à la poursuite des travaux.

Une spécification de qualité est bien écrite et facilement comprise par son public cible. Un modèle de qualité respecte les normes de notation formelles ou informelles et représente efficacement la réalité.

La caractéristique la plus importante pour des exigences et des spécifications de qualité est son aptitude à l'emploi. Celles-ci doivent satisfaire les besoins des parties prenantes qui les utiliseront à des fins spécifiques. La qualité est en définitive déterminée par les parties prenantes.

7.2.3 Intrants

- ***Exigences (spécifiées et modélisées)***: toute exigence, conception ou ensemble de ceux-ci peut être vérifié pour s'assurer que le texte est bien structuré mais également que les matrices et les notations de modélisation sont correctement utilisées .

Figure 7.2.1: Diagramme d'entrée/sortie de Vérifier les exigences

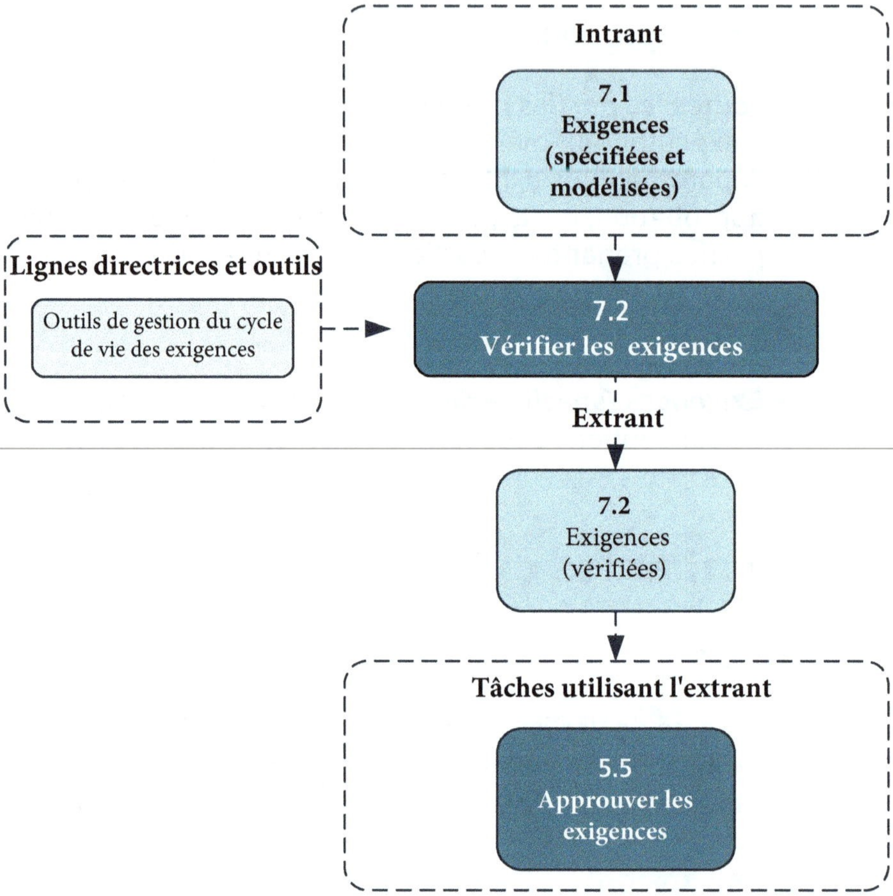

7.2.4 Éléments

.1 Caractéristiques de qualité des exigences et des spécifications

Bien que la qualité soit finalement déterminée par les besoins des parties prenantes qui utiliseront les exigences ou les spécifications, les exigences de qualité satisfaisante possèdent plusieurs des caractéristiques suivantes:

- ***Niveau atomique***: l'exigence est autonome et peut être comprise indépendamment des autres exigences ou spécifications .
- ***Complète*** : elle est suffisante pour orienter les travaux futurs avec un niveau de détail adapté pour permettre au travail de continuer. Le niveau de complétude requis varie selon la perspective ou la

méthodologie ainsi que le stade où les exigences sont étudiées ou représentées dans le cycle de vie.

- ***Cohérente***: elle est alignée avec les besoins identifiés des parties prenantes et ne présente pas de conflit avec d'autres exigences.
- ***Concise***: elle ne contient aucun contenu superflu et inutile.
- ***Faisable***: sa réalisation est raisonnable et possible dans les limites du risque, du calendrier et du budget convenus, ou considérée comme suffisamment réalisable pour permettre des recherches plus poussées au moyen d'expériences ou de prototypes.
- ***Non ambiguë***: l'exigence doit être clairement énoncée, de manière à établir clairement si une solution satisfait ou non le besoin associé.
- ***Testable***: capable de vérifier que l'exigence ou la spécification a été satisfaite. Les niveaux admis de vérification du respect des exigences dépendent du niveau d'abstraction de l'exigence ou de la spécification.
- ***Priorisée***: l'exigence est classée, regroupée ou négociée selon sont importance et sa valeur par rapport aux autres exigences.
- ***Compréhensible***: elle est décrite à l'aide d'une terminologie courante pour le public.

.2 Activités de vérification

Les activités de vérification sont généralement réalisées de façon itérative tout au long du processus d'analyse des exigences.

Les activités de vérification comprennent :

- la vérification de la conformité avec les standards de performance opérationnels en matière d'analyse métier telles que l'utilisation des outils et méthodes appropriés,
- la vérification d'une utilisation correcte de la notation de modélisation, des modèles ou des formulaires,
- la vérification de la complétude de chaque modèle,
- la comparaison de chaque modèle à d'autres modèles correspondants, la recherche des éléments mentionnés dans un modèle mais absents dans d'autres modèles, et la vérification que les éléments sont référencés de manière cohérente,
- la vérification de la terminologie utilisée pour exprimer l'exigence - cette terminologie doit être compréhensible par les parties prenantes et cohérente avec l'utilisation de ces termes dans l'organisation, et
- l'ajout d'exemples en cas de besoin pour clarifier.

.3 Listes de contrôle

Les listes de contrôle sont utilisées afin de contrôler la qualité lors de la vérification des exigences et des spécifications. Elles peuvent inclure un ensemble standard d'éléments de qualité que les analystes métier utilisent pour vérifier les exigences, ou elles peuvent être spécifiquement développées pour prendre en compte des sujets préoccupants. L'objectif d'une liste de vérification est de s'assurer que les éléments jugés importants sont inclus dans les livrables finaux des exigences, ou que les étapes requises pour le processus de vérification sont suivies.

7.2.5 Lignes directrices et outils

- ***Outils de gestion du cycle de vie des exigences***: certains outils disposent d'une fonctionnalité permettant de vérifier les problèmes liés à de nombreuses caractéristiques, comme le niveau atomique, l'absence d'ambiguïté et la priorisation.

7.2.6 Techniques

- ***Critères d'acceptation et d'évaluation***: à utiliser pour s'assurer que les exigences sont énoncées suffisamment clairement pour concevoir un ensemble de tests pouvant démontrer que les exigences ont été respectées.
- ***Gestion des points de suivi***: à utiliser pour s'assurer que les problèmes ou préoccupations identifiés lors de la vérification sont gérés et résolus.
- ***Mesures et Indicateurs clés de performance (KPIs)***: à utiliser pour déterminer comment évaluer les exigences.
- ***Revues***: à utiliser pour inspecter la documentation des exigences afin d'identifier les exigences qui ne sont pas de qualité requise.

7.2.7 Parties prenantes

- ***Toutes les parties prenantes***: l'analyste métier, en collaboration avec les experts d'implémentation et de mise en œuvre, est le principal responsable en charge de déterminer que cette tâche a été exécutée. D'autres parties prenantes peuvent découvrir des exigences problématiques lors de la communication sur les exigences. Par conséquent, toutes les parties prenantes peuvent être impliquées dans cette tâche.

7.2.8 Extrants

- ***Exigences (vérifiées)***: il s'agit d'un ensemble d'exigences ou de spécifications présentant une qualité suffisante pour être utilisé lors de travaux ultérieurs.

7.3 Valider les exigences

7.3.1 Finalité

La finalité de Valider les exigences consiste à s'assurer que l'ensemble des exigences et des spécifications s'alignent avec les exigences métier et contribuent à la réalisation de la valeur requise.

7.3.2 Description

La validation des exigences est un processus réalisé en continu visant à s'assurer que les exigences des parties prenantes, les exigences solution et les exigences de transition s'alignent sur les exigences métiers et que les spécifications satisfassent à ces exigences.

Comprendre ce à quoi ressemble l'état futur souhaité pour les parties prenantes après que leurs besoins aient été satisfaits, est très utile aux analystes métier lors de la validation des exigences. L'objectif global de la mise en œuvre des exigences est en effet d'atteindre l'état futur souhaité par les parties prenantes. Dans de nombreux cas, les parties prenantes ont des besoins et des attentes différents et contradictoires qui peuvent être mis en évidence au cours du processus de validation.

7.3.3 Intrants

- ***Exigences (spécifiées et modélisées)***: tous les types d'exigences et de spécifications peuvent être validés. Les activités de validation peuvent commencer avant que les exigences ne soient complètement vérifiées. Cependant, elles ne peuvent pas être terminées avant la vérification complète des exigences.

Figure 7.3.1: Diagramme d'entrée/sortie de Valider les exigences

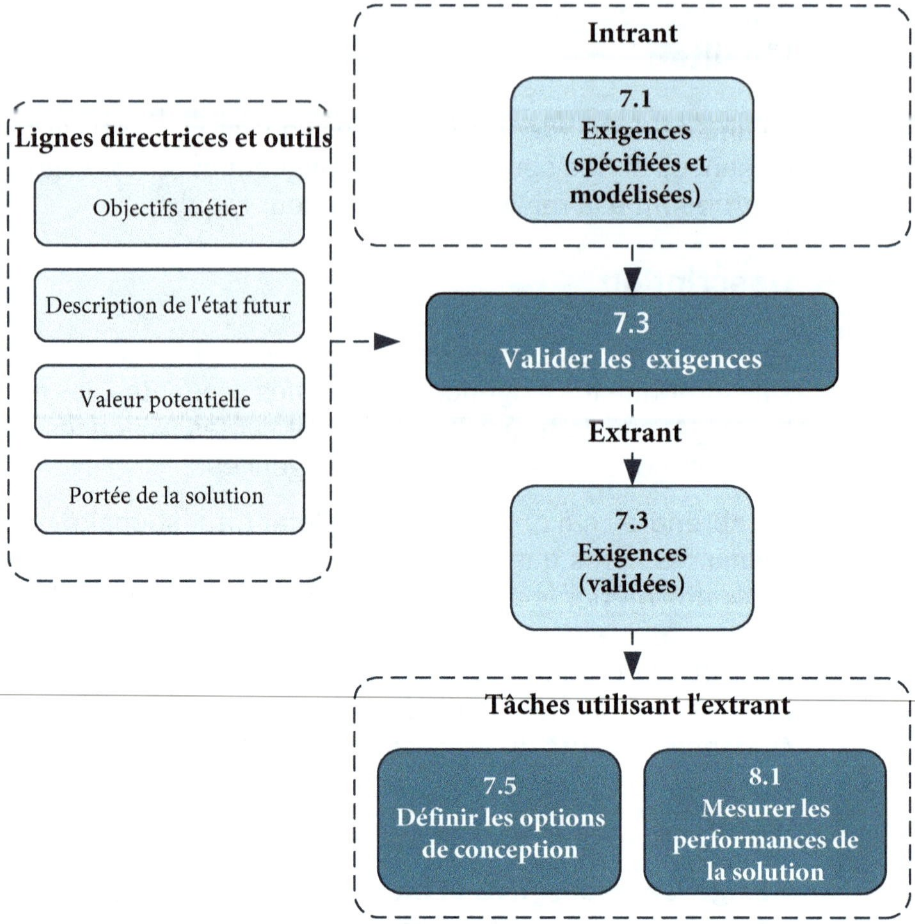

7.3.4 Éléments

.1 Identifier les hypothèses

Lorsqu'une organisation lance un produit ou un service pour la première fois, il peut être nécessaire de formuler des hypothèses concernant la réaction du client ou de la partie prenante dans la mesure où il n'existe aucune expérience antérieure similaire sur laquelle s'appuyer. Dans d'autres cas, il peut être difficile ou impossible de prouver qu'un problème particulier découle d'une cause fondamentale identifiée. Les parties prenantes peuvent avoir supposé que certains bénéfices résulteront de la mise en œuvre d'une exigence. Ces hypothèses sont identifiées et définies afin de gérer les risques associés.

.2 Définir des critères d'évaluation mesurables

Bien que les bénéfices attendus soient définis comme faisant partie de l'état futur, les critères de mesure spécifiques et le processus d'évaluation peuvent ne pas avoir été inclus. Les analystes métier définissent les critères d'évaluation qui seront utilisés pour évaluer le succès du changement après la mise en œuvre de la solution. Les métriques de ligne de base peuvent être établies en fonction de l'état actuel. Les mesures cibles peuvent être élaborées pour refléter l'atteinte des objectifs de l'entreprise ou tout autre mesure de réussite.

.3 Évaluer l'alignement avec la portée de la solution

Une exigence peut être bénéfique pour une partie prenante et ne pas être souhaitable pour la solution. Une exigence qui n'apporte pas d'avantages aux parties prenantes est un candidat sérieux à une élimination. Lorsque les exigences ne sont pas alignées, soit l'état futur doit être réévalué et le périmètre de la solution doit être modifié, soit l'exigence est retirée du périmètre de la solution.

Si une spécification de conception ne peut être validée pour répondre à une exigence, il peut y avoir une exigence manquante ou mal comprise, ou la spécification de conception doit être modifiée.

7.3.5 Lignes directrices et outils

- ***Objectifs métier***: veiller à ce que les exigences procurent les bénéfices métiers souhaités.
- ***Description de l'état futur***: permet de s'assurer que les exigences qui font partie de la portée de la solution aident à atteindre l'état futur souhaité.
- ***Valeur potentielle***: peut être utilisé comme point de référence par rapport auquel la valeur fournie par les exigences peut être évaluée.
- ***Portée de la solution***: s'assure que les exigences qui procurent des avantages entrent dans le champ d'application de la solution souhaitée.

7.3.6 Techniques

- ***Critères d'acceptation et d'évaluation***: à utiliser pour définir les paramètres de qualité qui doivent être respectés pour obtenir l'acceptation par une partie prenante.
- ***Analyse de documents***: à utiliser pour identifier les besoins métier déjà documentés afin de valider les exigences.
- ***Analyse financière***: à utiliser pour définir les avantages financiers associés aux exigences.
- ***Gestion des points de suivi***: à utiliser pour s'assurer que tous les problèmes identifiés lors de la validation sont gérés et résolus.
- ***Mesures et Indicateurs clés de performance (KPIs)***: à utiliser pour sélectionner les mesures de performance appropriées pour une solution, un composant de solution ou une exigence.
- ***Revues***: à utiliser pour confirmer si la partie prenante est d'accord ou non que ses besoins sont satisfaits.

- ***Analyse et gestion des risques***: à utiliser pour identifier les scénarios possibles qui modifieraient les avantages fournis par une exigence.

7.3.7 Parties prenantes

- ***Toutes les parties prenantes***: l'analyste métier, en collaboration avec le client, les utilisateurs finaux et les sponsors, a la responsabilité principale de déterminer si les exigences sont validées ou non. D'autres parties prenantes peuvent découvrir des exigences problématiques lors de la communication sur les exigences. Par conséquent, pratiquement toutes les parties prenantes du projet sont impliquées dans cette tâche.

7.3.8 Extrants

- ***Exigences (validées)***: les exigences et les spécifications validées sont celles dont il peut être démontré qu'elles apportent des avantages aux parties prenantes et s'alignent sur les buts et objectifs métier du changement. Si une exigence ou une conception ne peut pas être validée, elle ne profite pas à l'organisation, n'entre pas dans le champ d'application de la solution ou les deux.

7.4 Définir l'architecture des exigences

7.4.1 Finalité

La finalité de Définir l'architecture des exigences est de s'assurer que les exigences se soutiennent collectivement pour atteindre pleinement les objectifs.

7.4.2 Description

L'architecture des exigences est la structure de toutes les exigences d'un changement. Une architecture des exigences s'adapte aux modèles et aux spécifications individuels pour s'assurer que toutes les exigences forment un tout unique qui soutient les objectifs métier globaux et produit un résultat utile pour les parties prenantes.

Les analystes métier utilisent une architecture d'exigences pour :

- comprendre quels modèles sont appropriés pour le domaine, le périmètre de la solution et le public,
- organiser les exigences en structures pertinentes pour les différentes parties prenantes,
- illustrer comment les exigences et les modèles interagissent les uns avec les autres et s'y rapportent, et montrer comment les parties s'assemblent pour former un tout cohérent,

- veiller à ce que les exigences fonctionnent ensemble pour atteindre les objectifs globaux, et
- effectuer des compromis sur les exigences tout en tenant compte des objectifs globaux.

L'architecture des exigences n'est pas destinée à démontrer la traçabilité, mais plutôt à montrer comment les éléments fonctionnent en harmonie les uns avec les autres pour soutenir les exigences métier et de les structurer de différentes manières pour aligner les points de vue des différentes parties prenantes. La traçabilité est souvent utilisée comme mécanisme pour représenter et gérer ces relations (voir Traçabilité des exigences (p. 99)). La traçabilité prouve que chaque exigence est liée à un objectif et montre comment un objectif a été atteint. La traçabilité ne prouve pas que la solution est un ensemble cohérent qui va fonctionner.

7.4.3 Intrants

- ***Approche de la gestion de l'information***: définit comment les informations d'analyse de l'entreprise (y compris les exigences et les modèles) seront stockées et accessibles.
- ***Exigences (tout état)***: chaque exigence doit être énoncée une fois, et seulement une seule fois, et être incorporée dans l'architecture des exigences de façon à ce que la totalité de l'ensemble puisse être évalué de sa complétude.
- ***Portée de la solution***: doit être pris en compte pour s'assurer que l'architecture des exigences est alignée avec les limites de la solution souhaitée.

Figure 7.4.1: Diagramme d'entrée/sortie de Définir l'architecture des exigences

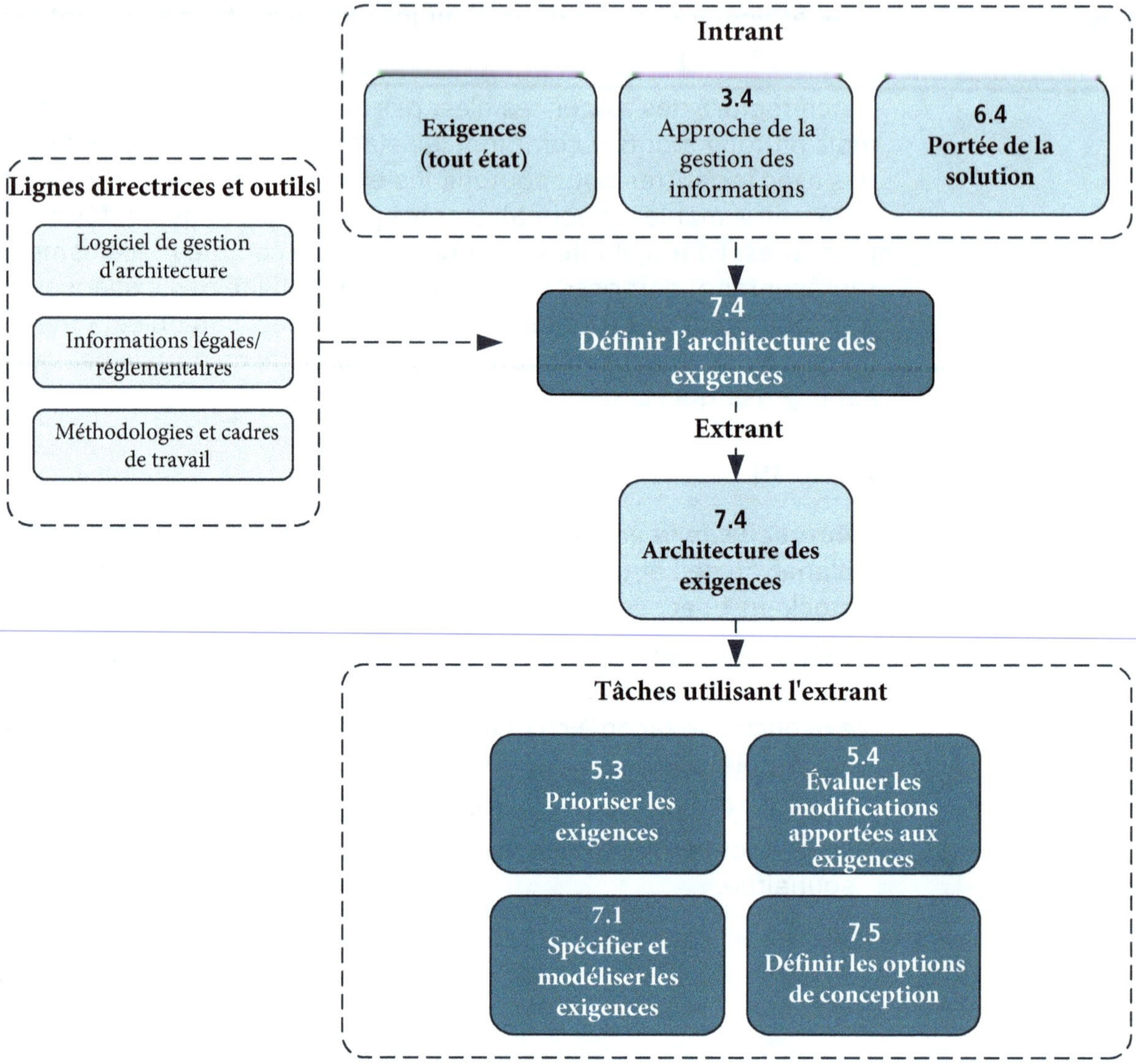

7.4.4 Éléments

.1 Vues et points de vue relatifs aux exigences

Un point de vue est un ensemble de conventions qui définissent comment les exigences seront représentées, comment ces représentations seront organisées et comment elles seront liées. Les points de vue fournissent des modèles pour répondre aux préoccupations de certains groupes de parties prenantes.

Les points de vue des exigences incluent fréquemment des normes et des lignes directrices pour :

- les types de modèles utilisés pour les exigences,

- les attributs qui sont inclus et systématiquement utilisés dans différents modèles,
- les notations de modèles utilisés et
- les approches analytiques utilisées pour identifier et maintenir des relations pertinentes entre les modèles.

Seul, aucun point de vue ne peut former une architecture entière. Chaque point de vue est plus adapté pour certains aspects des exigences et moins pour d'autres, étant donné que différents groupes ou parties prenantes ont des préoccupations différentes. Essayer de mettre trop d'informations dans un point de vue le rendra trop complexe et dégradera son objectif. Voici des exemples de points de vue :

- Modèles de processus métier,
- Modèles de données et informations,
- Interactions des utilisateurs, y compris les cas d'utilisation et/ou l'expérience utilisateur,
- Audit et sécurité, et
- Modèles d'affaires.

Chacun de ces points de vue a des notations et des techniques de modèles différents, et chacun d'entre eux est important pour assurer une solution finale cohérente. La solution ne serait probablement pas une réussite si l'analyste ne se penchait que sur le point de vue des processus opérationnels. De même, l'intégration de conventions issues de nombreux points de vue dans un point de vue unique, risquerait de le rendre trop compliqué à analyser, et porteur d'informations peu pertinentes pour certains groupes spécifiques de parties prenantes.

Les exigences et les spécifications de conception réelles d'une solution particulière, choisi pour un point de vue donné sont appelées une vue. Une collection de vues forme l'architecture des exigences d'une solution donnée. Les analystes métier alignent, coordonnent et structurent les exigences afin de proposer des points de vue pertinents aux différentes parties prenantes. Cet ensemble de points de vue coordonnés et complémentaires fournit une base pour évaluer l'exhaustivité et la cohérence des exigences.

Pour résumer, les points de vue indiquent aux analystes métier les informations qu'ils doivent fournir à chaque groupe de parties prenantes pour répondre à leurs préoccupations, tandis que les vues décrivent les exigences et les conceptions réelles qui sont produites.

.2 Modèles d'architectures

Un cadre architectural (architectural framework) est une collection de points de vue standardisée pour une industrie, un secteur ou une organisation Les analystes métier peuvent considérer ces cadres comme des modèles prédéfinis à partir desquels ils peuvent définir leur propre architecture . De la même manière, le cadre peut être renseigné avec des informations spécifiques du domaine pour former une collection de vues encore plus utile, si ces informations sont pertinentes, car les informations y sont déjà renseignées.

.3 Exhaustivité

Une architecture permet de s'assurer qu'un ensemble d'exigences est complet. L'ensemble des exigences doit pouvoir être compris par le public de manière à ce qu'il puisse être déterminé que l'ensemble est cohérent et raconte une histoire complète. Aucune exigence ne doit être absente de l'ensemble, incompatible avec les autres ou contradictoire les unes avec les autres. L'architecture des exigences doit tenir compte de toute dépendance entre exigences qui pourrait empêcher la réalisation des objectifs.

Structurer les exigences en fonction des différents points de vue permet de s'assurer de sacomplétude. Des itérations d'élicitation, de la spécification et des activités d'analyse peuvent aider à identifier les lacunes.

.4 Association et vérification des relations des exigences

Les exigences peuvent être liées les unes aux autres de plusieurs façons lors de la définition de l'architecture des exigences. Les analystes métier examinent et analysent les exigences pour définir les relations entre elles. La représentation de ces relations est fournie par le suivi des exigences (voir Traçabilité des exigences (p. 99)).

Les analystes métier examinent chaque relation pour s'assurer que les relations répondent aux critères de qualité suivants :

- ***Défini***: il existe une relation et le type de relation est décrit.
- ***Nécessaire***: la relation est nécessaire pour comprendre les exigences de manière holistique.
- ***Correcte***: les éléments présentent bien la relation décrite.
- ***Non-ambiguë***: il n'y a pas de relations qui relient les éléments de deux manières différentes et contradictoires.
- ***Cohérence***: les relations sont décrites de la même manière, en utilisant le même ensemble de descriptions standard que celles définies dans les points de vue.

.5 Architecture des informations de l'analyse métier

La structure des informations de l'analyse métier constitue également une architecture d'informations. Ce type d'architecture est défini dans le cadre de la tâche Planifier la gestion de l'information de l'analyse métier (p. 54). L'architecture des informations est un composant de l'architecture des exigences, car elle décrit la façon dont toutes les informations d'analyse métier dans le cadre d'un changement sont liées. Il définit les relations entre les types d'information tels que les exigences, les conceptions, les types de modèles et les résultats d'élicitation. Comprendre ce type de structure d'information permet de s'assurer que l'ensemble des exigences est complet en vérifiant que les relations sont complètes. Il est utile de commencer à définir cette architecture avant de mettre en place des infrastructures telles que des outils de gestion du cycle de vie des exigences, des logiciels de gestion d'architecture ou des référentiels de documents.

7.4.5 Lignes directrices et outils

- ***Logiciel de gestion d'architecture***: un logiciel de modélisation peut aider à gérer le volume, la complexité et les versions des relations de l'architecture des exigences.
- ***Informations légales/réglementaires***: décrit des règles ou des règlements législatifs qui doivent être respectés. Ils peuvent avoir une incidence sur l'architecture des exigences ou sur ses extrants. En outre, des contraintes contractuelles ou fondées sur des normes peuvent également devoir être prises en compte.
- ***Méthodologies et cadres de travail***: un ensemble prédéterminé de modèles, et de relations entre les modèles, à utiliser pour représenter différents points de vue.

7.4.6 Techniques

- ***Modélisation des données***: à utiliser pour décrire la structure des exigences en en lien avec les données.
- ***Décomposition fonctionnelle***: à utiliser pour décomposer une unité organisationnelle, le périmètre d'un produit ou d'autres éléments en ses composants.
- ***Entretiens***: à utiliser pour définir la structure des exigences de manière collaborative.
- ***Modélisation de l'organisation***: à utiliser pour comprendre les diverses unités organisationnelles, les parties prenantes et leurs relations afin de définir des points de vue pertinents.
- ***Modélisation du périmètre***: à utiliser pour identifier les éléments et les limites de l'architecture des exigences.
- ***Ateliers de travail***: à utiliser pour définir la structure des exigences de manière collaborative.

7.4.7 Parties prenantes

- ***Expert du domaine, expert d'implémentation, chef de projet, sponsor, testeur***: peuvent aider à définir et à confirmer l'architecture des exigences.
- ***Toutes les parties prenantes***: peuvent également utiliser l'architecture des exigences pour évaluer la complétude des exigences.

7.4.8 Extrants

- ***Architecture des exigences***: les exigences et les relations entre elles, ainsi que toutes les informations contextuelles enregistrées.

7.5 Définir les options de conception

7.5.1 Finalité

La finalité de Définir les options de conception est de définir l'approche de la solution, d'identifier les opportunités d'amélioration de l'entreprise, d'allouer les exigences entre les composants de la solution et de représenter les options de conception qui atteignent l'état futur souhaité.

7.5.2 Description

Lors de la conception d'une solution, il peut y avoir une ou plusieurs options de conception identifiées. Chaque option de conception représente un moyen de satisfaire un ensemble d'exigences. Les options de conception se situent à un niveau inférieur à celui de la stratégie de changement et sont tactiques plutôt que stratégiques. Au fur et à mesure que la solution est développée, des compromis tactiques peuvent être nécessaires entre des solutions de conception. Les analystes métier doivent évaluer l'effet de ces compromis sur l'apport de valeur aux parties prenantes. Au fur et à mesure que les initiatives progressent et que les exigences évoluent, les options de conception évoluent également.

7.5.3 Intrants

- ***Stratégie de changement***: décrit l'approche qui sera suivie pour la transition vers l'état futur. Cela peut avoir un certain impact sur les décisions de conception à savoir ce qui est faisable ou possible.
- ***Exigences (validées, priorisées)***: seules les exigences validées sont prises en compte dans les options de conception. Connaître les priorités des exigences facilite la suggestion d'options de conception raisonnables. Les exigences avec les priorités les plus élevées peuvent mériter plus de poids lors du choix des composants de solution par rapport aux exigences de priorité inférieure afin de mieux les servir.

- ***Architecture des exigences***: l'ensemble des exigences et leurs relations sont importantes pour définir les options de conception qui peuvent répondre à l'ensemble complet des exigences.

Figure 7.5.1: Diagramme d'entrée/sortie de Définir les options de conception

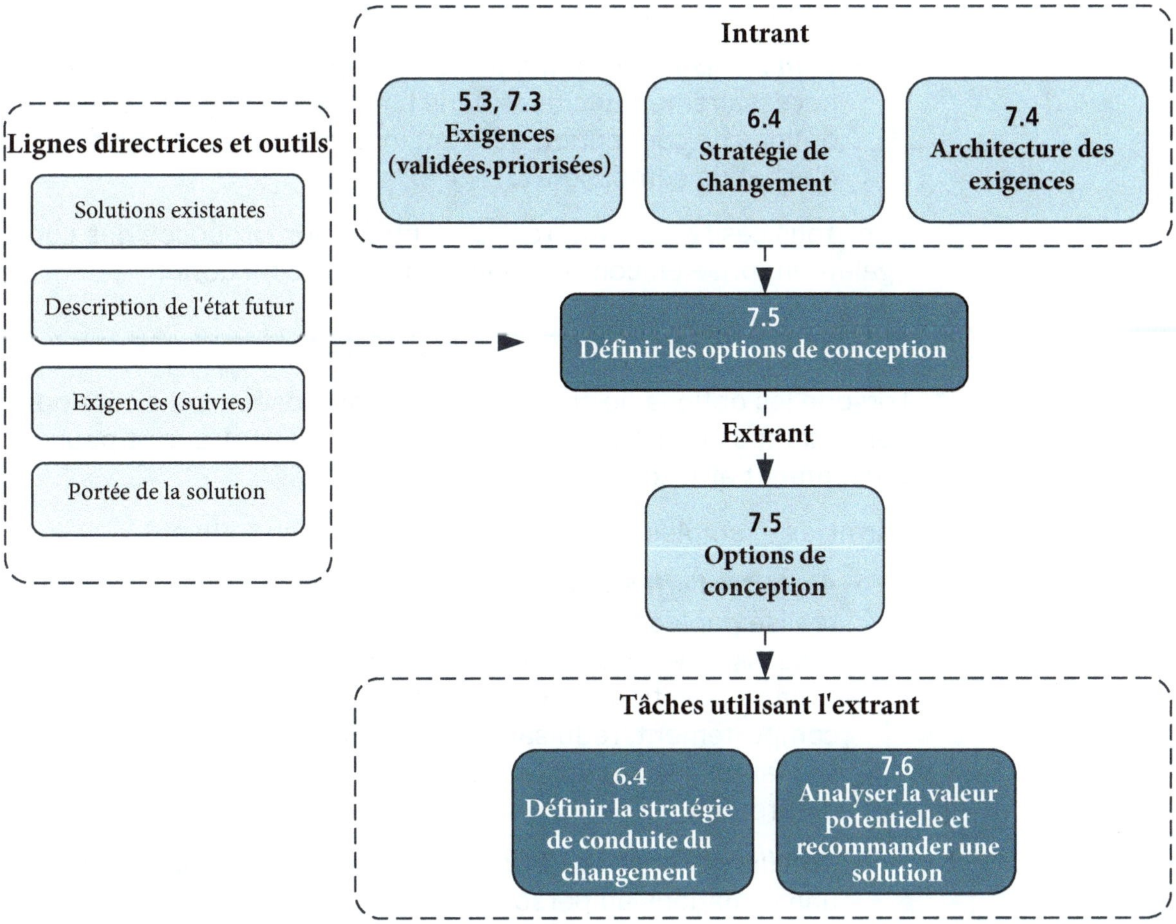

7.5.4 Éléments

.1 Définir des approches de solution

L'approche relative à la solution décrit si les composants de la solution seront créés ou achetés, ou les deux à la fois. Les analystes métier évaluent les avantages de ces approches de solution pour chaque option de conception.

Les approches relative à la solution incluent :

- ***Création***: les composants de la solution sont assemblés, élaborés ou développés par des experts pour répondre directement à un ensemble d'exigences. Les exigences et les options de conception sont suffisamment détaillées pour permettre de prendre une décision concernant la solution à élaborer. Cette option comprend la modification d'une solution existante.

- ***Achat***: les composants de la solution sont sélectionnés à partir d'un ensemble d'offres satisfaisant les exigences. Les exigences et les options de conception ont suffisamment détaillées pour permettre d'émettre une recommandation concernant la solution à acheter. Ces offres sont généralement composées de produits ou de services détenus et maintenus par des tiers.
- ***Combinaison des deux***: toutes les options de conception ne seront pas nécessairement incluses dans l'une des catégories ci-dessus. Les options de conception peuvent inclure une combinaison de création et d'achat de composants.

Dans tous ces types d'approches, l'intégration proposée des composants est également prise en compte dans l'option de conception.

.2 Identifier les opportunités d'amélioration

Lorsque les options de conception sont proposées, plusieurs opportunités permettant d'améliorer le fonctionnement de l'entreprise peuvent se présenter et être comparées.

Parmi les exemples d'opportunités courants se trouvent :

- ***Accroître l'efficacité***: il s'agit d'automatiser ou de simplifier le travail réalisé par les personnes en restructurant ou en partageant les processus, en modifiant les responsabilités ou en externalisant. L'automatisation peut également accroître la cohérence du comportement, réduisant ainsi la probabilité que différentes parties prenantes n'exercent la même fonction de manières nettement différentes.
- ***Améliorer l'accès à l'information***: fournir de plus grandes quantités d'informations au personnel qui interagit directement ou indirectement avec les clients, réduisant ainsi le besoin de spécialistes.
- ***Identifier les capacités supplémentaires***: mettre en évidence les capacités qui ont le potentiel de fournir une valeur future et qui peuvent être prises en charge par la solution. Ces capacités ne présentent pas nécessairement une valeur immédiate pour l'organisation (par exemple, une application logicielle disposant de fonctionnalités que l'organisation prévoit utiliser à l'avenir).

.3 Allouer les exigences

L'allocation des exigences est le processus d'attribution des exigences aux composants et aux versions de la solution afin d'atteindre au mieux les objectifs. L'allocation est supportée par l'évaluation des compromis entre les alternatives, afin d'optimiser les bénéfices et de minimiser les coûts. La valeur d'une solution peut varier selon la manière dont les exigences sont mises en œuvre, et quand la solution est mise à la disposition des parties prenantes. L'objectif de l'allocation est d'optimiser cette valeur.

Les exigences peuvent être réparties entre les unités organisationnelles, des fonctions professionnelles, des composants de la solution ou des versions d'une solution. L'affectation des exigences commence généralement lorsque l'approche relative à une solution a été déterminée, et se poursuit jusqu'à ce que l'ensemble des exigences validées soient affectées. L'allocation se poursuit généralement par la conception et la mise en œuvre d'une solution.

.4 Décrire les options de conception

Les options de conception sont étudiées et développées, en tenant compte de l'état futur souhaité, et de manière à s'assurer que l'option de conception est valide. Les mesures de performance de la solution sont définies pour chacune d'entre elles.

Une option de conception se compose généralement de nombreux composants de conception, chacun décrit par un élément de conception. Les éléments de conception peuvent décrire :

- des politiques d'entreprise et règles métier,
- des processus métier à réaliser et à gérer,
- des personnes qui gèrent et maintiennent la solution, y compris leurs fonctions professionnelles et leurs responsabilités,
- des décisions métier opérationnelles à prendre,
- des applications logicielles et composants d'application utilisés dans la solution, et
- des structures organisationnelles, notamment les interactions entre l'organisation, ses clients et ses fournisseurs.

7.5.5 Lignes directrices et outils

- ***Solutions existantes***: il s'agit de produits ou de services existants, provenant souvent des tiers, considérés comme un composant d'une option de conception.
- ***Description de l'état futur***: elle détermine l'état souhaité de l'entreprise dont feront partie les options de conception, et permet de s'assurer que ces options de conception sont viables.
- ***Exigences (suivies)***: elles définissent les options de conception qui répondent le mieux aux exigences connues.
- ***Portée de la solution***: elle définit les limites lors du choix des options de conception viables.

7.5.6 Techniques

- ***Analyse comparative et analyse de marché***: à utiliser pour déterminer et analyser les solutions existantes et les tendances du marché.
- ***Brainstorming***: à utiliser pour déterminer les opportunités d'amélioration et les options de conception.
- ***Analyse de documents***: à utiliser pour fournir les informations requises afin de décrire les options et les éléments de conception.
- ***Entretiens***: à utiliser pour déterminer les opportunités d'amélioration et les options de conception.
- ***Retours d'expérience***: à utiliser pour déterminer les opportunités d'amélioration.
- ***Mind Mapping***: à utiliser pour identifier et explorer les options de conception possibles.
- ***Analyse de la cause fondamentale***: à utiliser pour comprendre la cause sous-jacente des problèmes traités dans le changement afin de proposer des solutions pour les résoudre.
- ***Sondage ou questionnaire***: à utiliser pour déterminer les opportunités d'amélioration et les options de conception.
- ***Évaluation des fournisseurs***: à utiliser pour associer l'évaluation d'une solution tierce à l'évaluation des fournisseurs afin de s'assurer que la solution est viable et que toutes les parties pourront développer et conserver une relation de travail saine.
- ***Ateliers de travail***: à utiliser pour déterminer les opportunités d'amélioration et les options de conception.

7.5.7 Parties prenantes

- ***Expert du domaine***: offre son expertise au sein de l'entreprise et fournit des intrants et des commentaires lors de l'évaluation des alternatives, notamment concernant les bénéfices potentielles d'une solution.
- ***Expert d'implémentation***: utiliser leur expertise en ce qui concerne les options de conception envisagées pour fournir les commentaires nécessaires sur les contraintes d'une solution et ses coûts.
- ***Support opérationnel***: peut contribuer à évaluer les difficultés et les coûts liés à l'intégration des solutions proposées dans les processus et systèmes existants.
- ***Chef de projet***: planifie et gère le processus de définition de la solution, y compris le périmètre de la solution et les risques associés aux solutions proposées.
- ***Fournisseur***: fournit des informations sur la fonctionnalité associée à une option de conception particulière.

7.5.8 Extrants

- ***Options de conception***: décrivent les différentes manières de satisfaire un ou plusieurs besoins dans un contexte. Elles peuvent inclure l'approche relative à la solution, les opportunités d'amélioration potentielles apportées par l'option et les composants qui définissent l'option.

7.6 Analyser la valeur potentielle et recommander une solution

7.6.1 Finalité

La finalité d'Analyser la valeur potentielle et recommander une solution consiste à estimer la valeur potentielle de chaque option de conception et à établir celle qui est la plus adaptée en vue de satisfaire les exigences de l'entreprise.

7.6.2 Description

Analyser la valeur potentielle et recommander une solution décrit la manière d'estimer et de modéliser la valeur potentielle offerte par un ensemble d'exigences, de conceptions ou d'options de conception. La valeur potentielle est analysée plusieurs fois au cours d'un changement. Cette analyse peut être planifiée ou déclenchée par une modification apportée au contexte ou au périmètre du changement. L'analyse de la valeur potentielle tient compte de la présence d'incertitudes dans les estimations. La valeur peut être décrite en termes financier, de réputation ou même d'impact sur le marché. Tout changement peut comprendre un ensemble d'augmentations et de baisses de la valeur.

Les options de conception sont évaluées en comparant la valeur potentielle de chaque option par rapport aux autres. Chaque option présente plusieurs avantages et inconvénients dont il faut tenir compte. Selon les raisons du changement, il est possible qu'aucune option ne soit recommandée plus qu'une autre ou, au contraire, qu'une option se détache comme étant le meilleur choix. Dans certains cas, cela signifie que la meilleure option peut être de commencer à travailler par rapport à plus d'une option de conception, peut-être pour développer des preuves de concept, puis de mesurer les performances de chacune. Dans d'autres cas, toutes les conceptions proposées peuvent être rejetées et une analyse plus approfondie peut être nécessaire pour définir une conception appropriée. Il est également possible que la meilleure recommandation soit de ne rien faire.

7.6.3 Intrants

- ***Valeur potentielle***: peut servir de référence pour évaluer la valeur apportée par une conception.
- ***Options de conception***: doivent être évaluées et comparées entre elles afin de recommander une option pour la solution.

Figure 7.6.1: Diagramme d'entrée/sortie d'Analyser la valeur potentielle et recommander une solution

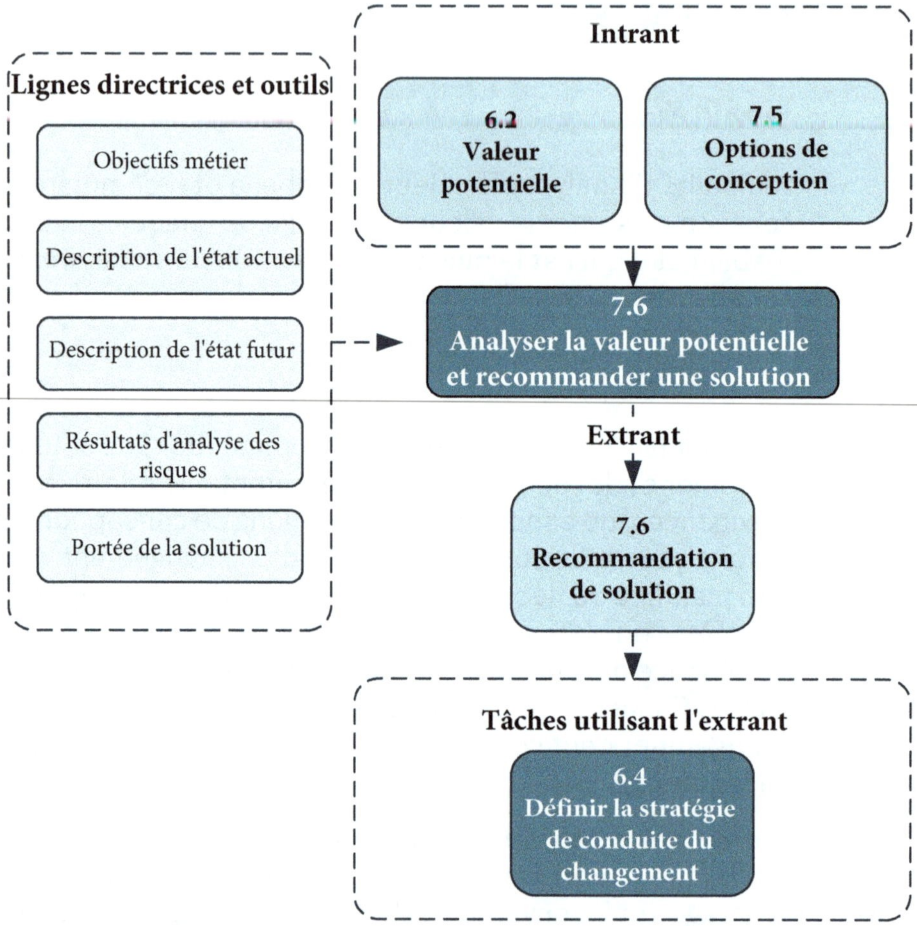

7.6.4 Éléments

.1 Bénéfices attendus

Les avantages attendus décrivent la valeur positive qu'une solution est censée offrir aux parties prenantes. La valeur peut inclure les bénéfices, la réduction des risques, la conformité aux politiques et règlements de l'entreprise, une meilleure expérience des utilisateurs, ou tout autre résultat positif. Les bénéfices sont déterminés en fonction de l'analyse des bénéfices que les parties prenantes souhaitent, et des bénéfices qu'ils peuvent obtenir. Les bénéfices attendus peuvent être calculés au niveau d'une exigence ou d'un ensemble d'exigences en examinant la part d'un objectif métier global à laquelle l'ensemble des exigences contribuent si elles sont satisfaites. Le bénéfice total attendu est le bénéfice net de toutes les exigences auxquelles une option de conception particulière satisfait. Les bénéfices sont souvent constatés sur une période donnée.

.2 Coûts prévus

Les coûts prévus comprennent toute valeur négative potentielle associée à une solution, y compris le coût d'acquisition de la solution, tout effet négatif qu'il pourrait avoir sur les parties prenantes et le coût de le maintenir au fil du temps.

Les coûts attendus peuvent inclure :

- chronologie,
- effort,
- coûts de fonctionnement
- coûts d'achat et/ou d'implémentation,
- frais de maintenance,
- ressources physiques,
- des ressources d'information, et
- ressources humaines.

Les coûts prévus pour une option de conception tiennent compte des coûts cumulatifs des composants de conception.

Les analystes métier tiennent également compte du coût d'opportunité lors de l'estimation du coût prévu d'un changement. Les coûts d'opportunité sont des résultats alternatifs qui auraient pu être atteints si les ressources, le temps et les fonds consacrés à une option de conception avaient été alloués à une autre option de conception. Le coût d'opportunité de toute option de conception est égal à la valeur de la meilleure alternative non sélectionnée.

.3 Déterminer la valeur

La valeur potentielle d'une solution pour une partie prenante est basée sur les bénéfices de cette solution et sur les coûts associés. La valeur peut être positive (si les bénéfices dépassent les coûts) ou négative (si les coûts dépassent les bénéfices).

Les analystes métier tiennent compte de la valeur potentielle du point de vue des parties prenantes. La valeur pour l'entreprise est presque toujours plus fortement pondérée que la valeur pour chaque groupe de parties prenantes. Il pourrait y avoir des augmentations de valeur pour un ensemble de parties prenantes, et des baisses de valeur pour un autre ensemble de parties prenantes, mais au final une augmentation positive de la valeur pour l'entreprise, ce qui justifie de poursuivre le changement.

La valeur potentielle est incertaine. Il y a toujours des événements ou des conditions qui pourraient augmenter ou diminuer la valeur réelle s'ils se réalisent. De nombreux changements sont proposés en termes de bénéfices intangibles ou incertains, alors que les coûts sont décrits comme tangibles, absolus, et pourraient augmenter. Lorsque les bénéfices sont décrits comme intangibles et que les coûts exprimés sont tangibles, il peut être difficile pour les décideurs de comparer leurs options. Les analystes métier définissent une estimation complète des effets visés et monétaires d'un changement proposé en tenant compte des coûts tangibles et intangibles, parallèlement aux bénéfices tangibles et intangibles. L'estimation des coûts et des bénéfices doit tenir compte du degré d'incertitude existant au moment où les estimations sont faites.

.4 Évaluer les options de conception et recommander une solution

Chaque option de conception est évaluée en fonction de la valeur potentielle qu'elle doit fournir. À tout moment au cours de l'analyse des options de conception, il peut s'avérer nécessaire de réévaluer la répartition initiale des éléments de conception entre les composants. Les raisons de la réévaluation comprennent une meilleure compréhension du coût de mise en œuvre de chaque composante et la détermination de quelles allocations ont le meilleur rapport coûts-bénéfices.

Étant donné que les coûts et les efforts sont compris pour chaque composant de la solution, les analystes métier évaluent chaque option de conception pour s'assurer qu'elle représente les compromis les plus efficaces. Il y a plusieurs facteurs à prendre en considération:

- ***Ressources disponibles***: il peut y avoir des limitations concernant la quantité d'exigences qui peuvent être implémentées en fonction des ressources allouées. Dans certains cas, il est possible de développer une étude d'opportunité (Business Case) pour justifier des investissements supplémentaires.
- ***Contraintes sur la Solution***: les exigences réglementaires ou les décisions métier peuvent exiger que certaines exigences soient traitées manuellement ou automatiquement, ou que certaines exigences soient priorisées avant toutes les autres.
- ***Dépendances entre les exigences***: certaines capacités peuvent en elles-mêmes fournir une valeur limitée à l'organisation, mais elles doivent être livrées afin de répondre à d'autres exigences de grande valeur.

D'autres considérations peuvent inclure les relations avec les fournisseurs proposés, les dépendances à d'autres initiatives, la culture d'entreprise et des flux de trésorerie suffisants pour l'investissement.

Les analystes d'affaires recommandent l'option ou les options considérées comme la solution la plus précieuse pour répondre au besoin. Il est possible qu'aucune des options de conception ne soit utile et que la meilleure recommandation soit de ne rien faire.

7.6.5 Lignes directrices et outils

- ***Objectifs métier***: à utiliser pour calculer le bénéfice attendu.
- ***Description de l'état actuel***: fournit le contexte dans lequel le travail doit être effectué. Il peut être utilisé pour identifier et aider à quantifier la valeur à fournir à partir d'une solution potentielle.
- ***Description de l'état futur***: décrit l'état futur souhaité dont la solution fera partie, afin de s'assurer que les options de conception sont appropriées.
- ***Résultats d'analyse des risques***: la valeur potentielle des options de conception comprend une évaluation du niveau de risque associé aux options ou initiatives de conception.
- ***Portée de la solution***: définit le périmètre de la solution qui est fournie afin qu'une évaluation pertinente puisse être effectuée dans les limites du périmètre.

7.6.6 Techniques

- ***Critères d'acceptation et d'évaluation***: à utiliser pour exprimer des exigences sous forme de critères d'acceptation afin de les rendre plus utiles pour évaluer les solutions proposées et déterminer si une solution répond aux besoins métier définis.
- ***Gestion du Backlog***: à utiliser pour séquencer la valeur potentielle.
- ***Brainstorming***: à utiliser pour identifier les bénéfices potentiels des exigences de manière collaborative.
- ***Étude d'opportunité (Business Case)***: à utiliser pour évaluer les recommandations par rapport aux objectifs et aux buts métier.
- ***Business Model Canvas***: à utiliser comme outil pour aider à comprendre la stratégie et les initiatives.
- ***Analyse des décisions***: à utiliser pour soutenir l'évaluation et le classement des options de conception.
- ***Estimation***: à utiliser pour prévoir les coûts et les efforts liés à la satisfaction des besoins en vue d'estimer leur valeur.
- ***Analyse financière***: à utiliser pour évaluer le rendement financier des différentes options et choisir le meilleur retour sur investissement possible.
- ***Groupes de discussion (Focus Groups)***: à utiliser pour recueillir les commentaires des parties prenantes sur les options de conception qui répondent le mieux aux exigences et pour évaluer les attentes de valeur d'un petit groupe ciblé de parties prenantes.
- ***Entretiens***: à utiliser pour recueillir les commentaires des parties prenantes sur les options de conception qui répondent le mieux aux exigences et pour évaluer les valeurs attendues par les différentes parties prenantes.

- ***Mesures et Indicateurs clés de performance (KPIs)***: à utiliser pour créer et évaluer les mesures utilisées dans la définition de la valeur.
- ***Analyse et gestion des risques***: à utiliser pour identifier et gérer les risques qui pourraient affecter la valeur potentielle des exigences.
- ***Sondage ou questionnaire***: à utiliser pour recueillir les commentaires des parties prenantes sur les options de conception qui répondent le mieux aux exigences et pour identifier les valeurs attendues par les parties prenantes.
- ***Analyse SWOT***: à utiliser pour identifier les domaines de force et de faiblesse qui auront un impact sur la valeur des solutions.
- ***Ateliers de travail***: à utiliser pour recueillir les commentaires des parties prenantes sur les options de conception qui répondent le mieux aux exigences et pour évaluer les attentes de valeur des parties prenantes.

7.6.7 Parties prenantes

- ***Client***: représente les segments du marché affectés par les exigences et les solutions, et sera impliqué dans l'analyse des bénéfices de ces exigences et des coûts des options de conception.
- ***Expert du domaine***: peut être appelé pour que leurs connaissances de domaine aident à analyser la valeur potentielle et les bénéfices, en particulier pour les exigences où elles sont plus difficiles à identifier.
- ***Utilisateur final***: fournit un aperçu de la valeur potentielle du changement.
- ***Expert d'implémentation***: peut être appelé pour son expertise dans la mise en œuvre des options de conception afin d'identifier les coûts et les risques potentiels.
- ***Chef de projet***: gère le processus de sélection de manière à ce que, lorsqu'il effectue le changement, il soit conscient des impacts potentiels sur ceux qui appuient le changement, y compris les risques associés au changement.
- ***Régulateur***: peuvent être impliqués dans l'évaluation des risques concernant des organismes de réglementation externes ou imposer des contraintes sur les bénéfices potentiels.
- ***Sponsor***: approuve la dépense des ressources pour acheter ou développer une solution et approuve la recommandation finale. Le sponsor voudra être tenu informé de tout changement de valeur potentielle ou de risque, ainsi que le coût d'opportunité qui en résulte, car il/elle peut préférer une autre ligne de conduite.

7.6.8 Extrants

- ***Recommandation de solution***: identifie la solution suggérée et la plus appropriée sur la base d'une évaluation de toutes les options de conception définies. La solution recommandée devrait maximiser la valeur fournie à l'entreprise.

8 Évaluation de la solution

Le domaine de connaissances de l'Évaluation de la Solution décrit les tâches que les analystes métier effectuent pour évaluer la performance et la valeur délivrée par une solution utilisée par l'entreprise, et pour recommander l'élimination d'obstacles ou de contraintes qui empêchent la pleine réalisation de la valeur.

Bien qu'il puisse y avoir des similitudes avec les activités réalisées dans l'Analyse de la stratégie (p. 125), ou l'Analyse des exigences et spécification de la conception (p. 165), une distinction importante entre le domaine de connaissances de l'Évaluation de la Solution et les autres domaines de connaissances, est l'existence d'une solution réelle. Il ne s'agit peut-être que d'une solution partielle, mais la solution ou le composant de la solution a déjà été implémentée et fonctionne sous une forme ou une autre. Les tâches d'évaluation de solution qui favorisent l'obtention de bénéfices, peuvent être réalisées avant le lancement d'une initiative, lors de l'évaluation de la valeur actuelle ou après la mise en œuvre d'une solution.

Les tâches de l'Évaluation de la solution peuvent être effectuées sur des composants de solution à différents stades de développement :

- ***Prototypes ou Preuves de Concept*** : versions fonctionnelles mais limitées d'une solution qui démontrent de la valeur.
- ***Versions Pilote ou Bêta*** : versions ou implémentations limitées d'une solution utilisées pour examiner les problèmes et comprendre à quel

point elle délivre réellement de la valeur avant de publier la solution complète.

- ***Versions opérationnelles*** : versions complètes d'une solution partielle ou terminée utilisées pour atteindre les objectifs métier, exécuter un processus ou atteindre un résultat souhaité.

L'Évaluation de la Solution décrit les tâches qui analysent la valeur réellement délivrée, identifie les limites empêchant la réalisation de la valeur et propose des recommandations pour augmenter la valeur de la solution. Elle peut inclure toute combinaison d'évaluations de performance, de tests et d'expériences, et peut combiner des évaluations à la fois objectives et subjectives de la valeur. L'Évaluation de la solution se concentre généralement sur une composante de l'entreprise plutôt que sur sa globalité.

L'image suivante illustre le spectre de la valeur au fur et à mesure que les activités d'analyse progressent, passant de la valeur potentielle à la valeur réelle.

Figure 8.0.1: Spectre de la valeur de l'analyse métier

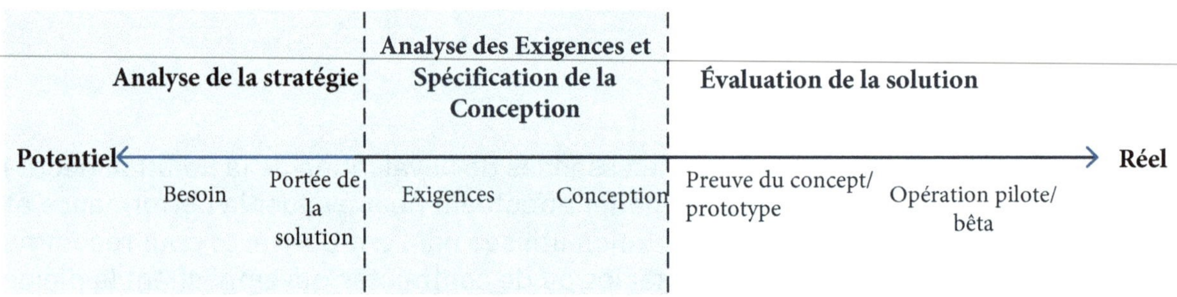

Le domaine de connaissances de l'Évaluation de la Solution comprend les tâches suivantes :

- ***Mesurer les performances de la solution*** : détermine la manière la plus appropriée d'évaluer la performance d'une solution, y compris la façon dont elle s'aligne sur les buts et les objectifs de l'entreprise et la manière d'effectuer l'évaluation.
- ***Analyser les mesures de performance*** : examine les informations concernant la performance d'une solution afin de comprendre la valeur qu'elle apporte à l'entreprise et aux parties prenantes, et détermine si elle répond aux besoins métier actuels.
- ***Évaluer les limites de la solution*** : étudie les problèmes dans le périmètre d'une solution qui peut l'empêcher de répondre aux besoins métier actuels.
- ***Évaluer les limites de l'entreprise*** : étudie les problèmes en dehors du périmètre d'une solution qui peuvent empêcher l'entreprise de réaliser toute la valeur qu'une solution est capable de fournir.

- ***Recommander des actions pour augmenter la valeur de la solution*** : identifie et définit les actions que l'entreprise peut prendre pour augmenter la valeur qui peut être délivrée par une solution.

Le modèle de concept de base de l'Évaluation de la Solution

Le *Business Analysis Core Concept Model™ (BACCM™)* décrit les relations entre les six concepts de base. Le tableau suivant décrit l'utilisation et l'application de chacun des concepts de base dans le contexte de l'Évaluation de la Solution.

Table 8.0.1: : Le modèle de concept de base de l'Évaluation de la Solution

Concept de base	Lors de l'évaluation de la solution, les analystes métier...
Changement : l'acte de transformation en réponse à un besoin.	recommandent un changement au niveau d'une solution ou de l'entreprise afin de réaliser la valeur potentielle d'une solution.
Besoin: un problème ou une opportunité à traiter.	évaluent comment une solution ou un composant de solution répond à ce besoin.
Solution : une façon spécifique de satisfaire un ou plusieurs besoins dans un contexte.	évaluent la performance de la solution, examinent si elle délivre la valeur potentielle, et analysent pourquoi la valeur ne peut pas être réalisée par la solution ou le composant de la solution.
Partie prenante : un groupe ou un individu en relation avec le changement, le besoin ou la solution.	élicitent l'information de la part des parties prenantes sur la performance de la solution et la valeur délivrée.

Table 8.0.1: : Le modèle de concept de base de l'Évaluation de la Solution

Concept de base	Lors de l'évaluation de la solution, les analystes métier...
Valeur : la valeur monétaire, l'importance ou l'utilité de quelque chose pour une partie prenante dans un contexte donné.	déterminent si la solution délivre la valeur potentielle et examinent pourquoi la valeur ne peut pas être réalisée.
Contexte : les circonstances qui influencent, sont influencées par, et permettent de comprendre le changement.	tiennent compte du contexte pour déterminer des mesures de performance de la solution et des limitations dans le contexte qui pourrait empêcher la réalisation de la valeur.

Figure 8.0.1: Diagramme d'entrée/sortie de l'Évaluation de la Solution

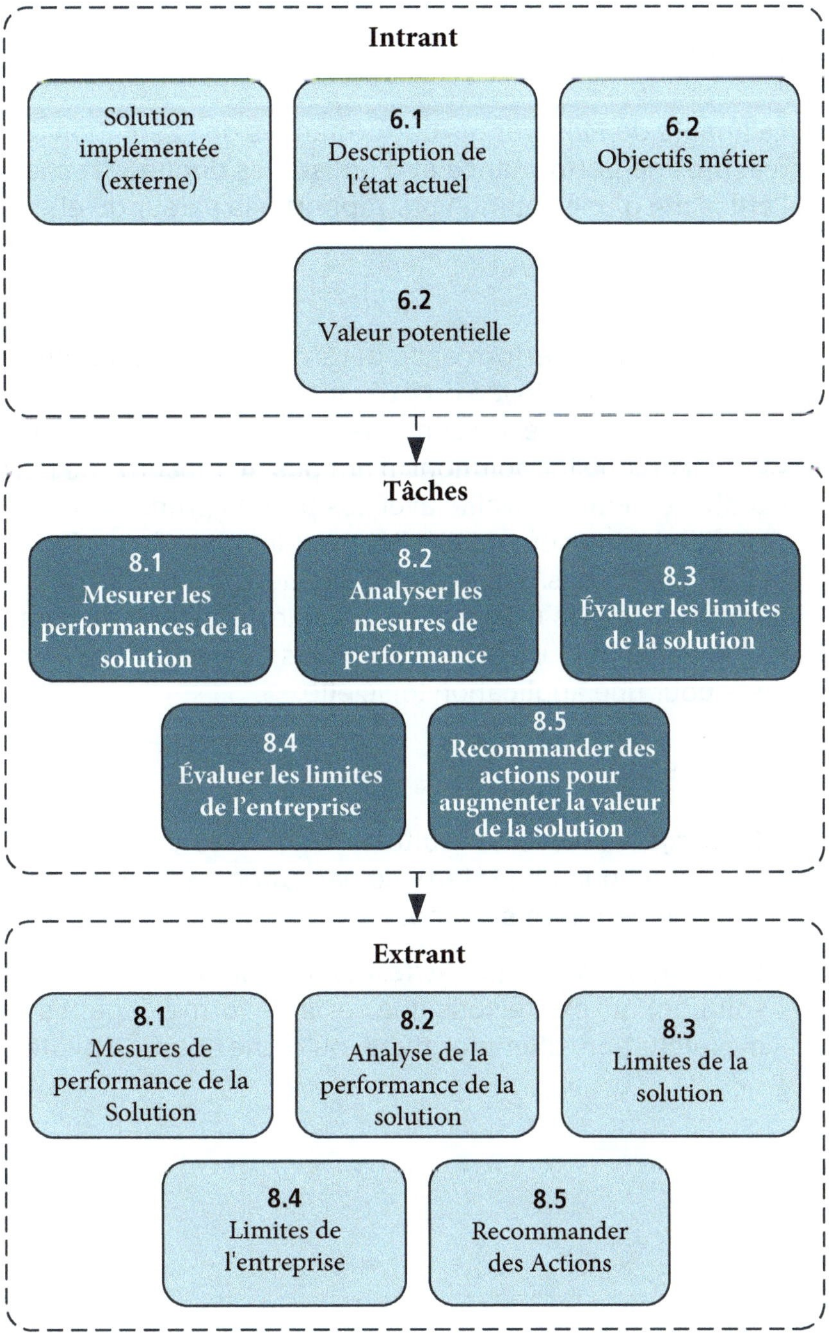

8.1 Mesurer les performances de la solution

8.1.1 Finalité

La finalité de Mesurer les performances de la solution est de définir des mesures de performance et d'utiliser les données recueillies pour évaluer l'efficacité d'une solution par rapport à la valeur qu'elle apporte.

8.1.2 Description

Les mesures de performance déterminent la valeur d'une solution nouvellement déployée ou existante. Les mesures utilisées dépendent de la solution elle-même, du contexte et de la façon dont l'organisation définit la valeur. Lorsque les solutions n'ont pas de mesures de performance intégrées, l'analyste métier travaille avec les parties prenantes pour déterminer et recueillir les mesures qui refléteront le mieux la performance d'une solution. Les performances peuvent être évaluées à l'aide d'indicateurs de performance clés (KPIs) alignés sur les mesures de l'entreprise, les buts et les objectifs pour un projet, les cibles de performances du processus, ou les tests pour une application logicielle.

8.1.3 Intrants

- ***Objectifs métier***: les résultats mesurables que l'entreprise veut obtenir. Fournit un point de référence par rapport auquel la performance de la solution peut être évaluée.
- ***Solution implémentée (externe)***: une solution (ou un composant d'une solution) qui existe sous une certaine forme. Il peut s'agir d'une solution d'exploitation, d'un prototype, ou d'une solution pilote ou bêta.

Figure 8.1.1: Diagramme d'entrée/sortie de Mesurer les performances de la solution

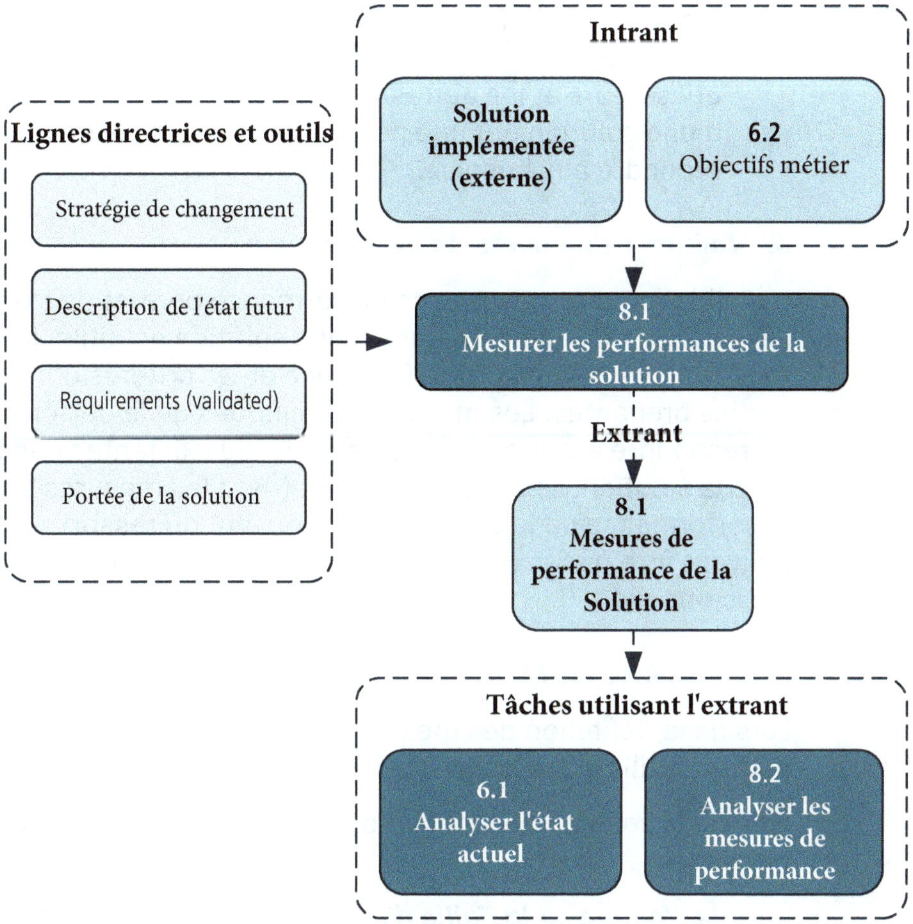

8.1.4 Éléments

.1 Définir les mesures de performances de la solution

Lors de la mesure de la performance de la solution, les analystes métier déterminent si des mesures actuelles existent ou si des méthodes de capture sont en place. Les analystes métier s'assurent que toutes les mesures de performance existantes sont exactes, pertinentes et élicitent toute mesure de performance supplémentaire identifiée par les parties prenantes.

Les buts, les objectifs et les processus métier sont des sources courantes de mesures. Les mesures de performance peuvent être influencées ou imposées par des tiers tels que les fournisseurs de solutions, les organisations gouvernementales ou d'autres organismes de réglementation. Le type et la nature des mesures sont pris en compte lors du choix de la méthode d'élicitation. Les mesures de performance de la solution peuvent être quantitatives, qualitatives ou les deux, selon la valeur mesurée.

- ***Mesures quantitatives*** : sont numériques, dénombrables ou finies, impliquant généralement des montants, des quantités, ou des taux.
- ***Mesures qualitatives***: sont subjectives et peuvent inclure des attitudes, des perceptions et toute autre réponse subjective. Les clients, les utilisateurs et les autres personnes impliquées dans le fonctionnement d'une solution ont une perception de la capacité de la solution à répondre aux besoins.

.2 Valider les mesures de performance

La validation des mesures de performance permet de s'assurer que l'évaluation de la performance d'une solution est utile. Les analystes métier valident les mesures de performance et les critères d'influence avec les parties prenantes. Les mesures spécifiques de la performance doivent correspondre aux mesures de haut niveau existantes dans le contexte en lien avec la solution. Les décisions concernant les mesures utilisées pour évaluer la performance de la solution sont souvent du ressort du sponsor, mais peuvent être prises par toute partie prenante ayant une autorité décisionnelle.

.3 Récupérer les Mesures de Performance

Lors de la définition des mesures de performance, les analystes métier peuvent utiliser des concepts d'échantillonnage statistique de base.

Lors de la collecte des mesures de performance, les analystes métier envisagent :

- ***Le Volume ou la Taille d'échantillon*** : un volume ou une taille d'échantillon approprié pour l'initiative est sélectionné. Une taille d'échantillon trop petite pourrait fausser les résultats et conduire à des conclusions inexactes. Il est possible que des échantillons plus larges soient souhaitables, mais ils peuvent ne pas être pratique à obtenir.
- ***La Fréquence et la Durée*** : la fréquence et la durée avec lesquels les mesures sont prises peuvent avoir un effet sur le résultat.
- ***La Crédibilité*** : les mesures prises plus récemment tendent à être plus représentatives que les données plus anciennes.

Grâce à des mesures qualitatives, les analystes métier peuvent faciliter les discussions pour estimer la valeur réalisée par une solution. Les parties prenantes ayant des connaissances sur l'opération et l'utilisation de la solution parviennent à un consensus basé sur des faits et des hypothèses raisonnables, comme elles le perçoivent.

8.1.5 Lignes directrices et Outils

- ***Stratégie de Changement***: la stratégie de changement qui a été utilisée ou qui est utilisée pour mettre en œuvre la valeur potentielle.
- ***Description de l'état futur***: les limites des nouveaux éléments proposés, supprimés ou modifiés de l'entreprise et la valeur potentielle attendue de l'état futur.
- ***Exigences (validées)***: un ensemble d'exigences qui ont été analysées et évaluées pour déterminer leur valeur.
- ***Portée de la solution***: les limites de la solution à mesurer et à évaluer.

8.1.6 Techniques

- ***Critères d'acceptation et d'évaluation***: à utiliser pour définir des performances de solution acceptables.
- ***Analyse comparative et analyse de marché***: à utiliser pour définir des mesures et leurs niveaux acceptables.
- ***Étude d'opportunité (Business Case)***: à utiliser pour définir des objectifs métier et des mesures de performance pour une solution proposée.
- ***Exploration de données (Data Mining)***: à utiliser pour recueillir et analyser de grandes quantités de données concernant les performances de la solution.
- ***Analyse des décisions***: à utiliser pour aider les parties prenantes à décider des moyens appropriés pour mesurer la performance de la solution et les niveaux acceptables de performance.
- ***Groupes de discussion (Focus Groups)***: à utiliser pour fournir des évaluations subjectives, des idées et des impressions sur la performance d'une solution.
- ***Mesures et Indicateurs clés de performance (KPIs)***: à utiliser pour mesurer la performance de la solution.
- ***Analyse des exigences non fonctionnelles***: à utiliser pour définir les caractéristiques attendues d'une solution.
- ***Observation***: à utiliser soit pour fournir des retours sur les perceptions de la performance de la solution soit pour concilier des résultats contradictoires.
- ***Prototypage***: à utiliser pour simuler une nouvelle solution afin que les mesures de performance puissent être déterminées et collectées.
- ***Sondage ou questionnaire***: à utiliser pour rassembler des opinions et des attitudes sur la performance des solutions. Les sondages et les questionnaires peuvent être efficaces lorsque des groupes importants ou disparates doivent être sondés.
- ***Scénarios et cas d'utilisation***: à utiliser pour définir les résultats attendus d'une solution.

- ***Évaluation des fournisseurs***: à utiliser pour évaluer les mesures de performance du fournisseur qui devraient être incluses dans l'évaluation de la performance de la solution.

8.1.7 Parties prenantes

- ***Client***: peut être consulté pour fournir des retours sur la performance de la solution.
- ***Expert du domaine***: une personne familière avec le domaine qui peut être consultée pour fournir des mesures potentielles.
- ***Utilisateur final***: contribue à la valeur réelle réalisée par la solution en termes de performance de la solution. Ils peuvent être consultés afin de fournir des revues et des retours sur des domaines tels que la charge de travail et la satisfaction du travail.
- ***Chef de projet***: responsable de la gestion du calendrier et des tâches pour effectuer la mesure de la solution. Pour les solutions déjà en fonctionnement, ce rôle peut ne pas être nécessaire.
- ***Sponsor***: responsable de l'approbation des mesures utilisées pour déterminer la performance de la solution. Peut également fournir des attentes en matière de performance.
- ***Régulateur***: un groupe externe ou interne qui peut dicter ou prescrire des contraintes et des lignes directrices qui doivent être incorporées dans les mesures de performance des solutions.

8.1.8 Extrants

- ***Mesures de performance de la Solution***: des mesures qui fournissent des informations sur la performance ou la capacité potentielle de la solution.

8.2 Analyser les mesures de performance

8.2.1 Finalité

La finalité d'Analyser les mesures de performance est de fournir un aperçu de la performance d'une solution par rapport à la valeur qu'elle apporte.

8.2.2 Description

Les mesures recueillies dans la tâche Mesurer les performances de la solution (p. 204) nécessitent souvent une interprétation et une synthèse pour en tirer un sens et être exploitables. Les mesures de performance elles-mêmes déclenchent rarement une décision sur la valeur d'une solution.

Afin d'analyser les mesures de performance de manière significative, les analystes métier ont besoin d'une compréhension approfondie de la valeur potentielle que les parties prenantes espèrent atteindre avec la solution. Pour aider à l'analyse, des variables telles que les buts et les objectifs métier, des indicateurs de performance clés (KPI), le niveau de risque de la solution, la tolérance au risque des parties prenantes et de l'entreprise, ainsi que d'autres objectifs énoncés sont pris en considération.

8.2.3 Intrants

- ***Valeur potentielle***: décrit la valeur qui peut être réalisée en implémentant l'état futur proposé. Elle peut servir de point de référence pour évaluer la performance de la solution.
- ***Mesures de performance de la Solution***: mesure et fournit des informations sur la performance actuelle ou potentielle de la solution.

Figure 8.2.1: Diagramme d'entrée/sortie d'Analyser les mesures de performance

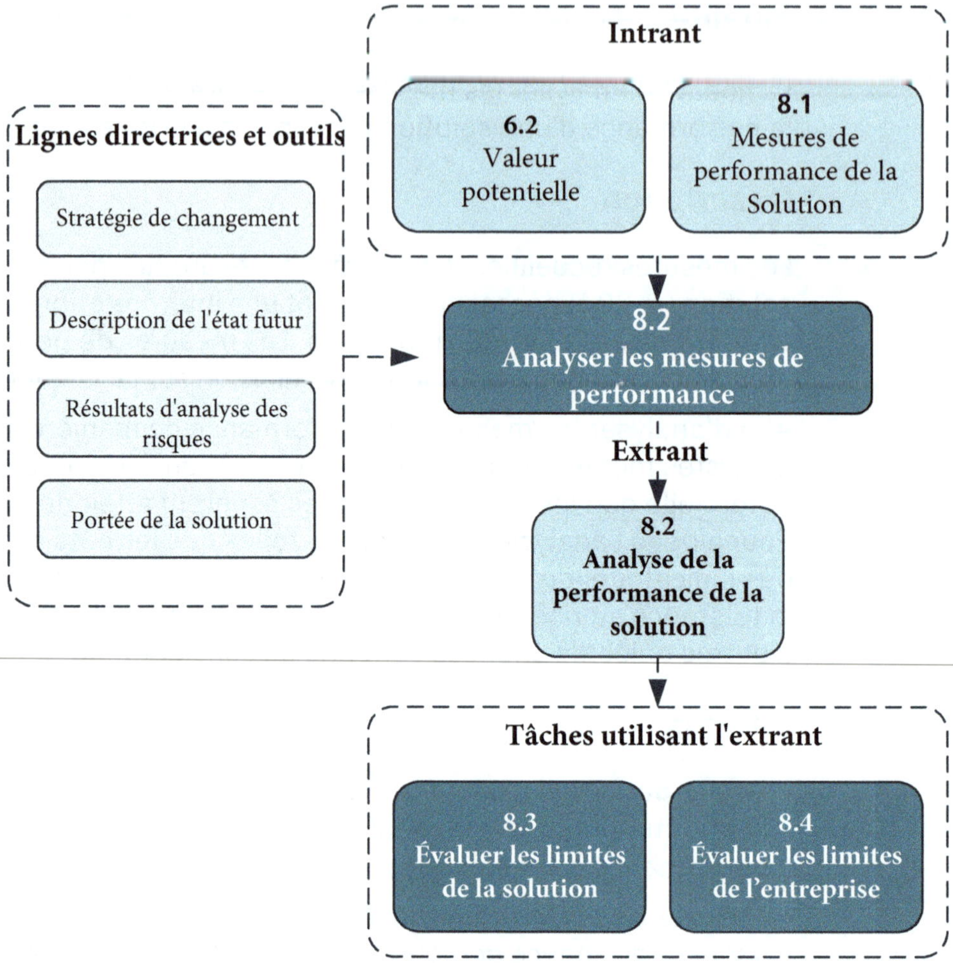

8.2.4 Éléments

.1 Performance de la solution par rapport à la valeur souhaitée

Les analystes métier analysent les mesures préalablement recueillies afin d'évaluer leur capacité à aider les parties prenantes à comprendre la valeur de la solution. Une solution peut être très performante, comme un système efficace de traitement des transactions en ligne, mais apporter une valeur inférieure à celle attendue (ou par rapport à ce qu'elle a apporté par le passé). D'un autre côté, une solution peu performante, mais pouvant potentiellement apporter de la valeur, comme un processus de base qui est inefficace, peut être améliorée pour augmenter son niveau de performance. Si les mesures ne sont pas suffisantes pour aider les parties prenantes à déterminer la valeur de la solution, les analystes métier recueillent plus de mesures ou traitent le manque de mesures comme un risque de la solution.

.2 Risques

Les mesures de performance peuvent révéler de nouveaux risques pour la performance de la solution et pour l'entreprise. Ces risques sont identifiés et gérés comme tout autre risque.

.3 Tendances

Lors de l'analyse des données sur les performances, les analystes métier tiennent compte de la période pendant laquelle les données ont été recueillies pour se prémunir contre les anomalies et les tendances asymétriques. Un échantillon de taille suffisante sur une période de temps conséquente fournira une représentation précise des performances de la solution sur laquelle il sera possible de prendre des décisions et de se prémunir contre les faux signaux provoqués par des données incomplètes. Toute tendance prononcée et répétée, telle qu'une augmentation notable des erreurs à certains moments ou un changement de la vitesse du processus lorsque le volume est augmenté, est notée.

.4 Précision

La précision des mesures de performance est essentielle à la validité de leur analyse. Les analystes métier testent et analysent les données recueillies par les mesures de performance afin de garantir leur exactitude. Pour être considérés comme précis et fiables, les résultats des mesures de performance devraient être reproductibles et répétables.

.5 Écarts de performance

La différence entre les performances attendues et les performances réelles représente un écart qui est pris en compte lors de l'analyse des performances de la solution. Une analyse de la cause fondamentale peut être nécessaire pour déterminer les causes sous-jacentes des écarts importants au sein d'une solution. Des recommandations sur la manière d'améliorer les performances et de réduire les écarts sont faites dans la tâche Recommander des actions pour augmenter la valeur de la solution (p. 224).

8.2.5 Lignes directrices et outils

- ***Stratégie de changement***: la stratégie de changement qui a été utilisée ou qui est utilisée pour mettre en œuvre la valeur potentielle.
- ***Description de l'état futur***: les limites des nouveaux composants proposés, modifiés ou retirés de l'entreprise et la valeur potentielle attendue de l'état futur.
- ***Résultats de l'analyse des risques***: le niveau global de risque et l'approche prévue pour modifier les risques individuels.
- ***Portée de la solution***: les limites de la solution à mesurer et à évaluer.

8.2.6 Techniques

- ***Critères d'acceptation et d'évaluation***: à utiliser pour définir la performance de la solution acceptable au moyen de critères d'acceptation. Le degré de divergence par rapport à ces critères guidera l'analyse de cette performance.
- ***Analyse comparative et analyse de marché***: à utiliser pour observer les résultats d'autres organisations qui utilisent des solutions similaires pour évaluer les risques, les tendances et les écarts.
- ***Exploration de données (Data Mining)***: à utiliser pour recueillir des données sur les performances, les tendances, les problèmes courants et les différences par rapport aux niveaux de performance attendus et pour comprendre les modèles et la signification dans ces données.
- ***Entretiens***: à utiliser pour déterminer la valeur attendue d'une solution et ses performances perçues du point de vue d'un individu ou d'un petit groupe.
- ***Mesures et Indicateurs clés de performance (KPIs)***: à utiliser pour analyser les performances des solutions, en particulier pour évaluer comment une solution contribue à la réalisation des buts.
- ***Observation***: à utiliser pour observer une solution en action si les données collectées ne donnent pas de conclusions définitives.
- ***Analyse et gestion des risques***: à utiliser pour identifier, analyser, élaborer des plans de modification des risques et de gestion des risques sur une base continue.
- ***Analyse de la cause fondamentale***: à utiliser pour déterminer la cause sous-jacente de l'écart de performance.
- ***Sondage ou questionnaire***: à utiliser pour déterminer la valeur attendue d'une solution et sa performance perçue.

8.2.7 Parties prenantes

- ***Expert du domaine***: peut identifier les risques et fournir des informations sur les données pour analyser les performances de la solution.
- ***Chef de projet***: au sein d'un projet, responsable de la gestion globale des risques et peut participer à l'analyse des risques pour des solutions nouvelles ou modifiées.
- ***Sponsor***: peut identifier les risques, fournir un aperçu des données et de la valeur potentielle d'une solution. Ils prendront des décisions sur la signification des performances attendues par rapport aux performances réelles de la solution.

8.2.8 Extrants

- ***Analyse de la performance de la solution***: les résultats de l'analyse des mesures recueillies et les recommandations visant à résoudre les écarts de performance et à tirer parti des opportunités pour améliorer la valeur.

8.3 Évaluer les limites de la solution

8.3.1 Finalité

La finalité de Évaluer les limites de la solution est de déterminer les facteurs internes à la solution qui restreignent la réalisation de la valeur.

8.3.2 Description

L'évaluation des limites de la solution identifie les causes fondamentales de la sous-performance et de l'inefficacité des solutions et des composants de solution.

La tâche Évaluer les limites de la solution est étroitement liée à la tâche Évaluer les limites de l'entreprise (p. 218). Ces tâches peuvent être effectuées simultanément. Si la solution n'a pas atteint sa valeur potentielle, les analystes métier déterminent quels facteurs, à la fois internes et externes, limitent la valeur. Cette tâche se concentre sur l'évaluation de ces facteurs internes à la solution.

Cette évaluation peut être effectuée à tout moment du cycle de vie de la solution. Elle peut se produire sur un composant de solution pendant son développement, sur une solution terminée avant l'implémentation complète, ou sur une solution existante qui fonctionne actuellement au sein d'une organisation. Quel que soit le timing, les activités d'évaluation sont similaires et impliquent les mêmes considérations.

8.3.3 Intrants

- ***Solution implémentée (externe)***: une solution existante. La solution peut ou non être utilisée de manière opérationnelle; il peut s'agir d'un prototype. La solution doit être utilisée sous une forme ou une autre pour être évaluée.
- ***Analyse de la performance de la solution***: les résultats de l'analyse des mesures recueillies et les recommandations visant à résoudre les écarts de performance et à tirer parti des opportunités pour améliorer la valeur.

Figure 8.3.1: Diagramme d'entrée/sortie de Évaluer les limites de la solution

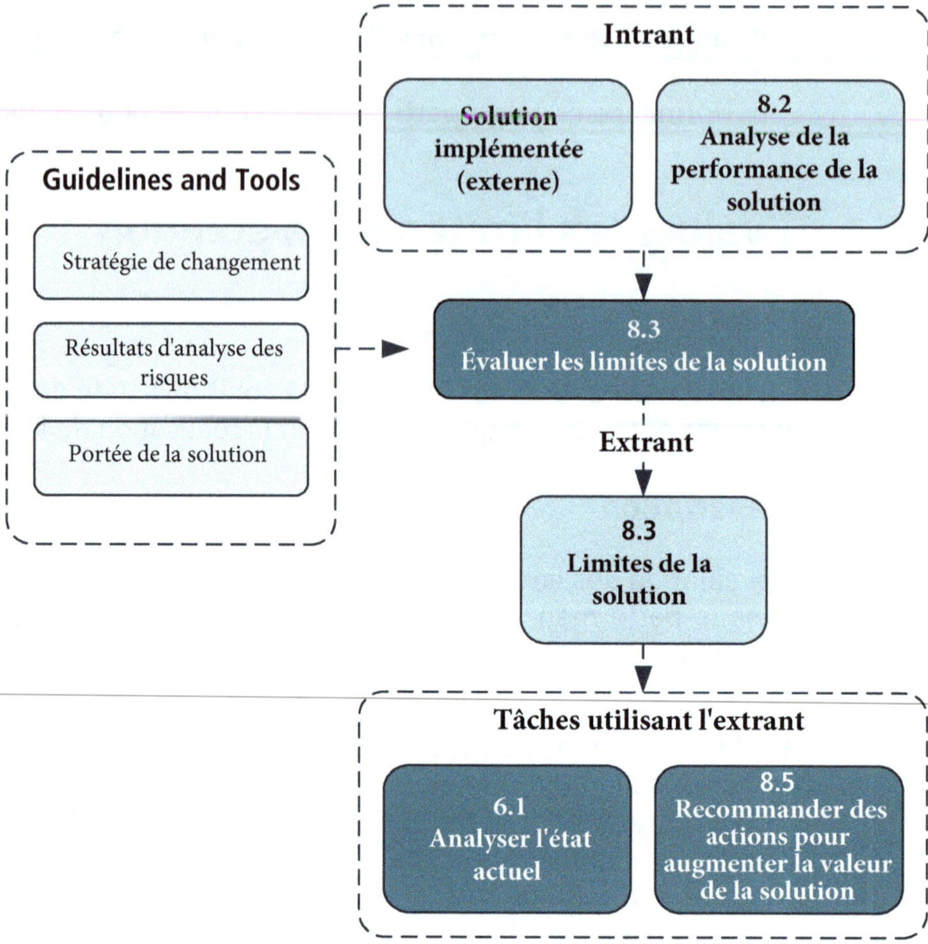

8.3.4 Éléments

.1 Identifier les dépendances internes aux composants de la solution

Les solutions ont souvent des dépendances internes qui limitent la performance de l'ensemble de la solution à la performance du composant le moins efficace. L'évaluation de la performance globale de la solution ou de ses composants est effectuée dans les tâches Mesurer les performances de la solution (p. 204) et Analyser les mesures de performance (p. 209). Les analystes métier identifient les composants de la solution qui ont des dépendances sur d'autres composants de la solution, puis déterminent s'il y a quelque chose à propos de ces dépendances ou d'autres composants qui limitent les performances de la solution et la réalisation de la valeur.

.2 Examiner les problèmes de solution

Lorsqu'il est avéré que la solution produit des extrants inefficaces de manière constante ou répétée, une analyse des problèmes est effectuée afin d'identifier la source du problème.

Les analystes métier identifient les problèmes dans une solution ou une composante de solution en examinant les cas où les extrants de la solution sont inférieurs à un niveau de qualité acceptable ou les cas où la valeur potentielle n'est pas réalisée. Les problèmes peuvent se traduire par une incapacité à atteindre un but, un objectif ou une exigence, ou peuvent être un échec à réaliser un avantage qui a été projeté pendant les tâches Définir la stratégie de changement (p. 156) ou Recommander des actions pour augmenter la valeur de la solution (p. 224).

.3 Évaluation d'impact

Les analystes métier examinent les problèmes identifiés afin d'évaluer les effets qu'ils peuvent avoir sur le fonctionnement de l'organisation ou la capacité de la solution à fournir sa valeur potentielle. Cela nécessite de déterminer la sévérité du problème, la probabilité de sa réapparition, l'impact sur les activités du métier et la capacité du métier à absorber l'impact. Les analystes métier identifient quels problèmes doivent être résolus, ceux qui peuvent être atténués par d'autres activités ou approches, et ceux qui peuvent être acceptés.

D'autres activités ou approches peuvent inclure des mesures supplémentaires de contrôle de la qualité, des processus métiers nouveaux ou adaptés, ou un support supplémentaire pour les exceptions au résultat souhaité.

En plus des problèmes identifiés, les analystes métier évaluent les risques liés à la solution et les limites potentielles de la solution. Cette évaluation des risques est spécifique à la solution et à ses limites.

8.3.5 Lignes directrices et outils

- ***Stratégie de Changement***: la stratégie de changement qui est utilisée ou qui a été utilisée pour mettre en œuvre la valeur potentielle.
- ***Résultats de l'analyse des risques***: le niveau global de risque et l'approche prévue pour modifier les risques individuels.
- ***Portée de la solution***: les limites de la solution à mesurer et à évaluer.

8.3.6 Techniques

- ***Critères d'acceptation et d'évaluation***: à utiliser à la fois pour indiquer le niveau auquel les critères d'acceptation sont remplis ou prévus pour être remplis par la solution et pour identifier tous les critères qui ne sont pas remplis par la solution.
- ***Analyse comparative et analyse de marché***: à utiliser pour évaluer si d'autres organisations sont confrontées aux mêmes défis de solution et, si possible, déterminer comment elles s'y attaquent.
- ***Analyse des règles métier***: à utiliser pour illustrer les règles métier actuelles et les changements nécessaires pour atteindre la valeur potentielle du changement.
- ***Exploration de données (Data Mining)***: à utiliser pour identifier les facteurs limitant la performance de la solution.
- ***Analyse des décisions***: à utiliser pour illustrer les décisions métier actuelles et les changements nécessaires pour atteindre la valeur potentielle du changement.
- ***Entretiens***: à utiliser pour aider à effectuer une analyse des problèmes.
- ***Gestion des points de suivi***: à utiliser pour consigner et gérer les questions des parties prenantes liées à la raison pour laquelle la solution n'atteint pas la valeur potentielle.
- ***Retours d'expérience***: à utiliser pour déterminer les leçons qui peuvent être tirées de la mise en œuvre, de la définition et de la construction de la solution qui ont pu potentiellement influencer sa capacité à fournir de la valeur.
- ***Analyse et gestion des risques***: à utiliser pour identifier, analyser et gérer les risques liés à la solution et à ses limites potentielles qui peuvent entraver la réalisation de la valeur potentielle.
- ***Analyse de la cause fondamentale***: à utiliser pour identifier et comprendre la combinaison de facteurs et leurs causes sous-jacentes qui ont empêché la solution de produire sa valeur potentielle.
- ***Sondage ou questionnaire***: à utiliser pour aider à effectuer une analyse des problèmes.

8.3.7 Parties prenantes

- ***Client***: est en dernier lieu affecté par une solution et a donc une perspective importante sur sa valeur. Un client peut être consulté pour fournir des avis et des commentaires.

- ***Expert du domaine***: fournit un intrant sur la façon dont la solution doit fonctionner et identifie les limitations potentielles à la réalisation de la valeur.
- ***Utilisateur final***: utilise la solution, ou est un composant de la solution, et donc contribue à la valeur réelle de la solution en termes de performance. Un utilisateur final peut être consulté pour fournir des revues et des retours sur des domaines tels que la charge de travail et la satisfaction du travail.
- ***Régulateur***: une personne dont l'organisation doit être consultée au sujet de la valeur prévue et potentielle d'une solution, car cette organisation peut limiter la solution, le degré auquel la valeur réelle est réalisée ou le moment où la valeur réelle est réalisée.
- ***Sponsor***: responsable de l'approbation de la valeur potentielle de la solution, de la fourniture de ressources à développer, de la mise en œuvre et du soutien à la solution, et de la direction des ressources de l'entreprise vers l'utilisation de la solution. Le sponsor est également responsable de l'approbation d'un changement de valeur potentielle.
- ***Testeur***: responsable de l'identification des problèmes de la solution lors de la construction et de la mise en œuvre; rarement utilisé pour évaluer une solution existante en dehors d'un changement.

8.3.8 Extrants

- ***Limites de la solution***: une description des limitations actuelles de la solution, y compris les contraintes et les défauts.

8.4 Évaluer les limites de l'entreprise

8.4.1 Finalité

La finalité d'Évaluer les limites de l'entreprise' est de déterminer les facteurs externes à la solution qui restreignent la réalisation de la valeur.

8.4.2 Description

Les solutions peuvent être opérées à travers diverses organisations au sein d'une entreprise, et ont donc de nombreuses interactions et interdépendances. Les solutions peuvent également dépendre de facteurs environnementaux externes à l'entreprise. Les limitations de l'entreprises peuvent comprendre des facteurs tels que la culture, les opérations, les composantes techniques, les intérêts des parties prenantes ou les structures hiérarchiques.

L'évaluation des limites de l'entreprise identifie les causes fondamentales et décrit comment les facteurs de l'entreprise limitent la réalisation de la valeur.

Cette évaluation peut être effectuée à n'importe quel moment durant le cycle de vie de la solution. Elle peut se produire sur un composant de solution pendant son développement ou sur une solution complète avant l'implémentation complète. Elle peut également se produire sur une solution existante qui fonctionne actuellement au sein d'une organisation. Peu importe le moment, les activités d'évaluation sont similaires et exigent les mêmes compétences.

8.4.3 Intrants

- ***Description de l'état actuel***: l'environnement interne actuel de la solution, y compris les facteurs environnementaux, culturels et internes influençant les limites de la solution.
- ***Solution implémentée (ou construite) (externe)***: une solution existante. La solution peut ou non être utilisée de manière opérationnelle; il peut s'agir d'un prototype. La solution doit être utilisée sous une forme ou une autre pour être évaluée.
- ***Analyse de la performance de la solution***: les résultats de l'analyse des mesures recueillies et les recommandations visant à résoudre les écarts de performance et à tirer parti des opportunités pour améliorer la valeur.

Figure 8.4.1: Diagramme d'entrée/sortie de Évaluer les limites de l'entreprise

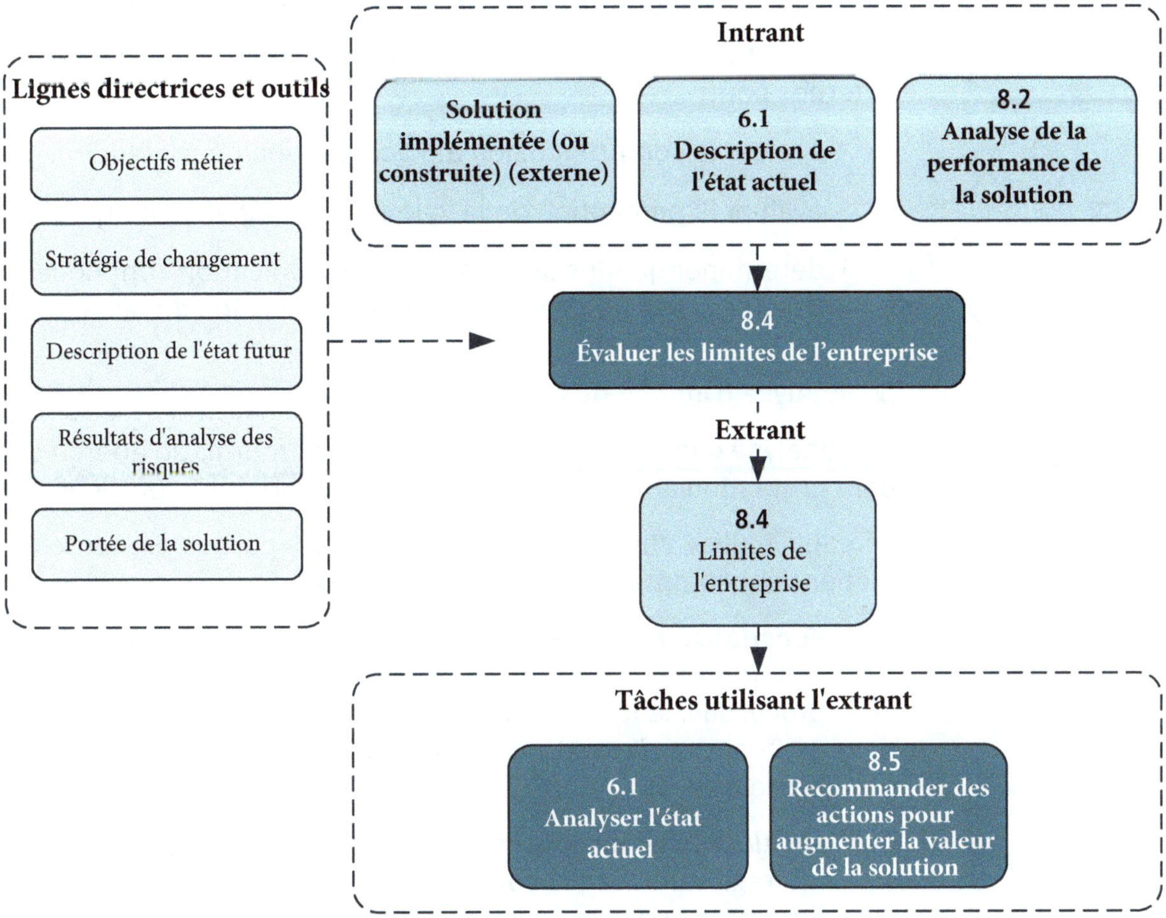

8.4.4 Éléments

.1 Évaluation de la culture d'entreprise

La culture d'entreprise est définie comme les croyances, les valeurs et les normes profondément ancrées et partagées par les membres d'une entreprise. Bien que ces croyances et ces valeurs ne soient pas directement visibles, elles déterminent les mesures prises par une entreprise.

Les analystes métier effectuent des évaluations culturelles pour:

- déterminer si les parties prenantes comprennent ou non les raisons pour lesquelles une solution existe,
- vérifier si les parties prenantes considèrent ou non la solution comme quelque chose de bénéfique et soutiennent le changement, et
- déterminer si et quels changements culturels sont nécessaires pour mieux saisir la valeur d'une solution.

L'évaluation de la culture d'entreprise évalue la mesure dans laquelle la culture peut accepter une solution. Si des ajustements culturels sont nécessaires pour soutenir la solution, cette évaluation sert à juger la capacité et la volonté de l'entreprise à s'adapter à ces changements culturels.

Les analystes métier évaluent également les parties prenantes internes et externes pour:

- évaluer la compréhension et l'acceptation de la solution,
- évaluer la perception de la valeur et du bénéfice de la solution, et
- déterminer quelles activités de communication sont nécessaires pour assurer la sensibilisation et la compréhension de la solution.

.2 Analyse d'impact des parties prenantes

Une analyse d'impact des parties prenantes fournit un aperçu de la façon dont la solution affecte un groupe de partie prenante particulier.

Lorsqu'il réalise une analyse d'impact sur les parties prenantes, l'analyste métier tient compte des éléments suivants :

- ***Fonctions***: les processus dans lesquels les parties prenantes utilisent la solution, cela inclue les intrants fournis par une partie prenante dans le processus, la façon dont elle utilise la solution pour exécuter le processus et les extrants que reçoit la partie prenante en lien avec le processus.
- ***Localisations***: les localisations géographiques des parties prenantes interagissant avec la solution. Si les parties prenantes se trouvent à différents endroits, cela peut avoir une incidence sur leur usage de la solution et sur la capacité de la solution à réaliser la valeur.
- ***Préoccupations***: les problèmes, les risques et les préoccupations globales des parties prenantes avec la solution. Il peut s'agir de l'utilisation de la solution, de la perception de la valeur de la solution et de l'impact de la solution sur la capacité d'une partie prenante à remplir les fonctions nécessaires.

.3 Changements dans la structure organisationnelle

Il arrive parfois que des analystes métier évaluent l'impact d'une solution sur la structure de l'organisation.

L'utilisation d'une solution et la capacité d'adopter un changement peuvent être activées ou bloquées par des relations formelles et informelles entre les parties prenantes. La structure des rapports peut être trop complexe ou trop simple pour permettre à une solution de fonctionner efficacement. Évaluer si la hiérarchie organisationnelle soutient la solution est une activité clé. Occasionnellement, les relations informelles au sein d'une organisation, qu'il s'agisse d'alliances, d'amitiés ou de rapports matriciels, affectent la capacité d'une solution à apporter une valeur potentielle. Les analystes métier tiennent compte de ces relations informelles en plus de la structure formelle.

.4 Évaluation opérationnelle

L'évaluation opérationnelle est effectuée pour déterminer si une entreprise est capable de s'adapter ou d'utiliser efficacement une solution. Ceci identifie quels processus et quels outils au sein de l'entreprise sont correctement équipés pour bénéficier de la solution, et si des actifs suffisants et appropriés sont en place pour la soutenir.

Lors d'une évaluation opérationnelle, l'analyste métier tient compte des :

- politiques et procédures,
- capacités et processus qui activent d'autres capacités,
- compétences et besoins de formation,
- pratiques en ressources humaines,
- tolérance au risque et approches de gestion, et
- outils et technologies qui supportent une solution.

8.4.5 Lignes directrices et outils

- ***Objectifs de l'entreprise***: sont pris en compte lorsque la performance d'une solution est mesurée et établie.
- ***Stratégie de changement***: la stratégie de changement qui a été utilisée ou qui est utilisée pour mettre en œuvre la valeur potentielle.
- ***Descriptions des états futurs***: les limites des composants nouveaux, supprimés ou modifiés de l'entreprise, ainsi que la valeur potentielle attendue de l'état futur.
- ***Résultats d'analyse des risques***: le niveau global de risque et l'approche prévue pour modifier les risques individuels.
- ***Portée de la solution***: les limites de la solution à mesurer et à évaluer.

8.4.6 Techniques

- ***Analyse comparative et analyse de marché***: à utiliser pour identifier les solutions existantes et les interactions de l'entreprise.
- ***Brainstorming***: à utiliser pour identifier les écarts organisationnelles ou les préoccupations de la partie prenante.
- ***Exploration de données (Data Mining)***: à utiliser pour identifier les facteurs limitant la performance de la solution.
- ***Analyse des décisions***: à utiliser pour aider à prendre une décision optimale dans des conditions d'incertitude et peut être utilisé durant l'évaluation pour prendre des décisions sur le écarts fonctionnels, techniques ou procédurales.

- ***Analyse de documents***: a pour but de comprendre la culture, les opérations et la structure de l'organisation.
- ***Entretiens***: à utiliser pour identifier les écarts organisationnels ou les préoccupations de la partie prenante.
- ***Gestion des points de suivi***: à utiliser pour s'assurer que les problèmes ne sont pas négligées ou perdues et que les problèmes identifiées durant l'évaluation sont résolues.
- ***Retours d'expérience***: à utiliser pour analyser les initiatives précédentes et les interactions entre l'entreprise et les solutions.
- ***Observation***: à utiliser pour connaître les interactions entre la solution et l'entreprise et déterminer les incidences.
- ***Modélisation de l'organisation***: à utiliser pour s'assurer de l'identification de tout changement nécessaire à la structure organisationnelle qui pourrait devoir être adressé.
- ***Analyse des processus***: à utiliser pour identifier les possibles opportunités d'amélioration de la performance.
- ***Modélisation des processus***: à utiliser pour illustrer les processus métier actuels et/ou les changements qui doivent être apportés afin d'atteindre la valeur potentielle de la solution.
- ***Analyse et gestion des risques***: à utiliser pour considérer le risque dans les domaines de la technologie (si les ressources technologiques sélectionnées fournissent les fonctionnalités requises), la finance (si les coûts pourraient dépasser les niveaux qui rendent le changement bénéfique), et le métier (si l'organisation sera en mesure d'apporter les changements nécessaires pour obtenir une valeur potentielle à partir de la solution).
- ***Matrice des rôles et des autorisations***: à utiliser pour déterminer les rôles et les autorisations associées aux parties prenantes, ainsi que la stabilité des utilisateurs finaux.
- ***Analyse de la cause fondamentale***: à utiliser pour déterminer si la cause sous-jacente peut être liée aux limites de l'entreprise.
- ***Sondage ou questionnaire***: à utiliser pour identifier les écarts organisationnels ou les préoccupations des parties prenantes.
- ***Analyse SWOT***: à utiliser pour démontrer comment un changement aidera l'organisation à maximiser ses forces et à minimiser ses faiblesses, et à évaluer les stratégies développées afin de répondre aux problèmes identifiés.
- ***Ateliers de travail***: à utiliser pour identifier les écarts organisationnels ou les préoccupations des parties prenantes.

8.4.7 Parties prenantes

- ***Client***: les personnes qui achètent ou consomment directement la solution qui peuvent interagir avec l'organisation dans l'utilisation de la solution.
- ***Expert du domaine***: fournit des informations sur la façon dont l'organisation interagit avec la solution et identifie les limites potentielles.
- ***Utilisateur final***: les personnes qui utilisent une solution ou qui en font partie. Les utilisateurs peuvent être des clients ou des personnes qui travaillent au sein de l'organisation.
- ***Régulateur***: une ou plusieurs entités gouvernementales ou professionnelles qui assurent le respect des lois, des règlements ou des règles ; peut avoir une contribution unique à l'évaluation organisationnelle, car les règlements pertinents doivent être inclus dans les exigences. Il peut y avoir des lois et des règlements qui doivent être respectés avant (ou en conséquence de) un changement planifié ou mis en œuvre.
- ***Sponsor***: autorise et assure le financement de la mise en place d'une solution et soutient la résolution des problèmes identifiés durant l'évaluation organisationnelle.

8.4.8 Extrants

- ***Limites de l'entreprise***: une description des limites actuelles de l'entreprise, y compris la façon dont la performance de la solution affecte l'entreprise.

8.5 Recommander des actions pour augmenter la valeur de la solution

8.5.1 Finalité

La finalité de Recommander des actions pour augmenter la valeur de la solution est de comprendre les facteurs qui créent des différences entre la valeur potentielle et la valeur réelle, et de recommander une ligne de conduite pour les aligner.

8.5.2 Description

Les différentes tâches du domaine de connaissance Évaluation de la solution aident à mesurer, analyser et déterminer les causes d'une performance de solution jugée inacceptable. La tâche Recommander des actions pour augmenter la valeur de la solution (p. 224), se concentre sur la compréhension de l'agrégat des évaluations effectuées et l'identification des alternatives et des actions pour améliorer la performance de la solution et augmenter la réalisation de la valeur.

Les recommandations indiquent généralement comment une solution doit être remplacée, retirée ou améliorée. Elles peuvent également envisager les effets et les contributions à long terme de la solution aux parties prenantes. Elles peuvent inclure des recommandations pour ajuster l'organisation afin de permettre une performance maximale de la solution et de réalisation de la valeur.

8.5.3 Intrants

- ***Limites de l'entreprise***: une description des limites actuelles de l'entreprise, y compris la façon dont la performance de la solution affecte l'entreprise.
- ***Limites de la solution***: une description des limites actuelles de la solution, y compris les contraintes et les défauts.

Figure 8.5.1: Diagramme d'entrée/sortie de Recommander des actions pour augmenter la valeur de la solution

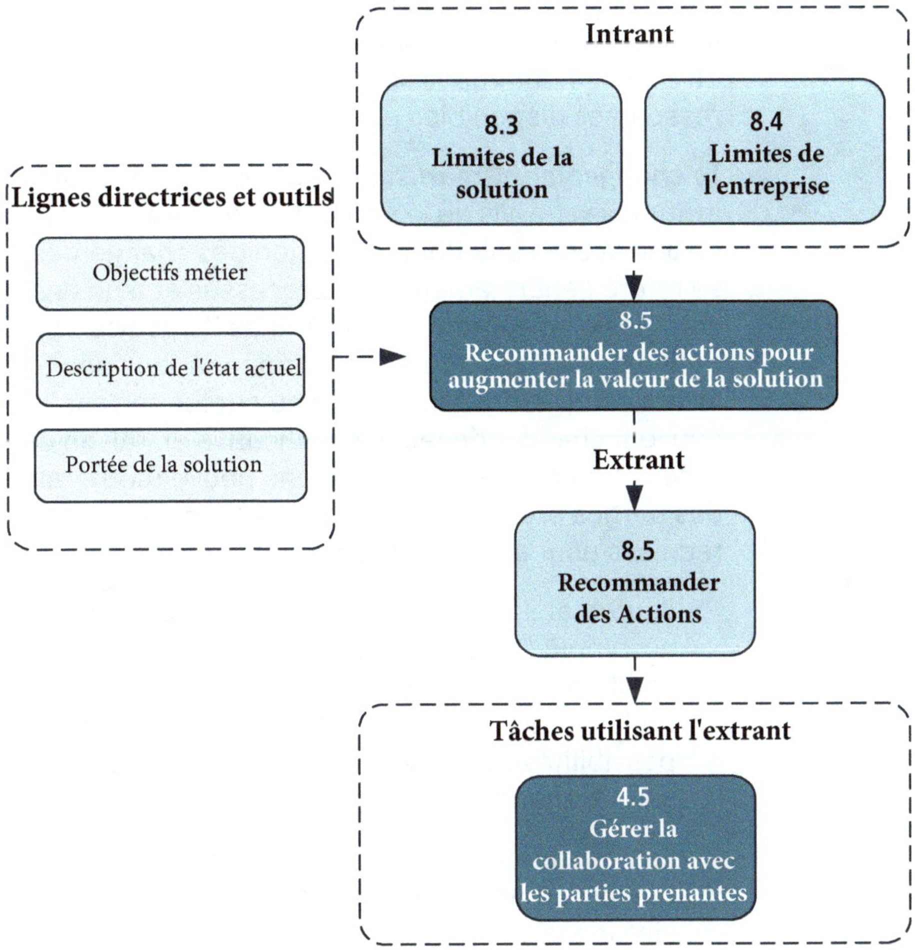

8.5.4 Éléments

.1 Ajuster les mesures de performance de la solution

Dans certains cas, la performance de la solution est jugée acceptable mais peut ne pas favoriser la réalisation des buts et des objectifs métier. Un effort d'analyse pour identifier et définir des mesures plus appropriées peut s'avérer nécessaire.

.2 Recommandations

Bien que les recommandations décrivent souvent des moyens d'accroître la performance de la solution, ce n'est pas toujours le cas. Selon la raison pour laquelle les performances sont inférieures à celles prévues, il peut être raisonnable de ne rien faire, ajuster les facteurs qui sont externes à la solution, ou revoir les attentes de la solution.

Voici quelques exemples courants de recommandations qu'un analyste métier peut faire :

- ***Ne rien faire***: est généralement recommandé lorsque la valeur d'un changement est faible par rapport à l'effort requis pour effectuer le changement, ou lorsque les risques de changement l'emportent de façon significative sur les risques de rester dans l'état actuel. Il peut être également impossible d'apporter un changement avec les ressources disponibles ou dans le délai imparti.

- ***Le changement Organisationnel***: est un processus de gestion des attitudes vis-à-vis de la perception et de la participation au changement en lien avec la solution. La gestion des changements organisationnels se réfère généralement à un processus et à un ensemble d'outils pour gérer les changements au niveau de l'organisation. L'analyste métier peut aider à élaborer des recommandations pour des changements à la structure organisationnelle ou au personnel, car les fonctions métier peuvent changer de façon significative en raison de l'automatisation du travail. De nouvelles informations peuvent être mises à la disposition des parties prenantes et de nouvelles compétences peuvent être requises pour exploiter la solution.

    - l'automatisation ou la simplification du travail que les personnes accomplissent. Les tâches relativement simples sont les principaux candidats à l'automatisation. De plus, les activités de travail et les règles métier peuvent être revues et analysées pour déterminer des possibilités de réingénierie, de changement de responsabilités et de sous-traitance.

    - l'amélioration de l'accès à l'information. Le changement peut fournir une plus grande quantité d'information et une meilleure qualité de l'information aux personnes et aux décideurs.

- ***Réduire la complexité des interfaces***: des interfaces sont nécessaires chaque fois que le travail est transféré entre les systèmes ou entre les personnes. Réduire leur complexité peut améliorer la compréhension.

- ***Éliminer la redondance***: différents groupes de parties prenantes peuvent avoir des besoins communs qui peuvent être satisfaits avec une solution unique, réduisant le coût de l'implémentation.

- ***Éviter le gaspillage***: l'objectif en évitant le gaspillage est de supprimer complètement les activités qui n'apportent pas de valeur ajoutée et de minimiser les activités qui ne contribuent pas directement au produit final.

- ***Identifier les capacités supplémentaires***: les options de solution peuvent offrir des capacités à l'organisation au-dessus et au-delà de celles identifiées dans les exigences. Dans de nombreux cas, ces capacités ne sont pas d'une valeur immédiate pour l'organisation mais ont le potentiel de fournir une valeur future, car la solution peut supporter le développement rapide ou l'implémentation de ces capacités si elles sont nécessaires (par exemple, une application logicielle peut avoir des fonctionnalités que l'organisation prévoit d'utiliser à l'avenir).

- ***Abandon de la solution***: il peut être nécessaire d'envisager le remplacement de la solution ou d'un composant de la solution. Cela peut se produire parce que la technologie a atteint sa fin de vie, les services sont en internes ou externalisés, ou la solution ne répond pas aux objectifs pour lesquels elle a été créée.
- Voici d'autres facteurs qui peuvent avoir une incidence sur la décision concernant le remplacement ou l'abandon d'une solution :
    - ***coût actuel par rapport à l'investissement initial***: il est courant que la solution existante ait des coûts croissants au fil du temps, alors que les alternatives ont un coût d'investissement plus élevé à l'avance mais des coûts de maintenance plus faibles.
    - ***coût d'opportunité***: représente la valeur potentielle qui pourrait être réalisée en poursuivant des actions alternatives.
    - ***nécessité***: la plupart des composants de solution ont une durée de vie limitée (en raison de l'obsolescence, de l'évolution des conditions du marché et d'autres causes). Après un certain point du cycle de vie, il deviendra impraticable ou impossible de maintenir le composant existant.
    - ***coût irrécupérable***: décrit les investissements financiers et les efforts déjà engagés dans une initiative. L'impact psychologique des coûts irrécupérables peut rendre difficile pour les parties prenantes d'évaluer objectivement les raisons de remplacement ou d'élimination, car ils peuvent se sentir réticents à « gaspiller » l'effort ou l'argent déjà investi. Parce que cet investissement est irrécupérable, il devient sans objet et ne doit pas être considéré lors de la planification d'actions éventuelles. Les décisions doivent être basées sur l'investissement futur requis et les bénéfices potentiels.

8.5.5 Lignes directrices et outils

- ***Objectifs de l'entreprise***: sont pris en compte dans l'évaluation, la mesure et la détermination du rendement d'une solution.
- ***Description de l'état actuel***: fournit un contexte dans lequel le travail doit être effectué. Elle peut être utilisée afin d'évaluer les solutions de rechange et mieux comprendre l'augmentation de la valeur potentielle qui pourrait être fournie. Elle peut également permettre de mettre en évidence les conséquences imprévues des solutions de rechange, qui n'auraient autrement jamais été détectées.
- ***Portée de la solution***: les limites de la solution à mesurer et à évaluer.

8.5.6 Techniques

- ***Exploration de données (Data Mining)***: à utiliser pour générer des estimations prédictives de la performance de la solution.
- ***Analyse des décisions***: à utiliser pour déterminer l'incidence d'une action sur toute question de valeur ou de performance.
- ***Analyse financière***: à utiliser pour évaluer les coûts et les bénéfices potentiels d'un changement.
- ***Groupes de discussion (Focus Groups)***: à utiliser pour déterminer si des mesures de performance de solution doivent être ajustées et pour identifier les opportunités potentielles d'amélioration de la performance.
- ***Modélisation de l'organisation***: à utiliser pour décrire le changement potentiel dans la structure de l'organisation.
- ***Priorisation***: à utiliser pour identifier la valeur relative des différentes actions pour améliorer les performances de la solution.
- ***Analyse des processus***: à utiliser pour identifier les opportunités dans le cadre des processus connexes.
- ***Analyse et gestion des risques***: à utiliser pour évaluer différents résultats dans des conditions précises.
- ***Sondage ou questionnaire***: à utiliser pour recueillir les retours d'une grande variété de parties prenantes pour déterminer si la valeur a été atteinte ou dépassée, si les mesures sont toujours valides ou pertinentes dans le contexte actuel, et quelles actions peuvent être prises pour améliorer la solution.

8.5.7 Parties prenantes

- ***Client***: les personnes qui achètent ou consomment directement la solution et qui peuvent interagir avec l'organisation dans l'utilisation de la solution.
- ***Expert du domaine***: fournit des informations sur la façon de changer la solution et/ou l'organisation afin d'augmenter la valeur.
- ***Utilisateur final***: les personnes qui utilisent une solution ou qui en font partie. Les utilisateurs peuvent être des clients ou des personnes qui travaillent au sein de l'organisation.
- ***Régulateur***: une ou plusieurs entités gouvernementales ou professionnelles qui assurent le respect des lois, des règlements ou des règles. Les règlements pertinents doivent être inclus dans les exigences.
- ***Sponsor***: autorise et assure le financement pour la mise en œuvre des actions recommandées.

8.5.8 Extrants

- ***Actions recommandées***: la recommandation de ce qui doit être fait pour améliorer la valeur de la solution au sein de l'entreprise.

9 Compétences sous-jacentes

Le chapitre Compétences sous-jacentes décrit les comportements, les caractéristiques, les connaissances et les qualités personnelles qui favorisent la pratique de l'analyse métier.

Les compétences sous-jacentes qui suivent ne sont pas propres qu'à l'analyse métier. Elles sont décrites afin de s'assurer que les lecteurs soient conscients de l'éventail des compétences fondamentales requises et qu'elle leur fournissent une base permettant d'investiguer un peu plus ces compétences et ces connaissances qui leur permettront d'être des analystes métiers accomplis et polyvalents.

Ces compétences sont regroupées en six catégories :

- Pensée analytique et résolution de problèmes (p. 230),
- Caractéristiques comportementales (p. 237),
- Connaissance métier (p. 244),
- Compétences de communication (p. 249),
- Compétences d'interaction (p. 254), et
- Outils et technologies (p. 259).

Chaque compétence sous-jacente est définie avec un objet, une définition, et des indicateurs d'efficacité.

9.1 Pensée analytique et résolution de problèmes

Les compétences de pensée analytique et de résolution de problèmes sont nécessaires pour permettre aux analystes métiers d'analyser efficacement les problèmes et les opportunités, d'identifier les changements apportant le plus de valeur et collaborer avec les parties prenantes afin de comprendre l'impact qu'ont ces changements.

Les analystes métier utilisent la pensée analytique en assimilant rapidement différents types d'informations (par exemple, les diagrammes, les préoccupations des parties prenantes, les retours clients, les schémas, les guides utilisateurs et les feuilles de calcul), et en identifiant ceux qui sont pertinents. Les analystes doivent être en mesure de choisir rapidement des méthodes efficaces et adaptables pour apprendre et analyser les médias, les publics, les types de problèmes et les environnements au fur et à mesure qu'ils sont rencontrés.

Les analystes métier utilisent la pensée analytique et la résolution de problèmes puisqu'ils facilitent la compréhension des situations, la valeur des changements proposés et d'autres idées complexes.

Avoir une bonne compréhension des compétences de base en pensée analytique et en résolution de problèmes permet aux analystes métiers d'identifier les meilleures approches pour présenter l'information aux parties prenantes. Par exemple, certains concepts sont plus facilement compris lorsqu'ils sont présentés sous forme de diagrammes et de graphiques plutôt qu'en paragraphes de texte. Cette compréhension aide les analystes à planifier leur approche de l'analyse métier et à communiquer les informations en fonction du matériel utilisé avec leur public.

Les compétences fondamentales de la pensée analytique et de la résolution de problèmes comprennent:

- Pensée créative,
- Prise de décision,
- Apprentissage,
- Résolution de problèmes,
- Pensée systémique,
- Pensée conceptuelle, et
- Pensée visuelle.

9.1.1 Pensée créative

.1 Finalité

Penser de façon créative et aider les autres à appliquer la pensée créative aide les analystes métier à être efficaces dans la génération de nouvelles idées, d'approches et d'alternatives à la résolution de problèmes et d'opportunités.

.2 Définition

La pensée créative implique de générer de nouvelles idées et de nouveaux concepts mais également de trouver des combinaisons nouvelles ou différentes entre des idées et des concepts existants. Elle aide à surmonter les approches rigides à la résolution de problème en remettant en question les approches conventionnelles et en encourageant l'émergence de nouvelles idées et une innovations adaptées à la situation. La pensée créative peut impliquer la combinaison, le changement et la réutilisation des concepts ou des idées existantes. Les analystes métier favorisent cette pensée créative en identifiant et en suggérant des solutions de rechange, ainsi qu'en posant des questions et en remettant en cause les hypothèses.

.3 Indicateurs d'efficacité

Les indicateurs d'efficacité d'une pensée créative comprennent de :

- générer et considérer de manière productive de nouvelles idées,
- explorer les concepts et les idées qui sont nouvelles,
- explorer les changements apportés aux concepts et aux idées existants,
- générer de la créativité pour soi et pour les autres, et
- appliquer de nouvelles idées pour résoudre les problèmes existants.

9.1.2 Prise de décision

.1 Finalité

Les analystes métier doivent être efficaces dans leur compréhension des critères impliqués dans la prise de décision et aider les autres à prendre de meilleures décisions.

.2 Définition

Lorsqu'un analyste métier ou un groupe de parties prenantes est confronté à la nécessité de choisir une option parmi un ensemble d'alternatives, cette décision doit être celle qui est la plus avantageuse pour les parties prenantes et pour l'entreprise. Cela implique la collecte des informations pertinentes à la décision, leur analyse, la réalisation de comparaisons et de compromis entre des options similaires et différentes, et identifier l'option la plus souhaitable. Les analystes métier documentent les décisions (et les raisons qui sous-tendent ces décisions) afin de les utiliser comme référence dans le cas où une décision similaire serait nécessaire à l'avenir ou s'ils devaient expliquer pourquoi une décision a été prise.

.3 Indicateurs d'efficacité

Les indicateurs d'efficacité de la prise de décision comprennent :

- des parties prenantes concernées, qui sont représentées dans le processus de prise de décision,
- des parties prenantes qui comprennent le processus décisionnel et les raisons qui sous-tendent la décision,
- les avantages et les inconvénients de toutes les options disponibles qui sont clairement communiqués aux parties prenantes,
- des décisions qui ont pour effet de réduire ou éliminer l'incertitude, et toute incertitude restante étant acceptée,
- des décision prises qui répondent au besoin ou à l'opportunité qui s'offre à elles et qui sont dans le meilleur intérêt pour toutes les parties prenantes,
- des parties prenantes qui comprennent toutes les conditions, l'environnement et les mesures dans lesquelles la décision sera prise, et
- une décision qui est prise.

9.1.3 Apprentissage

.1 Finalité

C'est la capacité d'absorber rapidement de nouveaux types d'information et de modifier et d'adapter les connaissances existantes permettant aux analystes métiers de travailler efficacement dans des environnements en mutation et en évolution rapide.

.2 Définition

L'apprentissage est un processus qui consiste à acquérir des connaissances ou des compétences. L'apprentissage d'un domaine passe par une série d'étapes, depuis l'acquisition initiale et l'apprentissage de faits bruts, par la compréhension de leur signification, jusqu'à l'application de la connaissance dans le travail quotidien, et enfin par l'analyse, la synthèse et l'évaluation. Les analystes métier doivent être en mesure de décrire leur niveau de compréhension d'un domaine métier et être capables d'appliquer ce niveau de compréhension pour déterminer quelles activités d'analyse doivent être effectuées dans une situation donnée. Une fois que l'apprentissage d'un domaine est arrivé au point où l'analyse est terminée, les analystes métier doivent être en mesure de synthétiser l'information afin d'identifier les possibilités de créer de nouvelles solutions et d'évaluer ces solutions pour s'assurer qu'elles sont efficaces.

L'apprentissage est amélioré lorsque la technique d'apprentissage est sélectionnée en fonction des résultats souhaités.

Parmi les techniques d'apprentissage se trouvent :

- ***Apprentissage visuel***: apprentissage par la présentation d'images, de photographies, de diagrammes, de modèles et de vidéos.
- ***Apprentissage auditif***: apprentissage par le langage oral et par message écrit.
- ***Apprentissage kinesthésique***: apprentissage par la mise en pratique.

La plupart des gens font l'expérience d'une compréhension plus rapide et d'une conservation plus longue de l'information quand plus d'une technique d'apprentissage est utilisée.

.3 Indicateurs d'efficacité

Un apprentissage efficace implique, entre autres, les actions suivantes :

- comprendre que l'apprentissage est un processus pour toutes les parties prenantes,
- apprendre les concepts présentés puis démontrer leur compréhension,
- démontrer la capacité à appliquer les concepts sur de nouveaux domaines ou relations,
- l'absorption rapide de nouveaux faits, idées, concepts et opinions, et
- présenter de façon efficace de nouveaux faits, idées, concepts, et opinions aux autres.

9.1.4 Résolution de problèmes

.1 Finalité

Les analystes métiers définissent et résolvent les problèmes afin de s'assurer que le réel, la cause fondamentale du problème est comprise par toutes les parties prenantes et que les possibles solutions résolvent cette cause fondamentale.

.2 Définition

Définir un problème implique de s'assurer que la nature du problème et toute question sous-jacente sont clairement comprises par toutes les parties prenantes. Les points de vue des parties prenantes sont articulés et adressés pour comprendre tout conflit entre les buts et les objectifs des différents groupes de parties prenantes. Les hypothèses sont identifiées et validées. Les objectifs qui seront atteints une fois que le problème sera résolu sont clairement spécifiés, et des solutions alternatives sont envisagées et éventuellement développées. Des solutions alternatives sont mesurées en fonction des objectifs pour déterminer quelle solution possible est la meilleure, et pour identifier la valeur et les compromis qui peuvent exister entre les solutions.

.3 Indicateurs d'efficacité

Les mesures de résolution efficace des problèmes comprennent :

- la confiance des participants dans le processus de résolution du problème,
- les solutions sélectionnées répondent aux objectifs définis et résolvent la cause fondamentale du problème,
- de nouvelles solutions peuvent être évaluées efficacement en utilisant le cadre de résolution de problèmes, et
- le processus de résolution des problèmes évite de prendre des décisions basées sur des hypothèses non validées, des notions préconçues ou d'autres pièges pouvant entraîner la sélection d'une solution moins optimale.

9.1.5 Pensée systémique

.1 Finalité

Comprendre comment les personnes, les processus, et la technologie au sein d'une organisation interagissent permet aux analystes métiers de comprendre l'entreprise d'un point de vue holistique.

.2 Définition

La théorie des systèmes et la pensée systémique suggèrent qu'un système dans son ensemble a des propriétés, des comportements, et des caractéristiques qui émergent de l'interaction des composants de ce système. Ces facteurs ne sont pas prévisibles à partir de la seule compréhension des composants. Par exemple, ce n'est pas parce qu'un analyste métier sait qu'un client est susceptible de renvoyer un article acheté qu'il dispose de la vue d'ensemble complète. L'analyste doit évaluer l'impact du retour sur ce type d'élément en termes d'inventaire, de finance et de formation du vendeur. Dans le contexte de la théorie des systèmes, le terme système comprend les personnes impliquées, les interactions entre elles, les forces externes affectant leur comportement et tous les autres éléments et les facteurs pertinents.

.3 Indicateurs d'efficacité

Une pensée systémique efficace implique, entre autres, les actions suivantes :

- communiquer sur comment le changement d'un composant affecte le système dans son ensemble,
- communiquer sur comment un changement de système affecte l'environnement dans lequel il se trouve, et
- communiquer comment les systèmes s'adaptent aux pressions et aux changements internes et/ou externes.

9.1.6 Pensée conceptuelle

.1 Finalité

Les analystes métier reçoivent quotidiennement de grandes quantités d'informations détaillées et potentiellement variées. Ils appliquent donc leurs compétences en matière de pensée conceptuelle pour trouver des manières de comprendre comment ces informations s'intègrent dans une vue d'ensemble plus large et quels détails sont importants, et pour connecter des informations en apparence abstraites.

.2 Définition

La pensée conceptuelle consiste à comprendre le lien qui existe entre les contextes, les solutions, les besoins, les changements, les parties prenantes et la valeur, d'un point de vue abstrait et global. Elle implique la compréhension et la connexion d'informations et de modèles qui ne sont pas forcément reliés de manière évidente. La pensée conceptuelle nécessite de comprendre la manière dont les détails s'intègrent dans une vue d'ensemble plus large. Cela implique d'utiliser des expériences passées, des connaissances, de la créativité, de l'intuition et une pensée abstraite pour générer des alternatives, des options et des idées qui ne sont pas faciles à définir ou à mettre en relation.

La pensée conceptuelle dans l'analyse métier consiste en particulier à lier des facteurs qui ne sont pas facilement définis au problème sous-jacent ou à l'opportunité, aux modèles ou aux cadres méthodologiques qui aident les parties prenantes à comprendre et à mieux accepter le changement pour elles-mêmes et pour les autres. Il est nécessaire de relier les informations disparates obtenues d'une multitude de parties prenantes, d'objectifs, de risques, de détails et d'autres facteurs. Ces informations permettent de générer des options et des alternatives pour trouver une solution, et de communiquer ces informations aux autres personnes tout en les encourageant à trouver des idées elles-mêmes.

.3 Indicateurs d'efficacité

Une pensée conceptuelle efficace implique, entre autres, les actions suivantes :

- connecter des informations disparates et agir pour mieux comprendre la relation,
- confirmer la confiance et la compréhension du concept qui est en train d'être communiquée aux parties prenantes,
- formuler des concepts abstraits en utilisant une combinaison d'informations et d'incertitudes, et
- s'inspirer des expériences passées pour comprendre la situation.

9.1.7 Pensée visuelle

.1 Finalité

La capacité de communiquer des concepts et des modèles complexes en une représentations visuelles compréhensibles permet aux analystes métiers de mobiliser les parties prenantes et de les aider à comprendre les concepts présentés.

.2 Définition

Les compétences de pensée visuelle permettent aux analystes d'affaires de créer des représentations graphiques des concepts ou systèmes évoqués. Le but de ces représentations graphiques est de permettre aux parties prenantes de comprendre facilement les concepts qui sont présentés, et donc de leur fournir un intrant. Dans la pensée visuelle, l'analyse doit établir des idées abstraites avant de trouver des éléments graphiques pour les représenter.

Il s'agit de visualiser et de créer des concepts visuels, graphiques, modèles, schémas simples pour transmettre et intégrer des informations non-visuelles. Lors de l'analyse métier, de grandes quantités de données et connexions complexes entre les contextes, les parties prenantes, les besoins, les solutions, les changements et la valeur sont communiquées. Les visuels représentent ces informations et leurs complexités, permettant aux parties prenantes et aux publics d'apprendre plus rapidement, de traiter les informations et de relier des points à partir de chacun de leurs contextes.

La pensée visuelle permet également au public de retenir et d'associer des concepts à leur contexte de manière plus libre et rapide, tout en comprenant et en appréciant d'autres contextes de façon plus claire.

.3 Indicateurs d'efficacité

Une pensée visuelle efficace implique, entre autres, les actions suivantes :

- des informations complexes qui sont communiquées dans un modèle visuel compréhensible par les parties prenantes,
- des visuels qui permettent des comparaisons, des résultats de recherche de modèles et des mappages d'idées avec les participants,
- une productivité qui augmente grâce à un apprentissage accru, à une mémoire rapide et au suivi de visuels efficaces,
- des parties prenantes qui sont engagées à un niveau plus élevé qu'avec du texte seul, et
- des parties prenantes qui comprennent l'information critique qui aurait pu être omise si elle avait été présentée dans le seul contenu textuel.

9.2 Caractéristiques comportementales

Les caractéristiques comportementales ne sont pas propres à l'analyse métier, mais il a été constaté qu'elles améliorent l'efficacité personnelle de la pratique de l'analyse métier. Ces caractéristiques sont au cœur des compétences de chaque analystes. Chacune des caractéristiques comportementales décrites ici peut avoir une incidence sur le résultat des efforts du praticien.

Les compétences de base des caractéristiques comportementales se concentrent sur les compétences et les comportements qui permettent à un analyste métier de gagner la confiance et le respect des parties prenantes. Les analystes métier font cela en agissant constamment de manière éthique, en complétant leurs tâches à temps et conformément aux attentes, en fournissant des résultats de qualité et en faisant preuve d'adaptabilité aux changements de besoins et de circonstances.

Les compétences de base des Caractéristiques comportementales comprennent :

- Éthique (p. 238),
- Responsabilité personnelle (p. 239),
- Fiabilité (p. 239),
- Organisation et gestion du temps (p. 241), et
- Adaptabilité (p. 242).

9.2.1 Éthique

.1 Finalité

Se comporter de façon éthique et penser avec éthique aux impacts sur les autres permet aux analystes métiers de gagner le respect des parties prenantes. La capacité de reconnaître quand une solution ou une exigence proposée peut présenter des difficultés éthiques pour une organisation ou à ses parties prenantes est une considération importante que les analystes métier peuvent utiliser pour aider à réduire l'exposition au risque.

.2 Définition

L'éthique exige de comprendre et de mettre l'accent sur l'équité, la considération et le comportement moral à travers les activités et les relations de l'analyse métier. Le comportement éthique comprend la prise en compte de l'impact qu'une solution proposée peut avoir sur tous les groupes de parties prenantes et les efforts pour s'assurer que ces groupes soient traités aussi équitablement que possible. Un traitement équitable n'exige pas que le résultat soit bénéfique pour un groupe de parties prenantes en particulier, mais cela exige que les parties prenantes concernées comprennent les motifs de ces décisions. La sensibilisation aux questions éthiques permet aux analystes métiers d'identifier les dilemmes éthiques, lorsqu'ils surviennent et de recommander des solutions à ces dilemmes.

.3 Indicateurs d'efficacité

Un comportement éthique efficace implique, entre autres, les actions suivantes :

- l'identification et la résolution rapides des dilemmes éthiques,
- les retours des parties prenantes confirmant qu'elles estiment que les décisions et les actions sont transparentes et équitables,
- des décisions prises en tenant compte des intérêts de toutes les parties prenantes,
- un raisonnement permettant des décisions clairement articulées et comprises,
- une divulgation complète et rapide des conflits d'intérêts potentiels, et
- l'honnêteté concernant ses capacités, l'exécution de son travail et l'acceptation de la responsabilité des échecs ou des erreurs.

9.2.2 Responsabilité personnelle

.1 Finalité

La responsabilité personnelle est importante pour un analyste métier, car elle garantit que les tâches d'analyse métier soient accomplies à temps et selon les attentes des collègues et des parties prenantes. Cela permet à l'analyste métier d'établir sa crédibilité en s'assurant que les efforts de l'analyse répondent aux besoins du métier.

.2 Description

La responsabilité personnelle comprend la planification effective des travaux d'analyse métier pour atteindre les cibles et les buts et s'assurer que la valeur fournie est alignée avec les besoins du métier. Cela implique de chercher toutes les pistes et tous les détails pour satisfaire pleinement les besoins des parties prenantes. Le suivi et l'achèvement complet des tâches d'analyse métier produisent des solutions complètes, exactes et pertinentes rattachables à un besoin. Les analystes métier sont responsables de l'identification et de l'escalade des risques et des problèmes. Ils veillent également à ce que les décideurs disposent des informations appropriées pour évaluer les impacts.

.3 Indicateurs d'efficacité

Une responsabilité personnelle efficace implique, entre autres, les actions suivantes :

- le travail est planifié et communiqué aux autres en toute simplicité,
- le travail est réalisé comme prévu ou re-planifié avec suffisamment de délais de mise en œuvre et de réflexion ,
- le statut du travail est connu, qu'il soit planifié ou non,
- les parties prenantes estiment que le travail est organisé,
- les risques et les problèmes sont identifiés et traités de manière appropriée,
- les exigences, entièrement traçables, sont livrées dans les délais, et les besoins des parties prenantes sont satisfaits.

9.2.3 Fiabilité

.1 Finalité

Le fait de gagner la confiance des parties prenantes aide les analystes métier à recueillir des informations de l'analyse au sujet de questions sensibles. Cela leur permet également d'aider les parties prenantes à croire que leurs recommandations seront évaluées de manière adéquate et équitable.

.2 Description

La fiabilité est le sentiment qu'une personne est digne de confiance. Un analyste métier considéré comme fiable peut compenser la peur naturelle du changement que connaissent de nombreuses parties prenantes.

Plusieurs facteurs peuvent contribuer à être considéré comme fiable :

- compléter intentionnellement et constamment les tâches et les livrables dans les délais, dans le cadre du budget, et en obtenant les résultats escomptés de sorte que les collègues et les parties prenantes considèrent que le comportement de l'analyste métier est fiable et diligent,
- présenter une attitude de confiance cohérente, de sorte que les collègues et les parties prenantes considèrent que la démarche de l'analyste métier est solide,
- agir de manière honnête et directe, en abordant immédiatement les conflits et les préoccupations de sorte que les collègues et les parties prenantes considèrent la morale de l'analyste métier comme honnête et transparente, et
- maintenir un agenda cohérent sur une longue période de sorte que les collègues et les parties prenantes considèrent la disponibilité de l'analyste métier comme prévisible et fiable.

.3 Indicateurs d'efficacité

Une fiabilité efficace implique, entre autres, les actions suivantes :

- des parties prenantes qui impliquent l'analyste métier dans les discussions et les prises de décisions,
- des parties prenantes qui font part de leurs problèmes et de leurs préoccupations à l'analyste métier,
- des parties prenantes qui sont prêtes à discuter de sujets difficiles ou controversés avec l'analyste métier,
- des parties prenantes qui ne blâment pas l'analyste métier lorsque des problèmes surviennent,
- des parties prenantes qui respectent les idées et les recommandations de l'analyste métier, et
- des parties prenantes qui répondent aux recommandations de l'analyste métier par des retours positifs.

9.2.4 Organisation et gestion du temps

.1 Finalité

Les compétences en gestion du temps et en organisation aident les analystes métier à accomplir efficacement leurs tâches et à utiliser efficacement leur temps de travail.

.2 Description

La gestion de l'organisation et du temps implique la capacité à prioriser les tâches, les exécuter efficacement et gérer efficacement le temps. Les analystes métier acquièrent et accumulent constamment des quantités importantes d'informations, et ces informations doivent être organisées et stockées de manière efficace de sorte qu'elles puissent être utilisées et réutilisées à une date ultérieure. Les analystes métier doivent également être en mesure de différencier les informations importantes qui devraient être conservées, des informations moins importantes.

Une gestion efficace du temps exige la capacité à prioriser les tâches et les délais.

Les techniques d'organisation comprennent l'établissement d'objectifs à court et à long terme, de plans d'action, l'établissement de priorités pour les tâches et l'utilisation d'une liste de contrôle. Les techniques de gestion du temps comprennent quant à elles la mise en place de délais pour les tâches qui ne sont pas essentielles, la priorisation du temps sur les tâches à risque élevé et prioritaires, la réservation de temps pour les mises au point et la gestion des interruptions potentielles.

.3 Indicateurs d'efficacité

Une organisation et gestion du temps efficaces impliquent, entre autres, les actions suivantes :

- la capacité de produire des livrables dans les délais impartis,
- des parties prenantes qui estiment que l'analyste métier se concentre sur les bonnes tâches au bon moment,
- le calendrier des travaux et les délais sont gérés et communiqués aux parties prenantes,
- les parties prenantes ont le sentiment que le temps qu'elles passent en réunion et à lire des communications est bien utilisé,
- les réunions, les entretiens et les ateliers de travail sur les exigences sont préparés avec soin,
- les informations de l'analyse métier pertinentes sont capturées, organisées et documentées,

- le calendrier du projet et les délais sont respectés,
- les informations sont justes, détaillées et concises, fournies de manière logique et comprises par les parties prenantes, et
- des informations actualisées sont conservées sur le statut de chaque phase de travail et du travail restant.

9.2.5 Adaptabilité

.1 Finalité

Les analystes métier travaillent fréquemment dans des environnements qui évoluent rapidement et avec des parties prenantes variées. Ils adaptent leur style de comportement et leur méthode d'approche pour accroître leur efficacité lorsqu'ils interagissent avec différents parties prenantes, organisations et situations.

.2 Définition

L'adaptabilité est la capacité de changer les techniques, le style, les méthodes et l'approche. En démontrant une volonté d'interagir avec les parties prenantes et de compléter les tâches d'une manière préférable pour elles, les analystes métier peuvent maximiser la qualité des services fournis et aider plus efficacement l'organisation à atteindre ses buts et ses objectifs. La curiosité d'aller au devant des besoins des autres personnes et le courage de tenter d'adopter un comportement différent permettent de s'adapter aux situations et au contexte.

Les analystes métier doivent parfois modifier la façon dont ils interagissent avec les parties prenantes, telles que la façon dont ils mènent des entretiens ou la façon dont ils animent les ateliers de travail. Les différentes parties prenantes sont plus ou moins à l'aise avec les techniques qui font partie de la boîte à outils de l'analyse métier. Certaines parties prenantes sont plus visuelles et répondent mieux à l'information représentée visuellement dans des modèles, des diagrammes et des images. D'autres privilégient l'oral et préfèrent des descriptions textuelles. La capacité à déterminer les techniques qui fonctionnent ou non, puis à les adapter en conséquence, accroît la probabilité de réussite d'une interaction.

Lorsque les buts et les objectifs de l'organisation changent, les analystes métier réagissent en acceptant les changements et en s'adaptant aux nouvelles exigences. De même, lorsque des circonstances apparaissent ou des problèmes imprévus surviennent, les analystes métier s'adaptent en modifiant leurs plans et en identifiant les options qui peuvent être utilisées pour fournir le plus de valeur. L'analyste métier s'adapte lorsque les besoins du métier ou des parties prenantes changent, ou lorsque le contexte du but ou de l'objectif change. Lorsque le besoin lui-même change, l'analyste métier s'adapte en modifiant les plans et l'approche afin de s'assurer que la valeur est fournie et délivrée dans le cadre de la solution.

.3 Indicateurs d'efficacité

Une adaptabilité efficace implique, entre autres, les actions suivantes :

- avoir le courage d'agir différemment des autres,
- s'adapter aux conditions et aux environnements changeants,
- valoriser et prendre en compte d'autres points de vue et d'autres approches,
- faire preuve d'une attitude positive face à l'ambiguïté et au changement,
- démontrer une volonté d'apprendre de nouvelles méthodes, procédures ou techniques pour atteindre les buts et objectifs,
- changer de comportement pour être efficace dans des conditions changeantes ou floues,
- acquérir et appliquer de nouvelles informations et compétences pour relever de nouveaux défis,
- accepter les changements apportés aux tâches, aux rôles et aux affectations sur un projet lorsque les réalités organisationnelles changent,
- modifier le style interpersonnel en fonction des personnes et des groupes très différents dans une variété de situations, et
- évaluer ce qui a fonctionné, ce qui n'a pas fonctionné et ce qui pourrait être fait différemment la prochaine fois.

9.3 Connaissance métier

Des connaissances métier sont nécessaires pour que l'analyste métier puisse développer efficacement sa solution et sa méthodologie au sein de son entreprise, de son secteur, de son organisation. Ces connaissances métier permettent à l'analyste de mieux comprendre les concepts généraux qui régissent la structure, les avantages et la valeur de la situation en ce qui concerne un changement ou un besoin.

Les compétences sous-jacentes des connaissances métier comprennent :

- Perspicacité métier (p. 244),
- Connaissance sectorielle (p. 245),
- Connaissance de l'organisation (p. 247),
- Connaissance de la solution (p. 247), et
- Connaissance de la méthodologie (p. 248).

9.3.1 Perspicacité métier

.1 Finalité

L'analyse métier exige une bonne compréhension des principes fondamentaux et des meilleures pratiques métier afin de s'assurer que ces principes soient pris en compte à mesure que les solutions sont examinées.

.2 Description

La perspicacité métier est la capacité à comprendre les besoins métier grâce à l'expérience et aux connaissances acquises dans d'autres situations. Les organisations partagent souvent des pratiques similaires, telles que les contraintes légales et réglementaires, la finance, la logistique, les ventes, le marketing, la gestion de la chaîne d'approvisionnement, les ressources humaines et la technologie. La perspicacité métier représente la capacité à comprendre et à appliquer ses connaissances sur la base de ces éléments communs dans différentes situations.

Comprendre la manière dont les autres organisations ont résolu leurs difficultés peut s'avérer utile lors de la recherche de solutions potentielles. De plus, le fait d'être conscient des expériences ou des difficultés rencontrées par le passé peut aider l'analyste métier à déterminer des informations applicables à la situation actuelle. Parmi les facteurs susceptibles d'entraîner des différences dans les pratiques se trouvent le secteur, la localisation, la taille de l'organisation, la culture et la maturité de l'organisation.

.3 Indicateurs d'efficacité

Une perspicacité métier efficace implique, entre autres, les actions suivantes :

- démontrer la capacité à identifier les limites et les opportunités potentielles,
- démontrer la capacité à identifier des changements qui peuvent nécessiter un changement de direction de l'initiative ou d'effort,
- comprendre les risques impliqués et la capacité à prendre des décisions sur la gestion des risques,
- démontrer la capacité de reconnaître une occasion de réduire les dépenses et d'augmenter les profits, et
- comprendre les options disponibles pour faire face aux changements émergents dans cette situation.

9.3.2 Connaissance sectorielle

.1 Finalité

Les connaissances sectorielle permettent à l'analyste métier de comprendre les pratiques et les activités actuelles au sein d'un secteur, ainsi que les processus similaires dans différents secteurs.

.2 Description

La connaissance du secteur représente la compréhension des :

- tendances actuelles,
- forces du marché,
- moteurs du marché,
- processus clés,
- services,
- produits,
- définitions,
- segments de clients,
- fournisseurs,
- pratiques,
- réglementations, et
- d'autres facteurs qui impactent ou sont impactés par le secteur et les secteurs liés.

La connaissance du secteur est aussi une compréhension de la position d'une entreprise dans ce secteur et de ses impacts et de ses dépendances, en ce qui concerne le marché et les ressources humaines.

Lorsque vous développez des connaissances sur un secteur, un concurrent ou une entreprise particulière, les questions suivantes peuvent fournir une aide :

- Qui sont les principaux leaders du secteur?
- Quelles organisations soutiennent ou régulent le secteur?

- Quels sont les avantages à s'impliquer dans ces organisations?
- Qui crée des communiqués publicitaires, participe à des congrès et fournit du matériel marketing?
- Quelles sont les comparaisons entre les produits et les services?
- Quels sont les indicateurs de satisfaction/projets de benchmarking qui sont applicables?
- Quels sont les fournisseurs, les pratiques, les équipements et les outils utilisés par chaque entreprise et pourquoi les utilisent-ils ?
- Quels sont les impacts potentiels des conditions climatiques, des troubles politiques ou des catastrophes naturelles?
- Qui sont les clients cibles et sont-ils les mêmes pour la concurrence?
- Quels sont les impacts des cycles saisonniers de production, de commercialisation et de vente? A-t-elle un impact sur la dotation en personnel ou exige-t-elle des changements dans les processus ?

.3 Indicateurs d'efficacité

Une connaissance efficace du secteur implique, entre autres, les actions suivantes :

- être conscient des activités dans l'entreprise et le secteur à plus grande échelle,
- avoir une connaissance des principaux concurrents et partenaires,
- la capacité d'identifier les tendances clés qui façonnent le secteur,
- connaître les principaux segments de clientèle,
- connaître les types de produits et les produits courants,
- connaître les sources d'information sur le secteur, y compris les organisations commerciales ou les revues pertinentes,
- comprendre les méthodologies, processus, normes et termes spécifiques au secteur, et
- comprendre l'environnement réglementaire du secteur.

9.3.3 Connaissance de l'organisation

.1 Finalité

La connaissance de l'organisation permet de comprendre la structure de gestion et l'architecture métier de l'organisation.

.2 Définition

La connaissance de l'organisation comprend une compréhension de la façon dont l'entreprise génère des profits, atteint ses objectifs, sa structure organisationnelle, les relations qui existent entre les unités opérationnelles et les personnes qui occupent des postes de parties prenantes clés. La connaissance de l'organisation comprend également la compréhension des canaux de communication formels et informels de l'organisation ainsi qu'une connaissance de la politique interne qui influence la prise de décision.

.3 Indicateurs d'efficacité

Une connaissance efficace de l'organisation implique, entre autres, les actions suivantes :

- la capacité d'agir selon les canaux formels et informels de communication et/ou faisant autorité,
- la compréhension de la terminologie ou du jargon utilisé dans l'organisation,
- la compréhension des produits ou services proposés par l'organisation,
- la capacité d'identifier les experts spécialisés (SME) dans l'organisation, et
- être capable de gérer les politiques et les relations organisationnelles.

9.3.4 Connaissance de la solution

.1 Finalité

La Connaissance de la solution permet aux analystes métier de tirer parti de leur compréhension des services, des environnements ou des technologie existantes pour identifier les moyens les plus efficaces de mettre en œuvre un changement.

.2 Définition

Lorsque l'effort d'analyse métier implique l'amélioration d'une solution existante, ils mettent en œuvre leurs connaissances et leurs expériences antérieurs sur la solution. La connaissance de la variété de solutions ou de fournisseurs disponibles dans le commerce peut aider à identifier des solutions alternatives possibles. L'analyste métier peut tirer parti des connaissances acquises à partir d'expériences passées pour accélérer la découverte de changements potentiels par le biais d'une élicitation ou d'une analyse approfondie.

.3 Indicateurs d'efficacité

Une connaissance efficace de la solution implique, entre autres, les actions suivantes :

- réduire le temps ou les coûts de mise en œuvre d'un changement requis,
- réduire les délais d'analyse des exigences et/ou de conception de la solution,
- comprendre le moment où un changement plus important se justifie, ou non, sur la base d'un avantage commercial, et
- comprendre comment déployer des capacités supplémentaires, qui sont présentes mais pas utilisées pour l'instant, afin de favoriser la valeur.

9.3.5 Connaissance de la méthodologie

.1 Finalité

Comprendre les méthodologies utilisées par l'organisation fournit à l'analyste métier des informations concernant le contexte, les dépendances, les opportunités et les contraintes utilisées lors du développement d'une approche d'analyse métier.

.2 Description

Les méthodologies déterminent le calendrier (grandes étapes ou petits incréments), l'approche, le rôle des personnes impliquées, le niveau de risque accepté et d'autres aspects de la façon dont un changement est abordé et géré. Les organisations adoptent ou créent leurs propres méthodologies pour s'adapter à différents niveaux de culture, de maturité, d'adaptabilité, de risque, d'incertitude et de gouvernance.

La connaissance d'une variété de méthodologies permet à l'analyste métier de s'adapter rapidement à de nouveaux environnements et d'y travailler efficacement.

.3 Indicateurs d'efficacité

Une connaissance efficace de la méthodologie implique, entre autres, les actions suivantes :

- être capable de s'adapter aux changements de méthodologies,
- être motivé pour utiliser ou apprendre une nouvelle méthodologie,

- savoir intégrer les tâches et techniques de l'analyse métier afin de soutenir la méthodologie actuelle,
- connaître les termes, outils et techniques prévus par une méthodologie, et
- être capable d'endosser plusieurs rôles dans les activités prévues par une méthodologie.

9.4 Compétences de communication

La communication est l'acte d'un émetteur transmettant des informations à un destinataire selon une méthode qui donne le sens voulu par l'émetteur . Les compétences d'écoute active aident à approfondir la compréhension et la confiance entre l'émetteur et le destinataire. Une communication efficace profite à toutes les parties prenantes.

La communication peut être réalisée en utilisant diverses méthodes de transmission : verbale, non verbale, physique et écrite. La plupart des méthodes de communication traitent des mots, tandis que certaines méthodes traitent des mouvements et des expressions. Les mots, les gestes et les phrases peuvent avoir des significations différentes selon les individus. Une communication efficace implique que l'émetteur et le destinataire aient tous les deux la même compréhension de l'information communiquée. Un glossaire commun de termes et d'objectifs clairs est un des outils efficaces pour éviter les malentendus et les complications qui en découlent.

Une communication efficace comprend l'adaptation des styles et des techniques de communication au niveau de connaissance et aux styles de communication des destinataires. Les personnes les plus efficaces en la matière sont conscientes de la manière dont le ton, le langage corporel et le contexte changent le sens des mots. Le fait de bien comprendre les termes et concepts (en amont de l'échange) offre également des avantages substantiels.

Afin de réaliser une planification efficace de la communication, l'émetteur doit vérifier les informations dont il dispose au sujet du destinataire. Les différences entre l'émetteur et le destinataire, telles que la langue maternelle, la culture, les motivations, les priorités, la communication, l'apprentissage ou encore les modes de pensée peuvent nécessiter des méthodes de communication spécifiques. Chaque information doit être soigneusement élaborée et conditionnée de façon à s'assurer qu'elle soit claire et comprise.

Lorsqu'il prévoit de communiquer des informations, l'analyste métier doit tenir compte des considérations suivantes :

- réfléchir à ce que le destinataire sait ou ne sait pas,
- structurer l'information de manière logique et compréhensible,

- déterminer la meilleure façon de présenter l'information pour transmettre le sens voulu (par exemple, en utilisant des aides visuelles, de graphiques, de diagrammes ou de listes à puces), et
- comprendre les attentes des destinataires.

Les compétences de base en communication comprennent :

- Communication verbale (p. 250),
- Communication non-verbale (p. 251),
- Communication écrite (p. 252), et
- Écoute (p. 253).

9.4.1 Communication verbale

.1 Finalité

Les analystes métier utilisent la communication verbale pour transmettre des idées, des concepts, des faits et des opinions à un ensemble de parties prenantes.

.2 Description

La communication verbale utilise la parole pour transmettre des informations depuis l'émetteur vers le destinataire. Les compétences en communication verbale sont utilisées en analyse métier pour exprimer des informations, des idées, des concepts, des faits et des opinions. Elle permet un transfert efficace de l'information, y compris des signaux émotionnels et d'autres signaux non verbaux. Elle peut être jumelée à une communication écrite et non verbale.

La communication verbale traite spécifiquement du choix des mots et du ton de la voix de l'émetteur. Lorsque le destinataire est en mesure de voir l'émetteur, la communication non verbale de l'émetteur a un impact sur le sens du message compris par le destinataire. Quand l'émetteur est en mesure de voir le destinataire, ce dernier apporte une réponse, l'émetteur et le destinataire sont alors tous deux engagés dans un dialogue, même si le destinataire ne communique pas verbalement. Le fait de déchiffrer la communication non verbale du destinataire permet à l'émetteur d'adapter son message.

En comprenant le ton de la communication et la manière dont celui-ci influe positivement ou négativement sur le destinataire, l'analyste métier peut mettre en place une communication verbale plus efficace. Parmi les compétences relatives à une communication verbale efficace, se trouve la capacité à se faire comprendre. L'émetteur doit associer la communication verbale à l'écoute active pour s'assurer que l'information présentée est comprise par le destinataire.

.3 Indicateurs d'efficacité

Une communication verbale efficace implique, entre autres, les actions suivantes :

- reformuler les concepts afin de s'assurer que l'ensemble des parties prenantes comprend clairement les mêmes informations,
- gérer les conversations afin d'atteindre des conclusions productives,
- réaliser des présentations efficaces en concevant et en positionnant le contenu et les objectifs de manière adéquate, et
- communiquer les points importants relatifs à un problème de façon calme et rationnelle, et présenter les options de la solution.

9.4.2 Communication non-verbale

.1 Finalité

Les compétences en communication non verbale permettent une transmission et une réception efficaces de messages par le biais, mais sans s'y limiter, des mouvements du corps, de la posture, des expressions faciales, des gestes et du contact visuel.

.2 Définition

La communication est généralement axée sur les mots écrits ou parlés. La communication non verbale, cependant, est censée transmettre beaucoup plus de sens que les mots seuls. Les humeurs, les attitudes et les sentiments ont un impact sur les mouvements du corps et les expressions faciales. La communication non verbale commence immédiatement quand une personne est en mesure d'en voir une autre. Une utilisation efficace des compétences en communication non verbal permet d'adopter une démarche fiable, confiante et compétente. En connaissant la communication non verbale, il est possible de prendre conscience du ressenti non exprimé des autres personnes, et de mieux le gérer.

L'observation des gestes ou des expressions ne peut pas fournir une compréhension complète du message exprimé par ces indices non verbaux. Ces indices sont des indicateurs des sentiments et de l'intention du communicateur. Par exemple, lorsque la communication non verbale d'une partie prenante n'est pas en accord avec son message verbal, l'analyste métier peut vouloir explorer davantage la conversation pour découvrir la source de ce désaccord.

.3 Indicateurs d'efficacité

Une communication non verbale efficace implique les actions suivantes :

- être conscient du langage corporel chez les autres, mais ne pas supposer une compréhension complète par la communication non verbale,
- prendre volontairement conscience de sa propre communication non verbale
- améliorer la confiance et la communication grâce à la communication non verbale, et
- traiter et résoudre efficacement les situations où la communication non verbale des parties prenantes n'est pas en accord avec le message verbal.

9.4.3 Communication écrite

.1 Finalité

Les analystes métier utilisent la communication écrite pour transmettre des idées, des concepts, des faits et des opinions à un ensemble de parties prenantes.

.2 Définition

La communication écrite est la pratique consistant à utiliser du texte, des symboles, des modèles (formels ou informels) et des esquisses pour transmettre et partager des informations. La compréhension par l'audience est essentielle pour utiliser efficacement la communication écrite. La présentation d'informations et d'idées nécessite la sélection des bons mots afin que le public comprenne le sens voulu. La communication écrite doit en plus présenter les informations à un moment ou un lieu distants de son moment ou lieu de création.

Une communication écrite efficace nécessite un vocabulaire large, une forte compréhension de la grammaire et du style, et une compréhension des termes qui pourront être compris par le public. La communication écrite a le potentiel de transmettre beaucoup d'informations; cependant, la transmission efficace de l'information est une compétence qui doit être développée.

.3 Indicateurs d'efficacité

Une communication écrite efficace implique, entre autres, les actions suivantes :

- ajuster le style d'écriture aux besoins du public,
- utiliser correctement la grammaire et le style,

- choisir les bons mots pour que le public comprenne la signification voulue, et
- être capable, en tant que lecteur, de paraphraser et de décrire le contenu de la communication écrite.

9.4.4 Écoute

.1 Finalité

Une écoute efficace permet à l'analyste métier de comprendre avec exactitude les informations qui sont communiquées verbalement.

.2 Définition

L'écoute est le processus qui consiste non seulement à entendre les mots, mais aussi à comprendre leur signification dans leur contexte. En faisant preuve de compétences d'écoute efficaces, les analystes métier ont non seulement une plus grande occasion de comprendre avec précision ce qui est communiqué, mais aussi de démontrer qu'ils pensent que ce que l'orateur dit est important.

L'écoute active implique à la fois d'écouter et d'interpréter ce que l'autre personne essaie de communiquer au-delà des mots utilisés afin de comprendre l'essence du message. L'écoute active consiste à résumer et à répéter ce qui a été énoncé en différents termes afin de s'assurer que l'auditeur et l'orateur ont la même compréhension.

.3 Indicateurs d'efficacité

Une écoute efficace implique, entre autres, les actions suivantes :

- offrir une attention soutenue à l'orateur,
- reconnaître les propos de l'orateur avec des encouragements verbaux et non verbaux,
- donner un retour à la personne ou au groupe qui prend la parole afin de veiller à la bonne compréhension, et
- utiliser des compétences d'écoute active en évitant tout jugement et en répondant de manière appropriée.

9.5 Compétences d'interaction

Les compétences d'interaction sont représentées par la capacité de l'analyste métier à établir des relations, à coopérer et à communiquer avec différents types de personnes, y compris les cadres, les sponsors, les collègues, les membres de l'équipe, les développeurs, les fournisseurs, les professionnels de l'apprentissage et du développement, les utilisateurs finaux, les clients et les experts spécialisés (SME).

Les analystes métier sont particulièrement bien placés pour faciliter la communication avec les parties prenantes, assurer le leadership, encourager la compréhension de la valeur de la solution et promouvoir le soutien des parties prenantes aux changements proposés.

Parmi les aptitudes de base des compétences d'interaction se trouvent :

- Facilitation (p. 254),
- Leadership et influence (p. 255),
- Travail d'équipe (p. 256),
- Négociation et résolution des conflits (p. 257), et
- Enseignement (p. 258).

9.5.1 Facilitation

.1 Finalité

Les analystes métier facilitent les interactions entre les parties prenantes afin de les aider à prendre une décision, à résoudre un problème, à échanger des idées et des informations, ou à parvenir à un accord sur la priorité et la nature des exigences. L'analyste métier peut également faciliter les interactions entre les parties prenantes à des fins de négociation et de résolution de conflits (tel que discuté dans la Négociation et résolution des conflits (p. 257)).

.2 Définition

La facilitation est la capacité à modérer les discussions au sein d'un groupe afin de permettre à tous les participants d'exprimer efficacement leurs points de vue sur un sujet en cours de discussion, et de faire en sorte que les participants à la discussion soient en mesure de reconnaître et d'apprécier les points de vue différents qui sont articulés.

.3 Indicateurs d'efficacité

Une facilitation efficace implique, entre autres, les actions suivantes :

- établir clairement auprès des participants que le facilitateur est une tierce partie au processus et non un décisionnaire, ni le responsable du sujet,
- encourager la participation de tous les participants,
- rester neutre et ne pas prendre parti, mais en même temps être impartial et intervenir au besoin afin de faire des suggestions et d'offrir des idées,
- établir des règles de base telles que l'ouverture aux suggestions, s'appuyer sur ce qui existe, ne pas écarter ou rejeter des idées, et laisser les uns et les autres parler et s'exprimer,
- s'assurer que les participants à une discussion comprennent correctement les positions des uns et des autres,
- utiliser les compétences et les outils de gestion des réunions pour maintenir l'axe et l'organisation des discussions,
- éviter que les discussions ne soient détournées sur des sujets non pertinents, et
- comprendre et prendre en compte les intérêts, les motivations et les objectifs de toutes les parties.

9.5.2 Leadership et influence

.1 Finalité

Les analystes métier utilisent leur compétence d'influence et de leadership lorsqu'ils guident les parties prenantes au cours de l'étude des informations d'analyse et des options de la solution. Ils établissent un consensus et encouragent le soutien et la collaboration des parties prenantes pendant le changement.

.2 Définition

Le leadership et l'influence consistent à motiver les gens à agir de manière à leur permettre de travailler ensemble pour atteindre des buts et des objectifs communs. Comprendre les motivations, les besoins et les capacités individuels de chaque partie prenante et comment ceux-ci peuvent être canalisés efficacement aide les analystes métier à atteindre les objectifs communs de l'organisation. La responsabilité de l'analyste métier est de définir, d'analyser et de communiquer des informations d'analyse métier, ce qui lui offre des opportunités de leadership et d'influence, que des personnes soient placées ou non sous sa responsabilité.

.3 Indicateurs d'efficacité

Un leadership et une influence efficaces impliquent, entre autres, les actions suivantes :

- réduire la résistance aux changements nécessaires,
- exprimer une vision claire et inspirante d'un état futur souhaité,
- parvenir à inspirer les autres personnes pour transformer une vision en action,
- influencer les parties prenantes pour comprendre les intérêts mutuels,
- utiliser efficacement des techniques de collaboration pour influencer les autres,
- exercer une influence sur les parties prenantes pour considérer des objectifs plus larges que les motivations personnelles, et
- recadrer les problèmes afin que les perspectives alternatives puissent être comprises et adaptées afin d'influencer les parties prenantes à converger vers des objectifs communs.

9.5.3 Travail d'équipe

.1 Finalité

Les compétences en travail d'équipe permettent aux analystes métier de travailler de manière productive avec les membres de l'équipe, les parties prenantes et tout autre partenaire acquis afin que des solutions puissent être développées et mises en œuvre efficacement.

.2 Définition

Les analystes métier travaillent souvent en équipe avec d'autres analystes métier, des chefs de projet, des parties prenantes et des experts spécialisés (SMEs). Les relations avec les personnes qui occupent ces rôles sont un élément essentiel du succès de tout projet ou entreprise. Il est important que l'analyste métier comprenne comment une équipe est formée et comment elle fonctionne. Il est également crucial de reconnaître la dynamique d'équipe et de quelle façon elle joue un rôle au fur et à mesure que l'équipe progresse à travers les différentes étapes d'un projet. Connaître et s'adapter à la façon et au moment où une équipe progresse à travers le cycle de vie d'un projet peut réduire les influences négatives qui impactent une équipe.

Construire et maintenir la confiance entre les membres de l'équipe contribue à l'intégrité de celle-ci dans son ensemble et l'aide à fonctionner au meilleur de sa capacité. Lorsque les membres de l'équipe sont actifs pour instaurer un environnement propice à une dynamique d'équipe positive et confiante, les décisions difficiles et les défis deviennent moins complexes.

Les conflits sont fréquents au sein d'une équipe. Mais lorsqu'ils sont bien gérés, leur résolution peut s'avérer bénéfique pour celle-ci. La résolution des conflits exige que l'équipe se concentre sur l'examen des positions, des hypothèses, des observations et des attentes de tous les membres de l'équipe. Et la résolution de ces problèmes peut entraîner un effet bénéfique, à savoir le renforcement des fondements de l'analyse et de la solution.

.3 Indicateurs d'efficacité

Un travail d'équipe efficace implique, entre autres, les actions suivantes :

- favoriser un environnement de travail collaboratif,
- résoudre efficacement les conflits,
- développer la confiance entre les membres de l'équipe,
- encourager l'équipe à partager des niveaux de performances élevés dans leurs réalisations, et
- favoriser un sentiment partagé d'appropriation des buts de l'équipe.

9.5.4 Négociation et résolution des conflits

.1 Finalité

Les analystes métier interviennent occasionnellement dans des négociations entre les parties prenantes afin de parvenir à une entente ou à un accord. Au cours de ce processus, les analystes métier aident à résoudre les conflits et les différences d'opinion dans le but de maintenir et de renforcer les relations de travail entre les parties prenantes et les membres de l'équipe.

.2 Définition

La négociation et la résolution des conflits impliquent une médiation entre les participants afin de les aider à reconnaître qu'il y a des points de vue différents sur le sujet, de résoudre les différences, et de parvenir à des conclusions qui ont l'accord de tous les participants. La réussite des négociations et de la résolution des conflits implique l'identification des intérêts sous-jacents des partie, en distinguant ces intérêts de leurs positions de départ et en aidant les parties à identifier des solutions qui satisfont ces intérêts sous-jacents. L'analyste métier y parvient tout en veillant à ce que le résultat de la résolution s'aligne sur la solution globale et les besoins métier.

.3 Indicateurs d'efficacité

Une négociation et résolution des conflits efficaces impliquent, entre autres, les actions suivantes :

- une approche planifiée pour s'assurer que la négociation prend en compte le ton de la voix, l'attitude véhiculée, les méthodes employées et le souci des sentiments et des besoins de l'autre partie,

- la capacité de reconnaître que les besoins des parties ne sont pas toujours en opposition et qu'il est souvent possible de satisfaire les deux parties sans que l'une ou l'autre des parties ne soit perdante,
- une approche objective pour s'assurer que le problème est séparé de la personne afin que les vrais problèmes soient débattus sans nuire aux relations de travail, et
- la capacité de reconnaître qu'une négociation et qu'une résolution des conflits efficace ne sont pas toujours réalisées en une seule réunion isolée, et que parfois plusieurs réunions sont nécessaires pour atteindre les objectifs énoncés.

9.5.5 Enseignement

.1 Finalité

Les compétences pédagogiques aident les analystes métier à communiquer efficacement les informations, les concepts, les idées et les problèmes d'analyse métier. Ils permettent également de s'assurer que l'information est comprise et conservée par les parties prenantes.

.2 Définition

L'enseignement est le processus qui conduit les autres à acquérir des connaissances. Les analystes métier doivent confirmer que les informations communiquées sont bien comprises par les parties prenantes. Ils amènent les parties prenantes à découvrir la clarté dans l'ambiguïté en les aidant à en apprendre davantage sur les contextes et la valeur des besoins étudiés. Cela nécessite des compétences pédagogiques dans la sélection des approches d'enseignement visuelles, verbales, écrites et kinesthésiques les plus appropriées en fonction de l'information ou des techniques enseignées. Le but est de tirer parti de l'engagement des parties prenantes et de l'apprentissage collaboratif pour gagner en clarté. Les analystes métier suscitent et apprennent fréquemment de nouvelles informations, puis enseignent ces informations aux parties prenantes de manière significative.

.3 Indicateurs d'efficacité

Un enseignement efficace implique, entre autres, les actions suivantes :

- utiliser différentes méthodes pour communiquer les informations que les parties prenantes doivent apprendre,
- découvrir de nouvelles informations grâce à des niveaux élevés d'engagement de la part des parties prenantes,
- confirmer que le public comprend bien les messages essentiels qui sont enseignés, et

- vérifier que les parties prenantes peuvent réaliser une démonstration des nouvelles connaissances, faits, concepts et idées.

9.6 Outils et technologies

Les analystes métier utilisent une variété d'applications logicielles pour prendre en charge la communication et la collaboration, créer et maintenir des artefacts d'exigences, modéliser des concepts, suivre les problèmes et les enjeux et augmenter la productivité globale.

La documentation des exigences est souvent élaborée à l'aide d'outils de traitement de texte, tandis que le processus d'élaboration des exigences métiers peut nécessiter l'utilisation d'outils de prototypage et de simulation, ainsi que d'outils spécialisés pour la modélisation et la création de diagrammes.

Les technologies de gestion des exigences supportent le flux de travail, les approbations, l'établissement de données repères, et le suivi des changements. Ces technologies peuvent également soutenir la traçabilité entre les exigences et aider à déterminer l'impact des changements apportés aux exigences.

L'interaction avec les parties prenantes et les membres de l'équipe peut nécessiter l'utilisation d'outils de communication et de collaboration, ainsi que d'un logiciel de présentation afin de présenter des idées et de générer des discussions entre les parties prenantes et les membres de l'équipe.

Les compétences de base en matière d'outils et de technologies d'analyse métier comprennent :

- Outils et technologies de productivité bureautique (p. 259),
- Outils et technologies de l'analyse métier (p. 261), et
- Outils et technologies de communication (p. 264).

9.6.1 Outils et technologies de productivité bureautique

.1 Finalité

Les analystes métier utilisent des outils et des technologies de productivité bureautique pour documenter et suivre les informations et les artefacts.

.2 Définition

Les outils et les technologies de productivité bureautique permettent aux analystes de s'organiser, de décortiquer, de manipuler, de comprendre et de communiquer clairement l'information. L'utilisation de ces outils nécessite de se familiariser avec les ressources disponibles. Comprendre qu'un logiciel peut fournir des informations sur des capacités ou des opérations comparables dans des programmes similaires. En outre, certains programmes sont conçus pour fournir des outils supplémentaires à d'autres programmes ou échanger des informations, telles que le courrier électronique ou les programmes qui peuvent importer / exporter des fichiers. De nombreuses organisations utilisent ces outils pour étudier, stocker et diffuser de l'information.

Les outils et technologies de productivité bureautique sont les suivants :

- ***Les programmes de traitement de texte et de présentation***: offrent la possibilité de présenter des informations sous forme de lettre, de journal, d'affiche, de document de recherche, de présentation de diapositives ou d'animations. Les logiciels de traitement de texte sont couramment utilisés pour développer et maintenir les exigences, conférant ainsi un niveau de contrôle élevé sur leur format et leur présentation. Des gabarits de documentation pour les exigences sont largement disponibles pour les traitements de texte. La plupart des outils de traitement de texte ont une capacité limitée en terme de suivi des modifications et d'enregistrement de commentaires et ne sont pas conçus pour la création collaborative ; cependant, il existe des solutions cloud qui fournissent des fonctionnalités collaboratives.
- ***Logiciel de présentation***: sert à la création de matériel de formation ou à la présentation d'informations pour stimuler la discussion entre les parties prenantes. Certaines de ces applications peuvent être utilisées de manière très limitée pour capturer des exigences ou créer un prototype de base.
- ***Tableurs*** : permettent de réaliser des manipulations mathématiques et logiques. Ils sont souvent utilisés pour gérer des listes (telles que les exigences atomiques, les caractéristiques, les fonctionnalités, les actions, les problèmes ou les défauts). Ils sont également utilisés pour capturer et effectuer des manipulations de base des données numériques. Ils peuvent appuyer l'analyse des décisions et sont très efficaces pour résumer des scénarios complexes. Ils supportent un suivi limité des changements et peuvent être partagés entre plusieurs utilisateurs de la même manière qu'un document issu d'un logiciel de traitement de texte.
- ***Les outils de communication (programmes de courrier électronique et de messagerie instantanée)***: fournir des moyens de communiquer avec les parties prenantes qui sont situées à distance, qui ne peuvent pas répondre immédiatement aux questions ou qui peuvent avoir besoin à plus long terme d'un enregistrement d'une discussion. Ils sont généralement accessibles à presque toutes les parties prenantes et sont très faciles à utiliser. Cependant, ils ne sont généralement pas efficaces pour le stockage à long terme ou la conservation d'informations. Leur utilisation principale est de faciliter la communication sans contrainte de temps ou de distance.
- ***Outils de gestion de la collaboration et des connaissances*** : permettent d'enregistrer les connaissances réparties dans l'ensemble d'une organisation et de les mettre à disposition aussi largement que possible. Ils

permettent à toute une équipe d'accéder aux documents et facilitent la collaboration. Ils permettent également à plusieurs utilisateurs de travailler simultanément sur un document et permettent généralement les commentaires et les discussions sur le contenu du document. Ces outils peuvent prendre la forme d'un référentiel de documents (qui s'intègre avec un logiciel de productivité bureautique), d'un wiki (ce qui permet de créer et de relier facilement des pages Web), des forums de discussion, des services cloud ou d'autres outils basés sur le Web.

- ***Matériel (Hardware)***: permet la réplication et la distribution d'informations pour faciliter la communication avec les parties prenantes. Des outils tels que les imprimantes et les projecteurs numériques sont souvent utilisés pour traduire les informations numériques générées sur un ordinateur en informations physiques pour en faciliter l'utilisation. Les photocopieurs et les scanners copient des documents physiques et peuvent offrir la possibilité de les partager électroniquement.

.3 Indicateurs d'efficacité

Une gestion efficace des technologies et des outils de productivité bureautique implique, entre autres, les actions suivantes :

- accroître l'efficacité et la rationalisation des processus en explorant les caractéristiques et fonctions des outils,
- prendre connaissance des outils disponibles, de leur fonctionnement et leurs capacités,
- être capable de déterminer l'outil le mieux adapté aux besoins des parties prenantes, et
- être capable d'indiquer clairement les caractéristiques majeures des outils disponibles.

9.6.2 Outils et technologies de l'analyse métier

.1 Finalité

Les analystes métier utilisent une variété d'outils et de technologies pour modéliser, documenter et gérer les résultats des activités d'analyse métier et les livrables adressés aux parties prenantes.

.2 Définition

Les outils spécifiques au domaine de l'analyse métier offrent des capacités spécialisées dans les domaines suivants:

- modélisation,
- diagramme,
- documentation,

- analyse et cartographie des exigences
- identification des relations entre les exigences,
- le suivi et le stockage des artefacts, et
- la communication avec les parties prenantes.

Certains outils et technologies de l'analyse métier se concentrent uniquement sur une seule activité de l'analyse métier, et d'autres intègrent plusieurs fonctions d'analyse métier au sein d'un seul et même outil. Les outils spécifiquement conçus pour l'analyse métier peuvent inclure des fonctionnalités telles que la modélisation, la gestion des besoins, le suivi des problèmes, le prototypage et la simulation, l'ingénierie logicielle assistée par ordinateur (CASE), et les moteurs d'enquête.

Les outils de modélisation peuvent fournir des fonctionnalités qui aident les analystes à exécuter un certain nombre de tâches liées à la modélisation, y compris :

- la création de modèles et de visuels pour aider à aligner les parties prenantes et à définir la relation entre les besoins, les entités, les exigences, les parties prenantes et le contexte,
- l'association de visuels aux règles métier, exigences de texte, énoncés de portée, visuels de portée, exigences de données, besoins de produit et autres informations et contexte d'exigence, et
- la création d'un exécutable pour un moteur propriétaire afin d'exécuter le modèle ou de générer un code d'application qui pourra être amélioré par un développeur.

Ces outils sont souvent conformes avec les notations standard du marché. Certains outils de modélisation prennent en charge la création de modèles exécutables, tels que les systèmes de gestion des processus métier (qui permettent la création de modèles de processus exécutables) et les systèmes de gestion des règles métier (qui permettent l'évaluation des règles métier capturées).

Les technologies en gestion des exigences peuvent fournir des fonctionnalités qui aident les analystes métier à remplir un certain nombre de tâches liées à la gestion des exigences, notamment :

- le workflow des exigences incluant l'établissement des approbations et les signatures, le suivi des changement et des statuts d'implémentation,
- la traçabilité, y compris la traçabilité en amont, et en aval, les relations entre les exigences et l'analyse d'impact de l'évolution des exigences,
- la gestion de la configuration des exigences et des artefacts d'exigences, et

- la vérification de la qualité des exigences en vérifiant les caractéristiques et les relations définies.

Les outils de suivi des anomalies peuvent fournir des fonctionnalités qui aident les analystes métier à effectuer un certain nombre de tâches liées au suivi des problèmes, telles que:

- le suivi des risques liés aux exigences,
- le suivi des conflits et de problèmes liés aux exigences
- suivi des défauts.

Les outils de prototypage et de simulation peuvent fournir des fonctionnalités qui aident les analystes métier à prototyper ou à simuler la solution ou des parties de la solution.

.3 Indicateurs d'efficacité

Une gestion efficace des technologies et des outils d'analyse métier implique, entre autres, les actions suivantes :

- être capable d'appliquer sa compréhension d'un outil à d'autres outils similaires,
- être en mesure d'identifier les principaux outils actuellement disponibles et de décrire leurs forces, faiblesses et comment ils peuvent être utilisés dans une situation donnée,
- comprendre et être capable d'utiliser les principales fonctionnalités de l'outil,
- être capable de sélectionner un ou des outils soutenant les processus organisationnels,
- être capable d'utiliser les outils pour réaliser les activités en lien avec les exigences de façon plus rapide, et
- être capable de suivre les changements apportés aux exigences ainsi que leur impact sur la mise en œuvre de la solution, les parties prenantes et la valeur.

9.6.3 Outils et technologies de communication

.1 Finalité

Les analystes métier utilisent des outils et des technologies de communication pour effectuer des activités d'analyse, gérer les équipes et collaborer avec les parties prenantes.

.2 Définition

Les outils de communication sont utilisés pour planifier et compléter les tâches liées aux interactions conversationnelles et aux interactions collaboratives. Les outils de communication permettent aux analystes métiers de travailler avec des équipes virtuelles et colocalisées.

Comprendre les options disponibles de ces outils — et savoir comment utiliser ces outils de communication pour compléter les tâches et utiliser diverses techniques dans divers environnements de collaboration — peut permettre une communication plus efficace et plus précise et une prise de décision plus efficace. Les analystes métier choisissent l'outil et la technologie appropriés pour la situation, le contexte et le groupe des parties prenantes tout en équilibrant les coûts, les risques et la valeur.

Parmi les outils favorisant les interactions et les discussions se trouvent les outils de communications vocales, la messagerie instantanée, le chat en ligne, le courrier électronique, le blogging, et le microblogging.

Des exemples d'outils de collaboration incluent la vidéoconférence, le tableau blanc électronique, les wikis, les calendriers électroniques, les outils de brainstorming en ligne, la prise de décision électronique, le vote électronique, le partage de documents et le partage d'idées.

.3 Indicateurs d'efficacité

Une gestion efficace des technologies et des outils de communication implique, entre autres, les actions suivantes :

- sélectionner les outils adaptés et efficaces selon le public et l'objectif,
- choisir le moment opportun pour utiliser les technologies de communication,
- être capable de d'identifier les outils en fonction des besoins de communication, et
- comprendre et être capable d'utiliser les caractéristiques de l'outil.

10 Techniques

Le chapitre Techniques fournit un aperçu général des techniques indiquées dans les domaines de connaissances du *Guide BABOK®*. Les techniques sont des méthodes utilisées par les analystes pour effectuer les tâches d'analyse métier.

Les techniques décrites dans le *Guide BABOK®* ont pour but d'aborder les techniques les plus courantes et répandues au sein de la communauté d'analyste métier. Ces derniers mettent à profit leur expérience et leur jugement afin de déterminer les techniques adaptées à une situation donnée et comment les appliquer. Cela peut inclure des techniques qui ne sont pas décrites dans le *Guide BABOK®*. À mesure que l'analyse métier évolue, des techniques seront ajoutées, modifiées ou supprimées des futures versions du *Guide BABOK®*.

Dans un certain nombre de cas, les ensembles d'approches similaires d'un point de vue conceptuel ont été regroupés dans une seule même technique. Toute approche présentée dans une technique peut être utilisée de façon individuelle ou combinée afin d'atteindre l'objectif de la technique.

10.1 Critères d'acceptation et d'évaluation

10.1.1 Finalité

Les critères d'acceptation sont utilisés pour définir les exigences, les résultats ou les conditions qui doivent être respectés pour qu'une solution soit considérée comme acceptable pour les parties prenantes clés. Il s'agit de mesures utilisées afin d'évaluer un ensemble d'exigences et choisir parmi plusieurs solutions.

10.1.2 Description

Les critères d'évaluation et d'acceptation définissent les mesures des attributs de valeur utilisés pour évaluer et comparer les solution et conceptions alternatives. Des critères mesurables et testables permettent une évaluation objective et cohérente des solutions et des conceptions. La technique des Critères d'évaluation et d'acceptation peut s'appliquer à tous les niveaux d'un projet, du niveau le plus général au niveau le plus détaillé.

Les critères d'acceptation décrivent l'ensemble d'exigences minimal devant être satisfait afin d'assurer la valeur de la mise en œuvre d'une solution spécifique. Ils peuvent être utilisés afin de déterminer si une solution ou un composant de la solution sont en mesure de satisfaire une exigence. Les critères d'acceptation sont généralement employés lorsqu'une seule solution possible est évaluée, et sont généralement exprimés sous la forme de réussite ou d'échec.

Les critères d'évaluation définissent un ensemble de mesures qui permettent de classer les solutions et les conceptions alternatives en fonction de leur valeur pour les parties prenantes. Chaque critère d'évaluation représente une échelle continue ou discrète pour mesurer d'un attribut de solution spécifique tel que le coût, la performance, la facilité d'utilisation, et la manière dont la fonctionnalité représente les besoins des parties prenantes. Les attributs qui ne peuvent pas être mesurés directement sont évalués à l'aide d'un jugement d'expert ou de diverses techniques de notation.

Les critères d'acceptation et d'évaluation peut être définis avec des attributs de valeur identiques. Lors de l'évaluation de plusieurs solutions, celles présentant des coûts inférieurs et le meilleur rendement sont susceptibles d'obtenir une meilleure note. Lors de l'acceptation d'une solution, les critères sont écrits en utilisant des exigences de performance minimales et des limites de coût maximales au sein d'accords contractuels et de tests d'acceptation utilisateur.

10.1.3 Éléments

.1 Attributs de valeur

Les attributs de valeur sont les caractéristiques d'une solution qui déterminent ou influencent considérablement la valeur pour les parties prenantes. Ils représentent une décomposition significative et convenue de la proposition de valeur en ses éléments constitutifs, qui peuvent être décrits comme des qualités que la solution devrait posséder ou éviter.

Parmi les exemples d'attributs de valeur se trouvent :

- la possibilité de fournir des informations spécifiques,
- la possibilité d'exécuter ou de supporter des opérations spécifiques,
- les caractéristiques de performance et de réactivité,
- l'applicabilité de la solution dans des contextes et situations spécifiques,
- la disponibilité de capacités et caractéristiques spécifiques, et
- l'utilisabilité, la sécurité, l'évolutivité et la fiabilité.

Le fait de fonder les critères d'acceptation et d'évaluation sur les attributs de valeur permet de s'assurer qu'ils sont valides et pertinents pour les besoins des parties prenantes et doivent être pris en compte lors de l'acceptation et de l'évaluation de la solution. Les analystes métier s'assurent que la définition de tous les attributs de valeur soit acceptée par toutes les parties prenantes. Les analystes métier peuvent concevoir des outils et des instructions pour effectuer l'évaluation ainsi que pour consigner et traiter les résultats.

Figure 10.1.1: Critères d'acceptation et d'évaluation

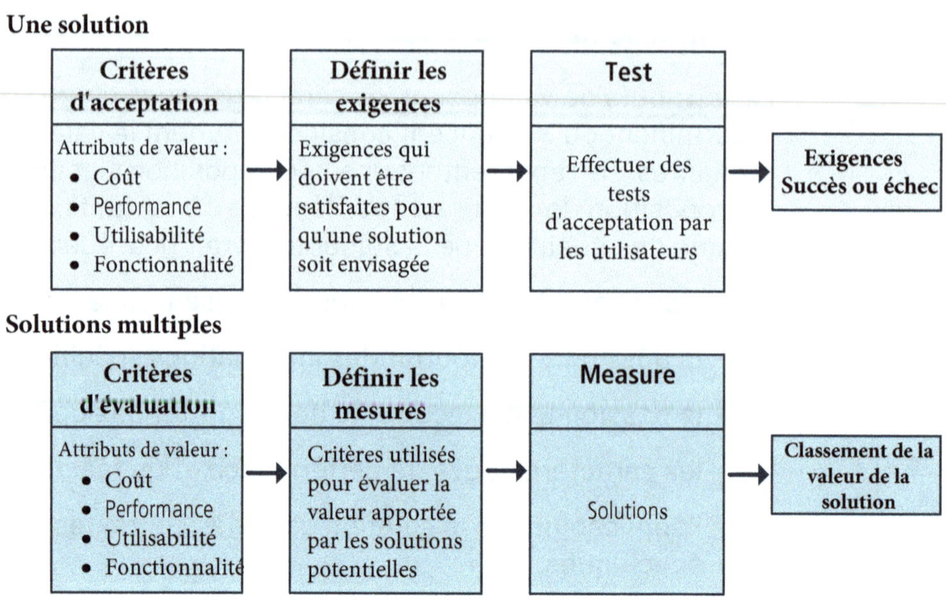

.2 Évaluation

Pour évaluer une solution avec des critères d'évaluation et d'acceptation, celle-ci doit être conçue dans un format mesurable.

Testabilité

Les critères d'acceptation sont exprimés sous une forme testable. Ce fonctionnement peut nécessiter la division des exigences en plus petites unités, de manière à pouvoir rédiger les scénarios de test en vue de vérifier la solution par rapport aux critères. Les critères d'acceptation sont présentés sous la forme d'énoncés qui peuvent être vérifiés comme vrais ou faux. Ceci est souvent réalisé par le biais de tests d'acceptation utilisateur (UAT).

Mesures

Les critères d'évaluation permettent de déterminer si les fonctionnalités fournissent la valeur nécessaire pour répondre aux besoins des parties prenantes. Les critères sont présentés comme des paramètres qui peuvent être mesurés en fonction d'une échelle continue ou discrète. La définition de chaque critère permet de mesurer la solution à l'aide de diverses méthodes telles que le benchmark ou le jugement d'experts. La définition de critères d'évaluation peut impliquer la conception d'outils et d'instructions pour effectuer l'évaluation, ainsi que l'enregistrement et le traitement des résultats.

10.1.4 Considérations d'utilisation

.1 Forces

- Les méthodologies agiles peuvent exiger que toutes les exigences soient exprimées sous la forme de critères d'acceptation testables.
- Des critères d'acceptation sont nécessaires lorsque les exigences énoncent des obligations contractuelles.
- Les critères d'acceptation offrent la possibilité d'évaluer les exigences sur la base de critères convenus.
- Les critères d'évaluation permettent d'évaluer les divers besoins en fonction des critères convenus tels que les fonctionnalités, les indicateurs communs, les benchmarks locaux ou mondiaux et les ratios convenus.
- Les critères d'évaluation favorisent l'obtention du retour sur investissement (ROI) prévu ou autre valeur potentielle spécifiée.
- Les critères d'évaluation aident à définir les priorités.

.2 Limites

- Les critères d'acceptation peuvent exprimer des obligations contractuelles, et s'avérer alors difficiles à modifier pour des raisons politiques ou légales.
- Il peut être difficile d'obtenir un accord rassemblant les différentes parties prenantes sur les critères d'évaluation pour différents besoins.

10.2 Gestion du Backlog

10.2.1 Finalité

Le backlog est établi afin d'enregistrer, de suivre et de prioriser les tâches en attente.

10.2.2 Description

Un backlog s'impose lorsque le volume de tâches à réaliser dépasse la capacité permettant de les réaliser.

La gestion du backlog se réfère à l'approche planifiée pour déterminer :

- les tâches qui doivent être expressément intégrées dans le backlog,
- la manière de décrire les tâches,
- la manière dont les tâches doivent être suivies,
- la manière dont chacune des tâches doit être vérifiée et priorisée régulièrement en lien avec l'ensemble du backlog,

- la manière dont les tâches sont sélectionnées pour être traitées, et
- la manière dont les tâches sont finalement supprimées du backlog.

Dans un backlog géré, les éléments en haut ont la valeur métier et la priorité la plus élevée. Il s'agit normalement des prochains éléments à traiter dans la liste.

Un examen périodique de l'ensemble du backlog devrait avoir lieu, car des changements dans les besoins et les priorités des parties prenantes peuvent nécessiter des changements de priorité de certains des éléments du backlog. Dans de nombreux environnements, le backlog est examiné à intervalles planifiés.

Les modifications du nombre d'éléments dans le backlog sont régulièrement surveillées. Les causes profondes de ces changements sont étudiées : un backlog croissant pourrait indiquer une augmentation de la demande ou une baisse de la productivité ; un backlog en baisse pourrait indiquer une baisse de la demande ou une amélioration dans le processus de production.

Il peut y avoir plus d'un backlog. Par exemple, un backlog peut être utilisé pour gérer un ensemble global d'éléments, alors qu'un second backlog peut être utilisé pour gérer les éléments qui doivent être travaillés dans un avenir très proche.

10.2.3 Éléments

.1 Éléments dans le backlog

Les éléments du backlog peuvent être n'importe quel type d'élément qui peut avoir un travail associé. Un backlog peut contenir, sans toutefois s'y limiter, n'importe quelle combinaison des éléments suivants :

- cas d'utilisation,
- récits utilisateurs (User Stories),
- exigences fonctionnelles,
- exigences non fonctionnelles,
- conceptions,
- commandes du client,
- éléments de risque,
- demandes de changements,
- défauts,
- remaniement prévu,
- maintenance,
- réalisation d'une présentation ou
- remplissage d'un document.

Un élément est ajouté au backlog s'il a de la valeur pour une partie prenante. Le pouvoir d'ajouter de nouvelles tâches au backlog peut appartenir à une seule personne, ou à un comité qui peut se réunir pour ajouter de nouveaux éléments une fois un consensus atteint. Dans certains cas, la responsabilité d'ajouter de nouveaux éléments peut être déléguée à l'analyste métier. Il peut également y avoir des politiques et des règles qui dictent ce qui doit être ajouté et quand, comme cela peut être le cas avec des défauts majeurs du produit.

.2 Priorisation

Les éléments du backlog sont priorisés les uns en fonction des autres. Au fil du temps, ces priorités évoluent avec les changements de priorités des parties prenantes ou lorsque des dépendances émergent entre les éléments du backlog . Les règles sur la gestion du backlog peuvent également avoir un impact sur la priorité.

Une approche de priorisation en plusieurs phases peut également être utilisée. Lorsque des éléments sont initialement ajoutées au backlog, la priorisation peut être moins spécifique avec des catégories telles que : élevé, moyen ou faible. Les éléments présentant la priorité la plus élevée sont généralement vérifiés plus fréquemment en raison de la proximité de leur traitement. Afin d'établir une différence entre les éléments à priorité élevée, une approche plus granulaire est adoptée afin de spécifier la priorité relative par rapport aux autres éléments de même priorité, comme un classement numérique basé sur une certaine mesure de la valeur.

.3 Estimation

Le niveau de détail utilisé pour décrire chaque élément du backlog peut varier considérablement. Les tâches situées en haut du backlog sont généralement décrites plus en détail, avec une estimation précise de leur complexité et ampleur relative destinée à déterminer le coût et les efforts requis pour les effectuer. Lorsqu'un élément est ajouté au départ, il ne comporte parfois que peu de détails - notamment si son traitement n'est pas programmé dans un avenir proche.

Un travail minimum est réalisé sur chaque tâche lorsque celles-ci se trouvent dans le backlog, mais suffisamment pour comprendre le travail requis pour les réaliser. Au fur et à mesure que le travail progresse sur d'autres éléments du backlog, la priorité relative d'un élément individuel peut augmenter, ce qui entraîne la nécessité de l'examiner et éventuellement de l'élaborer ou de le décomposer davantage afin de mieux comprendre et estimer sa taille et sa complexité.

Les retours du processus de production sur le coût et les efforts pour compléter les éléments précédents peuvent être utilisés pour affiner les estimations des éléments encore dans le backlog.

.4 Gestion des modifications du backlog

Les tâches remontent dans le backlog en fonction de leur priorité relative par rapport aux autres tâches du backlog. Lorsque des exigences nouvelles ou modifiées sont identifiées, elles sont ajoutées au backlog et ordonnées par rapport aux autres éléments déjà présents.

Dès que des capacités de travail surviennent, le backlog est consulté et les éléments sont sélectionnés en fonction de la capacité disponible, des dépendances entre les éléments, de la considération actuelle de l'ampleur et de la complexité.

Les éléments sont retirés du backlog lorsqu'ils sont terminés, ou si une décision a été prise de ne plus y travailler dessus. Cependant, les éléments supprimés peuvent être réajoutés au backlog pour diverses raisons, y compris :

- une évolution significative des besoins des parties prenantes,
- un traitement plus chronophage que prévu,
- un temps de traitement plus long que prévu pour d'autres éléments prioritaires, ou
- des anomalies constatées dans le produit.

10.2.4 Considérations d'utilisation

.1 Forces

- Une approche efficace pour répondre à l'évolution des besoins et des priorités des parties prenantes car les éléments suivants sélectionnés dans le backlog sont toujours alignés sur les priorités actuelles des parties prenantes.
- Seuls les éléments en haut du backlog sont élaborés et évalués en détail ; les éléments situés en bas reflètent des priorités inférieures et reçoivent moins d'attention et moins d'effort.
- Ce système peut représenter un moyen de communication efficace car les parties prenantes comprennent les tâches qui seront bientôt traitées, celles qui sont programmées plus tard et celles qui ne seront pas traitées avant un certain temps.

.2 Limites

- Les backlogs volumineux peuvent devenir lourds et difficiles à gérer.
- Il faut de l'expérience pour pouvoir décomposer le travail en suffisamment de détails pour une estimation précise.
- Un manque de détails dans les éléments du backlog peut entraîner la perte d'informations au fil du temps.

10.3 Balanced Scorecard

10.3.1 Finalité

Le tableau de bord prospectif (Balanced Scorecard) est utilisé pour gérer les performances dans n'importe quel modèle d'entreprise, structure organisationnelle ou processus métier.

10.3.2 Description

Le Balanced Scorecard est un outil de planification stratégique et de gestion utilisé pour mesurer la performance organisationnel au-delà des mesures financières traditionnelles. Il est axé sur les résultats et fournit une vision équilibrée d'une entreprise en mettant en œuvre le plan stratégique en tant que cadre actif d'objectifs et de mesures de la performance. Le principe sous-jacent de la Balanced Scorecard est le fait de comprendre, de mesurer et d'optimiser les moteurs de création de la valeur en vue de créer une performance durable.

La Balanced Scorecard est composé de quatre dimensions :

- Apprentissage et croissance,
- Processus métier,
- Client et
- Financier.

La Balanced Scorecard comprend des objectifs tangibles, des mesures précises et des résultats ciblés découlant de la vision et de la stratégie d'une organisation. Les Balanced Scorecard peuvent être utilisés à plusieurs niveaux au sein d'une organisation, Cela inclut à l'échelle de l'entreprise (niveau macro), au niveau du département ou fonctionnel, et même au niveau d'un projet ou d'une initiative.

Figure 10.3.1: Balanced Scorecard

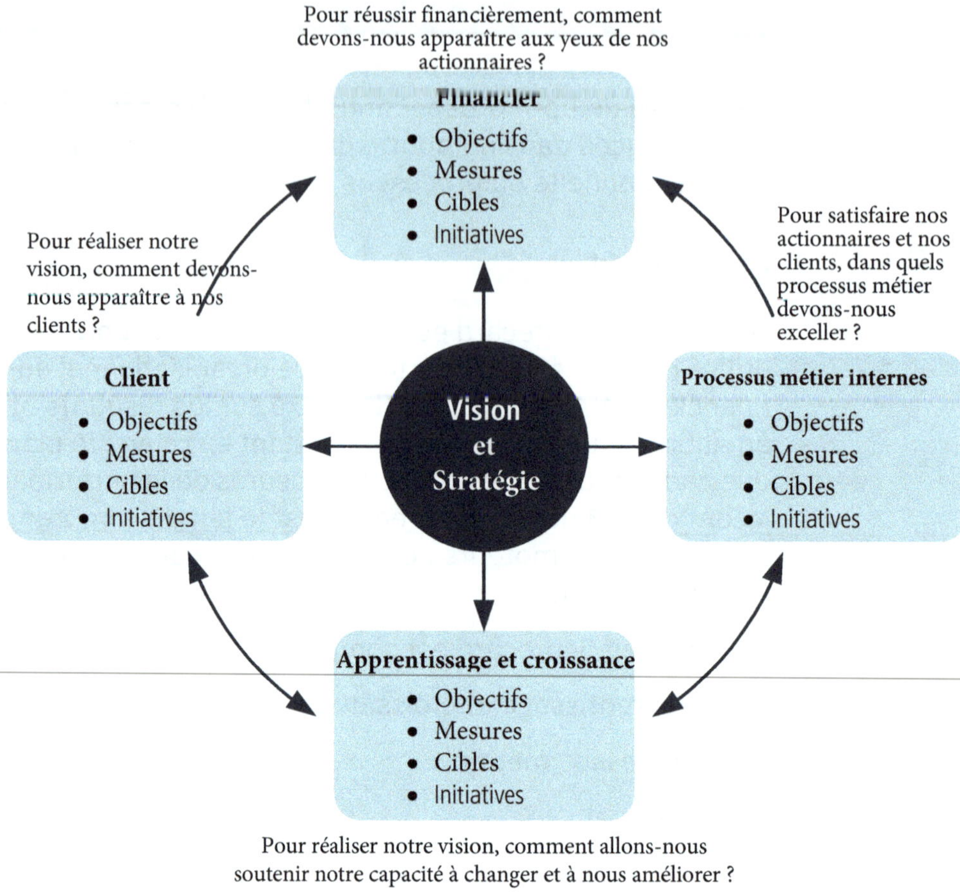

10.3.3 Éléments

.1 Dimension d'apprentissage et de croissance

La dimension d'apprentissage et de croissance comprend des indicateurs concernant la formation et l'apprentissage des employés, l'innovation en matière de service et de produit ainsi que la culture d'entreprise. Les indicateurs guident l'utilisation des fonds de formation, du mentorat, du partage des connaissances et des améliorations technologiques.

.2 Dimension du processus métier

La dimension processus métier comprend des paramètres qui indiquent comment l'entreprise fonctionne et si ses produits répondent aux besoins des clients.

.3 Dimension du client

La dimension Client comprend des indicateurs sur l'orientation clients, la satisfaction et l'apport de valeur. Ces indicateurs permettent de déterminer dans quelle mesure les besoins des clients sont satisfaits, dans quelle mesure ils sont satisfaits des produits et services, si la livraison de ces produits et services répond à leurs attentes en matière de qualité et à leur expérience globale avec l'entreprise.

.4 Dimension financière

La dimension financière identifie ce qui est nécessaire d'un point de vue financier pour réaliser la stratégie. Parmi les exemples d'indicateurs financiers se trouvent la rentabilité, la croissance des revenus et la valeur ajoutée (économique).

.5 Mesures ou Indicateurs

Il existe deux types de mesures ou d'indicateurs de base : des indicateurs retardés qui fournissent des résultats de la performances des actions déjà réalisées et des indicateurs de avancés qui fournissent des informations sur les performances futures.

Les objectifs présentent généralement des indicateurs retardés, mais l'utilisation d'indicateurs avancés connexes peut offrir des informations plus actualisées sur la performance.

10.3.4 Considérations d'utilisation

Afin de garantir l'utilisé des mesures, celles-ci doivent être quantitatives, reliées à la stratégie et faciles à comprendre pour les parties prenantes. Lorsqu'il définit les mesures, l'analyste métier tient compte d'autres mesures pertinentes en place et veille à ce que les mesures nouvelles ou modifiées n'entraînent aucun effet négatif sur les mesures existantes. Toutes les dimensions de la Balanced Scorecard peuvent en permanence être actives, changées et évoluées. Chaque dimension affecte et est affectée par les autres. La Balanced Scorecard permet à l'organisation d'établir une surveillance et de mesurer les progrès en lien avec des objectifs, et d'adapter la stratégie si nécessaire.

Dans la mesure où ce tableau est utilisé pour évaluer la performance de l'entreprise ou d'une unité opérationnelle au sein de l'entreprise, les changements apportés aux mesures peuvent entraîner une incidence de grande envergure. Ils doivent donc être communiqués clairement et gérés avec précaution.

.1 Forces

- La Balanced Scorecard favorise une planification et un raisonnement holistiques et équilibrés.

- Les objectifs à court, moyen et long terme peuvent être harmonisés en programmes avec des mesures de réussite progressives.
- Les équipes stratégiques, tactiques et opérationnelles sont plus facilement alignées dans leur travail.
- Ce système encourage le progrès et la compétitivité.

.2 Limites

- Un manque de stratégie claire rend difficile l'alignement des dimensions.
- La Balanced Scorecard peut être considéré comme le seul outil de planification stratégique au lieu d'un simple outil à utiliser parmi un ensemble d'outils de planification stratégique.
- Peut être mal interprétée comme un substitut à la planification, l'exécution et la mesure stratégiques.

10.4 Analyse comparative et analyse de marché

10.4.1 Finalité

L'analyse comparative et l'analyse du marché sont réalisées dans le but d'améliorer les opérations organisationnelles, accroître la satisfaction des clients ainsi que la valeur pour les parties prenantes.

10.4.2 Description

Les études comparatives sont menées pour comparer les pratiques organisationnelles aux meilleures pratiques en vigueur. Les meilleures pratiques peuvent être trouvées dans des entreprises concurrentes, des gouvernements ou dans des associations professionnelles. Le but de l'analyse comparative est d'évaluer la performance de l'entreprise et de s'assurer que l'entreprise fonctionne efficacement. L'analyse comparative peut également être effectuée par rapport à une normes à des fins de conformité. Les résultats de l'analyse comparative peuvent entraîner un changement dans une organisation.

L'analyse de marché implique la recherche de clients afin de déterminer les produits et les services dont ils ont besoin ou qui leur sont destinés, les facteurs qui influencent leurs décisions d'achat et les concurrents qui existent sur le marché. L'objectif de l'analyse de marché est d'acquérir des informations afin d'appuyer les différents processus décisionnels au sein d'une organisation. L'analyse de marché peut également aider à déterminer quand sortir d'un marché. Elle peut être utilisé pour déterminer si un partenariat, une fusion ou une cession serait une solution de rechange viable pour une entreprise.

10.4.3 Éléments

.1 Évaluation comparative

L'analyse comparative comprend :

- l'identification des domaines à étudier,
- la détermination des entreprises leaders dans le secteur (notamment les concurrents),
- la réalisation d'un sondage auprès des entreprises sélectionnées afin de comprendre leurs pratiques,
- l'utilisation d'une demande d'information (RFI) afin de recueillir des informations concernant les capacités,
- l'organisation de visites dans les meilleures organisations,
- l'établissement des écarts entre les pratiques actuelles et recommandées, et
- le développement d'une proposition de projet pour la mise en œuvre des pratiques recommandées.

.2 Analyse du marché

L'analyse du marché exige des analystes métier de :

- identifier les clients et comprendre leurs préférences,
- identifier les opportunités susceptibles d'accroître la valeur pour les parties prenantes,
- identifier les concurrents et enquêter sur leurs opérations,
- rechercher des tendances sur le marché, anticiper le taux de croissance et estimer la rentabilité potentielle,
- définir des stratégies commerciales appropriées,
- recueillir des données sur le marché,
- utiliser les ressources existantes telles que les registres de l'entreprise, les travaux de recherche et les livres et appliquer ces informations aux questions qui sont posées, et
- examiner les données pour déterminer les tendances et tirer des conclusions.

10.4.4 Considérations d'utilisation

.1 Forces

- L'analyse comparative fournit des informations sur les méthodes, les idées et les outils, nouveaux et différents, permettant d'améliorer la performance organisationnel.

- Une organisation peut utiliser l'analyse comparative pour identifier les meilleures pratiques de ses concurrents en vue de les égaler ou de les dépasser.
- L'analyse comparative identifie la raison pour laquelle les entreprises similaires réussissent, ainsi que les processus utilisés pour y parvenir.
- L'analyse de marché peut cibler des groupes spécifiques et peut être adaptée pour répondre à des questions précises.
- L'analyse du marché peut exposer les faiblesses d'une entreprise ou d'un secteur.
- L'analyse du marché peut identifier des différences dans les offres de produits et les services offerts par un concurrent.

.2 Limites

- L'analyse comparative est chronophage, et les organisations ne disposent pas toujours de l'expertise requise pour réaliser l'analyse et interpréter les résultats correctement.
- L'analyse comparative ne peut aboutir à la production de solutions innovantes ou de solutions offrant un avantage concurrentiel durable, car elle implique l'évaluation de solutions qui se sont révélées efficaces ailleurs dans le but de les reproduire.
- L'analyse du marché peut prendre beaucoup de temps et coûter cher, et les résultats peuvent ne pas être immédiatement disponibles.
- Sans segmentation du marché, il se peut que l'analyse du marché ne produise pas les résultats escomptés ou qu'elle fournisse des données incorrectes sur les produits ou les services d'un concurrent.

10.5 Brainstorming

10.5.1 Finalité

Le brainstorming est un excellent moyen de stimuler la réflexion créative sur un problème. Le but du brainstorming est de produire de nombreuses idées nouvelles et d'en tirer des thèmes pour une analyse plus approfondie.

10.5.2 Description

Le brainstorming est une technique destinée à produire un ensemble large ou varié d'options.

Il permet de répondre à des questions spécifiques telles que (sans s'y limiter) :

- Quelles sont les options disponibles pour résoudre le problème qui se pose?
- Quels sont les facteurs qui empêchent le groupe d'aller de l'avant avec une approche ou une option?
- Qu'est-ce qui pourrait entraîner un retard dans l'activité 'A'?
- Que peut faire le groupe pour résoudre le problème 'B'?

Le brainstorming travaille en se concentrant sur un sujet ou un problème et en y apportant de nombreuses solutions possibles. Cette technique est mieux appliquée en groupe puisqu'elle s'appuie sur l'expérience et la créativité de tous les membres du groupe. En l'absence de groupe, on pourrait faire le ménage seul pour susciter de nouvelles idées. Pour accroître la créativité, les participants sont encouragés à utiliser de nouvelles manière d'envisager les choses et à associer librement leurs idées dans toutes les directions. Lorsqu'il est facilité correctement, le brainstorming peut être amusant, stimulant et productif.

Figure 10.5.1: Brainstorming

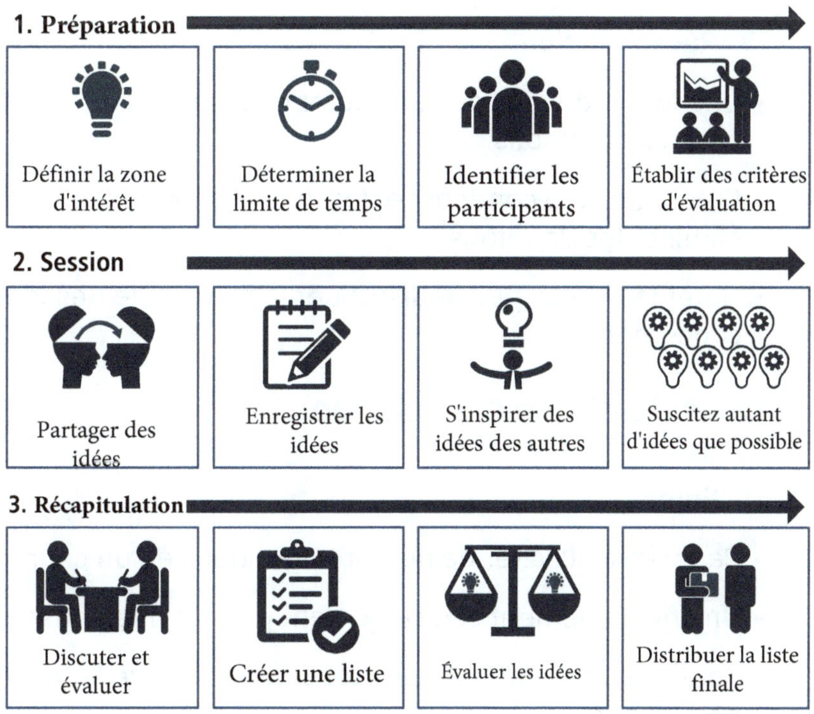

10.5.3 Éléments

.1 Préparation

- Élaborer une définition claire et concise du domaine d'intérêt.

- Déterminer une limite de temps pour que le groupe génère des idées; plus le groupe est grand, plus il faut de temps.
- Identifier le facilitateur et les participants à la session (viser six à huit participants qui représentent un éventail de contextes et d'expérience avec le sujet).
- Définir les attentes avec les participants et obtenir leur adhésion dans le processus.
- Établir les critères d'évaluation et de notation des idées.

.2 Séance

- Partager de nouvelles idées sans discuter, critiquer ou évaluer.
- Enregistrer visiblement toutes les idées.
- Encourager les participants à se montrer créatifs, à partager leurs idées même excessives et à se baser sur les idées des autres.
- Ne limiter pas le nombre d'idées car l'objectif est d'en susciter autant que possible dans le laps de temps.

.3 Récapitulation

- Une fois le délai écoulé, discuter des idées et les évaluer à l'aide des critères préétablis.
- Créer une liste condensée des idées, les associer lorsque cela s'impose et éliminer les doublons.
- Noter les idées, puis redistribuer la liste finale des idées aux parties concernées.

10.5.4 Considérations d'utilisation

.1 Forces

- Capacité à susciter de nombreuses idées en un court laps de temps.
- Un environnement sans jugement permet une pensée créative.
- Peut être utile pendant un atelier pour réduire la tension entre les participants.

.2 Limites

- La participation dépend de la créativité individuelle et de la volonté de participer.
- Les politiques organisationnelles et interpersonnelles peuvent limiter la participation globale.

- Les participants doivent accepter de ne pas débattre des idées soulevées au cours du brainstorming.

10.6 Analyse des capacités métier

10.6.1 Finalité

L'analyse de capacité métier fournit un cadre permettant d'établir la portée et de planifier en générant une compréhension partagée des résultats, en cernant l'alignement avec la stratégie et en fournissant une portée ainsi qu'un filtre de priorisation.

10.6.2 Description

L'analyse des capacités métier décrit ce que peut faire une entreprise ou une partie d'une entreprise. Les capacités sont les aptitudes d'une entreprise à réaliser ou à transformer un élément en vue d'atteindre un but ou un objectif métier. Les capacités peuvent être évaluées en terme de performance et de risques associés pour identifier les écarts de rendement spécifiques et établir des priorités en matière d'investissement. De nombreuses activités de développement de produit constituent une tentative d'améliorer la performance d'une capacité métier existante ou d'en obtenir une nouvelle. Tant qu'une entreprise continue à remplir des fonctions similaires, les capacités requises par l'entreprise doivent rester constantes, même si la méthode d'exécution de ces capacités subit un changement significatif.

10.6.3 Éléments

.1 Capacités

Les capacités sont les aptitudes d'une entreprise à réaliser ou à transformer un élément en vue d'atteindre un but ou un objectif métier. Elles décrivent le but ou le résultat de la performance ou de la transformation, et non la manière dont la performance ou la transformation est réalisée. Chaque capacité se trouve une seule et unique fois sur une carte de capacité, même si elle est commune à plusieurs unités opérationnelles.

.2 Utilisation des capacités

Les capacités impactent la valeur en augmentant ou en protégeant les revenus, en réduisant ou en empêchant les coûts, en améliorant le service, en atteignant la conformité ou en positionnant l'entreprise pour l'avenir. Toutes ne possèdent pas le même niveau de valeur. Il existe différents outils qui peuvent être utilisés pour faire apparaître la valeur dans l'évaluation d'une capacité.

.3 Attentes en matière de performance

Les capacités peuvent être évaluées afin de déterminer des attentes explicites en matière de performance. Lorsqu'une capacité est destinée à être améliorée, un écart de performance spécifique peut être identifié. L'écart de performance est la différence entre la performance actuelle et la performance souhaitée, compte tenu de la stratégie d'entreprise.

.4 Modèle de risque

Les capacités ne présentent pas de risque en elles-mêmes. Ceux-ci se trouvent dans la réalisation de la capacité, ou l'absence de réalisation.

Ces risques entrent dans les catégories d'activités habituelles :

- risque professionnel,
- risque technologique,
- risque organisationnel, et
- risque de marché.

.5 Planification stratégique

Les capacités métier concernant l'état actuel et l'état futur d'une entreprise peuvent être utilisées afin de déterminer la direction à prendre pour réaliser sa stratégie. Une évaluation des capacités opérationnelles peut produire un ensemble de recommandations ou de propositions de solutions. Cette information constitue la base d'une stratégie produit et sert de guide pour la planification de la mise en œuvre. Au niveau stratégique, les capacités doivent soutenir une entreprise en établissant et en maintenant un avantage concurrentiel durable et une proposition de valeur distincte.

.6 Cartes des capacités

Les cartes de capacités fournissent une vue graphique des éléments impliqués dans l'analyse des capacités de métier. Les exemples suivants montrent un élément d'une carte de capacités dans le cadre d'un réseau de capacités plus important.

Il n'y a pas de standard défini pour la notation des cartes de capacités. Les images suivantes montrent deux méthodes différentes pour créer une carte de capacité. Les deux premières images représentent le premier exemple, et la troisième image est le second exemple.

Figure 10.6.1: Exemple 1 de carte de capacités, avec une cellule

Figure 10.6.2: Exemple 1 de carte de capacités

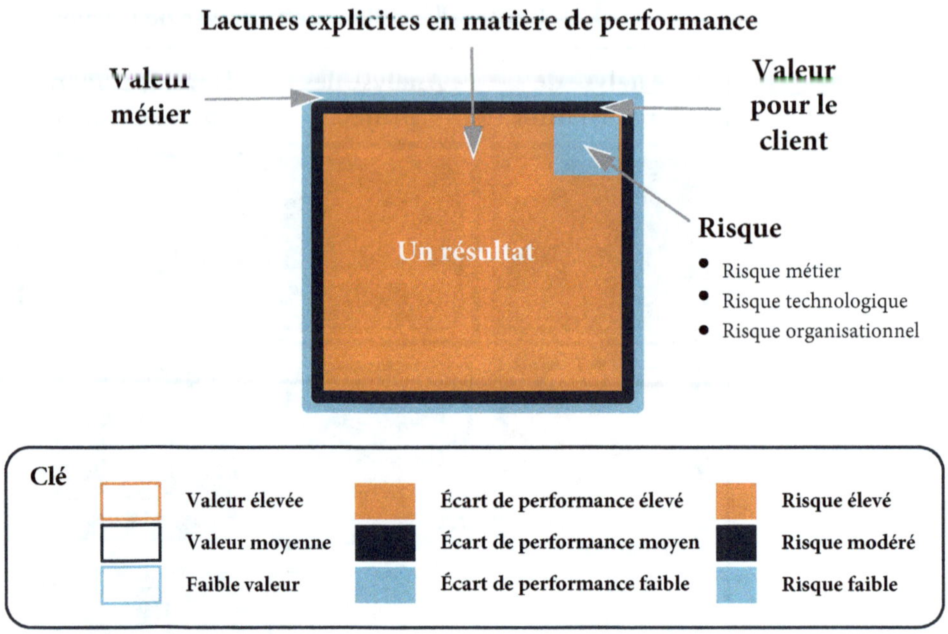

Figure 10.6.3: Exemple 2 de carte de capacités

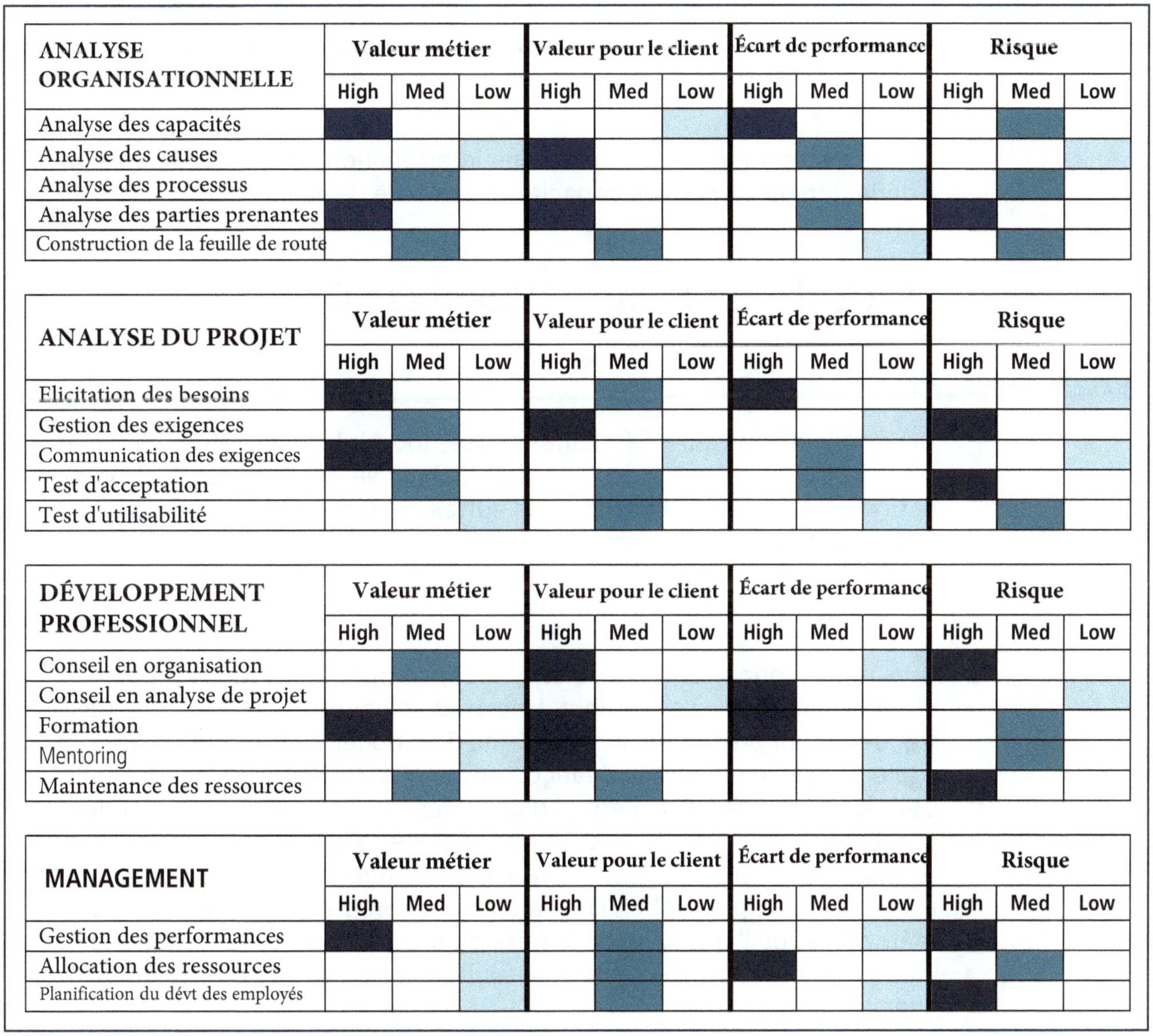

10.6.4 Considérations d'utilisation

.1 Forces

- Les cartes offrent une articulation partagée des résultats, de la stratégie et de la performance, contribuant à créer des initiatives très centrées et alignées.
- Elles permettent d'aligner les initiatives métier dans plusieurs aspects de l'organisation.
- Elles sont utiles pour évaluer la capacité d'une organisation à offrir de nouveaux produits et services.

.2 Limites

- L'organisation doit se mettre d'accord pour collaborer sur ce modèle.
- Lorsqu'elles sont créées de manière unilatérale ou en vase clos, elles ne peuvent respecter les objectifs d'alignement et de compréhension partagée.
- Elles nécessitent une collaboration interfonctionnelle étendue dans la définition du modèle de capacité et du cadre de valeur.

10.7 Étude d'opportunité (Business Case)

10.7.1 Finalité

Une étude d'opportunité (Business Case) fournit la justification d'un plan d'action basé sur les bénéfices à tirer de l'utilisation de la solution proposée, par rapport au coût, à l'effort et à d'autres considérations relatives à son acquisition et son utilisation.

10.7.2 Description

Une étude d'opportunité (Business Case) comprend les raisons d'entreprendre un changement. Une étude d'opportunité (Business Case) est fréquemment présentée sous la forme d'un document formel, mais peut également être présentée de façon informelle. Le temps et les ressources utilisés dans le cadre de l'étude d'opportunité (Business Case) devraient être proportionnels à la taille et à l'importance de sa valeur potentielle. L'étude d'opportunité (Business Case) fournit suffisamment de détails pour informer et demander l'approbation sans ajouter de complexité spécifique à la méthode et/ou l'approche de la mise en œuvre. Elle peut aussi être le catalyseur d'une ou de nombreuses initiatives en vue de mettre en œuvre le changement.

L'étude d'opportunité (Business Case) est utilisée pour :

- définir le besoin,
- déterminer les résultats souhaités,
- évaluer les contraintes, les hypothèses et les risques, et
- recommander une solution.

10.7.3 Éléments

.1 L'évaluation des besoins

Le besoin est le moteur de l'étude d'opportunité (Business Case). C'est le but ou l'objectif métier pertinent qui doit être satisfait. Les objectifs sont liés à une ou plusieurs stratégies de l'entreprise. L'évaluation du besoin permet d'identifier le problème ou l'opportunité potentielle. Tout au long de l'élaboration de l'étude d'opportunité, différentes solutions de rechange pour résoudre le problème ou tirer parti de cette opportunité seront évaluées.

.2 Résultats souhaités

Les résultats souhaités décrivent l'état qui devrait en résulter si le besoin est satisfait. Ils doivent inclure des résultats mesurables qui peuvent être utilisés pour déterminer le succès de l'étude d'opportunité ou de la solution. Les résultats souhaités doivent être reconsidérés lors des jalons définis et à l'achèvement de l'initiative (ou des initiatives) afin de compléter l'étude d'opportunité. Ils doivent également être indépendants de la solution recommandée. Lorsque les options de la solution sont évaluées, leur capacité à atteindre les résultats souhaités permet de déterminer la solution recommandée.

.3 Évaluation des alternatives

L'étude d'opportunité (Business Case) identifie et évalue diverses solutions alternatives. Les alternatives peuvent inclure (sans s'y limiter) différentes technologies, processus ou modèles d'entreprise. Les alternatives peuvent également comprendre les différentes façons d'acquérir ces éléments ainsi que les différentes options de délai. Elles seront affectées par des contraintes telles que le budget, le calendrier et la réglementation. L'alternative de «ne rien faire» doit être évaluée et envisagée pour la solution recommandée.

Chaque alternative doit être évaluée en termes de :

- ***Portée***: définit l'alternative proposée. La portée peut être définie à l'aide de limites organisationnelles, limites de système, processus métier, gamme de produits ou régions géographiques. Les énoncés de portée définissent clairement ce qui sera inclus et ce qui sera exclu. La portée des différentes alternatives peut être similaire ou présenter des recoupements, mais également différer selon les solutions.
- ***Faisabilité***: La faisabilité organisationnelle et technique doit être évaluée pour chaque alternative. Elle comprend les connaissances, les compétences et les capacités organisationnelles, ainsi que la maturité technique et l'expérience dans les technologies proposées.
- ***Hypothèses, risques et contraintes***: Les hypothèses sont des faits reconnus qui peuvent avoir une influence sur l'initiative. Les contraintes sont des limites qui peuvent restreindre les alternatives possibles. Les

risques sont des problèmes potentiels qui peuvent avoir un impact négatif sur la solution. Le fait d'accepter et de documenter ces facteurs simplifie la mise en place d'attentes réalistes ainsi qu'une compréhension partagée par les parties prenantes.

Pour plus d'informations, voir Analyse financière (p. 337).

- ***Analyse financière et évaluation de la valeur***: L'analyse financière et l'évaluation de la valeur comprennent une estimation des coûts pour mettre en œuvre et gérer l'alternative, ainsi qu'un avantage financier quantifié de la mise en œuvre de l'alternative. Les bénéfices de nature non financière (tels que l'amélioration du moral du personnel, une flexibilité accrue pour réagir au changement, l'amélioration de la satisfaction de la clientèle ou la réduction à l'exposition au risque) sont également importants et apportent une valeur ajoutée importante à l'organisation. Les estimations de la valeur sont liées aux buts et aux objectifs stratégiques.

.4 Solution recommandée

La solution recommandée décrit la manière la plus souhaitable de résoudre le problème ou de tirer parti de l'opportunité. La solution est décrite en détail pour que les décideurs puissent comprendre la solution et déterminer si la recommandation sera mise en œuvre. La solution recommandée peut également inclure certaines estimations de coût et de durée pour la mise en œuvre de la solution. Les résultats/bénéfices mesurables seront repérés afin de permettre aux parties prenantes d'évaluer la performance et la réussite de la solution suite à l'implémentation et au cours de son fonctionnement.

10.7.4 Considérations d'utilisation

.1 Forces

- Les étude d'opportunité offrent un ensemble de faits, de problèmes et d’analyses complexes, nécessaires afin de prendre des décisions au sujet du changement.
- Elles fournissent une analyse financière détaillée des coûts et des bénéfices.
- Elles orientent la prise de décision tout au long de l'initiative.

.2 Limites

- Les étude d'opportunité peuvent être pollués par les a priori des auteurs.
- Souvent, elles ne’ sont pas mises à jour une fois que le financement de l’initiative est assuré.
- Elles contiennent des hypothèses concernant les coûts et les bénéfices, qui peuvent s'avérer invalides après une analyse plus poussée.

10.8 Business Model Canvas

10.8.1 Finalité

Le Business Model Canvas décrit la manière dont une entreprise créé, réalise et récupère de la valeur pour et par le biais de ses clients.

10.8.2 Description

Un Business Model Canvas est composé de neuf blocs de construction qui décrivent comment une organisation a l'intention de créer de la valeur :

- Partenariats clés,
- Activités clés,
- Ressources clés,
- Proposition de valeur,
- Relations clients,
- Canaux,
- Segments de clientèle,
- Structure des coûts, et
- Flux de revenus.

Ces éléments constitutifs sont organisés sous la forme d'un canevas, qui montre la relation entre les opérations, la finance, les clients et les offres de l'organisation. Ce canevas sert également de plan détaillé pour la mise en œuvre d'une stratégie.

Figure 10.8.1: Business Model Canvas

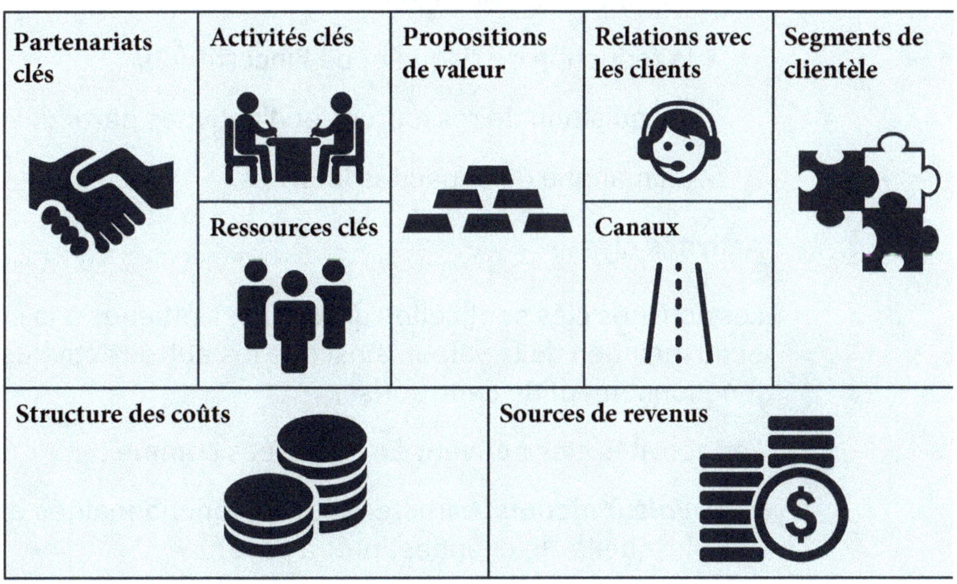

Un Business Model Canvas peut être utilisé comme un outil de diagnostic et de planification concernant la stratégie et une initiative. En tant qu'outil de diagnostic, les différents éléments du canevas sont utilisés comme une lentille sur l'état actuel du métier (ou de l'entreprise), notamment en ce qui concerne les quantités relatives d'énergie, de temps et de ressources que l'organisation investit actuellement dans divers domaines. En tant qu'outil de planification et de surveillance, le canevas peut servir de guide et de cadre pour comprendre les interdépendances et les priorités entre les groupes et les initiatives.

Un Business Model Canvas permet de relier des programmes, des projets, et d'autres initiatives (comme le recrutement ou la rétention de talents) à la stratégie de l'entreprise. À ce titre, le canevas peut être utilisé pour voir où l'entreprise investit, où une initiative particulière s'inscrit, et toute initiative connexe.

Un canevas peut également être utilisé pour montrer les endroits où les efforts des différents départements et groupes de travail correspondent à la stratégie globale de l'entreprise.

.1 Éléments

Partenaires clés

Les partenariats clés comprennent généralement un certain degré de partage des informations exclusives, notamment les technologies. Dans certains cas, un partenariat clé efficace peut conduire à des relations plus formalisées telles que des fusions et des acquisitions.

Parmi les bénéfices à s'impliquer dans un partenariat clés se trouvent :

- l'optimisation et l'économie,
- la réduction du risque et de l'incertitude,
- l'acquisition de ressources et d'activités particulières, et
- un manque de capacités internes.

Activités clés

Les activités clés sont celles qui sont essentielles à la création, à la livraison et au maintien de la valeur, ainsi que les autres activités qui supportent le fonctionnement de l'entreprise.

Les activités clés peuvent être classées comme :

- ***Valeur ajoutée***: caractéristiques, fonctionnalités et activités pour lesquelles le client est prêt à payer.
- ***Absence de valeur ajoutée***: aspects et activités pour lesquels le client n'est pas disposé à payer.
- ***Absence de valeur ajoutée au métier***: caractéristiques devant être intégrées à l'offre, activités réalisées pour respecter les réglementations, et autres besoins ou coûts associés au

fonctionnement de l'entreprise, pour lesquels le client n'est pas disposé à payer.

Ressources clés

Les ressources sont les actifs nécessaires à l'exécution d'un Business Model. Elles peuvent différer selon celui-ci.

Les ressources peuvent être classées comme :

- ***Physique***: applications, lieux et machines.
- ***Financier***: ce qui est nécessaire pour financer un modèle métier (Business Model), comme la trésorerie et les marges de crédit.
- ***Intellectuel***: tout aspect propriétaire qui permet à un modèle métier (Business Model) de prospérer, tels que la connaissance, les brevets et les droits d'auteur, les bases de données clients et la marque.
- ***Humain***: les personnes nécessaires à l'exécution d'un modèle métier (Business Model) particulier.

Proposition de valeur

Une proposition de valeur représente ce que le client est prêt à échanger contre la satisfaction de ses besoins. La proposition peut consister en un seul produit ou service, ou peut être constituée d'un ensemble de produits et de services regroupés pour répondre aux besoins d'un client ou d'un segment de clientèle afin de les aider à résoudre leur problème.

Relations clients

Les relations client sont généralement classées en tant qu'acquisition et rétention de client. Les méthodes utilisées pour établir et maintenir les relations client varient selon le niveau d'interaction souhaité et la méthode de communication. Par exemple, certaines relations peuvent être hautement personnalisées, tandis que d'autres sont automatisées et sont favorables à une approche en libre-service. Les relations peuvent également être formelles ou informelles.

Les organisations interagissent avec leurs clients de différentes manières selon la relation qu'elles souhaitent établir et entretenir.

Canaux

Les canaux sont les différentes manières pour une entreprise d'interagir avec et d'offrir une valeur à ses clients. Certains canaux sont très axés sur la communication (comme le canal marketing), tandis que d'autres se concentrent sur la livraison (comme le canal de distribution). Parmi les autres exemples, citons les canaux de vente et les canaux de partenariat.

Les entreprises utilisent les canaux afin de :

- sensibiliser la population à leurs offres,
- aider les clients à évaluer la proposition de valeur,
- permettre aux clients d'acheter un bien ou un service
- aider l'entreprise à réaliser la proposition de valeur, et
- offrir une assistance.

Comprendre les canaux implique d'identifier les processus, les procédures, les technologies, les intrants et extrants (et leur impact actuel), en plus de comprendre la relation entre les différents canaux et les stratégies de l'organisation.

Segments de clients

Les segments de clientèle regroupent les clients avec des besoins et des attributs communs afin que l'entreprise puisse répondre de façon plus efficace et efficiente aux besoins de chaque segment.

Une organisation au sein d'une entreprise peut envisager de définir et de cibler des segments de clients distincts en se basant sur :

- des besoins différents pour chaque segment,
- une rentabilité qui varie d'un segment à l'autre,
- des canaux de distribution différents, et
- la création et le maintien des relations clients.

Structure des coûts

Chaque entité, produit ou activité au sein d'une entreprise a un coût associé. Les entreprises cherchent à réduire, minimiser ou éliminer les coûts partout où cela est possible. Le fait de réduire les coûts peut accroître la rentabilité d'une organisation et permettre de réutiliser les fonds d' une autre manière afin de créer de la valeur pour l'organisation et les clients. Il est donc essentiel de comprendre le type de modèle d'affaires, les différences des types de coûts et leur impact, et l'endroit où l'entreprise concentre ses efforts pour réduire les coûts.

Flux de revenus

Un flux de revenus représente une manière ou une méthode grâce à laquelle les revenus arrivent dans une entreprise à partir de chaque segment de clientèle, en échange de la réalisation d'une proposition de valeur. Il existe deux façons élémentaires de générer des revenus pour une entreprise : les revenus résultant de l'achat ponctuel d'un bien ou d'un service et les revenus récurrents issus de paiements périodiques pour un bien, un service ou un support continu.

Voici certains types de sources de revenus :

- ***Frais de licence ou d'abonnement***: le client paie le droit d'accéder à un actif particulier, soit sous forme de frais ponctuels ou de frais récurrents.
- ***Frais de transaction ou d'utilisation***: le client paie chaque fois qu'il utilise un bon ou un service.
- ***Ventes***: le client bénéficie des droits de propriété sur un produit spécifique.
- ***Prêt, Location ou Crédit-bail*** : le client a des droits temporaires d'utilisation d'un actif.

.2 Considérations d'utilisation

Forces

- Il s'agit d'un cadre efficace et largement répandu, qui peut être utilisé afin de comprendre et d'optimiser les modèles d'affaires (business models).
- Il est simple à utiliser et facile à comprendre.

Limites

- Il ne prend pas en compte les mesures de valeur alternatives comme les effets sociaux et environnementaux.
- Le fait de se concentrer principalement sur les propositions de valeur n'offre pas une visibilité holistique pour la stratégie métier.
- Le canevas ne comprend pas l'objectif stratégique de l'entreprise.

10.9 Analyse des règles métier

10.9.1 Finalité

L'analyse des règles métier sert à identifier, exprimer, valider, affiner et organiser les règles qui façonnent le comportement quotidien de l'entreprise et guident la prise de décision opérationnelle.

10.9.2 Description

Les politiques d'entreprise et les règles métier guident le fonctionnement quotidien de l'entreprise et de ses processus et déterminent les décisions opérationnelles de l'entreprise. Une politique d'entreprise est une directive visant à contrôler, influencer ou réglementer de manière générale les actions d'une entreprise et de ses collaborateurs. Une règle métier est une directive spécifique et testable qui sert de critère pour guider les comportements, façonner les jugements ou prendre des décisions. Une règle métier doit être praticable (sans plus d'interprétation pour être utilisée par des personnes dans l'entreprise) et est toujours sous le contrôle de l'entreprise.

L'analyse des règles métier implique leur saisie à partir de sources, leur expression claire, une validation avec les parties prenantes, un affinage afin de les aligner au mieux sur les objectifs métier et une organisation afin qu'elles puissent être gérées et réutilisées efficacement. Les sources des règles métier peuvent être explicites (par exemple, des politiques, des réglementations ou des contrats commerciaux documentés) ou tacites (par exemple, le savoir-faire non documenté des parties prenantes, les pratiques généralement acceptées ou les normes de la culture d'entreprise). Les règles métier doivent être explicites, spécifiques, claires, accessibles et uniques. Les principes de base des règles métier sont les suivants :

- elles doivent être basées sur le vocabulaire métier standard afin de permettre aux experts du domaine de les valider,
- elles doivent être exprimées distinctement de la manière dont elles seront mises en application,
- elles doivent être définies au niveau atomique et sous une forme déclarative,
- elles doivent être séparées des processus qu'elles soutiennent ou limitent,
- elles doivent être reliées aux décisions qu'elles soutiennent ou limitent, et
- elles doivent être conservées de sorte à pouvoir être surveillées et adaptées à mesure que la configuration de l'entreprise évolue.

Un ensemble de règles permettant de prendre une décision opérationnelle peut être exprimé sous la forme d'une table de décision ou d'un arbre de décision, comme décrit dans Analyse des décisions (p. 320). Le nombre de règles compris dans un tel ensemble peut être important, avec un niveau élevé de complexité.

10.9.3 Éléments

Les règles métier exigent une utilisation cohérente des termes métier, un glossaire des définitions des concepts métier sous-jacents, et une compréhension des liens structurels entre les concepts. On conseille souvent de réutiliser la terminologie existante à partir d'associations professionnelles externes ou de glossaires métier internes. Parfois, les définitions et les structures de dictionnaires de données ou de modèles de données peuvent être utiles (voir Dictionnaire de données (p. 303) et Modélisation des données (p. 315)). Les règles métier doivent être exprimées et gérées indépendamment de toute technologie de mise en œuvre puisqu'elles doivent être disponibles pour les collaborateurs métier de référence. De plus, elles sont parfois exécutées sur plusieurs plateformes ou composants logiciel. Ces règles font souvent l'objet d'exceptions, et celles-ci doivent être traitées en tant que règles métier supplémentaires. Les règles métier existantes doivent être remises en question pour s'assurer de leur alignement avec les objectifs métier et qu'elles restent pertinentes, en particulier lorsque de nouvelles solutions émergent.

.1 Règles de définition

Des règles de définition façonnent des concepts, ou produisent des connaissances ou de l'information. Elles indiquent quelque chose qui est nécessairement vrai (ou inexact) sur un concept, complétant ainsi leur définition. Contrairement aux règles comportementales qui concernent l'attitude des personnes, les règles de définition représentent les connaissances opérationnelles de l'organisation. Les règles de définition ne peuvent pas être enfreintes, mais elles peuvent être mal appliquées. L'exemple suivant illustre une règle de définition :

> *Un client doit être considéré comme un client privilégié s'il passe plus de 10 commandes par mois.*

Les règles de définition imposent souvent la manière dont les informations peuvent être recueillies, déduites ou calculées sur la base des informations disponibles dans l'entreprise. Une déduction ou un calcul peut être le résultat de plusieurs règles, chacune se basant sur un élément déduit ou calculé par une ou plusieurs autres règles. Des ensembles de règles de définition sont souvent utilisés pour prendre des décisions opérationnelles lors d'un processus ou d'un événement. Voici un exemple d'une règle de calcul :

> *Le montant de la taxe dans la juridiction locale d'une commande doit être calculé comme suit : (somme des prix de tous les articles commandés taxables de la commande) × le montant de taxe de la juridiction locale.*

.2 Règles comportementales

Les règles comportementales sont des règles qui s'appliquent aux personnes, même si le comportement est automatisé. Les règles comportementales servent à façonner (régir) les activités métier au quotidien. Elles le font en imposant une obligation ou une interdiction de conduite, d'action, de pratique ou de procédure.

Les règles comportementales sont des règles que l'organisation choisit de mettre en œuvre comme une question de politique, souvent pour réduire le risque ou améliorer la productivité. Elles utilisent fréquemment les informations ou les connaissances produites par des règles de définition (qui visent à façonner la connaissance ou l'information). Les règles comportementales sont destinées à guider les actions des personnes travaillant au sein de l'organisation, ou des personnes qui interagissent avec elles. Elles peuvent obliger les individus à effectuer des actions d'une certaine manière, les empêcher de mener des actions, ou encore prescrire les conditions dans lesquelles quelque chose peut être fait correctement. L'exemple suivant illustre une règle comportementale :

> *Une commande ne doit pas être passée lorsque l'adresse de facturation fournie par le client ne correspond pas à l'adresse figurant dans le dossier du fournisseur de carte de crédit.*

Contrairement aux règles de définition, les règles comportementales sont des règles qui peuvent être enfreintes directement. Par définition, il est toujours possible d'enfreindre une règle comportementales , même s'il n'y a pas de circonstances dans lesquelles l'organisation approuverait cela, et malgré le fait que l'organisation prend des précautions extraordinaires dans sa solution pour l'empêcher. À cause de cela, une analyse plus approfondie devrait être menée afin de déterminer la manière dont la règle doit être strictement appliquée, quels types de sanctions devraient être imposés en cas d'infraction et quelles réponses supplémentaires pourraient être appropriées. Une telle analyse conduit souvent à la spécification de règles supplémentaires.

Différents niveaux de mise en application peuvent être spécifiés pour une règle comportementale. Par exemple :

- Aucune infraction autorisée (mise en application stricte).
- Infraction tolérée par les personnes autorisées.
- Infraction tolérée avec une explication.
- Aucune mise en application active.

Une règle comportementale ne présentant aucune mise en application active est simplement une ligne directrice suggérant un comportement préférentiel ou optimal.

10.9.4 Considérations d'utilisation

.1 Forces

- Lorsqu'ils sont mis en application et gérés par un élément unique à l'échelle de l'organisation, les changements apportés à des règles métier peuvent être mis en place rapidement.
- Un référentiel centralisé crée la possibilité de réutiliser les règles métier au sein d'une organisation.
- Les règles métier fournissent une structure permettant de gouverner les comportements métier.
- La définition et la gestion claires des règles métier permet aux organisations d'apporter des changements à leurs politiques sans altérer les processus ou les systèmes.

.2 Limites

- L'organisation peut produire des listes interminables de règles métier ambiguës.
- Les règles métier peuvent se contredire ou produire des résultats imprévus lorsqu'elles sont combinées, sauf si elles sont validées les unes par rapport aux autres.
- Si le vocabulaire disponible n'est pas suffisamment riche, n'est pas favorable aux entreprises ou mal défini et organisé, les règles métier qui en résultent seront inexactes ou contradictoires.

10.10 Jeux collaboratifs

10.10.1 Finalité

Les jeux collaboratifs encouragent les participations à collaborer au sein d'un activité d'élicitation, en établissant une compréhension commune d'un problème ou d'une solution.

10.10.2 Description

Les jeux collaboratifs font référence à plusieurs techniques structurées inspirées du jeu et sont conçus pour faciliter la collaboration. Chaque jeu comprend des règles qui incitent les participants à se concentrer sur un objectif spécifique. Les jeux sont utilisés pour aider les participants à partager leurs connaissances et leur expérience sur un sujet donné, identifier les hypothèses cachées et explorer ces connaissances de manières qui ne pourraient pas se produire au cours d'interactions normales. L'expérience partagée du jeu collaboratif encourage les personnes ayant différentes perspectives sur un sujet à travailler ensemble afin de mieux comprendre un problème et de développer un modèle partagé du problème ou des solutions potentielles. De nombreux jeux collaboratifs peuvent être utilisés pour comprendre les points de vue de divers groupes de parties prenantes.

Les jeux collaboratifs bénéficient souvent de l'implication d'un facilitateur neutre qui aide les participants à comprendre les règles du jeu et à faire respecter ces règles. Le travail du facilitateur est de faire avancer le jeu et de veiller à ce que tous les participants jouent un rôle. Les jeux collaboratifs impliquent généralement un élément visuel ou tactile important. Des activités telles que le déplacement de notes repositionnables, l'écriture sur des tableaux blancs ou le dessin aident les gens à surmonter les inhibitions et encourage la pensée créative ou originale.

10.10.3 Éléments

.1 Objectif du jeu

Chaque jeu collaboratif a un but défini – généralement pour mieux comprendre un problème ou pour stimuler des solutions créatives – qui sont propres à ce type de jeu. Le facilitateur aide les participants à comprendre l'objectif et à travailler pour atteindre cet objectif.

.2 Processus

Chaque type de jeu collaboratif a un processus ou un ensemble de règles qui, une fois suivi, permet au jeu de progresser vers son objectif. Chaque étape du jeu est souvent limitée par le temps.

Les jeux comprennent généralement au moins trois étapes :

Step 1. une étape d'ouverture, dans laquelle les participants sont impliqués, apprennent les règles du jeu et commencent à générer des idées,

Step 2. une étape d'exploration, dans laquelle les participants s'engagent les uns avec les autres et cherchent des liens entre leurs idées, testent ces idées, et expérimentent de nouvelles idées, et

Step 3. une étape de clôture, où les idées sont évaluées et où les participants déterminent quelles sont les idées les plus utiles et les plus productives.

.3 Résultat

À la fin d'un jeu collaboratif, le facilitateur et les participants travaillent sur les résultats obtenus et déterminent les décisions ou actions qui doivent être prises en conséquence de ce qu'ils ont appris.

.4 Exemples de jeux collaboratifs

Il existe de nombreux types de jeux collaboratifs disponibles, y compris (mais sans s'y limiter) les jeux suivants :

Table 10.10.1: Exemples de jeux collaboratifs

Jeu	Description	Objectif
Boîte de produit	Les participants construisent une boîte pour le produit comme s'il était vendu dans un magasin de détail.	A utiliser pour aider à identifier les caractéristiques d'un produit qui contribuent à susciter l'intérêt pour le marché.

Table 10.10.1: (Continued)Exemples de jeux collaboratifs

Jeu	Description	Objectif
Carte des affinités	Les participants notent des fonctionnalités sur des notes autocollantes, les mettent sur un mur, puis les rapprocher des autres fonctionnalités qui semblent similaires d'une manière ou d'une autre.	A utiliser pour aider à identifier des fonctionnalités ou des thèmes connexes ou similaires.
Fishbowl	Les participants sont répartis en deux groupes. Un groupe de participants parle d'un sujet, tandis que l'autre groupe écoute attentivement et documentent leurs observations.	A utiliser pour identifier des hypothèses ou des perspectives cachées.

10.10.4 Considérations d'utilisation

.1 Forces

- Peut révéler des hypothèses cachées ou des différences d'opinion.
- Ils encouragent la pensée créative en stimulant des processus mentaux alternatifs.
- Ils incitent les participants qui sont normalement calmes ou réservés à jouer un rôle plus actif dans les activités d'équipe.
- Certains jeux collaboratifs peuvent être utiles pour exposer les besoins métier qui ne sont pas satisfaits.

.2 Limites

- La nature ludique des jeux peut être perçue comme absurde et mettre mal à l'aise les participants avec des personnalités réservées ou ayant certaines normes culturelles.
- Les jeux peuvent prendre du temps et être perçus comme improductifs, surtout si les objectifs ou les résultats ne sont pas clairs.
- La participation du groupe peut conduire à un faux sentiment de confiance dans les conclusions obtenues.

10.11 Modélisation de concepts

10.11.1 Finalité

Un modèle conceptuel est utilisé pour organiser le vocabulaire d'entreprise nécessaire pour communiquer de manière cohérente et approfondie la connaissance d'un domaine.

10.11.2 Description

Un modèle conceptuel commence par un glossaire, qui se concentre généralement sur les concepts de base d'un domaine. Les modèles conceptuels mettent l'accent sur des définitions de qualité élevée et indépendantes de la conception, sans préjugés de mise en œuvre ou de données. Ils privilégient également un vocabulaire riche.

Un modèle conceptuel identifie le choix adéquat des termes à utiliser dans les communications, notamment l'ensemble des informations de l'analyse métier. Il s'avère particulièrement important lorsqu'une précision élevé est essentielle et que des distinctions subtiles doivent être réalisées.

Les modèles conceptuels sont efficaces lorsque :

- l'entreprise cherche à organiser, retenir, construire, gérer et communiquer ses connaissances de base,
- l'initiative doit reprendre un grand nombre de règles métier,
- il existe une résistance de la part des parties prenantes concernant la nature technique ressentie des modèles de données, diagrammes de classes ou définition et nomenclature d'éléments de données,
- des solutions innovantes sont recherchées lors de la réingénierie des processus métier ou d'autres aspects de la capacité de l'entreprise, et
- l'entreprise est confrontée à des difficultés de conformité ou réglementaires.

Un modèle conceptuel diffère d'un modèle de données. Le but d'un modèle conceptuel est de soutenir l'expression des énoncés en langage naturel et de fournir leur sémantique. Les modèles conceptuels ne sont pas destinés à unifier, codifier et simplifier les données. Par conséquent, le vocabulaire inclus dans un modèle conceptuel est beaucoup plus riche, car il convient aux domaines axés sur la connaissance. Les modèles conceptuels sont souvent représentés de façon graphique.

10.11.3 Éléments

.1 Concepts de noms

Les concepts les plus basiques dans un modèle conceptuel sont les concepts de nom du domaine, qui sont simplement des « éléments fournis » pour l'espace.

.2 Concepts de verbe

Les concepts de verbe fournissent des connexions structurelles basiques entre les concepts de nom. Ils représentent des formulations données standard, afin de pouvoir être mentionnés sans ambiguïté. Ces formulations en elles-mêmes ne sont pas nécessairement des phrases, mais plutôt des éléments constitutifs de phrases (comme des énoncés de règles métier). Les concepts de verbe sont parfois dérivés, déduits ou calculés par les règles de définition. C'est ainsi que les nouvelles connaissances ou informations sont établies à partir de faits plus basiques.

.3 Autres connexions

Dans la mesure où les modèles conceptuels doivent supporter une signification (sémantique) importante, d'autres types de connexions standard sont utilisés en plus des concepts de verbe.

Il existe ainsi, sans s'y limiter :

- la catégorisations,
- la classifications,
- la connexions partitives (en partie entières) et
- les rôles.

10.11.4 Considérations d'utilisation

.1 Forces

- Les modèles conceptuels fournissent une manière pratique de communiquer avec les parties prenantes en ce qui concerne des significations précises et des distinctions subtiles.
- Ils ne risquent pas d'être influencés par des préjugés de conception de données et la couverture souvent limitée du vocabulaire métier des modèles de données.
- Ils sont très utiles pour établir des processus métier axés sur les connaissances et favorables aux décisions.
- Ils permettent de s'assurer que les grands nombres de règles métier et les tables de décision complexes sont exempts de toute ambiguïté et s'accordent de façon homogène.

.2 Limites

- Les attentes peuvent être trop élevées quant à la quantité d'intégration basée sur la sémantique métier pouvant être obtenue dans un délai relativement court.
- Ils nécessitent un ensemble de compétences spécialisées basées sur la capacité à penser de façon abstraite et non procédurale à propos du savoir-faire et de la connaissance.
- L'orientation sur les connaissances et les règles peut s'avérer peu familière pour les parties prenantes.
- Il faut des outils soutenant une utilisation en temps réel de la terminologie métier standard dans l'écriture des règles métier, des exigences et d'autres formes de communication.

10.12 Dictionnaire de données

10.12.1 Finalité

Un dictionnaire de données est utilisé pour normaliser la définition d'un élément de données et pour permettre une interprétation commune des éléments de données.

10.12.2 Description

Un dictionnaire de données est utilisé afin de documenter des définitions standardisées d'éléments de données, leur signification et les valeurs admissibles. Un dictionnaire de données contient des définitions de chaque élément de données et indique comment ces éléments se combinent en éléments de données composites. Les dictionnaires de données sont utilisés pour normaliser l'utilisation et la signification des éléments de données entre les solutions et entre les parties prenantes.

Ils sont parfois appelés référentiels de métadonnées et sont utilisés pour gérer la donnée dans le contexte d'une solution. Au fur et à mesure que les organisations adoptent une exploration de données et des analyses plus avancées, un dictionnaire de données peut fournir les métadonnées requises par ces scénarios plus complexes. Un dictionnaire de données est souvent utilisé en conjonction avec un modèle entité-relation (voir Modélisation des données (p. 315)) et peut être extrait d'un modèle de données.

Les dictionnaires de données peuvent être maintenus manuellement (comme une feuille de calcul) ou via des outils automatisés.

Figure 10.12.1: Exemple de dictionnaire de données

Éléments de données primitifs	Élément de données 1	Élément de données 2	Élément de données 3
Nom Nom référencé par les éléments de données	Prénom	Deuxième prénom	Nom de famille
Alias Nom alternatif référencé par les parties prenantes	Nom de naissance	Deuxième prénom	Surnom
Valeurs / Significations Liste énumérée ou description de l'élément de données	Minimum 2 caractères	Peut être omis	Minimum 2 caractères
Description Définition	Prénom	Deuxième prénom	Nom de famille
Composite	**Nom du client** = Prénom + Second prénom + Nom de famille		

10.12.3 Éléments

.1 Éléments de données

Les dictionnaires de données décrivent les caractéristiques d'un élément de données, y compris la description de l'élément de données sous la forme d'une définition qui sera utilisée par les parties prenantes. Les dictionnaires de données incluent des définitions standard des éléments de données, leurs significations et les valeurs autorisées. Un dictionnaire de données contient une définition de chaque élément de données primitif et indique comment ces éléments se combinent en éléments de données composites.

.2 Éléments de données primitifs

Les informations suivantes doivent être enregistrées sur chaque élément de données dans le dictionnaire de de données :

- ***Nom*** : nom unique de l’élément de données, qui sera référencé par les éléments de données composites.
- ***Alias*** : noms alternatifs pour l'élément de données utilisé par les différentes parties prenantes.
- ***Valeurs/significations***: une liste de valeurs acceptables pour l'élément de données. Cette liste peut s'exprimer comme une liste énumérée ou comme une description des formats autorisés pour les données (y compris les informations telles que le nombre de caractères). Si les

valeurs sont des abréviations, cela inclura une explication de sa signification.

- ***Description*** : la définition de l'élément de données dans le contexte de la solution.

.3 Éléments composites

Les éléments de données composites sont construits à l'aide d'éléments de données pour construire des structures composites, qui peuvent inclure :

- ***Séquences*** : ordre requis des éléments de données primitifs au sein de la structure composite. Par exemple, un signe plus indique qu'un élément est suivi ou concaténé avec un autre élément : Nom du client = Prénom + Deuxième Prénom + Nom de Famille.
- ***Répétitions***: si un ou plusieurs éléments de données peuvent être répétés plusieurs fois.
- ***Éléments facultatifs***: peuvent ou non se produire dans une instance particulière de l'élément composite.

10.12.4 Considérations d'utilisation

.1 Forces

- Fournit à toutes les parties prenantes une compréhension partagée du format et du contenu des informations pertinentes.
- Un référentiel unique de métadonnées de l'entreprise favorise une utilisation uniforme des données dans l'ensemble de l'organisation.

.2 Limites

- Nécessite une maintenance régulière, sinon les métadonnées pourraient devenir obsolètes ou incorrectes.
- Tous les travaux de maintenance doivent être effectués de manière cohérente afin de s'assurer que les parties prenantes puissent rapidement et facilement récupérer l'information dont elles ont besoin. Les personnes responsables de la précision et de l'exhaustivité du dictionnaire de données doivent y consacrer du temps et des efforts.
- En l'absence de la prise en compte des métadonnées requises dans plusieurs scénarios, le dictionnaire peut présenter une portée limitée dans l'entreprise.

10.13 Diagrammes de flux de données

10.13.1 Finalité

Les diagrammes de flux de données montrent d'où viennent les données, quelles activités traitent les données, et si les extrants qui en résultent sont stockés ou utilisés par une autre activité ou une autre entité externe.

10.13.2 Description

Les diagrammes de flux de données décrivent la transformation des données. Ils sont utiles pour représenter un système basé sur des transactions et pour illustrer les limites d'un système physique, logique ou manuel.

Un diagramme de flux de données illustre le mouvement et la transformation des données entre les éléments extérieurs (entités) et les processus. L'extrant d'un éléments externe ou d'un processus est l'intrant d'un autre. Le diagramme du flux de données illustre également les référentiels temporaires ou permanents (appelés stockages de données ou terminaisons) où les données sont stockées dans un système ou une organisation. Les données définies doivent être décrites dans un dictionnaire de données (voir Dictionnaire de données (p. 303)).

Les diagrammes de flux de données peuvent être constitués de plusieurs couches d'abstraction. Le diagramme de niveau le plus élevé est un diagramme de contexte qui représente l'ensemble du système. Les diagrammes contextuels montrent le système dans son ensemble, comme un moteur de transformation avec des éléments externes comme source ou consommateur de données.

Figure 10.13.1: Diagramme de contexte Notation de Gane-Sarson

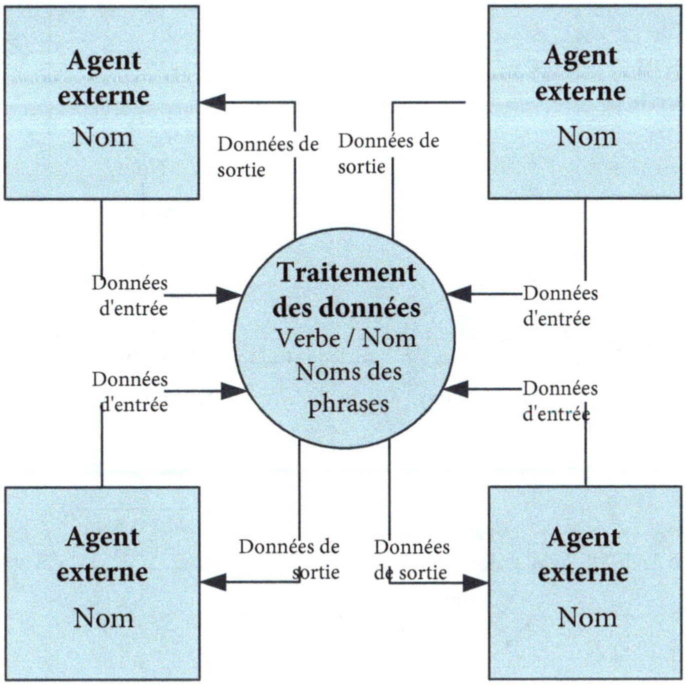

Le niveau suivant des diagrammes de flux de données est le diagramme de niveau 1. Les diagrammes de niveau 1 illustrent les processus liés au système avec les données d'entrée correspondantes, les données transformées en sortie et les magasins de données.

Figure 10.13.2: Diagramme de niveau 1 Notation de Yourdon

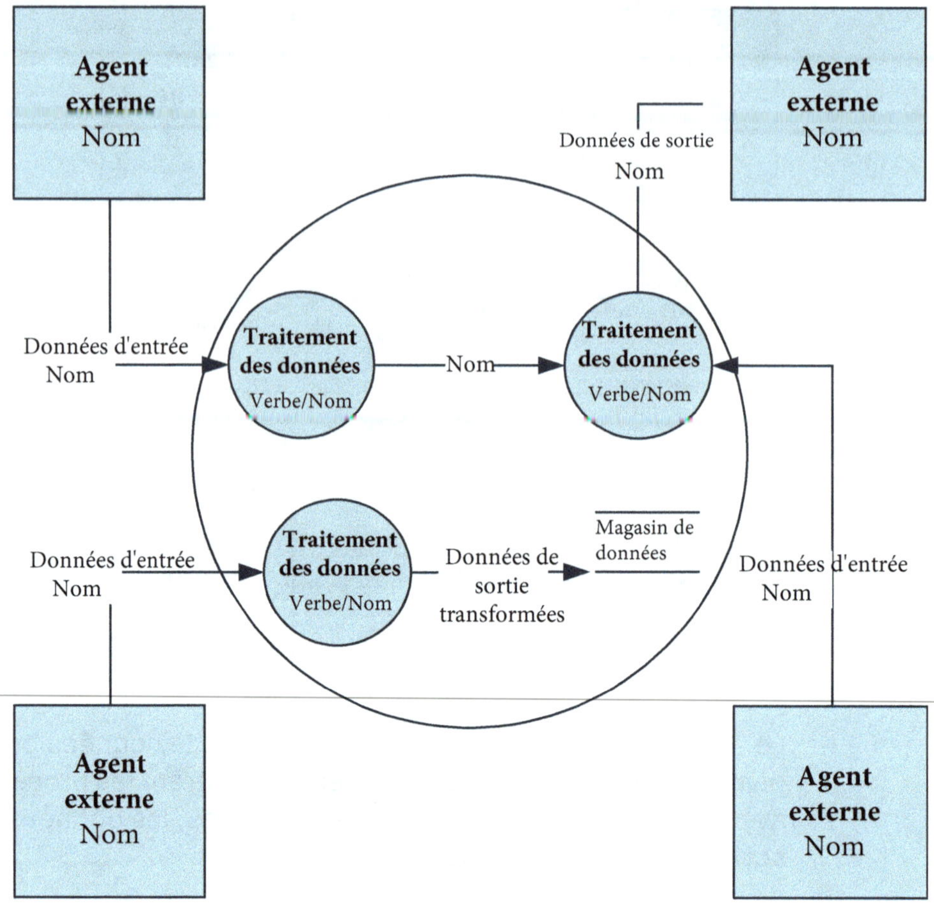

Les autres niveaux du diagramme de flux de données (niveau 2, niveau 3 et ainsi de suite) décomposent les principaux processus du diagramme de niveau 1. Les diagrammes de niveau 1 sont utiles pour montrer le cloisonnement interne du travail et les données qui circulent entre les partitions, ainsi que les données stockées, utilisées par chacune des partitions. Chacune des partitions peut être décomposée si nécessaire. Les éléments externes restent les mêmes et des flux et des magasins supplémentaires sont définis.

Les diagrammes de flux de données logiques représentent l'état futur ou essentiel, c'est-à-dire les transformations qui doivent se produire indépendamment des limitations physiques actuelles. Les diagrammes de flux de données physiques modélisent l'ensemble des magasins de données, imprimantes, formulaires, appareils et autres manifestations des données. Le diagramme physique peut montrer l'état actuel ou la manière dont il sera mis en œuvre.

10.13.3 Éléments

.1 Eléments externes (entité, source, récepteur)

Eléments externes (entité, source, récepteur) est une personne, une organisation, un système automatisé ou tout autre appareil capable de produire ou de recevoir des données. Un élément externe est un objet qui se trouve en dehors du système en cours d'analyse. Les éléments externes sont les sources et/ou les destinations (récepteur) des données. Chaque éléments externes doit avoir au moins un flux de données allant ou venant de lui. Les éléments externes sont représentés en utilisant un nom à l'intérieur d'un rectangle et se trouvent dans des diagrammes au niveau du contexte ainsi que dans des niveaux d'abstraction inférieurs.

.2 Magasin de données

Un magasin de données est une collection de données où les données peuvent être lues à plusieurs reprises et où elles peuvent être stockées pour une utilisation future. Essentiellement, ce sont des données au repos. Chaque magasin de données doit avoir au moins un flux de données allant ou venant de lui. Un magasin de données est représenté sous la forme de deux lignes parallèles ou d'un rectangle ouvert avec une étiquette.

.3 Processus

Un processus peut être une activité manuelle ou automatisée effectuée pour une raison métier. Un processus transforme les données en sortie. Les normes de dénomination d'un processus doivent contenir un verbe et un nom. Chaque processus doit avoir au moins un flux de données qui lui est acheminé et un flux de données qui en provient. Un processus de données est représenté sous la forme d'un cercle ou d'un rectangle avec des coins arrondis.

.4 Flux de données

Le déplacement des données entre un élément externe, un processus et un magasin de données est représenté par des flux de données. Les flux de données maintiennent les processus ensemble. Chaque flux de données se connectera à ou à partir d'un processus (transformation des données). Les flux de données montrent les entrées et les sorties de chaque processus. Chaque processus transforme une entrée en sortie. Les flux de données sont représentés comme une ligne avec une flèche affichée entre les processus. Le flux de données est nommé à l'aide d'un nom.

Figure 10.13.3: Diagramme de flux de données Notation Gane-Sarson

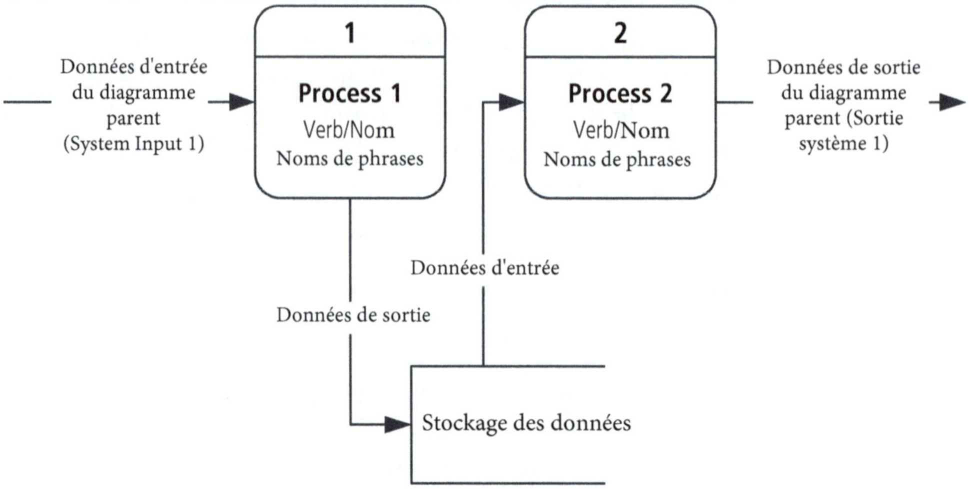

Figure 10.13.4: Diagramme de flux de données Notation Yourdon

10.13.4 Considérations d'utilisation

.1 Forces

- Peut être utilisé comme technique de découverte de processus et de données ou comme technique de vérification de décompositions fonctionnelles ou de modèles de données.
- Ce sont d'excellents moyens de définir le périmètre d'un système et tous les systèmes, interfaces et interfaces utilisateur qui s'y rattachent. Cela permet d'estimer l'effort nécessaire pour étudier le travail.
- La plupart des utilisateurs trouvent ces diagrammes de flux de données relativement faciles à comprendre.
- Cela aide à identifier les éléments de données dupliqués ou mal appliqués.
- Illustre les connexions à d'autres systèmes.
- Aide à définir les limites d'un système.

- Peut être utilisé dans le cadre de la documentation du système.
- Aide à expliquer la logique qui sous-tend le flux de données dans un système.

.2 Limites

- L'utilisation de diagrammes de flux de données pour les systèmes à grande échelle peut devenir complexe et difficile à comprendre pour les parties prenantes.
- Différentes méthodes de notation avec des symboles différents pourraient créer des défis liés à la documentation.
- N'illustre pas une séquence d'activités.
- Les transformations de données (processus) en disent peu sur le processus ou les parties prenantes.

10.14 Exploration de données (Data Mining)

10.14.1 Finalité

L'exploration de données est utilisée pour améliorer la prise de décision en trouvant des modèles et des informations utiles à partir de données.

10.14.2 Description

L'exploration de données est un processus analytique qui examine de grandes quantités de données sous différents angles et résume les données de manière à découvrir des modèles et des relations utiles.

Les résultats des techniques d'exploration de données sont généralement des modèles mathématiques ou des équations qui décrivent des modèles et des relations sous-jacents. Ces modèles peuvent être déployés pour la prise de décision humaine via des tableaux de bord et des rapports visuels, ou pour des systèmes de prise de décision automatisés via des systèmes de gestion des règles métier ou des déploiements dans des bases de données.

L'exploration de données peut être utilisée dans des enquêtes supervisées ou non. Dans une enquête supervisée, les utilisateurs peuvent poser une question et s'attendre à une réponse qui peut conduire leur prise de décision. Une enquête non supervisée est un exercice de découverte de modèles où des modèles peuvent émerger, puis considérés pour leur applicabilité aux décisions métier.

L'exploration de données est un terme général qui couvre les techniques descriptives, diagnostiques et prédictives :

- ***Descriptifs*** : tels que le regroupement (clustering) permettent de voir plus facilement les modèles dans un ensemble de données, tels que les similitudes entre les clients.
- ***Diagnostic***: comme les arbres de décision ou la segmentation peuvent montrer pourquoi un modèle existe, comme les caractéristiques des clients les plus rentables d'une organisation.
- ***Prédictif***: comme par exemple la régression ou les réseaux neuraux peuvent montrer à quel point quelque chose est probable à l'avenir, comme prédire que la probabilité qu'une allégation particulière soit frauduleuse.

Dans tous les cas, il est important de tenir compte de l'objectif de l'exercice d'exploration de données et d'être prêt à consentir des efforts considérables pour garantir le bon type, le volume et la qualité des données avec lesquelles travailler.

10.14.3 Éléments

.1 Élicitation des exigences

L'objectif et la portée de l'exploration de données sont établis soit en termes d'exigences décisionnelles pour une décision métier importante identifiée, soit en termes de domaine fonctionnel où les données pertinentes seront extraites pour la découverte de modèles spécifiques à un domaine. Cette stratégie d'exploration descendante par rapport à une stratégie d'exploration ascendante permet aux analystes de choisir le bon ensemble de techniques d'exploration de données.

Les techniques formelles de modélisation des décisions (voir Modélisation des décisions (p. 325)) sont utilisées pour définir les exigences d'exploration de données descendantes. Pour les exercices de découverte de modèles ascendants, il est utile que les informations découvertes puissent être placées sur des modèles de décision existants, ce qui permet une utilisation et un déploiement rapides des informations.

Les exercices d'exploration de données sont productifs lorsqu'ils sont gérés dans un environnement agile. Ils facilitent l'itération, la confirmation et le déploiement rapides tout en fournissant des contrôles de projet.

.2 Préparation des données : Ensemble de données analytiques

Les outils d'exploration de données fonctionnent sur un ensemble de données analytiques. Ceci est généralement formé en fusionnant des enregistrements de plusieurs tables ou sources en un seul jeu de données large. Les groupes répétitifs sont généralement réduits en plusieurs ensembles de champs. Les données peuvent être extraites physiquement dans un fichier réel ou il peut s'agir d'un fichier virtuel qui est laissé dans la base de données ou dans l'entrepôt de données pour qu'il puisse être analysé. Les jeux de données analytiques sont divisés en un ensemble à utiliser pour analyser, un ensemble totalement indépendant pour confirmer que le modèle fonctionne sur des données non utilisées pour le développer, et un ensemble de validation pour la confirmation finale. Les volumes de données peuvent être très importants, ce qui entraîne parfois la nécessité de travailler avec des échantillons ou de travailler dans la banque de données afin que les données n'aient pas à être déplacées.

.3 Analyse des données

Une fois les données disponibles, elles sont analysées. Une grande variété de mesures statistiques sont généralement appliquées et des outils de visualisation utilisés pour voir comment les données sont distribuées, quelles sont les données manquantes et comment se comportent les différentes caractéristiques calculées. Cette étape est souvent la plus longue et la plus complexe dans un effort d'exploration de données et est de plus en plus au centre de l'automatisation. Une grande partie de la puissance d'un effort d'exploration de données provient généralement de l'identification de caractéristiques utiles dans les données. Par exemple, une caractéristique peut être le nombre de fois qu'un client a visité un magasin au cours des 80 derniers jours. Il est essentiel de déterminer que le nombre au cours des 80 derniers jours est plus utile que le nombre au cours des 70 ou 90 derniers jours.

.4 Techniques de modélisation

Il existe une grande variété de techniques d'exploration de données.

Voici quelques exemples de techniques d'exploration de données :

- les arbres de classification et de régression (CART), C5 et autres techniques d'analyse des arbres de décision,
- les régressions linéaire et logistique,
- les réseaux de neurones,
- les machines à vecteurs de support (Support vector machine), et
- les tableaux de bord prédictifs (additifs).

L'ensemble de données analytiques et les caractéristiques calculées sont introduits dans ces algorithmes qui sont soit non supervisés (l'utilisateur ne sait pas ce qu'il cherche), soit supervisés (l'utilisateur essaie de trouver ou de prédire quelque chose de spécifique). Plusieurs techniques sont souvent utilisées pour voir laquelle est la plus efficace. Certaines données sont extraites de la modélisation et utilisées pour confirmer que le résultat peut être répliqué avec des données qui n'ont pas été utilisées lors de la création initiale.

.5 Déploiement

Une fois qu'un modèle a été construit, il doit être déployé pour être utile. Les modèles d'exploration de données peuvent être déployés de différentes manières, soit pour soutenir un décideur humain, soit pour soutenir des systèmes de prise de décision automatisés. Pour les utilisateurs humains, les résultats de l'exploration de données peuvent être présentés à l'aide de métaphores visuelles ou sous forme de simples champs de données. De nombreuses techniques d'exploration de données identifient les règles métier potentielles qui peuvent être déployées à l'aide d'un système de gestion des règles métier. Ces règles métier exécutables peuvent être intégrées dans un modèle de décision avec des règles d'experts si nécessaire. Certaines techniques d'exploration de données, en particulier celles décrites comme des techniques d'analyse prédictive, aboutissent à des formules mathématiques. Celles-ci peuvent également être déployées en tant que règles métier exécutables, mais peuvent également être utilisés pour générer du code SQL ou du code pour le déploiement. Un éventail de plus en plus large d'options de déploiement dans la base de données permet d'intégrer de tels modèles dans l'infrastructure de données d'une organisation.

10.14.4 Considérations d'utilisation

.1 Forces

- Révélez des modèles cachés et créez des informations utiles pendant l'analyse, ce qui permet de déterminer quelles données pourraient être utiles à capturer ou combien de personnes pourraient être touchées par des suggestions spécifiques.
- Peut être intégré dans une conception de système pour augmenter la précision des données.
- Peut être utilisé pour éliminer ou réduire les préjugés humains en utilisant les données pour déterminer les faits.

.2 Limites

- L'application de certaines techniques sans comprendre comment elles fonctionnent peut entraîner des corrélations erronées et une connaissance mal appliquée.
- L'accès aux mégadonnées et aux ensembles d'outils et de logiciels sophistiqués d'exploration de données peut entraîner une utilisation mauvaise et accidentelle.
- De nombreuses techniques et outils nécessitent des connaissances spécialisées pour travailler.

- Certaines techniques utilisent des mathématiques avancées en arrière-plan et certaines parties prenantes peuvent ne pas avoir d'informations directes sur les résultats. Un manque perçu de transparence peut entraîner une résistance de la part de certaines parties prenantes.
- Les résultats de l'exploration de données peuvent être difficiles à déployer si la prise de décision qu'ils sont censés influencer est mal comprise.

10.15 Modélisation des données

10.15.1 Finalité

Un modèle de données décrit les entités, les classes ou les objets de données pertinents pour un domaine, les attributs qui sont utilisés pour les décrire, et les relations entre eux pour fournir un ensemble sémantiques commun pour l'analyse et la mise en œuvre.

10.15.2 Description

Un modèle de données prend généralement la forme d'un diagramme soutenu par des descriptions textuelles. Il fournit une représentation visuelle des éléments importants pour l'entreprise (par ex. personnes, lieux, objets et transactions commerciales), les attributs associés à ces éléments et les relations

Il y a plusieurs variantes de modèles de données:

- ***Modèle de données conceptuel***: il est indépendant de toute solution ou technologie et peut être utilisé pour représenter la manière dont l'entreprise perçoit ces informations. Il peut être utilisé pour aider à établir un vocabulaire cohérent décrivant l'information métier et les relations entre ces informations.
- ***Modèle logique de données*** : il s'agit d'une abstraction du modèle classique de données conceptuel qui intègre des règles de normalisation pour gérer formellement l'intégrité des données et des relations. Il est associé à la conception d'une solution.
- ***Modèle physique de données*** : est utilisé par les experts en matière d'implémentation pour décrire comment une base de données est physiquement organisée. Il répond à des problèmes tels que les performances, la concurrence d'accès (simultanéité) et la sécurité.

Les modèles de données conceptuelles, logiques et physiques sont développés à des fins différentes et peuvent être considérablement différents même lorsqu'ils présentent le même domaine.

Au niveau conceptuel, différentes notations de modélisation des données sont susceptibles de produire des résultats largement similaires et peuvent être considérées comme une technique unique (telle que présentée ici). Les modèles de données logiques et physiques comprennent des éléments spécifiques aux solutions qu'ils supportent, et sont généralement développés par les parties prenantes ayant une expertise dans la mise en œuvre de solutions techniques particulières. Par exemple, des diagrammes entité-relation (ERD) logiques et physiques seraient utilisés pour implémenter une base de données relationnelle, tandis qu'un diagramme de classes logique ou physique serait utilisé pour soutenir le développement de logiciels orientés objet.

Les diagrammes d'objets peuvent être utilisés pour illustrer des instances particulières d'entités à partir d'un modèle de données. Ils peuvent inclure des valeurs d'échantillonnage réelles pour les attributs, les rendant ainsi plus concrets et plus faciles à comprendre.

10.15.3 Éléments

.1 Entité ou classe

Dans un modèle de données, l'organisation conserve des données sur des entités (ou des classes ou des objets de données). Une entité peut représenter quelque chose de physique (comme un entrepôt), quelque chose d'organisationnel (comme une zone de ventes), quelque chose de abstrait (comme une ligne de produit), ou un événement (comme un rendez-vous). Une entité contient des attributs et présente des relations avec d'autres entités dans le modèle.

Dans un diagramme de classe, les entités sont appelées classes. Comme une entité dans un modèle de données, une classe contient des attributs et a des relations avec d'autres classes. Une classe contient également des opérations ou des fonctions décrivant ce qu'on peut réaliser avec la classe, comme la création d'une facture ou l'ouverture d'un compte bancaire.

Chaque instance d'une entité ou d'une classe aura un identificateur unique qui la distingue des autres instances.

.2 Attribut

Un attribut définit une information particulière associée à une entité, y compris la quantité d'informations pouvant y être capturées, ses valeurs autorisées et le type d'informations qu'elle représente. Les attributs peuvent être décrits dans un dictionnaire de données (voir Dictionnaire de données (p. 303). Les valeurs autorisées peuvent être spécifiées au moyen de règles métier (voir Analyse des règles métier (p. 294)).

Les attributs peuvent inclure des valeurs telles que :

- ***Nom***: c'est un nom unique pour l'attribut. D'autres noms utilisés par les parties prenantes peuvent être enregistrés en tant qu'alias.

- ***Valeurs/significations***: c'est une liste de valeurs acceptables pour l'attribut. Cette liste peut s'exprimer comme une liste énumérée ou comme une description des formats autorisés pour les données (y compris les informations telles que le nombre de caractères). Si les valeurs sont des abréviations, cela inclura une explication de la signification.
- ***Description***: c'est la définition de l'attribut dans le contexte de la solution.

.3 Relation ou association

Les relations entre les entités fournissent une structure pour le modèle de données, en indiquant spécifiquement quelles entités se rapportent à quelles autres entités et comment. Les spécifications d'une relation indiquent généralement le nombre d'occurrences minimales et maximales autorisées de chaque côté de cette relation (par exemple, chaque client est lié à exactement une zone de vente, tandis qu'une zone de vente peut être liée à zéro, un ou plusieurs clients). Le terme cardinalité est utilisé pour désigner le nombre minimum et maximum d'occurrences auxquelles une entité peut être liée. Les valeurs typiques de cardinalité sont zéro, un et plusieurs.

La relation entre deux entités peut être lue dans les deux sens, en utilisant ce format :

> *Chaque occurrence (de cette entité) est liée à (minimum, maximum) (de cette autre entité).*

Dans un modèle de classe, le terme association est utilisé à la place de la relation et la multiplicité est utilisée à la place de la cardinalité.

.4 Diagrammes

Les modèles de données et les modèles de classes peuvent avoir un ou plusieurs diagrammes qui montrent des entités, des attributs et des relations.

Le diagramme dans un modèle de données est appelé un modèle entité-relation (modèle E-R). Dans un modèle de classe, le diagramme est appelé un diagramme de classe.

Figure 10.15.1: Diagramme Entité-Relation (Notation en bas de ligne)

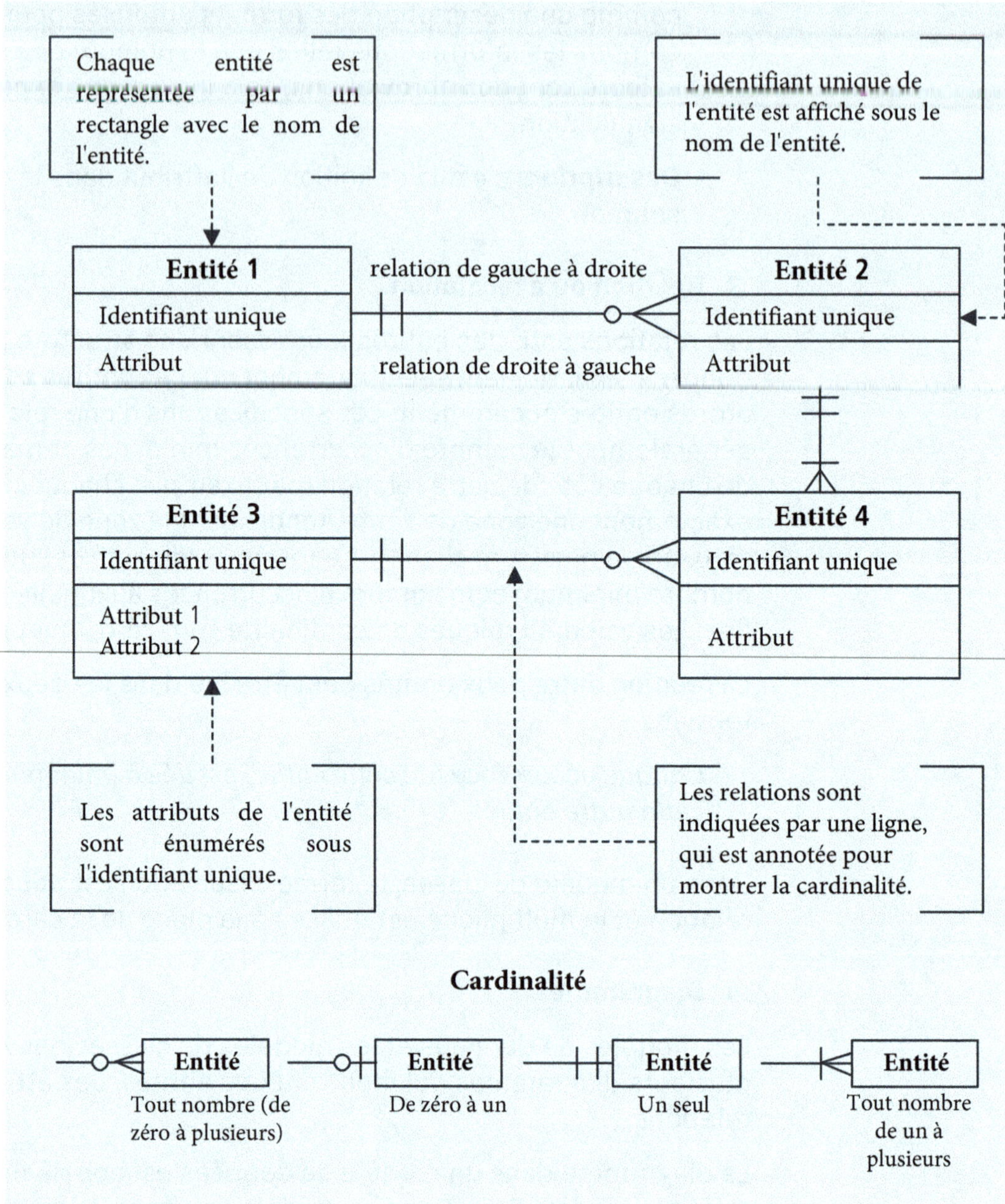

Figure 10.15.2: Diagramme de classe (UML®)

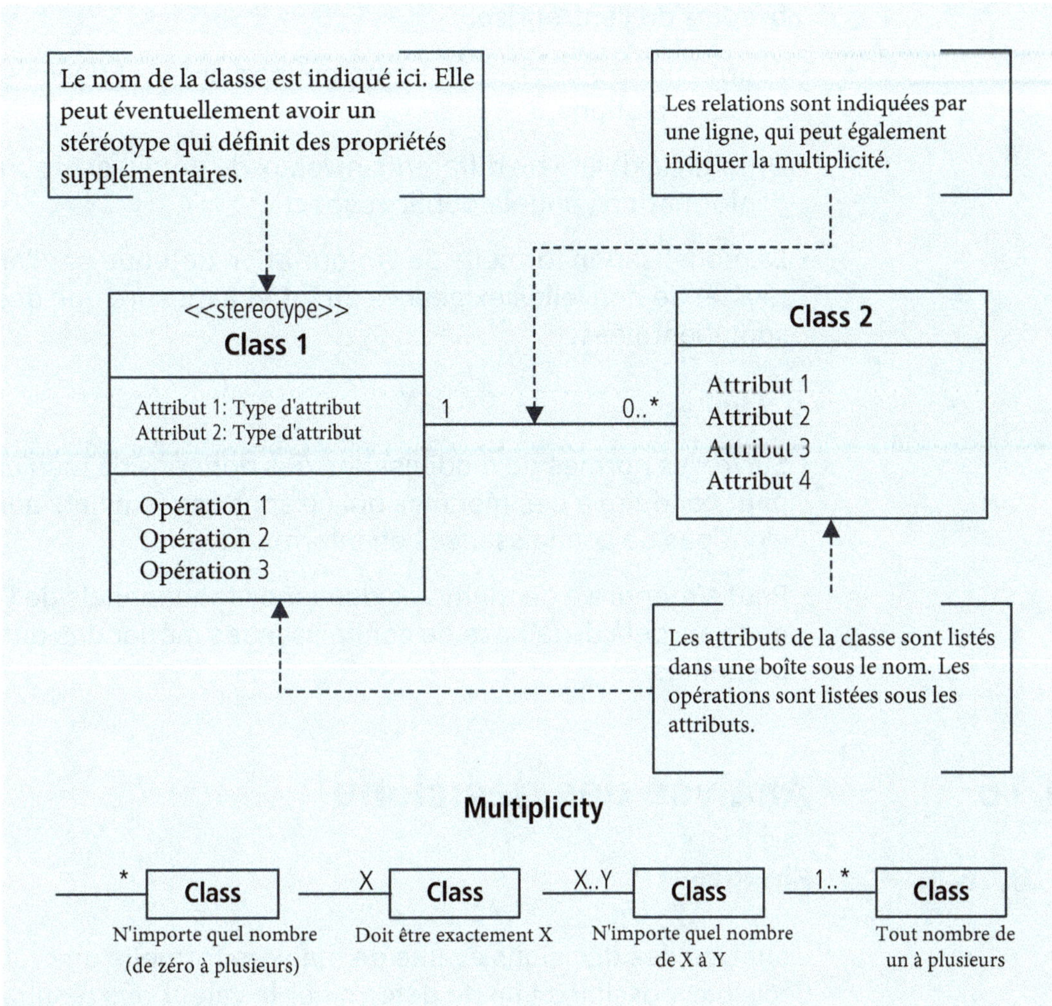

.5 Métadonnées

Un modèle de données contient éventuellement des métadonnées décrivant ce que les entités représentent, quand et pourquoi ils ont été créés ou modifiés, comment ils devraient être utilisés, à quelle fréquence ils sont utilisés, quand, et par qui. Il pourrait y avoir des restrictions à leur création ou à leur utilisation, ainsi que des contraintes de sécurité, de confidentialité et d'audit pour des entités spécifiques ou des groupes entiers d'entités.

10.15.4 Considérations d'utilisation

.1 Forces

- Peut être utilisé pour définir et communiquer un vocabulaire cohérent utilisé par les experts en matière de domaine et les experts en matière d'implémentation.

- La révision d'un modèle de données logiques permet de s'assurer que la conception logique des données persistantes représente correctement les besoins de l'entreprise.
- Fournit une approche cohérente pour analyser et documenter les données et leurs relations.
- Offre la flexibilité de différents niveaux de détail, qui fournit juste assez d'informations pour le public respectif.
- La modélisation formelle de l'information détenue par l'entreprise peut révéler de nouvelles exigences au fur et à mesure que des incohérences sont identifiées.

.2 Limites

- Suivre les normes de modélisation des données de manière trop rigoureuse peut conduire à des modèles qui ne sont pas familiers aux personnes qui n'ont pas de connaissances en informatique.
- Peut s'étendre à de multiples domaines fonctionnels de l'organisation, et donc au-delà de la base de connaissances métier des différentes parties prenantes.

10.16 Analyse des décisions

10.16.1 Finalité

L'analyse des décisions évalue de manière formelle un problème et les décisions possibles afin de déterminer la valeur des résultats de remplacement dans des conditions d'incertitude.

10.16.2 Description

L'analyse des décisions examine et modélise les conséquences possibles de différentes décisions sur un problème donné. Une décision est l'acte de choisir une seule ligne de conduite à partir de plusieurs résultats incertains avec des valeurs différentes. La valeur de résultat peut prendre différentes formes selon le domaine, mais inclut généralement la valeur financière, la notation ou un classement relatif dépend de l'approche et des critères d'évaluation utilisés par l'analyste métier.

Les décisions sont souvent difficiles à évaluer quand :

- le problème est mal défini,
- l'action menant à un résultat souhaité n'est pas entièrement comprise,
- les facteurs externes affectant une décision ne sont pas pleinement compris, ou

- la valeur de différents résultats n'est pas comprise ou convenue par les différentes parties prenantes et ne permet pas de comparaison directe.

L'analyse des décisions aide les analystes à évaluer différentes valeurs de résultats dans des conditions d'incertitude ou dans des situations très complexes. Diverses approches d'analyse des décisions sont disponibles. L'approche appropriée dépend du niveau d'incertitude, du risque, de la qualité de l'information et des critères d'évaluation disponibles. Une analyse efficace des décisions nécessite une compréhension de :

- les valeurs, les buts et les objectifs qui sont pertinents pour le problème de décision,
- la nature de la décision à prendre,
- les domaines d'incertitude qui affectent la décision, et
- les conséquences de chaque décision potentielle.

Les approches d'analyse des décision utilisent les activités suivantes :

1. **Définissez la déclaration de problème**: décrivez clairement le problème de décision à résoudre.
2. **Définir des alternatives**: identifier des propositions ou des actions possibles.
3. **Évaluer les alternatives**: déterminer une approche logique pour analyser les alternatives. Un accord de critères d'évaluation peut également être déterminé au début de cette activité.
4. **Choisir une alternative à la mise en œuvre**: les parties prenantes responsables de la décision choisissent quelle alternative sera implémentée en fonction des résultats de l'analyse des décisions.
5. **Implémenter le choix**: implémenter l'alternative choisie.

Il existe un certain nombre d'outils d'analyse des décisions pour aider l'analyste métier et les décideurs d'affaires à prendre des décisions objectives. Certains des outils et techniques sont les meilleurs pour décider entre deux alternatives, tandis que d'autres gèrent de multiples alternatives.

Voici quelques outils et techniques généraux d'analyse des décisions :

- les considérations pour et contre,
- analyse des forces en présence,
- tables de décision,
- arbres de décision,
- analyse de comparaison,
- processus de hiérarchie analytique (AHP),
- totalement-partiellement-pas (TPN),

- analyse des décisions multi-critères (MCDA), et
- simulations et algorithmes informatiques.

10.16.3 Éléments

.1 Composants de l'analyse des décisions

Les composantes générales de l'analyse des décisions comprennent:

- ***Décision à prendre ou Énoncé de problème***: une description de l'objet de la question ou du problème de décision.
- ***Décideur***: personne ou personnes responsables de la prise de décision finale.
- ***Alternative***: une proposition ou un plan d'action.
- ***Critères de décision***: critères d'évaluation utilisés pour évaluer les alternatives.

.2 Matrices de décision

Les tableaux ci-dessous fournissent des exemples d'une simple matrice de décision et d'une matrice de décision pondérée.

Une simple matrice de décision vérifie si chaque alternative répond ou non à chaque critère en cours d'évaluation, puis totalise le nombre de critères correspondant à chaque alternative. Dans cet exemple, l'alternative 1 serait probablement sélectionné car il correspond au plus grand nombre de critères.

Table 10.16.1: Matrice de décision simple

	Alternatif 1	**Alternatif 2**	**Alternatif 3**
Critère 1	Satisfait au critère	n/a	n/a
Critère 2	Satisfait au critère	Satisfait au critère	Satisfait au critère
Critère 3	n/a	Satisfait au critère	Satisfait au critère
Critère 4	Satisfait au critère	n/a	n/a
Score	3	2	2

Une matrice de décision pondérée évalue les options dans lesquelles chaque critère est pondéré en fonction de l'importance. Plus la pondération est élevée, plus le critère est important. Dans cet exemple, les critères sont pondérés sur une échelle de 1 à 5, où 5 indique le plus important. Les alternatives sont classées par critère sur une échelle de 1-5, où 5 indique la meilleure correspondance. Dans cet exemple, l'alternative 3 serait probablement sélectionnée en raison de sa pondération élevée.

Table 10.16.2: Matrice de décision pondérée

	Critère de pondération	Alternatif 1	Valeur alternative 1	Alternatif 2	Valeur alternative 2	Alternatif 3	Valeur alternative 3
Critère 1	1	Rang = 1*3	3	Rang = 1*5	5	Rang = 1*2	2
Critère 2	1	Rang = 1*5	5	Rang = 1*4	4	Rang = 1*3	8
Critère 3	3	Rang = 3*5	15	Rang = 3*1	3	Rang = 3*5	15
Critère 4	5	Rang = 5*1	5	Rang = 5*5	25	Rang = 5*3	15
Score pondéré			28		37		40

.3 Arbres de décision

Pour plus d'informations sur les arbres de décisions, voir Modélisation des décisions (p. 325).

Un arbre de décision est une méthode permettant d'évaluer le résultat préféré lorsque de multiples sources d'incertitude peuvent exister. Un arbre de décision permet d'évaluer les réponses à l'incertitude à prendre en compte dans plusieurs stratégies.

Les arbres de décision comprennent:

- ***Noeuds de décision***: qui incluent différentes stratégies.
- ***Les nœuds de hasard***: qui définissent des résultats incertains.
- ***Les nœuds de terminaison ou de fin***: qui identifient un résultat final de l'arbre.

.4 Compromis

Les compromis deviennent pertinents chaque fois qu'un problème de décision implique des objectifs multiples, voire contradictoires. Étant donné que plus d'un objectif est pertinent, il ne suffit pas de trouver la valeur maximale d'une variable (comme l'avantage financier pour l'organisation). Lors des compromis, les méthodes efficaces comprennent:

- ***Élimination des alternatives dominées***: une alternative dominée est toute option qui est clairement inférieure à une autre option. Si une option est égale ou inférieure à une autre lorsqu'elle est évaluée selon les objectifs, l'autre option est considérée comme dominante. Dans certains cas, une option peut également être dominée si elle offre uniquement de faibles avantages tout en présentant d'importants inconvénients.
- ***Classement des objectifs sur une échelle similaire***: une méthode de conversion des classements en une échelle similaire est la notation proportionnelle. En utilisant cette méthode, le meilleur résultat se voit

attribuer une note de 100, le pire une note de 0, et tous les autres résultats reçoivent une note basée sur l'endroit où ils se situent entre ces deux scores. Si les résultats sont ensuite attribués en fonction de leur importance relative, un score peut être attribué à chaque résultat et la meilleure alternative attribuée à l'aide d'un arbre de décision.

10.16.4 Considérations d'utilisation

.1 Forces

- Fournit aux analystes métier une approche prédictive pour déterminer les options alternatives, en particulier dans des situations complexes ou incertaines.
- Aide les parties prenantes qui sont sous pression à évaluer les options en fonction de critères, réduisant ainsi les décisions fondées sur des informations descriptives et des émotions.
- Exige des parties prenantes qu'ils évaluent honnêtement l'importance qu'ils accordent à différents résultats alternatifs afin d'éviter les fausses hypothèses.
- Permet aux analystes métier de créer des paramètres appropriés ou d'introduire des classements relatifs pour l'évaluation des résultats afin de comparer directement les critères d'évaluation des résultats financiers et non financiers.

.2 Limites

- Il se peut que les renseignements nécessaires pour mener une analyse des décisions adéquate ne soient pas disponibles à temps pour prendre la décision.
- De nombreuses décisions doivent être prises immédiatement, sans le luxe de recourir à un processus formel ou même informel d'analyse des décisions.
- Le décideur doit fournir une contribution au processus et comprendre les hypothèses et les limitations du modèle. Dans le cas contraire, ils peuvent percevoir les résultats fournis par l'analyste métier comme plus sûrs qu'ils ne le sont.
- La paralysie de l'analyse peut survenir lorsque l'on s'en tient trop à l'analyse des décisions et à la détermination des valeurs probabilistes.
- Certains modèles d'analyse de décision nécessitent des connaissances spécialisées (par exemple, des connaissances mathématiques en probabilité et de solides compétences avec des outils d'analyse des décisions).

10.17 Modélisation des décisions

10.17.1 Finalité

La modélisation des décisions montre comment des décisions métier répétables sont prises.

10.17.2 Description

Les modèles de décision montrent comment les données et les connaissances sont combinées pour prendre une décision spécifique. Les modèles de décision peuvent être utilisés à la fois pour des décisions simples et complexes. Les modèles de décision simples utilisent une table de décision unique ou un arbre de décision pour montrer comment un ensemble de règles métier qui fonctionnent sur un ensemble commun d'éléments de données se combinent pour créer une décision. Les modèles de décision complexes décomposent les décisions dans leurs composantes individuelles afin que chaque partie de la décision puisse être décrite séparément et que le modèle puisse montrer comment ces pièces se combinent pour prendre une décision globale. Les informations qui doivent être disponibles pour prendre la décision et les sous-décisions peuvent être décomposées. Chaque sous-décision est décrite en termes de règles métier requises pour prendre cette partie de la décision.

Un modèle de décision complet est un modèle global lié aux processus, aux mesures de performance et aux organisations. Il montre d'où viennent les règles métier et représente les décisions sous forme d'informations analytiques.

Les règles métier impliquées dans une décision donnée peuvent être définitionnelles ou comportementales. Par exemple, une décision 'Valider la commande' peut vérifier que le montant de la taxe est calculé correctement (une règle définitionnelle) et que l'adresse de facturation correspond à la carte de crédit fournie (une règle comportementale).

Les tables de décision et les arbres de décision définissent la façon dont une décision spécifique est prise. Un modèle de décision graphique peut être construit à différents niveaux. Un modèle de haut niveau ne peut montrer que les décisions métier telles qu'elles apparaissent dans les processus métier, alors qu'un modèle plus détaillé pourrait montrer la prise de décision en l'état ou à être suffisamment détaillé pour agir comme une structure pour toutes les règles métier pertinentes.

10.17.3 Éléments

.1 Types de modèles et de notations

Il existe plusieurs approches différentes de la modélisation des décisions. Les tableaux de décision représentent toutes les règles requises pour prendre une décision atomique. Les arbres de décision sont courants dans certaines industries, mais sont généralement beaucoup moins utilisés que les tables de décision. Les décisions complexes nécessitent la combinaison de plusieurs décisions simples dans un réseau. Ceci est affiché en utilisant des dépendances ou des notations d'exigences.

Toutes ces approches comportent trois éléments clés :

- décision,
- informations et
- connaissances.

Tables de décision

Les décisions métier utilisent un ensemble spécifique de valeurs d'entrée pour déterminer un résultat particulier en utilisant un ensemble défini de règles métier pour en sélectionner un parmi les résultats disponibles. Un tableau de décision est une représentation compacte et tabulaire d'un ensemble de ces règles. Chaque ligne (ou colonne) est une règle et chaque colonne (ou ligne) représente l'une des conditions de cette règle. Lorsque toutes les conditions d'une règle particulière sont évaluées à vrai pour un ensemble de données d'entrée, le résultat ou l'action spécifiée pour cette règle est sélectionné.

Les tables de décision contiennent généralement une ou plusieurs colonnes de conditions qui correspondent à des éléments de données spécifiques, ainsi qu'une ou plusieurs colonnes d'action ou de résultat. Chaque ligne peut contenir une condition spécifique dans chaque colonne de condition. Celles-ci sont évaluées en fonction de la valeur de l'élément de données considéré. Si toutes les cellules d'une règle sont soit vides soit évaluées à vrai, la règle est vraie et le résultat spécifié dans la colonne action ou résultat se produit.

Figure 10.17.1: Table de décision

Règles d'éligibilité		
Montant du prêt	**Âge**	**Eligibilité**
<=1000	>18	Éligible
	<=18	Inéligible
1000–2000	>21	Éligible
	<=21	Inéligible
>2000	>=25	Éligible
	<25	Inéligible

Arbres de décision

Les arbres de décision sont également utilisés pour représenter un ensemble de règles métier. Chaque chemin d'accès sur un nœud d'arbre de décision est une règle unique. Chaque niveau de l'arborescence représente un élément de données spécifique ; les branches en aval représentent les différentes conditions qui doivent être vraies pour continuer dans cette branche. Les arbres de décision peuvent être très efficaces pour représenter certains types d'ensembles de règles, en particulier celles relatives à la segmentation de la clientèle.

Tout comme pour les tables de décision, un arbre de décision sélectionne l'une des actions ou des résultats disponibles (un noeud terminal affiché tout à droite ou au bas de l'arbre) en fonction des valeurs spécifiques qui lui sont transmises par les éléments de données représentant les noeuds d'embranchement.

Dans l'arbre de décision suivant, les règles de l'arbre partagent des conditions (représentées par les noeuds antérieurs dans l'arbre).

Figure 10.17.2: Arbre de décision

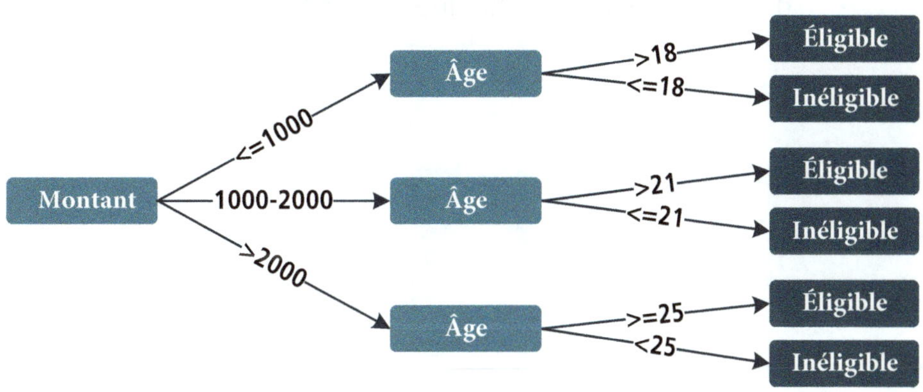

Diagrammes des exigences de décision

Un diagrammes des exigences de décision est une représentation visuelle de l'information, des connaissances et des prises de décision impliquées dans une décision métier plus complexe.

Les diagrammes des exigences de décision contiennent les éléments suivants :

- ***Décisions***: affichées sous forme de rectangles. Chaque décision prend un ensemble d'entrées et sélectionne parmi un ensemble défini de sorties possibles en appliquant des règles métier et d'autres logiques de décision.
- ***Données d'entrée***: affichées comme ovales, représentant des données qui doivent être passées en tant qu'entrée d'une décision sur le diagramme.
- ***Modèles de connaissances métier***: affiché comme un rectangle avec les coins coupés, représentant des ensembles de règles métier, des tables de décision, des arbres de décision ou même des modèles analytiques prédictifs qui décrivent précisément comment prendre une décision.
- ***Sources de connaissances***: affiché en tant que document, représentant les documents originaux ou les personnes dont la logique de décision peut être ou a été dérivée.

Ces nœuds sont reliés entre eux dans un réseau pour montrer la décomposition de la prise de décision complexe en blocs de construction plus simples. Des flèches pleines indiquent les informations requises pour une décision. Ces exigences en matière d'information peuvent lier les données d'entrée à une décision, pour montrer que cette décision exige que ces données soient disponibles, ou peuvent lier deux décisions ensemble.

Les modèles de connaissances métier qui décrivent comment prendre une décision spécifique peuvent être liés à cette décision avec des flèches pointillées pour afficher les exigences en matière de connaissances. Les sources de connaissances peuvent être liées à des décisions à l'aide d'une flèche pointillée et arrondie pour montrer qu'une source de connaissances (par exemple, un document ou une personne) est une autorité pour la décision. Cela s'appelle une exigence d'autorité.

Figure 10.17.3: Diagramme des exigences de décision

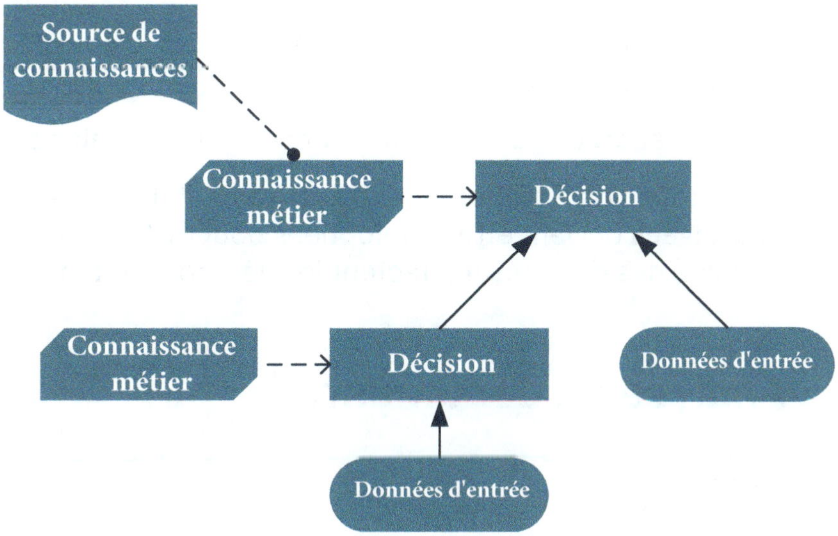

10.17.4 Considérations d'utilisation

.1 Forces

- Les modèles de décision sont faciles à partager avec les parties prenantes, à faciliter une compréhension partagée et à appuyer l'analyse d'impact.
- Plusieurs points de vue peuvent être partagées et combinées, en particulier lorsqu'un diagramme est utilisé.
- Simplifie la prise de décisions complexes en retirant la gestion des règles métier du processus.
- Aide à gérer un grand nombre de règles dans les tables de décision en regroupant les règles par décision. Cela aide également à la réutilisation.
- Ces modèles fonctionnent pour l'automatisation basée sur des règles, l'exploration de données et l'analyse prédictive, ainsi que pour les décisions manuelles ou les projets d'aide à la décision.

.2 Limites

- Ajoute un deuxième style de diagramme lors de la modélisation des processus métier qui contiennent des décisions. Cela peut ajouter une complexité inutile si la décision est simple et étroitement associée au processus.
- Peut limiter les règles à celles requises par des décisions connues et ainsi limiter la saisie de règles non liées à une décision connue.
- La définition de modèles de décision peut permettre à une organisation de penser qu'elle a une façon standard de prendre des décisions alors qu'elle

ne le fait pas. Peut enfermer une organisation dans une approche de prise de décision actuelle.

- Transcende les frontières organisationnelles, ce qui peut rendre difficile l'acquisition de l'approbation nécessaire.
- Ne pas aborder les règles métier comportementales de façon directe.
- La terminologie métier doit être clairement définie et les définitions partagées doivent être développées pour éviter que les problèmes de qualité des données n'affectent les décisions automatisées.

10.18 Analyse de documents

10.18.1 Finalité

L'analyse documentaire est utilisée pour obtenir des informations d'analyse commerciale, y compris la compréhension contextuelle et les exigences, en examinant les documents disponibles qui décrivent l'environnement métier ou les actifs organisationnels existants.

10.18.2 Description

L'analyse documentaire peut être utilisée pour recueillir des informations de base afin de comprendre le contexte d'un besoin commercial, ou elle peut inclure la recherche de solutions existantes pour valider la façon dont ces solutions sont actuellement mises en œuvre. L'analyse documentaire peut également être utilisée pour valider les résultats d'autres efforts d'élicitation tels que les entretiens et les observations. L'exploration de données est une approche de l'analyse de documents qui est utilisée pour analyser les données afin de déterminer des modèles, de regrouper les données en catégories et de déterminer les opportunités de changement. L'objectif, la portée et les sujets à rechercher dans le cadre de l'analyse documentaire sont déterminés en fonction des informations d'analyse métier explorées. Lors de l'analyse des documents, les analystes métier examinent méthodiquement les documents et déterminent si l'information doit être enregistrée dans un produit de travail.

La recherche sur les antécédents recueillis dans le cadre de l'analyse de documents peut comprendre l'examen de documents tels que des études de marketing, des directives ou des normes de l'industrie, des mémos d'entreprise et des graphiques organisationnels. En recherchant une grande variété de matériaux de source, l'analyste métier peut s'assurer que le besoin est pleinement compris en termes d'environnement dans lequel il existe. L'analyse de document sur une solution existante peut inclure l'examen des règles métier, la documentation technique, la documentation de formation, les rapports de problèmes des documents préalables et des manuels de procédure afin de valider à la fois le fonctionnement de la solution actuelle et la raison pour laquelle elle a été implémentée sous sa forme actuelle. L'analyse de documents peut également aider à combler les lacunes en matière d'information qui peuvent survenir lorsque les experts spécialisés (SME) pour la solution existante ne sont plus présents ou ne seront pas disponibles pendant la durée du processus d'élicitation.

10.18.3 Éléments

.1 Préparation

Les documents d'analyse peuvent provenir de sources publiques ou exclusives.

Lors de l'évaluation des documents sources à des fins d'analyse, les analystes métier considèrent :

- si le contenu de la source est pertinent, actuel, authentique et crédible,
- si le contenu est compréhensible ou non et peut être facilement transmis aux parties prenantes au besoin, et
- définissant à la fois les données à extraire (en fonction des classes de données nécessaires) et les clusters de données qui fournissent des éléments regroupés par relations logiques.

.2 Examen et analyse de documents

L'exécution de l'analyse de document comprend :

- Effectuer un examen détaillé du contenu de chaque document et enregistrer les notes pertinentes associées à chaque sujet. Les notes peuvent être enregistrées à l'aide d'un tableau d'analyse de document qui comprend le sujet, le type, la source, les détails textuels, une critique paraphrasée et tous les problèmes ou actions de suivi pour chaque document examiné.
- Identification si des notes entrent en conflit ou sont des doublons.
- Notant les lacunes dans les connaissances dans lesquelles les conclusions sur certains sujets sont limitées. Il peut être nécessaire d'effectuer des recherches supplémentaires pour revoir ces sujets, ou d'approfondir au niveau d'un sous-sujet.

.3 Résultats de l'enregistrement

Lorsque les informations provenant de l'analyse de documents sont utilisées dans un produit de travail, l'analyste métier prend en considération :

- si le contenu et le niveau de détail sont appropriés pour le public visé, et

- si le matériel doit être transformé en aides visuelles telles que des graphiques, des modèles, des flux de processus ou des tableaux de décision afin de contribuer à améliorer la compréhension.

10.18.4 Considérations d'utilisation

.1 Forces

- Les sources existantes peuvent servir de base à l'analyse.
- L'analyste métier n'a pas besoin de créer du contenu.
- Les sources existantes, bien que peut-être obsolètes, peuvent être utilisées comme point de référence pour déterminer ce qui est actuel et ce qui a changé.
- Les résultats peuvent être utilisés pour valider par rapport aux résultats d'autres techniques d'élicitation des exigences.
- Les conclusions peuvent être présentées dans des formats qui facilitent la révision et la réutilisation.

.2 Limites

- La documentation existante peut être obsolète ou non valide (informations incorrectes, manquantes, illisibles, non révisées ou non approuvées).
- Les auteurs peuvent ne pas être disponibles pour des questions.
- Principalement utile pour évaluer l'état actuel, via l'examen de la documentation en l'état.
- S'il existe un large éventail de sources, l'effort peut prendre beaucoup de temps et entraîner une surcharge d'informations et de la confusion.

10.19 Estimation

10.19.1 Finalité

Les analystes métier et les autres parties prenantes utilisent des estimations pour prévoir les coûts et les efforts nécessaires à la poursuite d'une ligne de conduite.

10.19.2 Description

L'estimation est utilisée pour soutenir la prise de décision en prédisant des attributs tels que :

- le coût et les efforts pour poursuivre un plan d'action,
- les bénéfices attendus de la solution,
- le coût du projet,
- performance de l'entreprise
- la valeur potentielle attendue d'une solution, et
- les coûts de création d'une solution,
- les coûts d'exploitation d'une solution,
- l'impact potentiel du risque.

Le résultat de l'estimation est parfois exprimé sous la forme d'un seul nombre. La représentation des résultats de l'estimation sous forme de plage, avec des valeurs minimales et maximales ainsi qu'une probabilité, peut présenter un degré d'efficacité plus élevé pour les parties prenantes. Cette plage est appelée intervalle de confiance et sert de mesure du niveau d'incertitude. Moins l'estimateur dispose d'informations, plus l'intervalle de confiance sera large.

L'estimation est un processus itératif. Les estimations sont examinées au fur et à mesure que davantage d'informations deviennent disponibles et sont également révisées (s'il y a lieu). De nombreuses techniques d'estimation s'appuient sur les dossiers de rendement historiques de l'organisation afin de calibrer les estimations par rapport à l'expérience antérieure. Chaque estimation peut comprendre une évaluation du niveau d'incertitude qui y est associé.

10.19.3 Éléments

.1 Méthodes

Diverses méthodes d'estimation sont utilisées pour des situations spécifiques. Dans chaque cas, il est important que les estimateurs aient une description convenue des éléments à estimer, souvent sous la forme d'une structure de répartition du travail ou d'une autre décomposition de tous les travaux estimés. Lors de l'élaboration et de la livraison d'une estimation, les contraintes et les hypothèses doivent également être clairement communiquées.

Les méthodes d'estimation courantes comprennent :

- ***Top-down***: examen des composants à un niveau élevé dans une ventilation hiérarchique.
- ***Bottom-up*** : utiliser les éléments de niveau inférieur d'une ventilation hiérarchique pour examiner le travail en détail et estimer le coût ou l'effort individuel, puis résumer tous les éléments pour fournir une estimation globale.
- ***Estimation paramétrique***: utilisation d'un modèle paramétrique étalonné des attributs d'éléments estimés. Il est important que l'organisation utilise son propre historique pour calibrer tout modèle paramétrique, car les valeurs des attributs reflètent les compétences et les capacités de son personnel et des processus utilisés pour effectuer le travail.
- ***L'ordre de grandeur approximatif (ROM)***: une estimation de haut niveau, généralement basée sur des informations limitées, qui peut avoir un intervalle de confiance très large.
- ***Rolling Wave***: estimations répétées tout au long d'une initiative ou d'un projet, fournissant des estimations détaillées pour les activités à court terme (comme une itération du travail) extrapolées pour le reste de l'initiative ou du projet.
- ***Delphi***: utilise une combinaison de jugement d'expert et d'histoire. Il existe plusieurs variantes de ce processus, mais elles comprennent toutes des estimations individuelles, le partage des estimations avec des experts et plusieurs séries d'estimations jusqu'à ce qu'un consensus soit atteint. Une moyenne des trois estimations est utilisée.
- ***PERT***: chaque composante de l'estimation reçoit trois valeurs : (1) Valeur optimiste, représentant le meilleur scénario, (2) Valeur pessimiste, représentant le pire scénario, (3) Valeur la plus probable. Ensuite, une valeur PERT pour chaque composante estimée est calculée comme une moyenne pondérée: (Optimiste + Pessimiste + (4 fois le plus probable))/6.

.2 Exactitude de l'estimation

L'exactitude d'une estimation est une mesure de l'incertitude qui évalue à quel point une estimation est proche de la valeur réelle mesurée plus tard. Il peut être calculé comme un rapport entre la largeur de l'intervalle de confiance et sa valeur moyenne, puis exprimé en pourcentage. Lorsqu'il y a peu d'informations, comme au début de l'élaboration d'une approche de solution, une estimation de l'ordre de grandeur approximatif (ROM) est fournie, qui devrait avoir un large éventail de valeurs possibles et un niveau élevé d'incertitude.

Les estimations ROM ne sont souvent pas plus précises de +50% à -50%. Une estimation définitive, qui est beaucoup plus précise, peut être faite tant que davantage de données du monde réel sont collectées. Les estimations définitives utilisées pour prédire les échéanciers, les budgets finaux et les besoins en ressources devraient idéalement être exactes dans les 10 % ou moins.

Les équipes peuvent combiner l'utilisation d'estimations ROM et d'estimations définitives dans l'ensemble d'un projet ou d'une initiative à l'aide d'estimations par vagues glissantes. Une équipe crée une estimation définitive pour la prochaine itération ou phase (pour laquelle elle dispose d'informations adéquates), tandis que le reste du travail reçoit une estimation ROM. À l'approche de la fin de l'itération ou de la phase, une estimation définitive est faite pour le travail de l'itération ou de la phase suivante et l'estimation ROM pour les activités restantes est affinée.

.3 Sources d'information

Les estimateurs tiennent compte des renseignements disponibles tirés de l'expérience antérieure ainsi que des attributs estimés.

Voici quelques sources d'information courantes :

- ***Situations analogues***: utiliser un élément (projet, initiative, risque ou autre) qui se rapproche de l'élément estimé.
- ***Historique de l'organisation***: expériences antérieures de l'organisation avec un travail similaire. Ceci est très utile si le travail antérieur a été effectué par la même équipe ou une équipe aux compétences similaires et en utilisant les mêmes techniques.
- ***Jugement d'expert***: tirer parti des connaissances des individus sur l'élément estimé. L'estimation repose souvent sur l'expertise de ceux qui ont effectué le travail dans le passé, à l'interne ou à l'externe de l'organisation. Lorsqu'ils font appel à des experts externes, les estimateurs tiennent compte des compétences et des capacités pertinentes de ceux qui effectuent le travail estimé.

.4 Précision et fiabilité des estimations

Lorsque plusieurs estimations sont faites pour un attribut particulier, la précision de l'estimation résultante est une mesure de l'accord entre les estimations (à quel point elles sont proches les unes des autres). En examinant les mesures d'imprécision telles que la variance ou l'écart-type, les estimateurs peuvent déterminer leur niveau d'accord.

La fiabilité d'une estimation (sa répétabilité) se reflète dans la variation des estimations faites par différentes méthodes d'estimation ou par différents estimateurs.

Pour illustrer le niveau de fiabilité et de précision, une estimation est souvent exprimée sous la forme d'une plage de valeurs avec un niveau de confiance associé. Autrement dit, pour une valeur d'estimation sommaire et un niveau de confiance donnés, la fourchette de valeurs est la plage attendue de valeurs possibles en fonction des estimations fournies. Par exemple, si une équipe estimait qu'une tâche prendrait 40 heures, un intervalle de confiance de 90 % pourrait être de 36 à 44 heures, selon ce qu'elle a donné comme estimations individuelles. Un intervalle de confiance de 95 % peut être de 38 à 42 heures. En général, plus le niveau de confiance dans l'estimation est élevé, plus la fourchette sera étroite.

Pour fournir des estimations avec un niveau de confiance particulier, les estimateurs peuvent utiliser une technique telle que PERT. En utilisant les estimations multiples pour chaque composante de l'estimation, une distribution de probabilité peut être construite. Cette distribution permet de calculer une estimation globale (incorporant tous les éléments estimés) sous la forme d'une plage de valeurs, avec un niveau de confiance associé.

.5 Contributeurs aux estimations

Les estimateurs d'un élément sont souvent les responsables de cet élément. L'estimation d'une équipe est généralement plus précise que l'estimation d'une personne, car elle intègre l'expertise de tous les membres de l'équipe.

Dans certains cas, une organisation dispose d'un groupe qui effectue une estimation pour une grande partie du travail de l'organisation. Ceci est fait avec soin, de sorte que l'estimation reflète le contexte probable de l'élément estimé.

Lorsqu'une organisation a besoin d'un niveau élevé de confiance dans l'estimation d'un élément critique, elle peut faire appel à un expert externe pour effectuer ou examiner l'estimation. L'organisation peut comparer une estimation indépendante à son estimation interne pour déterminer les ajustements qui peuvent être nécessaires.

10.19.4 Considérations d'utilisation

.1 Forces

- Les estimations fournissent une justification pour un budget, un calendrier ou la taille d'un ensemble d'éléments affectés.
- Sans estimation, les équipes qui effectuent un changement peuvent se faire fournir un budget ou un calendrier irréaliste pour leur travail.

- Le fait qu'une petite équipe de personnes bien informées fournisse une estimation en suivant une technique définie donne généralement une prédiction plus proche de la valeur réelle que si une estimation était faite par une seule personne.
- La mise à jour d'une estimation tout au long d'un cycle de travail, au cours de laquelle les éléments estimés sont affinés au fil du temps, intègre les connaissances et contribue au succès.

.2 Limites

- Les estimations sont aussi précises que le niveau de connaissance des éléments estimés. Sans organisation ni connaissances locales, les estimations peuvent varier considérablement des valeurs réelles déterminées ultérieurement.
- L'utilisation d'une seule méthode d'estimation peut amener les parties prenantes à avoir des attentes irréalistes.

10.20 Analyse financière

10.20.1 Finalité

L'analyse financière est utilisée pour comprendre les aspects financiers d'un investissement, d'une solution ou d'une approche de solution.

10.20.2 Description

L'analyse financière est l'évaluation de la viabilité financière attendue, de la stabilité et de la réalisation des avantages d'une option d'investissement. Il comprend une prise en compte du coût total du changement ainsi que des coûts totaux et des avantages de l'utilisation et du soutien de la solution.

Les analystes métier utilisent l'analyse financière pour faire une recommandation de solution pour un investissement dans une initiative de changement spécifique en comparant une solution ou une approche de solution à d'autres, basé sur l'analyse de la:

- le coût initial et le délai dans lequel ces coûts sont encourus,
- les avantages financiers attendus et le délai dans lequel ils seront engagés,
- les coûts permanents liés à l'utilisation de la solution et au support de la solution,
- les risques associés à l'initiative de changement
- risque permanent pour la valeur métier de l'utilisation de cette solution.

Une combinaison de techniques d'analyse est généralement utilisée car chacune fournit une perspective différente. Les dirigeants comparent les résultats de l'analyse financière d'une option de placement avec ceux d'autres placements possibles pour prendre des décisions sur les initiatives de changement à soutenir.

L'analyse financière traite de l'incertitude et, à mesure qu'une initiative de changement progresse dans son cycle de vie, les effets de cette incertitude sont mieux compris. Une analyse financière est appliquée en permanence au cours de l'initiative afin de déterminer si le changement est susceptible d'apporter une valeur métier suffisante pour qu'il se poursuive. Un analyste métier peut recommander d'ajuster ou d'arrêter une initiative de changement si de nouveaux renseignements font que les résultats de l'analyse financière n'appuient plus la recommandation de la solution initiale.

10.20.3 Éléments

.1 Coût du changement

Le coût d'une modification comprend le coût prévu de la construction ou de l'acquisition des composants de la solution et les coûts de transition prévus par l'entreprise pour passer de l'état actuel à l'état futur. Cela pourrait inclure les coûts associés au changement d'équipement et de logiciels, d'installations, de personnel et d'autres ressources, au rachat de contrats existants, aux subventions, aux pénalités, à la conversion des données, à la formation, à la communication du changement et à la gestion du déploiement. Ces coûts peuvent être partagés entre les organisations au sein de l'entreprise.

.2 Coût total de possession (TCO)

Le coût total de possession (TCO) est le coût d'acquisition d'une solution, le coût d'utilisation de la solution et le coût de prise en charge de la solution dans un avenir prévisible, combinés pour aider à comprendre la valeur potentielle d'une solution. Dans le cas des équipements et des installations, l'espérance de vie est souvent généralement acceptée. Cependant, dans le cas des processus et des logiciels, l'espérance de vie est souvent inconnue. Certaines organisations supposent une période de temps standard (par exemple, trois à cinq ans) pour comprendre les coûts de possession des actifs incorporels tels que les processus et les logiciels.

.3 Réalisation de la valeur

La valeur est généralement réalisée au fil du temps. La valeur prévue pourrait être exprimée sur une base annuelle ou sous forme de valeur cumulative sur une période donnée.

.4 Analyse coûts-bénéfices

L'analyse coûts-bénéfices (parfois appelée analyse bénéfices-coûts) est une prédiction des bénéfices totaux escomptés moins les coûts totaux prévus, ce qui donne lieu à un bénéfice net prévu (la valeur prévue de l'entreprise).

Les hypothèses concernant les facteurs qui composent les coûts et les bénéfices doivent être clairement énoncées dans les calculs afin qu'elles puissent être examinées, contestées et approuvées. Les coûts et les bénéfices seront souvent estimés en fonction de ces hypothèses, et la méthodologie d'estimation devra être décrite afin qu'elle puisse être revue et ajustée si nécessaire.

La période d'une analyse coûts-bénéfices doit être suffisamment éloignée dans l'avenir pour que la solution soit pleinement utilisée et que la valeur prévue soit réalisée. Cela permettra de comprendre à quel moments devront être engagés les coûts et quand la valeur prévue devra être réalisée.

Table 10.20.1: Exemple d'analyse coûts-avantages

	Année 0	Année 1	Année 2	Année 3
Bénéfices attendus				
Revenus		$XXXX	$XXXX	$XXXX
Réduction des coûts d'exploitation		$XXXX	$XXXX	$XXXX
Gain de temps		$XXXX	$XXXX	$XXXX
Réduction du coût des erreurs		$XXXX	$XXXX	$XXXX
Augmentation de la satisfaction de la clientèle		$XXXX	$XXXX	$XXXX
Réduction du coût de la conformité		$XXXX	$XXXX	$XXXX
Autres		$XXXX	$XXXX	$XXXX
Total des bénéfices annuelles	***$0***	***$XXXX***	***$XXXX***	***$XXXX***
Coûts				
Coûts du projet	$XXXX	$XXXX	$0	$0
Assistance permanente	$0	$XXXX	$XXXX	$XXXX
Nouvelles installations	$XXXX	$0	$0	$XXXX
Licences	$0	$XXXX	$XXXX	$XXXX
Renouvellement de l'infrastructure	$XXXX	$0	$XXXX	$0
Autres	$0	$XXXX	$0	$XXXX
Coûts totaux	***$XXXX***	***$XXXX***	***$XXXX***	***$XXXX***

Table 10.20.1: Exemple d'analyse coûts-avantages (Continued)

	Année 0	Année 1	Année 2	Année 3
Bénéfices nets	***-$XXXX***	***$XXXX***	***$XXXX***	***$XXXX***
Bénéfices nets cumulés	***-$XXXX***	***-$XXXX***	***-$XXXX***	***$XXXX***

Certains avantages peuvent ne pas être réalisés avant des années. Certains coûts de projet et d'exploitation pourraient être comptabilisés dans les années à venir. Les bénéfices nets cumulés pourraient être négatifs pendant un certain temps.

Dans certaines organisations, tout ou une partie des coûts associés au changement peut être amortie sur plusieurs années, et l'organisation peut nécessiter l'analyse coûts-bénéfices pour refléter cela.

Lors d'une initiative de changement, puisque les coûts attendus deviennent des coûts réels, l'analyste métier peut réexaminer l'analyse coûts-bénéfices pour déterminer si la solution ou l'approche de la solution est toujours viable.

.5 Calculs financiers

Les organismes utilisent une combinaison de calculs financiers normalisés pour comprendre différentes perspectives quant à la valeur et à la façon dont les différents placements apporteront de la valeur. Ces calculs tiennent compte des risques inhérents aux différents investissements, du montant initial à investir par rapport au moment où les avantages seront réalisés, d'une comparaison avec d'autres investissements que l'organisation pourrait faire et du temps qu'il faudra pour récupérer l'investissement initial.

Les logiciels financiers, y compris les feuilles de calcul, fournissent généralement des fonctions pré-programmées pour exécuter correctement ces calculs financiers.

Retour sur Investissement

Le retour sur investissement (ROI) d'un changement planifié est exprimé en pourcentage mesurant les bénéfices nets divisés par les coûts du changement. Une initiative de changement, une solution ou une approche de solution peut être comparée à d'autres pour déterminer laquelle offre le meilleur rendement global par rapport au montant de l'investissement.

La formule pour calculer le retour sur investissement est :

> *Retour sur investissement = (Bénéfices totaux – Coût de l'investissement) / Coût de l'investissement.*

Plus le retour sur investissement est élevé, meilleur est l'investissement.

Lorsque vous faites une comparaison entre des investissements potentiels, l'analyste métier doit utiliser la même période pour les deux.

Taux d'escompte

Le taux d'actualisation est le taux d'intérêt présumé utilisé dans les calculs de la valeur actualisée. En général, cela est similaire au taux d'intérêt que l'organisation s'attendrait à gagner si elle investissait son argent ailleurs. De nombreuses organisations utilisent un taux d'actualisation standard, généralement déterminé par leurs agents financiers, pour évaluer les investissements potentiels tels que les initiatives de changement en utilisant les mêmes hypothèses sur les taux d'intérêt attendus. Parfois, un taux d'actualisation plus élevé est utilisé pour des périodes qui sont plus de quelques années dans le futur pour refléter une plus grande incertitude et un plus grand risque.

Valeur actuelle

Différentes solutions et différentes approches de solutions pourraient générer des avantages à des rythmes différents et sur une période différente. Pour comparer objectivement les effets de ces différents taux et périodes, les prestations sont calculées en termes de valeur actuelle. Le bénéfice à réaliser à l'avenir est réduit par le taux d'actualisation pour déterminer sa valeur aujourd'hui.

La formule pour calculer la valeur actualisée est :

> *Valeur actualisée = Somme des (Avantages nets pour la période observée / (1 + Taux d'actualisation pour cette période)) pour toutes les périodes de l'analyse couts-bénéfices.*

La valeur actuelle est exprimée en devise. Plus la valeur actualisée est élevée, plus l'avantage total est important.

La valeur actualisée ne tient pas compte du coût de l'investissement initial.

Valeur nette actuelle

La valeur actuelle nette (VAN) est la valeur actuelle des bénéfices moins le coût initial de l'investissement. De cette façon, différents investissements et différents modèles de bénéfices peuvent être comparés en termes de valeur actuelle. Plus la VAN est élevée, meilleur est l'investissement.

La formule pour calculer la valeur actuelle nette est :

> *Valeur actuelle nette = Valeur actuelle – Coût d'investissement*

La valeur actuelle nette est exprimée en devises. Plus la VAN est élevée, meilleur est l'investissement.

Taux de rendement interne

Le taux de rendement interne (TRI) est le taux d'intérêt pour lequel un investissement diminue, il est généralement utilisé pour déterminer si le changement, la solution ou l'approche de la solution vaut la peine d'être investie. L'analyste métier peut comparer le TRI d'une solution ou d'une approche de solution à un seuil minimum que l'organisation s'attend à tirer de ses investissements (appelé taux d'obstacle). Si le TRI de l'initiative de changement est inférieur au taux d'obstacle, alors l'investissement ne devrait pas être fait.

Une fois que l'investissement prévu a franchi le taux d'obstacle, il pourrait être comparé à d'autres investissements d'une même durée. L'investissement ayant le TRI le plus élevé serait réputé être le meilleur investissement. Par exemple, l'analyste métier pourrait comparer deux approches de solution sur une même période et recommanderait celle ayant le TRI le plus haut.

Le TRI est interne à une organisation puisqu'il ne tient pas compte des facteurs externes tels que l'inflation ou la fluctuation des taux d'intérêt ou de l'évolution du contexte économique.

Le calcul du TRI est basé sur le taux d'intérêt auquel la VAN est de 0 :

> *Valeur actuelle nette = (-1 x Investissement initial) + Somme (bénéfice net pour la période / (1 + TIR) pour toutes les périodes) = 0.*

Période de récupération

La période de récupération fournit une projection sur la période nécessaire pour générer suffisamment d'avantages pour recouvrer le coût du changement, quel que soit le taux d'actualisation. Une fois la période de récupération passée, l'initiative devrait normalement montrer un avantage financier net pour l'organisation, à moins que les coûts d'exploitation n'augmentent. Il n'existe pas de formule standard pour calculer la période de récupération. La période est généralement exprimée en années ou en années et en mois.

10.20.4 Considérations d'utilisation

.1 Forces

- L'analyse financière permet aux décideurs exécutifs de comparer objectivement des investissements très différents sous différents angles.
- Les hypothèses et les estimations intégrées dans les bénéfices et les coûts, ainsi que dans les calculs financiers, sont clairement énoncées afin qu'elles puissent être contestées ou approuvées.

- Il réduit l'incertitude d'un changement ou d'une solution en exigeant l'identification et l'analyse des facteurs qui influenceront l'investissement.
- Si le contexte, le beosin métoer ou les parties prenantes ont besoin de changements au cours d'une initiative de changement, il permet à l'analyste métier de réévaluer objectivement la solution recommandée.

.2 Limitation

- Certains coûts et bénéfices sont difficiles à quantifier financièrement.
- Étant donné que l'analyse financière est tournée vers l'avenir, il y aura toujours une certaine incertitude quant aux coûts et aux bénéfices prévus
- Les chiffres financiers positifs peuvent donner un faux sentiment de sécurité – ils peuvent ne pas fournir tous les renseignements nécessaires pour comprendre une initiative.

10.21 Groupes de discussion (Focus Groups)

10.21.1 Finalité

Un groupe de discussion (Focus Groups) est un moyen de susciter des idées et des opinions sur un produit, un service ou une opportunité spécifiques dans un environnement de groupe interactif. Les participants, guidés par un modérateur, partagent leurs impressions, leurs préférences et leurs besoins.

10.21.2 Description

Un groupe de discussion est composé de participants préqualifiés dont l'objectif est de discuter et de commenter un sujet dans un contexte. Les participants partagent leurs points de vue et leurs attitudes sur un sujet et en discutent en groupe. Ceci conduit parfois les participants à réévaluer leurs propres points de vue à la lumière des expériences des autres. Un modérateur formé gère la préparation de la session, assiste à la sélection des participants et facilite la session. Si le modérateur n'est pas l'analyste métier, il/elle peut collaborer avec l'analyste métier pour analyser les résultats et produire des conclusions qui sont rapportées aux parties prenantes. Les observateurs peuvent être présents pendant la session de groupe de discussion, mais ne participent généralement pas.

Un groupe de discussion peut être utilisé à divers moments d'une initiative pour saisir des informations ou des idées de manière interactive. Si le sujet du groupe est un produit en cours de développement, les idées du groupe sont analysées en fonction des exigences énoncées. Cela peut entraîner la mise à jour des exigences existantes ou la découverte de nouvelles exigences. Si le sujet est un produit terminé qui est prêt à être lancé, le rapport du groupe pourrait influencer la façon de positionner le produit sur le marché. S'il s'agit d'un produit en production, le rapport du groupe peut fournir des directives sur les révisions de la prochaine version des exigences. Un groupe de discussion peut également servir de moyen d'évaluer la satisfaction des clients à l'égard d'un produit ou d'un service.

Un groupe de discussion est une forme de recherche qualitative. Les activités sont similaires à celles d'une séance de brainstorming, sauf qu'un groupe de discussion est plus structuré et axé sur les points de vue des participants concernant un sujet spécifique. Il ne s'agit pas d'une séance d'entrevue menée en groupe; il s'agit plutôt d'une discussion au cours de laquelle des commentaires sont recueillis sur un sujet spécifique. Les résultats de la séance sont généralement analysés et rapportés sous forme de thèmes et de perspectives plutôt que de résultats numériques.

10.21.3 Éléments

.1 Objectif du groupe de discussion

Un objectif clair et spécifique établit un but défini pour le groupe de discussion. Des questions sont formulées et les discussions sont facilitées dans le but d'atteindre l'objectif.

.2 Planifier le groupe de discussion (Focus Groups)

Le plan de groupe de discussion garantit que tous les intervenants sont au courant de l'objectif du groupe de discussion et s'entendent sur les résultats attendus, et que la séance atteint les objectifs.

Le plan de groupe de discussion définit les activités qui incluent :

- ***Finalité***: créer des questions qui répondent à l'objectif, identifier les sujets clés à discuter et recommander l'utilisation ou non de guides de discussion.
- ***Emplacement***: identifier si la session se fera en présentiel ou en ligne, ainsi que le lieu de rencontre physique ou virtuel qui sera utilisé.
- ***La logistique***: identifier la taille et la configuration de la salle, les autres installations qui peuvent être nécessaires, les options de transport en commun et l'heure de la session.
- ***Les participants***: identifier les données démographiques des personnes activement engagées dans la discussion, si des observateurs sont nécessaires, et qui seront les modérateurs et les secrétaires. On peut également envisager des mesures incitatives pour les participants.
- ***Budget***: décrire les coûts de la session et s'assurer que les ressources sont allouées de manière appropriée.
- ***Calendriers***: établir la période pendant laquelle la ou les séances auront lieu, ainsi que le moment où des comptes-rendus ou des analyses découlant du groupe de discussion seront disponibles.

- ***Résultats***: identifier la manière dont les résultats seront analysés et communiqués, ainsi que les actions prévues en fonction des résultats.

.3 Participants

Une séance de groupe de discussion réussie a des participants qui sont prêts à la fois à offrir leurs idées et leurs points de vue sur un sujet spécifique et à écouter les opinions des autres participants. Un groupe de discussion compte généralement de 6 à 12 participants. Il peut être nécessaire d'inviter des personnes supplémentaires afin de compenser ceux qui ne participent pas à la session en raison de conflits de planification, urgences ou autres raisons. Si le nombre de participants requis est conséquent, il sera judicieux de prévoir plus d'un groupe de discussion. Les participants sont souvent rémunérés pour leur temps.

Leurs données démographiques sont basées sur les objectifs du groupe de discussion.

.4 Guide de discussion

Un guide de discussion fournit au modérateur un script préparé de questions et de sujets de discussion spécifiques qui répondent à l'objectif de la session.

Les guides de discussion comprennent également la structure ou le cadre que le modérateur devra suivre. Cela inclut la collecte de rétroaction et des commentaires généraux avant d'approfondir certains sujets. Les guides de discussion rappellent également au modérateur d'accueillir et de présenter les participants, ainsi que d'expliquer les objectifs de la session, comment la session sera menée et comment les retours seront utilisés.

.5 Assigner un modérateur et un secrétaire

Le modérateur est à la fois habile à maintenir la session sur la bonne voie et et dispose de connaissances sur l'initiative. Il implique l'ensemble des participants, et se montre adaptable et souple. Le modérateur est un représentant impartial du processus de rétroaction.

Le secrétaire prend des notes pour s'assurer que les opinions des participants sont correctement enregistrées.

L'analyste métier peut remplir le rôle du modérateur ou de l'enregistreur. Le modérateur et le secrétaire ne sont pas considérés comme des participants actifs à la session de groupe de discussion et ne soumettent pas de commentaires.

.6 Mener le groupe de discussion (Focus Groups)

Le modérateur guide la discussion du groupe, suit un scénario préparé de questions spécifiques et s'assure que les objectifs sont atteints. Cependant, la discussion de groupe doit sembler fluide et relativement peu structurée aux participants. Une session dure généralement une à deux heures. Le secrétaire note les commentaires du groupe.

.7 Après le groupe de discussion (Focus Groups)

Les résultats du groupe de discussion sont transcrits dès que possible après la fin de la session. L'analyste métier analyse et documente les accords et les désaccords des participants, cherche des tendances dans les réponses et crée un rapport qui résume les résultats.

10.21.4 Considérations d'utilisation

.1 Forces

- La possibilité d'obtenir des données d'un groupe de personnes en une seule session permet d'économiser du temps et des coûts par rapport à la conduite d'entretiens individuels avec le même nombre de personnes.
- Ce type de groupe est efficace pour apprendre les attitudes, les expériences et les désirs des personnes.
- Une discussion active et la capacité de poser des questions aux autres créent un environnement dans lequel les participants peuvent considérer leur point de vue personnel par rapport à d'autres perspectives.
- Un groupe de discussion en ligne est utile lorsque les budgets de voyage sont limités et que les participants sont répartis géographiquement.
- Les sessions de groupe de discussion en ligne peuvent être enregistrées pour les visionner à nouveau plus tard.

.2 Limites

- Dans un contexte de groupe, les participants peuvent être préoccupés par des questions de confiance ou ne pas vouloir discuter de sujets sensibles ou personnels.
- Les données recueillies sur ce que les gens disent peuvent ne pas être cohérentes avec la façon dont les gens se comportent réellement.
- Si le groupe est trop homogène, leurs réponses peuvent ne pas représenter un ensemble complet d'exigences.
- Un modérateur compétent est nécessaire pour gérer les interactions et les discussions de groupe.
- Il peut être difficile de planifier le groupe pour la même date et la même heure.
- Les groupes de discussion en ligne limitent l'interaction entre les participants.

- Il est difficile pour le modérateur d'un groupe de discussion en ligne de déterminer les attitudes sans être capable de lire le langage corporel.
- Un seul participant loquace peut influencer les résultats du groupe de discussion.

10.22 Décomposition fonctionnelle

10.22.1 Finalité

La décomposition fonctionnelle permet de gérer la complexité et de réduire l'incertitude en décomposant les processus, les systèmes, les domaines fonctionnels ou les livrables en leurs composants les plus simples et en permettant à chaque pièce d'être analysée indépendamment.

10.22.2 Description

La décomposition fonctionnelle aborde l'analyse de systèmes et l'analyse de concepts complexes en les considérant comme un ensemble de fonctions, d'effets et de composants collaborateurs ou connexes. Cet isolement permet de réduire la complexité de l'analyse. La décomposition de composants plus importants en sous-composants permet de mettre à l'échelle, de suivre et de mesurer l'effort de travail pour chacun d'eux. Il facilite l'évaluation du succès de chaque sous-composante en ce qui concerne d'autres composantes plus ou moins grandes.

La granularité de la décomposition peut varier en fonction de la nature des composants et des objectifs. La décomposition fonctionnelle suppose que les sous-composants peuvent décrire complètement leurs composants parents. Tout sous-composant ne peut avoir qu'un seul composant parent lors du développement de la hiérarchie fonctionnelle.

Le schéma ci-dessous fournit un exemple de la façon dont une fonction peut être décomposée en sous-composants gérables et mesurables.

Figure 10.22.1: Diagramme de décomposition fonctionnelle

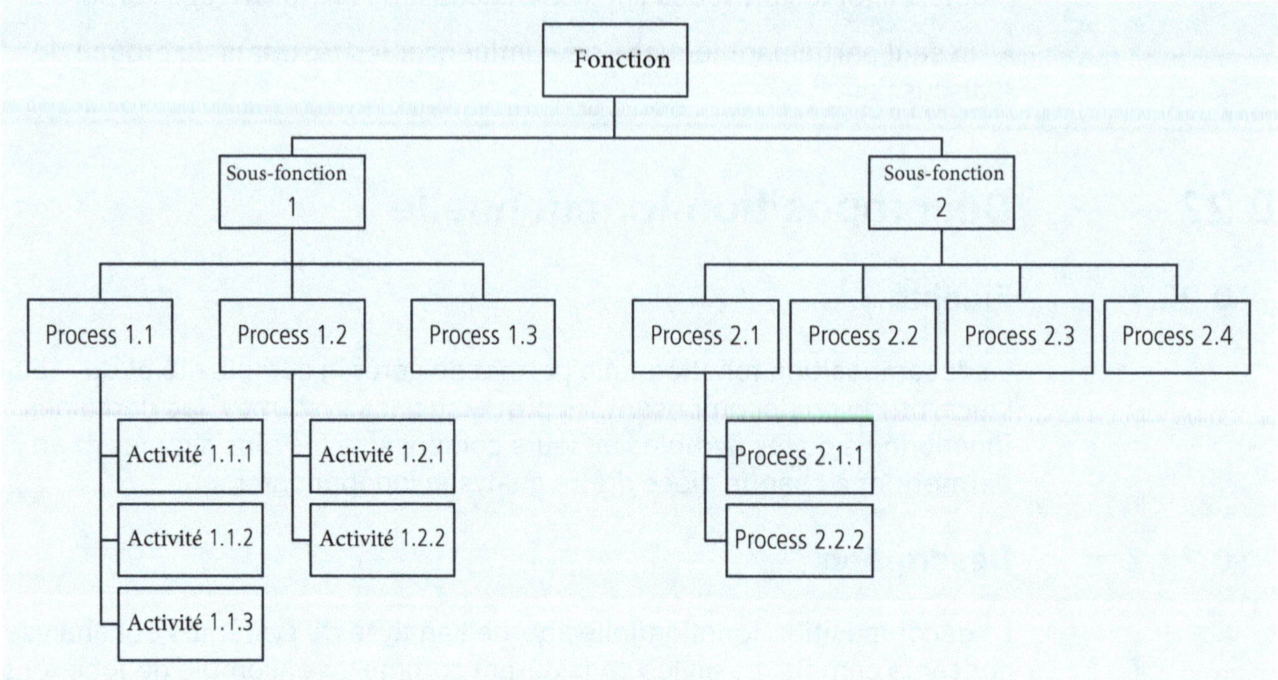

10.22.3 Éléments

.1 Objectifs de décomposition

Les objectifs de la décomposition fonctionnelle pilotent à la fois le processus de décomposition et définissent ce qu'il faut décomposer, comment le décomposer et à quelle profondeur décomposer.

Les objectifs peuvent inclure :

- ***Mesurer et gérer***: isoler des facteurs spécifiques gérables qui contribuent au résultat global, ou identifier des métriques et des indicateurs importants.
- ***Conception***: simplifier un problème en réduisant et en isolant l'objet de la conception.
- ***Analyse***: étudier les propriétés et comportements essentiels d'un artefact ou d'un phénomène indépendamment de l'environnement qui l'entoure.
- ***Estimation et prévision***: diminuer le niveau d'incertitude en décomposant une valeur complexe en éléments constitutifs.
- ***Réutilisation***: pour créer un bloc constitutif de solution réutilisable, servant de fonction spécifique pour différents processus.
- ***Optimisation***: détecter ou atténuer un goulot d'étranglement, réduire le coût des fonctions ou améliorer la qualité des processus.

- ***Substitution***: rendre une implémentation spécifique d'un composant de solution ou d'une fonction facilement remplaçable sans impact sur le système dans son ensemble.
- ***Encapsulation***: combinaison d'éléments pour en faire un seul élément.

.2 Objets de la décomposition

La décomposition fonctionnelle s'applique à une grande variété de sujets polyvalents, tels que:

- ***Résultats professionnels***: par exemple, revenu, profit, dépenses, volume de service ou volume de production.
- ***Travail à réaliser***: cette décomposition (connue sous le nom de structure de répartition du travail ou WBS) divise les efforts en phases, jalons, activités de travail, tâches, éléments de travail et livrables.
- ***Processus métier***: identifier ses composantes pour mesurer, gérer, optimiser ou réutiliser le processus ou ses composants.
- ***Fonction***: pour permettre son optimisation ou sa mise en œuvre.
- ***Unité opérationnelle***: pour permettre sa rétro-ingénierie et sa conception.
- ***Composant solution***: pour permettre sa conception, sa mise en œuvre ou son changement.
- ***Activité***: permettre sa mise en œuvre, sa modification, son optimisation, sa mesure et son estimation.
- ***Produits et Services***: pour les concevoir, les mettre en œuvre et les améliorer.
- ***Les décisions***: pour les activer, les améliorer ou les soutenir en identifiant leurs intrants, leurs modèles sous-jacents, leurs dépendances et leurs résultats.

.3 Niveau de décomposition

Le niveau approprié de décomposition fonctionnelle définit où, pourquoi et quand arrêter de décomposer le sujet afin d'atteindre les objectifs de l'analyse. Le processus de décomposition fonctionnelle se poursuit jusqu'à ce que l'analyste métier ait juste assez de compréhension et de détails pour procéder et peut appliquer les résultats de la décomposition dans l'exécution d'autres tâches.

.4 Représentation des résultats de décomposition

Les représentations des résultats de décomposition fonctionnelle permettent aux analystes métier de valider et de vérifier les résultats et de les utiliser pour résoudre d'autres tâches. Les résultats peuvent être exprimés sous la forme d'une combinaison de descriptions en texte brut, de listes hiérarchiques, de descriptions utilisant des notations formelles spéciales (par exemple, les formules mathématiques, le langage d'exécution de processus métier ou les langages de programmation) et les diagrammes visuels. Une grande variété de techniques de diagrammes peuvent être utilisées pour représenter la décomposition fonctionnelle, notamment:

- ***Diagrammes en arborescence***: représentent la division hiérarchique du travail, des activités ou des livrables.
- ***Diagrammes imbriqués***: illustrent les relations hiérarchiques de bout en bout entre les résultats de décomposition.
- ***Diagrammes de cas d'utilisation***: représentent la décomposition d'un cas d'utilisation de plus haut niveau.
- ***Diagrammes de flux***: représentent les résultats d'une décomposition de processus ou de fonction.
- ***Diagrammes de transition d'état***: expliquent le comportement d'un objet à l'intérieur de son état composite.
- ***Diagramme de cause à effet***: développent les événements, les conditions, les activités et les effets faisant partie de la production d'un phénomène ou d'un résultat complexe.
- ***Arbres de décision***: détaillent la structure d'une décision complexe et ses résultats potentiels.
- ***Cartes mentales***: représentent l'information dans des catégories.
- ***Diagramme de composants***: décrit comment les composants sont reliés ensemble pour former des composants et/ou des systèmes logiciels plus grands.
- ***Modèle et Notation***: est utilisé pour analyser la logique métier afin de s'assurer qu'elle a une intégrité inférentielle et métier.

10.22.4 Considérations d'utilisation

.1 Forces

- Permet de simplifier les initiatives complexes en divisant les problèmes en parties réalisables.
- Fournit une approche structurée visant à établir une compréhension partagée des questions complexes entre un groupe diversifié de parties prenantes.
- Simplifie la mesure et l'estimation de la quantité de travail nécessaire à la poursuite d'un plan d'action, à la définition de la portée du travail et à la définition des mesures et des indicateurs de processus.

.2 Limites

- Des informations manquantes ou incorrectes au moment de la décomposition peuvent ultérieurement nécessiter une révision partielle ou totale des résultats de la décomposition.
- De nombreux systèmes ne peuvent pas être entièrement représentés par de simples relations hiérarchiques entre les composants, car les interactions entre les composants provoquent des caractéristiques et des comportements émergents.
- Chaque sujet complexe permet de multiples décompositions alternatives. L'exploration de toutes les alternatives peut être difficile et chronophage, mais se cantonner à une seule alternative risque d'écarter des opportunités importantes et d'entraîner une solution sous-optimale.
- La décomposition fonctionnelle peut impliquer une connaissance approfondie du sujet et une collaboration approfondie avec diverses parties prenantes.

10.23 Glossaire

10.23.1 Finalité

Un glossaire définit les termes clés pertinents à un domaine métier.

10.23.2 Description

Les glossaires sont utilisés pour fournir une compréhension commune des termes utilisés par les parties prenantes. Un terme peut avoir des significations différentes pour deux personnes. Une liste de termes et de définitions établies fournit un langage commun qui peut être utilisé pour communiquer et échanger des idées. Un glossaire est organisé et accessible en permanence à toutes les parties prenantes.

10.23.3 Éléments

Un glossaire est une liste de termes dans un domaine particulier avec des définitions pour ces termes et leurs synonymes communs. Les organisations ou les industries peuvent utiliser un terme différemment de la façon dont il est généralement compris.

Un terme est inclus dans le glossaire lorsque :

- le terme est unique à un domaine,
- il existe plusieurs définitions pour le terme,
- la définition implicite est en dehors de l'usage courant du terme, ou

- il y a un risque raisonnable de malentendu.

La création d'un glossaire devrait avoir lieu dès les premières étapes d'un projet afin de faciliter le transfert et la compréhension des connaissances. Un interlocuteur responsable de la maintenance et de la transmission du glossaire tout au long de l'initiative est alors identifié. Les organisations qui tiennent à jour des glossaires trouvent souvent des utilisations supplémentaires pour ces informations et sont en mesure de tirer parti du glossaire pour des initiatives futures.

Les points suivants doivent être pris en compte lors de la création d'un glossaire :

- les définitions doivent être claires, concises et brèves,
- les acronymes doivent être précisés s'ils sont utilisés dans une définition,
- les parties prenantes devraient avoir un accès facile et fiable aux glossaires, et
- l'édition d'un glossaire devrait être limitée à des parties prenantes spécifiques.

10.23.4 Considérations d'utilisation

.1 Forces

- Un glossaire favorise une compréhension commune du domaine métier et une meilleure communication entre toutes les parties prenantes.
- La saisie des définitions dans la documentation d'une entreprise fournit une référence unique et encourage la cohérence.
- Simplifie la rédaction et la maintenance d'autres informations d'analyse métier, y compris, mais sans s'y limiter, les exigences, les règles métier et la stratégie de changement.

.2 Limites

- Un glossaire exige qu'un propriétaire effectue une maintenance en temps opportun, sinon il devient obsolète et peut être ignoré.
- Il peut être difficile pour les différentes parties prenantes de se mettre d'accord sur une définition unique pour un terme.

10.24 Analyse des interfaces

10.24.1 Finalité

L'analyse des interfaces est utilisée pour identifier où, quoi, pourquoi, quand, comment et pour qui les informations sont échangées entre les composants de la solution ou au-delà des limites de la solution.

10.24.2 Description

Une interface est une connexion entre deux composants ou solutions. L'analyse d'interface est utilisée pour identifier où, quoi, pourquoi, quand, comment et pour qui les informations sont échangées entre les composants de la solution ou au-delà des limites de la solution.

Parmi les types d'interface se trouvent :

- les interfaces utilisateur, y compris les interaction directes des utilisateurs humains avec la solution dans l'organisation,
- personnes extérieures à la solution telles que les parties prenantes ou les régulateurs,
- les processus métier,
- les interfaces de données entre les systèmes,
- les interfaces de programmation (APIs), et
- tout dispositif matériel.

L'analyse des interfaces définit et clarifie les éléments suivants :

- qui utilise l'interface,
- quelles informations sont échangées à travers l'interface, ainsi que le volume des données,
- quand les informations sont échangées et à quelle fréquence
- le lieu d'échange des informations,
- pourquoi l'interface est nécessaire, et
- comment l'interface est ou doit être implémentée.

L'identification précoce des interfaces permet à l'analyste métier de fournir le contexte pour obtenir des exigences plus détaillées des parties prenantes, déterminant ainsi une couverture fonctionnelle adéquate de la solution pour répondre aux besoins des parties prenantes. L'identification précoce des interfaces révèle quelles parties prenantes bénéficieront ou dépendront des différentes composantes de la solution, qui peut aider l'analyste métier à déterminer quelles parties prenantes devraient être présentes pour d'autres techniques d'élicitation.

Figure 10.24.1: Analyse des interfaces

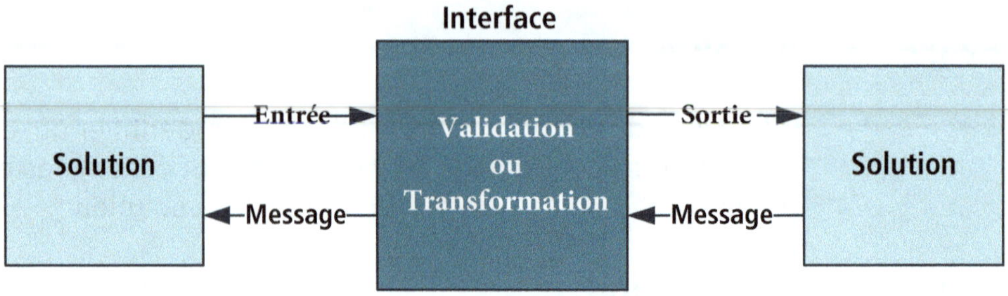

10.24.3 Éléments

.1 Préparation de l'identification

L'analyste métier peut tirer parti d'autres techniques, telles que l'analyse de documents, l'observation, la modélisation du périmètre et les entretiens afin de comprendre quelles interfaces doivent être identifiées. Un diagramme de contexte peut révéler des interfaces de haut niveau entre acteurs humains, unités organisationnelles, processus métier ou autres composants de solution. Les résultats de cette analyse peuvent révéler la fréquence d'utilisation des interfaces existantes et tout problème avec elles qui pourrait renforcer les arguments en faveur du changement. Les résultats peuvent également aider à identifier les problèmes clés qui doivent être résolus pour qu'une solution d'interface puisse être créée.

.2 Réalisation de l'identification de l'interface

Les analystes métier identifient les interfaces nécessaires dans l'état futur pour chaque partie prenante ou système qui interagit avec le système. Les relations entre les parties prenantes et les interfaces peuvent être multiples ou, dans certains cas, individuelles. Certaines interfaces peuvent être moins évidentes ou moins fréquentes, comme une interface utilisée pour les fonctions réglementaires ou d'audit, ou pour la formation des employés. Les interfaces identifiées peuvent inclure des interfaces provenant de solutions autres que la solution opérationnelle.

Pour chaque interface, les analystes métier :

- décrire la fonction de l'interface,
- évaluer la fréquence d'utilisation de l'interface,
- évaluer quel type d'interface peut être approprié, et
- recueillir les informations initiales sur l'interface.

.3 Définition des interfaces

Les exigences d'une interface sont principalement axées sur la description des entrées et des sorties de cette interface, de toutes les règles de validation qui régissent ces entrées et sorties et des événements susceptibles de déclencher des interactions. Il peut y avoir un grand nombre de types d'interaction possibles, dont chacun doit être spécifié. Les interactions peuvent être déclenchées par le flux typique ou alternatif d'entrées et de sorties dans la solution, ou par des événements exceptionnels tels que des défaillances.

Les analystes métier considèrent qui utilisera l'interface, quelles informations sont transmises sur l'interface, et quand et où se déroule l'interface. L'interface définit le flux opérationnel utilisateur entre les systèmes, les rôles et les privilèges des utilisateurs, ainsi que les objectifs de gestion de l'interface. La définition de l'interface dépend des directives d'utilisabilité, telles que les exigences d'accessibilité ou les exigences générales du flux de travail.

Afin d'identifier les problèmes de conception majeurs, les interfaces entre les composants de la solution ou du processus et les personnes nécessitent une analyse détaillée de l'interface à effectuer dès le départ. La définition de l'interface comprend :

- le nom de l'interface,
- la couverture ou la portée de l'interface,
- la méthode d'échange entre les deux entités,
- le format du message, et
- la fréquence d'échange.

10.24.4 Considérations d'utilisation

.1 Forces

- Le démarrage rapide de l'analyse d'interface permet d'accroître la couverture fonctionnelle.
- La spécification claire des interfaces fournit un moyen structuré d'allouer des exigences, des règles métier et des contraintes à la solution.
- En raison de son vaste champ d'application, elle évite la sur-analyse des moindres détails.

.2 Limites

- Ne fournit pas un aperçu des autres aspects de la solution puisque l'analyse n'évalue pas les composants internes.

10.25 Entretiens

10.25.1 Finalité

Une entretien est une approche systématique conçue pour susciter des informations d'analyse métiere de la part d'une personne ou d'un groupe de personnes en parlant avec le(s) interviewé(s), poser des questions pertinentes et documenter les réponses. L'entretien peut également servir à établir des relations et à établir la confiance entre les analystes métier et les parties prenantes afin d'accroître la participation des parties prenantes ou d'appuyer une solution proposée.

10.25.2 Description

L'entretien est une technique courante pour obtenir des exigences. Il implique une communication directe avec des individus ou des groupes de personnes qui font partie d'une initiative.

Dans le cadre d'un entretien, l'interviewer dirige les questions aux parties prenantes afin d'obtenir de l'information. Les entretiens individuels sont les plus courants. Lors d'un entretien de groupe (avec plus d'une personne interrogée présente), l'intervieweur veille à obtenir des réponses de chaque participant.

Il existe deux types d'entretiens de base utilisés pour obtenir des informations de l'analyse métier :

- ***Entretien structuré***: dans lequel l'intervieweur a un ensemble prédéfini de questions.
- ***Entretien non structuré***: dans lequel l'intervieweur n'a pas un format ou un ordre de questions prédéterminé. Les questions peuvent varier en fonction des réponses et des interactions des personnes interrogées.

Dans la pratique, les analystes métier peuvent utiliser une combinaison des deux types en ajoutant, en abandonnant et en modifiant l'ordre des questions au besoin.

La réussite de l'entretien dépend de facteurs tels que:

- le niveau de compréhension du domaine par l'intervieweur,
- l'expérience de l'intervieweur dans la conduite des entretiens,
- la compétence de l'intervieweur à documenter les discussions,
- la volonté de la personne interviewée à fournir des informations pertinentes
- le degré de clarté dans l'esprit de la personne interrogée au sujet de l'objectif de l'entretien, et
- le rapport de l'intervieweur avec la personne interrogée.

10.25.3 Éléments

.1 Objectif de l'entretien

Lors de la planification des entretiens, les analystes métier envisagent :

- l'objectif général de réaliser un ensemble d'entretiens, en fonction des besoins métier, et
- les objectifs individuels de chaque entretien, en fonction de ce que la personne interrogée peut fournir.

Les objectifs doivent être clairement exprimés et communiqués à chaque personne interrogée.

.2 Personnes interviewées potentielles

Les personnes interrogées sont identifiées avec l'aide du gestionnaire de projet, des promoteurs de projets et d'autres parties prenantes, en fonction des objectifs de l'entretien.

.3 Questions de l'entretien

Les questions des entretiens sont conçues en fonction des objectifs, tels que:

- la collecte de données,
- la recherche du point de vue des parties prenantes sur le changement ou la solution proposée,
- l'élaboration d'une solution proposée, ou
- l'établissement d'un lien avec ou d'un soutien envers la solution proposée pour la personne interviewée.

Les questions ouvertes sont utilisées pour susciter un dialogue ou une série d'étapes et ne peuvent pas être répondues par oui ou par non. Les questions ouvertes sont un bon outil pour permettre à la personne interrogée de fournir des informations dont l'intervieweur n'est peut-être pas au courant.

Les questions fermées sont utilisées pour obtenir une réponse unique telle que oui, non ou un nombre spécifique. Les questions fermées peuvent être utilisées pour clarifier ou confirmer une réponse précédente.

Les questions des entretiens sont souvent organisées en fonction de la priorité et de l'importance. L'ordre des questions peut aller du général au spécifique, d'un point de départ vers un point d'arrivée, ou encore d'une vision détaillée à un résumé. Les questions peuvent également être organisées selon des facteurs tels que le niveau de connaissance de la personne interviewée et le sujet de l'entretien.

Les questions de l'entretien peuvent être personnalisées lorsque le but est de recueillir des informations propres à la perspective de l'interlocuteur. Des questions normalisées peuvent être utilisées lorsque les résultats de l'entretien seront résumés et analysés, par exemple lorsque les résultats de l'entretien seront calculés à l'aide d'une feuille de contrôle.

Les questions de l'entretien peuvent être compilées dans un guide de l'entretien , qui comprend les questions d'entretien, le calendrier proposé et les questions de suivi. Tout cela sera basé sur le type d'entretien, en fonction des objectifs de l'entretien, du mode de communication et de la durée. Le guide de l'entretien peut être un document où les réponses de l'interlocuteur sont facilement enregistrées. Le guide de l'entretien devrait indiquer quelles questions peuvent être omises en fonction des contraintes de temps.

.4 Logistique de l'entretien

Pour assurer la réussite d'un entretien, il faut prendre en compte la logistique, notamment :

- Le lieu de l'entretien. Celui-ci est adapté au planning et à la disponibilité de la personne interviewée et au mode de communication (en personne, téléphone ou en ligne).
- S'il faut ou non enregistrer l'entretien, auquel cas un secrétaire pourrait être requis.
- S'il faut ou non envoyer les questions aux personnes interviewées en avance. Il est conseillé d'envoyer des questions à l'avance uniquement lorsque la personne interrogée doit recueillir des informations pour se préparer à l'entretien.
- Si les résultats de l'entretien seront confidentiels et, dans l'affirmative, comment les résultats seront résumés pour éviter d'identifier les personnes interrogées.

.5 Déroulement de l'entretien

Au début de l'entretien, la personne responsable :

- décrit les objectifs de l'entretien, notamment la raison pour laquelle la personne interviewée a été sollicitée,
- confirme les rôles des personnes interrogées et traite toute préoccupation initiale soulevée par les personnes interrogées, et
- explique comment l'information tirée de l'entretien sera enregistrée et partagée avec les personnes interrogées et les autres intervenants pendant le projet.

Au cours de l'entretien, l'intervieweur :

- se concentre toujours sur les objectifs établis et les questions prédéfinies, et s'adapte en fonction de l'information fournie et de la communication non verbale des personnes interrogées,
- tient compte à la fois de la volonté des personnes interrogées de participer à l'entretien et de fournir les informations requises,

- estime que plusieurs réunions pourraient être nécessaires pour mener l'ensemble de l'entretien,
- gère les préoccupations soulevées par les personnes interrogées en y répondant au cours de l'entretien ou en les documentant pour le suivi,
- pratique l'écoute active pour confirmer ce que l'intervieweur a dit, et
- prend des notes écrites ou enregistre l'entretien au besoin.

À la fin de l'entretien, l'intervieweur :

- demande aux personnes interrogées les zones qui ont pu être négligées au cours de la session,
- fournit les coordonnées des personnes interrogées afin qu'elles fournissent des renseignements supplémentaires après la réunion, au besoin,
- résume la session,
- décrit le processus d'utilisation des résultats de l'entretien, et
- remercie les personnes interrogées pour leur disponibilité.

.6 Suivi de l'entretien

Il est important que l'intervieweur organise l'information et confirme les résultats avec les personnes interrogées dès que possible après l'entretien. Le partage de l'information apprise permet aux personnes interrogées de signaler tout élément manqué ou mal enregistré.

10.25.4 Considérations d'utilisation

.1 Forces

- Encourage la participation des parties prenantes et établit des relations avec elle.
- Technique simple et directe qui peut être utilisée dans de nombreuses situations.
- Permet à l'intervieweur et au participant d'avoir des discussions complètes et des explications sur les questions et réponses.
- Permet l'observations de comportements non verbaux.
- L'intervieweur peut poser des questions de suivi et d'approfondissement pour confirmer sa propre compréhension.
- Permet de maintenir l'orientation grâce à l'utilisation d'objectifs clairs pour l'entretien qui sont convenus par tous les participants et qui peuvent être atteints dans le temps imparti.

- Permet aux personnes interrogées d'exprimer en privé des opinions qu'elles peuvent être réticentes à exprimer en public, en particulier lorsque les résultats de l'entretien sont gardés confidentiels.

.2 Limites

- Il faut beaucoup de temps pour planifier et tenir les entretiens.
- Exige un engagement et une implication considérables de la part des participants.
- Une formation est nécessaire pour mener des entretiens efficaces.
- Selon le niveau de clarté fourni au cours de l'entretien, la documentation qui en résulte peut être assujettie à l'interprétation de l'intervieweur.
- Il y a un risque de diriger involontairement la personne interrogée.

10.26 Gestion des points de suivi

10.26.1 Finalité

La gestion des points de suivi est utilisée pour saisir et attribuer la responsabilité des problèmes et des préoccupations des parties prenantes qui ont un impact sur la solution.

10.26.2 Description

La gestion des points de suivi est une approche organisée, utilisée par les analystes métier pour répondre aux préoccupations des parties prenantes. Les parties prenantes peuvent identifier des types d'éléments tels que les actions, les hypothèses, les contraintes, les dépendances, les défauts, les améliorations et les problèmes.

Lorsqu'une préoccupation est soulevée pour la première fois par une partie prenante, elle est évaluée pour déterminer si elle est viable. Si elle est viable, la préoccupation est classée comme un type d'éléments spécifique afin qu'elle puisse être mieux suivie et contrôlée par un processus axé sur la résolution de cet élément. Au cours de son cycle de vie, un élément est attribué à une ou plusieurs parties prenantes qui sont responsables de sa résolution.

La gestion des points de suivi permet de suivre ceux-ci de l'inscription initiale de la préoccupation et la portée de son impact jusqu'à sa résolution convenue. Le dossier de suivi des points peut être partagé avec les parties prenantes pour assurer la transparence et la visibilité sur l'état et la progression des points du dossier.

10.26.3 Éléments

.1 Enregistrement de l'élément

Chaque point de suivi enregistré peut contenir l'ensemble ou une partie des

- ***Identifiant d'élément***: un identifiant unique qui distingue un élément d'un autre.
- ***Résumé***: une brève description de l'élément.
- ***Catégorie***: un regroupement d'éléments ayant des propriétés similaires.
- ***Type***: le genre d'élément soulevé.
- ***Date d'identification***: la date à laquelle l'élément a été soulevé comme point de préoccupation.
- ***Identifié par***: la personne qui a initialement soulevé la préoccupation.
- ***Impact***: les conséquences possibles si le point n'est pas résolu à la date d'échéance de la résolution. L'impact peut être évalué en fonction du temps, du coût, de la portée ou de la qualité de l'initiative.
- ***Priorité***: l'importance de ce point pour les parties prenantes concernées.
- ***Date de résolution***: date à laquelle l'élément doit être résolu (ou fermé).
- ***Propriétaire***: la partie prenante chargée de gérer le point jusqu'à sa fermeture.
- ***Propriétaire***: la partie prenante affectée à la résolution de l'élément.
- ***Stratégie convenue***: stratégie convenue pour le point. Les exemples incluent l'acceptation, la poursuite, l'occultation, l'atténuation et le contournement.
- ***Status***: l'état actuel de l'élément dans son cycle de vie. Les exemples incluent « ouvert », « affecté », « résolu » et « annulé ».
- ***Mises à jour de résolution***: un journal régulier d'informations sur l'avancée de la résolution de l'élément jusqu'à sa clôture ainsi que l'approbation de son achèvement.
- ***Matrice d'escalade***: un niveau d'escalade dans le cas où l'élément n'est pas résolu à la date d'échéance donnée.

.2 Gestion des éléments

La résolution de chaque point est entreprise conformément aux besoins des parties prenantes et conformément aux éventuelles normes de processus organisationnel. Dans certains cas, un élément peut entraîner l'enregistrement et le suivi d'un autre élément. Dans ce cas, il est important de porter une attention particulière afin de s'assurer que les activités effectuées en vue de la résolution ne sont pas réalisées en double et progressent en collaboration. Chaque élément doit être suivi jusqu'à sa clôture ou sa résolution.

.3 Mesures

Toutes les parties prenantes bénéficient de l'information détaillée conservée au sujet de l'élément et de sa progression. Ces éléments peuvent être examinés individuellement pour la résolution ou même utilisés pour définir des indicateurs de performance clés adaptés au processus de suivi des éléments.

En examinant ces extrants, les parties prenantes peuvent déterminer dans quelle mesure :

- les éléments sont résolus par les ressources appropriées,
- l'initiative progresse, et
- le processus de gestion des points de suivi est utilisé.

10.26.4 Considérations d'utilisation

.1 Forces

- Permet de s'assurer que les préoccupations concernant les exigences des parties prenantes sont saisies, suivies et résolues jusqu'à ce que la personne soit satisfaite.
- Permet aux parties prenantes de classer l'importance des éléments en suspens.

.2 Limites

- Si l'on y prête pas attention, l'enregistrement trop important de données concernant les éléments peut éclipser les bénéfices obtenus.
- Le suivi peut consommer du temps qui pourrait être mieux consacré à d'autres efforts et les parties prenantes pourraient s'embourber dans les détails et les statistiques.

10.27 Retours d'expérience

10.27.1 Finalité

Le but du processus des retours d'expérience est de compiler et de documenter les réussites, les possibilités d'amélioration, les échecs et les recommandations pour améliorer le rendement des projets futurs ou des phases de projet.

10.27.2 Description

Un retour d'expérience (également appelée rétrospective) permet d'identifier les changements apportés aux processus d'analyse métier et aux résultats de l'entreprise, ou les succès qui peuvent être incorporés dans les travaux futurs. Ces techniques peuvent également être bénéfiques à la fin de n'importe quel jalon de l'initiative.

Le format ou le lieu des sessions dédiées aux retours d'expérience dépendent des souhaits des principales parties prenantes. Il peut s'agir de réunions gérées de façon formelle, avec des rôles et un ordre du jour définis, ou de sessions de travail informelles. S'il y a des succès notables, une célébration peut être incluse dans une séance sur les retours d'expérience.

10.27.3 Éléments

Les séances peuvent comprendre un examen des éléments suivants :

- les activités ou livrables d'analyse métier,
- la solution, le service ou le produit final,
- l'automatisation ou la technologie qui a été introduite ou éliminée,
- l'impact sur les processus organisationnels,
- les attentes en matière de rendement et les résultats,
- les écarts positifs ou négatifs,
- les causes fondamentales qui ont un impact sur les résultats en matière de performances, et
- les recommandations pour des approches comportementales.

10.27.4 Considérations d'utilisation

.1 Forces

- Utile pour identifier les opportunités ou les domaines d'amélioration.
- Aide à renforcer le moral de l'équipe après une période difficile.
- Renforce les expériences positives et les réussites.

- Réduit les risques pour les actions futures.
- Fournit des mesures ou valeurs tangibles résultant de l'effort.
- Reconnaît les forces ou les lacunes de la structure, de la méthodologie ou des outils utilisés dans le projet.

.2 Limites

- Une discussion honnête peut ne pas avoir lieu si les participants essaient d'attribuer le blâme au cours de ces séances.
- Les participants peuvent être réticents à documenter et à discuter des problèmes.
- Une facilitation proactive peut être nécessaire pour s'assurer que les discussions restent axées sur les solutions et les possibilités d'amélioration.

10.28 Mesures et Indicateurs clés de performance (KPIs)

10.28.1 Finalité

Les métriques et les indicateurs clés de performance permettent de mesurer le rendement des solutions, des composants de la solution et d'autres questions d'intérêt pour les parties prenantes.

10.28.2 Description

Une mesure est un niveau quantifiable d'un indicateur qu'une organisation utilise pour mesurer les progrès. Un indicateur identifie une mesure numérique spécifique qui représente le degré de progrès vers l'atteinte d'un but, d'un objectif, d'un extrant, d'une activité ou d'un intrant supplémentaire. Un indicateur clé de performance (KPI) est destiné à mesurer la progression vers un but ou un objectif stratégique. La production de rapports est le processus qui consiste à informer les parties prenantes des mesures ou des indicateurs avec des formats et avec des intervalles spécifiés.

Les mesures et les rapports sont des éléments clés du suivi et de l'évaluation. La surveillance est un processus continu de collecte de données utilisé pour déterminer dans quelle mesure une solution a été mise en œuvre par rapport aux résultats attendus. L'évaluation représente le jugement objectif et systématique d'une solution pour déterminer son statut et son efficacité en matière de satisfaction des objectifs au fil du temps, mais également pour trouver des manières d'améliorer la solution en vue de mieux atteindre les objectifs. Les principales priorités d'un système de suivi et d'évaluation sont les objectifs et les effets prévus d'une solution, ainsi que les intrants, les activités et les extrants.

10.28.3 Éléments

.1 Indicateurs

Un indicateur affiche le résultat de l'analyse d'une ou de plusieurs mesures spécifiques pour répondre à une préoccupation concernant un besoin, une valeur, un extrant, une activité ou une entrée dans un tableau ou une entrée sous forme graphique. Chaque préoccupation nécessite au moins un indicateur pour la mesurer correctement, mais certaines peuvent en nécessiter plusieurs.

Un bon indicateur présente six caractéristiques :

- ***Clair***: précis et sans ambiguïté.
- ***Pertinence***: adaptée à la préoccupation.
- ***Économique***: disponible à un coût raisonnable.
- ***Adéquat***: fournit une base suffisante pour évaluer la performance.
- ***Quantifiable***: peut être validé de manière indépendante.
- ***Fiable et crédible***: basé sur des preuves et des recherches.

En plus de ces caractéristiques, les intérêts des parties prenantes sont également importants. Certains indicateurs peuvent en effet aider les parties prenantes à travailler ou s'améliorer plus que d'autres. Au fil du temps, les faiblesses de certains indicateurs peuvent être identifiées et améliorées.

Tous les facteurs ne peuvent pas être mesurés directement. Des mandataires peuvent être utilisés lorsque des données pour des indicateurs directs ne sont pas disponibles ou lorsqu'il n'est pas possible de les collecter à intervalles réguliers. Par exemple, en l'absence d'un sondage sur la satisfaction de la clientèle, une organisation pourrait utiliser la proportion de tous les contrats renouvelés comme indicateur.

Lorsqu'ils établissent un indicateur, les analystes métier tiennent compte de sa source, de sa méthode de collecte, du collecteur et du coût, de la fréquence et de la difficulté de la collecte. Les sources secondaires de données peuvent être les plus économiques, mais pour répondre aux autres caractéristiques d'un bon indicateur, des recherches primaires telles que des enquêtes, des entretiens ou des observations directes peuvent être nécessaires. La méthode de collecte des données constitue le facteur clé du coût d'un système de surveillance, d'évaluation et de rapport.

.2 Mesures

Les mesures sont des niveaux quantifiables d'indicateurs qui sont mesurés à un moment donné dans le temps. Une mesure cible est l'objectif à atteindre dans une période donnée. Lors de l'établissement d'une mesure pour un indicateur, il est important d'avoir une compréhension claire du point de départ de référence, des ressources qui peuvent être consacrées à l'amélioration des facteurs couverts par l'indicateur et des préoccupations politiques.

Une mesure peut être un point spécifique, un seuil ou une plage. Une plage peut être utile si l'indicateur est nouveau. Selon le besoin, la période nécessaire pour atteindre la mesure cible peut s'étendre sur plusieurs années, une année, un trimestre ou être encore plus fréquente.

.3 Structure

La mise en place d'un système de suivi et d'évaluation nécessite une procédure de collecte de données, une procédure d'analyse des données, une procédure de rapport et la collecte de données de référence. La procédure de collecte de données couvre les unités d'analyse, les procédures d'échantillonnage, les instruments de collecte de données à utiliser, la fréquence de collecte et la responsabilité de la collecte. La méthode d'analyse spécifie à la fois les procédures d'analyse et l'utilisateur des données, qui peut avoir de forts intérêts dans la façon dont l'analyse est menée. La procédure de rapport couvre les modèles de rapport, les destinataires, la fréquence et les moyens de communication. L'information de référence est la donnée fournie immédiatement avant ou au début d'une période à mesurer. Les données de référence sont utilisées à la fois pour en savoir plus sur les performances récentes et pour mesurer les progrès à partir de ce moment. Elles doivent être collectées, analysées et signalées pour chaque indicateur.

Il existe trois facteurs clés dans l'évaluation de la qualité des indicateurs et de leurs mesures : la fiabilité, la validité et la rapidité. La fiabilité est la mesure dans laquelle l'approche de collecte de données est stable et cohérente dans le temps et dans l'espace. La validité est la mesure dans laquelle les données mesurent clairement et directement le rendement que l'organisation a l'intention de mesurer. La rapidité est l'adéquation de la fréquence et de la latence des données par rapport aux besoins de gestion.

.4 Rapports

En règle générale, les rapports comparent les mesures de référence, les mesures actuelles et les mesures cibles avec des calculs de différences présentées en termes absolus et relatifs. Dans la plupart des situations, les tendances sont plus crédibles et importantes que les mesures absolues. Les présentations visuelles ont tendance à être plus efficaces que les tableaux, en particulier lorsqu'elles utilisent du texte qualitatif pour expliquer les données.

10.28.4 Considérations d'utilisation

.1 Forces

- L'établissement d'un système de suivi et d'évaluation permet aux parties prenantes de comprendre dans quelle mesure une solution répond à un objectif, ainsi que l'efficacité des intrants et des activités dans le développement de la solution (extrants).
- Les indicateurs, les mesures et les rapports facilitent également l'alignement organisationnel, en reliant les buts aux objectifs, en soutenant les solutions, les tâches sous-jacentes et les ressources.

.2 Limites

- La collecte de quantités excessives de données au-delà de ce qui est nécessaire entraînera des dépenses inutiles dans la collecte, l'analyse et la production de rapports. Cela détournera également les membres du projet de leurs autres responsabilités. Cela s'avère particulièrement pertinent sur les projets Agile.
- Un programme de mesures administratives ne recueille pas trop de données et ne génère pas de rapports utiles qui permettront d'agir en temps opportun. Les personnes chargées de recueillir des données de mesure doivent recevoir des retours pour comprendre comment leurs actions affectent la qualité des résultats du projet.
- Lorsque des mesures sont utilisées pour évaluer la performance, les personnes mesurées sont susceptibles d'agir pour augmenter leur performance sur ces mesures, même si cela entraîne une performance sous-optimale dans d'autres activités.

10.29 Mind Mapping

10.29.1 Finalité

Le mind mapping est utilisé pour articuler et capturer des pensées, des idées et des informations.

10.29.2 Description

Le mind mapping est une forme de prise de notes qui capture des pensées, des idées et des informations dans un diagramme non linéaire. Les cartes mentales utilisent des images, des mots, des couleurs et des relations connectées pour appliquer une structure et une logique aux pensées, aux idées et à l'information. Une carte mentale a une idée principale, centrale, soutenue par des idées secondaires (ou des sujets), suivie d'autant de couches d'idées (ou sous-sujets) que nécessaire pour capturer et articuler pleinement un concept. Les connexions sont faites entre les idées par les branches qui ont généralement un seul mot-clé qui leur est associé permettant d'expliquer le lien.

Les cartes mentales peuvent être élaborées individuellement ou comme un exercice de collaboration. Elles peuvent être créés sur papier ou à l'aide de logiciels spécialisés.

Les analystes métier utilisent les cartes mentales pour :

- réfléchir et générer des idées sur des concepts ou des problèmes complexes,
- explorer des relations entre différentes facettes d'un problème d'une manière qui inspire la pensée créative et critique, et
- présenter une vision consolidée de concepts ou de problèmes complexes.

Il n'y a pas de format standardisé pour une carte mentale. Le but d'une carte mentale est de capturer l'information d'une manière qui ressemble étroitement à la façon dont notre esprit traite l'information. L'image suivante est destinée à illustrer la structure générale et l'utilisation des cartes mentales.

Figure 10.29.1: La taxonomie d'une carte mentale

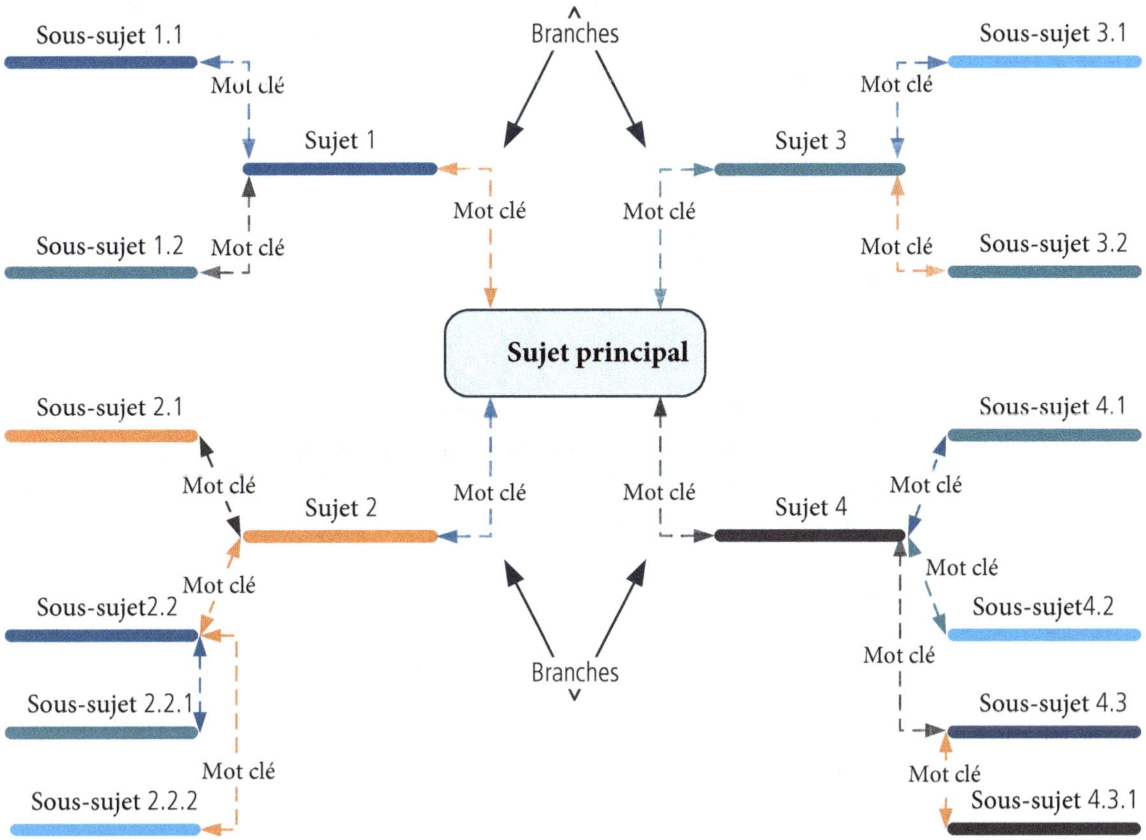

10.29.3 Éléments

.1 Sujet principal

Le sujet principal d'une carte mentale est la pensée ou le concept qui est articulé. Le sujet principal est positionné au centre de l'images afin que plusieurs sujets et associations puissent bifurquer. Les images sont fréquemment utilisées comme sujet principal car elles contiennent beaucoup d'informations et peuvent être utiles pour stimuler les sujets associés.

.2 Sujets

Les sujets sont des pensées ou des concepts qui expliquent ou expriment plus en détail le sujet principal. Leur association avec le sujet principal s'exprime par une branche (ligne connectée) qui a un mot-clé qui lui est associé. Il peut y avoir autant ou aussi peu de sujets que nécessaire pour explorer pleinement la pensée ou le concept du sujet principal.

.3 Sous-sujets

Les sous-sujets sont des pensées ou des concepts qui expliquent ou expriment davantage le sujet et qui sont directement liés au sujet principal.

Leur association avec le sujet est exprimée à travers une branche (ligne connectée) qui a un mot clé associé. Il peut y avoir autant ou aussi peu de sous-sujets que nécessaire pour explorer pleinement la pensée ou le concept du sujet principal.

.4 Branches

Les branches sont les associations entre le sujet principal, les sujets et les sous-sujets. Elles comprennent un mot clé qui exprime clairement la nature de l'association.

.5 Mots clés

Les mots-clés sont des mots uniques utilisés pour articuler la nature de l'association de sujets ou de sous-sujets reliés par une branche. Les mots-clés sont utiles à la fois pour catégoriser les sujets et pour déclencher des associations supplémentaires.

.6 Couleur

La couleur peut être utilisée pour catégoriser, hiérarchiser et analyser les sujets, les sous-sujets et leurs associations. Il n'existe pas de norme de codage couleur définie pour les cartes mentales. Chaque créateur de carte mentale applique la couleur de la manière qui convient le mieux à son mode de pensée.

.7 Images

Les images peuvent être utilisées dans les cartes mentales pour exprimer un plus grands volumes d'informations qui ne peuvent pas être exprimées dans de courts en-têtes de sujet. Les images sont utiles pour stimuler la créativité et l'innovation en générant des pensées, des idées et des associations supplémentaires.

10.29.4 Considérations d'utilisation

.1 Forces

- Peut être utilisé comme un outil de collaboration et de communication efficace.
- Résume les pensées, les idées et les informations complexes d'une manière qui montre la structure globale.
- Les associations et les sous-sujets facilitent la compréhension et la prise de décision.
- Permettre la résolution créative de problèmes en articulant des associations et en générant de nouvelles associations.
- Peut être utile dans la préparation et la réalisation de présentations.

.2 Limites

- Peut être utilisé à mauvais escient comme un outil de remue-méninges, et la documentation connexe des idées et la création d'associations peuvent inhiber la génération d'idées.
- Une compréhension commune d'une carte mentale peut être difficile à communiquer.

10.30 Analyse des exigences non fonctionnelles

10.30.1 Finalité

L'analyse des exigences non fonctionnelles examine les exigences d'une solution qui définissent la performance des exigences fonctionnelles. Elle spécifie des critères qui peuvent être utilisés pour juger du fonctionnement d'un système plutôt que des comportements spécifiques (appelés exigences fonctionnelles).

10.30.2 Description

Les exigences non fonctionnelles (également appelées attributs de qualité ou exigences de qualité de service) sont souvent associées aux solutions système, mais elles s'appliquent également plus largement aux aspects liés aux processus et aux personnes des solutions. Elles améliorent les exigences fonctionnelles d'une solution, identifient les contraintes, ou décrivent les attributs de qualité qu'une solution doit exposer en fonction des exigences fonctionnelles.

Les exigences non fonctionnelles sont généralement exprimées dans des formats textuels sous forme d'énoncés déclaratifs ou de matrices. Les énoncés d'exigences non fonctionnelles déclaratives auront généralement un facteur contraignant. Les erreurs ne doivent par exemple par dépasser X par utilisation du processus, les transactions doivent traitées au minimum à X % après S secondes, ou le système doit être disponible X % du temps.

10.30.3 Éléments

.1 Catégories d'exigences non fonctionnelles

Les catégories courantes d'exigences non fonctionnelles sont les suivantes :

- ***Disponibilité***: degré auquel la solution est utilisable et accessible lorsque cela est nécessaire pour une utilisation, souvent exprimé en pourcentage du temps pendant lequel la solution est disponible.

- ***Compatibilité***: degré auquel la solution fonctionne efficacement avec d'autres composants de son environnement, tels qu'un processus avec un autre.
- ***Fonctionnalité***: mesure dans laquelle les fonctions de la solution répondent aux besoins des utilisateurs, y compris les aspects d'adéquation, de précision et d'interopérabilité.
- ***Maintenabilité***: facilité avec laquelle une solution ou un composant peut être modifié pour corriger des défauts, améliorer les performances ou d'autres attributs, ou s'adapter à un environnement modifié.
- ***Efficacité de performance***: degré auquel une solution ou un composant exécute ses fonctions désignées avec une consommation minimale de ressources. Peut être défini en fonction du contexte ou de la période, comme l'utilisation en période de pointe, de pointe moyenne ou en dehors des heures de pointe.
- ***Portabilité***: facilité avec laquelle une solution ou un composant peut être transféré d'un environnement à un autre.
- ***Fiabilité***: capacité d'une solution ou d'un composant à remplir ses fonctions requises dans des conditions énoncées pendant une période de temps spécifiée, telles que le temps moyen de défaillance d'un dispositif.
- ***Évolutivité***: degré avec lequel une solution est capable de croître ou d'évoluer pour gérer des quantités de travail accrues.
- ***Sécurité***: aspects d'une solution qui protègent le contenu de la solution ou les composants de la solution contre l'accès, l'utilisation, la modification, la destruction ou la divulgation accidentels ou malveillants.
- ***Utilisabilité***: facilité avec laquelle un utilisateur peut apprendre à utiliser la solution.
- ***Certification***: contraintes sur la solution qui sont nécessaires pour répondre à certaines normes ou conventions de l'industrie.
- ***Conformité***: contraintes réglementaires, financières ou juridiques qui peuvent varier en fonction du contexte ou de la juridiction.
- ***Localisation***: exigences relatives aux langues locales, aux lois, aux devises, aux cultures, à l'orthographe et à d'autres caractéristiques des utilisateurs, ce qui nécessite une attention au contexte.
- ***Accords de niveau de service***: contraintes de l'organisation desservie par la solution qui sont formellement acceptées à la fois par le fournisseur et l'utilisateur de la solution.
- ***Extensibilité***: la capacité d'une solution à intégrer de nouvelles fonctionnalités.

.2 Mesure des exigences non fonctionnelles

Les exigences non fonctionnelles décrivent souvent les caractéristiques de qualité en termes vagues, tels que « le processus doit être facile à apprendre » ou « le système doit réagir rapidement ». Pour être utiles aux développeurs d'une solution et vérifiables, les exigences non fonctionnelles doivent être quantifiées dans la mesure du possible. L'inclusion d'une mesure appropriée du succès offre la possibilité d'une vérification.

Par exemple :

- « Le processus doit être facile à apprendre » peut être exprimé comme « 90 % des opérateurs doivent être en mesure d'utiliser le nouveau processus après un maximum de six heures de formation », et
- « Le système doit réagir rapidement » peut être exprimé comme « Le système doit fournir 90 % des réponses en deux secondes au maximum ».

La mesure des autres catégories d'exigences non fonctionnelles est guidée par la source de l'exigence.

Par exemple :

- les exigences de certification sont généralement spécifiées de manière mesurable et détaillée par l'organisation qui établit la norme ou la convention, telles que les normes de certification ISO,
- les exigences de conformité et les exigences de localisation sont définies de manière mesurable et détaillée par leurs fournisseurs,
- les accords sur le niveau de service énoncent clairement les mesures de réussite requises, et
- l'architecture d'entreprise d'une organisation définit généralement les exigences de l'environnement de la solution et spécifie exactement quelle plate-forme ou quel autre attribut de l'environnement est requis.

.3 Contexte des exigences non fonctionnelles

Selon la catégorie d'exigences non fonctionnelles, il peut être nécessaire de tenir compte du contexte. Par exemple, un organisme de réglementation peut imposer des exigences de conformité et de sécurité ayant un impact sur le contexte, ou une organisation qui étendrait ses activités à l'étranger pourrait avoir à prendre en compte des exigences de localisation et d'évolutivité. Déterminer le portefeuille optimal d'exigences non fonctionnelles dans un contexte organisationnel donné est essentiel pour offrir de la valeur aux parties prenantes.

L'évaluation d'une exigence non fonctionnelle, telle que la localisation ou la maintenabilité, peut imposer des pressions contextuelles sur d'autres exigences non fonctionnelles. Par exemple, les règlements ou les ressources d'une juridiction peuvent avoir une incidence sur la maintenabilité d'une solution dans cette région, ce qui peut justifier une mesure du succès inférieure à celle d'une autre juridiction.

Le contexte est dynamique par nature et les exigences non fonctionnelles peuvent devoir être ajustées ou supprimées purement et simplement. Les analystes métier tiennent compte de la stabilité relative du contexte lors de l'évaluation des besoins non fonctionnels.

10.30.4 Considérations d'utilisation

.1 Forces

- Énonce clairement les contraintes qui s'appliquent à un ensemble d'exigences fonctionnelles.
- Fournit des expressions mesurables de la performance des exigences fonctionnelles, laissant aux exigences fonctionnelles le choix d'exprimer ce que la solution doit faire ou comment elle doit se comporter. Ce dernier aspect aura également une grande influence sur l'acceptation de la solution par les utilisateurs.

.2 Limites

- La clarté et l'utilité d'une exigence non fonctionnelle dépendent de ce que les intervenants savent des besoins de la solution et de la façon dont ils peuvent exprimer ces besoins.
- Les attentes de plusieurs utilisateurs peuvent être très différentes, et il peut être difficile d'obtenir un accord sur les attributs de qualité en raison de la perception subjective de la qualité par les utilisateurs. Par exemple, ce qui peut être « trop rapide » pour un utilisateur peut être « trop lent » pour un autre.
- Un ensemble d'exigences non fonctionnelles peut avoir des conflits inhérents et nécessiter une négociation. Par exemple, certaines exigences de sécurité peuvent nécessiter des compromis sur les exigences de performance.
- Des exigences ou des contraintes trop strictes peuvent ajouter plus de temps et de coûts à la solution, ce qui peut avoir des impacts négatifs et une adoption plus faible par les utilisateurs.
- De nombreuses exigences non fonctionnelles sont qualitatives et peuvent donc être difficiles à mesurer sur une échelle, et peuvent susciter un certain degré de subjectivité de la part des utilisateurs quant à la façon dont ils croient que les exigences particulières répondent en fin de compte à leurs besoins.

10.31 Observation

10.31.1 Finalité

L'observation est utilisée pour obtenir des informations en visualisant et en comprenant les activités et leur contexte. Il sert de base à l'identification des besoins et des opportunités, à la compréhension d'un processus métier, établir des normes de performance, évaluer la performance de la solution ou soutenir la formation et le développement.

10.31.2 Description

L'observation des activités, également connue sous le nom d'observation au travail, consiste à examiner une activité de travail de première main au fur et à mesure qu'elle est effectuée. Elle peut être réalisée soit dans des environnements de travail naturels, soit dans des conditions de laboratoire spécialement conçues. Les objectifs de l'observation dictent la façon dont elle est planifiée et méthodiquement menée.

Il existe deux approches de base en matière d'observation :

- ***Active/Visible***: lors de l'observation d'une activité, l'observateur pose toutes les questions au fur et à mesure qu'elles se posent. Malgré l'interruption du travail, l'observateur peut comprendre plus rapidement la raison d'être et les processus cachés sous-jacents à l'activité, tels que la prise de décision. Une variante de cette méthode peut impliquer une intervention encore plus forte dans les activités des acteurs en les stimulant à effectuer des tâches spécifiques. Ce type d'observation facilitée permet de se concentrer sur les objectifs de l'observateur afin de raccourcir le temps d'observation ou d'obtenir des informations spécifiques.
- ***Passif/Invisible***: pendant l'activité, l'observateur n'interrompt pas le travail. Toute préoccupation est soulevée une fois l'observation terminée. Cela permet d'observer un flux naturel d'événements sans intervention de l'observateur, ainsi que de mesurer le temps et la qualité du travail. Une variante de cette méthode consiste à enregistrer l'activité par vidéo, puis à l'examiner avec la personne observée afin qu'elle puisse fournir des éclaircissements supplémentaires.

L'inspection de l'environnement de travail d'une personne aide à découvrir tous les outils et les ressources d'information impliqués dans l'exécution de ses activités. Cela aide à comprendre les activités, en particulier dans le but d'identifier les besoins et les opportunités. Ce type d'observation représente une partie importante de la variante, et est connu sous le nom d'Enquête contextuelle.

10.31.3 Éléments

.1 Objectifs d'observation

Un objectif clair et spécifique permet d'établir un but défini de la séance d'observation.

Les objectifs d'une séance d'observation peuvent comprendre :

- la compréhension de l'activité et des éléments tels que les tâches, les outils, les événements et les interactions,
- l'identification des opportunités d'amélioration,
- l'établissement de mesures de performance, ou
- l'évaluation des solutions et la validation des hypothèses.

.2 Préparation de l'observation

La préparation d'une séance d'observation consiste à planifier l'approche en fonction des objectifs, le choix de la personne qui réalisera les activités, la nature de celles-ci et le moment. Lors de la préparation d'une session d'observation, les analystes métier prennent en considération les niveaux de compétence et d'expérience des participants, la fréquence des activités observées, ainsi que toute documentation et analyse en rapport avec l'activité de travail. La préparation des séances comprend également la création d'un programme d'observations.

Le plan d'observation permet de s'assurer que toutes les parties prenantes sont bien conscientes de l'objectif de la séance, qu'elles s'accordent sur les résultats attendus et que la séance répond à leurs attentes.

.3 Mener la séance d'observation

Avant la séance d'observation :

- expliquer la raison pour laquelle l'observation est effectuée,
- rassurer le participant sur le fait que sa performance personnelle n'est pas jugée et que les résultats de cette observation, entre autres, seront évalués dans leur ensemble,
- informer le participant qu'il peut arrêter l'observation à tout moment, et
- recommander le partage de tout raisonnement ou préoccupation lors de l'exécution de l'activité ou peu de temps après.

Pendant la séance d'observation :

- observez attentivement la personne effectuer l'activité et noter les tâches ou les étapes typiques et atypiques, la manière dont les outils sont utilisés et le contenu des informations,

- consigner ce qui est vu, le temps nécessaire pour effectuer le travail, la qualité, toute anomalie de processus et les propres préoccupations ou questions de l'observateur, et
- poser des questions approfondies pendant que le travail est effectué ou peu de temps après la séance d'observation.

.4 Confirmer et présenter les résultats de l'observation

Après la session d'observation, les analystes métier examinent les notes et les données enregistrées à partir de l'observation et suivent avec le participant pour obtenir des réponses à toutes les questions restantes ou pour combler les lacunes. Le partage des notes et des données avec les participants peut être utile pour obtenir des réponses à toute question ou pour apaiser les préoccupations du participant.

Les notes et les données validées sont rassemblées avec d'autres observations connexes afin d'identifier les similitudes, les différences et les tendances. Les résultats sont regroupés, résumés et analysés par rapport aux objectifs de la séance. Les besoins et les possibilités d'amélioration sont communiqués aux parties prenantes.

10.31.4 Considérations d'utilisation

.1 Forces

- Les observateurs peuvent obtenir un aperçu réaliste et pratique des activités et de leurs tâches dans le cadre d'un processus global.
- Les instances de tâches exécutées de manière informelle ainsi que toutes les solutions de contournement peuvent être identifiées.
- La productivité peut être vue de première main et comparée de manière réaliste à toutes les normes ou mesures de performance établies.
- Les recommandations d'amélioration sont étayées par des données probantes objectives et quantitatives.

.2 Limites

- Peut perturber le rendement du participant et de l'ensemble de l'organisation.
- Peut être menaçant et intrusif pour la personne observée.
- Pendant l'observation, un participant peut modifier ses pratiques de travail.
- Il faut beaucoup de temps pour planifier et effectuer des observations.
- Ne convient pas à l'évaluation des activités fondées sur les connaissances, car celles-ci ne sont pas directement observables.

10.32 Modélisation de l'organisation

10.32.1 Finalité

La modélisation de l'organisation est utilisée pour décrire les rôles, les responsabilités et les structures hiérarchiques qui existent au sein d'une organisation et pour aligner ces structures sur les objectifs de l'organisation.

10.32.2 Description

Un modèle organisationnel définit la structure d'une organisation ou d'une unité organisationnelle. Le but d'une unité organisationnelle est de rassembler un groupe de personnes pour atteindre un objectif commun. Le groupe peut être organisé parce que les personnes partagent un ensemble commun de compétences et de connaissances ou pour servir un marché particulier.

Un modèle organisationnel est une représentation visuelle de l'unité organisationnelle qui définit :

- les limites du groupe (qui est dans le groupe),
- les relations formelles entre les membres (qui relève de qui),
- le rôle fonctionnel de chaque personne, et
- les interfaces (interaction et dépendances) entre l'unité et d'autres unités ou parties prenantes.

10.32.3 Éléments

.1 Types de modèles organisationnels

Il existe trois modèles organisationnels prééminents :

- ***Axé sur la fonction*** : regrouper le personnel en fonction des compétences partagées ou des domaines d'expertise. Une standardisation du travail ou des processus est généralement encouragée dans l'organisation. Les organisations fonctionnelles sont bénéfiques parce qu'elles facilitent la gestion des coûts et réduisent le travail en double, mais sont sujettes à développer des problèmes de communication et de coordination interfonctionnelle (connus de manière informelle sous le nom de « silos »).

Figure 10.32.1: Modèle organisationnel axé sur la fonction

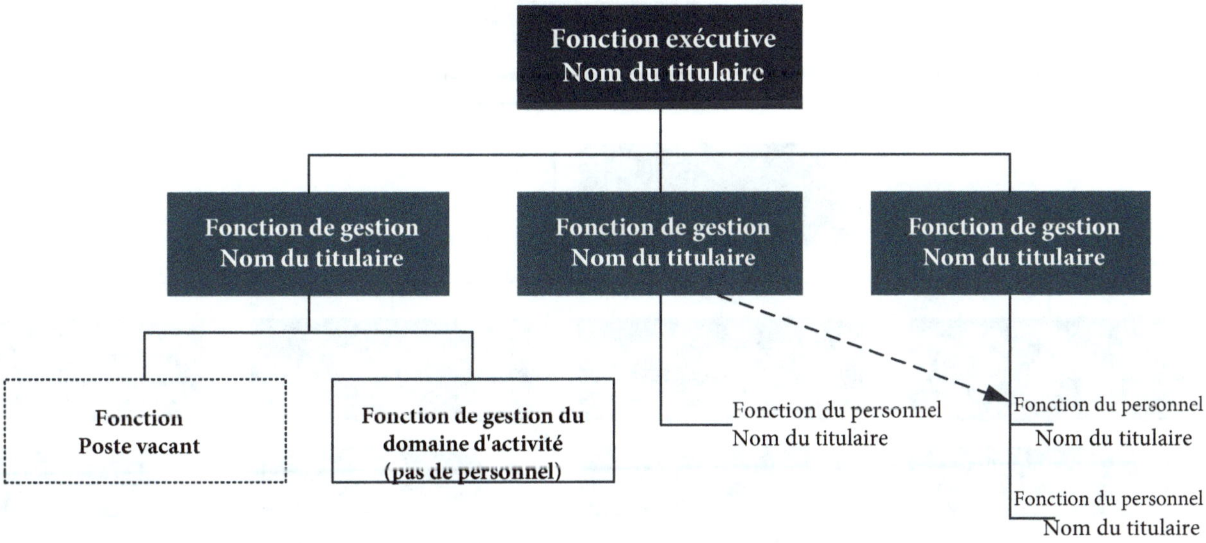

- ***Axé sur le marché*** : peuvent être destinées à servir des groupes de clients, des zones géographiques, des projets ou des processus particuliers plutôt que de regrouper les employés par des compétences ou une expertise communes. Les structures axées sur le marché permettent à l'organisation de répondre aux besoins de ses clients, mais sont susceptibles de développer des incohérences dans la façon dont le travail est effectué. Certaines personnes peuvent en effet se rendre compte qu'un même travail est réalisé plusieurs fois dans plusieurs secteurs.

Figure 10.32.2: Modèle organisationnel axé sur le marché

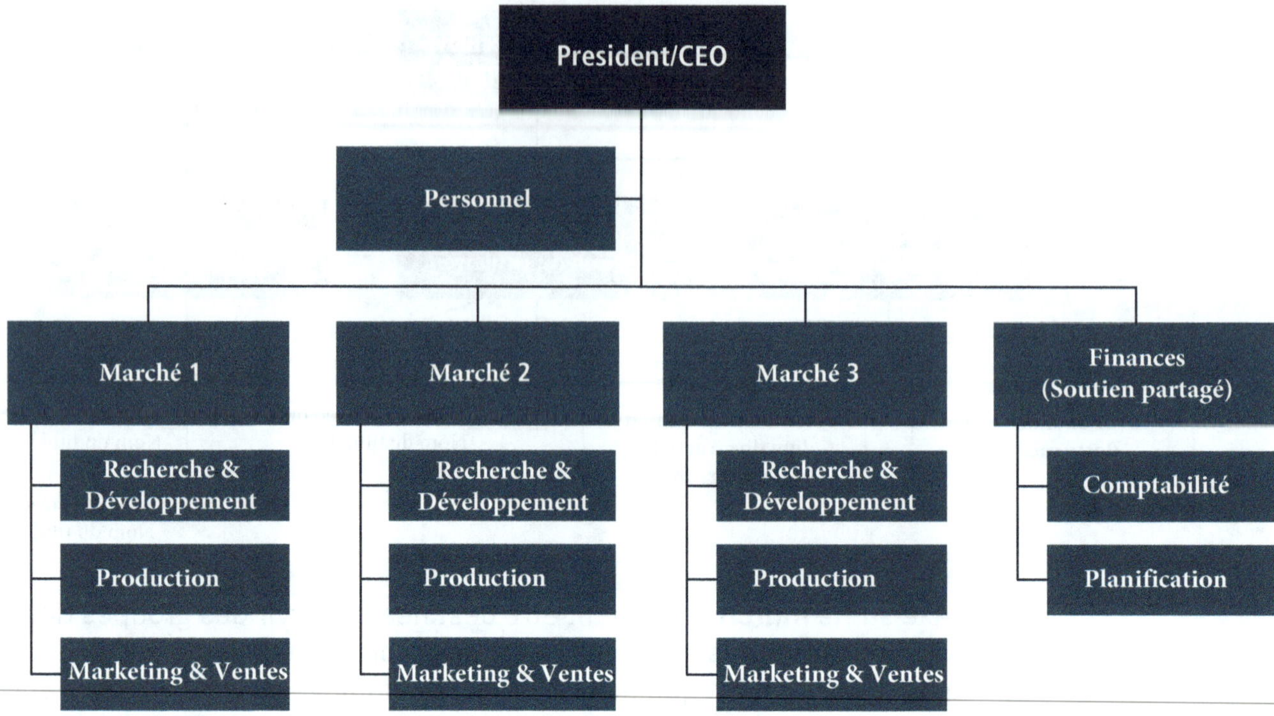

- ***Le modèle matriciel***: a des gestionnaires distincts pour chaque domaine fonctionnel et pour chaque produit, service ou groupe de clients. Les employés relèvent d'un supérieur hiérarchique, qui est responsable de l'exécution d'un type de travail et de l'identification des possibilités d'efficacité dans le travail, et d'un gestionnaire de marché (ou de produit, de service ou de projet), qui est responsable de la gestion du produit ou du service dans plusieurs domaines fonctionnels. Un défi du modèle matriciel est que chaque employé a deux gestionnaires (qui se concentrent sur des objectifs différents) et que la responsabilisation est difficile à maintenir.

Figure 10.32.3: Modèle organisationnel matriciel

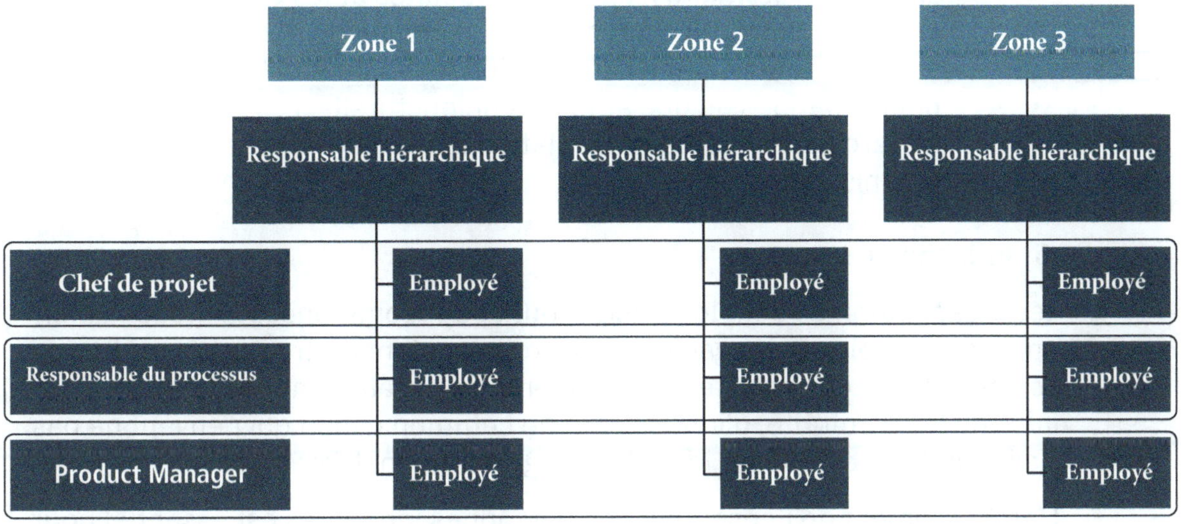

.2 Rôles

Une unité organisationnelle comprend un certain nombre de rôles définis. Chaque rôle exige un certain ensemble de compétences et de connaissances, a des responsabilités spécifiques, effectue certains types de travaux et a des relations défini avec d'autres rôles dans l'organisation.

.3 Interfaces

Chaque unité organisationnelle a des interfaces avec d'autres unités organisationnelles. Les interfaces (interactions) peuvent prendre la forme d'une communication avec des personnes dans d'autres rôles et de lots de travail que l'unité organisationnelle reçoit ou livre à d'autres unités.

.4 Organigrammes

Le diagramme de base utilisé dans la modélisation organisationnelle est l'organigramme.

Il n'existe pas de norme reconnue pour les organigrammes, bien qu'il existe certaines conventions que la plupart des organigrammes suivent :

- Une boîte représentant :
    - ***Unité organisationnelle***: personnes, équipes, départements ou divisions. Un organigramme graphique peut mélanger des unités organisationnelles et montrer un mélange de personnes, d'équipes et de divisions de plus haut niveau.
    - ***Rôles et personnes***: les rôles au sein d'une organisation et les personnes affectées à chaque rôle.

- Une ligne représente :
    - ***Lignes hiérarchiques***: les responsabilités et les contrôles exercés entre les unités. Une ligne continue indique généralement l'autorité directe, tandis qu'une ligne pointillée indique un transfert d'informations ou une autorité conjoncturelle. Les lignes hiérarchiques illustrent la relation entre un responsable et une unité organisationnelle

.5 Influenceurs

Les organigrammes sont le principal outil pour commencer la modélisation organisationnelle. Les organigrammes représentent la structure formelle de l'organisation. Les analystes métier identifient également des lignes informelles d'autorité, d'influence et de communication qui peuvent ne pas s'aligner directement sur le tableau organisationnel formel.

L'établissement de l'ensemble des personnes influentes est essentiel pour planifier la communication et favoriser l'acceptation de l'utilisateur. Une méthode d'identification des influenceurs peut être de demander aux parties prenantes, « Qui puis-je demander...» et de noter les réponses. Un influenceur peut être une personne à qui tout le monde s'adresse pour obtenir des informations, des directives et des conseils. Une autre méthode consiste à noter qui parle au nom du groupe lors des réunions.

10.32.4 Considérations d'utilisation

.1 Forces

- Les modèles organisationnels sont courants dans la plupart des organisations.
- Inclure un modèle organisationnel dans les informations de l'analyse métier permet aux membres de l'équipe de fournir un soutien. Les futurs projets peuvent bénéficier de savoir qui a été impliqué dans un projet et quel a été le rôle associé.

.2 Limites

- Les modèles organisationnels sont parfois obsolètes.
- Les lignes d'autorité, d'influence et de communication informelles qui ne sont pas reflétées dans l'organigramme sont plus difficiles à identifier et peuvent entrer en conflit avec l'organigramme.

10.33 Priorisation

10.33.1 Finalité

La priorisation fournit un cadre aux analystes métier afin de faciliter les décisions des parties prenantes et de comprendre l'importance relative de l'information de l'analyse métier.

10.33.2 Description

La priorisation est un processus utilisé pour déterminer l'importance relative de l'information d'analyse métier. L'importance peut être basée sur la valeur, le risque, la difficulté de mise en œuvre ou d'autres critères. Ces priorités sont utilisées pour déterminer quelles informations d'analyse métier doivent être ciblées pour une analyse plus approfondie, quelles exigences doivent être appliquées en premier lieu, ou combien de temps ou de détails doivent être alloués aux exigences.

Il existe de nombreuses approches pour établir des priorités. Il existe de nombreuses approches en matière de priorisation, mais dans le cadre de cette technique, la priorisation est classée dans l'une des quatre approches suivantes :

- Regroupement,
- Classement,
- Gestion par blocs de temps/budget, et
- Négociation.

Lorsqu'ils choisissent une approche de priorisation, les analystes métier tiennent compte du public, de leurs besoins et de leurs opinions sur la valeur qu'une exigence ou des informations de l'analyse métier apportent au domaine respectif d'une partie prenante.

Les analystes métier réexaminent les priorités et utilisent différentes approches lorsque des changements surviennent dans l'environnement du métier, dans les parties prenantes et dans l'information de l'analyse métier.

Figure 10.33.1: Approches de priorisation

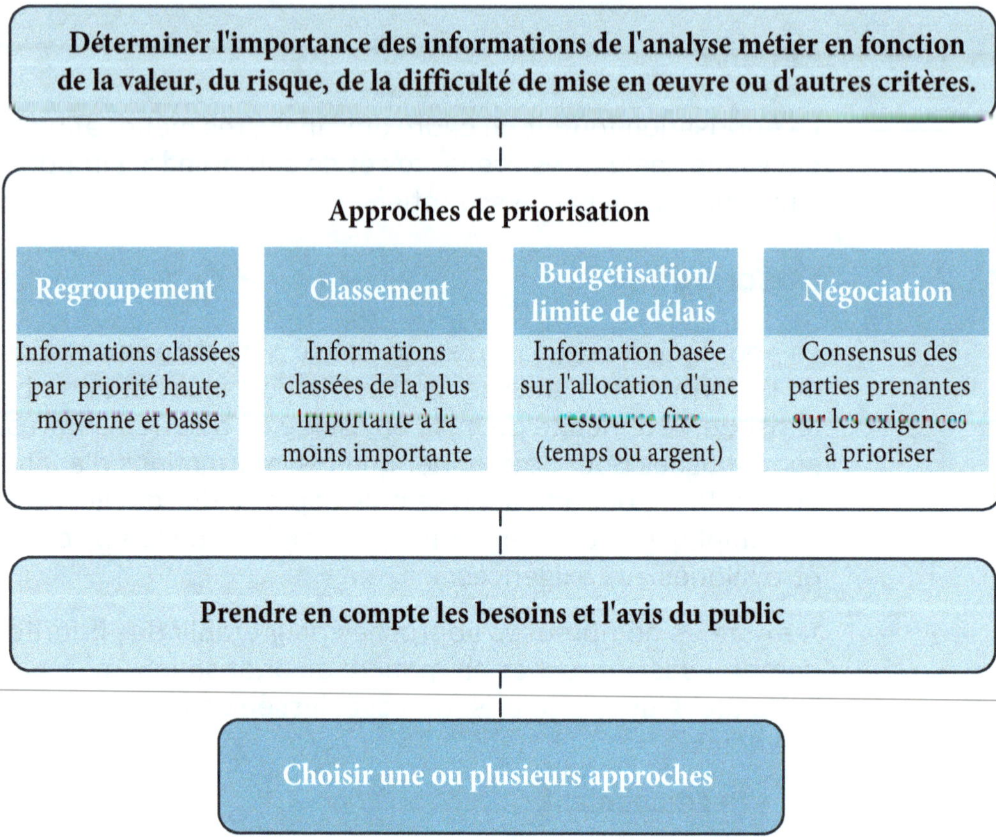

10.33.3 Éléments

.1 Regroupement

Le regroupement consiste à classer les informations de l'analyse métier selon des catégories prédéfinies telles que les priorités élevées, moyennes ou faibles. De nombreux outils de gestion des exigences permettent de répertorier les catégories de priorité en tant qu'attribut d'une exigence.

.2 Classement

Le classement consiste à trier les informations de l'analyse métier de la plus à la moins importante. Certaines approches adaptatives impliquent le séquençage explicite des exigences dans une liste ordonnée (un backlog de produits).

.3 Gestion par blocs de temps/budget

La gestion du temps ou la budgétisation donne la priorité à l'information de l'analyse métier en fonction de l'allocation d'une ressource fixe. Il est fréquemment utilisé lorsque l'approche solution a été déterminée. La gestion par blocs de temps est utilisée pour prioriser les exigences en fonction de la quantité de travail que l'équipe du projet est capable de réaliser dans une période de temps déterminée. La budgétisation est utilisée lorsque l'équipe projet a reçu un montant fixe d'argent. Cette approche est souvent utilisée lorsqu'une échéance fixe doit être respectée ou dans le cas de solutions améliorées de manière régulière et fréquente.

.4 Négociation

L'approche de négociation consiste à établir un consensus entre les parties prenantes quant aux exigences qui seront à prioriser.

10.33.4 Considérations d'utilisation

.1 Forces

- Facilite l'établissement d'un consensus et de compromis et veille à ce que la valeur de la solution soit réalisée et que les délais de l'initiative soient respectés.

.2 Limites

- Certaines parties prenantes peuvent tenter d'éviter des choix difficiles et ne pas reconnaître la nécessité de faire des compromis.
- L'équipe de la solution peut, intentionnellement ou non, tenter d'influencer le résultat du processus de priorisation en surestimant la difficulté ou la complexité de la mise en œuvre de certaines exigences.
- Les mesures et les indicateurs clés de performance sont rarement disponibles lors de la priorisation des informations de l'analyse métier, le point de vue des parties prenantes concernant l'importance peut être subjectif.

10.34 Analyse des processus

10.34.1 Finalité

L'analyse des processus évalue l'efficience et l'efficacité d'un processus, ainsi que sa capacité à identifier des opportunités de changement.

10.34.2 Description

L'analyse des processus est utilisée à diverses fins, notamment:

- la recommandation un processus plus efficient ou plus efficace,
- l'établissement des écarts entre l'état futur et actuel d'un processus,
- la compréhension des facteurs à intégrer dans une négociation de contrat,
- la compréhension de la manière dont les données et la technologie sont utilisées dans un processus, et
- l'analyse de l'impact d'une modification en attente d'un processus.

Il existe un certain nombre de cadres et de méthodologies axés sur l'analyse et les méthodes d'amélioration des processus, telles que Six Sigma et Lean. Les méthodes d'amélioration des processus comprennent la cartographie de de la chaîne de valeur, l'analyse et le contrôle statistiques, la simulation de processus, l'analyse comparative et les cadres de processus.

Les changements courants apportés aux processus afin de les améliorer comprennent :

- la réduction du temps nécessaire à l'achèvement d'une ou de plusieurs tâches dans le processus,
- la modification des interfaces ou des transferts entre les rôles et les unités organisationnelles pour éliminer les erreurs, y compris la réduction ou l'élimination des goulots d'étranglement,
- l'automatisation des étapes les plus routinières ou prévisibles, et
- l'augmentation du degré d'automatisation dans la prise de décision requise par le processus.

Lors de l'analyse d'un processus, les analystes métier recherchent :

- comment le processus ajoute ou crée de la valeur pour l'organisation,
- la façon dont le processus s'harmonise avec les objectifs et la stratégie de l'organisation
- dans quelle mesure le processus est et doit être efficient, efficace, répété, mesuré, contrôlé, utilisé et transparent

- la manière dont les exigences d'une solution traitent le processus de l'état futur et ses parties prenantes externes, notamment les clients.

10.34.3 Éléments

.1 Identifier les lacunes et les domaines à améliorer

L'identification des lacunes et des domaines à améliorer permet de déterminer les domaines qui se trouvent dans le périmètre de l'analyse. Des modèles et des cadres de processus propres à l'industrie peuvent être utiles à cet égard. Lors de l'identification des lacunes et des domaines à améliorer, les analystes métier :

- identifier les écarts entre l'état actuel et l'état futur souhaité,
- identifier les écarts et les domaines présentant une valeur ajoutée ou non,
- comprendre les points faibles et les défis du processus à partir de plusieurs points de vue,
- comprendre les opportunités destinées à améliorer le processus depuis plusieurs points de vue,
- aligner les écarts et les domaines à améliorer avec l'orientation stratégique de l'organisation, et
- comprendre la relation entre les écarts et les domaines pour améliorer les changements dans l'entreprise.

.2 Identifier la cause fondamentale

L'identification de la cause fondamentale des écarts et domaines d'amélioration permet de s'assurer que la solution traite les éléments adéquats.

Lors de l'identification de la cause racine, les analystes métier comprennent :

- il peut y avoir plusieurs causes fondamentales,
- les intrants conduisant à l'écart ou au domaine à améliorer,
- qui sont les bonnes personnes pour déterminer la cause fondamentales, et
- les mesures actuelles et les facteurs de motivation en place pour ceux qui possèdent ou exécutent le processus.

.3 Générer et évaluer les options

Générer des options et des solutions alternatives pour résoudre l'écart ou le domaine à améliorer aide l'équipe à évaluer et à considérer différents points de vue pour améliorer le processus. Il est important que les parties prenantes participent à l'identification de l'impact, de la faisabilité et de la valeur de la solution proposée par rapport aux options alternatives.

.4 Méthodes courantes

SIPOC

Le SIPOC est une méthode d'analyse de processus qui provient de la méthodologie Six Sigma et qui a été plus communément adoptée en tant que méthode d'analyse de processus en dehors de Six Sigma.

Il est utilisé pour examiner le processus et comprendre les fournisseurs, les intrants, le processus, les extrants et les clients du processus analysé.

Un SIPOC fournit un aperçu simple du processus. Il montre également la complexité de qui et de quoi est impliqué dans la création d'intrants pour le processus et montre qui reçoit les extrants du processus. Un SIPOC est un outil puissant utilisé pour créer un dialogue sur les problèmes, les opportunités, les lacunes, les causes fondamentales, les options et les alternatives au cours d'une analyse de processus.

Figure 10.34.1: Modèle SIPOC

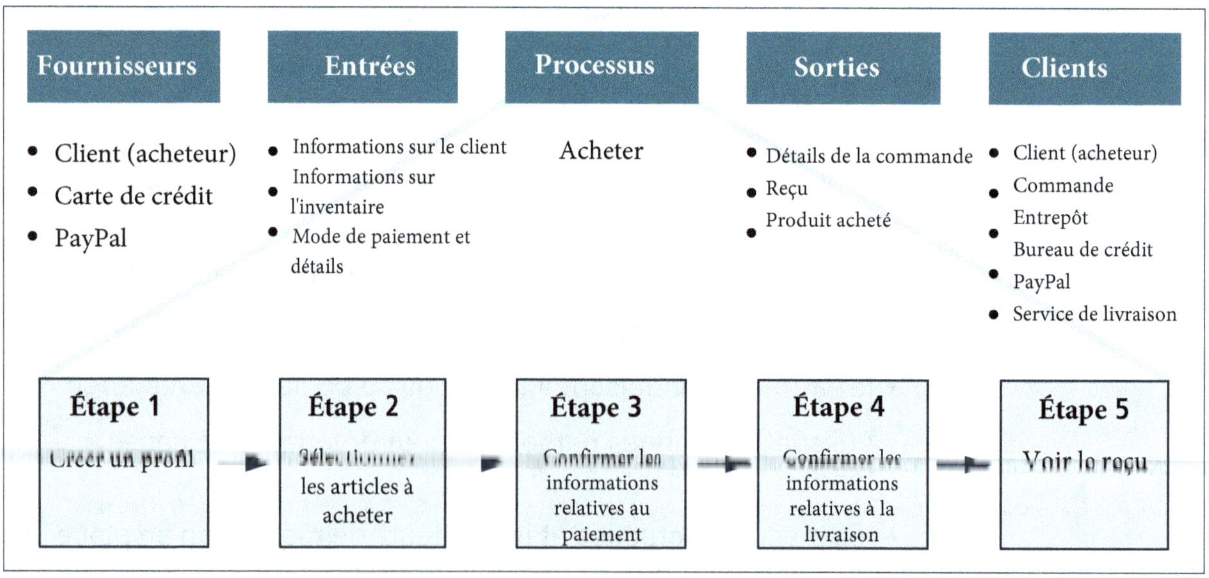

Cartographie de la chaîne de valeur (VSM)

La cartographie de la chaîne de valeur (VSM) est une méthode d'analyse de processus utilisée dans les méthodologies Lean.

La cartographie de la chaîne de valeur implique la création de diagrammes et la surveillance des entrées et des points d'application pour le traitement de ces entrées, à partir du début de la chaîne d'approvisionnement. À chaque étape, la carte de la chaîne de valeur mesure le temps d'attente pour les entrées et les temps de traitement réels aux points d'application (également appelés temps de conversion). À la fin de la chaîne de valeur, la carte illustre le processus de logistique ou de distribution jusqu'au client.

La carte de la chaîne de valeur fournit une image sur une page de toutes les étapes impliquées dans le processus de bout en bout, notamment les éléments qui apportent une valeur

Figure 10.34.2: Cartographie de chaîne de valeur

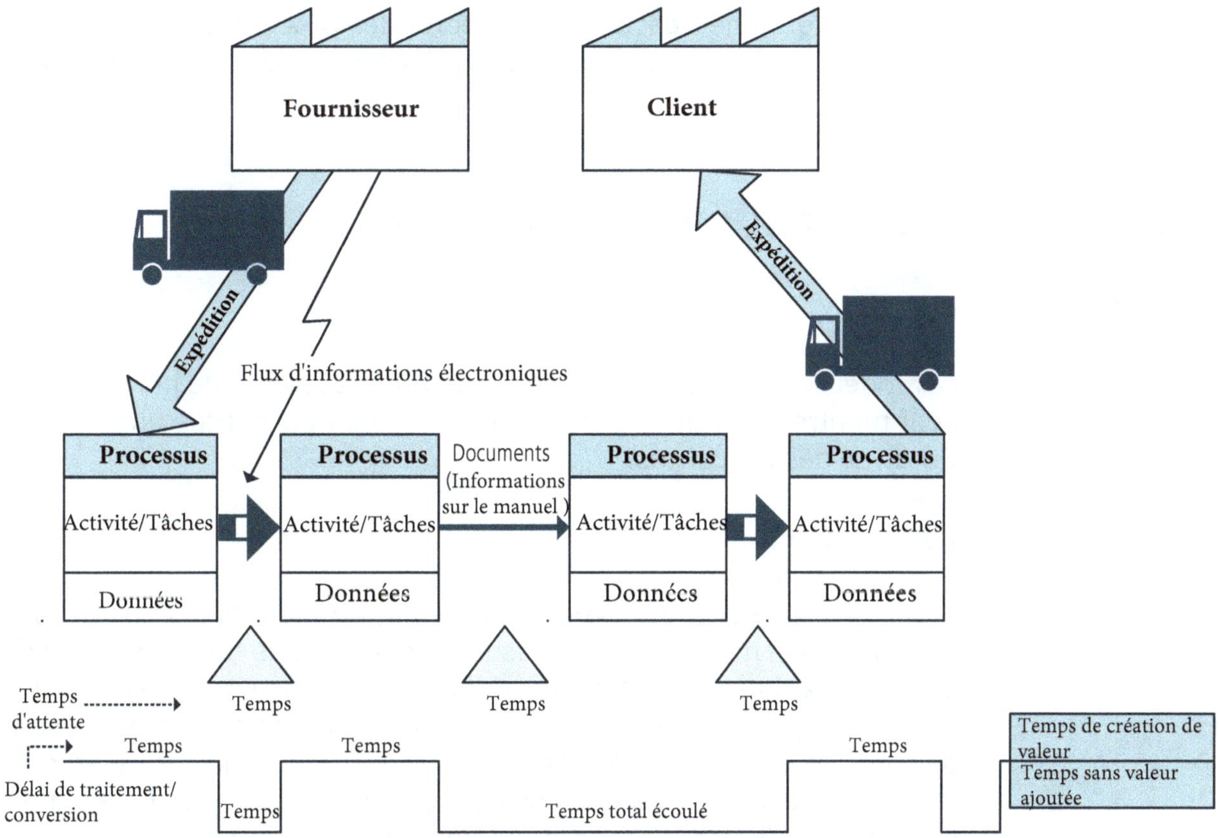

10.34.4 Considérations d'utilisation

.1 Forces

- S'assure que les solutions répondent aux bons problèmes, minimisant ainsi le gaspillage.
- De nombreuses techniques et méthodologies différentes peuvent être utilisées et offrent aux équipes une grande flexibilité en matière d'approche.

.2 Limites

- L'analyse peut être chronophage.
- Il existe de nombreuses techniques et méthodologies dans l'analyse des processus. Il peut être difficile de déchiffrer lesquelles utiliser et avec quelle rigueur les suivre, compte tenu de la portée et de l'objet.
- Peut s'avérer inefficace pour améliorer des processus dans le cas de processus faisant appel aux connaissances ou comportant de nombreuses décisions.

10.35 Modélisation des processus

10.35.1 Finalité

La modélisation des processus est un modèle graphique normalisé utilisé pour montrer comment le travail est effectué et constitue une base pour l'analyse des processus.

10.35.2 Description

Les modèles de processus décrivent le flux séquentiel d'un travail ou d'activités. Un modèle de processus métier décrit le flux séquentiel de travail entre des tâches et des activités définies dans une entreprise ou une partie d'une entreprise. Un modèle de processus système définit le flux séquentiel de contrôle entre les programmes ou les unités au sein d'un système informatique. Un flux de processus de programme montre l'exécution séquentielle des énoncés de programme dans un programme logiciel. Un modèle de processus peut également être utilisé pour documenter les procédures opérationnelles.

Un modèle de processus peut être construit à plusieurs niveaux, chacun pouvant être aligné sur différents points de vue des parties prenantes. Ces niveaux existent pour décomposer progressivement un processus complexe en composants de processus , chaque niveau fournissant de plus en plus de détails et de précision. À un niveau élevé (entreprise ou contexte), le modèle fournit une compréhension générale d'un processus et de sa relation avec d'autres processus. À des niveaux inférieurs (opérationnels), il peut définir des activités plus granulaires et identifier tous les résultats, notamment les exceptions et de solutions de rechange (variantes). Au niveau le plus bas (système), le modèle peut être utilisé comme base pour la simulation ou l'exécution.

Les modèles de processus peuvent être utilisés pour :

- décrire le contexte de la solution ou d'une partie de la solution,
- décrire ce qui se passe réellement, ou ce qui est souhaité au cours d'un processus,
- fournir une description compréhensible d'une séquence d'activités à un observateur externe,
- fournir un visuel pour accompagner une description textuelle, et
- fournir une base pour l'analyse des processus.

L'analyste métier peut utiliser un modèle de processus pour définir l'état actuel d'un processus (aussi connu sous le nom de modèle as-is) ou d'un état futur potentiel (également connu sous le nom de modèle to-be). Un modèle de l'état actuel peut fournir une compréhension et un accord sur ce qui se passe maintenant. Un modèle présentant l'état futur peut permettre de préciser ce qui doit se produire dans le futur.

Les modèles de processus comprennent généralement :

- les participants au processus,
- l'événement métier qui déclenche le processus,
- les étapes ou les activités du processus (manuelles et automatisées),
- les chemins (flux) et les points de décision qui relient logiquement ces activités, et
- les résultats du processus.

Le modèle de processus le plus basique comprend : un événement déclencheur, une séquence d'activités et un résultat.

Un modèle de processus plus complet peut inclure d'autres éléments, tels que des données/documents, les entrées et les sorties, ainsi que des descriptions de références qui complètent la représentation graphique.

10.35.3 Éléments

.1 Types de modèles de processus et de notations

De nombreuses notations différentes sont utilisées dans la modélisation des processus.

Les notations les plus couramment utilisées sont les suivantes :

- ***Diagrammes de flux et cartographie de chaîne de valeur (VSM)***: utilisés dans le domaine métier.
- ***Les diagrammes de flux de données et les diagrammes UML®(Unified Modelling Language™)***: utilisés dans le domaine des technologies de l'information.
- ***Modèle de processus métier et notation (BPMN)***: utilisé dans les domaines du métier et des technologies de l'information; est de plus en plus adoptée comme norme de référence.
- ***Diagramme de portée d'un processus (Input-Guide-Output-Enablers) - IGOE*** et Notation Integrated DEFinition (IDEF) : utilisés pour établir la portée.
- ***SIPOC et Analyse de la chaîne de valeur***: utilisé pour la modélisation des processus.

Les modèles de processus contiennent généralement tout ou partie des éléments suivants :

- ***Activité***: une étape ou un travail individuel qui fait partie du processus métier. Il peut s'agir d'une seule tâche ou peut être décomposé en un sous-processus (avec ses propres activités, flux et autres éléments de processus).
- ***Événement***: une occurrence de durée nulle qui initie, interrompt ou met fin à une activité ou à une tâche dans un processus ou du processus lui-même. Il peut s'agir d'un message reçu, du passage du temps ou de l'apparition d'une condition telle que définie dans les règles métier.
- ***Flux directionnel***: chemin qui indique la séquence logique du workflow. En général, les diagrammes sont dessinés pour montrer l'écoulement du temps de façon homogène (généralement dans la direction où le texte sera lu).
- ***Point de décision***: un point du processus où le flux de travail se divise en deux ou plusieurs flux (chemins), qui peuvent représenter des parallèles ou des alternatives s'excluant mutuellement. Une décision peut également être utilisée afin de trouver les règles lorsque des flux distincts fusionnent.
- ***Lien***: une connexion à d'autres cartes de processus.
- ***Rôle***: un type de personne ou de groupe impliqué dans le processus. Sa définition correspond généralement à celles du modèle organisationnel.

Diagramme de flux

Les diagramme de flux sont couramment utilisés par des publics non techniques et sont utiles pour obtenir à la fois un alignement avec ce qu'est le processus et aussi le contexte d'une solution. Un diagramme de flux peut être simple, affichant uniquement la séquence des activités, ou il peut être plus complet, en utilisant des couloirs. Un couloir est une zone cloisonnée (horizontale ou verticale) qui sépare les activités d'un processus réalisées par un rôle particulier.

Figure 10.35.1: Diagramme de flux

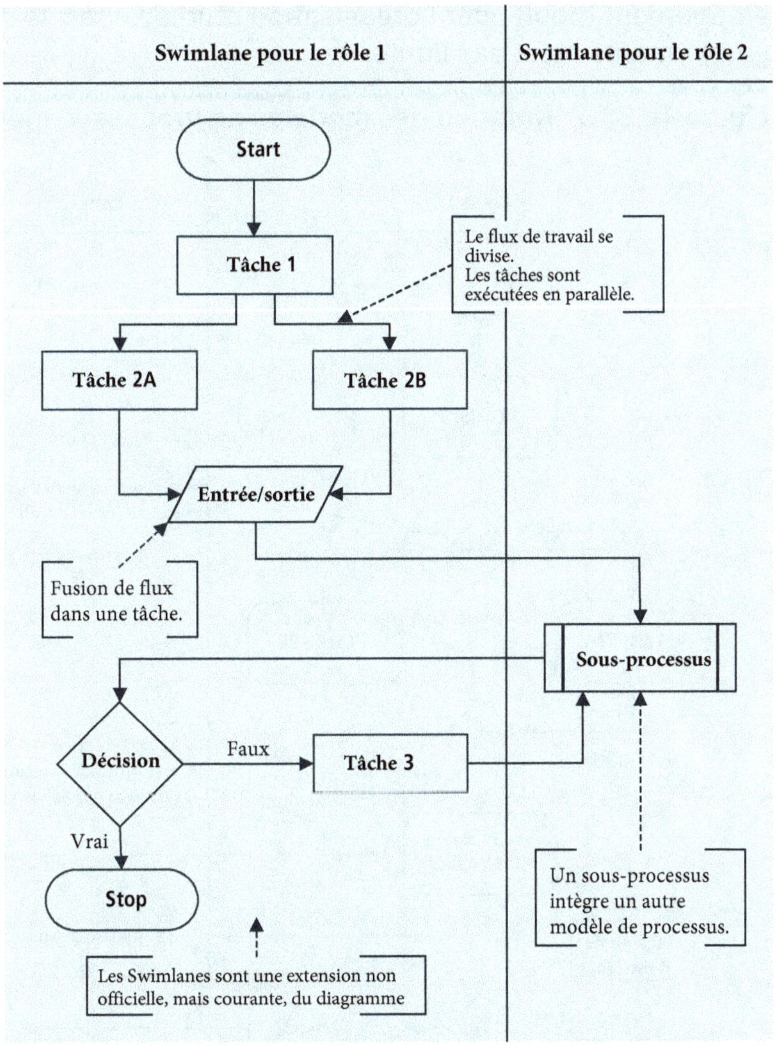

Notation des modèles de processus métier (BPMN)

La notation des modèles de processus métier (BPMN) fournit un langage standard pour la modélisation des processus métier sous une forme accessible à la fois par les utilisateurs et les développeurs techniques. BPMN est conçu pour couvrir de nombreux types de modélisation, y compris les processus internes (privés) et les processus collaboratifs (publics). Il peut aussi servir d'entrée pour les technologies, et les logiciels d'automatisation des processus.

L'une des principales fonctionnalités du BPMN est sa capacité à distinguer les activités des différents participants dans un processus avec des groupements et des couloirs. Lorsque le flux de travail traverse la limite d'un couloir, la responsabilité du travail passe ensuite à un autre rôle au sein de l'organisation. Les couloirs (swimlanes) font partie d'un groupement (pool). Un groupement est une entité métier autorégulée (autonome), généralement une organisation ou un système. Un groupement peut comprendre un certain nombre de couloirs, chacun représentant un rôle. Généralement, un processus comprend un groupement (pool) pour le client et un deuxième groupement (pool) pour l'organisation étudiée, mais le nombre de groupements n'est pas limité.

Figure 10.35.2: Notation des modèles de processus métier (BPMN)

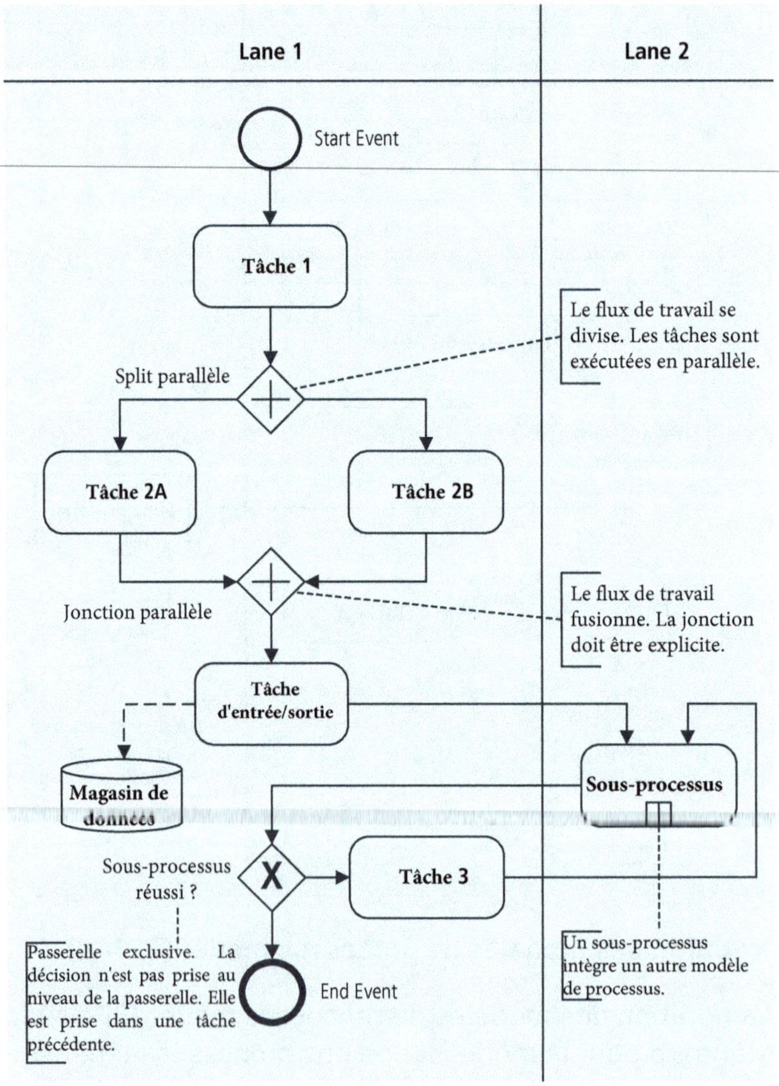

Diagrammes d'activité

Le diagramme d'activité est l'un des diagrammes de réalisation de cas d'utilisation définis dans le langage de modélisation unifié (UML®). Conçu à l'origine pour élaborer un cas d'utilisation unique, le diagramme d'activité a été adopté à des fins plus générales de modélisation de processus, y compris la modélisation de processus métier. Bien que similaire en apparence à un diagramme de flux, le diagramme d'activité utilise généralement des couloirs pour afficher les responsabilités, des barres de synchronisation pour afficher le traitement parallèle et plusieurs points de décision de sortie.

Figure 10.35.3: Diagramme d'activité

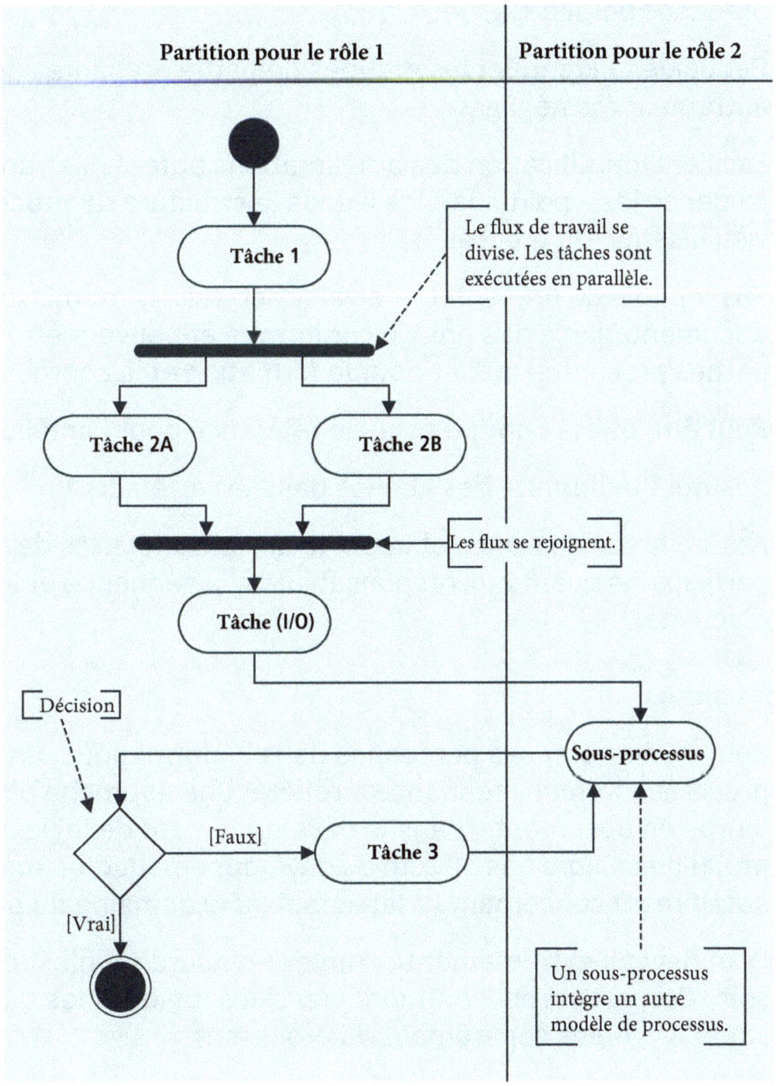

10.35.4 Considérations d'utilisation

.1 Forces

- Fait appel à la compréhension humaine de base des activités séquentielles.
- La plupart des parties prenantes sont à l'aise avec les concepts et les éléments de base d'un modèle de processus.
- L'utilisation des niveaux peut tenir compte des différents points de vue des divers groupes de partie prenantes.
- Efficace pour montrer comment gérer un grand nombre de scénarios et de branches parallèles.
- Peut aider à identifier les groupes de partie prenantes qui auraient autrement été négligés.
- Facilite l'identification des améliorations potentielles en mettant en évidence les « points faibles » dans la structure du processus (c.-à-d. la visualisation du processus).
- Susceptible de présenter une valeur en soi. Ils fournissent de la documentation à des fins de conformité et peuvent être utilisés par les parties prenantes métier pour la formation et la coordination des activités.
- Peut être utilisé comme base de référence pour l'amélioration continue.
- Assurer l'uniformité des libellés dans les artéfacts.
- Assure la transparence et la clarté aux propriétaires de processus et aux participants quant aux responsabilités, la séquence et les transferts d'activité.

.2 Limites

- Pour de nombreuses personnes dans l'informatique, un modèle de processus formel a tendance à refléter une approche plus ancienne et plus lourde en documents, dans le développement de logiciels. Le temps du projet n'est alors pas affecté au développement d'un modèle de processus, notamment concernant l'état actuel ou le domaine du problème.
- Peut devenir extrêmement complexe et lourd s'il n'est pas structuré avec soin. Ceci est particulièrement vrai si les règles et les décisions métier ne sont pas gérées séparément du processus.
- Les processus complexes peuvent impliquer de nombreuses activités et rôles; cela peut les rendre presque impossibles à comprendre et à « valider » par une seule personne.
- Les problèmes d'un processus ne peuvent pas toujours être identifiés en examinant un modèle de haut niveau. Il est généralement nécessaire de recourir à un modèle plus détaillé avec une référence aux métadonnées

(comme les facteurs de fréquence du chemin, de coût et de temps). Il est souvent nécessaire de s'engager directement avec les parties prenantes pour trouver les problèmes opérationnels qu'elles ont rencontrés en travaillant avec un processus.

- Dans un environnement très dynamique où les choses changent rapidement, les modèles de processus peuvent devenir rapidement obsolètes.
- Peut s'avérer difficile à maintenir si le modèle de processus ne sert que de documentation, car les parties prenantes peuvent modifier le processus en vue de satisfaire leurs besoins sans actualiser le modèle.

10.36 Prototypage

10.36.1 Finalité

Le prototypage est utilisé pour susciter et valider les besoins des parties prenantes grâce à un processus itératif qui crée un modèle ou une conception des exigences. Il est également utilisé pour optimiser l'expérience de l'utilisateur, pour évaluer les options de conception, et comme base pour le développement de la solution métier finale.

10.36.2 Description

Le prototypage est une méthode éprouvée pour la conception de produits. Il fonctionne en fournissant un modèle précoce du résultat final, connu sous le nom de prototype. Le prototypage est utilisé pour identifier à la fois les hypothèses non prouvées, ainsi que les exigences manquantes ou mal spécifiées, en démontrant à quoi ressemble le produit et son comportement dans les premières phases de conception.

Les prototypes peuvent être des modèles non fonctionnels, des représentations fonctionnelles ou des représentations numériques d'une solution ou d'un produit proposé. Ils peuvent être utilisés pour simuler des sites Web, servir de construction partiellement fonctionnelle du produit ou décrire des processus à l'aide d'une série de diagrammes (tels que des diagrammes d'activités, workflow). Les règles métier et les prototypes de données peuvent être utilisés pour découvrir les flux de processus désirés et les règles métier. Le prototypage de données peut être utilisé pour le nettoyage et la transformation des données.

10.36.3 Éléments

.1 Approche du prototypage

Il existe deux approches courantes du prototypage :

- ***Jetable***: les prototypes sont générés avec des outils simples (comme le papier et le crayon, un tableau blanc, ou un logiciel) afin de découvrir et clarifier les exigences. Le prototype peut être mis à jour ou évoluer au cours de la discussion et du développement, mais ne devient pas un code réalisable ou n'est pas maintenu en tant que livrable une fois que le système ou le processus final est mis en œuvre. Cette méthode permet de trouver une fonctionnalité ou des processus qui ne sont pas faciles à établir par le biais d'autres techniques, qui présentent des points de vue contradictoires ou qui sont difficiles à comprendre. Ces prototypes peuvent être un outil peu coûteux pour découvrir ou confirmer les exigences qui vont au-delà d'une interface y compris les exigences liées aux processus, aux données et aux règles métier.
- ***Évolutif ou Fonctionnel***: des prototypes sont créés dans le but de développer des exigences initiales en solution fonctionnelle, au fur et à mesure que les exigences sont précisées grâce à son utilisation par les parties prenantes. Cette approche produit une solution de travail et nécessite généralement un outil ou un langage de prototypage spécialisé. Ces prototypes peuvent être utilisés dans la solution finale. Si un logiciel spécialisé est utilisé, les processus métier, les règles et les données peuvent être simulés pour évaluer l'impact des changements et valider les résultats souhaités.

.2 Exemples de prototypage

Il existe de nombreuses formes de prototypage utilisées aujourd'hui.

Chacune des propositions suivantes peut être considérée comme une forme de prototypage :

- ***Preuve de Principe ou Preuve de Concept***: c'est un modèle créé pour valider la conception d'un système sans modéliser l'apparence, les matériaux utilisés dans la création, ou les processus/workflows utilisés à terme par les parties prenantes.
- ***Prototype d'étude de la forme***: c'est utilisé pour explorer la taille, l'apparence et la sensation de base d'un produit qui sera fabriqué, sans créer de fonctionnalité réelle. Il est utilisé pour évaluer les facteurs ergonomiques et visuels à l'aide d'une représentation sculpturale du produit fabriqué à partir de matériaux peu coûteux. Ce type de prototype peut également être utilisé pour modéliser un flux de travail ou une orientation à haut niveau afin de repérer les écarts ou les incohérences dans les

- ***Prototype d'utilisabilité***: c'est un modèle de produit créé pour tester la façon dont l'utilisateur final interagit avec le système sans inclure aucune des propriétés (par exemple, l'apparence, la configuration).
- ***Prototype visuel***: c'est un modèle de produit créé pour tester les aspects visuels de la solution sans modéliser l'ensemble des fonctionnalités.
- ***Prototype fonctionnel***: c'est un modèle créé pour tester la fonctionnalité du logiciel, les qualités du système pour l'utilisateur (par exemple, l'apparence) et le flux de travail. Il est également appelé modèle fonctionnel, et est utilisé à la fois pour simuler des processus métier et des règles métier et pour évaluer les appels de fonctions logicielles.

.3 Méthodes de prototypage

Voici une liste des méthodes couramment utilisées pour le prototypage :

- ***Le storyboarding***: Il est utilisé pour détailler visuellement et textuellement la séquence d'activités en résumant différentes interactions utilisateur avec la solution ou l'entreprise.
- ***Le prototypage papier***: utilise du papier et du crayon pour dessiner une interface ou un processus.
- ***Modélisation du Workflow***: représente une séquence d'opérations qui sont effectuées et se concentre généralement uniquement sur l'aspect humain.
- ***Simulation***: est utilisée pour démontrer des solutions ou des composants d'une solution. Il peut tester divers processus, scénarios, règles métier, données et intrants.

10.36.4 Considérations d'utilisation

.1 Forces

- Fournit une représentation visuelle de l'état futur.
- Permet aux parties prenantes de fournir des intrants et des retours à un stade précoce du processus de conception.
- Lors de l'utilisation de méthodes de prototypage jetable ou papier, les utilisateurs peuvent se sentir plus à l'aise de critiquer la maquette car elle n'est pas encore terminée et prête à être déployée.
- Un prototype vertical limité mais approfondi peut être utilisé pour réaliser des études de faisabilité technique, des activités de preuve de concept ou pour découvrir les lacunes en matière de processus et de technologie.

.2 Limites

- Si le système ou le processus s'avère très complexe, le processus de prototypage peut s'enliser dans des discussions sur le « comment » au lieu du « quoi », nécessitant alors un temps, des efforts et des compétences considérables pour réaliser le processus.
- La technologie sous-jacente peut avoir besoin d'être comprise ou supposée afin d'initier le prototypage.
- Si le prototype est profondément élaboré et détaillé, les parties prenantes peuvent développer des attentes irréalistes pour la solution finale. Celles-ci peuvent aller de dates d'achèvement présumées à des attentes plus élevées en matière de performances, de fiabilité et de convivialité.
- Les parties prenantes peuvent se concentrer sur les spécifications de conception de la solution plutôt que sur les exigences auxquelles toute solution doit répondre. Cela peut, à son tour, contraindre la conception de la solution. Les développeurs peuvent croire qu'ils doivent fournir une interface utilisateur qui correspond exactement au prototype, même si des approches technologiques et d'interface plus élégantes existent.

10.37 Revues

10.37.1 Finalité

Les revues sont utilisées pour évaluer le contenu d'un produit de travail.

10.37.2 Description

Différents types de revues sont effectués sur les livrables de l'analyse métier.

Chacune est adaptée aux besoins de l'organisation et de l'analyste métier, et utilise ces dimensions :

- ***Objectifs***: définir le but (ou la finalité) de la revue.
- ***Techniques***: identifier une manière formelle ou informelle d'exécuter la revue.
- ***Les participants***: identifier qui devrait participer à l'activité de revue.

Chaque revue est axé sur un produit de travail et non sur les compétences ou les actions des participants. Le produit de travail peut être un paquet de plusieurs livrables, un seul livrable, une partie d'un livrable ou un travail en cours. Pour un produit de travail terminé, l'objectif de l'examen est généralement d'éliminer les défauts ou d'informer les réviseurs du contenu. Pour les travaux en cours, la revue peut être effectuée pour résoudre un problème ou une question.

Chaque revue comprend l'analyste métier en tant que participant. Les réviseurs peuvent être des pairs, en particulier pour le travail en cours, ou des parties prenantes, qui valident que le produit de travail est complet et correct. Les étapes de la revue dépendent de la technique utilisée.

Les revue peuvent inclure:

- un tour d'horizon du produit et une vérification des objectifs,
- des listes de contrôle et des documents de référence pouvant être utilisés par les réviseurs,
- une vérification du produit et une documentation des observations, et
- la vérification d'un éventuel remaniement.

En utilisant les commentaires des réviseurs, l'analyste métier met à jour le produit de travail.

10.37.3 Éléments

.1 Objectifs

Les objectifs sont clairement communiqués à tous les participants avant la revue.

Les objectifs peuvent inclure un ou plusieurs buts, par exemple :

- pour supprimer les défauts,
- pour assurer la conformité aux spécifications ou aux normes,
- pour s'assurer que le produit du travail est complet et correct,
- établir un consensus sur une approche ou une solution,
- pour répondre à une question, résoudre un problème ou explorer des alternatives,
- pour former les réviseurs sur le produit de travail, et
- pour mesurer la qualité du produit du travail.

.2 Techniques

Les revues peuvent être formelles ou informelles. Les techniques utilisées au cours d'une revue sont sélectionnées selon leur capacité à soutenir les objectifs de l'examen.

Les techniques suivantes sont couramment utilisées par les analystes métier lors des revues :

- ***Inspection***: une technique formelle qui comprend une vue d'ensemble du produit du travail, un examen individuel, l'enregistrement des défauts, la consolidation des défauts par l'équipe et un suivi pour s'assurer que des modifications ont été apportées. L'objectif est d'éliminer les défauts et de créer un produit de travail de haute qualité. Bien qu'il soit généralement effectué par des pairs, il peut également être utilisé pour les examens des parties prenantes.

- ***Procédure pas à pas formelle (également connue sous le nom de revue d'équipe)***: une technique formelle qui utilise les activités de révision individuelle et de consolidation d'équipe souvent observées lors de l'inspection. Les procédures pas à pas sont utilisées pour les évaluations par les pairs et pour les évaluations des parties prenantes.
- ***La revue des problèmes uniques (également connu sous le nom revue technique)***: c'est une technique formelle centrée sur un problème ou une norme dans laquelle les réviseurs effectuent un examen minutieux du produit de travail avant une session de révision conjointe organisée pour résoudre le problème en question.
- ***Procédure pas à pas informelle***: une technique informelle dans laquelle l'analyste métier passe à travers le produit de travail dans son état d'ébauche et sollicite des commentaires. Les réviseurs peuvent faire un minimum de préparation avant la session d'examen conjoint.
- ***Vérification par autrui***: c'est une technique informelle dans laquelle un réviseur qui n'a pas participé à la création du produit de travail fournit des commentaires verbaux ou écrits.
- ***Circulation pour vérification***: c'est une technique informelle dans laquelle plusieurs réviseurs fournissent des commentaires verbaux ou écrits. Le produit de travail peut être examiné dans une copie commune du produit de travail ou transmis d'une personne à une autre.
- ***Ad hoc***: une technique informelle dans laquelle l'analyste métier demande un examen informel ou une assistance d'un pair.

.3 Participants

Les rôles des participants impliqués dans un examen dépendent des objectifs de la revue, la technique sélectionnée, ainsi que toutes les normes organisationnelles qui pourraient être en place.

Dans certaines situations, un superviseur ou un gestionnaire peut être l'un des réviseurs en raison de son expertise. Dans ce cas, le modérateur doit veiller à ce que cela ne nuise pas à la sincérité des autres participants ou aux décisions de l'équipe.

Table 10.37.1: Rôles dans la vérification

Rôle	Description	Responsabilité	Techniques applicables
Créateur	Créateur du produit.	Il répond aux questions concernant le produit et écoute les suggestions et commentaires. Il intègre les changements au produit une fois la vérification terminée.	Tous
Réviseur	Un pair ou une partie prenante.	Il étudie le produit en fonction des objectifs de vérification. Dans le cas des revues destinées à détecter une anomalie, le réviseur examine le produit avant la session de revue et effectue le suivi des anomalies trouvées et des suggestions d'amélioration.	Tous
Facilitateur	Un facilitateur neutre (il ne doit pas s'agir du créateur afin d'éviter de compromettre la vérification).	Il anime la session de vérification, garde les participants centrés sur les objectifs de la vérification et veille à ce que chaque section concernée du produit soit abordée. Il confirme le fait que les réviseurs ont examiné le produit avant le début de la session et veille à ce qu'ils participent lors de la session.	• Inspection • Procédure pas à pas formelle • Il peut s'avérer utile pour la vérification d'un élément individuel
Secrétaire	Un participant neutre aux compétences de communication fortes.	Documente tous les défauts, suggestions, commentaires, problèmes, préoccupations et questions en suspens qui sont soulevées lors d'une séance de vérification/revue. Sa connaissance du sujet permet au secrétaire de noter les éléments de façon claire.	• Inspection • Révision structurée formelle et informelle

10.37.4 Considérations d'utilisation

.1 Forces

- Peut aider à repérer rapidement les anomalies dans le cycle de vie du produit, et évitent une correction onéreuse de ces anomalies découvertes plus tard dans le cycle de vie.
- Toutes les parties impliquées dans une revue se sont engagées dans le résultat final ; elles ont un intérêt particulier à obtenir un résultat de qualité.
- Les revues manuelles et avec transmission du produit peuvent être effectuées par un réviseur à un moment opportun, sans interrompre un travail en cours pour participer à une réunion.

.2 Limites

- Des revues d'équipe rigoureuses demandent du temps et des efforts. Ainsi, seuls les livrables les plus critiques peuvent être examinés à l'aide de techniques d'inspection ou de procédure pas à pas formelle.
- Les examens informels par un ou deux examinateurs sont pratiques en termes d'effort requis, mais ils offrent moins d'assurance d'éliminer tous les défauts importants que l'utilisation d'une équipe plus grande et d'un processus plus formel.
- Dans le cas des revues manuelles et avec transmission du produit, il peut être difficile pour l'auteur de valider qu'un examen indépendant a été effectué par chaque participant.
- Si les commentaires de revue sont partagés et discutés par e-mail, il peut y avoir de nombreux messages à traiter, ce qui rend difficile pour l'auteur de résoudre les désaccords ou les différences dans les modifications suggérées.

10.38 Analyse et gestion des risques

10.38.1 Finalité

L'analyse et la gestion des risques identifient les zones d'incertitude qui pourraient avoir une incidence négative sur la valeur, puis analysent et évaluent ces incertitudes, et élaborent avant de développer et de gérer des moyens de gestion des risques.

10.38.2 Description

L'incapacité à identifier et à gérer les risques peut avoir une incidence négative sur la valeur de la solution. L'analyse et la gestion des risques impliquent l'identification, l'analyse et l'évaluation des risques. Lorsque des contrôles suffisants ne sont pas déjà en place, les analystes métier élaborent des plans pour éviter, réduire ou modifier les risques et, le cas échéant, mettre en œuvre ces plans.

La gestion des risques est une activité continue. La consultation et la communication continues avec les parties prenantes aident à la fois à identifier les nouveaux risques et à surveiller les risques identifiés.

10.38.3 Éléments

.1 Identification des risques

Les risques sont découverts et identifiés grâce à une combinaison de jugement d'experts, de commentaires de parties prenantes, d'expérimentation, d'expériences passées et d'analyses historiques d'initiatives et de situations similaires. L'objectif est d'identifier un ensemble complet de risques pertinents et de minimiser les inconnues. L'identification des risques est une activité continue.

Un événement à risque peut être un événement, plusieurs événements ou même un non-événement. Une condition de risque peut être une condition ou une combinaison de conditions. Un événement ou une condition peut avoir plusieurs conséquences, et une conséquence peut être causée par plusieurs événements ou conditions différents.

Chaque risque peut être décrit dans un registre des risques qui appuie l'analyse de ces risques et les plans pour les traiter.

Figure 10.38.1: Exemple de registre des risques

#	Événement ou condition à risque	Conséquence	Probabilité	Impact	Niveau de risque	Plan de modification des risques	Propriétaire du risque	Risque résiduel		
								Probabilité	Impact	Niveau de risque
1	Si le syndicat n'est pas d'accord avec les modifications apportées aux descriptions de poste	les changements de personnel prévus ne pourront pas avoir lieu.	Moyen	Moyen	Moyen	Commencer les consultations avec le syndicat au plus tard le mois prochain	Marta	Bas	Bas	Bas
2	Si les experts en la matière ne sont pas disponibles pour la détermination des besoins.	la portée et la qualité sera réduite, et la date de livraison sera repoussée.	Moyen	Elevé	Elevé	Élaborer un plan pour savoir quand les PME sont nécessaires, organiser des ateliers sur place et obtenir l'accord du commanditaire concernant leur participation.	Deepak	Bas	Moyen	Bas
3	Si un nombre insuffisant de clients répond à notre enquête	nous n'aurons pas un échantillon représentatif des besoins des clients.	Moyen	Elevé	Elevé	Passer un contrat avec une entreprise spécialisée dans la gestion d'enquêtes pour élaborer et réaliser l'enquête.	François	Bas	Moyen	Bas
4	Si la structure organisationnelle ne s'adapte pas aux nouveaux processus métier	l'entreprise ne pourra pas réaliser les gains d'efficacité prévus et le besoin ne sera pas satisfait.	Elevé	Elevé	Elevé	Le sponsor doit approuver les changements organisationnels avant le déploiement et les changements doivent avoir lieu avant le déploiement	Jiahui	Moyen	Bas	Moyen

.2 Analyse

L'analyse d'un risque implique de comprendre le risque et l'estimation de son niveau. Parfois, des contrôles peuvent déjà être en place pour faire face à certains risques, et ceux-ci doivent être pris en compte lors de l'analyse du risque.

La probabilité d'occurrence peut être exprimée soit sous forme de probabilité sur une échelle numérique, soit avec des valeurs telles que Faible, Moyen et Élevé.

Les conséquences d'un risque sont décrites en termes d'impact sur la valeur potentielle. L'impact de tout risque peut être décrit en termes de coût, de durée, de portée de la solution, de qualité de la solution ou de tout autre facteur convenu avec les parties prenantes, tel que la réputation, la conformité ou la responsabilité sociale.

Table 10.38.1: Exemple d'échelle d'impact sur les risques

	Périmètre	Qualité	Coûts	Effort	Durée	Réputation	Responsabilité Sociale
Faible impact	Des parties secondaires de la portée sont concernées	Problèmes de qualité mineure	Impact sur le coût inférieur à 1 %	Effort de travail inférieur à 2 % de jours supplémentaires	Retard allant jusqu'à 3%	Un impact très mineur sur la réputation de l'entreprise	Obstacle mineur
Impact moyen	Les principaux domaines d'application sont affectés, mais des solutions de contournement sont réalisables	Problèmes de qualité importants, mais le produit est toujours utilisable	Impact sur le coût supérieur à 1 % mais inférieur à 3 %	Effort de travail de 2 % à 10 % de jours supplémentaires	Retard de 3 % à 10 %	Impact modéré sur la réputation de l'entreprise	Obstacle majeur
Impact élevé	Le produit ne répond pas aux besoins de l'entreprise	Le produit est inutilisable	Impact supérieur à 3 %	Effort de travail supérieur à 10 % de jours supplémentaires	Retard supérieur à 10 %	Impact critique sur la réputation de l'entreprise	Obstacle critique

Bien qu'une entreprise puisse avoir une échelle d'impact de risque standard ou de référence, les catégories telles que le coût, l'effort et la réputation, ainsi que les seuils peuvent être ajustés pour tenir compte de la valeur potentielle et du niveau de risque acceptable. En règle générale, trois à cinq grandes catégories de niveaux sont utilisées pour décrire comment interpréter l'impact potentiel.

Le niveau d'un risque donné peut être exprimé en fonction de la probabilité d'occurrence et de l'impact. Dans de nombreux cas, il s'agit d'une simple multiplication de la probabilité et de l'impact. Les risques sont hiérarchisés les uns par rapport aux autres en fonction de leur niveau. Les risques qui pourraient survenir à court terme peuvent se faire accorder une priorité plus élevée que les risques attendus plus tard. Les risques de certaines catégories telles que la réputation ou la conformité peuvent se faire accorder une priorité plus élevée que d'autres.

.3 Évaluation

Les résultats de l'analyse des risques sont comparés à la valeur potentielle du changement ou de la solution pour déterminer si le niveau de risque est acceptable ou non. Un niveau de risque global peut être déterminé en additionnant tous les niveaux de risque individuels.

.4 Traitement

Certains risques peuvent être acceptables, mais pour d'autres, il peut être nécessaire de prendre des mesures pour réduire le risque.

Une ou plusieurs approches pour faire face à un risque peuvent être envisagées, et toute combinaison d'approches pourrait être utilisée pour faire face à un risque :

- ***Évitement***: soit la source du risque est retirée, soit les plans sont ajustés pour s'assurer que le risque ne se produit pas.
- ***Transfert***: la responsabilité du traitement du risque est transférée ou partagée avec un tiers.
- ***Atténuation***: réduire la probabilité que le risque se produise ou les conséquences négatives possibles si le risque se produit.
- ***Acceptation***: décidez de ne rien faire contre le risque. Si le risque se produit, une solution de contournement sera développée à ce moment-là.
- ***Augmentation***: décidez de prendre plus de risques pour saisir une opportunité.

Une fois que l'approche pour faire face à un risque spécifique est choisie, un plan d'action en cas de risque est élaboré et attribué à un propriétaire de risque ayant la responsabilité et l'autorité pour ce risque. Dans le cas de l'évitement du risques, le propriétaire prend des mesures pour s'assurer que la probabilité ou l'impact du risque est réduit à zéro. Pour les risques qui ne peuvent être réduits à zéro, le propriétaire du risque est responsable de la surveillance du risque et de la mise en œuvre d'un plan d'atténuation des risques.

Le risque est réanalysé pour déterminer le risque résiduel qui est la nouvelle probabilité et le nouvel impact résultant des mesures prises pour modifier le risque. Une analyse coûts-bénéfices peut également être réalisée afin de déterminer si le coût et l'effort des mesures permet de réduire suffisamment le niveau de risque pour le rendre intéressant. Les risques peuvent être réévalués en fonction du risque résiduel.

Les parties prenantes doivent être informées des plans de modification des risques.

10.38.4 Considérations d'utilisation

.1 Forces

- Peut être appliqués aux risques stratégiques qui affectent la valeur à long terme de l'entreprise, aux risques tactiques qui affectent la valeur d'un changement et aux risques opérationnels qui affectent la valeur d'une solution une fois le changement effectué.
- Une organisation fait généralement face à des défis similaires sur bon nombre de ses initiatives. Les réactions au risque qui se sont avérées payantes dans le cas d'une initiative peuvent être des retours d'expérience, utiles pour d'autres initiatives.
- Le niveau de risque d'un changement ou d'une solution peut varier au fil du temps. La gestion continue des risques aide à reconnaître cette variation et à réévaluer les risques et la pertinence des réactions prévues.

.2 Limites

- Le nombre de risques potentiels peut facilement devenir ingérable dans la plupart des initiatives. Il n'est peut-être possible de gérer qu'un sous-ensemble de risques potentiels.
- Il est possible que des risques importants ne soient pas identifiés.

10.39 Matrice des rôles et des autorisations

10.39.1 Finalité

Une matrice des rôles et des autorisations est utilisée pour assurer la couverture des activités en désignant les responsabilités, pour identifier les rôles, pour découvrir les rôles manquants et pour communiquer les résultats d'un changement planifié.

10.39.2 Description

L'attribution des rôles et des autorisations comprend l'identification des rôles, leur association avec des activités relatives à la solution puis la désignation des personnes autorisées à réaliser ces activités. Un rôle est une intitulé pour un groupe d'individus qui partagent des fonctions communes. Chaque fonction est définie comme une ou plusieurs activités en lien avec la solution. Une seule activité peut être associée à un ou plusieurs rôles par les autorités responsables. Chaque personne à qui cette autorité est attribuée peut effectuer l'activité associée.

Voici un exemple de matrice de rôles et d'autorisations pour un système logiciel.

Figure 10.39.1: Matrice des rôles et des autorisations

Matrice des rôles et des autorisations	Rôle Groupe 1			Rôle Groupe 2		
Activité		Administrateur	Manager		Ventes	Client
Créer un nouveau compte		X	X			X
Modifier le compte		X	X			X
Créer une commande		X	X		X	X
Voir les rapports		X	X		X	
Créer des rapports		X	X		X	

10.39.3 Éléments

.1 Identification des rôles

Pour identifier les rôles des parties prenantes internes ou externes, des analystes métier :

- examine les modèles organisationnels, les descriptions de poste, les manuels de procédures et les guides de l'utilisateur du système, et
- rencontre les parties prenantes pour découvrir d'autres rôles.

Par cette révision et cette discussion, l'analyste métier considère à la fois que des personnes ayant le même titre d'emploi peuvent avoir des rôles différents et que des personnes ayant des titres d'emploi différents peuvent avoir les mêmes rôles.

Lors de l'identification des rôles, les analystes métier recherchent des fonctions courantes qui sont exercées par des personnes ayant des besoins similaires.

.2 Identification des activités

Les analystes métier utilisent fréquemment la décomposition fonctionnelle pour décomposer chaque fonction en sous-pièces, la modélisation de processus pour mieux comprendre le flux de travail et la répartition du travail entre les utilisateurs, et les cas d'utilisation pour représenter les tâches. En exécutant ces techniques, l'analyste métier peut s'assurer que toutes les fonctions sont comptabilisées et que leurs activités sont identifiées parmi les différents scénarios de cas d'utilisation.

Il peut y avoir différents niveaux d'abstraction pour les rôles et les matrices de permission selon la perspective d'analyse métier. Les rôles et responsabilités au niveau de l'initiative peuvent être définis dans une matrice RACI (Responsable, Autorité, Consulté, Informé - personne responsable, personne en charge de l'action, personne consultée, personne informée). Les rôles et responsabilités spécifiques du système d'information peuvent être identifiés dans une matrice CRUD (Create, Read, Update, and Delete - créer, lire, actualiser et supprimer).

.3 Autorités d'identification

Les droits sont les actions que les rôles identifiés sont autorisés à réaliser. Pour chaque activité, l'analyste métier identifie les autorités pour chaque rôle. Lors de l'identification des autorités, les analystes métier tiennent compte du niveau de sécurité nécessaire et de la manière dont le travail se déroule tout au long du processus. Les analystes métier collaborent avec les parties prenantes pour valider les autorités identifiées.

.4 Peaufinage

Délégations

L'analyste métier peut aussi déterminer quelles autorités peuvent être déléguées par une personne à une autre sur une base à court ou à long terme.

Héritages

Dans le cas où un droit est affecté à une personne à un niveau hiérarchique organisationnel, les parties prenantes peuvent demander à ce que cette affectation se rapporte uniquement au niveau organisationnel de cet utilisateur et à tous les niveaux secondaires de l'unité organisationnelle.

10.39.4 Considérations d'utilisation

.1 Forces

- Cette matrice fournit des mécanismes stabilisateurs procéduraux et assure la sécurité des données en limitant les personnes qui peuvent réaliser certaines actions.
- Elle favorise une meilleure vérification de l'historique des transactions, grâce à la possibilité pour les journaux d'audit d'enregistrer des informations concernant les droits affectés à tout moment.
- Fournit des rôles et des responsabilités documentés pour les activités.

.2 Limites

- Nécessité de reconnaître le niveau de détail requis pour une initiative ou une activité spécifique; trop de détails peuvent prendre beaucoup de temps et ne pas fournir de valeur, trop peu de détails peuvent exclure les rôles ou les responsabilités nécessaires.

10.40 Analyse de la cause fondamentale

10.40.1 Finalité

L'analyse de la cause fondamentale est utilisée pour identifier et évaluer les causes sous-jacentes d'un problème.

10.40.2 Description

L'analyse de la cause fondamentale est un examen systématique d'un problème ou d'une situation qui se concentre sur l'origine du problème en tant que point de correction approprié plutôt que de traiter uniquement de ses effets. Elle applique une approche d'analyse itérative afin de tenir compte du fait qu'il peut y avoir plus d'une cause fondamentale contribuant aux effets. L'analyse de la cause fondamentales examine les principaux types de causes telles que les personnes (erreur humaine, manque de formation), physiques (défaillance de l'équipement, mauvaise installation) ou organisationnelles (conception de processus défectueuse, mauvaise structure).

L'analyse de la cause fondamentale permet d'organiser les informations dans un cadre, ce qui permet une analyse plus approfondie si nécessaire. L'analyse de la cause fondamentale peut être utilisée pour :

- ***Analyse réactive***: identification de la cause fondamentale d'un problème survenant pour une action corrective, ou
- ***Analyse proactive***: identifier les zones problématiques potentielles pour une action préventive.

L'analyse de la cause fondamentale utilise quatre activités principales :

- ***Définition de l'énoncé de problème***: décrit le problème à résoudre.
- ***Collecte de données***: recueille des informations sur la nature, l'ampleur, l'emplacement et le moment de l'effet.
- ***Identification de la cause***: rechercher et étudier les modèles des effets pour découvrir les actions spécifiques qui contribuent au problème.
- ***Identification de l'action***: définit l'action corrective qui empêchera ou réduira la réapparition du problème.

10.40.3 Éléments

.1 Diagramme fishbone (arêtes de poisson)

Un diagramme en arête de poisson (également connu sous le nom d'Ishikawa ou diagramme de cause à effet) est utilisé pour identifier et organiser les causes possibles d'un problème. Cet outil aide à se concentrer sur la cause du problème par rapport à la solution et organise des idées pour une analyse plus approfondie. Le diagramme sert de carte qui illustre les relations de cause à effet possibles.

Les étapes pour développer un diagramme en arête de poisson comprennent:

Step 1. Capturer le problème évoqué dans une case en haut du diagramme.

Step 2. Tracer une ligne de la boîte sur le papier ou le tableau blanc (formant la colonne vertébrale de l'arête de poisson).

Step 3. Tracer des lignes diagonales à partir de la colonne vertébrale pour représenter les catégories de causes potentielles du problème. Les catégories peuvent inclure des personnes, des processus, des outils et des politiques.

Step 4. Dessiner des lignes plus petites pour représenter des causes plus profondes.

Step 5. Réfléchir sur les catégories et les causes potentielles du problème et les capturer dans la catégorie appropriée.

Step 6. Analyse des résultats. Rappelez-vous que le groupe n'a identifié que les causes potentielles du problème. Une analyse plus approfondie est nécessaire pour valider la cause réelle, idéalement sur la base de données.

Step 7. Réfléchir aux solutions potentielles une fois que la cause réelle a été identifiée.

Figure 10.40.1: Diagramme en arête de poisson

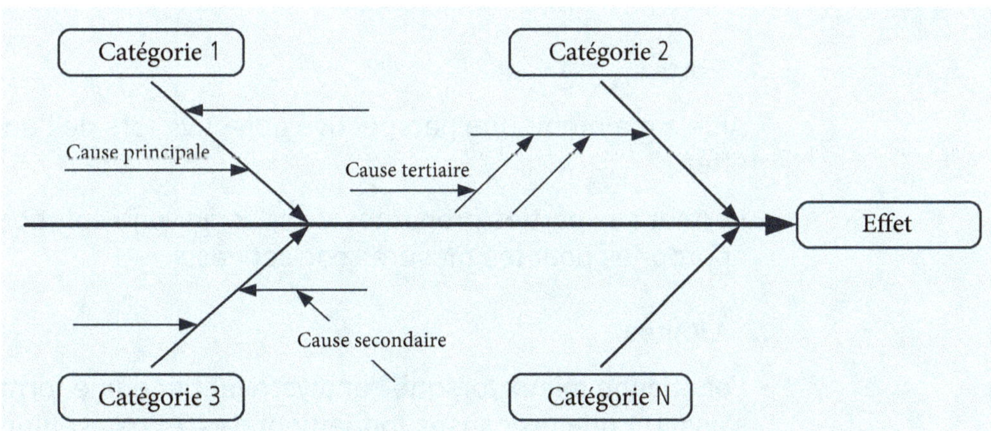

.2 Les Cinq Pourquoi

Les cinq pourquoi est un processus de question demandant d'explorer la nature et la cause d'un problème. L'approche des cinq pourquoi pose à plusieurs reprises des questions dans le but d'atteindre la cause fondamentale du problème. C'est l'un des outils de facilitation les plus simples à utiliser lorsque les problèmes ont une composante d'interaction humaine.

Pour utiliser cette technique :

Step 1. Écrivez le problème sur un tableau à feuilles mobiles ou un tableau blanc.

Step 2. Demandez « Pourquoi pensez-vous que ce problème se produit ? » et capturez l'idée sous le problème.

Step 3. Demandez à nouveau « Pourquoi ? » et capturez cette idée sous la première idée.

Passez à l'étape 3 jusqu'à ce que vous soyez convaincu que la cause première réelle a été identifiée. Cela peut prendre plus ou moins cinq questions – la technique est appelée les cinq pourquoi parce qu'il en faut souvent autant pour atteindre la cause profonde, pas parce que la question doit être posée cinq fois.

Les cinq pourquoi peuvent être utilisés seuls ou dans le cadre de la technique du diagramme en arête de poisson. Une fois que toutes les idées sont capturées dans le diagramme, utilisez l'approche des cinq pourquoi pour explorer les causes fondamentales.

10.40.4 Considérations d'utilisation

.1 Forces

- Aide à maintenir une perspective objective lors de l'analyse de cause à effet.
- Permet aux parties prenantes de spécifier une solution efficace aux points appropriés pour les mesures correctives.

.2 Limites

- Fonctionne mieux lorsque l'analyste métier a une formation formelle pour s'assurer que les causes fondamentales, et pas seulement les symptômes du problème, sont identifiées.
- Peut être difficile avec des problèmes complexes; il est possible qu'elle mène à une fausse piste ou à une conclusion sans issue.

10.41 Modélisation du périmètre

10.41.1 Finalité

Les modèles de portée définissent la nature d'une ou plusieurs limites ou frontières, et positionnent les éléments à l'intérieur ou à l'extérieur de ces frontières.

10.41.2 Description

Les modèles de portées sont couramment utilisés pour décrire les limites du contrôle, du changement, d'une solution ou d'un besoin. Ils peuvent également être utilisés pour délimiter toute frontière simple (par opposition aux horizons, aux propriétés émergentes et aux systèmes récursifs).

Ces modèles peuvent présenter des éléments tels que :

- ***Dans la portée***: le modèle identifie une limite vue de l'intérieur ainsi que les éléments que contient cette limite (par ex. décomposition fonctionnelle).
- ***Hors de la portée***: le modèle identifie une limite vue de l'extérieur, ainsi que les éléments que ne contient pas cette limite (par exemple, le schéma contextuel).
- ***Les deux***: le modèle identifie une frontière vue des deux côtés, ainsi que des éléments des deux côtés de la frontière (par exemple, diagramme de Venn ou modèle de cas d'utilisation).

Les modèles de portée fournissent une base pour comprendre les limites de :

- ***Portée du contrôle***: ce qui est analysé, les rôles et les responsabilités et ce qui est interne et externe à l'organisation.
- ***Portée des besoins***: Les besoins des parties prenantes, la valeur à fournir, les domaines fonctionnels et les unités organisationnelles à explorer.
- ***Portée de la solution***: les exigences satisfaites, la valeur fournie et l'impact du changement.
- ***Portée du changement***: actions à entreprendre, parties prenantes affectées ou impliquées, et événements à provoquer ou à empêcher.

Les modèles de portée sont généralement représentés sous la forme d'une combinaison de diagrammes, de matrices et d'explications textuelles. Si la portée est mise en œuvre dans des phases ou itérations, le modèle de portée doit être décrit pour chaque phase ou itération.

10.41.3 Éléments

.1 Objectifs

Les modèles de portée sont généralement utilisés pour clarifier :

- l'étendue des responsabilités,
- la pertinence des éléments, et
- les points d'application des efforts.

Selon l'action ou les parties prenantes ont besoin des supports du modèle, un analyste métier détermine les types de modèles à utiliser et sélectionne les limites et les éléments.

.2 Portée du changement et du contexte

Généralement, les analystes métier se préoccupent des éléments qui seront modifiés dans le cadre d'un changement, ainsi que des éléments externes qui sont pertinents pour le changement. Pour les éléments dans le cadre du changement, l'analyste métier est impliqué dans l'établissement de la manière dont ces éléments sont modifiés. Pour les éléments en dehors de la portée du changement mais pertinents pour le changement, l'analyste métier est impliqué dans l'établissement des interactions entre le changement, les solutions actuelles et proposées et le contexte.

L'analyste métier détermine souvent :

- processus métier à définir ou modifier,
- fonctions métier à ajouter, modifier, optimiser ou réassigner,
- les nouvelles capacités à créer ou les capacités existantes à modifier,
- les événements externes et internes à traiter,
- les cas d'utilisation et les situations à prendre en charge,
- les technologies à changer ou à remplacer,
- les actifs informationnels à acquérir, à produire ou à traiter,
- les parties prenantes et les rôles organisationnels touchés par le changement,
- les agents et les entités externes et internes touchés par le changement,
- les organisations et les unités organisationnelles (départements, équipes, groupes) touchées par le changement, et
- les systèmes, les composants, les outils et les actifs physiques requis pour le changement ou affectés par le changement.

.3 Niveau de détail

Le but de l'analyse définit le niveau d'abstraction approprié auquel les éléments de portée sont décrits. Un niveau de détail adéquat permet une réduction significative de l'incertitude tout en empêchant la "paralysie de l'analyse" lors de la phase de définition de la portée. Les éléments compris dans le modèle de portée final peuvent être décrits en les énumérant, en se référant à un niveau spécifique de leur hiérarchie de décomposition ou en les regroupant en ensembles associés de façon logique. Par exemple, un sujet de changement peut être défini comme une liste de processus métier spécifiques, comme un processus métier de haut niveau les englobant tous ou comme une fonction métier générique. De même, les parties prenantes incluses dans le champ d'application peuvent être définies en énumérant des titres spécifiques ou en se référant à leur rôle organisationnel commun.

.4 Relations

L'exploration des relations entre les éléments de portée potentiels permet d'assurer l'exhaustivité et l'intégrité du modèle de portée, grâce à l'identification de leurs dépendances ou la découverte d'autres éléments impliqués dans ou impactés par le changement.

Diverses techniques de représentation graphiques sont disponibles pour explorer des relations spécifiques, notamment:

- ***Parent-Enfant ou Composition-Sous-ensemble***: relie des éléments du même type par le biais d'une décomposition hiérarchique. Les relations de ce type apparaissent dans un organigramme, dans un diagramme de classe ou de relation entité, en tant que sous-processus dans un modèle de processus métier ou en tant qu'états composites sur un diagramme d'état.
- ***Fonction-Responsabilité***: relie une fonction à l'agent (partie prenante, unité organisationnelle ou composant de solution) qui est responsable de son exécution. Les relations de ce type apparaissent sur les modèles de processus métier et sur les diagrammes de collaboration, de séquence et de cas d'utilisation.
- ***Fournisseur-consommateur***: relie les éléments par le biais de la transmission d'informations ou de matériaux entre eux (documents par exemple). Les éléments peuvent être des processus, des systèmes, des composants solution et des unités organisationnelles, tant pour les entités internes qu'externes. Les relations de ce type se présentent dans les diagrammes de flux de données, les modèles de processus métier et les diagrammes de collaboration, de séquence et de robustesse.
- ***Cause-Effet***: relie les éléments par contingence logique afin d'identifier les chaînes d'éléments associés qui sont impliqués ou impactés par le changement. Les relations de ce type apparaissent dans les

diagrammes en arête de poisson (Ishikawa) et d'autres diagrammes de cause à effet.

- ***Emergent***: dans les systèmes les plus complexes, plusieurs éléments peuvent interagir pour produire des résultats qui ne peuvent être prévus ou compris en se basant sur les composantes uniquement.

.5 Hypothèses

À l'heure de la modélisation de la portée, la validité du modèle repose fortement sur des hypothèses telles que la définition des besoins, la causalité des résultats, l'impact des changements, l'applicabilité et la faisabilité de la solution. Le modèle de portée qui en résulte devrait inclure des énoncés explicites des hypothèses critiques et de leurs implications.

.6 Résultats de la modélisation du périmètre

Les résultats de la modélisation du périmètre peuvent être représentés comme :

- des descriptions textuelles des éléments, y compris des critères pour prendre des décisions dans et en dehors de la portée,
- des diagrammes illustrant les relations des éléments de la portée, et
- des matrices représentant les dépendances entre les éléments de la portée.

10.41.4 Considérations d'utilisation

.1 Forces

- Un modèle de portée facilite l'accord comme base pour :
- la définition des obligations contractuelles,
- l'estimation de l'effort relatif au projet,
- la justification de décisions dans/hors de la portée pour l'analyse des exigences, et
- l'évaluation de l'exhaustivité et de l'impact des solutions.

.2 Limites

- Un modèle initial élevé peut entraîner un niveau de granularité insuffisant, en particulier pour les éléments limites, qui sont requis pour assurer une identification claire de la portée.
- Une fois la portée définie, il peut être difficile de la modifier pour des raisons politiques et des obligations contractuelles. Entre-temps, de nombreux facteurs peuvent influer sur la validité de la portée avant que les objectifs ne soient atteints. Des facteurs tels que des hypothèses initiales

erronées, un changement de situation, l'évolution des besoins des parties prenantes ou des innovations technologiques peuvent nécessiter une révision partielle ou totale de la portée.

- Les modèles de portée traditionnels ne peuvent pas tenir compte des limites complexes communes, comme un horizon (une limite entièrement dépendante de la position de la partie prenante).

10.42 Diagrammes de séquence

10.42.1 Finalité

Les diagrammes de séquence sont utilisés pour modéliser la logique des scénarios d'utilisation en montrant les informations transmises entre les objets du système tout au long de l'exécution du scénario.

10.42.2 Description

Un schéma de séquence montre comment les processus ou les objets interagissent pendant un scénario. Les classes requises pour exécuter le scénario et les messages qu'elles se transmettent (déclenchés par les étapes du cas d'utilisation) sont affichés sur le diagramme. Le diagramme de séquence montre comment les objets utilisés dans le scénario interagissent, mais pas comment ils sont liés les uns aux autres. Les diagrammes de séquence sont aussi utilisés pour montrer comment les composants de l'interface utilisateur ou les composants logiciels interagissent.

Le diagramme présente les informations dans un alignement horizontal et/ou vertical. Les objets qui s'envoient des messages entre eux sont représentés dans des cases alignées de gauche à droit en haut de la page, chaque objet occupant une colonne bordée par une ligne verticale qui s'étend jusqu'en bas de la page. Les messages qui sont envoyés d'un objet à l'autre sont représentés par des flèches horizontales. L'ordre des messages est représenté dans une séquence de haut en bas et de gauche à droite commençant par le premier message en haut à gauche de la page et les suivants en bas à droite du premier. Les diagrammes de séquence sont parfois appelés diagrammes d'événements.

La notation standard pour les diagrammes de séquence est définie dans le cadre de la spécification UML®(Unified Modeling Language™).

10.42.3 Éléments

.1 Ligne de vie

Une ligne de vie représente la durée de vie d'un objet pendant le scénario modélisé dans un diagramme de séquence. L'exemple ci-dessous montre l'ordre des objets. Une ligne de vie est dessinée sous la forme d'une ligne en pointillés qui descend verticalement de chaque zone d'objet vers le bas de la page.

Figure 10.42.1: Ligne de vie

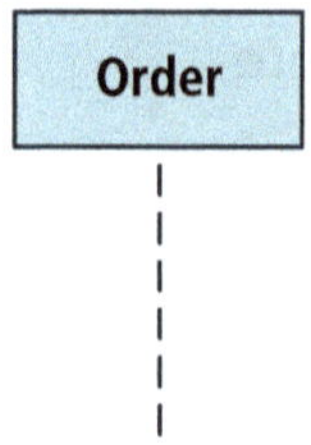

.2 Case d'activation

Une case d'activation représente la période pendant laquelle une opération est exécutée. L'appel d'activation est représenté par une flèche à tête pleine menant vers l'objet de l'activation. La ligne de vie peut être terminée avec un X.

Figure 10.42.2: Case d'activation

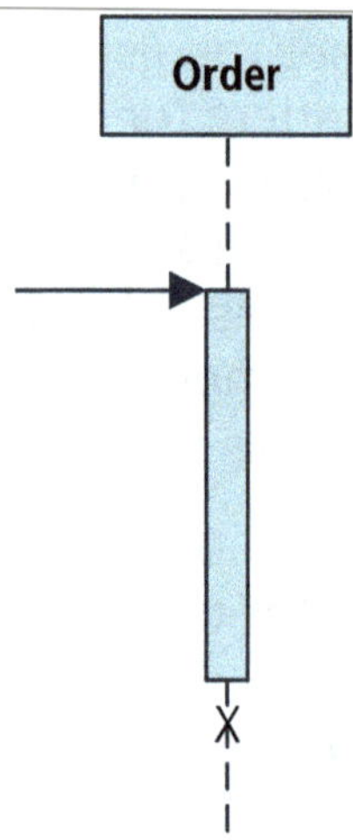

.3 Message

Un message est une interaction entre deux objets. Un message est affiché sous la forme d'une flèche provenant d'une case d'activation qui envoie le message dans une autre case d'activation, celle qui reçoit le message.

Le nom du message est placé au-dessus de la ligne fléchée. Il y a différents types de messages :

- ***Appel synchrone***: il transfère le contrôle vers l'objet destinataire. L'émetteur ne peut pas agir tant qu'un message de retour n'est pas reçu.

- ***Appel asynchrone***: (également appelé signal) permet à l'objet de poursuivre son propre traitement après l'envoi du signal. L'objet peut envoyer plusieurs signaux simultanément, mais ne peut accepter qu'un seul signal à la fois.

Figure 10.42.3: Message

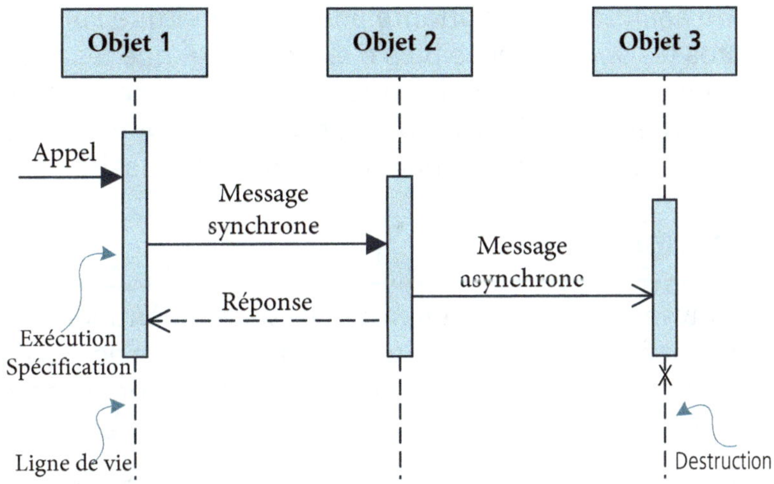

10.42.4 Considérations d'utilisation

.1 Forces

- Montre l'interaction entre les objets d'un système dans l'ordre chronologique où les interactions se produisent.
- Montre l'interaction entre les objets d'une manière visuelle ce qui permet aux parties prenantes de valider la logique avec une relative facilité.
- Les cas d'utilisation peuvent être affinés en un ou plusieurs diagrammes de séquence afin de fournir des détails supplémentaires et une compréhension plus approfondie d'un processus métier.

.2 Limites

- Du temps et des efforts peuvent être gaspillés à créer un ensemble complet de diagrammes de séquence pour chaque cas d'utilisation d'un système, alors qu'ils ne sont pas nécessaires.
- Ont toujours été utilisés pour modéliser les flux du système et peuvent être considérés comme trop techniques dans d'autres circonstances.

10.43 Liste des parties prenantes, carte ou personas

10.43.1 Finalité

Les listes des parties prenantes, les cartes et les personnalités aident l'analyste métier à analyser les parties prenantes et leurs caractéristiques. Cette analyse est importante pour s'assurer que l'analyste métier identifie toutes les sources possibles d'exigences et que les parties prenantes soient pleinement comprises de sorte que les décisions concernant la participation des parties prenantes, la collaboration et la communication sont les meilleurs choix pour les parties prenantes et pour la réussite de l'initiative.

10.43.2 Description

L'analyse des parties prenantes consiste à identifier les parties prenantes qui peuvent être affectées par une initiative proposée ou qui partagent un besoin métier commun. Il s'agit ici de noter, prendre en compte et analyser les différentes caractéristiques des parties prenantes identifiées.

Parmi les types courants de caractéristiques de parties prenantes qu'il est

- le niveau d'autorité dans le domaine du changement et au sein de l'organisation,
- l'attitude ou l'intérêt à l'égard du changement réalisé,
- les attitudes à l'égard du travail et du rôle d'analyse métier, et
- le niveau d'autorité décisionnelle.

Pour plus de détails sur le travail nécessaire à la réalisation d'une analyse approfondie des parties prenantes, voir Planifier l'engagement des parties prenantes (p. 41).

Lors de l'analyse des parties prenantes, les analystes métier utilisent une ou plusieurs techniques pour dresser une liste des parties prenantes et les analyser. Les listes, les cartes et les personas des parties prenantes sont trois outils qui peuvent être utilisés pour réaliser ces travaux.

10.43.3 Éléments

.1 Liste des parties prenantes

Un analyste métier peut appliquer un certain nombre de techniques pour générer une liste des parties prenantes. Le brainstorming et les entretiens sont deux techniques courantes qui peuvent être utilisées. L'objectif est de s'assurer qu'une liste complète est produite, car cette liste est au cœur des activités d'analyse des parties prenantes et du travail de planification effectué par l'analyste métier pour l'élicitation, la collaboration et la communication.

La liste peut ainsi devenir très longue. Au fur et à mesure que l'analyse est menée, l'analyste métier catégorisera et ajoutera de la structure à la liste. Il est important d'avoir une liste exhaustive pour s'assurer qu'aucune partie prenante ou groupe de parties prenantes importante, n'ait été négligé, sous peine de manquer des exigences plus tard.

.2 Carte des parties prenantes

Les cartes des parties prenantes sont des diagrammes qui décrivent la relation entre les parties prenantes et la solution.

Il existe de nombreuses formes de cartes des parties prenantes, mais deux d'entre elles sont courantes :

- ***Matrice des parties prenantes***: elle répertorie le niveau d'influence des parties prenantes par rapport à leur niveau d'intérêt.
- ***Diagramme en oignon***: indique à quel point les parties prenantes sont impliquées dans la solution, quelles parties prenantes interagiront directement avec la solution ou participeront à un processus d'entreprise, qui font partie de la plus grande organisation, et qui sont en dehors de l'organisation.

L'analyste métier commence généralement l'analyse des parties prenantes en examinant la portée proposée de la solution et en analysant ensuite les groupes qui seront touchés. Au début de cette analyse, l'analyste métier peut produire une matrice des parties prenantes pour identifier chaque intervenant et son rôle en ce qui concerne l'élaboration des exigences. Durant un projet, la position des parties prenantes sur la matrice peut changer en raison d'un changements au niveau de la portée organisationnelle, environnementale ou des exigences. En raison de ces changements potentiels, l'analyse des parties prenantes est considérée comme itérative et fréquemment examinée par l'analyste métier.

Figure 10.43.1: Matrice des parties prenantes

Influence de la partie prenante	Faible	Haut
Haut	Veillez à ce que la partie prenante reste satisfaite.	Travaillez en étroite collaboration avec les parties prenantes pour vous assurer qu'elles sont d'accord avec le changement et le soutiennent.
Faible	Contrôler pour s'assurer que l'intérêt ou l'influence des parties prenantes ne changent pas.	Restez informé ; la partie prenante est susceptible d'être très préoccupée et peut se sentir anxieuse face au manque de contrôle.

Impact sur les parties prenantes

- ***Forte influence/impact élevé***: ces parties prenantes sont des acteurs clés dans l'activité de changement. L'analyste métier devrait concentrer ses efforts et engager ce groupe régulièrement.
- ***Forte influence/Faible Impact***: ce sont les parties prenantes dont les besoins doivent être satisfaits. L'analyste métier devrait les engager et les consulter, tout en essayant de les engager et d'accroître leur niveau d'intérêt pour l'activité de changement.
- ***Faible influence/impact élevé***: ces parties prenantes soutiennent l'activité de changement et en représentent des ambassadeurs et/ou des partisans de bonne volonté. L'analyste métier devrait faire appel à ce groupe pour ses intrants et montrer son intérêt pour ses besoins.
- ***Faible influence/faible impact***: ces parties prenantes peuvent être tenues informées par le moyen de communications générales. Un engagement supplémentaire peut les faire entrer dans le quadrant des ambassadeurs de bonne volonté, offrant ainsi un soutien supplémentaire à l'activité de changement.

Figure 10.43.2: Diagramme en oignon des parties prenantes

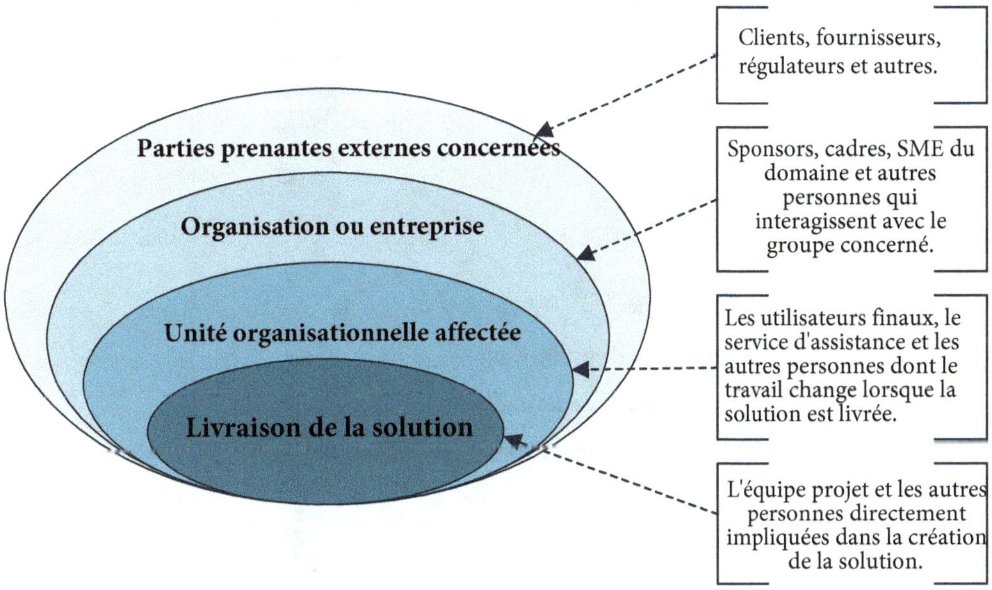

.3 Matrice de responsabilité (RACI)

La matrice de responsabilité (RACI) est une autre matrice populaire des parties prenantes. La matrice RACI représente les quatre types de responsabilité qu'une partie prenante peut assumer dans le domaine de l'initiative : Responsable, Autorité, Consulté, Informé. Lorsque vous remplissez une matrice RACI, il est important de s'assurer que toutes les parties prenantes ou groupes de parties prenantes ont été identifiés. Une analyse plus approfondie est ensuite effectuée pour attribuer la désignation RACI afin de préciser le niveau de responsabilité attendu de chaque groupe et/ou partie prenante. Il est courant de définir chaque terme de manière à ce qu'une compréhension cohérente de l'affectation et des rôles associés soit comprise par toutes les parties prenantes utilisant la matrice RACI.

- ***Responsable (R)***: les personnes qui effectueront le travail sur la tâche.
- ***Autorité (A)*** : la personne responsable au bout du compte de la réalisation de la tâche et qui prend les décisions. Une seule partie prenante reçoit cette affectation.
- ***Consulté (C)***: la partie prenante ou groupe de parties prenantes à qui il sera demandé de fournir une opinion, un avis ou des renseignements sur la tâche. Cette mission est souvent fournie aux experts spécialisés (SME).
- ***Informé (I)***: la partie prenante ou groupe de parties prenantes qui est tenu informé de la tâche ainsi que de ses résultats. Informé est différent de Consulté car avec Informé, la communication est unidirectionnel (l'analyste métier vers la partie prenante) et avec Consulté la communication est bidirectionnelle.

Figure 10.43.3: Matrice RACI

Processus de demande de modification	RACI
Sponsor exécutif	A
Analyste métier	R
Chef de projet	C
Développeur	C
Testeur	I
Formateur	I
Architecte d'application	C
Modélisateur de données	C
Analyste de base de données (DBA)	C
Analyste de l'infrastructure	C
Architecte d'entreprise	R
Architecte de l'information	C
Propriétaire de la solution	C
Expert en la matière (SME)	C
Autres parties prenantes	R C I (variable)

.4 Persona

Un persona est défini comme un personnage fictif ou un archétype qui illustre la façon dont un utilisateur typique interagit avec un produit. Les personas sont utiles lorsqu'il y a un désir de comprendre les besoins d'un groupe ou d'une catégorie d'utilisateurs. Bien que les groupes d'utilisateurs soient fictifs, ils sont conçus pour représenter des utilisateurs réels. Des recherches sont menées pour comprendre le groupe d'utilisateurs, et les personas sont ensuite créés sur la base de connaissances plutôt que d'opinions. Un certain nombre de techniques d'élicitation peuvent être utilisées pour mener cette recherche. Les entretiens et les sondages/questionnaires sont deux techniques couramment utilisées pour obtenir cette information. Un persona est écrit sous forme narrative et a pour fonction de fournir des informations sur les buts du groupe qu'il représente. Cela permet au lecteur de voir l'histoire du point de vue du groupe de parties prenantes. Les personas aident à donner vie à l'utilisateur, ce qui rend les besoins réels pour ceux qui conçoivent et construisent des solutions.

10.43.4 Considérations d'utilisation

.1 Forces

- Identifie les personnes spécifiques qui doivent être engagées dans des activités d'élicitation des exigences.
- Aide les analystes métier à planifier la collaboration, la communication et la facilitation des activités afin d'impliquer tous les groupes de parties prenantes.
- Utile pour comprendre les changements dans les groupes impactés au fil du temps.

.2 Limites

- Les analystes métier qui travaillent en permanence avec les mêmes équipes peuvent ne pas utiliser la technique d'analyse et de gestion des parties prenantes parce qu'ils perçoivent les changements comme minimaux au sein de leurs groupes respectifs.
- L'évaluation de certaines informations concernant un représentant spécifique des parties prenantes, comme l'influence et l'intérêt, peut être difficile et risquée sur le plan politique.

10.44 Modélisation d'État

10.44.1 Finalité

La modélisation d'état est utilisée pour décrire et analyser les différents états possibles d'une entité au sein d'un système, comment cette entité change d'un état à un autre, et ce qui peut arriver à l'entité dans chaque état.

10.44.2 Description

Une entité est un objet ou un concept dans un système. Une entité peut être utilisée dans plusieurs processus. Le cycle de vie de chaque entité a un début et une fin.

Dans un modèle d'état (aussi parfois appelé modèle de transition d'état), un état est une représentation formelle d'un statut. Il est utilisé lorsqu'il est nécessaire de disposer d'une compréhension précise et uniforme d'une entité présentant un comportement complexe et des règles complexes.

Un modèle d'état décrit :

- un ensemble d'états possibles pour une entité,
- la séquence d'états dans laquelle l'entité peut se trouver,

- comment une entité passe d'un état à un autre,
- les événements et les conditions qui entraînent le changement d'état de l'entité, et
- les actions qui peuvent ou doivent être effectuées par l'entité dans chaque état au fur et à mesure qu'elle se déplace dans son cycle de vie.

Alors qu'un modèle de processus peut montrer toutes les entités qui sont utilisées ou affectées par ce processus, un modèle d'état montre une vue complémentaire : ce qui arrive à une entité à travers tous les processus qui l'affectent ou l'utilisent.

10.44.3 Éléments

.1 État

Une entité a un nombre limité d'États au cours de son cycle de vie, bien qu'elle puisse être dans plus d'un état à la fois. Chaque état est décrit avec un nom et les activités qui peuvent être effectuées pendant cet état. Il peut y avoir des règles sur les activités qui doivent ou peuvent être effectuées et sur les événements auxquels elles peuvent répondre ou se déclencher.

Un état complexe peut être décomposé en sous-états.

.2 Transition d'état

Comment les changements ou transitions d'un état à un autre pourraient être déterminés par les étapes d'un processus, par les règles métier ou par le contenu de l'information. La manière dont l'entité change ou évolue d'un état à un autre peut n'est pas toujours linéaire ; une entité peut passer plusieurs états ou revenir à un état antérieur, parfois même plus d'une fois.

Une transition peut être conditionnelle (déclenchée par un événement spécifique ou une condition atteinte) ou automatique (déclenchée par l'achèvement des activités requises dans l'état précédent ou l'écoulement du temps). Elle peut également être récursive, et quitter un état pour revenir ensuite à ce même état. Une transition est décrite en termes d'événement qui la provoque, de conditions qui déterminent si l'entité doit ou non répondre à cet événement et d'actions qui se produisent en association de l'événement.

.3 Diagramme d'état

Un diagramme d'état montre le cycle de vie d'une entité, commençant lorsque l'entité voit le jour pour la première fois et se déplaçant à travers tous les différents états que l'entité peut avoir jusqu'à ce qu'elle soit abandonnée et/ou ne soit plus utilisée.

Un état sur un diagramme d'état est représenté sous la forme d'un rectangle avec des coins arrondis. Il peut y avoir un certain nombre d'états. Un état peut être décomposé en sous-états.

La transition d'un état à un autre état est illustrée par une flèche unidirectionnelle pointant de l'état de départ vers l'état de destination, éventuellement étiquetée avec le nom de l'événement à l'origine du changement d'état de l'entité et éventuellement avec les conditions et les actions.

Le début et la fin du cycle de vie de l'entité sont représentés par des symboles spéciaux pour l'état initial, qui indique que l'entité a vu le jour, et l'état final, qui indique que l'entité est abandonnée et que le cycle de vie est terminé.

Figure 10.44.1: Diagramme de transition d'état

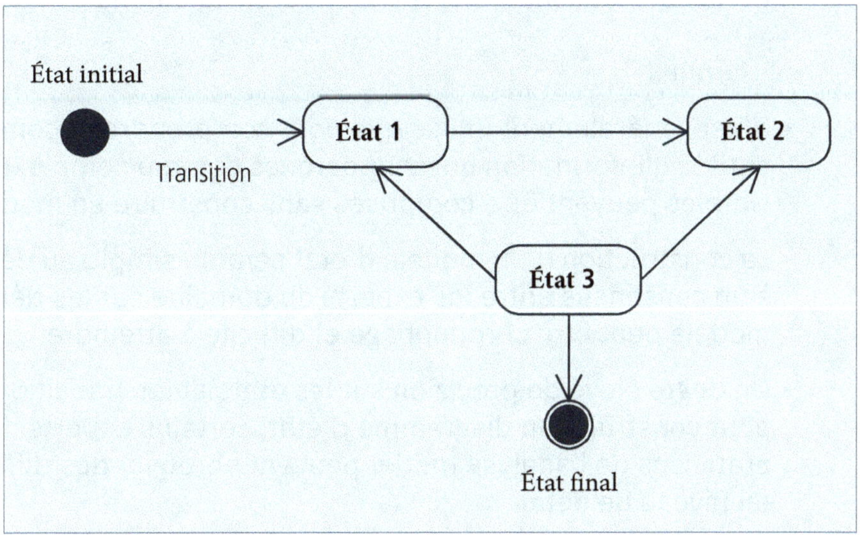

.4 Tableaux d'état

Un tableau d'état est une matrice bidimensionnelle montrant les états et leurs transitions. Il peut être utilisé lors de l'élicitation et de l'analyse soit comme une alternative, un prélude, soit comme un complément à un diagramme d'état. C'est un moyen simple de se lancer dans un modèle d'état afin de recueillir les noms d'état et les noms d'événements auprès des experts du domaine.

Chaque ligne affiche un état de départ, la transition et l'état final. Si un état peut répondre à plusieurs transitions, il y aura une ligne distincte pour chaque transition.

Un état qui apparaît comme un état de fin dans une ligne peut être un état de début dans une autre ligne.

10.44.4 Considérations d'utilisation

.1 Forces

- Identifie les règles métier et les attributs d'information qui s'appliquent à l'entité qui est modélisée.
- Identifie et décrit les activités qui s'appliquent à l'entité à ses différents états.
- Est un outil de documentation et de communication plus efficace que le texte brut, surtout si l'entité décrite présente de nombreux états, transitions et conditions régissant ces transitions.

.2 Limites

- N'est généralement utilisé que pour comprendre et communiquer sur les entités d'information qui sont perçues comme complexes; les entités simples peuvent être comprises sans construire un modèle d'état.
- La construction d'un modèle d'état semble simple au début, mais parvenir à un consensus entre les experts du domaine sur les détails requis par le modèle peut être chronophage et difficile à atteindre.
- Un degré élevé de précision sur les états et les transitions est nécessaire pour construire un diagramme d'état; certains experts du domaine et les praticiens de l'analyse métier peuvent éprouver des difficultés à décrire un tel niveau de détail.

10.45 Sondage ou questionnaire

10.45.1 Finalité

Un sondage ou un questionnaire est utilisé pour obtenir des informations de l'analyse métier, y compris des informations sur les clients, les produits, les pratiques de travail et les attitudes – de la part d'un groupe de personnes de manière structurée et dans un laps de temps relativement court.

10.45.2 Description

Un sondage ou un questionnaire présente un ensemble de questions aux parties prenantes et aux experts spécialisés (SMEs), dont les réponses sont ensuite recueillies et analysées afin d'exprimer des connaissances sur le thème abordé. Les questions peuvent être soumises par écrit ou peuvent être administrées en personne, par téléphone ou à l'aide d'une technologie qui peut enregistrer les réponses.

Il existe deux types de questions utilisées dans un sondage ou un questionnaire :

- ***Questions fermées***: le répondant est invité à choisir parmi une liste de réponses prédéfinies, telles qu'une réponse Oui/Non, une sélection à choix multiples, une décision de rang/ordre ou un énoncé appelant un certain niveau d'accord. Ceci est utile lorsque l'éventail de réponses des utilisateurs prévu est assez bien défini et compris. Les réponses aux questions fermées sont plus faciles à analyser que celles obtenues à partir de questions ouvertes, car elles peuvent être liées à des coefficients numériques.
- ***Questions ouvertes*** : le répondant est invité à répondre à des questions librement sans avoir à sélectionner une réponse dans une liste de réponses prédéfinies. Les questions ouvertes sont utiles lorsque les problèmes sont connus et que l'éventail de réponses des utilisateurs ne l'est pas. Les questions ouvertes peuvent donner lieu à plus de détails et à un plus large éventail de réponses que les questions fermées. Les réponses aux questions ouvertes sont plus difficiles et prennent plus de temps à catégoriser, quantifier, et résumer car elles sont non structurées et incluent souvent un langage subjectif avec un contenu incomplet ou superflu.

Les questions doivent être posées d'une manière qui n'influence pas la réponse. Elles doivent être exprimées dans un langage neutre et ne devraient pas être structurées ou séquencées pour conditionner la personne interrogée à fournir des réponses perçues comme souhaitables.

10.45.3 Éléments

.1 Préparation

Un sondage ou un questionnaire efficace nécessite une planification détaillée afin de s'assurer que l'information nécessaire est obtenue de manière efficace.

Lors de la préparation d'un sondage ou d'un questionnaire, les analystes métier font ce qui suit :

- ***Définir l'objectif***: un objectif clair et spécifique établit un but défini du sondage ou du questionnaire. Les questions sont formulées dans l'intention d'atteindre l'objectif.
- ***Définir le groupe cible du sondage*** : identifier le groupe à sonder en termes de taille de population et de toute variation perçue (par exemple, la culture, la langue ou la localisation) permet d'identifier les facteurs qui peuvent avoir une incidence sur la conception du sondage.

- ***Sélectionner le type de sondage ou de questionnaire adapté*** : l'objectif du sondage ou questionnaire détermine la combinaison de questions fermées et ouvertes adéquate permettant de recueillir les informations souhaitées.
- ***Sélectionner le groupe échantillon***: tenez compte à la fois du type de sondage ou de questionnaire et du nombre de personnes dans le groupe d'utilisateurs identifié afin de déterminer s'il est nécessaire et faisable d'interroger l'ensemble du groupe. Il est parfois important d'interroger tous les membres, même si le groupe est important, lorsque leurs données démographiques indiquent un écart conséquent lié à la répartition géographique, des différences réglementaires, ou un manque de standardisation dans les processus métier ou la fonction professionnelle. Si la population est grande et que le type de sondage est ouvert, il peut être nécessaire d'identifier un sous-ensemble d'utilisateurs à impliquer dans le processus du questionnaire. L'utilisation d'une méthode d'échantillonnage statistique permettra de s'assurer que l'échantillon sélectionné est représentatif de la population afin que les résultats du sondage puissent être généralisés de manière fiable.
- ***Sélectionner les méthodes de distribution et de collecte***: déterminer le mode de communication approprié pour chaque groupe échantillon.
- ***Définir le niveau visé et les délais de réponse***: déterminez quel taux de réponse est acceptable et quand le sondage doit être fermé ou considéré comme terminé. Si le taux de réponse réel est inférieur au seuil acceptable, l'utilisation des résultats du sondage
- ***Déterminer si le sondage ou le questionnaire doit être étayé par des entretiens individuels***: dans la mesure où un sondage ou un questionnaire n'offre pas le détail d'information qui peut être atteint grâce à des entretiens individuels, des entretiens préalables ou suivant le sondage ou le questionnaire peuvent être requis.
- ***Rédiger les questions du sondage*** : assurez-vous que toutes les questions soutiennent les objectifs énoncés.
- ***Tester le sondage ou le questionnaire***: un test d'utilisabilité identifie les erreurs et les possibilités d'amélioration.

.2 Distribution du sondage ou du questionnaire

Lors de la distribution du sondage ou du questionnaire, il est important de communiquer les objectifs de l'enquête, la façon dont les résultats seront utilisés, ainsi que les dispositions qui ont été prises en matière de confidentialité et d'anonymat.

Lorsqu'ils décident d'une méthode de distribution (par exemple, en personne, par courriel via un outil de sondage), les analystes métier tiennent compte des éléments suivantes :

- l'urgence d'obtenir les résultats,
- le niveau de sécurité requis, et
- la répartition géographique des répondants.

.3 Documentation des résultats

Lors de la documentation des résultats du sondage ou du questionnaire, les analystes métier :

- rassembler les réponses,
- résumer les résultats,
- évaluer les détails et identifier tous les thèmes émergents,
- formuler des catégories pour l'encodage des données, et
- décomposer les données en incréments mesurables.

10.45.4 Considérations d'utilisation

.1 Forces

- Rapide et relativement peu coûteuse à administrer.
- Plus facile pour recueillir des informations auprès d'un public large que d'autres techniques telles que les entretiens.
- Ne nécessite généralement pas beaucoup de temps de la part des répondants.
- Efficace et efficient lorsque les parties prenantes sont géographiquement dispersées.
- Les sondages peuvent être efficaces pour obtenir des données quantitatives à utiliser dans une analyse statistique lorsque des questions fermées sont posées.
- Lors de l'utilisation de questions ouvertes, les résultats du sondage peuvent fournir des idées et des opinions qu'il n'est pas facile d'obtenir par d'autres techniques d'élicitation.

.2 Limites

- Des compétences spécialisées dans les méthodes d'échantillonnage statistique sont requises pour éviter d'obtenir des résultats biaisés lorsque le sondage est réalisé sur un sous-ensemble de participants potentiels.
- Les taux de réponse peuvent être trop faibles pour offrir une véritable signification statistique.
- L'utilisation de questions ouvertes nécessite plus d'analyse.
- Les questions ambiguës peuvent être ignorées ou mal traitées.
- Peut nécessiter des questions de suivi ou plus d'itérations en fonction des réponses fournies.

10.46 Analyse SWOT

10.46.1 Finalité

L'analyse SWOT est un outil simple et efficace, utilisé pour évaluer les forces, les faiblesses, les opportunités et les menaces d'une organisation en conditions internes et externes.

10.46.2 Description

L'analyse SWOT sert à identifier l'état général d'une organisation, d'un point de vue interne et externe.

Le langage utilisé dans une analyse SWOT est concis, précis, réaliste et étayé par des preuves. L'analyse SWOT permet d'évaluer une organisation par rapport aux facteurs de succès identifiés. Le SWOT peut être effectué à n'importe quelle échelle, de l'entreprise dans son ensemble à une division, une unité opérationnelle, un projet ou même un individu. En effectuant l'analyse SWOT de manière disciplinée, les parties prenantes peuvent avoir une compréhension plus claire de l'impact d'un ensemble de conditions existant sur un ensemble de conditions futur.

Une analyse SWOT peut être utilisée pour :

- évaluer l'environnement actuel d'une organisation,
- partager les informations apprises avec les parties prenantes,
- identifier les meilleures options possibles pour répondre aux besoins d'une organisation,
- identifier les obstacles potentiels à la réussite et créer des plans d'action pour surmonter ces obstacles
- ajuster et redéfinir les plans tout au long d'un projet au fur et à mesure que de nouveaux besoins surviennent,
- identifier les points forts qui aideront une organisation à mettre en œuvre de nouvelles stratégies,
- élaborer des critères d'évaluation de la réussite d'un projet en fonction d'un ensemble donné d'exigences,
- identifier les points faibles qui pourraient nuire aux objectifs du projet, et
- élaborer des stratégies permettant de traiter les menaces importantes.

10.46.3 Éléments

SWOT est un acronyme pour Forces, Faiblesses, Opportunités et Menaces :

- ***Force(s)***: représentent tout ce que le groupe évalué réalise avec succès. Peut inclure du personnel expérimenté, des processus efficaces, des systèmes informatiques, des relations avec les clients ou tout autre facteur interne qui mène au succès.
- ***Faiblesse (W)***: actions ou fonctions que le groupe évalué ne réussit pas bien ou pas du tout.
- ***Opportunités (O)***: facteurs externes dont le groupe évalué peut être en mesure d'en tirer un avantage. Peut inclure de nouveaux marchés, de nouvelles technologies, des changements dans le marché concurrentiel ou d'autres influences.
- ***Menaces (T)***: facteurs externes qui peuvent affecter négativement le groupe évalué. Peut inclure des facteurs tels que l'entrée sur le marché d'un nouveau concurrent, des ralentissements économiques ou d'autres influences.

Commencer une analyse SWOT avec des opportunités et des menaces permet de définir le contexte pour identifier les forces et les faiblesses.

Figure 10.46.1: Matrice SWOT

	Opportunités • Opportunité • Opportunité • Opportunité	**Menaces** • Menaces • Menaces • Menaces
Points forts • Force • Force • Force	SO **Stratégies** Comment la force du groupe peut-elle être utilisée pour exploiter les opportunités potentielles ? Les stratégies "SO" sont assez simples à mettre en œuvre.	ST **Stratégies** Comment le groupe peut-il utiliser ses forces pour écarter les menaces potentielles ? Les menaces peuvent-elles être transformées en opportunités ?
Points faibles • Faiblesse • Faiblesse • Faiblesse	WO **Stratégies** Le groupe peut-il utiliser une opportunité pour éliminer ou atténuer une faiblesse ? L'opportunité justifie-t-elle le développement de nouvelles capacités ?	WT **Stratégies** Le groupe peut-il se restructurer pour éviter la menace ? Le groupe doit-il envisager de se retirer de ce marché ? Les stratégies de WT impliquent les pires scénarios.

10.46.4 Considérations d'utilisation

.1 Forces

- Est un outil précieux pour aider à comprendre l'organisation, le produit, le processus ou les parties prenantes.
- Permet aux analystes métier de diriger les parties prenantes vers les facteurs importants pour l'entreprise.

.2 Limites

- Les résultats d'une analyse SWOT fournissent une vue d'ensemble; une analyse plus détaillée est souvent nécessaire.
- À moins qu'un contexte clair ne soit défini pour l'analyse SWOT, le résultat peut ne pas être ciblé et contenir des facteurs qui ne sont pas pertinents pour la situation actuelle.

10.47 Scénarios et cas d'utilisation

10.47.1 Finalité

Les scénarios et les cas d'utilisation décrivent comment une personne ou un système interagit avec la solution modélisée pour atteindre un but.

10.47.2 Description

Les cas d'utilisation décrivent les interactions entre l'acteur principal, la solution et tous les acteurs secondaires nécessaires pour atteindre le but de l'acteur principal. Les cas d'utilisation sont généralement déclenchés par l'acteur principal, mais dans certaines méthodes, ils peuvent également être déclenchés par un autre système ou par un événement ou un "programmateur" externe.

Un cas d'utilisation décrit les résultats possibles d'une tentative pour atteindre un but particulier que la solution prendra en charge. Il détaille différents chemins qui peuvent être suivis en définissant des flux primaires et alternatifs. Le flux principal ou de base représente le moyen le plus direct d'atteindre le but du cas d'utilisation. Les circonstances spéciales et les exceptions qui entraînent un échec à atteindre l'objectif du cas d'utilisation sont documentées dans des flux alternatifs ou d'exception. Les cas d'utilisation sont écrits du point de vue de l'acteur et évitent de décrire le fonctionnement interne de la solution.

Les diagrammes de cas d'utilisation sont une représentation graphique des relations entre les acteurs et un ou plusieurs cas d'utilisation pris en charge par la solution.

Certaines approches de cas d'utilisation font la distinction entre les cas d'utilisation métier et les cas d'utilisation système, les cas d'utilisation métier décrivant comment les acteurs interagissent avec un processus ou une fonction métier particulière, et les cas d'utilisation système décrivant l'interaction entre un acteur et une application logicielle.

Un scénario décrit uniquement une manière pour un acteur d'atteindre un but spécifique. Les scénarios sont écrits comme une série d'étapes effectuées par les acteurs ou par la solution, permettant à un acteur d'atteindre un but. Un cas d'utilisation décrit ainsi plusieurs scénarios.

10.47.3 Éléments

Il n'existe pas de format fixe et universel pour les cas d'utilisation. Les éléments suivants sont fréquemment intégrés dans une description de cas d'utilisation.

.1 Diagrammes de cas d'utilisation

Un diagramme de cas d'utilisation décrit visuellement la portée de la solution, en montrant les acteurs qui interagissent avec la solution, les cas d'utilisation avec lesquels ils interagissent et les relations entre les cas d'utilisation. Le langage UML®(Unified Modelling Language™) propose une notation standard d'un diagramme de cas d'utilisation.

Relations

Les relations entre les acteurs et les cas d'utilisation sont appelées associations. Une ligne d'association indique qu'un acteur a accès à la fonctionnalité représentée par le cas d'utilisation. Les associations ne représentent pas l'entrée, la sortie, le temps ou la dépendance.

Il existe deux relations couramment utilisées entre les cas d'utilisation :

- ***Extension*** : permet d'insérer un comportement supplémentaire dans un cas d'utilisation. Le cas d'utilisation qui est étendu doit être complètement fonctionnel en soi et ne doit pas dépendre du cas d'utilisation d'extension pour une exécution réussie. Cette relation peut être utilisée pour montrer qu'un flux alternatif a été ajouté à un cas d'utilisation existant (représentant de nouvelles exigences).
- ***Inclusion*** : permet au cas d'utilisation d'utiliser les fonctionnalités présentes dans un autre cas d'utilisation. Le cas d'utilisation inclus n'a pas besoin d'être un cas d'utilisation complet à part entière s'il n'est pas directement déclenché par un acteur. Cette relation est le plus souvent utilisée soit lorsqu'une fonctionnalité partagée est requise par plusieurs cas d'utilisation ou pour résumer une logique complexe.

Figure 10.47.1: Diagrammes de cas d'utilisation

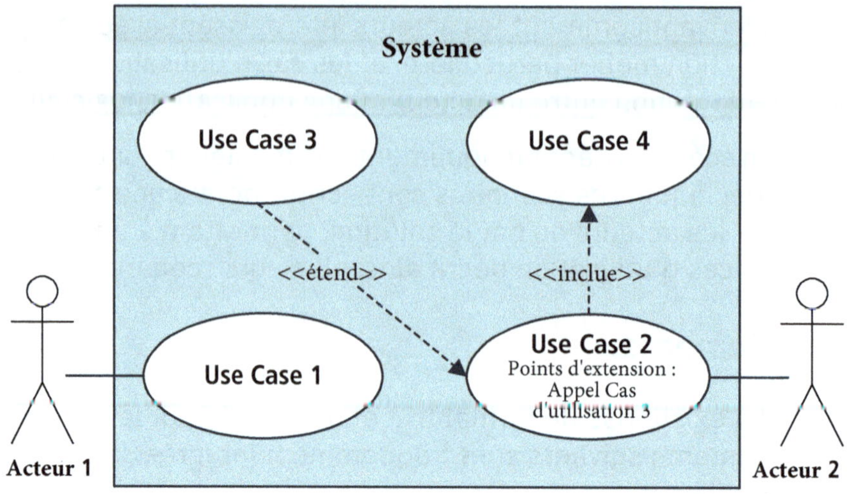

.2 Description du cas d'utilisation

Nom

Le cas d'utilisation a un nom unique. Le nom comprend généralement un verbe qui décrit l'action entreprise par l'acteur et un nom qui décrit soit ce qui est fait, soit la cible de l'action.

But

Le but est une brève description d'un résultat fructueux pour le cas d'utilisation, du point de vue de l'acteur principal. Il offre un résumé du cas d'utilisation.

Acteurs

Un acteur est une personne ou un système externe à la solution qui interagit avec cette solution. Chaque acteur reçoit un nom unique qui représente le rôle qu'il joue dans les interactions avec la solution. Certaines approches de création de cas d'utilisation déconseillent l'utilisation de systèmes ou d'événements en tant qu'acteurs.

Un cas d'utilisation est lancé par un acteur, considéré comme acteur principal pour ce cas d'utilisation. Les autres acteurs qui participent au cas d'utilisation dans un rôle de soutien sont appelés acteurs secondaires.

Conditions préalables

Une condition préalable est tout fait qui doit être vrai avant que le cas d'utilisation puisse commencer. La condition préalable n'est pas testée dans le cas d'utilisation, mais agit comme une contrainte sur son exécution.

Déclencheur

Un déclencheur est un événement qui initie un flux d'événements pour un cas d'utilisation. Le déclencheur le plus courant est une action effectuée par l'acteur principal.

Un événement temporel (par exemple, l'heure) peut initier un cas d'utilisation. Ceci est couramment utilisé pour déclencher un cas d'utilisation qui doit être exécuté en fonction de l'heure ou d'une date précise dans le calendrier, telle qu'une routine de fin de journée ou un rapprochement de fin de mois d'un système.

Flux d'événements

Le flux d'événements est l'ensemble des étapes effectuées par l'acteur et la solution lors de l'exécution du cas d'utilisation. La plupart des descriptions de cas d'utilisation distinguent un flux de réussite de base, primaire ou principal, qui représente le chemin le plus court ou le plus simple permettant d'atteindre le but de l'acteur.

Les cas d'utilisation peuvent également inclure des flux alternatifs et d'exception. Les flux alternatifs décrivent d'autres chemins qui peuvent être suivis pour permettre à l'acteur d'atteindre avec succès le but du cas d'utilisation. Les flux d'exception décrivent la réponse souhaitée de la solution lorsque le but est impossible à atteindre et que le cas d'utilisation ne peut être finalisé avec succès.

Post-conditions ou garanties

Une condition postérieure est tout fait qui doit être vrai lorsque le cas d'utilisation est terminé. Les conditions postérieures doivent être vraies pour tous les flux possibles dans le cas d'utilisation, y compris les flux primaires et alternatifs. Le cas d'utilisation peut décrire des conditions de publication distinctes qui sont vraies pour les exécutions réussies et infructueuses du cas d'utilisation. Celles-ci peuvent être appelées garanties; la garantie de succès décrit les conditions post-succès. Les garanties minimales décrivent les conditions qui doivent être vraies, même si le but de l'acteur n'est pas atteint, et peuvent répondre à des préoccupations telles que les exigences de sécurité ou l'intégrité des données.

10.47.4 Considérations d'utilisation

.1 Forces

- Les diagrammes de cas d'utilisation peuvent clarifier la portée et fournir une compréhension de haut niveau des exigences.
- Les descriptions de cas d'utilisation sont facilement compréhensibles par les parties prenantes en raison de leur flux narratif.

- L'intégration d'un but ou d'un résultat souhaité permet de s'assurer que la valeur métier du cas d'utilisation est exprimée.
- Les descriptions de cas d'utilisation expriment le comportement fonctionnel d'un système.

.2 Limites

- La flexibilité du format de description de cas d'utilisation peut conduire à l'insertion d'informations qui seraient mieux saisies en utilisant d'autres techniques telles que les interactions avec l'interface utilisateur, les exigences non fonctionnelles et les règles métier.
- Les décisions et les règles métier qui les définissent ne doivent pas être enregistrées directement dans les cas d'utilisation, mais gérées séparément et liées à l'étape appropriée.
- La flexibilité du format des cas d'utilisation peut entraîner la récupération d'informations inadaptées ou inutiles dans le processus de présentation de chaque étape ou interaction.
- Les cas d'utilisation ne sont intentionnellement pas liés à la conception de la solution et, par conséquent, des efforts importants peuvent être nécessaires lors du développement pour mapper les étapes des cas d'utilisation à l'architecture logicielle.

10.48 Récits utilisateurs (User Stories)

10.48.1 Finalité

Une user story représente un bref énoncé de fonctionnalité ou de qualité nécessaire pour offrir de la valeur à une partie prenante spécifique.

10.48.2 Description

Les user stories capturent les besoins d'une partie prenante spécifique et permettent aux équipes de définir des caractéristiques de valeur pour une partie prenante à l'aide d'une documentation courte et simple. Elles peuvent servir de base pour identifier les besoins et permettre la hiérarchisation, l'estimation et la planification des solutions. Une user story est généralement composée de une ou deux phrases qui décrivent à qui appartient le besoin traité, le but que l'utilisateur tente d'atteindre et toute information supplémentaire qui pourrait être importante pour comprendre la portée du récit. Les récits se concentrent sur la valeur pour la partie prenante et invitent à l'exploration des exigences en promouvant des discussions supplémentaires avec les parties prenantes et en regroupant les exigences fonctionnelles pour la réalisation.

Les user stories peuvent être utilisées :

- pour saisir les besoins des parties prenantes et hiérarchiser le développement de solutions,
- comme base d'estimation et de planification de la livraison de solutions,
- comme base pour générer des tests d'acceptation des utilisateurs,
- en tant que mesure pour juger l'apport de valeur,
- comme unité pour surveiller les exigences liées,
- comme base d'une analyse supplémentaire, et
- en tant qu'unité de gestion de projet et de reporting.

10.48.3 Éléments

.1 Titre (facultatif)

Le titre la user story décrit une activité que la partie prenante souhaite réaliser avec le système. En règle générale, il s'agit d'une phrase indiquant un but avec un verbe actif, similaire à la façon dont les cas d'utilisation sont intitulés.

.2 Déclaration de valeur

Il n'y a pas de structure obligatoire pour les user stories.

Le format le plus populaire comprend trois composants :

- ***Qui***: un rôle d'utilisateur ou un persona.
- ***Quoi***: une action, un comportement, une caractéristique ou une qualité nécessaire.
- ***Pourquoi***: le bénéfice ou de la valeur reçue par l'utilisateur lorsque le récit est mis en œuvre.

Par exemple, "En tant que <who>, j'ai besoin de <what>pour que <why>." « Étant donné que... Quand... Alors » représente un autre format courant.

.3 Conversation

Les user stories aident les équipes à explorer et à comprendre la fonctionnalité décrite dans le récit et la valeur qu'elle apportera à la partie prenante. Le récit en lui-même ne recense pas tout ce qu'il faut savoir sur le besoin de la partie prenante, et les informations sont complétées par une modélisation complémentaire lorsque le récit est réalisé.

.4 Critères d'acceptation

Une user story peut être soutenue par l'élaboration de critères d'acceptation détaillés (voir Critères d'acceptation et d'évaluation (p. 266)). Les critères d'acceptation définissent les limites d'une user story et aident l'équipe à comprendre ce que la solution doit fournir afin d'apporter de la valeur aux parties prenantes. Les critères d'acceptation peuvent être complétés par d'autres modèles d'analyse, si le besoin

10.48.4 Considérations d'utilisation

.1 Forces

- Facilement compréhensible par les parties prenantes.
- Peut être développé grâce à une variété de techniques d'élicitation.
- Met l'accent sur la valeur pour les parties prenantes.
- Une compréhension commune du domaine d'activité est améliorée grâce à la collaboration sur la définition et l'exploration des user stories.
- Lié à de petites tranches de fonctionnalités implémentables et testables, ce qui facilite une livraison rapide et des retours fréquents des clients.

.2 Limites

En général, les user stories sont conçus comme un outil de saisie et de hiérarchisation des exigences à court terme et non pour la rétention des connaissances à long terme ou pour fournir une analyse détaillée. Négliger ce principe peut conduire aux problèmes suivants:

- Cette approche conversationnelle peut mettre l'équipe en difficulté car elle n'a pas toutes les réponses et les spécifications détaillées en amont.
- Le contexte et la visibilité sont essentiels. L'équipe peut perdre de vue la vue d'ensemble si l'origine des récits n'est pas établie par le biais d'une validation ou s'ils ne sont pas complétés par une analyse plus générale et des artéfacts visuels.
- Peut ne pas fournir suffisamment de documentation pour répondre au besoin de gouvernance, former une base de référence pour les travaux futurs ou satisfaire les attentes d'une partie prenante. Des documents supplémentaires peuvent être requis.

10.49 Évaluation des fournisseurs

10.49.1 Finalité

Une évaluation des fournisseurs évalue la capacité d'un fournisseur à respecter ses engagements concernant la fourniture et la mise à disposition régulière d'un produit ou d'un service.

10.49.2 Description

Lorsque les solutions sont en partie fournies par des fournisseurs externes (qui peuvent être impliqués dans la conception, la construction, la mise en œuvre ou la maintenance de la solution ou des composants de la solution), ou lorsque la solution est externalisée, il peut y avoir des exigences spécifiques en ce qui concerne l'implication d'un tiers. Il peut être nécessaire de s'assurer que le fournisseur est financièrement fiable, capable de maintenir des niveaux de recrutement spécifiques, en conformité avec les normes, et en mesure d'engager le personnel compétent approprié pour soutenir la solution. Les exigences non fonctionnelles peuvent être utilisées pour définir les niveaux de service attendus d'un tiers, une vérification préalable peut être réalisée ou une certification d'une autorité indépendante peut être demandée.

Une évaluation des fournisseurs est effectuée pour s'assurer que le fournisseur est fiable et que le produit et le service répondent aux attentes et aux exigences de l'organisation. L'évaluation peut être formelle par la soumission d'une demande d'information (RFI), d'une demande de devis (RFQ), d'un appel d'offre (RFT) ou d'une demande de proposition commerciale (RFP). Il peut également être très informel par le bouche à oreille et les recommandations. Les normes de l'organisation, la complexité de l'initiative et la criticité de la solution peuvent influencer le niveau de formalité dans lequel les fournisseurs sont évalués.

10.49.3 Éléments

.1 Connaissances et expertise

Une raison courante de faire appel à des fournisseurs tiers est la capacité de celui-ci à apporter des connaissances et une expertise qui ne sont pas disponibles au sein de l'organisation. Il peut être souhaitable de cibler les fournisseurs ayant une expertise dans des méthodologies ou des technologies particulières dans le but de transférer cette expertise aux personnes au sein de l'entreprise.

.2 Modèles de licence et de tarification

Le modèle de licence ou de prix est pris en compte dans les cas où une solution ou un composant solution est acheté ou externalisé à un fournisseur tiers. Dans de nombreux cas, les solutions qui offrent des fonctionnalités similaires peuvent différer considérablement dans leurs modèles de licence, ce qui nécessite ensuite l'analyse de différents scénarios d'utilisation pour déterminer quelle option fournira le meilleur rapport coût-bénéfice dans les scénarios que l'entreprise est susceptible d'expérimenter.

.3 Position des fournisseurs sur le marché

Il est important de pouvoir comparer chaque fournisseur avec ses concurrents et de décider avec quels acteurs du marché l'organisation veut s'impliquer. La comparaison du profil de l'organisation avec la communauté de clients de chaque fournisseur peut également être un facteur dans l'évaluation. La dynamique de la position des fournisseurs sur le marché est également très importante, surtout si l'organisation a l'intention d'établir un partenariat à long terme avec ce fournisseur.

.4 Termes et conditions

Les termes et conditions se réfèrent à la continuité et à l'intégrité des produits et services fournis. L'organisation examine si les conditions de licence, les droits de propriété intellectuelle et l'infrastructure technologique du fournisseur sont susceptibles de se transformer en difficultés si l'organisation décide plus tard de changer de fournisseur. Il est également important de tenir compte de l'utilisation des données confidentielles de l'organisation par le fournisseur, et sa responsabilité quant à leur protection. Il faut enfin penser aux conditions dans lesquelles les personnalisations de produit seront réalisées ainsi qu'à la disponibilité d'un plan de mises à jour régulières et d'un programme détaillé des fonctionnalité prévues.

.5 Expérience, réputation et stabilité du fournisseur

L'expérience des fournisseurs avec d'autres clients peut fournir des informations précieuses sur la probabilité qu'ils soient en mesure de respecter leurs obligations contractuelles et non contractuelles. Les fournisseurs peuvent également être évalués sur sa conformité et son respect de normes externes essentielles de qualité, de sécurité et de professionnalisme. Il peut être nécessaire de demander que des mesures soient prises pour s'assurer qu'il n'y a pas de risques si un fournisseur rencontre des difficultés financières, et qu'il sera possible de maintenir et d'améliorer la solution même si la situation du fournisseur change radicalement.

10.49.4 Considérations d'utilisation

.1 Forces

- Augmente les chances de l'organisation de développer une relation productive et équitable avec un fournisseur approprié et fiable, et d'améliorer la satisfaction à long terme de la décision.

.2 Limites

- Peut être consommateur de temps et de ressources.
- N'empêche pas le risque d'échec au fur et à mesure que le partenariat évolue.
- La subjectivité peut biaiser le résultat de l'évaluation.

10.50 Ateliers de travail

10.50.1 Finalité

Les ateliers de travail réunissent les parties prenantes afin de collaborer à la réalisation d'un objectif prédéfini.

10.50.2 Description

Un atelier de travail est un événement ciblé auquel participent des parties prenantes clés et des experts spécialisés (SME) pour une période de temps concentrée. Un atelier de travail peut avoir lieu à des fins différentes, y compris la planification, l'analyse, la conception, le cadrage, l'élicitation des exigences, la modélisation ou toute combinaison de ces dernières. Un atelier de travail peut être utilisé pour générer des idées, de nouvelles fonctionnalités ou de nouveaux produits, pour parvenir à un consensus sur un sujet ou pour revoir les exigences ou les conceptions.

Les ateliers de travail comprennent généralement :

- un groupe représentatif de parties prenantes,
- un objectif défini,
- du travail interactif et collaboratif,
- un produit de travail défini, et
- un facilitateur.

Les ateliers de travail peuvent promouvoir la confiance, la compréhension mutuelle et une communication solide entre les parties prenantes et produire des livrables qui structurent et orientent les efforts de travail futurs.

Les ateliers sont idéalement gérés par un facilitateur expérimenté et neutre; un membre de l'équipe peut également jouer ce rôle. Un secrétaire documente les décisions prises et toutes les questions en suspens. Un analyste métier peut être le facilitateur ou le scribe de ces ateliers de travail. Dans les cas où l'analyste métier est un expert spécialisé, il peut participer à l'atelier de travail. Cela doit être abordé avec prudence, car cela peut embrouiller d'autres acteurs quant au rôle de l'analyste métier.

10.50.3 Éléments

.1 Préparation de l'atelier

Lors de la préparation d'un atelier de travail, les analystes métier :

- définissent le but et les résultats souhaités,
- identifient les principales parties prenantes destinées à participer,
- identifient le facilitateur et le secrétaire,
- créent l'ordre du jour,
- déterminent la manière dont les extrants seront notés,
- programment la session et convient les participants,
- organisent l'équipement et la logistique de la salle,
- envoient l'ordre du jour et autres documents en amont afin de préparer les participants et d'améliorer la productivité lors de la rencontre, et
- le cas échéant, réalisent un entretien préalable avec les participants.

.2 Rôles dans l'atelier de travail

Il y a plusieurs rôles impliqués dans un atelier réussi:

- ***Sponsor***: souvent n'est pas un participant de l'atelier, mais a la responsabilité ultime de son résultat.
- ***Facilitateur***: établit un ton objectif et professionnel pour l'atelier, présente les but et l'ordre du jour de l'atelier, fait respecter la structure et les règles de base, maintient les activités axées sur le but et les résultats souhaités, facilite la prise de décision et la résolution des conflits, et veille à ce que tous les participants aient la possibilité d'être entendus.
- ***Le scribe***: documente les décisions dans le format déterminé avant l'atelier et garde une trace des éléments ou des problèmes qui sont reportés pendant la séance.
- ***Le gardien du temps***: peut être utilisé pour suivre le temps passé sur chaque point de l'ordre du jour.

- ***Les participants***: inclut les parties prenantes clés et les experts en la matière. Ils doivent partager leurs commentaires et leurs points de vue, écouter les autres points de vue et discuter des questions sans parti pris.

.3 Effectuer l'Atelier de travail

Pour s'assurer que tous les participants ont une compréhension commune, les facilitateur commencent généralement l'atelier avec un énoncé de son objectif et des résultats attendus. Certains ateliers de travail peuvent également commencer par une tâche facile ou amusante pour briser la glace et mettre à l'aise les participants afin de travailler ensemble.

L'établissement de règles de base acceptées par tous peut être une méthode efficace pour établir un environnement de collaboration productif. Les règles de terrain peuvent inclure :

- respecter les opinions des autres,
- tout le monde est censé contribuer,
- toute discussion située en dehors du sujet doit être limitée dans le temps,
- il faut débattre des problèmes, et non des personnes, et
- il faut s'accorder sur la manière dont les décisions sont prises.

Tout au long de l'atelier, le facilitateur maintient son attention en validant fréquemment les activités de la session avec les objectifs et les résultats de l'atelier.

.4 Conclusion de l'atelier de travail

Après l'atelier, le facilitateur assure le suivi de toutes les actions à prendre qui ont été enregistrées lors de l'atelier, complète la documentation et la distribue aux participants de l'atelier et à toutes les parties prenantes qui doivent être tenues informées du travail effectué.

10.50.4 Considérations d'utilisation

.1 Forces

- Peut être un moyen de parvenir à un accord dans un laps de temps relativement court.
- Fournit aux parties prenantes un moyen de collaborer, de prendre des décisions et d'acquérir une compréhension mutuelle.
- Les coûts sont souvent inférieurs au coût de la réalisation de plusieurs entretiens.

- Les participants peuvent fournir des commentaires sur les questions ou les décisions immédiatement.

.2 Limites

- La disponibilité des intervenants peut rendre difficile la planification de l'atelier.
- Le succès de l'atelier dépend fortement de l'expertise du facilitateur et des connaissances des participants.
- Les ateliers de travail qui impliquent trop de participants peuvent présenter un déroulé plus lent. Et inversement, le fait de collecter des intrants auprès d'un nombre insuffisant de participants peut conduire à négliger des besoins ou des problèmes importants pour certaines parties prenantes, ou à prendre des décisions qui ne représentent pas les besoins de la majorité des parties prenantes.

11 Perspectives

Les perspectives sont utilisées dans le cadre des travaux de l'analyste métier pour se concentrer sur les tâches et les techniques spécifiques au contexte de l'initiative. La plupart des initiatives sont susceptibles d'engager une ou plusieurs perspectives. Les perspectives incluses dans le *Guide BABOK®* sont:

- Agile,
- Business intelligence,
- Technologie de l'information,
- Architecture d'entreprise, et
- Gestion des processus métier.

Ces perspectives ne se veulent pas une tentative de représenter l'ensemble des perspectives possibles à partir desquelles l'analyse métier est réalisée. Les perspectives abordées dans le *BABOK® Guide* représentent certaines des vues les plus courantes de l'analyse métier au moment de sa rédaction.

Toute initiative donnée comprend une, plusieurs ou toutes ces perspectives. Par exemple, une initiative peut avoir un élément technologique (Perspective des technologies de l'information), le volet technologie peut entraîner des changements de processus d'entreprise (Perspective de la gestion des processus métier), L'initiative peut décider de faire une partie ou la totalité du travail avec une approche agile (Perspective agile). Une autre initiative peut fusionner deux organisations et doit examiner les capacités métier et l'impact de la transformation sur ces capacités (Perspective en Architecture d'Entreprise), et les dirigeants pourraient avoir besoin d'information à jour pour prendre des décisions et faire des analyses (Perspective de la Business Intelligence). Les initiatives de grande envergure ou complexes utiliseront probablement toutes les perspectives.

Bien que les tâches d'analyse métier détaillées dans le *BABOK® Guide* soient destinées à être applicables dans tous les domaines de l'analyse métier, elles sont également

Pour plus d'informations sur cette structure, voir Perspectives (p. 10).

Chaque perspective suit une structure commune :

- Portée du changement,
- Périmètre de l'analyse métier,
- Méthodologies, approches et techniques,
- Compétences sous-jacentes, et
- Impact sur les domaines de connaissances.

11.1 La perspective agile

La perspective Agile met en évidence les caractéristiques uniques de l'analyse métier lorsqu'elle est pratiquée dans des contextes agiles.

L'agilité consiste à avoir un état d'esprit flexible, incarné dans un ensemble de valeurs et de principes et exposé par une variété de pratiques complémentaires. Les initiatives agiles impliquent des changements constants. Les analystes d'affaires travaillant sur des initiatives agiles réévaluent, adaptent et ajustent continuellement leurs efforts et leurs tactiques. Les analystes métier effectuent des analyses et livrent des produits au dernier moment pour permettre continuellement la flexibilité pour le changement; le travail d'analyse détaillée n'est pas effectué à l'avance, mais juste à temps pour être utilisé efficacement par l'équipe agile.

L'analyse métier agile garantit que les informations sont disponibles pour l'équipe agile au bon niveau de détail au bon moment. Les analystes métier aident les équipes agiles à répondre à ces questions :

- Quel besoin essayons-nous de satisfaire?
- Ce besoin vaut-il la peine d'être satisfait?
- Devrions-nous fournir quelque chose pour satisfaire ce besoin?
- Quelle est la bonne chose à faire pour répondre à ce besoin?

Le travail d'analyse métier est effectué en permanence dans le cadre d'une initiative agile et repose largement sur des compétences interpersonnelles telles que la communication, la facilitation, le coaching et la négociation. Les analystes professionnels sont des membres actifs d'une équipe agile et facilitent souvent la planification, l'analyse, les tests et la démonstration d'activités. Dans une équipe agile, l'analyse métier peut être effectuée par un chef de produit/propriétaire, un analyste métier ou par d'autres rôles d'équipe définis. Les analystes métier aident l'équipe à identifier les modifications apportées aux hypothèses et aux autres variations du projet qui émergent.

Reportez-vous à *l'extension agile du guide® BABOK* pour un traitement élargi du rôle, de l'état d'esprit et des pratiques de l'analyse métier dans les approches agiles, ainsi que des détails sur les valeurs et les principes du Manifeste Agile (www.agilemanifesto.org).

11.1.1 Portée du changement

Les analystes métier travaillant sur des initiatives agiles s'engagent avec le sponsor à un niveau stratégique et aident à définir comment le produit ou la fonctionnalité proposée s'aligne sur les objectifs de l'organisation. Ils collaborent avec diverses parties prenantes et l'équipe de changement pour scinder la vision du produit en une liste priorisée d'éléments de travail que l'on souhaite compléter. Les éléments prioritaires (ou le backlog priorisé) se concentrent généralement sur les capacités requises pour le produit, en mettant l'accent sur les éléments de plus grande valeur.

Les analystes métier peuvent agir en tant que mandataire des parties prenantes ou travailler directement avec le sponsor ou le propriétaire du produit.

Dans les environnements agiles, le changement et la réponse rapide au changement sont attendus. Les équipes agiles fournissent de petits changements incrémentiels et s'engagent à privilégier les éléments de travail pour une seule itération à la fois. Cela permet à l'équipe agile de gérer les changements émergents pour l'itération à venir avec un impact minimal. Une itération est une période de temps de travail convenue.

Les exigences sont élaborées grâce à une exploration et une analyse continues des besoins métier. Il est important de noter que bien que la plupart des approches agiles soient itératives, toutes les approches itératives ne sont pas agiles. Il y a aussi plusieurs approches agiles qui ne sont pas itératives, comme la méthode kanban.

Durant les initiatives agiles, la portée évolue constamment. Ceci est géré par le backlog, qui est continuellement revue et réordonnée. Ce processus contribue à l'amélioration et à la redéfinition du périmètre, afin de répondre aux besoins opérationnels changeants et/ou émergents.

Si un changement majeur survient ayant un impact significatif sur la valeur globale et les objectifs du projet, le projet peut être alors reporté et réévalué.

.1 Profondeur du changement

Les approches agiles sont utilisées pour répondre à une variété de besoins dans une entreprise. L'utilisation la plus courante de pratiques agiles est dans les projets de développement de logiciels. Cependant, de nombreuses organisations ont commencé à appliquer des principes agiles aux changements non liés aux logiciels, tels que l'ingénierie des processus et l'amélioration de leurs activités métiers. Les initiatives utilisant des approches agiles peuvent être entreprises au sein d'un seul service ou peuvent s'étendre sur plusieurs équipes, départements et divisions d'une organisation.

Pour les organisations qui débutent dans l'état d'esprit et les pratiques agiles, l'accent mis sur l'amélioration continue, le changement continu de comportement et les progrès permet à l'organisation d'adopter culturellement l'état d'esprit agile. L'adoption de l'état d'esprit agile fait référence à l'adoption culturelle de principes agiles par opposition à l'organisation qui considère l'agilité comme une méthodologie ou une pratique à mettre en œuvre.

.2 Profondeur du changement

Les initiatives utilisant une approche agile font souvent partie d'un programme de travail plus vaste, qui peut inclure une transformation et/ou un changement organisationnel, la ré-ingénierie des processus métier ou le changement des processus métier. L'approche agile est souvent, mais pas toujours, centré sur le développement de logiciels. Les autres éléments du programme peuvent être développés à l'aide d'une méthodologie agile ou d'une autre méthodologie adaptée aux besoins. Les principes et les pratiques agiles sont souvent appliqués avec succès dans les initiatives où :

- il y a un engagement clair de la part du client et de la part des expert spécialisé (SME),
- le besoin métier ou la solution proposée est complexe ou compliqué, et
- les besoins métier sont changeants ou inconnus ou sont encore émergents.

Les approches agiles peuvent être utilisées pour des initiatives qui développent une solution pour la première fois, ou pour maintenir et améliorer une solution existante. Par exemple, si le changement est essentiel à la mission, des processus peuvent être ajoutés pour répondre aux exigences réglementaires et pour traiter les aspects critiques du projet.

.3 Valeur et solutions livrées

La valeur et les solutions fournies dans une initiative agile sont similaires à toute autre initiative. La différence avec une approche agile est l'accent mis sur la création de valeur précoce, de manière hautement collaborative, en utilisant une planification adaptative axée sur l'amélioration continue.

Une initiative agile apporte de la valeur en vertu de l'approche adoptée par une équipe agile grâce à un examen continu et à une rétroaction du travail effectué. Les parties prenantes ont l'occasion de revoir fréquemment le produit, ce qui leur permet d'identifier rapidement les exigences manquées. La solution évolue avec le temps en espérant répondre au changement de manière rapide et adaptable. La clarté et la visibilité de toutes les communications sont de la plus haute importance pour s'assurer que les efforts de l'équipe agile s'alignent sur les besoins et les attentes de l'organisation.

Dans une nouvelle équipe, l'analyste métier joue souvent un rôle central dans l'établissement de relations et de confiance entre les membres de l'équipe agile et les parties prenantes externes pour aider à permettre des discussions et un engagement collaboratifs continus. Cette interaction permet à l'équipe agile de fournir une valeur qui répond aux besoins évolutifs des parties prenantes.

.4 Approche de mise en œuvre

Les approches agiles se concentrent sur les interactions avec les personnes, les communications transparentes et la fourniture continue de changements précieux aux parties prenantes.

Chaque approche agile a son propre ensemble unique de caractéristiques qui permettent aux équipes de choisir l'approche qui convient le mieux à l'initiative en question. Certaines équipes agiles ont constaté qu'une approche hybride ou combinée est nécessaire pour travailler dans les contraintes de leur environnement.

Reportez-vous à *extension agile du BABOK® Guide* pour une description des différentes approches agiles.

.5 Principales hypothèses

Les hypothèses en place dans les environnements agiles comprennent souvent :

- L'évolution des exigences est la bienvenue, même tard dans le développement.
- Le problème métier peut être réduit à un ensemble de besoins qui peuvent être satisfaits en utilisant une combinaison de technologie et de changement de processus métier.

- Les initiatives Agile ont pleinement engagé les clients et ont responsabilisé les experts SME avec une adhésion complète à l'approche agile.
- Idéalement, l'adhésion de l'équipe est constante et les membres ne sont pas continuellement déplacés vers d'autres équipes.
- Il y a une préférence pour les équipes multidisciplinaires et co-localisées encourageant une conversation de face à face plus efficace et efficiente. Cependant, les approches agiles peuvent bien fonctionner avec des équipes distribuées à condition que le support approprié et les canaux de communication soient en place.
- Les membres de l'équipe peuvent jouer plus d'un rôle au sein de l'équipe si nécessaire, et à condition que l'équipe possède les compétences appropriées (par exemple, des équipes interfonctionnelles).
- Les membres de l'équipe ont un état d'esprit pour l'amélioration continue et la livraison de valeur réussie grâce à des inspections régulières.
- Les équipes agiles sont autonomes et auto-organisées.

11.1.2 Périmètre de l'analyse métier

.1 Promoteur du changement

Il est important qu'un sponsor d'une initiative agile soit familier avec la philosophie, l'état d'esprit et les approches agiles, et qu'il soit également ouvert aux commentaires constants qui nécessiteront des compromis de la part des parties prenantes.

Un sponsor agile comprend et accepte :

- l'utilisation de la planification adaptative par rapport à la planification prédictive,
- l'utilisation et la valeur d'une période fixe pour un cycle de travail, et
- la nécessité et la valeur de la participation du sponsor.

La participation active du sponsor (ou de l'expert habilité) avec l'équipe agile est essentielle pour fournir la possibilité de prévisualiser et de comprendre le produit en cours de développement, ainsi que pour permettre de fournir une rétroaction continue à l'équipe et d'ajuster le produit à mesure que les besoins changent.

.2 Cibles et agents de changement

Les approches agiles sont plus efficaces lorsque la culture organisationnelle et les environnements de travail se prêtent à une collaboration intensive, à une communication fréquente et à une forte disposition à la fourniture progressive de la valeur de la solution appropriée.

Les équipes agiles sont souvent petites ou autour d'équipes de petites équipes. Une structure plus simple et plus aplatie ne change rien au fait que les livrables peuvent toucher un grand nombre de parties prenantes. L'agent du changement, également considéré comme une partie prenante, n'y fait pas exception parce que le projet utilise Agile. Les principaux agents d'un changement utilisant une approche agile peuvent inclure :

- ***Chef d'équipe agile***: le facilitateur du travail de l'équipe. Un chef d'équipe agile partage souvent les mêmes compétences qu'un chef de projet, mais délègue complètement les tâches de planification, de programmation et de priorisation à l'équipe. Au lieu d'un style de gestion classique du type commandement et contrôle, le leadership serviteur est à privilégier dans toutes les méthodes agiles. Selon l'approche, ce rôle peut être appelé scrum master, responsable de l'itération, chef d'équipe ou coach.
- ***Représentant du client ou product owner***: le membre actif de l'équipe chargé de s'assurer que le changement en cours d'élaboration répond aux exigences pour lesquelles il a été mandaté. Dans Scrum, ce rôle est appelé le propriétaire du produit (product owner). La méthode de développement de systèmes dynamiques (DSDM) fait référence à ce rôle en tant que visionnaire, et la programmation extrême (XP) s'y réfère en tant que représentant du client.
- ***Les membres de l'équipe***: les spécialistes ou les experts du domaine qui incluent à la fois la représentation technique et la représentation des clients. Selon la taille et le contexte particulier de l'initiative, les individus au sein d'une équipe ont des spécialités différentes. Les experts en ergonomie, les architectes techniques et les administrateurs de bases de données ne sont que des exemples de rôles spécialisés offrant un support à l'équipe selon les besoins.
- ***Les parties prenantes externes***: toutes les parties prenantes restantes qui ne sont peut-être pas considérées comme des membres de l'équipe, mais qui sont une partie intéressée par le résultat du projet ou simplement nécessaire à son achèvement, jouant ce qui peut être considéré comme un rôle de soutien dans l'équipe.

.3 Position de l'analyste métier

Une équipe agile peut avoir un ou plusieurs membres de l'équipe ayant des compétences en analyse métier qui peuvent ou non avoir le titre de poste d'analyste métier. Cette reconnaissance de membres de l'équipe interfonctionnelle élargit la pratique d'analyse métier au-delà de celle d'un rôle unique de spécialiste.

Sur les équipes agiles, les activités d'analyse métier peuvent être effectuées par une ou plusieurs des méthodes suivantes :

- un analyste métier travaillant au sein de l'équipe,
- le représentant du client ou le product owner, ou
- la personne chargée de répartir les activités au sein de l'équipe.

Reportez-vous à *extension agile du BABOK® Guide* pour une description des différentes approches agiles.

.4 Résultats de l'analyse métier

Dans un environnement agile, l'analyse métier rassemble les personne et veille à ce que les bonnes parties prenantes soient impliquées au bon moment dans l'équipe agile. La communication et la collaboration ouvertes sont l'un des principaux résultats d'une analyse métier réussie dans un projet agile.

Les analystes métier s'assurent que la vision et l'orientation du projet sont alignées stratégiquement sur les objectifs organisationnels et les besoins de l'entreprise. L'analyste métier a une responsabilité partagée dans la définition de critères stratégiques pour l'achèvement du projet et pendant le projet il aide à définir les critères d'acceptation. Ils facilitent également l'articulation de l'énoncé de la vision du produit. L'énoncé de la vision du produit est un livrable initial commun.

La rigueur et le style de la documentation dépendent fortement du but et du contexte dans lequel elle est produite. Les approches agiles privilégient une documentation "juste assez" et "juste à temps" plutôt que d'établir des modèles prédéfinis de documents à fournir. Cette approche de documentation permet d'intégrer autant de changements que possible tout en maintenant le coût du changement à un faible niveau. La documentation obligatoire, telle que celle requise pour l'audit ou la déclaration de conformité, est toujours produite dans le cadre de chaque cycle de livraison. Il est important que les documents répondent à un besoin identifié et offrent plus de valeur que le coût engagé pour les produire et les maintenir.

11.1.3 Approches et techniques

.1 Approches

L'agilité est un terme général pour une variété d'approches. Toutes les approches agiles pratiquent l'analyse métier, mais seulement quelques unes définissent explicitement le rôle de l'analyste métier. La caractéristique première de toute approche agile est son alignement sur les valeurs et les principes du Manifeste Agile. Une équipe agile peut mettre en place une approche ou évoluer dans le but d'utiliser une combinaison d'approches, ce qui lui permet d'offrir une valeur ajoutée plus efficacement, compte tenu de son type de projet et de son milieu de travail.

Table 11.1.1: Approches agiles

Approche	Description courte
Limpide	Une partie d'une famille de méthodologies Crystal qui sont définies en fonction de la dureté et de la couleur. La dureté fait référence à la criticité de l'entreprise ou au potentiel de nuisance, ce qui signifie que plus la criticité augmente, plus la rigueur et la planification prédictive sont nécessaires. La couleur fait référence à la lourdeur du projet dans plusieurs dimensions, dont le nombre de personnes requises et les éléments de risque dans le projet.
Livraison agile disciplinée (DAD)	Un cadre de processus de décision qui intègre des idées provenant d'une variété d'autres approches agiles. Il est destiné à soutenir un projet de l'initiation à la livraison. La LAD n'est pas prescriptive et permet aux équipes de personnaliser leur propre cycle de vie et leurs propres approches.
Méthode de développement de systèmes dynamiques (DSDM)	Un cadre de réalisation de projet qui se concentre sur la fixation du coût, de la qualité et du délai dès le départ, tandis que les imprévus sont gérés en variant les fonctionnalités à fournir. La technique de priorisation MoSCoW est utilisée pour la gestion de la portée. Des horloges, ou des périodes de temps courtes avec des résultats clairement définis, sont utilisées pour gérer le travail.

Table 11.1.1: Approches agiles (Continued)

Approche	Description courte
Gestion évolutive de projet (Evo)	Une méthode de gestion de projet pour développer et livrer un système de façon incrémentale. Il se concentre fortement sur la quantification de la valeur pour de multiples parties prenantes et sur les incréments de planification en fonction de la livraison de cette valeur (qui peut être mesurée). Il utilise les tableaux d'estimation des impacts comme une technique formelle, pour évaluer les solutions selon leur capacité à offrir de la valeur, à plusieurs parties prenantes, pour un coût donné.
Programmation extrême (XP)	Nommée d'après le concept de pousser des techniques de génie logiciel bénéfiques à l'extrême. Ce concept est axé sur des processus de développement technique et comporte la programmation en binôme, le développement piloté par les tests et d'autres approches artisanales des pratiques techniques. Les pratiques techniques de XP sont souvent utilisées conjointement avec un cadre méthodologique de gestion agiles.
Développement basé sur les fonctionnalités (FDD)	Concentré sur une perspective de fonctionnalité évaluée par le client pour développer un logiciel opérationnel. Par exemple, à la suite d'un exercice de portée de haut niveau, une liste de fonctionnalités est identifiée et toute la planification, la conception et le développement sont effectués en fonction de l'ensemble de ces fonctionnalités.
Kanban	Ne nécessite pas d'itérations fixes. Le travail se déroule à travers le processus de développement comme un flux continu d'activité. Une caractéristique clé est de limiter la quantité de travail en cours à tout moment (appelée limite de travail en cours ou WIP). L'équipe travaille uniquement sur un nombre fixe d'articles à tout moment. Les travaux sur un nouvel élément ne peuvent commencer que lorsque cela est nécessaire pour maintenir le flux en aval et après l'achèvement de l'élément précédent.

Table 11.1.1: Approches agiles (Continued)

Approche	Description courte
Scaled Agile Framework® (SAFe™)	Un cadre méthodologique pour la mise en œuvre de pratiques agiles à l'échelle de l'entreprise. Il met en évidence les rôles, les équipes, les activités et les artefacts individuels nécessaires à l'agilité de l'équipe au niveau de l'entreprise.
Scrum	Un cadre de gestion de processus léger basé sur le contrôle empirique des processus. Le travail est effectué dans une série d'itérations de durée fixe, appelées Sprints, d'un mois ou moins. À la fin de chaque sprint, l'équipe doit produire un logiciel de travail de qualité suffisante pour qu'il puisse être expédié ou livré à un client.

.2 Techniques

Le tableau suivant liste les techniques couramment utilisées dans les approches agiles. Reportez-vous *à l'extension agile au BABOK® Guide* pour une description plus détaillée de ces techniques.

Table 11.1.2: Techniques utilisées dans le cadre des approches agiles

Technique	Description courte
Programmation pilotée par le comportement (BDD)	Une approche qui améliore la communication entre les parties prenantes et les membres de l'équipe en exprimant les besoins du produit comme exemples concrets.
Modèle d'analyse de Kano	Une technique de compréhension des caractéristiques du produit qui favorisera la satisfaction du client.
Documentation simplifiée	Un principe qui régit toute la documentation produite sur un projet agile . La finalité est de s'assurer que toute la documentation est destinée à répondre à un besoin imminent, a une valeur claire pour les parties prenantes et ne crée pas de frais généraux inutiles. Par exemple, un document d'aperçu du système peut être écrit vers la fin d'un projet en se basant sur le contenu stable et les tests d'acceptation écrits dans le cadre du test du produit.

Table 11.1.2: Techniques utilisées dans le cadre des approches agiles

Technique	Description courte
Priorisation MoSCoW	Une méthode pour prioriser les histoires (ou d'autres éléments) dans des approches incrémentielles et itératives. MoSCoW (doit avoir, devrait avoir, pourrait avoir, n'aura pas) fournit un moyen de parvenir à une compréhension commune sur l'importance relative de livrer une histoire ou un autre élément de valeur dans le produit.
Persona	Caractères fictifs ou archétypes qui illustrent la manière dont les utilisateurs représentatifs interagissent avec un produit.
Atelier de planification	Un atelier collaboratif qui est utilisé pour permettre à une équipe agile de déterminer quelle valeur peut être donnée sur une période de temps comme une publication.
Modèle d'alignement des objectifs	Un modèle utilisé pour évaluer les idées dans le contexte du client et de la valeur.
Options réelles	Une approche pour aider les gens à savoir quand prendre des décisions plutôt que comment.
Estimation relative	Techniques d'estimation d'équipe utilisant soit des points de récit, qui représentent la complexité relative d'un récit utilisateur à développer, soit des jours idéaux, qui représentent la quantité d'effort total que prendrait le développement d'un récit.
Rétrospectives	Un terme similaire pour la technique des retours d'expérience. Les rétrospectives se concentrent sur l'amélioration continue du processus de travail d'équipe et ont lieu après chaque itération sur des projets agiles.
Décomposition des récits utilisateur (Story Decomposition)	S'assure que les exigences d'un produit sont représentées au niveau de détail approprié et sont dérivées d'un objectif métier utile.
Cartographie des récits utilisateurs (Story Mapping)	Fournit une vue visuelle et physique de la séquence d'activités à prendre en charge par une solution.

Table 11.1.2: Techniques utilisées dans le cadre des approches agiles

Technique	Description courte
Storyboarding	Détaille visuellement et textuellement la séquence d'activités qui représente les interactions de l'utilisateur avec un système ou une entreprise.
Cartographie de la chaîne de valeur	Fournit une représentation complète, basée sur des faits, des séries chronologiques du flux d'activités requis pour fournir un produit ou un service au client.

11.1.4 Compétences sous-jacentes

L'agilité est un état d'esprit. Les analystes métier Agile incarnent les valeurs et les principes du Manifeste Agile qui sont basés sur une vision humaniste du développement de produits en tant que processus fondé sur la communication et la collaboration. Reportez-vous à l'extension *Agile du guide® BABOK* pour une description des principes pour les analystes métier. En adoptant l'état d'esprit et la philosophie agiles, l'analyste métier développe des compétences dans les domaines suivants :

- ***Communication et collaboration***: la capacité de communiquer la vision et les besoins du sponsor; d'aider à influencer les autres pour qu'ils soutiennent la vision; de participer et éventuellement de faciliter la négociation des priorités; et de faciliter un accord en collaboration sur les issues de la solution.
- ***Patience et tolérance***: la capacité de maintenir l'auto-contrôle sous pression et de garder un esprit ouvert lorsque vous interagissez avec les autres.
- ***Flexibilité et adaptabilité***: des ensembles de compétences interfonctionnelles qui permettent à l'analyste métier de sortir de sa spécialisation afin de soutenir les autres membres de l'équipe.
- ***Capacité à gérer le changement***: la capacité d'évaluer rapidement l'impact du changement et de déterminer ce qui apporte de la valeur parmi les exigences en constante évolution, et d'aider ou de maintenir la redéfinissions des priorités de la liste des tâches à faire.
- ***Capacité à reconnaître la valeur*** : la capacité de comprendre comment les changements et les nouvelles fonctionnalités peuvent fournir de la valeur et soutenir la vision.
- ***Amélioration continue***: revoir périodiquement avec l'équipe agile comment devenir plus efficace.

11.1.5 Impact sur les domaines de connaissance

Cette section explique comment les pratiques d'analyse métier spécifiques aux démarches agile sont cartographiées aux tâches et aux pratiques d'analyse métier telles que définies par le *Guide BABOK®*. Elle décrit également comment chaque domaine de connaissances est appliqué ou modifié avec l'approche agile.

Chaque domaine de connaissances répertorie les techniques pertinentes pour une perspective agile. *Le Guide® BABOK* techniques se trouvent dans le chapitre Techniques du *Guide® BABOK*. Les techniques d'extension Agile sont abordées en détail dans *le guide Agile Extension to the BABOK® Guide*. Il ne s'agit pas d'une liste exhaustive de techniques, mais plutôt de mettre en évidence les types de techniques utilisées par les analystes métier lors de l'exécution des tâches qui relèvent du domaine de connaissances.

.1 Planification et surveillance de l'analyse métier

Dans les approches agiles, la planification de l'analyse métier peut être différée jusqu'à ce que le travail sur une activité soit prête à commencer plutôt que d'être fait à l'avance comme dans des projets prédictifs.

Un plan initial pour les activités d'analyse métier est élaboré au début du projet. Le plan est ensuite mis à jour avant le début de chaque cycle pour tenir compte des changements et s'assurer que le plan est toujours à jour. La participation et l'engagement des parties prenantes sont essentiels au succès des projets agiles. Les analystes métier planifient de manière proactive l'implication, l'engagement et la collaboration avec les parties prenantes. La communication est normalement beaucoup moins formelle et les livrables de l'analyse métier sont souvent des interactions et une collaboration qui mettent moins l'accent sur les documents écrits.

Techniques du Guide BABOK®

- Gestion du Backlog (p. 269)
- Jeux collaboratifs (p. 298)
- Estimation (p. 333)
- Mesures et Indicateurs clés de performance (KPIs) (p. 364)
- Mind Mapping (p. 368)
- Priorisation (p. 383)
- Modélisation du périmètre (p. 415)
- Liste des parties prenantes, carte ou personas (p. 422)
- Récits utilisateurs (User Stories) (p. 440)
- Ateliers de travail (p. 445)

Techniques de l'Extension Agile

- Documentation simplifiée
- Priorisation MoSCoW
- Persona
- Estimation relative
- Rétrospective

.2 Élicitation et collaboration

L'élicitation et l'élaboration progressives se produisent tout au long d'une initiative agile. Le modèle le plus courant est une activité d'élicitation initiale qui établit la vision et la portée de haut niveau de la solution, ainsi qu'un plan initial basé sur des jalons pour la livraison du produit. Dans chaque cycle, il y a une élicitation plus détaillée pour les éléments du backlog qui seront développés au cours de ce cycle. Les activités d'élicitation ont pour but de générer juste assez de détails pour que le travail en cours soit fait correctement tout en étant harmonisé aux objectifs. Les approches agiles visent à minimiser le temps entre l'élaboration des besoins et leur mise en œuvre dans la solution. L'accent est mis sur les approches collaboratives d'élicitation telles que les ateliers avec les parties prenantes.

Techniques du Guide BABOK®

- Critères d'acceptation et d'évaluation (p. 266)
- Gestion du Backlog (p. 269)
- Brainstorming (p. 278)
- Jeux collaboratifs (p. 298)
- Modélisation de concepts (p. 301)
- Analyse des interfaces (p. 353)
- Mind Mapping (p. 368)
- Analyse des exigences non fonctionnelles (p. 371)
- Modélisation des processus (p. 390)
- Prototypage (p. 397)
- Revues (p. 400)
- Modélisation du périmètre (p. 415)
- Liste des parties prenantes, carte ou personas (p. 422)
- Scénarios et cas d'utilisation (p. 436)
- Récits utilisateurs (User Stories) (p. 440)
- Ateliers de travail (p. 445)

Techniques de l'Extension Agile

- Programmation pilotée par le comportement
- Documentation simplifiée
- Persona
- Storyboarding
- Cartographie des récits utilisateurs (Story Mapping)

.3 Gestion du cycle de vie des exigences

Au fur et à mesure que les initiatives agiles se déploient, la portée est définie avec une spécificité croissante. On s'attend à ce que les besoins changent et que la conception évolue au cours du projet. La priorisation des fonctionnalités en fonction de la valeur et de la priorité de développement détermine le travail effectué dans chaque cycle. La validation de la solution évolutive avec les parties prenantes a lieu à la fin de chaque itération au lieu d'un processus formel d'approbation des exigences.

Techniques du Guide BABOK®

- Critères d'acceptation et d'évaluation (p. 266)
- Gestion du Backlog (p. 269)
- Jeux collaboratifs (p. 298)
- Priorisation (p. 383)
- Revues (p. 400)
- Ateliers de travail (p. 445)

Techniques de l'Extension Agile

- Modèle d'analyse de Kano
- Priorisation MoSCoW
- Décomposition du récit utilisateur (Story Decomposition)
- Cartographie des récits utilisateurs (Story Mapping)

.4 Analyse de la stratégie

Les approches agiles sont souvent utilisées lorsqu'il existe une incertitude quant aux besoins, à la solution ou à l'ampleur du changement. L'analyse de la stratégie fait partie intégrante d'une initiative agile visant à garantir que la solution fournie continue d'offrir de la valeur aux parties prenantes. Les membres de l'équipe agile utilisent l'analyse stratégique pour aider à comprendre et à définir la vision du produit, et à développer et ajuster la feuille de route, en plus de mener des évaluations continues des risques connexes. Pour chaque itération, la solution proposée est réévaluée par rapport au contexte actuel afin de s'assurer qu'elle répondra efficacement aux objectifs de l'entreprise. La nature adaptative de projets agiles signifie qu'adapter le projet en fonction de changements aux buts de l'organisation n'engendre pas de perturbations; c'est plutôt un volet attendu du processus.

Techniques du Guide BABOK®

- Gestion du Backlog (p. 269)
- Brainstorming (p. 278)
- Analyse des capacités métier (p. 281)
- Jeux collaboratifs (p. 298)
- Modélisation de concepts (p. 301)
- Mesures et Indicateurs clés de performance (KPIs) (p. 364)
- Modélisation du périmètre (p. 415)
- Ateliers de travail (p. 445)

Techniques de l'Extension Agile

- Modèle d'analyse de Kano
- Persona
- Modèle d'alignement des objectifs
- Options réelles
- Analyse de la chaîne de valeur

.5 Analyse des exigences et spécification de la conception

Les besoins sont progressivement élaborés dans le cadre d'un projet agile . L'analyse et la conception sont effectuées juste à temps, juste avant ou pendant l'itération au cours de laquelle le composant de solution sera développé.

L'analyse effectuée juste avant l'itération vise à fournir à l'équipe suffisamment d'informations pour estimer le travail prévu. L'analyse effectuée au cours de l'itération vise à fournir à l'équipe suffisamment d'informations pour construire ou livrer le travail planifié.

Les modèles et les autres techniques d'analyse et de conception sont généralement utilisés de manière informelle et peuvent ne pas être maintenus une fois qu'ils ont atteint leurs objectifs. L'approche d'analyse et de conception utilisée doit soutenir l'élaboration progressive, être adaptable au changement en fonction de l'apprentissage et ne pas amener l'équipe à choisir des solutions prématurément. Les équipes agiles ont tendance à utiliser les user stories au niveau de décomposition le plus bas, généralement soutenu par des critères d'acceptation qui capturent les détails d'analyse et de spécification concernant la façon dont les stories doivent se comporter lorsqu'elles sont mises en œuvre. La validation de la solution évolutive est effectuée avec les parties prenantes à la fin de chaque itération.

Techniques du Guide BABOK®

- Critères d'acceptation et d'évaluation (p. 266)
- Analyse des capacités métier (p. 281)
- Analyse des règles métier (p. 294)
- Jeux collaboratifs (p. 298)
- Modélisation de concepts (p. 301)
- Analyse des interfaces (p. 353)
- Analyse des exigences non fonctionnelles (p. 371)
- Priorisation (p. 383)
- Analyse des processus (p. 386)
- Modélisation des processus (p. 390)
- Modélisation du périmètre (p. 415)
- Scénarios et cas d'utilisation (p. 436)
- Récits utilisateurs (User Stories) (p. 440)
- Ateliers de travail (p. 445)

Techniques de l'Extension Agile

- Programmation pilotée par le comportement
- Modèle d'analyse de Kano
- Documentation simplifiée
- Priorisation MoSCoW
- Modèle d'alignement des objectifs
- Options réelles
- Décomposition des récits utilisateur (Story Decomposition)
- Élaboration des récits utilisateur (Story Elaboration)
- Cartographie des récits utilisateurs (Story Mapping)
- Storyboarding
- Analyse de la chaîne de valeur

.6 Évaluation de la solution

Tout au long d'un projet agile, les parties prenantes et l'équipe agile évaluent et mesurent continuellement la solution de développement au fur et à mesure qu'elle est construite et affinée. L'évaluation de la solution évolutive avec les parties prenantes a lieu à la fin de chaque cycle de développement pour s'assurer que le livrable répond à leurs besoins et répond à leurs attentes. L'analyste métier s'assure que le produit répond aux attentes avant la sortie d'un produit et identifie de nouvelles opportunités qui ajouteront de la valeur à l'entreprise.

Techniques du Guide BABOK®

- Critères d'acceptation et d'évaluation (p. 266)
- Analyse des capacités métier (p. 281)
- Mesures et Indicateurs clés de performance (KPIs) (p. 364)
- Analyse des exigences non fonctionnelles (p. 371)
- Analyse des processus (p. 386)
- Prototypage (p. 397)
- Revues (p. 400)
- Liste des parties prenantes, carte ou personas (p. 422)
- Scénarios et cas d'utilisation (p. 436)
- Récits utilisateurs (User Stories) (p. 440)
- Ateliers de travail (p. 445)

Techniques de l'Extension Agile

- Persona
- Analyse de la chaîne de valeur

11.2 La perspective de la Business Intelligence

La perspective de Business Intelligence met en évidence les caractéristiques uniques de l'analyse métier lorsqu'elle est pratiquée dans le contexte de la transformation, de l'intégration et de l'amélioration des données.

L'objectif de la Business Intelligence est la transformation des données en informations à forte valeur ajoutée : où les trouver, comment les intégrer et comment les améliorer et les fournir en tant qu'informations analytiques pour soutenir la prise de décision.

Les initiatives d'aide à la décision appliquent des architectures système centrées sur les données ainsi que des technologies et des outils pour fournir des informations fiables, cohérentes et de haute qualité qui permettent aux parties prenantes de mieux gérer les performances stratégiques, tactiques et opérationnelles.

11.2.1 Portée du changement

.1 Profondeur du changement

L'un des principaux objectifs d'un système de Business Intelligence est la définition et l'utilisation cohérentes de l'information dans l'ensemble d'une organisation en établissant un « point de vérité unique » pour diverses données d'entreprise. Une architecture de solution qui peut intégrer de multiples sources de données interne (et potentiellement externe) de l'organisation fournit la base d'une solution de business intelligence.

Figure 11.2.1: Solution de business intelligence - Cadre conceptuel

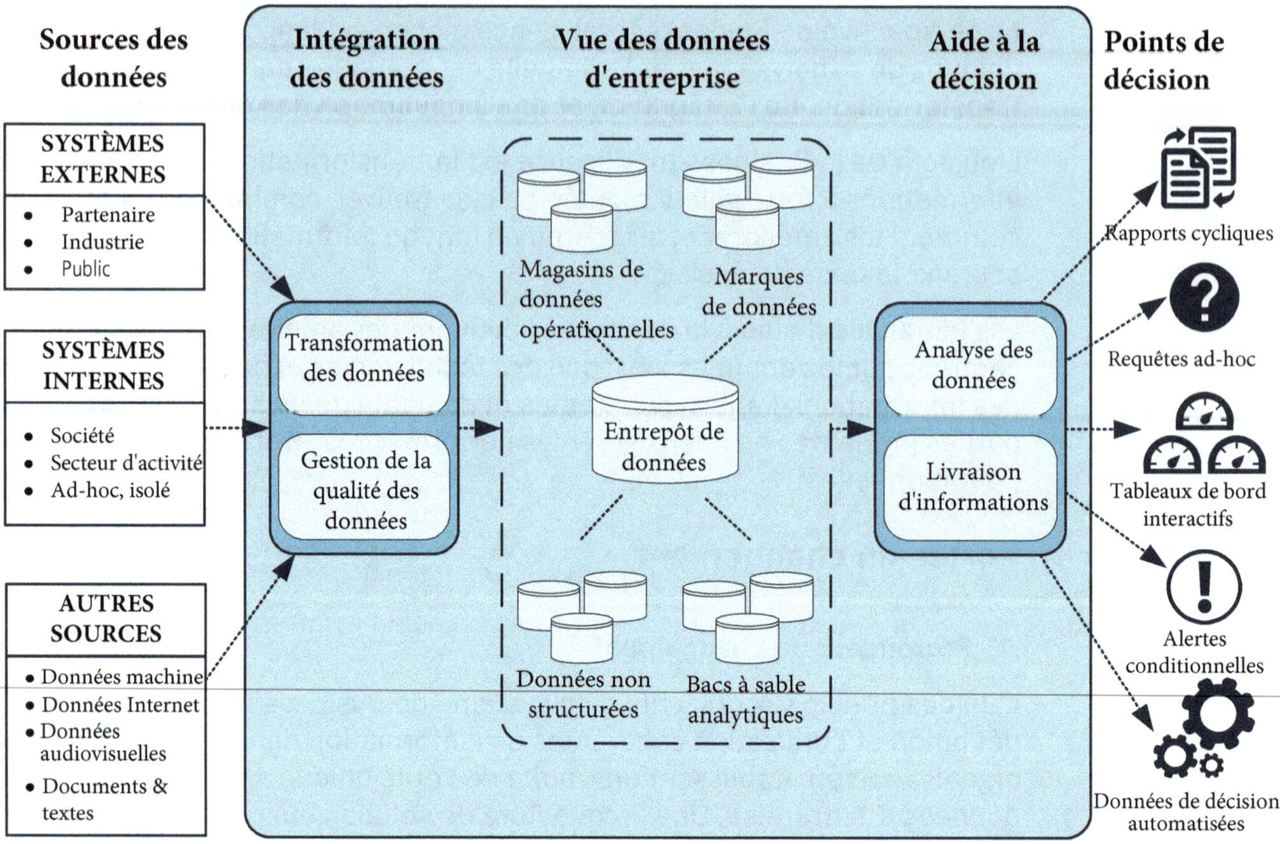

La business intelligence favorise une vision de la gestion de l'information à l'échelle de l'entreprise. Pour soutenir ce cadre conceptuel, une initiative de business intelligence peut également impliquer le développement de services d'infrastructure dans l'organisation, tels que la gouvernance des données et la gestion des métadonnées.

.2 Profondeur du changement

Les initiatives de business intelligence se concentrent sur l'information nécessaire pour soutenir la prise de décision à différents niveaux de l'organisation ou entre ces

- ***niveau exécutif***: soutient les décisions stratégiques,
- ***niveau de la direction***: supporte les décisions tactiques, ou
- ***niveau du processus***: soutient les décisions opérationnelles.

Lorsque les besoins en information sont initialement exprimés ou identifiés à un niveau particulier, l'analyste métier enquête sur les répercussions pour l'entreprise à d'autres niveaux pour évaluer l'effet global du changement sur l'organisation.

À chaque niveau, les besoins métier peuvent impliquer l'un ou l'autre des éléments suivants :

- les exigences en matière de communication pour l'élaboration de nouveaux rapports ou le remplacement des rapports existants,
- les exigences en matière d'information pour l'ajout ou l'extension de fonctionnalités analytiques, et/ou
- les exigences d'intégration des données pour la construction ou la modification de la vue des données d'entreprise en ce qui concerne les sources de données, les définitions, les règles de transformation et les problèmes de qualité.

.3 Valeur et solutions livrées

La valeur d'une initiative de business intelligence est dans sa capacité à fournir des informations opportunes, précises, de grande valeur et exploitables aux personnes et aux systèmes qui peuvent les utiliser efficacement pour prendre des décisions.

Une prise de décisions mieux informée à tous les niveaux peut mener à une amélioration du rendement de l'entreprise dans les domaines suivantes :

- les processus stratégiques tels que l'analyse de marché, l'engagement client et le développement de produits,
- les processus tactiques tels que le contrôle des stocks et la planification financière, et
- les processus opérationnels tels que l'évaluation du crédit, la détection des défauts et la surveillance des comptes fournisseurs.

Ces améliorations du rendement actuel et futur d'une organisation peuvent se traduire par l'augmentation des revenus et la réduction des coûts.

.4 Approche de mise en œuvre

Une solution de business intelligence présente une gamme d'options pour répondre aux besoins émergents des parties prenantes en matière d'information et aux priorités de l'organisation.

L'extensibilité et l'évolutivité de l'architecture de la solution permettent d'introduire ou d'améliorer progressivement l'accompagnement de la prise de décision :

- à différents niveaux de l'organisation, de la stratégie (exécutif), à l'opérationnel (personnel et systèmes), en passant par la tactique (direction), et
- dans les domaines fonctionnels cibles de l'organisation, d'un domaine spécifique à une implémentation à l'échelle de l'entreprise.

Les services d'infrastructure qui fournissent des capacités de gestion, d'analyse et de présentation des données facilitent une stratégie de développement progressive ou incrémentielle en ce qui concerne :

- l'inclusion, la coordination et le contrôle de différentes sources de données, et
- l'analyse et le développement d'informations et de perspectives métier.

Les composants d'infrastructure d'une solution d'aide à la décision sont souvent fournis par un package prêt à l'emploi configuré en fonction de l'environnement et des besoins spécifiques de l'entreprise.

.5 Principales hypothèses

Voici une liste des principales hypothèses d'une initiative de business intelligence :

- les processus métier et les systèmes transactionnels existants peuvent fournir des données sources définissables et prévisibles,
- l'infrastructure de données interfonctionnelle requise pour prendre en charge une solution de business intelligence n'a pas été exclue par l'organisation pour des raisons techniques, financières, politiques/culturelles ou autres, et
- l'organisation reconnaît que la ré-ingénierie des processus et la gestion du changement peuvent être nécessaires afin de réaliser efficacement la valeur d'une solution de business intelligence.

11.2.2 Périmètre de l'analyse métier

.1 Promoteur du changement

Le promoteur du changement (sponsor) d'une initiative de business intelligence est idéalement un rôle de plus haut niveau pour l'unité organisationnelle touchée par le changement. Cela permet une approche uniforme et cohérente de l'utilisation partagée des ressources de données au sein de l'architecture interfonctionnelle d'une solution de Business Intelligence.

.2 Cibles et agents de changement

Les cibles d'une initiative de business intelligence sont les décisions métier prises par les personnes ou les processus à de multiples niveaux de l'organisation qui peuvent être améliorées par de meilleurs rapports, une meilleure surveillance ou des modèles prédictifs des données liées à la performance .

.3 Position de l'analyste métier

Comme dans d'autres initiatives, l'analyste métier agit comme principal agent de liaison entre les Parties prenantes en matière de la business intelligence et les fournisseurs de solutions dans l'élicitation, l'analyse et la spécification des besoins du métier, ou de l'entreprise.

En plus de ce rôle, l'analyste peut également participer à des activités techniques spécifiques à la business intelligence, notamment :

- la modélisation des données d'entreprise,
- la modélisation des décisions,
- la conception de présentation spécialisée (par exemple, tableaux de bord), et
- la conception de requête ad hoc.

Un analyste métier qui travaille sur une initiative de business intelligence occupe l'un ou l'autre des rôles suivants :

- analyste métier compétent dans la définition des besoins et l'évaluation des solutions potentielles,
- analyste fonctionnel en business intelligence qui a une compréhension de l'exploration de données et des techniques d'analyse prédictive, ainsi que des compétences dans le développement de représentations
- analyste de données expérimenté dans la définition des données des systèmes sources à être utilisées pour les besoins d'analyse requis, ou
- modélisateur/architecte de données qualifié pour définir les structures de données source et cible dans des modèles logiques de données.

.4 Résultats de l'analyse métier

Dans la discipline de la business intelligence, l'analyse métier est centrée sur les principaux composants de l'architecture de la solution :

- la spécification des décisions à influencer ou à modifier,
- la collecte de données à partir des systèmes sources,
- l'intégration de sources divergentes dans un cadre d'entreprise convergent, et
- la fourniture d'informations ciblées et d'informations analytiques aux parties prenantes de l'entreprise.

L'analyste métier est responsable de l'analyse et de la spécification des exigences métier pour tous ces composants et collabore avec des spécialistes techniques pour évaluer les artefacts de la solution.

Les principaux résultats de l'analyse métier sont les suivants :

- ***Couverture des processus métier***: définit l'étendue du changement avec une vue d'ensemble de haut niveau des décisions métier au sein de l'entreprise qui doivent être prises en charge par la solution. Il identifie comment l'information produite sera utilisée et quelle valeur elle apportera.

- ***Modèles de décision***: identifier les besoins en informations de chaque décision d'entreprise à prendre en charge et spécifier la logique des règles métier de la façon dont les composants d'information individuels contribuent au résultat de la décision.
- ***Modèle de données logique source et dictionnaire de données***: le modèle de données logique source contient une définition standard des données requises détenues dans chaque système source. Le dictionnaire de données source fournit une définition de chaque élément et des règles métier qui lui sont appliquées : description de l'entreprise, type, format et longueur, valeurs juridiques et interdépendances éventuelles.
- ***Évaluation de la qualité des données sources***: évalue l'exhaustivité, la validité et la fiabilité des données provenant des systèmes sources. Elle indique les domaines où une vérification et une amélioration des données sources sont nécessaires pour garantir la cohérence des définitions et des règles métier qui s'appliquent à l'ensemble des données de l'entreprise.
- ***Modèle de données logique cible et dictionnaire de données***: le modèle de données logique cible présente une vue intégrée et normalisée des structures de données nécessaires à la prise en charge du domaine métier. Le dictionnaire de données cibles fournit une définition standardisée à l'échelle de l'entreprise des éléments de données et des règles d'intégrité.
- ***Règles de transformation***: mapper les éléments de données source et cible pour spécifier les exigences de décodage et d'encodage de valeurs et pour la correction de données (valeurs d'erreur) et leur enrichissement (valeurs manquantes) dans le processus de transformation.
- ***Exigences Analytique Métier***: définir les exigences en matière d'information et de communication pour les extrants d'appui à la décision. Il s'agit notamment des éléments suivants :
    - les rapports prédéfinis,
    - les tableaux de bord,
    - les tableaux de bord prospectifs (Balanced Scorecard),
    - les rapports ad hoc,
    - les requêtes de traitement analytique en ligne (OLAP),
    - l'exploration de données
    - l'analyse prescriptive,
    - les alertes conditionnelles,
    - le traitement d'événements complexes, et
    - la modélisation prédictive.

- ***Les spécifications de chaque sortie peuvent inclure*** : (1) les sélections/ dimensions des données, le niveau de granularité, le critère de filtrage appliqué, les possibilités d'exploration, la division en éléments constitutifs et l'accès et les autorisations des utilisateurs; et (2) des règles de présentation pour définir le format des éléments de données, la traduction (étiquettes, recherches), les calculs et les agrégations de données.
- ***Architecture de la solution***: fournit une vue de haut niveau de conception de la manière dont les exigences en matière de support aux décisions de chaque domaine fonctionnel se situent dans le cadre de la business intelligence. Elle est généralement présenté sous la forme d'un modèle de processus (ou de flux de données) qui définit :
  - où les données sources sont conservées,
  - comment (pull/push) et quand (fréquence, latence) les données seront extraites,
  - où les transformations auront lieu (nettoyage, encodage, amélioration),
  - où les données seront physiquement stockées (entrepôt de données, dépôt de données), et
  - comment les données seront acheminées vers les extrants à présenter (outils de production de rapports et de requêtes).

11.2.3 Méthodologies et approches

.1 Méthodologies

Il n'existe pas de méthodologies formalisées en business intelligence qui ont une incidence sur les responsabilités et les activités de l'analyste métier. Toutefois, une initiative de business intelligence peut fonctionner à l'intérieur ou à côté de méthodologies applicables à d'autres disciplines ou perspectives qui pourraient elles-mêmes

.2 Approches

Dans le cadre de la business intelligence, il existe un certain nombre d'approches moins formelles et susceptibles d'être redondantes qui correspondent à des contextes métier et des techniques particulières.

Types d'analyses

Il existe trois types d'analyse de données qui représentent des solutions incrémentielles, avec des niveaux croissants de complexité des systèmes, de coût et de valeur :

- ***Analyse descriptive***: utilise des données historiques pour comprendre et analyser les performances passées de l'entreprise. Les informations peuvent être catégorisées et consolidées pour répondre au mieux au point de vue des parties prenantes, y compris les tableaux de bord de l'exécutif, les tableaux de bord des indicateurs clés de performance (KPI) du management et les graphiques de gestion du niveau opérationnel. Aucune hypothèse n'est faite quant aux situations qui intéressent les parties prenantes, aux décisions à prendre ou aux actions qui pourraient être prises. L'analyse métier se concentre sur les exigences en matière d'information et de communication pour les rapports et les tableaux de bord standard, les rapports ad hoc et les fonctionnalités de requête.
- ***L'analyse prédictive***: applique des méthodes d'analyse statistique aux données historiques pour identifier des modèles, puis utilise cette compréhension des relations et des tendances pour faire des prédictions sur les événements futurs. Les situations particulières qui intéressent les parties prenantes sont spécifiées et leurs règles métier sont définies. L'analyse métier se concentre sur les exigences en matière d'informations pour la reconnaissance des formes par le biais de l'exploration de données, de la modélisation prédictive, des prévisions et des alertes basées sur les conditions.
- ***Analyse prescriptive***: développe l'analyse prédictive pour identifier les décisions à prendre et initier les actions appropriées pour améliorer la performance de l'entreprise. Des techniques d'optimisation statistique et de simulation peuvent être utilisées pour déterminer la meilleure solution ou le meilleur résultat parmi divers choix. Pour les situations d'intérêt pour les parties prenantes, une spécification complète des décisions associées et des actions potentielles est requise. L'analyste métier se concentre sur les objectifs , les critères de contraintes et les règles de l'entreprise qui sous-tendent le processus décisionnel.

Axé sur l'offre et la demande

Les objectifs et les priorités d'une initiative de business intelligence peuvent être fondés sur les objectifs techniques d'amélioration des systèmes de diffusion d'information existants (axés sur l'offre) ou sur les objectifs opérationnels de fournir l'information appropriée pour améliorer les processus décisionnels (axés sur la demande) :

- ***Axée sur l'offre*** : suppose une perspective « à un coût donné, quelle valeur pouvons-nous offrir? ». Cette approche cartographie les données des systèmes existants pour définir les données disponibles. Une stratégie de mise en œuvre commune consisterait à :

1. l'intégration progressive des bases de données existantes dans l'architecture de la solution de Business Intelligence,
2. remplacer ou réparer progressivement les extrants existants, et
3. explorer de nouvelles connaissances qui pourraient être tirées des données consolidées.

- ***Axée sur la demande*** : suppose une perspective « à une valeur donnée, quels coûts engageons-nous? ». Cette approche commence par identifier les informations nécessaires pour soutenir les décisions métier, puis retracer ces informations jusqu'aux sources de données sous-jacentes pour déterminer la faisabilité et le coût. Il prévoit des stratégies de mise en œuvre incrémentielle qui ne sont pas déterminées par les structures de base de données existantes et permet une utilisation exploratoire précoce de la business intelligence au-delà des exigences de reporting existantes.

Données structurées et non structurées

Il y a deux types de données que les approches de business intelligence envisagent :

- ***Données structurées***: les solutions traditionnelles d'entrepôt de données ont été basées sur la consolidation des données structurées (numériques et catégoriques) enregistrées dans les systèmes opérationnels où les ensembles d'informations métier sont identifiés par des structures prédéfinies (appelées « schéma à l'écriture ») et où un modèle reposant sur des règles assure l'intégrité des données. L'analyse métier se concentre sur les modèles de données, les dictionnaires de données et les règles métier pour définir les besoins et les capacités en matière d'informations.
- ***Données non structurées***: les solutions de business intelligence peuvent inclure des données semi-structurées ou non structurées qui incluent du texte, des images, de l'audio et de la vidéo. Ces données proviennent souvent de sources externes. Pour ce type de données, la structure et les relations ne sont pas prédéfinies et aucune règle d'organisation spécifique n'a été appliquée pour garantir l'intégrité des données. Les ensembles d'informations sont dérivés des données brutes (appelées « schéma en lecture »). L'analyse métier se concentre sur les définitions de métadonnées et les algorithmes de correspondance de données afin de définir les besoins d'information et les capacités.

11.2.4 Compétences sous-jacentes

Comme dans toute discipline d'analyse métier, l'analyste métier a besoin des compétences en communication et en analyse pour être efficace dans la relation avec les parties prenantes de l'entreprise et les fournisseurs de solutions techniques.

Dans la discipline de la business intelligence, cette coordination des exigences en matière d'information métier avec les résultats des systèmes de business intelligence peut être améliorée par des compétences précises en ce qui concerne :

- les données métier et l'utilisation fonctionnelle, y compris la terminologie et les règles,
- l'analyse de structures de données complexes et leur traduction dans un format standardisé,
- les processus métier affectés, y compris les KPI et les métriques,
- la modélisation des décisions,
- les techniques d'analyse des données, y compris les statistiques de base, le profilage des données et les données pivot,
- les concepts et architecture d'entrepôt de données et de business intelligence,
- les modèles de données logiques et physiques,
- Les meilleures pratiques ETL (extraire, transformer et lancer), y compris le suivi des données historiques et la gestion des données de référence, et
- outils de reporting de business intelligence.

11.2.5 Impact sur les domaines de connaissances

Cette section explique comment les pratiques d'analyse métier spécifiques pour la business intelligence sont mappées aux activités et aux pratiques d'analyse métier telles que définies par le *Guide BABOK®*. Il décrit également comment chaque domaine de connaissances est appliqué ou modifié dans la business intelligence.

Chaque domaine de connaissances répertorie les techniques pertinentes pour une perspective de la Business Intelligence. Les techniques utilisées dans la discipline de l'intelligence d'entreprise ne s'écartent pas dans une large mesure des techniques du Guide *BABOK®*. Les techniques *Guide* BABOK® se trouvent dans le chapitre Techniques du Guide *BABOK®*. Il ne s'agit pas d'une liste exhaustive de techniques, mais plutôt de mettre en évidence les types de techniques utilisées par les analystes métier lors qu'ils effectuent les tâches qui relèvent du domaine de connaissances.

.1 Planification et surveillance de l'analyse métier

Une initiative de business intelligence peut nécessiter la mise en place d'une infrastructure de données sous-jacente pour prendre en charge la solution, ou il peut s'agir d'une amélioration basée sur l'infrastructure d'une solution existante. La modélisation du périmètre est fréquemment utilisée pour faire la différence entre ces solutions de rechange et planifier les activités d'analyse pertinentes en conséquence.

Le paradigme de la business intelligence pour la fourniture d'informations peut être une approche nouvelle, peu familière pour les parties prenantes de l'entreprise et pour les analystes métier eux-mêmes. Dans la planification de l'initiative, l'analyste métier prend en considération :

- l'expérience des parties prenantes dans l'expression de leurs exigences en matière d'information et de communication dans le contexte de la business intelligence, et
- la compétence des analystes métier à interpréter ces exigences en spécifications détaillées pour les spécialistes techniques de la business intelligence.

Les solutions de business intelligence fournissent généralement des cadres, des outils et des techniques qui peuvent aider à la définition des besoins et à la modélisation des solutions. Le niveau d'expertise des parties prenantes et des analystes métier dans ces domaines peut avoir un impact sur l'approche prévue.

Lors de l'évaluation des attitudes des parties prenantes vis-à-vis de l'initiative de business intelligence, l'analyste métier doit savoir qu'une solution de business intelligence à l'échelle de l'entreprise pourrait ne pas apporter de valeur directe à certains acteurs opérationnels, mais le livrera ailleurs dans l'organisation, et la souplesse et l'extensibilité offertes par l'infrastructure de business intelligence offrent une valeur stratégique à plus long terme qui va au-delà des avantages opérationnels à court terme.

Une solution de business intelligence qui intègre plusieurs sources de données engage généralement de nombreuses parties prenantes avec des exigences d'informations qui se chevauchent. Les analystes métier se préparent à l'analyse et à la synthèse des exigences individuelles dans un ensemble complet et cohérent, sans conflits ni redondances.

Techniques du Guide BABOK®

- Critères d'acceptation et d'évaluation (p. 266)
- Balanced Scorecard (p. 273)
- Brainstorming (p. 278)
- Analyse des décisions (p. 320)
- Estimation (p. 333)
- Décomposition fonctionnelle (p. 347)
- Entretiens (p. 356)
- Gestion des points de suivi (p. 360)

- Mesures et Indicateurs clés de performance (KPIs) (p. 364)
- Analyse des exigences non fonctionnelles (p. 371)
- Modélisation de l'organisation (p. 378)
- Priorisation (p. 383)
- Modélisation des processus (p. 390)
- Revues (p. 400)
- Analyse et gestion des risques (p. 404)
- Matrice des rôles et des autorisations (p. 409)
- Analyse de la cause fondamentale (p. 412)
- Modélisation du périmètre (p. 415)
- Liste des parties prenantes, carte ou personas (p. 422)
- Sondage ou questionnaire (p. 430)
- Scénarios et cas d'utilisation (p. 436)
- Récits utilisateurs (User Stories) (p. 440)
- Ateliers de travail (p. 445)

.2 Élicitation et collaboration

La nature transversale de la business intelligence exige généralement que les analystes métier utilisent des outils et des techniques de documentation spécialisés pour susciter des types particuliers d'exigences de la part des parties prenantes, tant métier que techniques.

Les parties prenantes individuelles ne peuvent posséder que des connaissances et une expertise partielles concernant:

- les décisions de l'entreprise qui ont besoin de soutien,
- les éléments de données qui soutiennent ces décisions,
- les règles d'approvisionnement, de transformation et d'intégration des données, et
- la présentation des informations requises.

Les entretiens avec les parties prenantes permettent de déterminer l'information et les connaissances analytiques nécessaires pour appuyer leur prise de décision. Les ateliers de travail avec les parties prenantes provenant de différents domaines fonctionnels de l'entreprise peuvent aider à détecter les points communs, des exigences en matière d'information qui se chevauchent et qui seraient mieux satisfaites par une solution intégrée.

Les modèles de données et les dictionnaires de données fournissent des définitions de la structure et des règles de gestion des données des systèmes existants. L'analyste métier évalue la documentation disponible pour identifier l'incomplétude d'un modèle ou les incohérences entre les modèles.

Les modèles de processus étendus pour inclure des artefacts de données peuvent aider à identifier les sources de données requises aux points de décision. Les modèles de décision spécifient les exigences d'analyse des données et les règles métier pour les décisions.

Les packages de fonctionnalités de business intelligence prêts à l'emploi peuvent fournir à l'analyste métier un ensemble d'outils de prototypage très efficaces pour obtenir et clarifier les exigences des parties prenantes en matière d'information et de communication.

***Techniques du Guide* BABOK®**

- Brainstorming (p. 278)
- Analyse de documents (p. 330)
- Groupes de discussion (Focus Groups) (p. 343)
- Décomposition fonctionnelle (p. 347)
- Glossaire (p. 351)
- Analyse des interfaces (p. 353)
- Entretiens (p. 356)
- Gestion des points de suivi (p. 360)
- Observation (p. 375)
- Prototypage (p. 397)
- Ateliers de travail (p. 445)
- Liste des parties prenantes, carte ou personas (p. 422)
- Sondage ou questionnaire (p. 430)

.3 Gestion du cycle de vie des exigences

La nature architecturale de la discipline de business intelligence nécessite l'établissement de capacités d'infrastructure de la solution. Cela peut introduire des dépendances structurelles au sein de la solution, en particulier lorsque la livraison est progressive, ce qui affectent la hiérarchisation des besoins. Il est souvent possible d'obtenir des gains d'efficacité en mettant en œuvre en même temps les exigences connexes.

***Techniques du Guide* BABOK®**

- Gestion des points de suivi (p. 360)
- Modélisation de l'organisation (p. 378)
- Priorisation (p. 383)
- Revues (p. 400)
- Matrice des rôles et des autorisations (p. 409)
- Liste des parties prenantes, carte ou personas (p. 422)
- Ateliers de travail (p. 445)

.4 Analyse de la stratégie

Les analystes métier peuvent utiliser des modèles de données conceptuels de haut niveau pour cartographier l'état actuel des informations, identifier les silos d'informations et évaluer leurs problèmes et opportunités connexes. La modélisation de l'organisation peut être utilisée pour évaluer les infrastructures actuelles de gestion des données, telles que la gestion des métadonnées et la gouvernance des données.

Pour définir la stratégie de l'état futur, les analystes métier peuvent utiliser des modèles de haut niveau pour cartographier l'architecture du stockage des données et du transport et de la transformation des données :

- ***Modèles de données logiques***: fournissent une vue statique de l'architecture de la solution, représentant le portail d'information qui relie l'approvisionnement des entrées de données opérationnelles à la livraison des sorties d'informations métier.
- ***Les diagrammes de flux de données***: sont couramment utilisés pour cartographier les aspects dynamiques de la solution (data-in-motion) et pour identifier d'autres constructions architecturales telles que la latence et l'accessibilité.
- ***Les modèles de décision***: sont utiles pour définir comment les décisions pertinentes sont prises et où et comment l'analyse des données peut être utilisée efficacement pour répondre à ces besoins.
- ***Modèles de données physiques***: montrer l'environnement de mise en œuvre, y compris l'entrepôt de données et les data marts.

L'architecture extensible fournie par les solutions de Business Intelligence peut prendre en charge la mise en œuvre incrémentielle dans différents domaines fonctionnels de l'entreprise. Les analystes métier peuvent définir des options de stratégie de changement en fonction des besoins et des priorités, de l'impact sur les opérations métier et de la convivialité des composants d'infrastructure existants.

Techniques du Guide **BABOK®**

- Gestion du Backlog (p. 269)
- Analyse comparative et analyse de marché (p. 276)
- Brainstorming (p. 278)
- Analyse des règles métier (p. 294)
- Diagrammes de flux de données (p. 306)
- Modélisation des données (p. 315)
- Analyse des décisions (p. 320)
- Modélisation des décisions (p. 325)
- Analyse de documents (p. 330)
- Estimation (p. 333)
- Groupes de discussion (Focus Groups) (p. 343)
- Décomposition fonctionnelle (p. 347)
- Glossaire (p. 351)
- Modélisation de l'organisation (p. 378)
- Analyse et gestion des risques (p. 404)
- Analyse de la cause fondamentale (p. 412)
- Liste des parties prenantes, carte ou personas (p. 422)
- Analyse SWOT (p. 434)

.5 Analyse des exigences et spécification de la conception

Lors de la modélisation et de la spécification des exigences de capture et de stockage des données de back-office, les analystes métier utilisent des techniques de modélisation spécifiques orientées données telles que la modélisation des données, le dictionnaire de données, la modélisation décisionnelle et l'analyse des règles métier.

Les modèles des données d'un système existant aident à définir la disponibilité des données et à identifier les redondances, les incohérences et les problèmes de qualité des données. Lorsque la documentation des systèmes existants est inexistante ou obsolète, la modélisation par ingénierie inverse peut être une composante importante du travail et nécessite souvent une collaboration avec des experts techniques tels que les administrateurs de bases de données et les programmeurs d'applications.

Un modèle de données d'état futur montre comment les informations source sont structurées de manière générique dans la solution proposée. Le processus de transformation global est généralement modélisé à l'aide de diagrammes de flux de données pour illustrer la gestion des exigences de latence et d'accessibilité dans la solution. Les analystes métier définissent des règles métier spécifiques pour la vérification de l'intégrité des données et la transformation des données.

Pour modéliser et spécifier les sorties d'informations de front office, les analystes métier doivent :

- analyser les rapports existants pour déterminer s'ils sont candidats à être remplacer ou à être
- utiliser des fonctionnalités d'aide à la décision telles que les requêtes ad hoc, l'exploration de données et le traitement d'événements complexes pour identifier et spécifier le contenu et le format des nouvelles sorties d'aide à la décision.

Les analystes métier participent à l'évaluation de la capacité d'une solution proposée (généralement un progiciel commercial prêt à l'emploi) par rapport aux exigences spécifiées. Dans le contexte de la business intelligence, il s'agit notamment d'exigences fonctionnelles telles que les installations en libre-service, les outils d'analyse de données, les outils de présentation des données, les capacités d'exploration et les exigences non fonctionnelles liées à des problèmes tels que la qualité des données, la latence des données et les performances des requêtes.

.6 *Techniques du Guide* BABOK®

- Critères d'acceptation et d'évaluation (p. 266)
- Balanced Scorecard (p. 273)
- Analyse des règles métier (p. 294)
- Dictionnaire de données (p. 303)
- Diagrammes de flux de données (p. 306)
- Modélisation des données (p. 315)
- Modélisation des décisions (p. 325)
- Analyse de documents (p. 330)
- Décomposition fonctionnelle (p. 347)
- Glossaire (p. 351)
- Analyse des interfaces (p. 353)
- Entretiens (p. 356)
- Mesures et Indicateurs clés de performance (KPIs) (p. 364)
- Analyse des exigences non fonctionnelles (p. 371)
- Observation (p. 375)
- Modélisation de l'organisation (p. 378)
- Priorisation (p. 383)
- Modélisation des processus (p. 390)
- Prototypage (p. 397)
- Revues (p. 400)
- Modélisation du périmètre (p. 415)
- Diagrammes de séquence (p. 419)
- Liste des parties prenantes, carte ou personas (p. 422)
- Modélisation d'État (p. 427)
- Scénarios et cas d'utilisation (p. 436)
- Évaluation des fournisseurs (p. 443)

.7 Évaluation de la solution

Une limite courante de l'entreprise avec l'introduction d'une solution de business intelligence est la sous-utilisation de la ressource d'information et des fonctionnalités analytiques fournies par la solution. Les parties prenantes qui ne sont pas familières avec les capacités de solutions de business intelligence peuvent se concentrer sur le simple remplacement ou la réparation des informations existantes. Les analystes métier explorent et évaluent les possibilités de valeur ajoutée qui sont rendues possibles par une solution de business intelligence.

.8 *Techniques du Guide* BABOK®

- Critères d'acceptation et d'évaluation (p. 266)
- Balanced Scorecard (p. 273)
- Analyse des règles métier (p. 294)
- Diagrammes de flux de données (p. 306)
- Modélisation des données (p. 315)
- Analyse des décisions (p. 320)
- Modélisation des décisions (p. 325)
- Estimation (p. 333)
- Groupes de discussion (Focus Groups) (p. 343)
- Décomposition fonctionnelle (p. 347)

- Glossaire (p. 351)
- Entretiens (p. 356)
- Gestion des points de suivi (p. 360)
- Mesures et Indicateurs clés de performance (KPIs) (p. 364)
- Observation (p. 375)
- Modélisation de l'organisation (p. 378)
- Priorisation (p. 383)
- Modélisation des processus (p. 390)
- Analyse et gestion des risques (p. 404)
- Liste des parties prenantes, carte ou personas (p. 422)
- Sondage ou questionnaire (p. 430)
- Analyse SWOT (p. 434)
- Scénarios et cas d'utilisation (p. 436)
- Récits utilisateurs (User Stories) (p. 440)
- Évaluation des fournisseurs (p. 443)

11.3 La perspective des technologies de l'information

La perspective des technologies de l'information met en évidence les caractéristiques de l'analyse métier lorsqu'elle est entreprise dans le cadre d'un changement au niveau des technologies du systèmes de l'information.

Cette perspective se concentre sur les approches non agiles des initiatives informatiques.

Lorsqu'ils travaillent dans les systèmes d'information (SI), les analystes métier font face à un large éventail de complexité et de portée d'activités. Les initiatives peuvent être aussi mineures que des améliorations ou des corrections de bugs et les améliorations, ou aussi importantes que la refonte d'une l'infrastructure informatique pour une entreprise. Les analystes métier sont appelés à travailler avec des parties prenantes ayant un niveau diversifié de connaissances et de compétences pour fournir de précieuses solutions en réponse à leurs besoins informatiques.

Pour plus d'informations sur les approches agiles dans le cadre des initiatives de technologie de l'information, voir La perspective agile (p. 450).

Être capable d'articuler efficacement la vision et les besoins de l'entreprise et des parties prenantes est essentiel au succès de l'initiative. Les analystes métier collaborent de manière proactive avec les parties prenantes de l'entreprise et les équipes de développement pour s'assurer que les besoins sont compris et alignés sur la stratégie organisationnelle. Un analyste métier joue souvent le rôle de traducteur qui aide les parties prenantes à comprendre les besoins, les contraintes et le contexte de chacun. Le concept de spécification de solution est approprié dans un contexte technologique et du point de vue de l'analyste métier informatique. Cependant, le terme de « spécification », lorsqu'il est discuté dans un contexte informatique, est généralement supposé signifier « spécification technique » ou l'utilisation de technologies pour résoudre des problèmes métier. Dans un contexte informatique les analystes métier définissent et élaborent les exigences solution ou participent à la spécification de la solution avec les parties prenantes tout en maintenant une séparation avec la conception technique de la solution.

Important Dans ce contexte, le terme « conception » a traditionnellement été réservé à la spécification de solutions ou de techniques effectuée par des développeurs, des architectes informatiques ou des architectes de solutions. Le travail effectué par les analystes métier est associé au terme "d'exigences", y compris les concepts tels que la spécification et la conception de processus métier, d'interfaces utilisateur, de rapports ou d'autres éléments de la solution pertinents pour les parties prenantes en dehors de l'équipe d'implémentation (développement ou intégration). Les analystes métier travaillant dans ce type de contexte peuvent préférer le terme « d'exigences solution » au lieu de « spécification » afin de maintenir une séparation claire des responsabilités.

Les analystes métier travaillant dans l'environnement des technologies de l'information considèrent leurs tâches par rapport à trois facteurs clés :

- ***Impact de la solution***: la valeur et le risque de la solution pour l'entreprise.
- ***Maturité organisationnelle***: la formalité et la flexibilité des processus de changement organisationnel.
- ***Portée du changement***: l'ampleur, la profondeur, la complexité et le contexte du changement proposé.

11.3.1 Portée du changement

Les changements apportés aux systèmes d'information sont initiés pour plusieurs raisons.

Chacun des déclencheurs suivants peut entraîner un changement :

- ***Créer une nouvelle capacité organisationnelle***: peut être exécuté pour transformer l'organisation. Ces types d'initiatives peuvent conduire à la création de programmes pour faire face à des changements non informatiques, mais sont centrés sur une technologie qui modifie l'environnement de l'entreprise.
- ***Atteindre un objectif organisationnel en valorisant une capacité existante***: s'inscrit dans un changement qui répond à un besoin défini. Cela peut inclure des modifications pour répondre aux exigences réglementaires ou pour atteindre des objectifs spécifiques à l'entreprise. Ces types d'initiatives modifient souvent un système existant, mais peuvent également nécessiter la mise en œuvre et l'intégration de nouveaux systèmes.
- ***Faciliter une amélioration opérationnelle***: est entrepris pour améliorer l'efficacité organisationnelle ou réduire les risques organisationnels. La portée du changement, la maturité organisationnelle et l'impact de la solution déterminent si ces changements seront gérés comme un projet, dans le cadre d'un effort d'amélioration continue ou comme une amélioration.
- ***Maintenir un système informatique existant***: est entrepris pour assurer le bon fonctionnement d'un système informatique existant. Selon l'ampleur du changement, la maintenance peut être gérée comme un projet ou une activité planifiée régulièrement. Cela peut inclure des modifications liées à la technologie, telles qu'un fournisseur qui interrompt la prise en charge d'une technologie, des versions planifiées ou des mises à niveau d'un progiciel acheté, ou des modifications techniques requises pour supporter une stratégie d'architecture.
- ***La réparation d'un système informatique défectueux***: est entreprise lorsqu'un système informatique qui ne fonctionne pas comme prévu est modifié pour corriger le dysfonctionnement. L'urgence de la réparation est généralement basée sur le niveau de perturbation causé. Dans

certains cas, l'ampleur de l'effort de réparation est très importante, de sorte que la réparation est gérée comme un projet.

.1 Profondeur du changement

Les initiatives en matière de technologie de l'information peuvent se concentrer sur un seul système ou sur plusieurs systèmes qui interagissent les uns avec les autres. Certains systèmes sont développés et entretenus en interne, tandis que d'autres sont des systèmes propriétaire prêts à l'emploi (COTS) développés par une organisation externe au groupe qui met en œuvre le système. Il est également possible qu'une organisation externe termine un développement personnalisé, par exemple lorsque les tâches de développement sont externalisées ou sous contrat.

La portée d'une initiative informatique est souvent étroitement axée sur les logiciels et le matériel et un ensemble minimal de systèmes, d'applications ou de parties prenantes. Les initiatives plus importantes peuvent avoir un impact sur plusieurs groupes d'utilisateurs ou plusieurs systèmes et nécessitent alors une collaboration étendue au sein ou avec d'autres entreprises. La mise en œuvre des systèmes propriétaires peut commencer par une portée faible ou limitée lorsque le changement est amorcé, mais une fois l'analyse terminée, la portée est plus large que prévu. L'approche pour la sélection et la mise en œuvre d'un système propriétaire est abordée différemment d'un développement interne. Ces systèmes nécessitent presque toujours une personnalisation, une intégration, une administration et une formation. Dans certains cas, les initiatives se limitent à l'installation et à la mise en œuvre, ou à des améliorations à apporter sur une application existante. Ces initiatives peuvent également se concentrer sur une solution technologique très spécifique, telle que les données nécessaires, la façon dont les données sont collectées, la façon dont elles sont stockées et consultées afin de prendre en charge des méthodes de transaction, ou la façon dont les informations sont déclarées et disponibles pour les départements ou services.

Les analystes métier qui travaille dans ce domaine examinent attentivement le contexte de tout changement. Ils déterminent si le changement est géré comme un projet, une amélioration continue ou une activité de maintenance. Les analystes métier tiennent également compte de la gestion du changement organisationnel et de tous les impacts, y compris la formation, la communication et l'adoption du changement.

La nature des activités d'analyse dans cet environnement dépende d'une variété de facteurs qui impacte la solution :

- Qu'arrive-t-il à l'entreprise si ce système s'arrête ?
- Que se passe-t-il si les performances du système se dégradent ?
- Quelles sont les capacités et les processus de l'entreprise qui dépendent du système informatique ?

- Qui contribue à ces capacités et à ces processus?
- Qui utilise ces capacités et ces processus?

Lorsqu'ils examinent ces facteurs, non seulement les analystes métier formalisent les activités associées à l'analyse des processus définis par l'organisation, mais tiennent également compte de l'importance du système informatique. L'importance du système peut amener ne analyse plus approfondie pour appuyer et définir les exigences de changement.

.2 Profondeur du changement

Les changements dans un environnement informatique nécessitent souvent que l'analyste métier définisse des détails explicites, y compris des détails techniques tels que la définition d'éléments de données individuels manipulés ou affectés par le changement. Des efforts d'intégration peuvent nécessiter une analyse et une définition à un niveau de détail élevé tout en identifiant et en définissant les interfaces entre les systèmes informatiques. En raison du niveau de détail requis dans ces initiatives, les analystes métier suscitent et analysent le fonctionnement de l'organisation dans son ensemble et la façon dont le système informatique soutiendra ces opérations. Cela fournit le contexte nécessaire pour que l'analyste métier comprenne si les détails découverts et documentés sont pertinents pour fournir de la valeur. Cela peut être particulièrement difficile lorsqu'un changement de système est initié pour des raisons technologiques, mais sans une clarté suffisante sur l'objectif de l'entreprise.

.3 Valeur et solutions livrées

Les systèmes d'information sont mis en œuvre pour accroître la valeur organisationnelle, ce qui comprend toutes les capacités et tous les processus de soutien qui utilisent le système. Les analystes métier cherchent à aligner les fonctionnalités informatiques sur les processus et les capacités, et à mesurer l'effet que le système aura sur eux.

Les modifications apportées aux systèmes peuvent augmenter la valeur de plusieurs façons, notamment :

- réduire les coûts d'exploitation,
- diminuer le gaspillage,
- accroître l'alignement stratégique,
- augmenter la fiabilité et la stabilité,
- automatiser des processus manuels ou sujets d'erreurs,
- réparer des problèmes,
- rendre possible l'augmentation, l'amélioration ou la disponibilité plus facile d'une capacité d'entreprise, et
- mettre en œuvre de nouvelles fonctionnalités et de nouvelles capacités.

.4 Approche de mise en œuvre

La prestation des activités d'analyse métier au sein d'une organisation informatique varie considérablement. Les initiatives peuvent aller de petits efforts d'amélioration, qui sont complétés par un calendrier de publication unique et court, à des mises en œuvre progressives de plusieurs versions.

Les initiatives à court terme peuvent impliquer un seul analyste métier sur une courte période. Les efforts plus importants impliquent souvent plusieurs analystes métier qui peuvent coordonner leurs activités d'analyse de plusieurs façons. Les analystes métier peuvent diviser le travail en fonction des groupes métier impliqués, ou par activité spécifique.

.5 Principales hypothèses

Voici une liste des principales hypothèses de la discipline :

- les capacités et les processus opérationnels qui utilisent un système d'information apportent de la valeur à l'organisation,
- les analystes métier qui travaillent sous d'autres angles peuvent intégrer leur travail aux autres travaux, et
- Les changements apportés aux systèmes d'information sont généralement motivés par un besoin métier, bien que certaines initiatives puissent provenir d'un développement de technologiques.

11.3.2 Périmètre de l'analyse métier

.1 Promoteur du changement

Les changements en matière de technologie de l'information peuvent être demandés ou parrainés par des commanditaires du métier, des services informatique ou des deux. Ces changements doivent correspondre à la stratégie organisationnelle et aux objectifs métier. Il est possible pour un service informatique d'initier un changement pour s'aligner sur la stratégie technique ou atteindre des objectifs techniques, mais un alignement global de la stratégie organisationnelle est toujours crucial pour la réussite du changement.

La liste suivante représente les Promoteur du changement possibles :

- l'équipe technique,
- le responsable technique,
- le propriétaire de l'application,
- le propriétaire du processus,
- le propriétaire de l'entreprise,
- le chef de produit interne, et
- le représentant réglementaire (comme un service juridique d'entreprise).

Les entreprises peuvent utiliser de nombreuses méthodes pour initier des changements liés aux technologies de l'information. Souvent, les grandes entreprises ont un service pour la gestion de programme ou de projet au sein d'une direction informatique, qui reçoit les demandes et hiérarchise les efforts.

.2 Cibles et agents de changement

Les analystes identifient toutes les directions, les processus, les applications et les activités possibles qui peuvent être influencés par le changement proposé. Un analyste métier ne se concentre pas uniquement sur les détails de l'initiative, mais garde également un œil sur la vue d'ensemble et l'impact potentiel (tant sur le plan métier que technique) du changement. Cela implique un niveau d'analyse des processus et des fonctionnalités avec un accent particulier sur les interfaces techniques ainsi que sur les transferts de processus.

.3 Position de l'analyste métier

Dans le cadre d'une initiative dans les système d'information, les activités d'analyse métier peuvent être réalisée par une personne ayant le titre de Business Analyste, ou autre, ou encore ayant des expériences dans ce rôle. Cette activité dépendra du type de changement, du niveau d'expérience, des connaissances nécessaires ou tout simplement du personnel disponible pour l'initiative. La personne peut être affectée aux activités d'analyse métier en raison de son expérience décrite ci-dessous, et peut remplir une partie ou la totalité des responsabilités liées à l'analyse métier pour un changement donné.

Il est possible que toutes les tâches d'analyse métier d'un projet informatique soient effectuées par une personne n'ayant qu'un seul expérience présentée ci-dessous :

- un analyste métier travaillant spécifiquement avec les utilisateurs métier d'un système d'information donné,
- un analyste métier qui assure la liaison entre l'équipe technique et le métier qui utilise l'application,
- un expert spécialisé (SME) expérimenté dans l'implémentation du logiciel,
- un utilisateur du logiciel qui a l'expérience de l'utilisation du logiciel au quotidien et qui peut se concentrer sur la capacité d'utilisation
- un analyste des systèmes qui a une expérience dans le domaine d'activité, mais qui n'a pas d'expérience avec l'application donnée,
- un propriétaire de processus d'affaires qui possède une expérience approfondie des capacités ou des processus métier, mais qui n'a peut-être aucune expérience technique ou informatique,

- une personne technique ayant une expérience technique approfondie, ou
- un représentant externe, de progiciel, qui permettra une implémentation personnalisée d'une solution packagée et tirera parti de ses connaissances du package fournisseur et de son expérience passée en matière de mise en œuvre.

.4 Résultats de l'analyse métier

Dans le cadre d'une initiative informatique, un analyste métier peut tenir compte des processus métier touchés par le changement, ainsi que des données et des informations en business intelligence recueillis par le système. Les analystes métier travaillant dans le domaine de cette initiative planifient minutieusement l'effort d'analyse et les livrables qui soutiennent l'effort de changement.

L'approche de changement utilisée a un impact direct sur les livrables ou les résultats de l'analyse métier. De nombreuses organisations ont une méthodologie de développement de système ou de solution définie qui, dans une certaine mesure, dicte les livrables requis à chaque étape du projet. Même dans ce contexte , l'analyste métier peut chercher à compléter par des livrables supplémentaires au-delà de ceux requis par l'approche de changement ou le processus du projet de l'organisation, et utiliser des techniques qui soutiennent la compréhension globale de l'effort de changement nécessaire.

Les analystes métier travaillant dans cette discipline sont responsables de fournir certains des éléments suivants :

- des exigences définies, complètes, testables, priorisées et vérifiées
- analyse des solutions alternatives,
- règles métier,
- analyse des écarts,
- décomposition fonctionnelle,
- utiliser des scénarios et des cas et d'utilisation, et/ou des récits d'utilisateurs le cas échéant,
- analyse des interfaces,
- prototypes,
- analyse des processus,
- modèles de processus,
- modèles d'état,
- modèles de décision,
- les modèles de contexte ou les modèles de portée, et
- modèles de données.

Les livrables supplémentaires ne figurant pas dans la liste ci-dessus, mais qui se rapportant aux résultats des techniques d'analyse utilisées peuvent également être considérés comme livrables de l'analyste métier.

11.3.3 Méthodologies

Les méthodologies suivies par les organisations varient considérablement.

En général, ces méthodologies de développement de solutions se basent sur deux approches génériques :

- ***Predictive***: processus structurés qui mettent l'accent sur la planification et la documentation formelle des processus utilisés pour compléter le changement. Chaque phase du processus ou de la séquence est terminée avant de passer à la phase suivante.
- ***Adaptive***: processus qui permettent de retravailler dans un ou plusieurs des cycles de processus structurés globaux. La plupart des modèles adaptatifs sont à la fois itératifs et incrémentiels, se concentrant sur la croissance du produit à la fois en largeur et en profondeur.

Une méthodologie hybride peut également être utilisée. Une méthodologie hybride peut comprendre une vision globale de l'initiative entière (prédictive) et une définition des détails dans des cycles ou des itérations individuels (adaptative).

Le tableau suivant décrit plusieurs méthodologies ou approches établies qu'un analyste métier qui pratique dans le milieu des technologies de l'information peut rencontrer.

Table 11.3.1: Méthodologies des technologies de l'information

Méthodologie	Description courte
Spécifique à l'entreprise ou à l'organisation	Une méthodologie, dérivée de composantes d'autres méthodologies ou approches établies, peut être créée par une organisation de technologie de l'information, pour gouverner des initiatives basées sur les technologies de l'information.
Ingénierie des exigences (RE)	Établit une approche structurée pour le développement et la gestion des exigences et est utilisé dans les environnements prédictifs, adaptatifs et agiles.

Table 11.3.1: Méthodologies des technologies de l'information (Continued)

Méthodologie	Description courte
Méthode d'analyse et de conception de systèmes structuré (SSADM)	Une méthodologie de développement prédictif qui se concentre sur la modélisation logique établie et la séparation des exigences des solutions en tant que centre de l'analyse et de la spécification des systèmes.
Processus unifié (UP)	Une approche de développement adaptatif. Les phases de création et d'élaboration présentent un intérêt particulier pour les analystes d'entreprises. L'UP n'est pas considérée comme agile mais comme une méthodologie adaptative.

11.3.4 Compétences sous-jacentes

Un analyste métier travaillant dans le secteur informatique peut posséder des compétences liées au développement informatique, telles que la programmation, la création d'une base de données, la création d'une architecture de système ou de solution, l'expérience des tests logiciels ou d'autres compétences techniques. Cependant, les compétences liées au développement ou les compétences techniques ne sont pas nécessaires pour qu'un analyste métier réussisse dans un environnement informatique. Il est important pour l'analyste métier d'avoir une solide compréhension des détails requis dans un ensemble d'exigences pour soutenir les solutions techniques, ainsi qu'une compréhension de ce qui est techniquement faisable dans les contraintes de l'architecture technique d'une organisation. Ces compétences permettront à un analyste métier de travailler avec toutes les parties prenantes pour concevoir un cadre de solution qui permettra également à l'équipe technique la flexibilité de concevoir une solution technique.

Les analystes métier utilisent des compétences d'influence et de facilitation lorsqu'ils travaillent avec les parties prenantes. Des compétences en négociation sont fréquemment utilisées lorsque vous travaillez avec le personnel métier et technique pour parvenir à des accords et à des décisions si les coûts d'une solution (que ce soit en termes de budget, de temps ou d'impact architectural) entrent en conflit avec le résultat souhaité.

La pensée systémique est une compétence cruciale pour les analystes métier qui pratiquent dans un environnement informatique. La pensée systémique soutient la capacité de l'analyste métier à voir la situation dans son ensemble, y compris toute autre application ou tout autre aspect technique susceptible d'être affecté, les détails du besoin spécifique et les solutions techniques possibles. La pensée systémique soutient également la capacité d'identifier les impacts sur les personnes, les processus et les logiciels qui ne sont pas directement modifiés dans le cadre d'un effort de développement informatique, et d'analyser les risques et les résultats possibles de ces impacts.

11.3.5 Impact sur les domaines de connaissances

Cette section explique comment les pratiques d'analyse métier spécifiques aux technologies de l'information sont mappées aux tâches et aux pratiques d'analyse métier telles que définies par le *Guide BABOK®*. Elle décrit également comment chaque domaine de connaissances est appliqué ou modifié dans la discipline Technologie de l'information.

Chaque domaine de connaissance contient des techniques pertinentes à une perspective dans les technologies de l'information. Les techniques utilisées dans la discipline de la technologie de l'information ne s'écartent pas dans une large mesure des techniques du Guide *BABOK®*. Les techniques du *Guide*BABOK® se trouvent dans le chapitre Techniques du Guide. *BABOK®*. Il ne s'agit pas d'une liste exhaustive de techniques, mais plutôt de mettre en évidence les types de techniques utilisées par les analystes métier lors de l'exécution des tâches dans le domaine des connaissances.

.1 Planification et surveillance de l'analyse métier

Une approche d'analyse métier est un outil de communication fondamental qui peut être utilisé pour identifier les ressources nécessaires au travail d'analyse métier et assurer suffisamment de temps pour l'effort d'analyse. Un plan d'analyse métier bien défini s'intègre au plan de projet global et donne aux analystes métier l'occasion de définir et de prévoir les activités d'analyse pour le projet.

De nombreuses organisations ont mis en place des normes et des processus qui peuvent identifier certaines livrables et autres tâches d'analyse. Si ceux-ci ne sont pas en place, l'analyste métier identifie ces tâches et ces livrables en fonction des besoins de l'initiative spécifique.

Il est important que le contexte du travail d'analyse soit compris. Cela inclut la compréhension de l'interopérabilité des systèmes logiciels, des processus métier et des données transmises d'un système à l'autre. Les modifications apportées à un système ou à un processus peuvent avoir un effet d'entraînement qui fait entrer d'autres systèmes, processus ou groupes de partie prenante dans le périmètre de l'initiative.

L'analyste métier en informatique peut être intégré au sein d'une équipe logicielle. Cette approche permet à l'analyste métier de se familiariser avec des logiciels ou des processus spécifiques supportés par le logiciel. Les attitudes et besoins des parties prenantes peuvent changer ou évoluer à l'égard de chaque changement précis. Les rôles, la collaboration et les plans de communication sont prévus pour chaque effort de changement.

Les solutions progiciel (COTS) peuvent impliquer des efforts majeurs d'intégration de systèmes, des personnalisations et de nombreuses tâches inattendues en raison de l'introduction d'un logiciel externe. Lors de la planification d'effets et de besoins de personnalisation inconnus, les analystes métier mobilisent à la fois les parties prenantes internes, qui comprennent les besoins du changement, et les parties prenantes externes, qui ont une expertise de la mise en œuvre du progiciel (COTS).

***Techniques du Guide* BABOK®**

- Gestion du Backlog (p. 269)
- Analyse de documents (p. 330)
- Estimation (p. 333)
- Décomposition fonctionnelle (p. 347)
- Gestion des points de suivi (p. 360)
- Mesures et Indicateurs clés de performance (KPIs) (p. 364)
- Modélisation de l'organisation (p. 378)
- Matrice des rôles et des autorisations (p. 409)
- Modélisation du périmètre (p. 415)
- Liste des parties prenantes, carte ou personas (p. 422)

.2 Élicitation et collaboration

Les changements dans les technologies de l'information touchent souvent de nombreuses parties prenantes ayant des relations distinctes avec la solution ou le changement. Lorsqu'un changement implique une application ou un système informatique, le personnel technique peut avoir une expertise, des perspectives ou une expérience qui peut identifier des impacts supplémentaires sur les systèmes ou les processus au fur et à mesure que les exigences et les solutions sont définies. Pour cette raison, il est avantageux d'avoir au moins une session d'élicitation avec le personnel technique informatique, tel que l'équipe de développement ou de conception technique, et les experts métier dans une même salle en même temps. Ce type d'approche d'élicitation fournit une plate-forme de collaboration entre les équipes techniques et métier, où l'analyste sert de facilitateur et de liaison pour le processus.

Les analystes métier exerçant dans un environnement informatique peuvent utiliser l'une des techniques identifiées dans le domaine de connaissances Élicitation et collaboration . De plus, les méthodes suivantes peuvent être d'une aide précieuse dans la discipline des technologies de l'information :

- ***Investigation*** : utilisation des actifs de processus organisationnels, des études de marché, de l'analyse concurrentielle, des spécifications fonctionnelles et de l'observation,
- ***Simulations***: à l'aide de modélisations statistiques et de maquettes, et
- ***Expérimentation***: utilisation de preuves de concept, de prototypes, de versions alpha et bêta et de tests A/B.

Les changements de technologie de l'information peuvent être perçus comme une distraction ou un coût inutile par les parties prenantes si le changement induit n'est pas jugé essentiel à la mission ou si la partie prenante subit des conséquences négatives après le changement. Cela peut rendre l'engagement pour l'élicitation difficile. L'élicitation au-delà des frontières organisationnelles peut être entravée, ce qui entraîne des ruptures de collaboration et des retouches. Les analystes métier dans les systèmes d'information peuvent réduire le risque de reprise en mobilisant les technologies de l'information et les ressources de l'entreprise dans les activités de collaboration.

Techniques du Guide BABOK®

- Brainstorming (p. 278)
- Jeux collaboratifs (p. 298)
- Analyse de documents (p. 330)
- Groupes de discussion (Focus Groups) (p. 343)
- Analyse des interfaces (p. 353)
- Entretiens (p. 356)
- Observation (p. 375)
- Modélisation des processus (p. 390)
- Prototypage (p. 397)
- Modélisation du périmètre (p. 415)
- Diagrammes de séquence (p. 419)
- Liste des parties prenantes, carte ou personas (p. 422)
- Modélisation d'État (p. 427)
- Sondage ou questionnaire (p. 430)
- Scénarios et cas d'utilisation (p. 436)
- Ateliers de travail (p. 445)

.3 Gestion du cycle de vie des exigences

Les initiatives informatiques font souvent l'objet de découvertes majeures lors de la création du changement. C'est à travers l'exploration que les analystes découvrent les implications de la nouvelle fonctionnalité fournie par la solution. Ce sens de la découverte dans les environnements informatiques a conduit à l'adaptation de temps de cycle courts (agile et amélioration continue), à un contrôle rigoureux des changements (Capability Maturity Model Integration (CMMI) et prédictif) et à des technologies de l'information externalisées (Software as a Service (SaaS) et services cloud).

Les analystes métier travaillant dans le domaine des technologies de l'information accordent une attention particulière à l'alignement, à l'approbation, au contrôle des changements, à la traçabilité et aux outils de gestion du cycle de vie. Il incombe à l'analyste de travailler avec les parties prenantes afin d'élaborer une méthode uniforme pour examiner les exigences en évolution afin d'assurer leur alignement aux objectifs métier de l'initiative.

Dans de nombreux cas, les modifications apportées aux exigences approuvées sont motivées par des modifications apportées à des exigences de niveau supérieur, telles que les objectifs métier. Les analystes métier collaborent avec les parties prenantes pour s'assurer que ces exigences sont stables avant de passer à la solution ou aux exigences techniques. Lorsque des changements aux exigences sont présents, l'analyse métier analyse l'effet et planifie comment gérer les changements proposés.

À mesure que la complexité d'un environnement augmente, il devient de plus en plus important de suivre chaque changement de chaque exigence ou entre les exigences et les autres informations. La traçabilité inclut des dépendances et des relations entre les exigences qui permet aux parties prenantes de comprendre plus facilement ce qui change dans le système et de prévoir les impacts des changements supplémentaires.

Puisque les systèmes techniques évoluent avec le temps, il est utile que chaque version de chaque exigence soit sauvegardée et comptabilisée d'une certaine façon. La traçabilité permet de trouver la source et le propriétaire de chaque caractéristique et de chaque fonctionnalité demandée, ainsi que pourquoi, quand et comment elle a changé au fil du temps. Cet historique est important pour s'assurer que les exigences sont complètes et que l'approbation des exigences est une décision raisonnée. Lorsque les travaux de changement et/ou que le système informatique est audité, les organismes de réglementation et les autres parties intéressées peuvent comprendre ce qui s'est passé, quand et pourquoi. Cela peut être particulièrement important à des fins d'audit, lorsqu'une application gère systématiquement des données ou des processus sans intervention humaine pour chaque transaction ou instance du processus en cours. Ce suivi aide également l'organisation à comprendre pourquoi certaines fonctionnalités ne sont pas fournies ou mises en œuvre dans le système d'information, et pourquoi elles ont été retirées du périmètre de cette implémentation.

***Techniques du Guide* BABOK®**

- Critères d'acceptation et d'évaluation (p. 266)
- Analyse des décisions (p. 320)
- Gestion des points de suivi (p. 360)
- Mesures et Indicateurs clés de performance (KPIs) (p. 364)
- Priorisation (p. 383)

.4 Analyse de la stratégie

Au sein d'une organisation informatique, l'analyse stratégique se concentre sur les technologies et les systèmes, les unités opérationnelles, les processus métier et les stratégies touchés par le changement proposé. Il est possible que les impacts d'un changement provoquent un effet d'entraînement à travers d'autres systèmes de l'organisation. Afin d'analyser les besoins et les changements proposés, les analystes métier cherchent à comprendre tous les divers aspects qui peuvent être touchés par le changement.

L'analyse de l'état actuel des initiatives informatiques comprend l'analyse des processus , la compréhension de ce que fait actuellement le système ou la technologie, les données nécessaires pour effectuer les tâches et les autres systèmes et processus qui interagissent avec le système. Dans un premier temps, les analystes métier planifient une compréhension approfondie de l'état actuel et du contexte global de l'entreprise, en gardant à l'esprit que la portée se précisera à mesure que l'état futur sera identifié.

Une fois l'état actuel compris, l'état futur souhaité est décrit. Cela peut être lié aux processus ou aux capacités et comprend généralement la façon dont les fonctionnalités actuelles du système doivent changer afin de soutenir la vision future et d'atteindre les objectifs des parties prenantes individuelles et de l'entreprise. En comprenant à la fois les états actuels et futurs, l'écart entre les deux est identifié, et c'est là que la direction de l'effort de changement peut être définie. C'est à ce stade de l'analyse que les options de solution sont explorées.

Une fois que les aspects de la portée du changement et de l'état futur souhaité sont compris, les analystes métier évaluent l'incertitude et le risque. L'incertitude est clarifiée par :

- identifier et définir les risques,
- identifier et définir les bénéfices potentiels,
- établir des paramètres de variance dans les processus et les opérations connus, et
- explorer l'inconnu.

Les analystes métier explorent également d'autres risques potentiels, notamment :

- les risques liés aux fournisseurs, tels que la stabilité de leur entreprise et de leurs produits,
- les impacts sur l'environnement technique du système,
- l'évolutivité de la solution si les volumes de transactions ou d'utilisateurs augmentent au fil du temps, et
- les modifications supplémentaires du processus ou du système requises en fonction de la modification initiée.

***Techniques du Guide* BABOK®**

- Analyse des capacités métier (p. 281)
- Groupes de discussion (Focus Groups) (p. 343)
- Décomposition fonctionnelle (p. 347)
- Entretiens (p. 356)
- Gestion des points de suivi (p. 360)
- Observation (p. 375)
- Analyse des processus (p. 386)
- Modélisation des processus (p. 390)
- Modélisation du périmètre (p. 415)
- Sondage ou questionnaire (p. 430)
- Analyse SWOT (p. 434)
- Évaluation des fournisseurs (p. 443)
- Ateliers de travail (p. 445)

.5 Analyse des exigences et spécification de la conception

Il est important pour les analystes métier travaillant dans les systèmes d'information de comprendre et de clarifier le terme de « conception ». De nombreuses organisations informatiques ne pensent à la conception que lorsqu'elle s'applique à la conception ou à la spécification d'un logiciel ou d'un changement technique. Dans le domaine de connaissances Analyse des exigences et spécification de la conception , le terme conception est considéré plus largement et du point de vue de l'analyste métier. Les spécifications sont des représentations utilisables qui se concentrent sur la solution et la compréhension de la valeur qu'elle pourrait réalisée si elle est construite. Par exemple, un modèle d'amélioration potentielle d'un processus (qu'il ait un impact ou qu'il utilise un système d'information, ou non), ainsi que les mises en page de l'interface utilisateur ou la conception de rapports, peuvent toutes être considérées comme des spécification .

Les analystes métier élaborent les exigences métier et techniques, décomposent et définissent les besoins des parties prenantes et identifient la valeur à réaliser pour les parties prenantes une fois qu'une solution technique ou un changement est mis en œuvre. Ils suscitent, définissent et analysent les besoins du métier et des parties prenantes, mais aussi définissent, analysent et modélisent les spécifications de solutions. Elles définissent les exigences à un niveau de détail technique qui sera utilisé dans le cadre de la conception d'une solution et comme intrant aux spécifications techniques. Cette élaboration comprendra à la fois des exigences fonctionnelles et des exigences non fonctionnelles . Pour certaines initiatives de changement, la définition d'exigences non fonctionnelles pourrait s'appliquer à tous les objectifs de l'entreprise pour l'effort de changement.

Les analystes métier s'appuient souvent sur d'autres agents du changement pour produire des spécifications techniques pour des solutions logicielles. Un architecte système, un programmeur, un gestionnaire de base de données ou un autre expert technique est souvent nécessaire pour déterminer comment utiliser la technologie pour satisfaire un ensemble d'exigences. Les analystes métier en informatiques définissent les étapes de processus, les règles métier, les flux d'écran et les mises en page des rapports. La définition des exigences pour inclure des fonctionnalités détaillées d'un système, de l'entreprise et des processus est un élément crucial de la conception de la solution et ne sépare pas l'analyse de la spécification.

Dans le cadre de l'analyse des exigences, un analyste métier dans les technologies de l'information peut s'associer à un autre analyste métier ayant un objectif différent, comme un analyste d'entreprise ou un architecte métier, pour s'assurer que les exigences informatiques s'alignent sur la stratégie métier ou organisationnelle.

L'analyse des exigences et la spécification de la conception implique souvent de documenter les exigences à l'aide de mots et d'images. Dans certains cas, les exigences peuvent être représentées autrement, comme avec une preuve de concept, des prototypes fonctionnels de logiciels ou des simulations. Dans tous les cas, l'analyste métier s'efforce de produire de la documentation avec des détails suffisants et appropriés pour :

- l'entreprise, afin de confirmer et de valider les exigences
- les développeurs de la conception
- les testeurs, pour mesurer la solution avant sa mise en production.

***Techniques du Guide* BABOK®**

- Analyse des règles métier (p. 294)
- Dictionnaire de données (p. 303)
- Diagrammes de flux de données (p. 306)
- Modélisation des données (p. 315)
- Analyse des décisions (p. 320)
- Modélisation des décisions (p. 325)
- Analyse de documents (p. 330)
- Estimation (p. 333)
- Décomposition fonctionnelle (p. 347)
- Glossaire (p. 351)
- Analyse des interfaces (p. 353)
- Analyse des exigences non fonctionnelles (p. 371)
- Modélisation de l'organisation (p. 378)
- Modélisation des processus (p. 390)
- Prototypage (p. 397)
- Revues (p. 400)
- Matrice des rôles et des autorisations (p. 409)
- Modélisation du périmètre (p. 415)
- Diagrammes de séquence (p. 419)
- Modélisation d'État (p. 427)
- Scénarios et cas d'utilisation (p. 436)
- Récits utilisateurs (User Stories) (p. 440)

.6 Évaluation de la solution

L'évaluation de la solution se concentre sur les composants de la solution et sur la valeur qu'ils offrent. Dans un contexte informatique, cela inclut une focalisation sur les interactions entre plusieurs systèmes dans le contexte du changement et de l'environnement environnant. Il est important pour un analyste métier travaillant dans la discipline informatique de comprendre le contexte de la solution et comment les changements au sein d'un système ou d'un processus peuvent avoir un impact sur d'autres systèmes de l'environnement. Ces impacts peuvent ajouter une valeur négative ou positive aux autres systèmes, ce qui influe sur la réalisation globale de la valeur du changement.

Un aspect de l'évaluation de la solution dans un contexte informatique est le test de logiciels ou le test de solutions. Les tests ou l'assurance qualité garantissent que la solution fonctionne comme prévu ou tel que conçu, et qu'elle répond aux besoins métier ou aux besoins des parties prenantes qui sont à l'origine de l'effort de changement. L'analyste métier travaille avec l'assurance qualité (testeurs) pour s'assurer que les solutions techniques répondront aux besoins métier tels que définis par les exigences et les autres livrables d'analyse métier. Les testeurs utilisent des méthodologies de test pour planifier, développer et exécuter des tests. Cet aspect des tests de solutions se concentre généralement sur les tests complets de processus, y compris sur tous les systèmes pour garantir la qualité et la précision des solutions de bout en bout. Les analystes métier travaillent avec les parties prenantes pour planifier, développer et exécuter des tests d'acceptation afin de s'assurer que la solution répond à leurs besoins.

Les analystes métier prennent conscience de la raison d'être de la mise en œuvre d'une solution informatique et de son utilité pour créer de la valeur. Cette réalisation de valeur est généralement associée à un meilleur support des processus et procédures de l'entreprise.

Les objectifs métier et techniques sont associés aux avantages et à la réalisation de la valeur qui sont mesurés par rapport à des mesures définies utilisées pour évaluer le succès. Les exigences doivent remonter aux objectifs, et cette traçabilité constitue une base pour l'évaluation de la solution. L'analyse des performances des solutions se concentre sur les systèmes techniques et sur la manière dont ils apportent une valeur potentielle et réelle aux parties prenantes.

Lorsqu'un changement organisationnel important contient un élément informatique, une évaluation de la solution informatique peut contribuer à une activité plus large de réalisation des avantages associée à l'ensemble du programme de changement.

Dans le cadre des activités d'évaluation de la solution, un analyste métier peut travailler avec une équipe pour accomplir des tâches, par exemple évaluer les limites de la solution et évaluer les impacts de ces limites. L'analyste métier peut soutenir et évaluer les efforts de test technique pour tout ou partie de la solution développée.

***Techniques du Guide* BABOK®**

- Critères d'acceptation et d'évaluation (p. 266)
- Analyse des décisions (p. 320)
- Estimation (p. 333)
- Gestion des points de suivi (p. 360)
- Mesures et Indicateurs clés de performance (KPIs) (p. 364)
- Modélisation de l'organisation (p. 378)
- Analyse et gestion des risques (p. 404)
- Modélisation des processus (p. 390)
- Analyse SWOT (p. 434)
- Évaluation des fournisseurs (p. 443)

11.4 La perspective en architecture d'entreprise

La perspective en architecture d'entreprise met en évidence les caractéristiques uniques de l'analyse métier lorsqu'elle est pratiquée dans ce contexte.

L'architecture d'entreprise représente l'entreprise afin de montrer comment les préoccupations stratégiques des principales parties prenantes sont satisfaites et pour appuyer les efforts continus de transformation de l'entreprise.

L'architecture d'entreprise offre des descriptions et des points de vue architecturaux, désignés en tant que plans détaillés, pour donner une connaissance commune de l'organisation dans le but d'aligner les initiatives stratégiques aux demandes tactiques. La discipline de l'architecture d'entreprise applique la pensée analytique et les principes architecturaux au niveau de l'entreprise. Les solutions peuvent inclure des changements dans le modèle de l'entreprise, le modèle opérationnel, la structure organisationnelle ou conduire d'autres initiatives.

L'architecture d'entreprise suit certains principes architecturaux fondamentaux :

- ***Portée***: la portée de l'architecture d'entreprise est l'ensemble de l'entreprise. Il ne s'agit pas d'un projet, d'une initiative, d'un processus ou d'un élément d'information unique. Il place les projets, les processus et les informations dans un contexte métier plus large pour fournir une compréhension des interactions, des opportunités d'intégration, des redondances et des incohérences.
- ***Séparation des préoccupations***: l'architecture d'entreprise sépare les préoccupations dans leurs contextes. En particulier, elle distingue ce que l'entreprise fait de :
  - l'information utilisée par l'entreprise;
  - la façon dont les affaires sont réalisées,
  - qui le fait et où dans l'entreprise cela se fait,
  - quand c'est fait,
  - pourquoi c'est fait, et
  - dans quelle mesure c'est bien fait.

  Une fois les préoccupations indépendantes identifiées, elles peuvent être regroupées dans des combinaisons ou des cartographies spécifiques, qui peuvent être utilisées pour analyser les problèmes métier ciblés.

- ***Basé sur des scénarios*** : il y a beaucoup de questions différentes auxquelles une entreprise tente de répondre pour fournir un plan détaillé de l'alignement. Chacune de ces questions différentes ou situations d'entreprise exige un ensemble différent de plans détaillés qui contiennent un ensemble différent de renseignements et de relations, dont divers types de résultats et de mesures, pour déterminer la réussite.
- ***Basé sur la connaissance***: alors que l'objectif principal de l'architecture d'entreprise est de répondre à ces questions métier, un objectif secondaire mais important est de recueillir et de cataloguer les différents éléments architecturaux (quoi, comment, qui, pourquoi, etc.). et leurs relations dans une base de connaissances pour qu'ils puissent être utilisés rapidement et facilement pour répondre aux questions métier qui se posent. La base de connaissances est souvent gérée dans un référentiel architectural formel.

11.4.1 Portée du changement

.1 Profondeur du changement

L'architecture d'entreprise peut être réalisée :

- dans l'ensemble de l'entreprise,
- dans un seul secteur d'activité au sein de l'entreprise (qui définit l'architecture de l'un des modèles métier de l'entreprise), ou
- dans une division fonctionnelle.

Les activités d'architecture d'entreprise sont généralement effectuées en tenant compte de l'ensemble de l'entreprise, mais peuvent également être effectuées pour une unité opérationnelle autonome au sein de l'entreprise. Un large champ d'application est nécessaire pour gérer la cohérence et l'intégration au niveau de l'entreprise. Par exemple, l'architecture d'entreprise peut préciser une situation où une même capacité métier est mise en place par de multiples processus différents et de multiples organisations différentes, avec divers modèles d'information. Étant donné la clarté issue d'une portée d'entreprise, l'entreprise peut par la suite déterminer si cette structure est bien le meilleur moyen de respecter les objectifs stratégiques.

.2 Profondeur du changement

Un effort d'architecture d'entreprise peut se concentrer sur le niveau de direction de l'entreprise pour soutenir la prise de décision stratégique, ou sur le niveau du management pour soutenir l'exécution des initiatives.

Bien que l'architecture d'entreprise donne un contexte important, elle ne s'opère habituellement pas à l'échelon de la décision ou du processus opérationnels, mais bien à celui de la chaîne de valeur.

.3 Valeur et solutions livrées

L'architecture d'entreprise, en utilisant le principe de la séparation des préoccupations, développe des modèles qui décomposent le système, la solution ou l'organisation en éléments individuels avec des fonctions spécifiques et montre les interactions entre eux.

Les éléments des modèles d'architecture d'entreprise comprennent :

- les capacités,
- la valeur,
- les processus,
- les informations et les données,
- l'organisation,
- les rapports et la gestion,
- les parties prenantes,
- les stratégies de sécurité, et
- les résultats.

Les modèles d'architecture permettent aux organisations d'avoir une vue d'ensemble du domaine en cours d'analyse. Ils fournissent des informations sur les éléments importants de l'organisation ou du système logiciel et sur la façon dont ils s'emboîtent, et mettent en évidence les composants ou les capacités critiques.

Les informations fournies par l'architecture d'entreprise aident à maintenir le fonctionnement des systèmes et des opérations de manière cohérente et utile, et à clarifier les décisions métier. Lorsqu'un changement est envisagé, l'architecture donne des détails sur les éléments qui sont les plus pertinents pour les besoins du changement, pour permettre une priorisation et l'attribution des ressources. Étant donné qu'un modèle architectural montre également comment les pièces sont liées, il peut être utilisé pour fournir une analyse d'impact afin de dire quels autres éléments du système ou de l'entreprise pourraient être affectés par le changement.

L'architecture elle-même peut être utilisée comme un outil pour aider à identifier les changements nécessaires. Les mesures de performance pour chaque élément de l'architecture peuvent être surveillées et évaluées pour identifier quand un élément a une performance insuffisante. L'importance de chaque élément peut être comparée à la performance de l'organisation ou du système dans son ensemble. Cela aide les décideurs à déterminer où des investissements sont nécessaires et comment hiérarchiser ces décisions.

La fonction de l'architecture d'entreprise est de faciliter l'action coordonnée et synchronisée dans l'ensemble de l'organisation en alignant l'action sur la vision, les objectifs et la stratégie de l'organisation. Les modèles architecturaux créés dans ce processus sont les outils utilisés pour clarifier, unifier et comprendre l'intention de la vision, des objectifs et de la stratégie, et pour s'assurer que les ressources sont concentrées et appliquées aux éléments de l'organisation qui s'alignent et soutiennent cette direction.

L'architecture d'entreprise fournit un plan d'action que la direction peut utiliser pour planifier et exécuter des stratégies à la fois du point de vue des technologies de l'information (TI) et d'autres points de vue . L'architecture d'entreprise est utilisée par les organisations pour guider :

- la planification stratégique,
- la remodélisation de l'entreprise,
- la restructuration de l'organisation,
- les mesures de performance et autres initiatives de transformation pour améliorer la rétention des clients,
- la rationalisation des opérations métier,
- la réduction des coûts,
- la formalisation des connaissances institutionnelles, et
- la création d'un moyen permettant aux entreprises de communiquer et de déployer leur vision métier.

.4 Approche de mise en œuvre

L'architecture d'entreprise crée un cadre de planification qui fournit une clarté et un aperçu de l'organisation et aide les décideurs à identifier les changements requis. Les plans détaillés architecturaux offerts par l'architecture d'entreprise établissent à quel point l'organisation est en harmonie avec sa stratégie. Cette perspective est le déclencheur du changement ou d'autres activités de planification.

Pour chaque plan détaillé fourni, l'architecture d'entreprise peut définir :

- l'état actuel,
- l'état futur,
- un ou plusieurs états de transition utilisés pour passer à l'état futur.

Les architectes d'entreprise ont besoin d'une vision globale de l'organisation. En général, ils peuvent relever directement d'un membre de la haute direction. Les architectes d'entreprise ont besoin d'une large compréhension de l'organisation, y compris :

- les tendances de son milieu et de son secteur,
- la structure et les relations hiérarchiques,
- les flux de valeur,
- les capacités,
- les processus,

- les magasins de stockage d'informations et de données, et
- la façon dont tous ces éléments s'orchestrent pour appuyer la stratégie de l'organisation.

Les architectes d'entreprise jouent un rôle important dans la communication et l'innovation pour la stratégie de l'organisation. Ils utilisent des plans, des modèles et des informations fournis par l'architecture d'entreprise pour défendre continuellement la stratégie de l'organisation et répondre aux besoins individuels des parties prenantes dans le cadre des objectifs de l'organisation.

Plusieurs facteurs sont au cœur d'une architecture d'entreprise réussie :

- l'appui de l'équipe de direction de l'entreprise,
- l'intégration avec des processus de gouvernance clairs et efficaces, y compris les pouvoirs décisionnels organisationnels (par exemple, pour les investissements, les initiatives et les décisions en matière d'infrastructure),
- l'intégration aux initiatives en cours (cela pourrait inclure la participation à des comités directeurs ou à d'autres groupes consultatifs similaires), et
- l'accès à la direction, aux chefs de service, aux propriétaires de produits, aux architectes de solutions, aux analystes métier et aux chefs de projet.

.5 Principales hypothèses

Pour rendre l'architecture d'entreprise utile à l'organisation, les analystes métier ont besoin :

- une vue d'ensemble de l'organisation sous analyse,
- le soutien complet de la direction,
- la participation de propriétaires d'entreprise et d'experts spécialisés (SMEs),
- une stratégie organisationnelle à mettre en place, et
- un impératif commercial à prendre en compte.

11.4.2 Périmètre de l'analyse métier

.1 Promoteur du changement

Idéalement, le sponsor d'une initiative d'architecture d'entreprise est un cadre supérieur ou un propriétaire de l'entreprise au sein de l'organisation. Cependant, le sponsor peut également être un propriétaire de secteur d'activité.

.2 Cibles et agents de changement

La liste suivante identifie les cibles de changement primaires possibles résultant d'une analyse d'architecture métier :

- les capacités métier,
- la chaîne de valeur de l'entreprise
- les plans d'initiative,
- les décisions d'investissement, et
- les décisions relatives au portefeuille.

Les groupes de personnes suivants utilisent l'architecture d'entreprise pour guider le changement au sein de l'organisation :

- la gestion à tous les niveaux de l'organisation,
- les propriétaires de produits ou de services,
- les unités opérationnelles,
- les architectes de solutions,
- les chefs de projet, et
- les analystes métier travaillant dans d'autres contextes (par exemple, au niveau du projet).

.3 Position de l'analyste métier

L'objectif d'un analyste métier travaillant dans la discipline de l'architecture d'entreprise est de :

- comprendre l'ensemble du contexte de l'entreprise et fournir un aperçu équilibré de tous les éléments et de leur relation au sein de l'entreprise, et
- fournir une vision holistique et compréhensible de toutes les spécialités au sein de l'organisation.

L'architecture d'entreprise fournit une variété de modèles de l'organisation. Ces modèles, ou plans directeurs, fournissent un aperçu holistique de l'organisation qui devient la base des décisions stratégiques des dirigeants de l'organisation. Pour développer une architecture d'entreprise, l'analyste métier doit comprendre, assimiler et aligner une grande variété de spécialités qui sont d'intérêt stratégique pour l'organisation. Pour ce faire, ils ont besoin de perspicacité, de compétences et de connaissances autour :

- de la stratégie et des objectifs métier,
- de l'information conceptuelle sur le métier,
- de l'architecture du SI de l'entreprise;

- de l'architecture des processus, et
- de la performance de l'entreprise et de l'architecture des compétences.

L'architecture d'entreprise appuie les groupes de consultation et de planification stratégiques qui orientent les décisions et tranchent sur le changement dans l'organisation. Elle donne des consignes et des perspectives sur la façon dont les décisions s'harmonisent aux objectifs stratégiques de l'organisation et conserve cette harmonisation dans les différents états de transition, à mesure que le changement se dirige vers son état futur.

.4 Résultats de l'analyse métier

L'architecture d'entreprise fournit une portée globale et une vision holistique de l'analyse métier.

Les résultats généraux de l'architecture d'entreprise sont :

- l'alignement de l'organisation sur sa stratégie,
- la planification du changement dans l'exécution de la stratégie, et
- l'assurance que le changement soit mis en œuvre, et qu'il soit toujours aligné sur la stratégie.

Ces résultats de l'architecture d'entreprise offrent un contexte d'analyse, de planification et de priorisation des besoins, d'estimation et de spécification de systèmes de haut niveau. Cela fournit des informations et un alignement sur la stratégie, les besoins des parties prenantes et les capacités métier de l'entreprise. Les vues architecturales et les plans fournissent des informations qui auraient pu autrement être basées sur des hypothèses et minimisent le risque de duplication des efforts de création de capacités, de systèmes ou d'informations qui existeraient ailleurs dans l'entreprise.

Les divers modèles et plans détaillés prévus par l'architecture d'entreprise sont ses principaux livrables. Ils comprennent, sans s'y limiter :

- les cartes de capacité métier,
- les cartographies de la chaîne de valeur,
- les plans de l'organisation,
- les concepts d'information métier,
- l'architecture de processus de haut niveau, et
- les modèles de motivation métier.

11.4.3 Modèles et techniques de référence

.1 Modèles de référence

Les modèles de référence sont des modèles d'architecture prédéfinis qui donnent un ou plusieurs points de vue à une industrie ou une fonction particulière couramment observés dans de multiples secteurs (par exemple, les SI ou les finances).

Les modèles de référence sont souvent considérés comme l'ontologie d'architecture par défaut pour l'industrie ou la fonction. Ils fournissent un point de départ d'architecture de base que les architectes d'entreprise peuvent adapter pour répondre aux besoins de leur organisation.

Le tableau suivant contient certains des modèles de référence courants.

Table 11.4.1: Modèles de référence pour l'architecture d'entreprise

Modèle de référence	Domaine
Association pour la recherche opérationnelle coopérative et le développement (ACORD)	Secteurs de l'assurance et de la finance
Modèle de motivation métier (BMM)	Générique
Objectifs de contrôle pour l'informatique (COBIT)	Gouvernance et gestion informatiques
eTOM et FRAMEWORX	Secteur des communications
Modèle de référence du service fédéral d'architecture d'entreprise (FEA SRM)	Gouvernement (développé pour les États-Unis Gouvernement fédéral)
Bibliothèque d'infrastructure de technologie de l'information (ITIL®)	Gestion des services informatiques
Cadre de classification de processus (PCF)	De multiples secteurs, y compris l'aérospatiale, la défense, l'automobile, l'éducation, les services publics d'électricité, le pétrole, les produits pharmaceutiques et les télécommunications

Table 11.4.1: Modèles de référence pour l'architecture d'entreprise

Modèle de référence	Domaine
Référence des opérations de la chaîne d'approvisionnement (SCOR)	Gestion de la chaîne logistique
Modèle de référence de la valeur (VRM)	Changement de valeur et gestion du réseau

.2 Techniques

Le tableau suivant liste les techniques couramment utilisées dans la discipline de l'architecture d'entreprise, et ne sont pas inclus dans la section Techniques du Guide *BABOK*®.

Table 11.4.2: Modèles de référence pour l'architecture d'entreprise

Technique	Description
Archimate®	Langage de modélisation ouvert d'architecture métier.
Modèle de Motivation Entreprise (BMM)	Formalisation de la motivation de l'entreprise en termes de mission, de vision, de stratégies, de tactiques, de buts, d'objectifs, de politiques, de règles et d'influenceurs.
Architecture des processus métier	La modélisation des processus, y compris les points d'interface, comme moyen de fournir une vue holistique des processus qui existent au sein d'une organisation.
Carte des capacités	Un catalogue hiérarchique des capacités de l'entreprise, ou ce que fait l'entreprise. Les capacités sont classées parmi les capacités stratégiques, de base et de soutien.
Carte du parcours client	Un modèle qui décrit le parcours d'un client à travers divers points de contact et les différentes parties prenantes au sein du service ou de l'organisation. Les cartes de parcours client sont fréquemment utilisées pour analyser ou concevoir l'expérience utilisateur sous plusieurs angles.
Diagramme de base de l'entreprise	Modélise l'intégration et les normalisations de l'organisation.

Table 11.4.2: Modèles de référence pour l'architecture d'entreprise

Technique	Description
Carte d'information	Un catalogue des concepts métier importants (entités métier fondamentales) associés aux capacités métier et à la création de valeur. Elle est généralement développée en conjonction avec le modèle de capacité et représente le vocabulaire commercial commun pour l'entreprise. Il ne s'agit pas d'un modèle de données mais plutôt d'une taxonomie de l'entreprise.
Cartographie organisationnel	Un modèle qui montre la relation entre les unités opérationnelles, les partenaires externes, les capacités et l'information. Contrairement à un graphique organisationnel typique, la carte se concentre sur l'interaction entre les unités, et non sur la hiérarchie structurelle.
Analyse du portefeuille de projets	Utilisé pour modéliser des programmes, des projets et des portefeuilles afin de fournir une vue holistique des initiatives de l'organisation.
Feuille de route	Modélise les actions, les dépendances et les responsabilités requises pour que l'organisation passe de l'état actuel, à l'état futur, en passant par les états de transition.
Analyse orientée services	Utilisé pour modéliser l'analyse, la conception et l'architecture des systèmes et des logiciels afin de fournir une vision holistique de l'infrastructure informatique de l'organisation.
The Open Group Architecture Framework (TOGAF®)	Fournit une méthode de développement de l'architecture d'entreprise. La phase B de la méthode de développement de l'architecture TOGAF (ADM) est axée sur le développement de l'architecture d'entreprise. Les organisations qui suivent TOGAF peuvent choisir d'adapter la phase B pour adopter les plans, les techniques et les références d'architecture d'entreprise, décrits dans le Guide *BABOK®*.

Table 11.4.2: Modèles de référence pour l'architecture d'entreprise

Technique	Description
Cartographie de la valeur	La cartographie de la valeur fournit une représentation holistique du flux d'activités nécessaires pour générer de la valeur. Elle sert à identifier les domaines d'amélioration potentielle dans un processus de bout à bout. Bien qu'il existe plusieurs types de carte de valeur, un flux de valeur est souvent utilisé dans l'architecture d'entreprise.
Cadre d'architecture métier Zachman	Fournit une ontologie des concepts primitifs d'entreprise basée sur une matrice de six éléments (quoi, comment, où, qui, quand, pourquoi) et de six niveaux d'abstraction (exécutif, gestion d'entreprise, architecte, ingénieur, technicien, entreprise). Les architectes métier peuvent constater que l'exploration des perspectives de la direction ou de la gestion d'entreprise à travers les différents interrogatifs apporte clarté et perspicacité.

11.4.4 Compétences sous-jacentes

En plus des compétences sous-jacentes, les analystes métier travaillant dans la discipline de l'architecture d'entreprise exigent :

- une tolérance élevée pour l'ambiguïté et l'incertitude,
- la capacité de placer les choses dans un contexte plus large,
- la capacité de transformer les exigences et le contexte en un concept ou la conception d'une solution.
- la possibilité de supprimer les détails inutiles pour fournir des vues de niveau supérieur,
- la capacité de penser sur de longues périodes sur plusieurs années,
- la capacité d'obtenir des résultats tactiques (à court terme), qui fournissent simultanément une valeur immédiate et contribuent à la réalisation de la stratégie métier (à long terme),
- la capacité d'interagir avec les gens au niveau de la direction,
- la capacité d'envisager plusieurs scénarios ou résultats,
- la capacité de diriger et d'encadrer le changement dans des organisations, et
- une forte acuité politique.

11.4.5 Impact sur les domaines de connaissances

Cette section explique comment des pratiques d'analyse métier spécifiques au sein de l'architecture métier sont mappées aux tâches et pratiques d'analyse métier telles que définies par le *Guide BABOK®*. Cette section décrit comment chaque domaine de connaissances est appliqué ou modifié dans la discipline de l'architecture d'entreprise.

Chaque domaine de connaissances énumère les techniques pertinentes pour la perspective d'architecture d'entreprise. *Les techniques du Guide* BABOK® se trouvent dans le chapitre Techniques du *Guide BABOK®*. D'autres techniques d'analyse métier ne se trouvent pas dans le chapitre Techniques du Guide *BABOK®* mais sont considérées comme particulièrement utiles aux analystes métier travaillant dans l'architecture d'entreprise. Il ne s'agit pas d'une liste exhaustive de techniques, mais plutôt de mettre en évidence les types de techniques utilisées par les analystes métier lors de l'exécution des tâches en rapport aux domaines de connaissances.

.1 Planification et surveillance de l'analyse métier

Au cours de la Planification et surveillance de l'analyse métier, la discipline de l'architecture d'entreprise exige que les analystes métier comprennent de l'organisation :

- sa stratégie et son orientation,
- son modèle opérationnel et sa proposition de valeur,
- ses capacités métier et opérationnelles actuelles,
- les parties prenantes et leurs modes d'engagement,
- les plans de croissance, la gouvernance et les processus de planification,
- la culture et l'environnement, et
- la capacité de changement.

Une fois ces éléments compris, l'analyste métier peut alors développer une compréhension des points de vue architecturaux pertinents pour l'analyse.

Les activités de planification et de surveillance de la gouvernance sont principalement axées sur :

- la sélection des projets ou des initiatives qui offriront le plus de bienfaits pour réaliser les stratégies et résultats d'entreprise, et
- la détermination des cadres ou modèles existants ou de ceux qui sont utilisés dans l'organisation.

Techniques du Guide BABOK®

- Critères d'acceptation et d'évaluation (p. 266)
- Brainstorming (p. 278)
- Analyse des capacités métier (p. 281)
- Analyse des décisions (p. 320)
- Estimation (p. 333)
- Décomposition fonctionnelle (p. 347)
- Entretiens (p. 356)
- Gestion des points de suivi (p. 360)
- Mesures et Indicateurs clés de performance (KPIs) (p. 364)
- Analyse des exigences non fonctionnelles (p. 371)
- Modélisation de l'organisation (p. 378)
- Modélisation des processus (p. 390)
- Revues (p. 400)
- Analyse et gestion des risques (p. 404)
- Matrice des rôles et des autorisations (p. 409)
- Analyse de la cause fondamentale (p. 412)
- Modélisation du périmètre (p. 415)
- Liste des parties prenantes, carte ou personas (p. 422)
- Sondage ou questionnaire (p. 430)
- Scénarios et cas d'utilisation (p. 436)
- Récits utilisateurs (User Stories) (p. 440)

Autres techniques d'analyse métier

- Architecture des processus métier
- Carte des capacités
- Analyse du portefeuille de projets
- Analyse orientée services

.2 Élicitation et collaboration

Les analystes métier travaillant dans la discipline de l'architecture d'entreprise font généralement face à beaucoup d'ambiguïté et d'incertitude. Lorsqu'ils entreprennent des tâches d'élicitation et de collaboration Élicitation et collaboration, les analystes métier tiennent compte des changements d'orientation organisationnelle en fonction des forces externes et internes et des changements dans l'environnement du secteur et du marché. Les types de changements peuvent souvent être prédits, mais les pressions du marché externe rendent souvent le rythme du changement imprévisible.

Comme l'architecture d'entreprise nécessite de nombreuses contributions de l'ensemble de l'organisation, l'accès aux parties prenantes (et la disponibilité de celles-là) sont essentiels au succès. Les analystes métier sollicitent des informations telles que la stratégie, la valeur, les architectures existantes et les mesures de performance.

Le plaidoyer en faveur de la stratégie de l'entreprise est au cœur de la stratégie de communication des architectes d'entreprise. En tant que membres de divers comités directeurs et groupes consultatifs, les architectes d'entreprise utilisent des canaux de communication formels au sein des projets, des initiatives et des groupes opérationnels pour communiquer la stratégie de l'organisation, expliquer le contexte organisationnel et préconiser l'alignement avec la stratégie.

S'assurer que les parties prenantes comprennent et soutiennent la stratégie de l'organisation est une fonction essentielle dans la discipline de l'architecture d'entreprise. Les architectes d'entreprise peuvent imposer une portée et des contraintes à un projet ou à une initiative afin de s'assurer que l'activité s'aligne sur la stratégie de l'organisation, ce qui peut être vu d'un mauvais œil. C'est le rôle de l'architecte d'entreprise de faire le pont entre les besoins et les désirs individuels des parties prenantes, et les projets et les groupes opérationnels dans le contexte et la compréhension des objectifs et de la stratégie de l'organisation. L'objectif de l'architecte d'entreprise est d'optimiser les objectifs et la stratégie de l'entreprise et de dissuader les activités qui atteignent un objectif restreint au coût de la sous-optimisation de l'objectif entier. Il s'agit d'un exercice à la fois d'élicitation et de collaboration.

L'architecte d'entreprise acquiert une compréhension approfondie de la stratégie, des moteurs, des motivations et des aspirations de l'organisation et de celles des parties prenantes. Une fois ce niveau de compréhension atteint, l'architecte d'entreprise collabore avec tous les niveaux de l'organisation, y compris la direction, les gestionnaires, le bureau de gestion des projets (PMO), les propriétaires de produits, les chefs de projet, divers analystes métier, les architectes solutions et le personnel informatique pour combler les lacunes dans la compréhension et la communication de l'importance de l'alignement avec la stratégie organisationnelle. Pour faciliter une collaboration efficace, l'architecte d'entreprise doit être en mesure de comprendre la grande variété de perspectives et de contextes à partir desquels chaque partie prenante opère. L'architecte d'entreprise doit également être en mesure de communiquer avec chacune des parties prenantes dans un langage mutuellement compris et appuyé.

Techniques du Guide BABOK®

- Brainstorming (p. 278)
- Analyse de documents (p. 330)
- Groupes de discussion (Focus Groups) (p. 343)
- Décomposition fonctionnelle (p. 347)
- Glossaire (p. 351)
- Analyse des interfaces (p. 353)
- Entretiens (p. 356)
- Gestion des points de suivi (p. 360)
- Observation (p. 375)
- Prototypage (p. 397)
- Liste des parties prenantes, carte ou personas (p. 422)
- Sondage ou questionnaire (p. 430)
- Ateliers de travail (p. 445)

Autres techniques d'analyse métier

- aucun

.3 Gestion du cycle de vie des exigences

Il est essentiel que les analystes métier travaillant dans la discipline de l'architecture d'entreprise aient le soutien de la direction et l'accord de la direction quant au travail à accomplir. Un comité d'examen de l'architecture composé de cadres supérieurs ayant des pouvoirs décisionnels peut examiner et évaluer les changements apportés à l'architecture d'entreprise. Ce groupe s'engagera souvent dans la gestion de portefeuille en prenant des décisions concernant l'investissement et la priorisation du changement en fonction de leur impact sur les résultats et la stratégie de l'entreprise.

Les analystes métier travaillant dans la discipline de l'architecture d'entreprise comprennent comment les projets ont un impact continu sur l'architecture d'entreprise et travaillent à développer, corriger ou améliorer continuellement cette architecture. Ils identifient également les changements émergents possibles dans les situations internes et externes (y compris les conditions du marché) et décident de la façon d'intégrer ces changements dans l'architecture de l'organisation.

***Techniques du Guide* BABOK®**

- Balanced Scorecard (p. 273)
- Analyse comparative et analyse de marché (p. 276)
- Analyse des capacités métier (p. 281)
- Jeux collaboratifs (p. 298)
- Modélisation des données (p. 315)
- Analyse des décisions (p. 320)
- Estimation (p. 333)
- Analyse des interfaces (p. 353)
- Gestion des points de suivi (p. 360)
- Retours d'expérience (p. 363)
- Mesures et Indicateurs clés de performance (KPIs) (p. 364)
- Modélisation de l'organisation (p. 378)
- Analyse des processus (p. 386)
- Modélisation des processus (p. 390)
- Revues (p. 400)
- Analyse et gestion des risques (p. 404)
- Matrice des rôles et des autorisations (p. 409)
- Analyse de la cause fondamentale (p. 412)
- Liste des parties prenantes, carte ou personas (p. 422)
- Analyse SWOT (p. 434)

Autres techniques d'analyse métier

- Archimate®
- Architecture des processus métier
- Modélisation de valeur
- Carte des capacités
- Diagramme de base de l'entreprise
- Analyse du portefeuille de projets
- Feuille de route
- Analyse orientée services
- Cartographie de la valeur

.4 Analyse de la stratégie

L'architecture d'entreprise peut jouer un rôle important dans l'analyse stratégique. Il fournit des vues architecturales de l'état actuel de l'organisation et aide à définir à la fois l'état futur et les états de transition nécessaires pour atteindre l'état futur.

Les architectes métier élaborent des feuilles de route basées sur la stratégie de changement de l'organisation. Des états de transition clairement définis permettent de s'assurer que l'organisation continue de fournir de la valeur et qu'elle reste compétitive tout au long des phases du changement. Pour rester compétitive, l'entreprise doit analyser des facteurs tels que :

- les conditions du marché,
- les marchés où s'intégrer,
- comment l'organisation sera concurrentielle dans l'état de transition, et
- comment positionner au mieux la proposition de marque de l'organisation.

L'architecture d'entreprise fournit le contexte d'entreprise et les vues architecturales qui permettent de comprendre l'entreprise afin que ces questions puissent être analysées dans le contexte des coûts, des opportunités et des efforts.

Techniques du Guide BABOK®

- Balanced Scorecard (p. 273)
- Analyse comparative et analyse de marché (p. 276)
- Brainstorming (p. 278)
- Analyse des capacités métier (p. 281)
- Business Model Canvas (p. 289)
- Analyse des règles métier (p. 294)
- Jeux collaboratifs (p. 298)
- Modélisation des données (p. 315)
- Analyse de documents (p. 330)
- Estimation (p. 333)
- Groupes de discussion (Focus Groups) (p. 343)
- Glossaire (p. 351)
- Mesures et Indicateurs clés de performance (KPIs) (p. 364)
- Modélisation de l'organisation (p. 378)
- Revues (p. 400)
- Analyse et gestion des risques (p. 404)

- Liste des parties prenantes, carte ou personas (p. 422)
- Sondage ou questionnaire (p. 430)
- Analyse SWOT (p. 434)
- Ateliers de travail (p. 445)

Autres techniques d'analyse métier

- Archimate®
- Architecture des processus métier
- Carte des capacités
- Carte du parcours client
- Diagramme de base de l'entreprise
- Analyse du portefeuille de projets
- Feuille de route
- Analyse orientée service
- Carte de stratégie
- Cartographie de la valeur

.5 Analyse des exigences et spécification de la conception

L'architecture d'entreprise fournit des vues architecturales individuelles dans l'organisation via une variété de modèles sélectionnés pour les parties prenantes utilisant la vue. Ces vues architecturales peuvent être fournies par des cartes de capacité et des cartes de valeur, des cartes organisationnelles et des modèles d'informations et des modèles de processus métier. Les analystes métier travaillant dans la discipline de l'architecture d'entreprise utilisent l'expertise, le jugement et l'expérience pour décider de ce qui est (et de ce qui ne l'est pas) important de modéliser. Les modèles sont destinés à fournir un contexte et des informations qui se traduisent par une meilleure analyse et une meilleure conception des exigences.

Le contexte architectural et la capacité de référencer des vues architecturales facilement disponibles fournissent des informations qui auraient autrement été basées sur des hypothèses que l'analyste doit faire parce qu'aucune autre information n'était disponible. En fournissant ces informations, l'architecture d'entreprise minimise le risque de duplication des efforts de création de capacités, de systèmes ou d'informations qui existent ailleurs dans l'entreprise.

La conception est faite en conjonction avec la compréhension des besoins et des exigences. L'architecture d'entreprise fournit le contexte pour analyser l'alignement stratégique des changements proposés et les effets que ces changements ont les uns sur les autres. Les architectes d'entreprise synthétisent les connaissances et les idées de plusieurs points de vue architecturaux pour déterminer si les changements proposés contribuent ou entrent en conflit avec les objectifs de l'organisation.

L'architecture d'entreprise tente de s'assurer que l'entreprise dans son ensemble continue de fournir de la valeur aux parties prenantes à la fois pendant les opérations normales et pendant le changement. Les analystes métier travaillant dans la discipline de l'architecture d'entreprise se concentrent sur la valeur fournie par l'organisation d'un point de vue holistique. Ils tentent d'éviter l'optimisation locale où les efforts et les ressources sont investis dans un seul processus ou une amélioration du système qui ne s'aligne pas sur la stratégie et n'a aucun impact significatif sur l'entreprise dans son ensemble – ou pire, sous-optimise l'ensemble.

Techniques du Guide BABOK®

- Critères d'acceptation et d'évaluation (p. 266)
- Gestion du Backlog (p. 269)
- Balanced Scorecard (p. 273)
- Analyse comparative et analyse de marché (p. 276)
- Brainstorming (p. 278)
- Analyse des capacités métier (p. 281)
- Business Model Canvas (p. 289)
- Analyse des règles métier (p. 294)
- Jeux collaboratifs (p. 298)
- Dictionnaire de données (p. 303)
- Diagrammes de flux de données (p. 306)
- Modélisation des données (p. 315)
- Analyse des décisions (p. 320)
- Analyse de documents (p. 330)
- Estimation (p. 333)
- Groupes de discussion (Focus Groups) (p. 343)
- Décomposition fonctionnelle (p. 347)
- Glossaire (p. 351)
- Analyse des interfaces (p. 353)
- Gestion des points de suivi (p. 360)
- Retours d'expérience (p. 363)
- Mesures et Indicateurs clés de performance (KPIs) (p. 364)
- Analyse des exigences non fonctionnelles (p. 371)
- Observation (p. 375)
- Modélisation de l'organisation (p. 378)
- Analyse des processus (p. 386)
- Modélisation des processus (p. 390)
- Prototypage (p. 397)
- Revues (p. 400)
- Analyse et gestion des risques (p. 404)
- Matrice des rôles et des autorisations (p. 409)
- Analyse de la cause fondamentale (p. 412)
- Modélisation du périmètre (p. 415)
- Diagrammes de séquence (p. 419)
- Liste des parties prenantes, carte ou personas (p. 422)
- Modélisation d'État (p. 427)
- Sondage ou questionnaire (p. 430)
- Analyse SWOT (p. 434)
- Scénarios et cas d'utilisation (p. 436)
- Récits utilisateurs (User Stories) (p. 440)
- Évaluation des fournisseurs (p. 443)
- Ateliers de travail (p. 445)

Autres techniques d'analyse métier

- Archimate®
- Architecture des processus métier
- Carte des capacités
- Carte du parcours client
- Diagramme de base de l'entreprise
- Analyse du portefeuille de projets
- Feuille de route
- Analyse orientée services
- Cartographie de la valeur

.6 Évaluation de la solution

L'architecture d'entreprise pose des questions fondamentales sur l'entreprise, y compris la question importante de la performance de l'entreprise.

Pour répondre à cette question, il faut répondre à plusieurs autres questions:

- Quels résultats l'entreprise, une initiative ou une composante particulière s'attend-elle à atteindre ?
- Comment ces résultats peuvent-ils être mesurés en termes d'objectifs SMART (spécifiques, mesurables, réalisables, pertinents, limités dans le temps) ?
- Quelles informations sont nécessaires pour mesurer ces objectifs ?
- Comment les processus, les services, les initiatives, etc. doivent-ils être instrumentés pour recueillir cette information ?
- Comment les informations sur les performances sont-elles mieux présentées en termes de rapports, de requêtes ad hoc, de tableaux de bord, etc. ?
- Comment utilisons-nous ces informations pour prendre des décisions d'investissement à l'avenir?

Par exemple, à un niveau plus détaillé, une partie importante de la définition des capacités et de l'architecture des processus consiste à identifier les caractéristiques de performance spécifiques et les résultats que ces capacités ou processus sont censés atteindre. La mesure réelle est rarement effectuée par des analystes métier. Elle est généralement effectué par les propriétaires d'entreprise, les gestionnaires opérationnels ou les gestionnaires des technologies de l'information.

Les analystes métier travaillant dans la discipline de l'architecture d'entreprise analysent les résultats des mesures et tiennent compte de ces résultats dans la planification ultérieure.

Techniques du Guide BABOK®

- Balanced Scorecard (p. 273)
- Analyse comparative et analyse de marché (p. 276)
- Brainstorming (p. 278)
- Analyse des capacités métier (p. 281)
- Jeux collaboratifs (p. 298)
- Groupes de discussion (Focus Groups) (p. 343)
- Gestion des points de suivi (p. 360)
- Retours d'expérience (p. 363)
- Mesures et Indicateurs clés de performance (KPIs) (p. 364)
- Observation (p. 375)
- Modélisation de l'organisation (p. 378)
- Analyse des processus (p. 386)
- Modélisation des processus (p. 390)
- Analyse et gestion des risques (p. 404)
- Matrice des rôles et des autorisations (p. 409)
- Analyse de la cause fondamentale (p. 412)
- Liste des parties prenantes, carte ou personas (p. 422)
- Sondage ou questionnaire (p. 430)
- Analyse SWOT (p. 434)

Autres techniques d'analyse métier

- Modélisation de la motivation d'entreprise
- Architecture des processus métier
- Carte des capacités
- Carte du parcours client
- Analyse orientée services
- Cartographie de la valeur

11.5 La perspective de la gestion des processus métiers

La perspective de gestion des processus métier met en évidence les caractéristiques uniques de l'analyse métier lorsqu'elle est pratiquée dans un contexte d'élaboration ou d'amélioration de ces processus.

La gestion des processus métier (BPM) est une discipline de gestion et un ensemble de technologies habilitantes qui :

- se concentre sur la façon dont l'organisation effectue le travail pour fournir dans plusieurs domaines fonctionnels de la valeur aux clients et aux parties prenantes,
- vise une vision de la création de valeur qui couvre l'ensemble de l'organisation, et
- considère l'organisation sous l'angle des processus.

Une initiative BPM apporte de la valeur en mettant en œuvre des améliorations à la façon dont le travail est effectué dans une organisation.

Le BPM détermine comment les processus manuels et automatisés sont créés, modifiés, annulés et gouvernés. Les organisations qui ont une vision centrée sur les processus traitent le BPM comme un effort continu et une partie intégrante de la gestion et du fonctionnement continus de l'organisation.

11.5.1 Portée du changement

Les analystes métier travaillant dans la discipline BPM peuvent aborder un seul processus avec une portée limitée ou ils peuvent aborder tous les processus de l'organisation. Ils se concentrent souvent sur la façon dont les processus d'une organisation peuvent être modifiés afin d'améliorer et d'atteindre les objectifs de l'organisation.

Les cycles de vie du BPM comprennent généralement les activités suivantes :

- ***Conception / spécifications***: l'identification des processus et la définition de leur état actuel (as-is) et la détermination de comment on arrivera à l'état futur (to-be). L'écart entre ces États peut être utilisé pour préciser les attentes des parties prenantes quant à la façon dont l'entreprise devrait être gérée.
- ***Modélisation***: représentation graphique du processus qui documente le processus ainsi qu'une comparaison entre l'état actuel (as-is) et l'état futur (to-be). Cette phase du cycle de vie du BPM fournit des informations sur les exigences et les spécifications de conception de la solution, ainsi que sur l'analyse de leur valeur potentielle. La simulation peut utiliser des données quantitatives afin que la valeur potentielle des variations du processus puisse être analysée et comparée.

- ***Exécution et Surveillance***: fournit le même type d'entrée que la modélisation mais en termes d'exécution réelle des processus. Les données collectées à la suite du flux réel des processus métier sont très fiables et objectifs, ce qui en fait un atout très important dans l'analyse de la valeur et la recommandation d'alternatives pour l'amélioration de la conception.
- ***Optimisation***: l'acte de répétition ou d'itération continue des phases précédentes. Les résultats de l'exécution et de la surveillance des processus métier sont utilisés pour modifier les modèles et les conceptions afin que toutes les inefficacités soient éliminées et que plus de valeur soit ajoutée. L'optimisation peut être une source d'exigences et de spécification de la conception d'une solution qui proviennent directement des parties prenantes et de la communauté d'utilisateurs. L'optimisation des processus est également un bon moyen de démontrer la valeur d'une modification de solution suggérée et de justifier les initiatives d'amélioration des processus et des produits.

.1 Profondeur du changement

Le but du BPM est de s'assurer que la création de valeur est optimisée dans les processus, cela de bout en bout. Une initiative BPM complète peut couvrir l'ensemble de l'entreprise. Une initiative de BPM individuelle peut faire en sorte que l'organisation devienne davantage axée sur le processus en expliquant davantage ses processus. Les processus d'une organisation définissent ce que fait l'organisation et comment. Posséder une connaissance approfondie de ses processus permet aux parties prenantes de les ajuster pour répondre aux besoins évolutifs de l'organisation et de ses clients.

Les initiatives individuelles peuvent améliorer des processus et des sous-processus spécifiques. Décomposer des processus imposants et plus complexes en plus petits morceaux (sous-processus) permet aux analystes métier de mieux comprendre ce que fait chaque processus et comment les optimiser.

.2 Profondeur du changement

Les analystes métier utilisent des cadres méthodologique BPM pour faciliter l'analyse et la compréhension approfondie des processus de l'organisation. Les cadres méthodologique de BPM sont des ensembles ou des descriptions de processus pour une organisation générique, un secteur spécifique, un domaine professionnel ou un type de chaîne de valeur. Les cadres méthodologique BPM définissent des niveaux particuliers de processus dans l'ensemble de l'architecture des processus de l'organisation.

À titre d'exemple, les analystes métier effectuent une analyse de la chaîne d'approvisionnement comme moyen d'évaluer des processus spécifiques dans une organisation. L'analyse de la chaîne d'approvisionnement est souvent effectuée en décomposant les processus au niveau du groupe en sous-composants individuels, puis en les décomposant en individus effectuant des tâches spécifiques.

Les analystes métier impliqués dans la gestion des processus sont souvent engagés dans des activités d'amélioration continue car ils sont souvent ceux qui connaissent le mieux le BPM.

.3 Valeur et solutions livrées

L'objectif du BPM est d'améliorer la performance opérationnelle (efficacité, efficience, adaptabilité et qualité) et de réduire les coûts et les risques. Les analystes métier considèrent souvent la transparence des processus et des opérations comme une valeur fondamentale commune des initiatives BPM. La transparence des processus et des opérations permet aux décideurs d'avoir une vision claire des conséquences opérationnelles des décisions antérieures liées aux processus. Les efforts de l'analyse métier commencent souvent par l'identification du besoin métier des clients. Les besoins sont généralement désignés en tant que moteurs de BPM. Parmi les moteurs de BPM se trouvent :

- des initiatives de réduction des coûts,
- une augmentation de la qualité,
- une augmentation de la productivité,
- une concurrence émergente,
- la gestion des risques,
- des initiatives de conformité,
- l'automatisation de processus de prochaine génération,
- la mise en œuvre de systèmes de base,
- l'innovation et la croissance,
- la rationalisation après des fusions et des acquisitions,
- les initiatives de standardisation,
- les grands programmes de transformation,
- l'établissement d'un centre d'excellence de BPM,
- l'agilité accrue, et
- des processus rapides ou accélérés.

.4 Approche de mise en œuvre

L'approche de mise en œuvre pour les initiatives BPM dans toutes les organisations va d'un ensemble de méthodes tactiques axées sur l'amélioration des processus individuels à une discipline de gestion qui touche tous les processus d'une organisation. L'objectif principal de la transformation des processus est d'aider les organisations à identifier, hiérarchiser et optimiser leurs processus métier afin de fournir de la valeur aux parties prenantes.

Les organisations effectuent des évaluations périodiques des processus clés et s'engagent dans une amélioration continue pour atteindre et maintenir l'excellence opérationnelle du processus. Le succès de BPM peut être mesuré en fonction de l'alignement de l'initiative BPM sur les objectifs définis pour le BPM dans l'organisation.

Plusieurs mécanismes peuvent être utilisés pour implémenter le BPM :

- ***Ré-ingénierie des processus métier***: méthodes qui visent une refonte majeure des processus dans l'ensemble de l'entreprise.
- ***Formes évolutives de changement***: des méthodes qui ont des objectifs globaux fixés pour le processus; ensuite, des changements individuels ayant pour but d'arrimer les sous-processus à ces objectifs sont mis en place.
- ***Découverte substantielle***: les méthodes sont utilisées lorsque les processus organisationnels ne sont pas définis ou si la version documentée du processus est substantiellement différente du processus réel utilisé. La découverte substantielle consiste à révéler des processus réels et constitue une méthode d'analyse organisationnelle.
- ***Analyse comparative des processus***: compare les processus métier et les mesures de performance d'une organisation aux meilleures pratiques du secteur. Les dimensions généralement mesurées sont la qualité, le temps et le coût.
- ***Les applications BPMS spécialisées***: sont conçues pour soutenir les initiatives BPM et exécuter directement les modèles de processus. Ces applications sont des outils qui automatiser les activités BPM. Souvent, les processus de l'organisation doivent être modifiés pour qu'ils cadrent avec l'approche automatisée.

Les approches d'amélioration des processus peuvent être classées en fonction de leur point d'origine et si leurs solutions sont principalement organisationnelles (basées sur les personnes) ou technologiques (basées sur les SI). Les organisations peuvent mieux comprendre la méthodologie d'amélioration des processus mentionnée dans le paragraphe précédent pour qu'elle s'applique selon les principes d'organisation suivants :

- ***Top-down*** : les initiatives sont généralement orchestrées à partir d'un point de contrôle central par la direction et ont des implications organisationnelles, ciblées sur les processus de bout en bout ou les principales parties de l'entreprise.
- ***Bottom-up*** : les initiatives sont habituellement des approches tactiques de l'amélioration de processus individuels et de flux de travail du service, ou encore de sous-processus dans des plus petits segments de l'organisation.
- ***Centré sur les personnes***: les initiatives où le principal changement concerne les activités et les flux de travail d'une organisation.
- ***Centrées sur l'informatique*** : les initiatives souvent axées sur l'automatisation des processus.

.5 Principales hypothèses

Voici une liste des principales hypothèses de la discipline de BPM :

- Les processus sont généralement étayés par des systèmes de technologie de l'information, mais l'élaboration de ces systèmes n'est pas visée par la plupart des méthodes de BPM. Les analystes métier peuvent suggérer des exigences supplémentaires en fonction des systèmes informatiques existants.
- Les initiatives de BPM ont le soutien de la direction. L'analyste métier peut être impliqué dans la suggestion d'exigences supplémentaires en fonction des stratégies organisationnelles.
- Les systèmes BPM nécessitent une intégration étroite avec la stratégie organisationnelle, mais la plupart des méthodes ne s'attaquent pas au développement de la stratégie qui est en dehors de la portée de cette perspective.
- Les initiatives BPM sont interfonctionnelles et de bout en bout dans l'organisation.

11.5.2 Périmètre de l'analyse métier

.1 Promoteur du changement

Les initiatives BPM à l'échelle de l'entreprise sont généralement lancées par des dirigeants qui se concentrent sur la valeur et les résultats, puis relient ces objectifs stratégiques aux processus métier correspondants qui soutiennent plus étroitement les objectifs.

Les initiatives BPM sont souvent déclenchées par une situation externe qui génère un besoin métier. Les pratiques d'analyse métier d'entreprise sont appliqués pour développer une étude d'opportunité pour une initiative BPM.

Les améliorations de processus sont généralement initiées ou au moins gérées par un gestionnaire de processus à n'importe quel niveau de l'organisation. La portée du processus ou du sous-processus détermine généralement l'autorité du gestionnaire de processus.

.2 Cibles et agents de changement

Les principales cibles de changement possibles pour une initiative BPM sont les suivantes :

- ***Le client***: l'acteur clé de toute initiative BPM. L'accent est mis principalement sur le client externe, mais les clients internes sont également pris en compte. Étant donné que le BPM est par nature centré sur le client, le client fait partie des initiatives BPM afin de valider l'efficacité du changement de processus. Mettre à contribution le client tôt dans l'initiative réduit au minimum le risque d'échec en s'assurant que les buts de l'exécution des processus soient harmonisés aux attentes du client.
- ***Le régulateur***: une partie prenante de toute initiative de BPM en raison des exigences changeantes afférentes à la conformité et à la gestion des risques de certaines organisations. Les organismes de réglementation peuvent déclencher une initiative BPM en raison de changements dans la réglementation sur des questions telles que la sécurité publique, la transparence, l'égalité des chances et la non-discrimination.
- ***Le propriétaire du processus*** : l'acteur clé de toute initiative BPM et a la responsabilité et l'autorité de prendre la décision finale concernant toute modification des processus concernés. Le propriétaire du processus est également responsable de la mesure de la performance du processus.
- ***Les participants au processus***: parties prenantes qui participent directement ou indirectement au processus évalué. Ces participants définissent les activités du processus. Afin de s'assurer que les intérêts des participants du processus soient satisfaits, le propriétaire du processus les engage lors de la conception du processus.
- ***Le chef de projet***: gère l'initiative BPM et est responsable de sa livraison et de la conduite des décisions. Le chef de projet travaille avec une équipe comprenant des analystes de processus, des propriétaires de processus et des concepteurs de processus. Le chef de projet est responsable de la planification, de l'ordonnancement, de la gestion de la communication, de la gestion du changement et de la gestion des risques.
- ***L'équipe d'implémentation*** : convertit les plans de l'initiative BPM en processus opérationnels. La réussite d'une initiative de BPM se traduit par sa capacité d'intégrer toutes les fonctions qui répondent aux besoins du client.

.3 Position de l'analyste métier

Les analystes métier travaillant dans la discipline de la gestion des processus métier peuvent assumer une variété de rôles :

- ***Architecte de processus***: responsable de la modélisation, de l'analyse, du déploiement, de la surveillance et de l'amélioration continue des processus métier. Un architecte de processus sait comment concevoir des processus métier et comment améliorer ces processus manuellement ou pour l'exécution automatisée de processus métier sur une plate-forme BPM. Les architectes de processus traitent et orientent les décisions en fonction des connaissances, de la méthodologie et de la technologie de processus nécessaires pour atteindre les objectifs de l'organisation en ce qui concerne une initiative de BPM donnée. Les architectes de processus améliorent et transforment les processus métier en modèles de processus techniquement améliorés et exécutables. Selon l'initiative BPM, les architectes de processus peuvent se concentrer sur la gestion des performances de l'entreprise ou sur la mise en correspondance de la technologie avec les activités opérationnelles . Les architectes de processus sont responsables de l'élaboration et de la maintenance des normes et du référentiel des modèles de référence pour les produits et services, les processus opérationnels, les indicateurs de performance clés (KPI) et les facteurs de succès critiques (CSF). Ils sont engagés dans des initiatives d'analyse et de transformation des processus.
- ***Analyste / Pilote de processus***: possède une connaissance détaillée des processus, des compétences et des intérêts. Ce sont des experts dans la documentation et la compréhension de la conception de processus ainsi que des tendances de performance. Les analystes/ pilote de processus s'intéressent à l'optimisation des processus métier pour augmenter les performances globales de l'entreprise. Cet objectif nécessite une compréhension du processus détaillé et comprend la réalisation de l'analyse nécessaire à l'optimisation du processus. Ils effectuent l'analyse et l'évaluation des processus tels quels, évaluent d'autres options de conception de processus et formulent des recommandations de changement en fonction des cadres méthodiques.
- ***Modélisateur de processus*** : saisit et documente les processus métier (actuels et futurs). Le modélisateur de processus est souvent un analyste de processus qui travaille à documenter un processus pour la mise en œuvre ou le soutien par un système de technologie de l'information.

Les fonctions d'analyste/ pilote de processus et de modélisateur de processus résident souvent dans une seule position.

Figure 11.5.1: Rôles d'analyste métier dans une initiative BPM

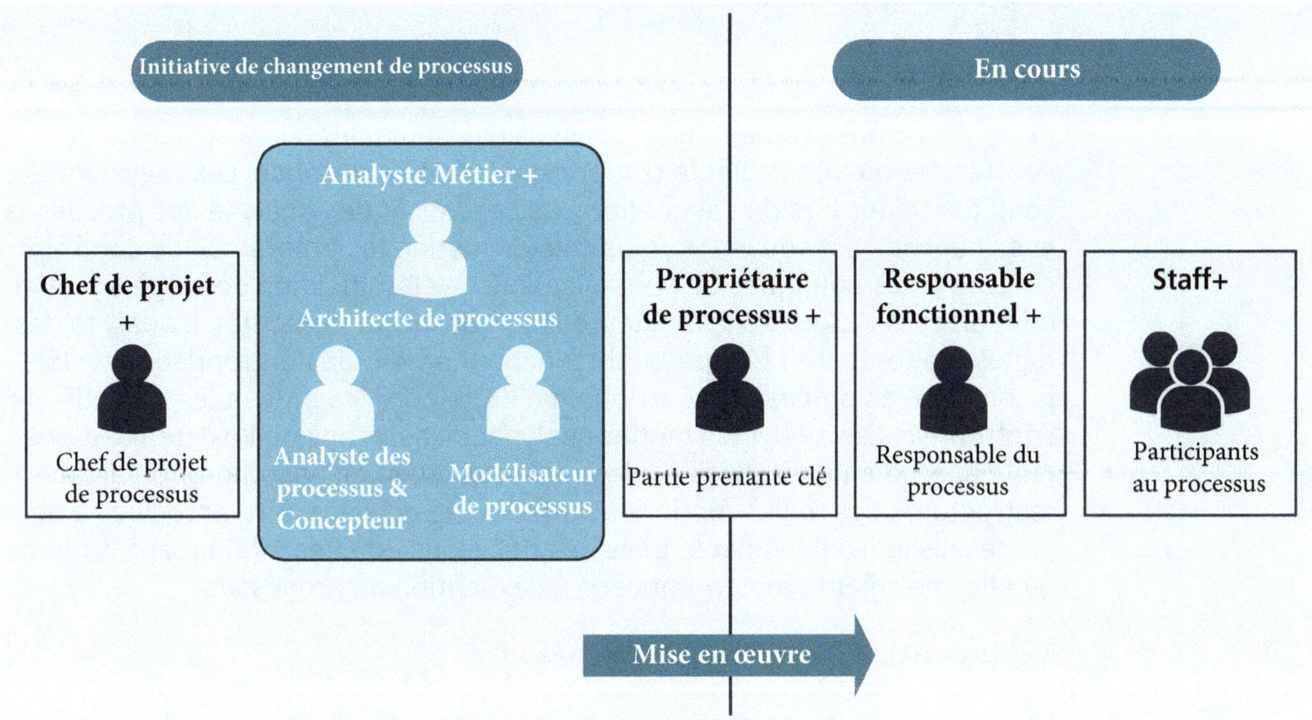

.4 Résultats de l'analyse métier

Les résultats du travail des analystes métier dans la discipline de la gestion des processus métier sont :

- les modèles de processus métier,
- les règles métier,
- les mesures de performance des processus,
- les décisions métier, et
- l'évaluation de la performance des processus.

Modèles de processus métier

Les modèles de processus métier commencent au niveau le plus élevé sous forme de modèle de bout à bout du processus entier et peuvent devenir aussi précis qu'un modèle de flux de travail en particulier. Les modèles de processus métier servent à la fois de résultat et de point de départ pour l'analyse du processus. Ils sont divisés en modèles d'état actuel (as-is) et d'état futur (to-be). Les modèles d'état actuels décrivent le processus tel qu'il fonctionne actuellement, sans aucune amélioration. Les modèles de l'état futur envisagent de quoi sera fait le processus si toutes les options d'amélioration sont incorporées. L'avantage d'élaborer le modèle de l'état futur est de justifier l'investissement dans le processus en permettant à l'analyste métier de mesurer l'effet des améliorations du processus et de prioriser les changements au processus. Les modèles de transition décrivent les états intermédiaires nécessaires pour passer du processus d'état actuel au processus d'état futur.

Règles Métier

Les règles métier guident les processus et visent à établir la structure de l'entreprise ou à contrôler le comportement de l'entreprise. Les règles métier sont identifiées lors de l'élicitation des besoins et de l'analyse des processus et se concentrent souvent sur les calculs métier, les problèmes de contrôle d'accès et les politiques de l'organisation. La classification des règles métier peut aider à décider de la meilleure façon de les implémenter. L'analyse des règles métier fournit un aperçu du fonctionnement de l'entreprise et de la façon dont les processus contribuent à l'atteindre les buts et les objectifs de l'entreprise. Les analystes métier analysent les raisons de l'existence d'une règle et étudient ses effets sur le processus avant de l'améliorer ou de le restructurer. Les règles métier peuvent, le cas échéant, être associées à des processus individuels par le biais des décisions qu'elles influencent, à moins qu'elles ne soient strictement liées à l'exécution du processus.

Mesures de performance des processus

Les mesures de performance des processus sont des paramètres qui sont utilisés pour identifier les possibilités d'amélioration des processus. Les mesures de performance des processus sont définies et déployées pour s'assurer que les processus sont alignés sur les besoins métier ou les besoins opérationnels et les objectifs stratégiques de l'organisation. Les mesures de performance des processus peuvent traiter de nombreux aspects d'un processus, notamment la qualité, le temps, le coût, l'agilité, l'efficience, l'efficacité, la réactivité, l'adaptabilité, la flexibilité, la satisfaction du client, la rapidité, la variabilité, la visibilité, la variété, les retouches et le volume. Bon nombre des mesures de performance d'un processus visent à mesurer l'efficacité et l'efficience de ce processus ainsi que la mesure dans laquelle les objectifs du processus sont atteints. Lorsqu'elles sont déployées dans l'ensemble de l'entreprise, les mesures de performance des processus peuvent indiquer le niveau de maturité de la culture des processus dans une organisation et générer une compréhension commune des performances des processus dans l'ensemble d'une organisation. Les mesures de performance sont des clés pour définir les niveaux de service où une organisation offre ses services à ses clients.

Décisions métier

Les décisions métier sont un type spécifique de tâche ou d'activité dans un processus d'entreprise qui détermine un ensemble d'options qui sera pris en compte par le processus. Ces doivent être prises (à l'aide d'une tâche ou d'une activité) puis prises en compte (souvent avec une branche ou une passerelle (gateway) dans le processus). Les décisions peuvent être prises manuellement ou automatisées, sont représentées de façon indépendante et sont décrites au mieux avec des règles métier. Les règles métier, souvent mises en œuvre par le biais d'un moteur de règles, permettent d'automatiser ces décisions.

Évaluation de la performance des processus

La réussite de toute initiative de BPM repose sur l'intention et la capacité de continuellement mesurer et surveiller la performance des processus métier ciblés. L'évaluation peut être statique et documentée avec des rapports d'évaluation et des cartes de performance, ou dynamique et être livrée via des tableaux de bord. Elle fournit des informations nécessaires aux décideurs d'une organisation pour redéployer et ajuster les ressources afin d'atteindre les objectifs de performance des processus.

11.5.3 Cadres de travail, Méthodologies et Techniques

.1 Cadres de travail

Le tableau suivant répertorie les Cadres de travail couramment utilisés dans la discipline de la gestion des processus métier.

Cadre de référence BPM

Cadre de référence (Framework)	Description courte
ACCORD	Un cadre méthodologique qui répertorie les modèles d'état actuels, ainsi que les données non structurées, vers des modèles conceptuels.
Cadre de référence de processus destiné aux opérateurs de télécommunications (eTOM)	Un cadre hiérarchique développé pour l'industrie des télécommunications qui a été adopté par d'autres industries du service.
Modèle de référence stratégique des gouvernements (GSRM)	Un cadre du cycle de vie qui fournit des processus et des modèles gouvernementaux génériques pour chaque étape de la maturité organisationnelle.
Amélioration des processus intégrée et basée sur des modèles (MIPI)	Un cadre cyclique dont les étapes comprennent l'évaluation de l'état de préparation, le processus sommaire à l'étude, la collecte de données détaillées, le modèle de formulaire du processus actuel, l'évaluation et la refonte du processus, la mise en œuvre d'un processus amélioré et le processus d'examen.

Cadre de référence BPM (Continued)

Cadre de référence (Framework)	Description courte
Cadre de classification des processus (PCF)	Un cadre de classification qui détaille les processus et qui est utilisé pour l'analyse comparative et la mesure de la performance.

.2 Méthodologies

Le tableau suivant répertorie les méthodologies couramment utilisées dans la discipline de la gestion des processus métier.

Table 11.5.1: Méthodologies BPM

Méthodologie	Description courte
Gestion adaptative des cas (ACM)	Une méthode utilisée lorsque les processus ne sont pas fixes ou statiques dans la nature, et ont beaucoup d'interaction humaine. Un processus ACM peut être différent à chaque fois qu'il est effectué.
Ré-ingénierie des processus métier (BPR)	La refonte fondamentale des processus métier pour générer des améliorations des mesures de performance critiques, telles que le coût, la qualité, le service et la rapidité.
Amélioration continue (CI)	Le suivi et l'ajustement continus des processus existants pour les rapprocher des buts ou des objectifs de rendements. Cela représente un engagement permanent de l'organisation à changer et doit être une part importante de sa culture.
Lean	Une méthodologie d'amélioration continue qui se concentre sur l'élimination du gaspillage dans un processus, défini comme un travail pour lequel le client du processus ne paiera pas.
Six Sigma	Une méthodologie d'amélioration continue qui se concentre sur l'élimination des variations dans le résultat d'un processus. Il est orienté statistiquement et centré sur les données de performance.

Table 11.5.1: Méthodologies BPM (Continued)

Méthodologie	Description courte
Théorie des contraintes (TOC)	Une méthodologie qui permet d'optimiser la performance d'une organisation en gérant trois variables : le débit d'un processus, des dépenses opérationnelles pour produire ce débit, et l'inventaire des produits. La performance d'un processus est dominée par une contrainte de clé à chaque fois, et le processus ne peut être optimisé qu'en améliorant les performances de cette contrainte.
Gestion de la qualité totale (TQM)	Une philosophie de gestion qui respecte le principe sous-jacent selon lequel les processus de l'organisation doivent fournir au client et aux parties prenantes, aussi bien internes qu'externes, des produits et des services de la plus haute qualité, et que ces produits ou services répondent ou dépassent les attentes des clients et des parties prenantes.

.3 Techniques

Le tableau suivant répertorie les techniques, non incluses dans le chapitre Techniques du Guide *BABOK*® et sont couramment utilisées dans la discipline du BPM.

Table 11.5.2: Techniques BPM

Technique	Description courte
Analyse des coûts	Une liste du coût total par activité pour indiquer le coût détaillé du processus et est fréquemment utilisée par les entreprises pour comprendre et apprécier le coût associé à un produit ou un service. L'analyse des coûts est également connue sous le nom de coût basé sur les activités.
Critique à la qualité (CTQ)	Un ensemble de diagrammes, sous forme d'arbres, qui aident à aligner les efforts d'amélioration des processus sur les exigences des clients. CTQ est une technique utilisée dans Six Sigma, mais n'est pas exclusive à Six Sigma.
Analyse du temps de cycle	Une analyse du temps que prend chaque activité dans le processus. L'analyse de temps de cycle est également connue sous le nom d'analyse de durée.

Table 11.5.2: Techniques BPM (Continued)

Technique	Description courte
Définir la vérification du design d'analyse de mesure (DMADV)	Une feuille de route structurée axée sur les données utilisée pour développer ou améliorer des processus existants. Le DMADV est une technique utilisée dans Six Sigma, mais n'est pas exclusive à Six Sigma.
Définir le contrôle amélioré de l'analyse de mesure (DMAIC)	Une feuille de route structurée basée sur les données utilisée pour améliorer les processus. Le DMAIC est une technique utilisée dans Six Sigma, mais n'est pas exclusive à Six Sigma.
Tambour-Tampon-Corde (DBR)	Une méthode utilisée pour que la contrainte du système fonctionne toujours à capacité optimale, en s'assurant à ce qu'il y ait suffisamment de matière tampon juste avant la contrainte, pour qu'elle reste continuellement occupée. Il peut être utilisé en BPM pour assurer l'efficacité du processus.
Analyse des modes de défaillance, de leurs effets et de leur criticité (AMDEC)	Une méthode systématique d'enquête sur les défaillances et les défauts de processus et d'identification des causes potentielles. C'est une technique qui aide à localiser les problèmes dans le processus actuel et à les corriger au moment d'élaborer les processus futurs.
Maison de la qualité/Voix du client	Matrice reliant les désirs des clients et les caractéristiques des produits aux capacités d'une organisation. C'est une technique qui pourrait servir à élaborer les processus cibles.
Entrées, Guide, Sorties, Facilitateurs (IGOE)	Diagramme qui décrit le contexte d'un processus, en énumérant les entrées et les sorties du processus, les guides utilisés pour informer l'exécution du processus, ainsi que les outils et informations de soutien requis pour le processus.
Événement Kaizen	Un effort ciblé et rapide pour améliorer la création de valeur dans une activité ou un sous-processus spécifique.
Simulation des processus	Un modèle du processus et un ensemble de variables randomisées pour permettre d'évaluer de multiples variations d'un processus et d'élaborer une estimation de leur performance dans des conditions réelles.

Table 11.5.2: Techniques BPM (Continued)

Technique	Description courte
Fournisseurs, entrées, processus, sorties et clients (SIPOC)	Une table qui résume les entrées et sorties de plusieurs processus. Aussi connu sous le nom de COPIS, qui est simplement SIPOC orthographié à l'envers.
Théorie des contraintes (TOC) Processus de pensée	Ensemble de modèles logiques de cause à effet utilisés pour diagnostiquer les conflits, identifier les causes profondes des problèmes et définir les états futurs d'un système qui résolvent avec succès ces causes profondes. Les processus de réflexion TOC sont une technique qui aide à localiser les problèmes dans le processus tel quel et à les corriger lors du développement des processus cibles.
Analyse de la valeur ajoutée	Examine les avantages pour le client qui s'ajoutent à chaque étape d'un processus pour cerner des opportunités d'améliorations.
Analyse de la chaîne de valeur	Utilisé pour évaluer la valeur ajoutée par chaque domaine fonctionnel d'une entreprise pour le client, dans le cadre d'un processus de bout en bout.
Qui quoi quand où pourquoi (les cinq questions)	Un ensemble de questions qui constituent la base de la collecte d'informations de base. Les 5W peuvent également inclure Comment, une sixième question.

11.5.4 Compétences sous-jacentes

Les analystes métier qui travaillent dans la discipline de la gestion des processus métier doivent remettre en question le statu quo, creuser pour comprendre les causes fondamentales d'un problème, évaluer pourquoi les choses sont faites comme elles le sont et encourager les experts du domaine à examiner de nouvelles idées et de nouvelles approches pour que les processus soient plus efficaces. Ils doivent également comprendre et définir les processus analysés et passer entre les perspectives interne et externe.

En raison des effets que les changements apportés aux processus ont sur les habitudes de travail des individus, les compétences d'interaction sont précieuses dans une initiative BPM. Les analystes métier négocient et arbitrent fréquemment les personnes ayant des opinions différentes, et exposent et résolvent les conflits entre différents groupes au sein de l'organisation. L'analyste métier est un facilitateur neutre et indépendant du changement.

Les initiatives de BPM sont susceptibles de mettre à contribution tous les niveaux de l'organisation et l'analyste métier doit communiquer au-delà des frontières organisationnelles et de l'organisation.

11.5.5 Impact sur les domaines de connaissances

Cette section explique comment des pratiques d'analyse métier spécifiques au sein de la gestion des processus métier sont mappées aux tâches et pratiques d'analyse métier telles que définies par le *Guide BABOK*®. Cette section décrit également comment chaque domaine de connaissances est appliqué ou modifié dans la discipline de gestion des processus métier.

Chaque domaine de connaissances énumère les techniques pertinentes pour une perspective de gestion des processus métier. *Les techniques du Guide* BABOK® se trouvent dans le chapitre Techniques du *Guide BABOK*®. D'autres techniques d'analyse métier ne se trouvent pas dans le chapitre, mais sont considérées comme particulièrement utiles aux analystes métier travaillant dans la discipline de la gestion des processus métier. Il ne s'agit pas d'une liste exhaustive de techniques, mais plutôt de mettre en évidence les types de techniques utilisées par les analystes métier lors de l'exécution des tâches en rapport aux domaines de connaissances.

.1 Planification et surveillance de l'analyse métier

L'élaboration progressive est courante dans la planification d'initiatives de BPM, car la quantité d'information disponible pour une planification complète peut être restreinte aux étapes initiales. Les initiatives de BPM englobent des activités d'amélioration continue . Le défaut de planifier la surveillance continue de l'effet des changements sur le processus est une cause d'échec courante d'initiatives de BPM. Dans les initiatives BPM, l'objectif initial du travail d'analyse métier est d'analyser et d'améliorer le processus métier avant d'examiner la technologie utilisée pour soutenir le processus et tout changement qui pourrait être nécessaire aux applications logicielles ou aux procédures de travail.

Techniques du Guide BABOK®

- Estimation (p. 333)
- Gestion des points de suivi (p. 360)
- Modélisation des processus (p. 390)
- Revues (p. 400)
- Liste des parties prenantes, carte ou personas (p. 422)
- Ateliers de travail (p. 445)

Autres techniques d'analyse métier

- Entrées, Guide, Sorties, Facilitateurs (IGOE)

.2 Élicitation et collaboration

Pour que l'initiative de BPM réussisse, la portée de l'initiative et du processus touché doit être définie et comprise.

La modélisation des processus et l'analyse des parties prenantes sont généralement utilisées pendant la phase d'élicitation d'une initiative BPM. Pendant l'élicitation, l'analyste métier se concentre sur la cause et l'effet de la modification des processus existants et du maintien des processus tels quels grâce à l'effort d'élicitation et de collaboration. Lorsqu'un processus existant est modifié, l'effet de toute amélioration aux processus sur l'organisation, les gens et la technologie est envisagé. Les cartes de processus sont un outil important pour susciter l'élicitation dans les initiatives BPM et les parties prenantes sont fréquemment consultées au cours de leur développement. Une élicitation et une collaboration efficaces sont essentielles pour le travail d'analyse, la modélisation et la conception des processus.

Les changements aux processus peuvent avoir des effets significatifs sur l'organisation; la gestion des parties prenantes et de leurs attentes est donc particulièrement cruciale. Sans une gestion efficace des parties prenantes, les changements de processus peuvent ne pas être mis en œuvre avec succès ou les changements peuvent ne pas atteindre les buts et les objectifs de l'organisation.

Techniques du Guide BABOK®

- Brainstorming (p. 278)
- Analyse de documents (p. 330)
- Groupes de discussion (Focus Groups) (p. 343)
- Analyse des interfaces (p. 353)
- Entretiens (p. 356)
- Mesures et Indicateurs clés de performance (KPIs) (p. 364)
- Observation (p. 375)
- Modélisation des processus (p. 390)
- Prototypage (p. 397)
- Revues (p. 400)
- Analyse de la cause fondamentale (p. 412)
- Modélisation du périmètre (p. 415)
- Liste des parties prenantes, carte ou personas (p. 422)
- Sondage ou questionnaire (p. 430)
- Scénarios et cas d'utilisation (p. 436)
- Récits utilisateurs (User Stories) (p. 440)
- Ateliers de travail (p. 445)

Autres techniques d'analyse métier

- Maison de la qualité/Voix du client

.3 Gestion du cycle de vie des exigences

La BPM est un ensemble d'approches axées sur des moyens d'apporter de la valeur dans de multiples domaines fonctionnels au moyen d'une vision axée sur les processus. La création de valeur est souvent liée à l'engagement délibéré de changements, mais peut également résulter d'une demande ad hoc ou d'un examen des processus. L'impact des activités BPM sur la gestion du cycle de vie des exigences est important car il peut entraîner de nouvelles modifications de conception, de codage, de mise en œuvre et de post-implémentation. Il est de la responsabilité de l'analyste métier de maintenir ce lien et de s'assurer que la communication est menée efficacement avec les parties prenantes et les propriétaires de processus qui sont les décideurs ultimes lorsqu'il s'agit de processus, de changement et de solutions de soutien.

La documentation des processus métier est à la disposition de toutes les parties prenantes car elle doit être utilisée dans le fonctionnement quotidien de l'entreprise. Si le processus est automatisé par le biais d'un outil de type BPMS, la représentation du processus peut être directement exécutable.

Techniques du Guide BABOK®

- Critères d'acceptation et d'évaluation (p. 266)
- Gestion du Backlog (p. 269)
- Brainstorming (p. 278)
- Analyse des règles métier (p. 294)
- Analyse des exigences non fonctionnelles (p. 371)
- Priorisation (p. 383)
- Analyse des processus (p. 386)
- Modélisation des processus (p. 390)
- Prototypage (p. 397)
- Modélisation du périmètre (p. 415)
- Ateliers de travail (p. 445)

Autres techniques d'analyse métier

- aucun

.4 Analyse de la stratégie

Dans un contexte BPM, l'analyse de la stratégie implique de comprendre le rôle que joue le processus dans une chaîne de valeur de l'entreprise. Au minimum, tout processus qui interagit avec les processus concernés par l'initiative doit être pris en considération.

L'état actuel est susceptible d'être décrit par la chaîne de valeur ainsi que par les mesures de performance actuelles du processus métier. L'état futur sera décrit par la chaîne de valeur future et les mesures de performances cibles. Les méthodes d'amélioration continue peuvent simplement se concentrer sur les mesures de performance pour déterminer la stratégie. La stratégie de changement impliquera l'identification des changements de processus possibles.

Techniques du Guide BABOK®

- Analyse de documents (p. 330)
- Décomposition fonctionnelle (p. 347)
- Entretiens (p. 356)
- Retours d'expérience (p. 363)
- Analyse des processus (p. 386)
- Modélisation des processus (p. 390)

Autres techniques d'analyse métier

- Tambour-Tampon-Corde
- Maison de la qualité/Voix du client
- Entrées, Guide, Sorties, Facilitateurs (IGOE)
- Processus de réflexion TOC

.5 Analyse des exigences et spécification de la conception

L'analyse des exigences et la spécification de la conception se concentrera sur la spécification du modèle de processus à être. L'architecture des exigences comprendra probablement le modèle de processus, des règles métier et des décisions connexes, des besoins d'information et la structure organisationnelle. Parmi les options de la solution se trouvent normalement des changements au SI nécessaires pour appuyer le processus, l'externalisation d'aspects du processus et des changements semblables.

Techniques du Guide BABOK®

- Analyse comparative et analyse de marché (p. 276)
- Analyse des règles métier (p. 294)
- Modélisation des décisions (p. 325)
- Estimation (p. 333)
- Décomposition fonctionnelle (p. 347)
- Mesures et Indicateurs clés de performance (KPIs) (p. 364)
- Priorisation (p. 383)
- Prototypage (p. 397)
- Modélisation du périmètre (p. 415)
- Liste des parties prenantes, carte ou personas (p. 422)
- Ateliers de travail (p. 445)

Autres techniques d'analyse métier

- Kaizen
- Simulation des processus

.6 Évaluation de la solution

L'évaluation de la solution se produit généralement à plusieurs reprises au cours des initiatives BPM afin d'évaluer les performances du processus métier. Au fur et à mesure que les processus sont évalués pour différents scénarios, ils peuvent être affinés et les résultats sont surveillés. Les tâches d'évaluation de la solution fournissent un aperçu de la compréhension de l'impact des améliorations des processus et de la valeur apportée par le changement de processus métier. La solution peut également impliquer une exploration des processus (process mining) qui utilise des techniques telles que des pistes d'audit ou des journaux de transactions pour obtenir des détails sur le processus.

La tâche d'analyse de la performance de la solution est effectuée pour comprendre les différences entre la valeur potentielle et la valeur réelle. Cette analyse est effectuée pour découvrir pourquoi il existe un écart entre la valeur potentielle et la valeur réelle, afin de déterminer si une solution peut être plus performante ou plus rentable. L'évaluation examine des opportunités ou des contraintes amenées par la solution mise en œuvre, les besoins qu'elle satisfait ou les améliorations possibles. Cela peut déclencher une optimisation supplémentaire du processus et une répétition du cycle de vie du BPM.

Techniques du Guide **BABOK®**

- Critères d'acceptation et d'évaluation (p. 266)
- Balanced Scorecard (p. 273)
- Analyse comparative et analyse de marché (p. 276)
- Brainstorming (p. 278)
- Analyse des capacités métier (p. 281)
- Analyse des règles métier (p. 294)
- Analyse des décisions (p. 320)
- Analyse de documents (p. 330)
- Estimation (p. 333)
- Entretiens (p. 356)
- Mesures et Indicateurs clés de performance (KPIs) (p. 364)
- Observation (p. 375)
- Modélisation de l'organisation (p. 378)
- Modélisation des processus (p. 390)
- Revues (p. 400)
- Analyse et gestion des risques (p. 404)
- Analyse de la cause fondamentale (p. 412)
- Liste des parties prenantes, carte ou personas (p. 422)
- Sondage ou questionnaire (p. 430)
- Analyse SWOT (p. 434)

Autres techniques d'analyse métier

- Kaizen
- Analyse des modes de défaillance, de leurs effets et de leur criticité (AMDEC)
- Simulation des processus
- Analyse de la chaîne de valeur

Appendix A: Glossaire

A

critères d'acceptation: Critères associés aux exigences, aux produits ou au cycle de livraison qui doivent être respectés afin d'obtenir l'acceptation des parties prenantes.

acteur (analyse métier): Un humain, un appareil ou un système qui joue un rôle spécifique dans l'interaction avec une solution.

approche adaptative: Une approche où la solution évolue sur la base d'un cycle d'apprentissage et de découverte, avec des boucles de rétroaction qui encouragent à prendre des décisions le plus tard possible.

Extension Agile du Guide *BABOK*®: Une norme sur la pratique de l'analyse métier dans un contexte agile . L'extension Agile *de BABOK® Guide* version 1 a été publiée en 2013 par IIBA®, en partenariat avec l'Alliance Agile.

allocation: Voir *l'allocation des exigences*.

architecture: La conception, la structure et le comportement des états actuels et futurs d'une structure en termes de ses composants, et l'interaction entre ces composants. Voir aussi *architecture métier*, *architecture d'entreprise*et *architecture des exigences*.

artéfact (analyse métier): Tout objet pertinent à la solution qui est créé dans le cadre des efforts d'analyse métier.

hypothèse: Un facteur d'influence que l'on croit vrai mais dont l'exactitude n'a pas été confirmée, ou qui pourrait être vrai maintenant mais pourrait ne pas l'être à l'avenir.

B

règle métier comportementale: Une règle de gestion (métier) qui impose une obligation (ou une interdiction) à une conduite, une action, une pratique ou une procédure ; une règle de gestion (métier) dont l'objet est de façonner (régir) l'activité quotidienne de l'entreprise. Également connu sous le nom de règle opérationnelle.

Analyse comparative (benchmarking): La comparaison d'une décision, d'un processus, d'un service, ou d'un coût système, du temps, de la qualité, ou d'autres mesures avec ceux des pairs de premiers plan afin d'identifier des possibilités d'amélioration.

corpus de connaissances: L'ensemble des connaissances et des pratiques généralement admises sur un sujet.

gestion des processus métiers (BPM): Voir *la gestion des processus métier*.

Brainstorming: Une activité d'équipe qui cherche à produire un ensemble large ou diversifié d'options par la génération rapide et non critique d'idées.

métier (analyse métier): Voir *entreprise*.

entreprise (monde des affaires): Un système économique dans lequel toute activité commerciale, industrielle ou professionnelle est exercée dans un but lucratif.

analyse métier: La pratique consistant à permettre le changement dans le contexte d'une entreprise en définissant les besoins et en recommandant des solutions qui apportent de la valeur aux parties prenantes.

information de l'analyse métier: Tout type d'information, à n'importe quel niveau de détail, utilisé comme entrée ou sortie du travail d'analyse métier.

ensemble de l'analyse métier: Un document, une présentation ou toute autre collection de textes, de matrices, de diagrammes et de modèles, représentant des informations de l'analyse métier.

analyste métier: Toute personne qui effectue une analyse métier, quel que soit son titre ou son rôle dans l'organisation. Pour plus d'informations, voir Qui est un analyste métier ? (p. 3).

approche de l'analyse métier: L'ensemble des processus, règles, lignes directrices, heuristiques et activités qui sont utilisés pour effectuer une démarche d'analyse métier dans un contexte spécifique.

plan de communication de l'analyse métier: Une description des types de communication que l'analyste métier effectuera lors de l'analyse métier, les destinataires de ces communications, ainsi que la forme et la fréquence de ces communications.

effort d'analyse métier: Le périmètre des activités dans lesquelles un analyste métier est engagé au cours du cycle de vie d'une initiative.

plan d'analyse métier: Une description des activités planifiées que l'analyste métier exécutera afin de réaliser le travail d'analyse métier nécessaire à une initiative spécifique. Voir aussi le *plan de gestion des exigences*.

architecture métier: La conception, la structure et le comportement des états actuels et futurs d'une entreprise afin de fournir une compréhension commune de l'organisation. Il est utilisé pour aligner les objectifs stratégiques de l'entreprise et les exigences tactiques.

étude d'opportunité (Business Case): Une justification d'une succession d'actions basée sur les bénéfices réalisés en utilisant la solution proposée, par rapport au coût, à l'effort et à d'autres considérations pour acquérir et vivre avec cette solution.

décision métier: Une décision qui peut être prise sur la base d'une stratégie, d'un jugement exécutif, d'un consensus et de règles de gestion (métier), et qui est généralement prise en réponse à des événements ou à des points définis dans un processus métier.

domaine métier: Voir *le domaine* .

but métier: Un état ou une condition qu'une organisation cherche à établir et à maintenir, généralement exprimé de manière qualitative plutôt que quantitative.

besoin métier: Un problème ou une opportunité d'importance stratégique ou tactique à adresser.

objectif métier: Un résultat objectif et mesurable pour indiquer qu'un but métier a été atteint.

politique d'entreprise: Une directive restrictive qui contrôle et influence les actions d'une entreprise.

problème métier: Un problème d'importance stratégique ou tactique empêchant une entreprise ou une organisation d'atteindre ses buts.

processus métier: Un ensemble d'activités de bout en bout qui répond collectivement à un événement et transforme des informations, des matériaux et d'autres ressources en sorties qui délivrent de la valeur directement aux clients du processus. Il peut être interne à une organisation, ou s'étendre à plusieurs organisations.

gestion des processus métier (BPM): Une discipline de gestion qui détermine comment les processus manuels et automatisés sont créés, modifiés, annulés et gouvernés.

réingénierie des processus métier: Repenser et reconcevoir les processus métier pour améliorer les mesures de performance.

exigence métier: Une représentation des buts, objectifs et résultats qui décrivent pourquoi un changement a été initié et comment le succès sera évalué.

règle de gestion (métier): Une directive spécifique, réalisable et testable qui est contôlée par le métier et qui sert de critère pour orienter le comportement,

C

capacité: L'ensemble des activités réalisées par l'entreprise, les connaissances dont elle dispose, les produits et services qu'elle fournit, les fonctions qu'elle soutient et les méthodes qu'elle utilise pour prendre des décisions.

diagramme de cause à effet: Voir *le Diagramme Fishbone*.

changement: L'acte de transformation en réponse à un besoin.

acteur/partie-prenante du changement: Une personne qui est un catalyseur du changement.

suivi du changement: Contrôler les changements apportés aux exigences et aux conceptions afin que l'impact des changements demandés soit compris et accepté avant que les changements ne soient effectués.

gestion du changement: Activités planifiées, outils et techniques pour aborder l'aspect humain du changement pendant une initiative de changement, en adressant en premier le besoins des personnes qui seront les plus affectées par le changement.

stratégie de changement: Un plan pour passer de l'état actuel à l'état futur afin d'atteindre les objectifs métier souhaités.

équipe de conduite du changement: Un groupe interfonctionnel de personnes mandatées pour mettre en œuvre un changement. Ce groupe peut être composé de product owners, d'analystes métier, de développeurs, de chefs de projet, d'experts d'implémentation (SMEs), ou toutes autres personnes ayant les capacités et les compétences requises à la mise en œuvre du changement.

liste de contrôle (Checklist): Un ensemble standard d'éléments de qualité que les réviseurs utilisent pour la vérification des exigences.

collaboration: L'action de deux ou plusieurs personnes travaillant ensemble vers un but commun.

progiciel (COTS): Une solution préconçue disponible sur le marché qui répond à tous ou à la plupart des besoins communs d'un grand éventail d'acheteurs de ces solutions. Une solution commerciale prête à l'emploi peut nécessiter une certaine configuration pour répondre aux besoins spécifiques de l'entreprise. Une solution commerciale prête à l'emploi peut nécessiter une certaine configuration pour répondre aux besoins spécifiques de l'entreprise.

analyse concurrentielle: Une évaluation structurée qui saisit les caractéristiques clés d'une industrie afin de prédire les perspectives de rentabilité à long terme et de déterminer les pratiques des concurrents les plus importants.

composant: Un élément identifiable de manière unique d'un ensemble plus vaste qui remplit une fonction claire.

modèle conceptuel: Un modèle d'analyse qui développe la signification des concepts fondamentaux d'un domaine problématique, définit leur structure collective et spécifie le vocabulaire approprié nécessaire pour communiquer de manière cohérente.

contrainte (analyse métier): Un facteur d'influence qui ne peut être modifié et qui impose une limite ou une restriction à une solution ou une option de solution possible.

contexte: Les circonstances qui influencent, sont influencées par, et permettent de comprendre le changement.

Concept de base (analyse métier): L'une des six notions fondamentales pour la pratique d'analyse métier : le Changement, le Besoin, la Solution, le Contexte, la Partie prenante, et la Valeur.

analyse couts-bénéfices: Une analyse qui compare et quantifie les coûts financiers et non financiers d'un changement ou de la mise en œuvre d'une solution par rapport aux avantages obtenus.

progiciel: Voir *commercial off-the-shelf.*

créer, lire, mettre à jour, supprimer (matrice CRUD): Une matrice bidimensionnelle montrant quels rôles d'utilisateur ont la permission d'accéder à des entités d'information spécifiques, et de créer de nouveaux enregistrements dans ces entités, de visualiser les données des enregistrements existants, de mettre à jour ou de modifier les données des enregistrements existants, ou de supprimer les enregistrements existants. Le même type de matrice peut être utilisé pour montrer quels processus, au lieu des utilisateurs, ont les droits de création, de lecture, de mise à jour et de suppression.

matrice CRUD: Voir *créer, lire, mettre à jour et supprimer la matrice.*

client: Une partie prenante qui utilise ou peut utiliser des produits ou des services produits par l'entreprise et peut avoir des droits contractuels ou moraux que l'entreprise est tenue de respecter.

D

analyse des décisions: Une approche de la prise de décision qui examine et modélise les conséquences possibles de différentes décisions, et aide à prendre une décision optimale dans des conditions d'incertitude.

décomposition: Une technique qui subdivise un problème en ses composants afin de faciliter l'analyse et la compréhension de ces derniers.

défaut: Une anomalie dans un produit ou un service qui réduit sa qualité ou s'écarte d'un attribut, d'un état ou d'une fonctionnalité souhaités.

définition des règles métier: Une règle qui indique que quelque chose est nécessairement vrai (ou fausse) ; une règle qui est destinée à servir de critère de définition pour les concepts, les connaissances ou les informations. Également connue sous le nom de règle structurelle.

livrable: Tout produit de travail ou service unique et vérifiable qu'une partie a accepté de fournir.

conception: Une représentation utilisable d'une solution. Pour plus d'informations, voir Termes clés (p. 18) et Exigences et conceptions (p. 23).

analyse de documents (analyse métier): Un examen de la documentation d'un système existant afin d'éliciter des exigences.

domaine: La sphère de connaissances qui définit un ensemble d'exigences, de terminologie et de fonctionnalités communes pour tout programme ou initiative résolvant un problème.

expert du domaine: Une partie prenante ayant une connaissance approfondie d'un sujet pertinent pour le besoin métier ou la portée de la solution.

méthode DSDM: Voir *méthode de développement de systèmes dynamiques*.

méthode de développement des systèmes dynamiques (DSDM): Un cadre de réalisation de projet qui se concentre sur la fixation du coût, de la qualité et du délai dès le départ, tandis que les imprévus sont gérés en variant les fonctionnalités à fournir.

E

élicitation: Dérivation et extraction itératives d'informations auprès des parties prenantes ou d'autres sources.

utilisateur final: Une partie prenante qui interagit directement avec la solution.

entreprise: Un système composé d'une ou plusieurs organisations et des solutions qu'elles utilisent pour poursuivre un ensemble de buts communs.

architecture d'entreprise: Description des processus métier, des technologies de l'information, des personnes, des opérations, des informations et des projets d'une entreprise et des relations entre eux.

évaluation de la maturité de l'entreprise: Une évaluation qui décrit que l'entreprise est prête à accepter le changement associé à une solution et est capable de l'utiliser efficacement.

diagramme entité-relation: Une représentation graphique des entités pertinentes pour un domaine de problème choisi et des relations entre elles.

estimé: Une évaluation quantitative d'un résultat prévu, des exigences en ressources et du calendrier où les incertitudes et les inconnues sont systématiquement prises en compte dans l'évaluation.

évaluation: L'évaluation systématique et objective d'une solution pour déterminer son statut et son efficacité à atteindre les objectifs au fil du temps, et pour identifier les moyens d'améliorer la solution pour mieux atteindre ces objectifs. Voir aussi *indicateur* ; *mesure / métrique*, *surveillance*.

évènement (analyse métier): Un événement ou un incident auquel une unité organisationnelle, un système ou un processus doit répondre.

prototype évolutif: Un prototype qui est continuellement modifié et mis à jour en réponse à la rétroaction des parties prenantes.

expérience: Elicitation effectuée de manière contrôlée pour faire une découverte, tester une hypothèse ou démontrer un fait connu.

interface externe: Une interaction qui se situe en dehors de la solution proposée. Il peut s'agir d'un autre système matériel, d'un système logiciel ou d'une interaction humaine avec lesquels la solution proposée va interagir.

F

facilitation: L'art de diriger et d'encourager les gens par des efforts systématiques en vue d'atteindre des objectifs convenus, de manière à renforcer l'implication, la collaboration, la productivité et la synergie.

étude de faisabilité: Une évaluation des alternatives proposées pour déterminer si elles sont techniquement, organisationnellement et économiquement possibles dans le cadre des contraintes de l'entreprise, et si elles apporteront les avantages souhaités à l'entreprise.

fonctionnalité: Une caractéristique distinctive d'une solution qui met en œuvre un ensemble cohérent d'exigences et qui apporte de la valeur à un ensemble de parties prenantes.

Diagramme fishbone: Une technique de diagramme utilisée dans l'analyse de la cause fondamentale pour identifier les causes sous-jacentes d'un problème observé, et les relations qui existent entre ces causes. Également connu sous le nom de diagramme d'Ishikawa ou de diagramme de cause à effet.

groupe de discussion (Focus Groups): Un groupe formé pour éliciter des idées et des attitudes sur un produit, un service ou une opportunité dans un environnement de groupe interactif. Les participants partagent leurs impressions, leurs préférences et leurs besoins, guidés par un modérateur.

analyse des forces en présence: Une méthode graphique pour décrire les forces qui soutiennent et s'opposent à un changement. Il s'agit d'identifier les forces, de les représenter sur les côtés opposés d'une ligne (forces de soutien et forces opposées), puis d'estimer la force de chaque ensemble de forces.

exigence fonctionnelle: Une capacité qu'une solution doit avoir en termes de comportement et d'information que la solution va gérer.

G

analyse d'écart: Une comparaison de l'état actuel et de l'état futur souhaité d'une entreprise afin d'identifier les différences qui doivent être adressées.

but: Voir *but métier*.

processus de gouvernance (changement): Un processus par lequel les décideurs appropriés utilisent des informations pertinentes pour prendre des décisions concernant un changement ou une solution, y compris les moyens d'obtenir des approbations et des priorités.

lignes directrices (analyse métier): Une instruction ou une description sur pourquoi ou comment entreprendre une tâche.

H

prototype horizontal: Un prototype qui est utilisé pour explorer les exigences et les conceptions à un niveau d'une solution proposée, comme la vue du client ou l'interface avec une autre organisation.

I

analyse d'impact: Une évaluation des effets qu'un changement proposé aura sur une partie prenante ou un groupe de parties prenantes, un projet ou un système.

expert d'implémentation: Une partie prenante qui possède des connaissances spécialisées concernant la mise en œuvre d'un ou plusieurs composants solution.

indicateur: Une mesure numérique spécifique qui indique la progression vers la réalisation d'un impact, d'une sortie, d'une activité ou d'un intrant. Voir aussi mesure / métrique. Voir aussi *mesure / métrique*.

initiative: Un projet, un programme ou une action spécifique entrepris pour résoudre un ou plusieurs problèmes métier ou atteindre un ou plusieurs objectifs de changement spécifiques.

intrant (analyse métier): Information consommée ou transformée pour produire un résultat. Une entrée est l'information nécessaire au démarrage d'une tâche.

inspection: Examen formel d'un produit de travail par des personnes qualifiées qui suivent un processus prédéfini, et utilisent des critères prédéfinis, pour l'identification et l'élimination d'anomalies.

interface: Une frontière partagée entre deux personnes et/ou systèmes à travers laquelle l'information est communiquée.

interopérabilité: Capacité des systèmes à communiquer en échangeant des données ou des services.

entretien: Eliciter des informations d'une personne ou d'un groupe de personnes dans un cadre informel ou formel en posant des questions pertinentes et en enregistrant les réponses.

diagramme d'Ishikawa: Voir *le Diagramme Fishbone*.

itération (analyse métier): Une seule instance des cycles progressifs d'analyse, de développement, de test ou d'exécution.

K

domaine de connaissances (analyse métier): Un domaine d'expertise qui comprend plusieurs tâches d'analyse métier spécifiques.

L

processus de retours d'expérience: Une technique d'amélioration des processus utilisée pour apprendre et améliorer un processus ou un projet. Une session de retour d'expérience implique une réunion spéciale au cours de laquelle l'équipe explore ce qui a fonctionné, ce qui n'a pas fonctionné, ce qui pourrait être appris de l'itération qui vient de se terminer, et comment adapter les processus et les techniques avant de continuer ou d'en commencer une nouvelle

cycle de vie: Série de changements subis par un article ou un objet depuis sa création jusqu'à son retrait

M

matrice: Une forme textuelle de modélisation utilisée pour représenter des informations qui peuvent être catégorisées, croisées et représentées sous forme de tableau.

métadonnées: Une description des données pour aider à comprendre comment utiliser ces données, soit en termes de structure et de spécification des données, soit en termes de description d'une instance spécifique d'un objet.

méthodologie: Un ensemble de méthodes, de techniques, de procédures, de concepts de travail et de règles utilisés pour résoudre un problème

mesure / métrique: Niveau quantifiable d'un indicateur mesuré à un moment précis.

énoncé de mission: Une déclaration formelle de valeurs et de buts qui exprime l'objet principal de l'entreprise.

modèle: Une représentation et une simplification de la réalité développées pour transmettre des informations à une audience spécifique afin de soutenir l'analyse, la communication et la compréhension.

surveillance: Collecte de données en continu à partir d'une solution afin de déterminer la qualité de la mise en œuvre d'une solution par rapport aux résultats attendus. Voir aussi *mesure / métrique*; *indicateur*.

N

besoin: Un problème ou une opportunité à adresser.

exigence non fonctionnelle: Un type d'exigence qui décrit les attributs de performance ou de qualité qu'une solution doit satisfaire. Les exigences non fonctionnelles sont généralement mesurables et agissent comme des contraintes sur la conception d'une solution dans son ensemble.

O

objectif: Voir *l'objectif métier*.

observation (analyse métier): Étudier et analyser une ou plusieurs parties prenantes dans leur environnement de travail afin d'éliciter des exigences.

OLAP: Voir *traitement analytique en ligne*.

traitement analytique en ligne (OLAP): Une approche de business intelligence qui permet aux utilisateurs d'analyser de grandes quantités de données à partir de différents points de vue.

support opérationnel: Une partie prenante qui est responsable de la gestion et de la maintenance quotidiennes d'un système ou d'un produit.

règle opérationnelle: Voir *règle métier comportementale*.

organisation: Un groupe autonome de personnes sous la direction d'une seule personne ou d'un conseil, qui travaille à la réalisation de buts et d'objectifs communs.

capacité organisationnelle: Une fonction au sein de l'entreprise, composée d'éléments tels que des processus, des technologies et des informations et utilisée par les organisations pour atteindre leurs objectifs.

conduite de changement organisationnel: Voir *gestion du changement*.

modélisation de l'organisation: Technique d'analyse utilisée pour décrire les rôles, les responsabilités et les structures hiérarchiques qui existent au sein d'une entreprise.

unité organisationnelle: Toute association reconnue de personnes au sein d'une organisation ou d'une entreprise.

P

examen par les pairs: Un examen formel ou informel d'un produit de travail pour identifier les erreurs ou les opportunités d'amélioration. Voir aussi *inspection*.

plan: Un plan détaillé pour faire ou réaliser quelque chose, comprenant généralement un ensemble d'événements, de dépendances, de séquence attendue, de calendrier, de résultats ou d'aboutissements.

politique: Voir *politique d'entreprise*.

approche prédictive: Une approche où la planification et les références de base sont établies tôt dans le cycle de vie de l'initiative afin de maximiser le contrôle et de minimiser les risques.

priorisation: Déterminer l'importance relative d'un ensemble d'éléments afin de déterminer l'ordre dans lequel ils seront traités.

processus: Un ensemble d'activités conçues pour atteindre un objectif spécifique en prenant un ou plusieurs intrants définis et en les transformant en extrants définis.

modèle de processus: Un ensemble de diagrammes et d'informations complémentaires concernant un processus et les facteurs susceptibles d'influencer ce processus. Certains modèles de processus sont utilisés pour simuler les performances du processus.

produit (analyse métier): Une solution ou un composant solution qui est le résultat d'une initiative.

Product backlog: Un ensemble d'user stories, d'exigences ou de fonctionnalités qui ont été identifiées comme candidates à une mise en œuvre potentielle, classées par ordre de priorité et estimées.

couverture / périmètre du produit: Voir *portée de la solution*.

énoncé de la vision du produit: Un bref énoncé ou un paragraphe qui décrit les buts de la solution et la manière dont elle soutient la stratégie de l'organisation ou de l'entreprise.

projet: Un effort temporaire entrepris pour créer un produit, un service ou un résultat unique.

chef de projet: Une partie prenante qui est responsable de la gestion du travail nécessaire pour livrer une solution qui répond à un besoin métier, et de s'assurer que les objectifs du projet soient atteints tout en équilibrant les contraintes du projet, y compris le périmètre, le budget, le calendrier, les ressources, la qualité et le risque.

périmètre du projet: Le travail qui doit être effectué pour livrer un produit, un service ou un résultat avec les caractéristiques et les fonctionnalités spécifiées.

preuve de concept (POC): Un modèle créé pour valider la conception d'une solution sans modéliser l'apparence, les matériaux utilisés dans la création du travail, ou les processus et flux de travail finalement utilisés par les parties prenantes.

prototype: Une approximation partielle ou simulée de la solution dont l'objet est de susciter ou de vérifier les exigences avec les parties prenantes.

q

qualité: La mesure à laquelle un ensemble de caractéristiques inhérentes répond aux besoins.

assurance qualité: Un ensemble d'activités réalisées pour garantir qu'un processus livrera des produits répondant à un niveau de qualité approprié.

attributs de qualité: Un ensemble de mesures utilisées pour juger de la qualité globale d'un système.
Voir aussi *exigences non fonctionnelles*.

questionnaire: Un ensemble de questions définies, avec un choix de réponses, utilisées pour recueillir des informations auprès des répondants.

R

matrice RACI: Voir la matrice *responsable, approbateur, consulté et informé*.

régulateur: Une partie prenante extérieure à l'organisation qui est responsable de la définition et de l'application des normes.

référentiel: Une installation réelle ou virtuelle où toutes les informations sur un sujet spécifique sont stockées et peuvent être consultées.

demande d'information (RFI): Une méthode d'élicitation formelle destinée à recueillir des informations sur les capacités d'un fournisseur ou toute autre information pertinente pour un marché potentiel à venir.

demande de proposition commerciale (RFP): Un document des exigences émis lorsqu'une organisation cherche à obtenir une proposition formelle de la part des vendeurs. Une demande de proposition commerciale (RFP) exige généralement que les propositions soient soumises en suivant un processus spécifique et en utilisant des offres scellées qui seront évaluées selon une méthodologie d'évaluation formelle.

demande de devis (RFQ): Une méthode d'approvisionnement de marché consistant à solliciter des options de prix et de solutions auprès des vendeurs.

appel d'offre (RFT): Une invitation ouverte aux vendeurs à soumettre une proposition pour des biens ou des services.

exigence: Une représentation utilisable d'un besoin.

attributs des exigences: Une caractéristique ou une propriété d'une exigence utilisée pour aider à la gestion des exigences.

affectation des exigences: Le processus d'attribution des exigences à mettre en œuvre par des composants spécifiques de la solution.

architecture des exigences: Les exigences d'une initiative et les interrelations entre ces exigences.

artéfact des exigences: Un artéfact d'analyse métier contenant des informations sur les exigences telles qu'un diagramme, une matrice, un document ou un modèle.

anomalie des exigences: Un problème ou une erreur dans une exigence. Les anomalies peuvent survenir parce qu'une exigence est de mauvaise qualité (voir *vérification des exigences*) ou parce qu'elle ne décrit pas un besoin qui, s'il est satisfait, apporterait de la valeur aux parties prenantes (voir *validation des exigences*).

document des exigences: Voir le paquet *ensemble d'exigences*.

cycle de vie des exigences: Les étapes par lesquelles une exigence progresse de sa création à son retrait.

gestion des exigences: Planification, exécution, surveillance et contrôle d'une partie ou de la totalité du travail associé à l'élicitation des exigences et la collaboration, à l'analyse et à la conception des exigences, et à la gestion du cycle de vie des exigences.

Plan de management des exigences: Un sous-ensemble du plan d'analyse métier pour une initiative de changement spécifique, décrivant les outils, les activités, les rôles et les responsabilités spécifiques qui seront utilisés dans le cadre de l'initiative pour gérer les exigences. Voir *plan d'analyse métier*.

outil de gestion des exigences: Logiciel à usage spécifique qui fournit un support pour toute combinaison des capacités suivantes : élicitation et collaboration, modélisation et/ou spécification des exigences, traçabilité des exigences, versionnage et base de référencement, définition d'attributs pour le suivi et la surveillance, génération de documents et contrôle des modifications des exigences.

modèle d'exigences: Une représentation abstraite (généralement graphique) de certains aspects de l'état actuel ou futur.

ensemble d'exigences: Une forme spécialisée de l'ensemble d'analyse métier principalement axée sur les exigences. Un ensemble d'exigences peut représenter une référence de base d'une collection d'exigences.

traçabilité des exigences: L'aptitude à suivre les relations entre les ensembles d'exigences et de conceptions depuis le besoin initial de la partie prenante jusqu'à la solution mise en œuvre. La traçabilité soutient le contrôle des changements en garantissant que la source d'une exigence ou d'une conception peut être identifiée et que les autres exigences et concepts connexes potentiellement affectées par un changement sont connues. La traçabilité soutient le suivi des changements en garantissant que la source d'une exigence ou d'une conception peut être identifiée et que les autres exigences et conceptions connexes potentiellement affectées par un changement sont connues.

validation des exigences: Travail effectué pour évaluer les exigences afin de s'assurer qu'elles soutiennent la livraison des bénéfices attendus et qu'elles sont dans le périmètre de la solution.

vérification des exigences: Travail effectué pour évaluer les exigences afin de s'assurer qu'elles sont définies correctement et qu'elles présentent un niveau de qualité acceptable. Elle garantit que les exigences sont suffisamment définies et structurées pour que l'équipe de développement de la solution puisse les utiliser dans la conception, le développement et la mise en œuvre de la solution.

atelier de travail sur les exigences: Une réunion structurée au cours de laquelle un groupe de parties prenantes soigneusement sélectionnées collaborent pour définir et/ou affiner les exigences sous la direction d'un facilitateur neutre et compétent.

risque résiduel: Le risque qui subsiste après que des mesures ont été prises ou que des plans ont été mis en place pour traiter le risque initial.

rétrospective: Voir*processus de retours d'expérience*.

retour sur investissement (ROI) (analyse d'entreprise): Une mesure de la rentabilité d'un projet ou d'un investissement.

responsable, approuve, contribue et informé (matrice RACI): Un outil utilisé pour identifier les responsabilités des rôles ou des membres de l'équipe et les activités ou les livrables auxquels ils participeront, en étant responsables (faire le travail), redevables (approuver les résultats), consultés (fournir une contribution) ou informés de l'élément terminé après son achèvement.

demande d'information (RFI): Voir *demande d'informations*.

demande de proposition commerciale (RFP): Voir *demande de proposition*.

demande de prix (RFQ): Voir *demande de devis*.

appel d'offre (RFT): Voir *demande d'appel d'offres*.

risque (analyse métier): L'effet de l'incertitude sur la valeur d'un changement, d'une solution ou de l'entreprise. Voir aussi *risque résiduel*.

évaluation de risque: Identifier, analyser et évaluer les risques.

ROI: Voir *retour sur investissement*.

cause fondamentale: La cause d'un problème n'ayant pas de cause plus profonde, généralement une cause parmi plusieurs possibles.

analyse de la cause fondamentale: Un examen structuré d'un problème identifié pour comprendre les causes sous-jacentes.

S

Périmètre: Les limites du contrôle, du changement, d'une solution ou d'un besoin.

modèle de périmètre: Un modèle qui définit les limites d'un domaine métier ou d'une solution.

acteur secondaire: Un acteur externe au système en cours de conception qui prend en charge l'exécution d'un cas d'utilisation.

diagramme de séquence: Un type de diagramme qui montre les objets participant à des interactions et les messages échangés entre eux.

service (analyse métier): L'exécution de toute tâche ou travail pour une partie prenante, du point de vue de la partie prenante.

SIPOC: Voir *fournisseurs, entrées, processus, sorties et clients (SIPOC)*.

SME: Voir *expert en matière*.

ingénieur logiciel: Voir *développeur*.

solution: Une manière spécifique de satisfaire un ou plusieurs besoins dans un contexte.

composant solution: Une sous-partie d'une solution qui peut être constituée de personnes, d'infrastructures, de matériel, de logiciels, d'équipements, d'installations et d'actifs de processus ou de toute combinaison de ces sous-parties.

options de la solution: Une façon possible de satisfaire un ou plusieurs besoins dans un contexte.

exigence de la solution: Capacité ou qualité d'une solution qui répond aux exigences d'une partie prenante. Les exigences solution peuvent être divisées en deux sous-catégories : les exigences fonctionnelles et les exigences non fonctionnelles ou exigences de qualité de service.

cycle de vie de la solution: Les étapes par lesquelles une solution progresse de la conception à la mise hors service.

portée de la solution: L'ensemble des capacités qu'une solution doit fournir afin de répondre au besoin métier.

SOW: Voir *énoncé des travaux*.

sponsor: Une partie prenante qui est responsable d'initier l'effort de définition d'un besoin métier et de développement d'une solution qui répond à ce besoin. Ils autorisent le travail à effectuer et contrôlent le budget et le périmètre de l'initiative.

partie prenante: Un groupe ou un individu en relation avec le changement, le besoin ou la solution.

analyse des parties prenantes: Identifier et analyser les parties prenantes susceptibles d'être impactées par le changement et évaluer leur impact, leur participation et leurs besoins tout au long des activités d'analyse métier.

liste des parties prenantes: Un catalogue des parties prenantes concernées par un changement, un besoin métier ou une solution proposée, et une description de leurs attributs et caractéristiques liés à leur implication dans l'initiative.

liaison avec les parties prenantes (analyse métier): Le rôle que prend un analyste métier lorsqu'il représente les besoins d'une partie prenante ou d'un groupe de parties prenantes.

exigence d'une partie prenante: Une description des besoins d'une partie prenante particulière ou d'une catégorie de parties prenantes qui doivent être satisfaits afin de réaliser les exigences métier. Elles peuvent servir de passerelle entre les exigences métier et les différentes catégories d'exigences solution.

diagramme d'état: Un modèle d'analyse montrant le cycle de vie d'une entité ou d'une classe de données.

exigence établie: Une exigence formulée par une partie prenante qui n'a pas été analysée, vérifiée ou validée. Les exigences établies reflètent souvent les désirs d'une partie prenante plutôt que le besoin réel.

énoncé des travaux (SOW): Une description écrite des services ou des tâches qui doivent être accomplis.

stratégie: Une description de l'approche choisie pour appliquer les capacités d'une entreprise afin d'atteindre un ensemble de buts ou d'objectifs souhaités.

analyse des forces, faiblesses, opportunités et menaces (SWOT): Un modèle d'analyse utilisé pour comprendre les facteurs d'influence et la manière dont ils peuvent affecter une initiative. Également connue sous le nom d'analyse SWOT.

règle structurelle: Voir *définition des règles métier*.

expert spécialisé (SME): Voir *expert du domaine* ; *expert d'implémentation*.

fournisseur: Une partie prenante située en dehors des limites d'une organisation ou d'une unité organisationnelle donnée, qui fournit des produits ou des services à l'organisation et peut avoir des droits et obligations contractuels ou moraux dont il faut tenir compte.

fournisseurs, entrées, processus, sorties et clients (SIPOC): Un outil utilisé pour décrire les éléments pertinents de haut niveau d'un processus. Peut être utilisé en conjonction avec la cartographie des processus et les outils "dans/hors périmètre", pour fournir des détails supplémentaires.

sondage: Recueillir et mesurer les opinions ou les expériences d'un groupe de personnes par le biais d'une série de questions.

swimlane: Une section horizontale ou verticale d'un diagramme de processus qui montre quelles activités sont réalisées par un acteur ou un rôle particulier.

analyse SWOT: Voir *analyse des forces, faiblesses, opportunités et menaces.*

système: Un ensemble de composants interdépendants qui interagissent de diverses manières pour produire un ensemble de résultats souhaités.

T

tâche (analyse métier): Un élément de travail indépendant qui peut être effectué de manière formelle ou informelle dans le cadre de l'analyse métier.

technique: Une manière, une méthode ou un style pour mener à bien une tâche d'analyse métier ou pour façonner son résultat.

évènement temporel: Un événement basé sur le temps qui peut déclencher le lancement d'un processus, l'évaluation de règles de gestion (métier) ou toute autre réponse.

testeur: Un individu responsable de déterminer comment vérifier que la solution répond aux exigences définies par l'analyste métier, et de mener le processus de vérification.

prototype jetable: Un prototype utilisé pour découvrir et clarifier rapidement des exigences ou des conceptions en utilisant des outils simples, parfois simplement du papier et un crayon. Il est destiné à être jeté lorsque le système final a été développé.

jalon fixe: Une période de temps convenue au cours de laquelle une activité est menée ou un livrable défini est censé être produit.

traçabilité: Voir *traçabilité des exigences*.

exigence de transition: Une exigence qui décrit les capacités que la solution doit avoir et les conditions que la solution doit remplir pour faciliter la transition de l'état actuel à l'état futur, mais qui ne sont pas nécessaires une fois le changement terminé. Elles se distinguent des autres types d'exigences par leur caractère temporaire.

u

UAT: Voir *test d'acceptation utilisateur*.

UML®: Voir *langage de modélisation unifié*.

langage de modélisation unifié (UML): Une notation spécifiée par l'Object Management Group pour décrire la structure, le comportement et l'architecture des applications logicielles. Il peut également être utilisé pour décrire les processus métier et les structures de données. Les diagrammes UML® les plus utilisés par les analystes métier sont les diagrammes de cas d'utilisation, les diagrammes d'activité, les diagrammes de machine d'état (également appelés diagrammes d'état) et les diagrammes de classe.

cas d'utilisation: Une description de l'interaction observable entre un acteur (ou des acteurs) et une solution qui se produit lorsque l'acteur utilise le système pour accomplir un objectif spécifique.

diagramme de cas d'utilisation: Un type de diagramme défini par UML® qui capture tous les acteurs et les cas d'utilisation impliqués dans un système ou un produit.

utilisateur: Voir *utilisateur final*.

test d'acceptation utilisateur (UAT): Évaluer si la solution livrée répond aux besoins du groupe de parties prenantes qui utiliseront la solution. L'évaluation est validée par rapport aux critères d'acceptation identifiés.

exigence utilisateur: Voir *exigence d'une partie prenante*.

user story: Un énoncé petit et concis de la fonction ou de la qualité nécessaire pour apporter de la valeur à une partie prenante spécifique.

v

validation (analyse métier): Processus consistant à vérifier qu'un livrable est adapté à l'usage auquel il est destiné. Voir aussi *validation des exigences*.

exigence validée: Une exigence qui a été examinée et qui est déterminée à soutenir la livraison des bénéfices attendus, et qui est dans le périmètre de la solution.

valeur (analyse métier): La valeur monétaire, l'importance ou l'utilité de quelque chose pour une partie prenante dans un contexte donné.

cartographie de chaine de valeur: Une représentation complète, factuelle et chronologique du flux d'activités nécessaires pour livrer un produit ou un service.

vérification (analyse métier): Le processus consistant à déterminer qu'un livrable ou un artéfact répond à une norme de qualité acceptable. Voir aussi *vérification des exigences*.

exigence vérifiée: Une exigence qui a été examinée et dont il a été déterminé qu'elle est définie correctement, qu'elle respecte les normes ou les lignes directrices et qu'elle est d'un niveau de détail acceptable.

prototype vertical: Un prototype qui est utilisé pour approfondir une solution proposée afin de découvrir les exigences et les considérations de conception à travers les multiples couches d'une solution qui ne sont pas facilement comprises ou qui ne sont pas discernables à la surface. Elle peut inclure une interaction entre plusieurs composants solution.

point de vue: Un ensemble de conventions qui définissent comment les exigences seront représentées, comment ces représentations seront organisées et comment elles seront reliées.

VSM: Voir *cartographie de chaine de valeur.*

W

passer en revue: Une revue dans laquelle les participants passent en revue un artéfact ou un ensemble d'artefacts dans le but de valider les exigences ou les conceptions, et d'identifier les erreurs, les incohérences, les omissions, les inexactitudes ou les conflits relatifs aux exigences ou aux conceptions.

WBS: Voir *organigramme des travaux du projet*.

organigramme des travaux du projet (WBS): Une décomposition hiérarchique, orientée vers les livrables, du travail à exécuter pour atteindre les objectifs et créer les livrables requis. Il organise et définit le périmètre total du projet.

produit de travail (analyse métier): Un document ou une collection de notes ou de diagrammes utilisés par l'analyste métier pendant le processus de développement des exigences.

Atelier de travail: Un événement facilité et ciblé auquel participent les principales parties prenantes dans le but d'atteindre un objectif défini.

Appendix B: Cartographie des techniques et des tâches

Le tableau suivant montre chaque tâche du *Guide BABOK®* dans laquelle la technique est incluse dans la section Techniques.

Cette cartographie est prévue à des fins de référence et n'exclut pas l'utilisation créative de toute technique lors de l'application de toute autre tâche dans laquelle elle n'est pas spécifiquement répertoriée.

10. Techniques	3. Planification et surveillance de l'analyse métier	4. Élicitation et collaboration	5. Gestion du cycle de vie des exigences	6. Analyse de la stratégie	7. Analyse des exigences et spécification de la conception	8. Évaluation de la solution
10.1. Critères d'acceptation et d'évaluation			5.5. Approuver les exigences	6.2. Définir l'état futur	7.1. Spécifier et modéliser les exigences 7.2. Vérifier les exigences 7.3. Valider les exigences 7.6. Analyser la valeur potentielle et recommander une solution	8.1. Mesurer les performances de la solution 8.2. Analyser les mesures de performance 8.3. Évaluer les limites de la solution
10.2. Gestion du Backlog			5.3. Prioriser les exigences		7.6. Analyser la valeur potentielle et recommander une solution	
10.3. Balanced Scorecard				6.2. Définir l'état futur 6.4. Définir la stratégie de changement		

10. Techniques	3. Planification et surveillance de l'analyse métier	4. Élicitation et collaboration	5. Gestion du cycle de vie des exigences	6. Analyse de la stratégie	7. Analyse des exigences et spécification de la conception	8. Évaluation de la solution
10.4. Analyse comparative et analyse de marché		4.2. Conduire l'élicitation		6.1. Analyser l'état actuel 6.2. Définir l'état futur 6.4. Définir la stratégie de changement	7.5. Définir les options de conception	8.1. Mesurer les performances de la solution 8.2. Analyser les mesures de performance 8.3. Évaluer les limites de la solution 8.4. Évaluer les limites de l'entreprise

10. Techniques	3. Planification et surveillance de l'analyse métier	4. Élicitation et collaboration	5. Gestion du cycle de vie des exigences	6. Analyse de la stratégie	7. Analyse des exigences et spécification de la conception	8. Évaluation de la solution
10.5. Brainstorming	3.1. Planifier l'approche de l'analyse métier 3.2. Planifier l'engagement des parties prenantes 3.3. Planifier la gouvernance de l'analyse métier 3.4. Planifier la gestion de l'information de l'analyse métier 3.5. Identifier les améliorations de performance de l'analyse métier	4.1. Préparer l'élicitation 4.2. Conduire l'élicitation		6.2. Définir l'état futur 6.3. Évaluer les risques 6.4. Définir la stratégie de changement	7.5. Définir les options de conception 7.6. Analyser la valeur potentielle et recommander une solution	8.4. Évaluer les limites de l'entreprise
10.6. Analyse des capacités métier				6.1. Analyser l'état actuel 6.2. Définir l'état futur 6.4. Définir la stratégie de changement	7.1. Spécifier et modéliser les exigences	

10. Techniques	3. Planification et surveillance de l'analyse métier	4. Élicitation et collaboration	5. Gestion du cycle de vie des exigences	6. Analyse de la stratégie	7. Analyse des exigences et spécification de la conception	8. Évaluation de la solution
10.7. Étude d'opportunité (Business Case)	3.1. Planifier l'approche de l'analyse métier		5.3. Prioriser les exigences 5.4. Évaluer les modifications apportées aux exigences	6.1. Analyser l'état actuel 6.2. Définir l'état futur 6.3. Évaluer les risques 6.4. Définir la stratégie de changement	7.6. Analyser la valeur potentielle et recommander une solution	8.1. Mesurer les performances de la solution
10.8. Business Model Canvas				6.1. Analyser l'état actuel 6.2. Définir l'état futur 6.4. Définir la stratégie de changement	7.1. Spécifier et modéliser les exigences 7.6. Analyser la valeur potentielle et recommander une solution	
10.9. Analyse des règles métier	3.2. Planifier l'engagement des parties prenantes	4.2. Conduire l'élicitation	5.2. Maintenir les exigences 5.4. Évaluer les modifications apportées aux exigences		7.1. Spécifier et modéliser les exigences	8.3. Évaluer les limites de la solution

10. Techniques	3. Planification et surveillance de l'analyse métier	4. Élicitation et collaboration	5. Gestion du cycle de vie des exigences	6. Analyse de la stratégie	7. Analyse des exigences et spécification de la conception	8. Évaluation de la solution
10.10. Jeux collaboratifs		4.2. Conduire l'élicitation 4.5. Gérer la collaboration avec les parties prenantes				
10.11. Modélisation de concepts		4.2. Conduire l'élicitation		6.1. Analyser l'état actuel	7.1. Spécifier et modéliser les exigences	
10.12. Dictionnaire de données					7.1. Spécifier et modéliser les exigences	
10.13. Diagrammes de flux de données			5.2. Maintenir les exigences		7.1. Spécifier et modéliser les exigences	

10. Techniques	3. Planification et surveillance de l'analyse métier	4. Élicitation et collaboration	5. Gestion du cycle de vie des exigences	6. Analyse de la stratégie	7. Analyse des exigences et spécification de la conception	8. Évaluation de la solution
10.14. Exploration de données (Data Mining)		4.1. Préparer l'élicitation 4.2. Conduire l'élicitation		6.1. Analyser l'état actuel		8.1. Mesurer les performances de la solution 8.2. Analyser les mesures de performance 8.3. Évaluer les limites de la solution 8.4. Évaluer les limites de l'entreprise 8.5. Recommander des actions pour augmenter la valeur de la solution
10.15. Modélisation des données		4.2. Conduire l'élicitation	5.2. Maintenir les exigences		7.1. Spécifier et modéliser les exigences 7.4. Définir l'architecture des exigences	

10. Techniques	3. Planification et surveillance de l'analyse métier	4. Élicitation et collaboration	5. Gestion du cycle de vie des exigences	6. Analyse de la stratégie	7. Analyse des exigences et spécification de la conception	8. Évaluation de la solution
10.16. Analyse des décisions			5.3. Prioriser les exigences 5.4. Évaluer les modifications apportées aux exigences 5.5. Approuver les exigences	6.2. Définir l'état futur 6.3. Évaluer les risques 6.4. Définir la stratégie de changement	7.6. Analyser la valeur potentielle et recommander une solution	8.1. Mesurer les performances de la solution 8.3. Évaluer les limites de la solution 8.4. Évaluer les limites de l'entreprise 8.5. Recommander des actions pour augmenter la valeur de la solution
10.17. Modélisation des décisions				6.2. Définir l'état futur	7.1. Spécifier et modéliser les exigences	
10.18. Analyse de documents	3.1. Planifier l'approche de l'analyse métier 3.2. Planifier l'engagement des parties prenantes 3.3. Planifier la gouvernance de l'analyse métier	4.1. Préparer l'élicitation 4.2. Conduire l'élicitation 4.3. Confirmer les résultats de l'élicitation	5.2. Maintenir les exigences 5.4. Évaluer les modifications apportées aux exigences	6.1. Analyser l'état actuel 6.3. Évaluer les risques	7.3. Valider les exigences 7.5. Définir les options de conception	8.4. Évaluer les limites de l'entreprise

10. Techniques	3. Planification et surveillance de l'analyse métier	4. Élicitation et collaboration	5. Gestion du cycle de vie des exigences	6. Analyse de la stratégie	7. Analyse des exigences et spécification de la conception	8. Évaluation de la solution
10.19. Estimation	3.1. Planifier l'approche de l'analyse métier	4.1. Préparer l'élicitation	5.3. Prioriser les exigences 5.4. Évaluer les modifications apportées aux exigences	6.4. Définir la stratégie de changement	7.6. Analyser la valeur potentielle et recommander une solution	
10.20. Analyse financière	3.1. Planifier l'approche de l'analyse métier		5.3. Prioriser les exigences 5.4. Évaluer les modifications apportées aux exigences	6.1. Analyser l'état actuel 6.2. Définir l'état futur 6.3. Évaluer les risques 6.4. Définir la stratégie de changement	7.3. Valider les exigences 7.6. Analyser la valeur potentielle et recommander une solution	8.5. Recommander des actions pour augmenter la valeur de la solution
10.21. Groupes de discussion (Focus Groups)		4.2. Conduire l'élicitation		6.1. Analyser l'état actuel 6.4. Définir la stratégie de changement	7.6. Analyser la valeur potentielle et recommander une solution	8.1. Mesurer les performances de la solution 8.5. Recommander des actions pour augmenter la valeur de la solution

10. Techniques	3. Planification et surveillance de l'analyse métier	4. Élicitation et collaboration	5. Gestion du cycle de vie des exigences	6. Analyse de la stratégie	7. Analyse des exigences et spécification de la conception	8. Évaluation de la solution
10.22. Décomposition fonctionnelle	3.1. Planifier l'approche de l'analyse métier		5.1. Traçabilité des exigences 5.2. Maintenir les exigences	6.1. Analyser l'état actuel 6.2. Définir l'état futur 6.4. Définir la stratégie de changement	7.1. Spécifier et modéliser les exigences 7.4. Définir l'architecture des exigences	
10.23. Glossaire					7.1. Spécifier et modéliser les exigences	
10.24. Analyse des interfaces		4.2. Conduire l'élicitation	5.4. Évaluer les modifications apportées aux exigences		7.1. Spécifier et modéliser les exigences	

10. Techniques	3. Planification et surveillance de l'analyse métier	4. Élicitation et collaboration	5. Gestion du cycle de vie des exigences	6. Analyse de la stratégie	7. Analyse des exigences et spécification de la conception	8. Évaluation de la solution
10.25. Entretiens	3.1. Planifier l'approche de l'analyse métier 3.2. Planifier l'engagement des parties prenantes 3.3. Planifier la gouvernance de l'analyse métier 3.4. Planifier la gestion de l'information de l'analyse métier 3.5. Identifier les améliorations de performance de l'analyse métier	4.1. Préparer l'élicitation 4.2. Conduire l'élicitation 4.3. Confirmer les résultats de l'élicitation 4.4. Communiquer les informations de l'analyse métier	5.3. Prioriser les exigences 5.4. Évaluer les modifications apportées aux exigences	6.1. Analyser l'état actuel 6.2. Définir l'état futur 6.3. Évaluer les risques 6.4. Définir la stratégie de changement	7.4. Définir l'architecture des exigences 7.5. Définir les options de conception 7.6. Analyser la valeur potentielle et recommander une solution	8.2. Analyser les mesures de performance 8.3. Évaluer les limites de la solution 8.4. Évaluer les limites de l'entreprise

10. Techniques	3. Planification et surveillance de l'analyse métier	4. Élicitation et collaboration	5. Gestion du cycle de vie des exigences	6. Analyse de la stratégie	7. Analyse des exigences et spécification de la conception	8. Évaluation de la solution
10.26. Gestion des points de suivi	3.1. Planifier l'approche de l'analyse métier 3.2. Planifier l'engagement des parties prenantes 3.3. Planifier la gouvernance de l'analyse métier 3.4. Planifier la gestion de l'information de l'analyse métier 3.5. Identifier les améliorations de performance de l'analyse métier		5.3. Prioriser les exigences 5.4. Évaluer les modifications apportées aux exigences 5.5. Approuver les exigences	6.1. Analyser l'état actuel	7.2. Vérifier les exigences 7.3. Valider les exigences	8.3. Evaluer les limites de la solution 8.4. Evaluer les limites de l'entreprise

10. Techniques	3. Planification et surveillance de l'analyse métier	4. Élicitation et collaboration	5. Gestion du cycle de vie des exigences	6. Analyse de la stratégie	7. Analyse des exigences et spécification de la conception	8. Évaluation de la solution
10.27. Retours d'expérience	3.1. Planifier l'approche de l'analyse métier 3.2. Planifier l'engagement des parties prenantes 3.3. Planifier la gouvernance de l'analyse métier 3.4. Planifier la gestion de l'information de l'analyse métier 3.5. Identifier les améliorations de performance de l'analyse métier	4.5. Gérer la collaboration avec les parties prenantes		6.1. Analyser l'état actuel 6.2. Définir l'état futur 6.3. Évaluer les risques 6.4. Définir la stratégie de changement	7.5. Définir les options de conception	8.3. Évaluer les limites de la solution 8.4. Évaluer les limites de l'entreprise
10.28. Mesures et Indicateurs clés de performance (KPIs)	3.5. Identifier les améliorations de performance de l'analyse métier			6.1. Analyser l'état actuel 6.2. Définir l'état futur	7.2. Vérifier les exigences 7.3. Valider les exigences 7.6. Analyser la valeur potentielle et recommander une solution	8.1. Mesurer les performances de la solution 8.2. Analyser les mesures de performance

10. Techniques	3. Planification et surveillance de l'analyse métier	4. Élicitation et collaboration	5. Gestion du cycle de vie des exigences	6. Analyse de la stratégie	7. Analyse des exigences et spécification de la conception	8. Évaluation de la solution
10.29. Mind Mapping	3.2. Planifier l'engagement des parties prenantes 3.4. Planifier la gestion de l'information de l'analyse métier	4.1. Préparer l'élicitation 4.2. Conduire l'élicitation		6.1. Analyser l'état actuel 6.2. Définir l'état futur 6.3. Évaluer les risques 6.4. Définir la stratégie de changement	7.5. Définir les options de conception	
10.30. Analyse des exigences non fonctionnelles					7.1. Spécifier et modéliser les exigences	8.1. Mesurer les performances de la solution
10.31. Observation	3.5. Identifier les améliorations de performance de l'analyse métier	4.2. Conduire l'élicitation		6.1. Analyser l'état actuel		8.1. Mesurer les performances de la solution 8.2. Analyser les mesures de performance 8.4. Évaluer les limites de l'entreprise

10. Techniques	3. Planification et surveillance de l'analyse métier	4. Élicitation et collaboration	5. Gestion du cycle de vie des exigences	6. Analyse de la stratégie	7. Analyse des exigences et spécification de la conception	8. Évaluation de la solution
10.32. Modélisation de l'organisation	3.3. Planifier la gouvernance de l'analyse métier			6.1. Analyser l'état actuel 6.2. Définir l'état futur 6.4. Définir la stratégie de changement	7.1. Spécifier et modéliser les exigences 7.4. Définir l'architecture des exigences	8.4. Évaluer les limites de l'entreprise 8.5. Recommander des actions pour augmenter la valeur de la solution
10.33. Priorisation			5.3. Prioriser les exigences			8.5. Recommander des actions pour augmenter la valeur de la solution
10.34. Analyse des processus	3.5. Identifier les améliorations de performance de l'analyse métier	4.2. Conduire l'élicitation		6.1. Analyser l'état actuel		8.4. Évaluer les limites de l'entreprise 8.5. Recommander des actions pour augmenter la valeur de la solution

10. Techniques	3. Planification et surveillance de l'analyse métier	4. Élicitation et collaboration	5. Gestion du cycle de vie des exigences	6. Analyse de la stratégie	7. Analyse des exigences et spécification de la conception	8. Évaluation de la solution
10.35. Modélisation des processus	3.1. Planifier l'approche de l'analyse métier 3.2. Planifier l'engagement des parties prenantes 3.3. Planifier la gouvernance de l'analyse métier 3.4. Planifier la gestion de l'information de l'analyse métier 3.5. Identifier les améliorations de performance de l'analyse métier	4.2. Conduire l'élicitation	5.2. Maintenir les exigences	6.2. Définir l'état futur 6.4. Définir la stratégie de changement	7.1. Spécifier et modéliser les exigences	8.4. Évaluer les limites de l'entreprise
10.36. Prototypage		4.2. Conduire l'élicitation		6.2. Définir l'état futur	7.1. Spécifier et modéliser les exigences	8.1. Mesurer les performances de la solution

10. Techniques	3. Planification et surveillance de l'analyse métier	4. Élicitation et collaboration	5. Gestion du cycle de vie des exigences	6. Analyse de la stratégie	7. Analyse des exigences et spécification de la conception	8. Évaluation de la solution
10.37. Revues	3.2. Planifier l'engagement des parties prenantes 3.3. Planifier la gouvernance de l'analyse métier 3.5. Identifier les améliorations de performance de l'analyse métier	4.3. Confirmer les résultats de l'élicitation 4.4. Communiquer les informations de l'analyse métier	5.5. Approuver les exigences		7.2. Vérifier les exigences 7.3. Valider les exigences	
10.38. Analyse et gestion des risques	3.2. Planifier l'engagement des parties prenantes 3.5. Identifier les améliorations de performance de l'analyse métier	4.1. Préparer l'élicitation 4.5. Gérer la collaboration avec les parties prenantes	5.3. Prioriser les exigences 5.4. Évaluer les modifications apportées aux exigences	6.1. Analyser l'état actuel 6.3. Évaluer les risques	7.3. Valider les exigences 7.6. Analyser la valeur potentielle et recommander une solution	8.2. Analyser les mesures de performance 8.3. Évaluer les limites de la solution 8.4. Évaluer les limites de l'entreprise 8.5. Recommander des actions pour augmenter la valeur de la solution
10.39. Matrice des rôles et des autor sations						8.4. Évaluer les limites de l'entreprise

10. Techniques	3. Planification et surveillance de l'analyse métier	4. Élicitation et collaboration	5. Gestion du cycle de vie des exigences	6. Analyse de la stratégie	7. Analyse des exigences et spécification de la conception	8. Évaluation de la solution
10.40. Analyse de la cause fondamentale	3.5. Identifier les améliorations de performance de l'analyse métier			6.1. Analyser l'état actuel 6.3. Évaluer les risques	7.1. Spécifier et modéliser les exigences 7.5. Définir les options de conception	8.2. Analyser les mesures de performance 8.3. Evaluer les limites de la solution 8.4. Evaluer les limites de l'entreprise
10.41. Modélisation du périmètre	3.2. Planifier l'engagement des parties prenantes			6.1. Analyser l'état actuel 6.2. Définir l'état futur 6.4. Définir la stratégie de changement	7.1. Spécifier et modéliser les exigences 7.4. Définir l'architecture des exigences	
10.42. Diagrammes de séquence					7.1. Spécifier et modéliser les exigences	
10.43. Liste des parties prenantes, carte ou personas		4.1. Préparer l'élicitation 4.5. Gérer la collaboration avec les parties prenantes			7.1. Spécifier et modéliser les exigences	
10.44. Modélisation d'État					7.1. Spécifier et modéliser les exigences	

10. Techniques	3. Planification et surveillance de l'analyse métier	4. Élicitation et collaboration	5. Gestion du cycle de vie des exigences	6. Analyse de la stratégie	7. Analyse des exigences et spécification de la conception	8. Évaluation de la solution
10.45. Sondage ou questionnaire	3.2. Planifier l'engagement des parties prenantes 3.3. Planifier la gouvernance de l'analyse métier 3.4. Planifier la gestion de l'information de l'analyse métier 3.5. Identifier les améliorations de performance de l'analyse métier	4.2. Conduire l'élicitation		6.1. Analyser l'état actuel 6.2. Définir l'état futur 6.3. Évaluer les risques	7.5. Définir les options de conception 7.6. Analyser la valeur potentielle et recommander une solution	8.1. Mesurer les performances de la solution 8.2. Analyser les mesures de performance 8.3. Évaluer les limites de la solution 8.4. Évaluer les limites de l'entreprise 8.5. Recommander des actions pour augmenter la valeur de la solution
10.46. Analyse SWOT				6.1. Analyser l'état actuel 6.2. Définir l'état futur 6.4. Définir la stratégie de changement	7.6. Analyser la valeur potentielle et recommander une solution	8.4. Évaluer les limites de l'entreprise
10.47. Scénarios et cas d'utilisation			5.2. Maintenir les exigences		7.1. Spécifier et modéliser les exigences	8.1. Mesurer les performances de la solution

10. Techniques	3. Planification et surveillance de l'analyse métier	4. Élicitation et collaboration	5. Gestion du cycle de vie des exigences	6. Analyse de la stratégie	7. Analyse des exigences et spécification de la conception	8. Évaluation de la solution
10.48. Récits utilisateurs (User Stories)			5.2. Maintenir les exigences		7.1. Spécifier et modéliser les exigences	
10.49. Évaluation des fournisseurs				6.1. Analyser l'état actuel 6.2. Définir l'état futur 6.4. Définir la stratégie de changement	7.5. Définir les options de conception	8.1. Mesurer les performances de la solution
10.50. Ateliers de travail	3.1. Planifier l'approche de l'analyse métier 3.2. Planifier l'engagement des parties prenantes 3.3. Planifier la gouvernance de l'analyse métier 3.4. Planifier la gestion de l'information de l'analyse métier 3.5. Identifier les améliorations de performance de l'analyse métier	4.2. Conduire l'élicitation 4.3. Confirmer les résultats de l'élicitation 4.4. Communiquer les informations de l'analyse métier	5.3. Prioriser les exigences 5.4. Évaluer les modifications apportées aux exigences 5.5. Approuver les exigences	6.1. Analyser l'état actuel 6.2. Définir l'état futur 6.3. Évaluer les risques 6.4. Définir la stratégie de changement	7.4. Définir l'architecture des exigences 7.5. Définir les options de conception 7.6. Analyser la valeur potentielle et recommander une solution	8.4. Évaluer les limites de l'entreprise

Appendix C: Contributeurs

Comité du Corpus de Connaissance

Le contenu de cette version a été principalement développé par le Comité du Corpus de Connaissances :

- Angela M. Wick, CBAP, PMP, PBA
- Emily Iem, CBAP, PMP: Président
- John M. A. Burns, MSc, BSc, CEng
- Joy Beatty, CBAP, PMI-PBA
- Masahiko Soh
- Matthew W. Leach, CBAP
- Peter Lefterov, CBAP
- Phil Vincent, CBAP, M. Comp. Sci., PMP
- Shane Hastie, CBAP, MIM, ICE-VM
- Julian Sammy
- Laura Paton, CBAP, MBA, PMP: ancien président
- Tom Burke, CBAP, MS, CSPO

Equipe des opérations du Corpus de Connaissances

Les personnes suivantes se sont associées à tous les intervenants et les ont appuyées afin de fournir le cadre pour l'élaboration et la diffusion de contenu :

- Kevin Brennan, CBAP, OCEB, PMP, vice-président exécutif, Gestion et développement des produits, IIBA : Commanditaire
- Paul Stapleton, gestionnaire des normes et des publications, IIBA : rédacteur en chef
- Sandi Campbell, gestionnaire de projet, ZICO : Gestionnaire de projet

Contributeurs de contenu

Les personnes suivantes ont contribué au contenu supplémentaire utilisé dans cette révision :

- Alberto Vasquez
- Ales Stempihar
- Ali Mazer, CBAP, MBA
- Guitare Andrew, CBAP, DBA, PMP
- Angie Perris, CBAP, MBA, PMP
- Anne Fomim, CBAP
- Beth Faris, CBAP
- Brian T. Hunt, CBAP, I.Eng., FInstLM
- Cari J. Faanes-Blakey, CBAP, PMI-PBA
- Charles Bozonier, CBAP
- Christina D. Harris, ITIL, BA
- Colleen S. Berish, AIT
- Doyen J. Larson, CBAP
- Dena Loadwick, CBAP
- Simons Edwina, CBAP, MBA, SSGB
- Ellan Kay Young
- Gagan Saxena
- Georgy Saveliev, CBAP
- Greg Geracie
- Heather Mylan-Mains, CBAP
- Ingor Dickson, CBAP
- James (Jim) Baird, CMC
- James Taylor
- Janet Wood, CBAP
- Jason Andrew Oliver, CBAP, MBA, CISSP
- Jason Frink, CBAP
- Jason Questor
- Jennifer Battan, CBAP
- Jennifer Swearingen
- Josh Jones, CBAP
- Dr. Joyce Statz
- Judith A. Haughton, CBAP, MBA
- Jules Prevost, CBAP
- Kelly Morrison Smith, MBA, MS
- Manish S. Nachnani, CBAP, PMP, CSM
- Marcelo Neves, CBAP
- Maria Amuchastegui, CBAP, CTFL, CSM
- Marsha B. Hugues, CBAP, PMP, CSM
- Martin Schedlbauer, CBAP, PhD
- Maureen McVey, CBAP
- McNaughton Lebohang, CBAP, BSc (Hons) CS, PMP
- Mike Crawford
- Mike Rosen
- Milena Komitska, PhD
- Muhammad Saad Rahman, CBAP, M.Sc., PMP
- Neale Croutear-Foy, BA (Hons.), FBCS, FInstLM
- Norman A. Thuswaldner, CBAP
- Paul Mulvey, CBAP
- Poonam Dhanwani
- Ricardo Pereira, CBAP
- Richard Larson, CBAP, PMP, PMI-PBA
- Ronald G. Ross

- Sean P. Boylan, CBAP, MAppLing
- Sergio Conte
- Sherri L. Nowak, CBAP, MSM
- Silke Goodwin, CBAP
- Steven Blais, PMP, PBA
- Suneet K. Garg, CBAP, TOGAF 9, CBPP
- Suzanne R. Burgess, CBAP
- Tharshan Sreetharan, CBAP, PMP, MBA
- Théa Rasins
- Thomas (Tom) Barker, CBAP, PhD, PMP
- Tina M. Underhill
- Victoria Cupet, CBAP, PMP, PMI-PBA

Groupe d'experts-conseils et de revues

Les experts de l'industrie suivants ont généreusement fourni à l'IIBA® des conseils et des orientations sur la portée et le contenu de la version 3.0 du *BABOK® Guide* au cours de sa planification et de son développement, et ont contribué à façonner le contenu et l'orientation de cette version.

- Barbara A. Carkenord, CBAP, PMI-PBA, PMP
- Bill Bigler, Ph.D.
- Caméron Brian
- Chuck Walrad
- Elizabeth Larson, CBAP, PMP, CSM
- Ellen Gottesdiener, SM, CPS
- Gladys S. W. Lam
- Greg Geracie
- James Robertson
- James Taylor
- Jason Questor
- Jeff Scott
- Kent J. McDonald
- Kitty Hass
- Linda R. Finley
- Mary Gorman, CBAP, CSM, PMI-PBA
- Mike Rosen
- Peter H.M. Brooks, B.Sc., FSM
- Roger T. Burlton, P. Eng, CMC
- Ronald G. Ross
- Suzanne Robertson
- Whynde Kuehn

Examinateurs praticiens

Les personnes suivantes ont participé à l'examen par les praticiens de la version 3.0 et ont fourni des commentaires utilisés pour aider à façonner le contenu et l'orientation de l'ébauche de l'examen public.

- Aljaž Prusnik, CBAP
- Angela Musa, CBAP
- Brice Annette, CBAP
- Ashok Kaushal
- Barbara J Monaco, CBAP
- Beth Gomolka, CBAP, PMP, CSP
- Carol R. Drew, CBAP

- Cei Sanderson, CSPO
- Charles Raj, CBAP, B. Com., FCA
- Chen-Kuang Yu
- Cherie Wagner
- Devendra Shrikant Upadhye, CBAP
- Diana Cagle, CBAP, MBA
- Fabrício Laguna, CBAP, PMP, MBA
- Geoffrey Griffin, CBAP
- Iavi Rotberg
- Jayesh Jain, CBAP, B.Sc., CSPO
- Joe Goss
- Joseph F. Ruffolo
- Karen Gras, CBAP
- Kathleen C. McGoey
- laith Obeidat, CBAP
- Laura R. Walker, LSS
- Lenche Pandovska, CBAP
- Lily V. Dang, CBAP
- Lynn Parkin, CCBA
- Michael D. Western, CBAP
- Nicolae Crudu, CCBA
- Partha Pratim Das, PMP, CSM
- Richard Freeley, CBAP
- Robert Dyason
- Steven J. Gara, CBAP, MS
- Teri A. McIntyre, CBAP, CAPM, MA
- Théodora Tonkovskaïa
- Tolani J Hassan, ISEB
- Tricia K. Dreixler, CBAP
- Wayne Li
- Yoshinori Tanaka, CBAP
- Zoya Roytblat, CBAP

Les personnes suivantes ont également agi à titre de chefs d'équipe des revues :

- Billie Johnson, CBAP, PBA, CSM
- Camille L. Spruill, CBAP, PMP, CSM
- Chaithanya Atthanti, CBAP
- Jeanette Moore-Loggins, CBAP, BA, MBA,
- Kimberley Byron, CBAP
- Peter Johnson, CBAP
- Tom Karasmanis

Extension Agile

Le contenu de cette version inclut du contenu de l'extension *Agile au BABOK® Guide*. L'IIBA tient® à remercier les contributeurs suivants à l'extension agile *du babok® Guide*.

- Ali Mazer
- Brian Hemker
- Carol Scalice
- Chris Matts
- David C. Cook
- David Morris

- Dennis Stevens
- Ellen Gottesdiener
- Kevin Brennan
- Luiz Claudio Parzianello
- Marsha Hughes
- Pascal Van Cauwenberghe
- Paul Stapleton, Éditeur
- Peter Gordon
- Shane Hastie
- Steve Erlank
- Susan Block

Ébauche d'extension d'analyse métier

Le contenu de cette version inclut le contenu de l'extension *d'analyse métier jusqu'au BABOK® Guide* ébauche. IIBA® aimerait remercier les contributeurs suivants à la *Extension d'analyse métier du BABOK® Guide* ébauche.

- Charlie Huai-Ling Ch'ng
- Dean Larson
- Jason Questor
- Joanne Dong
- Kevin Brennan
- Matt Northrup
- Neil Burton
- Nitza Dovenspike
- Phillip Quinn
- Babin Ron

La version 3.0 inclut également le contenu développé pour les versions précédentes du *BABOK® Guide*.

Autres contributeurs importants

- Aminah Nailor, CBAP
- Annie Thomas, CPAP
- Rose Ha, CBAP
- Bernard Aschwanden, Publishing Smarter: Mise en page et design
- Irena Duniskvaric, Publishing Smarter: Illustrations
- Lynda Sydney, Ignite Writing Services : Édition de copie
- SOS Design Inc. : Couverture
- Vic Bhai, rédacteur technique/rédacteur en chef, IIBA : Rédaction technique

Remerciements supplémentaires

L'IIBA® et le Comité du corpus de connaissances aimeraient remercier tous les praticiens de l'analyse métier qui nous ont fourni des commentaires et des retours au fil des ans. ainsi que ceux qui nous ont fait part de leurs retours sur le projet d'examen public.

Version 2.0

Comité du Corpus de Connaissances

Le contenu de cette version a été principalement développé par le Comité du Corpus de Connaissances :

- Kevin Brennan, CBAP, OCEB, PMP, Vice-président, Développement professionnel
- Barbara A. Carkenord, MBA, CBAP
- Mary Gorman, CBAP
- Kathleen B. Hass, PMP
- Brenda Kerton, MA
- Elizabeth Larson, CBAP, PMP
- Richard Larson, CBAP, PMP
- Jason Questor
- Laura Paton, MBA, CBAP, PMP (responsable de projet)

Contributeurs de contenu

Les personnes suivantes ont contribué au contenu supplémentaire utilisé dans cette révision :

- Tony Alderson
- James Baird
- Jake Calabrese, CBAP
- Bruce C. Chadbourne, PgMP, PMP
- Karen Chandler
- Carrolynn Chang
- Richard Fox, CBAP
- Rosemary Hossenlopp
- Peter Gordon, CBAP
- Ellen Gottesdiener
- Monica Jain
- Cherifa Mansoura Liamani, PhD
- Karen Little
- Laura Markey
- Richard Martin
- Gillian McCleary
- William B. Murray
- Angie Perris, CBAP
- David Wright

L'équipe graphique a développé les normes graphiques et les illustrations :

- Carl Gosselin
- Perry McLeod, CBAP, PMP
- Alexandre Romanov
- Patricia Sandino
- Maggie Yang

La version 2.0 inclut également du contenu développé pour les versions précédentes du *BABOK® Guide*.

Groupe d'experts-conseils et de revues

Les experts de l'industrie suivants ont généreusement fourni à l'®IIBA des conseils et des orientations sur le périmètre et le contenu de la version 2.0 du *BABOK® Guide* au cours de sa planification et de son développement, et ont contribué à façonner le contenu et l'orientation de cette version.

- Scott Ambler
- James Baird
- Bittner Kurt
- Rafael Dorantes
- Robin F. Goldsmith, JD
- Ellen Gottesdiener
- Paul Harmon
- Dean Leffingwell
- Gladys S.W. Lam
- Kent J. McDonald
- Mark McGregor
- Meilir Page-Jones
- James Robertson
- Suzanne Robertson
- Ronald G. Ross
- David Rouble
- Steve Tockey

Examinateurs praticiens

Les personnes suivantes ont participé à l'examen par les praticiens de la version 2.0 et ont fourni des commentaires utilisés dans la révision de l'ébauche de l'examen public :

- Sharon M. Aker
- Betty H. Baker, CBAP
- B. D. Barnes Ph. D., PE, PMP, CSSBB
- Jennifer S. Battan, CBAP
- Subrahmanya Gupta Boda
- Craig W. Brown, MPM, CSM
- Cathy Brunsting
- Peter Burg, PMP
- Greg Busby, CBAP
- Diana Cagle, MBA, CBAP
- Duncan Cairns
- Bruce Chadbourne, PgMP, PMP
- Carrollynn Chang
- Patricia Chappell, CBAP, MBA
- Mark Cheek, PMP
- Huai-Ling Ch'ng, CBAP
- Desirée Purvis (née Chu), CBAP
- Pauline Chung
- Joseph Da Silva
- Nitza Dovenspike
- James Downey, PhD, PMP
- Tamer El-Tonsy, CISA, PRINCE2, ITIL
- Steve Erlank, BSc, BCom (Hons)
- Margaret Gaino Ewing, MBA, CBAP
- Stephanie Garwood, CBAP
- Joe Goss

- Karen Gras, CBAP
- Kwabby Gyasi
- Bob Hillier, PMP
- Billie Johnson, CBAP
- Peter Johnson, CBAP
- Hans Jonasson, CBAP, PMP
- Barbara Koenig
- Steven R. Koss, MBA
- Douglas Kowalczyk
- Robert Lam, MBA, ISP
- Richard Larson, CBAP, PMP
- Karen Little, CBAP
- Joy Matthews
- Perry McLeod, CBAP, PMP
- Holly M. Meyer
- Michael Mohammed
- Brian Monson, PMP
- Nancy A. Murphy, PGR, CBAP
- Richard L. Neighbarger, CSQA, CSQE
- Tony Newport, CBAP
- Samia Osman
- Cecilia Rathwell
- Suzanna Etheridge Rawlins, PMP
- Hélène Ronnenbergh
- Zoya Roytblat
- Christophe Ryba
- Julian Sammy
- Keith Sarre, CBAP
- Laura Schleicher
- Fred Seip
- Thomas Slahetka, CBAP
- Warren Steger
- Leah Sturm, CBAP
- James M. Szuch
- Robin Tucker
- Krishna Vishwanath
- A. S. Umashankar

Les personnes suivantes ont également agi à titre de chefs d'équipe des revues :

- Cathy Brunsting
- Patricia Chappell, CBAP, MBA
- Stephanie Garwood, CBAP
- Robert Lam, MBA, ISP

Version 1.6

Comité du Corpus de Connaissance

- Kathleen Barret (présidente)
- Kevin Brennan, CBAP, PMP (vice-président)
- Barbara Carkenord, MBA, CBAP
- Mary Gorman, CBAP

- Kathleen B. Hass, PMP
- Brenda Kerton
- Elizabeth Larson, CBAP, PMP
- Richard Larson, CBAP, PMP
- Dulce Oliveira
- Cleve Pillifant

Contributeurs à la version 1.6

- Tony Alderson
- Finny Barker
- Neil Burton
- Karen Chandler
- Richard Fox, CBAP
- Rosemary Hossenlopp
- Peter Gordon, CBAP
- Monica Jain
- Peter Kovaks
- Chris Matts
- Laura Markey
- Patricia Martin
- Richard Martin
- Rosina Mete
- William Murray
- Harnois Pathria
- Kathleen Person
- Tony Rice
- John Slater
- Mark Tracy
- Jacqueline Young

Relecteurs de la version 1.6

- Sharon Aker
- Betty H. Baker, CBAP
- Jo Bennett
- Cathy Brunsting
- Carrollynn Chang, CBAP
- Patricia Chappell, CBAP, MBA
- Pauline Chung
- Joseph R. Czarnecki
- Stephanie Garwood, CBAP
- May Jim, CBAP
- Day Knez
- Barb Koenig
- Robert Lam
- Cherifa Mansoura Liamani, PhD
- Gillian McCleary
- Kelly Piechota
- Howard Podeswa
- Leslie Ponder
- Cecilia Rathwell
- Jennifer Rojek
- Keith Sarre, CBAP
- Jessica Gonzalez Solis
- Jim Subach
- Diane Talbot
- Krishna Vishwanath
- Marilyn Vogt
- Scott Witt

Appendix D: Résumé des modifications apportées à BABOK® Guide v 2.0

Aperçu

La version 3 du *Guide BABOK®* a été longuement révisée, restructuré et réécrit le *Guide BABOK®* version 2.0. Ce résumé des modifications fournit une vue d'ensemble de l'endroit où les sujets abordés dans la version 2.0 peuvent être trouvés dans la version 3. Ce résumé n'est pas une description complète des changements et, dans certains cas, la portée d'une tâche ou d'une technique a considérablement changé à un niveau inférieur.

Introduction

Analyse métier

La définition de ce concept principal a été mise à jour pour s'aligner sur d'autres changements apportés au *Guide BABOK®*, en particulier le *Business Analysis Core Concept Model*™ (*BACCM*™).

Concepts clés de l'analyse métier

Business Analysis Core Concept Model™ (BACCM™) (NEW)

Un modèle composé de six termes qui ont une signification commune à tous les praticiens de l'analyse métier et les aide à discuter de l'analyse métier et de ses relations dans une terminologie commune.

Exigences et conception (NOUVEAU)

Cette section décrit la distinction entre deux concepts clés d'analyse métier et les chevauchements entre ces deux concepts : les exigences et la conception.

Domaines de connaissances

Planification et surveillance de l'analyse métier

L'objet et le nom de ce domaine de connaissance restent inchangés dans la version 3.

Certaines tâches ont été renommées, une nouvelle tâche a été ajoutée et certains éléments ont été déplacés. La version 3 continue d'aborder le rôle de l'analyste métier dans la définition du travail d'analyse et la définition de l'approche de l'initiative.

Tâche 2.0 : Planification et surveillance de l'analyse métier	Tâche 3.0 : Planification et surveillance de l'analyse métier
2.1 Planifier l'approche de l'analyse métier Le contenu de la priorisation et de la gestion du changement est passé à la 3.3 Planifier la gouvernance de l'analyse métier	3.1 Planifier l'approche de l'analyse métier
2.2 Effectuer une analyse des analyse des parties prenantes	3.2 Planifier l'engagement des parties prenantes
2.3 Planifier les activités d'analyse métier	3.1 Planifier l'approche de l'analyse métier
2.4 Planifier la communication de l'analyse métier	3.2 Planifier l'engagement des parties prenantes
2.5 Planifier le processus de gestion des exigences Le contenu de la priorisation et de la gestion du changement est passé à la 3.3 Planifier la gouvernance de l'analyse métier	3.4 Planifier la gestion des informations de l'analyse métier
2.6 Gérer les performances de l'analyse métier	3.5 Identifier les améliorations de performance de l'analyse métier

Elicitation (nom de la version 2.0) est maintenant **Élicitation et collaboration (nom de la version 3)**

L'objet de ce domaine de connaissance reste similaire, mais a été étendu afin d'intégrer des sujets de communication de la version 2.0 et le nouveau sujet sur la collaboration.

De plus, le contenu plus simple de la version 2.0 a été développé afin de fournir davantage de conseils aux praticiens. Enfin, une référence explicite à l'élicitation non planifiée est réalisée afin de souligner l'élicitation informelle pouvant survenir au cours d'une conversation. Les informations de l'analyse métier sont également évoquées en continu, et non uniquement comme exigences pour les besoins de l'élicitation.

Tâche 2.0 : Élicitation	Tâche 3.0 : Élicitation et collaboration
3.1 Préparer l'élicitation	4.1 Préparer l'élicitation
3.2 Conduire une activité d'élicitation	4.2 Conduire l'élicitation
3.4 Confirmer les résultats de l'élicitation	4.3 Confirmer les résultats de l'élicitation
3.3 Documenter les résultats de l'élicitation	4.4 Communiquer les informations de l'analyse métier
n/a	4.5 Gérer la collaboration avec les parties prenantes

La gestion et la communication des exigences (nom de la version 2.0) est désormais **gestion du cycle de vie des exigences (nom de la version 3)**

La gestion du cycle de vie des exigences a été jugée plus appropriée pour ce domaine de connaissances afin de souligner que les exigences ont leur propre cycle de vie et que la gestion des exigences est une activité continue.

Les activités de communication ont été transférées de ce domaine de connaissances au domaine de connaissances Élicitation et collaboration.

Tâche 2.0 : Gestion des exigences et de la communication	3.0 Tâche : Gestion du cycle de vie des exigences
4.1 Gérer les exigences et la portée de la solution La gestion de la portée de la solution est adressée selon les exigences de 5.1 Traçabilité des exigences. La gestion des conflits et des problèmes et la présentation des exigences en matière d'examen sont abordées à la section 5.5 Approuver les exigences.	5.1 Traçabilité des exigences 5.5 Approuver les exigences
4.2 Gérer la traçabilité des exigences Les relations et la gestion de la configuration sont traitées en 5.1 Traçabilité des exigences. L'analyse d'impact est traitée dans la section 5.4 Évaluer les modifications apportées aux exigences.	5.1 Traçabilité des exigences 5.4 Évaluer les modifications apportées aux exigences
4.3 Maintenir les exigences en matière de réutilisation	5.2 Maintenir les exigences

4.4 Préparer l'ensemble d'exigences	4.4 Communiquer les informations de l'analyse métier
4.5 Communiquer les exigences	4.4 Communiquer les informations de l'analyse métier
	5.3 Prioriser les exigences Déplacé de la version 6.1 Prioriser les exigences (v2.0)
N/A	5.5 Approuver les exigences Nouvelle tâche qui inclut les concepts de la gestion des conflits et des problèmes des éléments v2, présentation des exigences de révision et d'approbation de la solution de gestion des tâches v2.

L'analyse d'entreprise (nom de version 2.0) est maintenant **Analyse de la stratégie (nom de la version 3)**

Ce domaine de connaissances a pris un nouveau nom et s'est élargi.

La partie Analyse de l'entreprise se concentrait sur le travail en amont réalisé par l'analyste métier au démarrage d'un projet. L'analyse de la stratégie est plus large et comprend le travail effectué par l'analyste métier pour comprendre l'état actuel de l'entreprise, et définir l'état futur désiré, élaborer une stratégie de changement pour atteindre les résultats escomptés de l'entreprise et évaluer les risques inhérents à la stratégie de changement.

Tâche 2.0 : Analyse d'Entreprise	Tâche 3.0 : Analyse de la stratégie
5.1 Définir le besoin métier Le problème ou l'opportunité métier est traité dans la section 6.1 Analyser l'état actuel. Les buts et objectifs métier et le résultat souhaité sont abordés dans la section 6.2 Définir l'état futur.	6.1 Analyser l'état actuel, 6.2 Définir l'état futur
5.2 Évaluer les écarts de capacités L'analyse des capacités actuelles est traitée dans la section 6.1 Analyser l'état actuel. L'évaluation des nouvelles exigences et des hypothèses en matière de capacités est abordée à la section 6.2 Définir l'état futur.	6.1 Analyser l'état actuel, 6.2 Définir l'état futur, 6.4 Définir la stratégie de changement Définir la stratégie de changement comprend une analyse des lacunes qui n'a pas été explicitement identifiée dans la section 5.2 Évaluer les lacunes en matière de capacité, mais qui était l'intention de la tâche

5.3 Déterminer l'approche de la solution La génération alternative et les hypothèses et contraintes sont abordées dans la section 6.2 Définir l'état futur. Le classement et la sélection des approches sont abordés dans 7.5 Définir les options de conception et 7.6 Analyser la valeur potentielle et recommander une solution.	6.2 Définir l'état futur, 7.5 Définir les options de conception (domaine de connaissances analyse des exigences et spécification de la conception v3), 7.6 Analyser la valeur potentielle et recommander une solution (domaine de connaissances analyse des exigences et spécification de la conception v3)
5.4 Définir la portée de la solution	6.4 Définir la stratégie de changement
5.5 Définir l'étude d'opportunité (Business Case)	7.6 Analyser la valeur potentielle et recommander une solution (domaine des connaissances d'analyse des exigences et spécification de la conception), 10.7 Business Cases (Technique)

Analyse des exigences (nom de la version 2.0) est maintenant **Analyse des exigences et spécification de la conception (nom de la version 3)**

Ce domaine de connaissances a été renommé pour prendre en compte un contenu étendu.

La version 3 aborde désormais le sujet de la spécification d'une conception et explique les situations dans lesquelles les analystes métier s'impliquent dans les activités de spécification. L'analyse des exigences et spécification de la conception intègre également certaines des tâches de la version 2.0 de l'évaluation et de la validation de la solution. Activités liées à l'évaluation de la solution proposée – avant toute construction d'une solution ; que ce soit en partie ou en entier — font maintenant partie de l'analyse des exigences et spécification de la conceptions.

Tâche 2.0 : Analyse des exigences	Tâche 3.0 : Analyse des exigences et spécification de la conception
6.1 Prioriser les exigences	5.3 Prioriser les exigences (v3 Domaine de connaissances gestion du cycle de vie des exigences)
6.2 Organiser les exigences	7.4 Définir l'architecture des exigences
6.3 Spécifier et modéliser les exigences	7.1 Spécifier et modéliser les exigences

6.4 Définir les hypothèses et les contraintes Les hypothèses et les contraintes métier sont abordées dans la section 6.2 Définir l'état futur. Les contraintes techniques sont abordées dans 7.6 Analyser la valeur potentielle et recommander une solution	6.2 Définir l'état futur (domaine de connaissances de l'analyse de la stratégie v3) et 7.6 Analyser la valeur potentielle et recommander une solution
6.5 Vérifier les exigences	7.2 Vérifier les exigences
6.6 Valider les exigences	7.3 Valider les exigences
N/A	7.5 Définir les options de conception Nouvelle tâche dans l'analyse des exigences et spécification de la conception qui intègre 5.3 Déterminer l'approche de la solution (domaine de connaissances analyse d'entreprise v2.0), 7.1 Évaluer la solution proposée (domaine de connaissances Évaluation et validation de la solution v2.0) et 7.2 Allouer les exigences (domaine de connaissances Évaluation et validation de la solution v2.0)
N/A	7.6 Analyser la valeur potentielle et recommander une solution Nouvelle tâche dans Analyse des exigences et spécification de la conception qui intègre 5.5 Définir l'étude d'opportunité (Business Case) (domaine de connaissances analyse d'entreprise v2.0) et 7.1 Évaluer la solution proposée (domaine de connaissances Évaluation et validation de la solution v2.0)

Évaluation et validation de la solution (nom de la version 2.0) est maintenant **Évaluation de la solution (nom de la version 3)**

Le domaine de connaissance de la version 3 s'oriente moins vers la mise en œuvre d'une solution au profit de l'évaluation des solutions.

Le domaine de connaissances comprend du contenu sur l'évaluation de la valeur fournie par une solution et discute du rôle de l'analyste métier dans l'évaluation de ce qui empêche une organisation de recevoir toute la valeur d'une solution.

Tâche 2.0 : Évaluation et validation de la solution	3.0 Tâche : Évaluation de la solution
7.1 Évaluer la solution proposée	7.5 Définir les options de conception et 7.6 Analyser la valeur potentielle et recommander une solution (v3 Analyse des exigences et spécification de la conception)
7.2 Répartir les exigences	7.5 Définir les options de conception (v3 Analyse des exigences et spécification de la conception)
7.3 Évaluer la préparation de l'organisation	6.4 Définir la stratégie de changement (domaine de connaissances de l'analyse de la stratégie v3)
7.4 Définir les exigences de transition	6.4 Définir la stratégie de changement (domaine de connaissances analyse de la stratégie v3), 2.3 Schéma de classification des exigences
7.5 Valider la solution	8.3 Évaluer les limites de la solution
7.6 Evaluer les performances de la solution	8.5 Recommander des actions pour accroître la valeur de la solution
N/A	8.1 Mesurer les performances de la solution Nouvelle tâche qui intègre la définition de la mesures de la performance d'une solution et la mesure de la performance réelle
N/A	8.2 Analyser les mesures de performance Nouvelle tâche qui se concentre sur la comparaison de la valeur réelle (performance de la solution) avec la valeur attendue
N/A	8.4 Évaluer les limites de l'entreprise Nouvelle tâche qui identifie ce qui est à l'extérieur à la solution et peut l'empêcher de fournir la valeur attendue

Compétences sous-jacentes

Pensée analytique et résolution de problèmes

- NOUVEAU - Pensée conceptuelle
- NOUVEAU - Pensée visuelle

Caractéristiques comportementales

- Éthique - supprimé
- Organisation personnelle - renommé et développé dans la partie Organisation et gestion du temps
- NOUVEAU - Responsabilité personnelle
- NOUVEAU - Adaptabilité

Connaissance métier

- Principes et pratiques métier— renommé Perspicacité métier
- NOUVEAU - Connaissance de la méthodologie

Compétences de communication

- Communications orales - renommé Communication verbale
- Enseignement – déplacé vers les compétences d'interaction
- NOUVEAU - Communication non verbale
- NOUVEAU - Écoute

Compétences d'interaction

- Facilitation et négociation - fractionnement des compétences et renommé Facilitation
- NOUVEAU - Négociation et résolution des conflits

Applications logicielles (nom de la version 2.0) est maintenant **Outils et technologies (nom de la version 3)**

- Applications à usage général : renommées outils et technologies de productivité bureautique
- Applications spécialisées — renommées Outils et technologie d'analyse métier
- NOUVEAU — Outils et technologies de communication

Techniques

Changement de nom ou d'objet

- Analyse comparative et analyse de marché (v2.0 Benchmarking)
- Dictionnaire de données (dictionnaire de données et glossaire v2.0)
- Glossaire (dictionnaire de données et glossaire v2.0)
- Revues (v2.0 Revues structurées)
- Analyse et gestion des risques (analyse des risques v2.0)
- Utiliser des scénarios et des cas d'utilisation (v2.0 Scénarios et cas d'utilisation)
- Récits utilisateurs (User Stories)
- Atelier de travail (v2.0 Exigences Atelier)

Nouvelles techniques

- Gestion du Backlog
- Balanced Scorecard
- Analyse des capacités métier
- Étude d'opportunité (Business Case)
- Business Model Canvas
- Jeux collaboratifs
- Modélisation de concepts
- Exploration de données (Data Mining)
- Modélisation des décisions
- Analyse financière
- Mind Mapping
- Priorisation
- Analyse des processus
- Matrice des rôles et des autorisations
- Liste des parties prenantes, carte ou personas

Perspectives (NOUVEAU)

Les perspectives sont utilisées dans le cadre des travaux de l'analyste métier pour se concentrer sur les tâches et les techniques spécifiques au contexte de l'initiative.

La plupart des initiatives sont susceptibles d'engager une ou plusieurs perspectives. Les perspectives incluses dans le *Guide BABOK® sont:*

- Agile,
- Business intelligence,
- Technologie de l'information,
- Architecture métier, et
- Gestion des processus métier.

Ces perspectives ne se veulent pas une tentative de représenter l'ensemble des perspectives possibles à partir desquelles l'analyse métier est réalisée. Les perspectives discutées dans le *Guide BABOK®* représentent certaines des vues les plus communes de l'analyse métier au moment de l'écriture.

Les perspectives ne s'excluent pas mutuellement, dans la mesure où une initiative donnée pourrait avoir plus d'une perspective.

Appendix E: Index

A

B

C

D

E

H

I

J

K

L

M

Q

R

S

T

U

V

À propos de l'IIBA®

L'International Institute of Business Analysis™ (IIBA®) est l'association professionnelle indépendante à but non lucratif créée en 2003 pour servir le domaine croissant de l'analyse métier.

En tant que porte-parole de la communauté des analyses métier, l'IIBA soutient la reconnaissance de la profession et s'efforce de maintenir les normes pour la pratique et les certifications. Par le biais d'un réseau mondial, l'IIBA relie les Membres, les Chapitres, les Entreprises et les Partenaires du monde entier pour faire progresser la profession d'analyse métier en *unissant une communauté de professionnels pour créer de meilleurs résultats* .

Pour les personnes qui occupent un large éventail de rôles – analyste métier, analyste des systèmes, analyste des exigences, gestion de projet, consultation, amélioration des processus et plus encore – l'IIBA fournit les ressources pour vous aider à améliorer votre carrière et à faire progresser votre cheminement de carrière.

En tant que membre de l'IIBA, les professionnels de l'analyse métier ont un accès étendu à l'expertise, aux connaissances et au soutien. L'IIBA peut vous aider à créer un cheminement de carrière professionnel grâce à la capacité de développer une variété de compétences. Les avantages du membre incluent :

- Accès à des outils et des connaissances essentiels, y compris des webinaires, des conseils rapides, des pratiques exemplaires, des bibliothèques en ligne et des bulletins d'information.
- Connexions à un réseau mondial d'apprentissage et de collaboration.
- Possibilité d'engager une communauté de professionnels et de grandir au niveau local grâce à votre chapitre de l'IIBA.
- Soutien à la réussite, à la reconnaissance et aux opportunités dans votre carrière.
- Accès gratuit aux éditions PDF et eBook du *BABOK® Guide.*
- Réduction des frais pour l'examen de certification de l'IIBA.

Vous pouvez obtenir encore plus de valeur en participant à votre section locale de l'IIBA. En rejoignant un chapitre, vous pouvez également accéder à des outils et des ressources supplémentaires et vous aurez la possibilité de participer à des événements, groupes d'étude et groupes d'intérêt général.

Pour devenir membre de l'IIBA, visitez iiba.org/Membership. Pour trouver votre Chapitre local, visitez iiba.org/Chapitre.

Certifications IIBA

Les certifications IIBA sont la norme mondialement reconnue pour l'analyse métier.

De nombreuses certifications dans le domaine de l'analyse métier couvrent les compétences de base de l'ingénierie et de la gestion des exigences, mais les certifications IIBA vont au-delà de ces bases pour offrir une valeur unique.

Les programmes de l'IIBA répondent à la nécessité pour les professionnels de l'analyse métier de lier la stratégie à l'exécution, veiller à ce que les bénéfices à long terme soient obtenus grâce à un changement et à l'intégration de l'innovation et de l'amélioration des processus avec le changement technologique. Cela signifie que les professionnels certifiés par l'IIBA sont en mesure de contribuer au succès de l'ensemble de l'entreprise, et pas seulement d'aider un projet à livrer à temps, dans le respect de la portée et du budget.

La certification IIBA offre de nombreux avantages, y compris :

- Établissement et mise en œuvre de pratiques exemplaires en matière d'analyse métier par des personnes reconnues comme étant bien informées et compétentes.
- Des résultats plus fiables et de meilleure qualité sont produits avec une efficacité et une cohérence accrues.
- Reconnaissance en tant que professionnel de l'analyse métier auprès des collègues, des clients et des parties prenantes métier.
- Le perfectionnement professionnel et la reconnaissance pour les professionnels expérimentés de l'analyse métier.
- Engagement démontré dans le domaine de l'analyse métier, qui est de plus en plus reconnu comme essentiel à tous les domaines d'activité.

www.ingramcontent.com/pod-product-compliance
Lightning Source LLC
LaVergne TN
LVHW080800011026
849160LV00015B/1493
* 9 7 8 1 9 2 7 5 8 4 3 0 9 *